全球太空管理

Global Space Governance

[加] 拉姆·S. 贾克 (Ram S. Jakhu)
[美] 约瑟夫·N. 佩尔顿 (Joseph N. Pelton) 著
刘红卫 付康佳 王兴华 张 翔 黄奕勇 译

中国宇航出版社
·北京·

图书在版编目（C I P）数据

全球太空管理 / （加）拉姆·S. 贾克（Ram S. Jakhu），（美）约瑟夫·N. 佩尔顿（Joseph N. Pelton）著；刘红卫等译. -- 北京：中国宇航出版社，2021. 8

书名原文：Global Space Governance
ISBN 978 - 7 - 5159 - 1960 - 7

Ⅰ. ①全… Ⅱ. ①拉… ②约… ③刘 Ⅲ. ①空间法—研究 Ⅳ. ①D999. 1

中国版本图书馆 CIP 数据核字(2021)第 160390 号

责任编辑　赵宏颖　　　**封面设计**　宇星文化

出版 发行	中国宇航出版社		
社址	北京市阜成路 8 号　**邮编**　100830 (010)68768548	**版次**	2021 年 8 月第 1 版 2021 年 8 月第 1 次印刷
网址	www.caphbook.com	**规格**	787 × 1092
经销	新华书店	**开本**	1/16
发行部	(010)68767386　(010)68371900 (010)68767382　(010)88100613 (传真)	**印张**	38. 5
		字数	937 千字
零售店	读者服务部　(010)68371105	**书号**	ISBN 978 - 7 - 5159 - 1960 - 7
承印	天津画中画印刷有限公司	**定价**	128. 00 元

本书如有印装质量问题，可与发行部联系调换

译者序

近年来，航天大国竞相推出新太空计划，人类航天事业不断革故鼎新，开启新的征程。商业航天机构如雨后春笋般出现，星链、OneWeb的在轨部署标志着人类进入巨型星座时代，亚轨道点对点运输、太空旅游正在走向现实，诺格公司MEV-2成功应用标志着在轨服务实用化迈出了历史性一步，以阿尔忒弥斯为代表的月球计划开启了对地月空间新高地的战略追逐，小行星探测刺激了人类太空采矿的强烈欲望，行星防御更使人类超越国家与政治的局限从全人类视角审视共同威胁。一方面，航天技术的繁荣发展带动了人类前沿科技的进步，创造了巨大的社会经济价值；另一方面，航天技术的发展远远超越当前太空管理制度支撑能力的现状，使得外层空间形势比以往任何时候都要严峻。大量太空活动参与者的复杂利益交织、井喷式的航天器发射数量增长、频谱干扰与轨道位置的激烈竞争、太空环境污染与日益拥挤的近地空间、非航天国家对太空权益的诉求、民用技术掩盖下的太空军事化等航天领域的新问题、新挑战，在强烈呼唤健全的全球太空管理制度的诞生。如何实现太空的安全运行与可持续繁荣发展，是迫切需要解决的现实问题。2021年9月，习近平总书记指出，“要加强太空交通管理，确保太空系统稳定有序运行。要开展太空安全国际合作，提高太空危机管控和综合治理效能。”只有坚持和平发展的太空安全观、规范各国太空行为，实现太空安全管理与有序发展，才能确保为和平目的和全人类利益而可持续地利用太空。

然而，当前人类全球太空管理面临重大现实困难和严峻挑战。一方面，当前规范和管理太空活动的五项国际条约即《外层空间条约》《营救协定》《责任公约》《登记公约》《月球协定》，均是冷战时期太空竞赛的产物，在制定出台时未考虑到当前复杂的多极化太空活动以及日新月异的太空技术；另一方面，在当前全球太空管理制度中，国际条约与国内立法、双边/多边协定、国际学术论坛建议、联合国决议以及硬性规定和软法律并存，而各国政府、政府间组织、非政府组织、商业实体、学术界、工业界、联合国监管机构等对太空不同的利益诉求，使得这些约束和规定有时是不兼容甚至是冲突的。同时，空间/临近空间/空域一体化管控、地外天体探测、太空移民、新太空活动等，使得人类太空管理面临的问题更加复杂。因此，迫切需要基于当前人类航天技术的发展现状和趋势，从国际化、跨学科的角度开展全球太空管理研究。原著*Global Space Governance*由施普林格出版社于2017年出版，汇集了全球众多太空技术专家、太空法律专家、太空企业家以及政府与非政府实体、国际组织等关于全球太空管理的意见和建议，总结了最新的全球太空管理研究成果，为未来人类实现全球太空安全管理与有序发展提供了宝贵经验。

全书从六个方面进行介绍。第一部分从全球、区域和国家的角度概述了现有的全球太空管理机制，包括五项约束性的联合国空间法条约、非约束性的软法律、政府与非政府组织的补充机制以及不同区域的太空管理经验等，探讨了国家制度、私营航天活动对全球太空管理的影响。第二部分针对卫星通信、遥感、对地观测、气象、导航、空间太阳能、空间新型发射等日益活跃的应用领域，分析了当前监管制度的现状和不足，给出了提高全球管理效能的合理建议。第三部分针对军用和军民两用空间活动日益增长的趋势，重点论述了与空间安全相关的问题，如载人航天、太空军事管理、空间碎片减缓、临近空间飞行等。第四部分讨论了在轨服务、小卫星、巨型卫星星座、空间资源开采等“新太空”活动的发展趋势，评估了当前适用的太空管理体系，并从促进“新太空”活动发展、造福全人类的角度提出了太空管理建议。第五部分论述了由于太空活动的重大变化而出现的新问题、新挑战，分析了宇宙灾害与行星防御、太空环境保护、太空移民、太空在地球长期经济发展中的作用等领域面临的问题，提出了相应的管理建议。第六部分是全书总结，给出了未来全球太空管理的系统性建议。

本书适合从事国家航天政策研究、航天工程管理、空间法研究等领域的人员阅读。限于译者水平，不足之处敬请批评指正，以期再版更正，作者联系邮箱为liuhw05@163.com。

译　者

2021年8月

序　一

这一令人印象深刻的努力是由麦吉尔大学航空和空间法研究中心于2014年在第二届曼弗雷德·拉克斯全球太空管理国际会议上发起的。鉴于联合国外空会议50周年以来的政府间太空发展进程，本书对此进行了及时汇总。这些年来，有关学者和机构对空间活动管理的概念进行了创新性研究，开展了跨部门的辅助性工作，证明了在学术层面做出努力以支持全球层面政府间合作的重要性。

2015年，联合国和平利用外层空间委员会推动发起了“2018年联合国探索及和平利用外层空间会议五十周年”的活动（联合国文件A/AC.105/L.297）。2016年6月，联合国和平利用外层空间委员会根据其科学技术小组委员会和法律小组委员会的建议，商定了包括最终目标和执行机制在内的七项优先主题，这七项主题共同构成了联合国和平利用外层空间委员会2018年决策的基础。

外空会议50周年确定的优先主题包括：1）空间探索与创新的全球伙伴关系；2）外空法律制度与全球太空管理：当前和未来展望；3）加强空间目标和空间事件的信息交流；4）空间气象服务的国际框架；5）加强空间合作，促进全球健康；6）开展国际合作，建设低排放、有弹性的社会；7）加强21世纪的能力建设（联合国文件A/71/20，296）。

空间法律和政策对21世纪太空管理和太空安全的贡献是这一总体进程的中心支柱。

这一复杂且庞大的政府间进程吸引了各国政府、政府机构、国际政府间组织和非政府组织、各行业、私营部门实体、学术界和民间社会的参与。在此背景下，我们高度赞赏2014年曼弗雷德·拉克斯全球太空管理国际会议框架内所采取的创新做法。

2014年5月，空间科学家、工程师、私营部门职员、律师和监管机构聚集在加拿大蒙特利尔，参加由麦吉尔大学航空和空间法研究中心组织的第二届曼弗雷德·拉克斯会议。来自22个国家的120多名专家参加了这次会议，由此人们开始对空间相关问题进行综合研究，走上了从各个方面进行系统、国际和跨学科研究的道路。《蒙特利尔宣言》于2014年5月31日通过。该宣言呼吁进行全球性跨学科的努力，请相关技术和法律专家研究并制定新的法律、条例、标准和守则，制定提升透明度和建立信任的措施，以管理复杂而迅速发展的外层空间领域。对各方来说，这都是一次难得的专业研讨，他们一致希望展望未来，并确保以更有效和更公平的方式去更好地帮助人类开发空间技术、开展空间活动和应用。

简而言之，《蒙特利尔宣言》呼吁对国际上确定的与空间有关的管理问题进行务实的研究，并呼吁进行专题研究以制定新的解决方案。

我们正处在一个新的、富有成效的太空时代的新纪元。事实上许多迹象也表明，我们正处在空间技术和应用的创新时代。对于地球上的人们来说，如果可以正确地做到这一点，则可以在可持续的基础上极大地开发利用广阔的宇宙空间。而这一切的关键是建立一套公平、共享、平等和可持续利用的管理体系，使创新和机遇成为可能。

我们需要公平对待地球上的所有人并兼顾子孙后代的命运，同时我们也需要公平对待那些如今为研发技术和系统以挖掘太空事业潜力而做出努力和投资的人们，并给予他们鼓励。而实现这一目标，需要创新思维、公平公正以及艰苦奋斗。

为达成这一目标，有关学者和机构进行了三年的国际合作与研究，本书收录了他们的研究成果。该成果体现了当前国家、区域和全球的外层空间法律和监管体系现状，并对卫星通信、遥感和地球观测、卫星导航与跟踪（全球导航卫星系统，即 GNSS)、天基太阳能、空间发射系统和载人航天（包括新的商业航天产品）等方面的行动进行了总结并提出了建议。

虽然空间安全、空间交通、危险空间碎片和空间资产的管理等更广泛事项是本书若干章节讨论的主要内容，但本成果更加关注小卫星和巨型卫星星座的出现和使用，以及空间开采与空间资源利用、宇宙自然灾害与行星防御问题、空间环境问题和人类在天体上的生存与定居问题等。空间和教育、长期经济发展、建设能力的关系以及空间活动可持续性等方面的重要概念进一步构成了本书其他几章的主题。

这项开创性的工作突显了相关学者、专业人士和公关人员的共同努力，并采取前瞻性的讨论方式和方法，将空间的利益扩展到全人类。

联合国外层空间事务司向来自世界各地的代表几个国家的几十名参与者表示敬意，他们参与了这一国际和跨学科的研究，并认为这是一个鼓舞人心的开端。这项综合性研究的方法有着重要的价值。

《蒙特利尔宣言》为包括科学家、工程师、私营部门代表、政治家、律师和监管机构在内的广泛太空行为者和利益相关者开辟了一条新途径，让他们共同合作，分享灵感与观点。

我认为这本书很值得一读。希望这里所蕴含的许多创新性想法和建议能够有助于我们进一步审议 21 世纪的全球太空管理问题，并被纳入未来空间和全球可持续性发展等全球讨论中。

从这个意义上说，在空间经济、空间社会、空间可达性、空间外交等方面进行了统筹考虑，以便我们推动太空界落实“空间2030”建设目标，建立全球太空管理机制，为实现2030年可持续发展议程提供重要的灵感来源。

“2018年联合国外空会议50周年”会议是一个开端，它引领我们朝着一项为满足政府间需求和目标而设计的明确战略方向前进。学术界的支持也确实有助于加强联合国外层空间委员会和联合国外层空间事务司在国际外空活动管理方面的全球作用。

西蒙内塔·迪皮蓬（Simonetta Di Pippo）
联合国外层空间事务司司长
奥地利维也纳
2017年5月

序　二

空间正在不断地发生变化。各国政府、机构和其他国家官方组织正在迅速进行空间系统和技术的开发，并通过本国研发、国际协作或购买资产来利用外层空间。大学和学术机构无论是从零开始，还是通过合作，现在都有资源和能力将微小型的航天器以低廉的价格送入近地轨道。越来越多国家的商业参与者已经或正在迅速开发航天技术，发射天基资产，提供航天服务或规划有关的复杂方案。这种令人兴奋、充满革新的情况与所有颠覆性技术的进步一样，需要尽早制定规则和标准，以确保糟糕的事情不会在人类社会发生，或至少延缓、阻碍不好的事情的发生。

目前外层空间的一系列规则，包括在此之前发挥过重要有益作用的规则大多是在60年前批准和签署的，现今这些规则正逐渐显得过时。诚然，这也并不奇怪，因为目前空间技术和空间活动的许多发展情况和趋势都是60年前无法预测的。

联合国和平利用外层空间委员会在过去的15年间持续、有效地研究太空管理的一些主要问题，如提升空间活动透明度和建立信任措施、减缓空间碎片的指导方针、小行星威胁警告与任务规划、全球活动的协调与全球导航卫星系统以及制定与在外层空间使用核动力有关的原则。最近，他们的一个主要工作方向是，推动83个成员国制定一套全面的、非约束性的有关外空活动的长期可持续性的指导方针，并形成一份能够在2018年联合国大会被批准的完整报告。

然而，还有许多工作要做。正因为如此，联合国外层空间委员会最近同意在“联合国外空会议50周年会议”进程的框架下，为2018年以后的一段时期制定一套新的议题，以处理与和平利用外层空间有关的紧迫问题。这一议题的主要优先事项之一是管理外层空间活动。事实上，这一关键议题可能被视为其他所有主题优先事项的主要共同点，这些优先事项包括空间探测、空间目标与事件、空间环境、空间与全球健康、支持气候变化相关能力建设的空间活动等。正因为如此，对外空活动管理的认真反思、讨论和审议是及时且必要的，本书对于帮助确定从现在到2018年及以后需要进行的议程具有重要意义。

祝福大家工作顺利，并在接下来的讨论和行动中获得成功。我们要继续关注和促进与太空活动管理有关的事务发展，最终使太空这一独特而又脆弱的环境可以继续为我们的子孙后代服务。

戴维·肯德尔（David Kendall）

联合国和平利用外层空间委员会主席（任期2016—2017年）

奥地利维也纳

2017年5月

前　言

编写本书是一项漫长而艰巨的任务，但是却非常令人愉快。从征集贡献者到接收、审阅、编辑和润色手稿，以及试图协调来自世界各地的80多位专家的各种观点和思想，历时3年之久。在这段时间里，我们竭尽全力统一书稿中的语言、译文、提法等，并为塑造全球太空管理未来的决策者、法律专家和政治领袖们提供了一本系统有用的书。世界各地对空间相关数据的看法和观点各不相同，因此这项工作极具挑战性。此外，某些术语在不同的上下文中表示不同的事物，导致语义上也存在细微差别。例如，在联合国可持续发展目标的背景下，“可持续性”一词是指在全球范围内发展可持续和可行的做法，特别着重于新兴经济体。然而，在提到外层空间活动的“长期可持续性”时，是指诸如空间碎片和宇宙灾害之类的关切和问题，以及地球上所有人均可长期使用和利用外层空间的关切。因此，本书在上下文中给出了术语的详细定义。

我们试图使用历史观点来分析有关全球太空管理的问题，也试图具有前瞻性以便解决长期发展中的问题。关于“国家”和“商业实体”的作用，以及今天和明天如何有效管理它们，仅作为展望未来时要解决的关键问题之一。

本书的关键点是，编辑们试图提供本研究的发现和建议，平衡和反映南北的视角，反映东方和西方的观点，揭示公共部门和私营部门的关注点，并考虑不同治理制度下所有类型的国家的利益。我们构思了该研究项目的性质、范围和方法，并与来自不同国家的专家进行了协商，准备了研究大纲。章节最初由几位专家起草，后来由更多专家扩展，又由其他专家审阅，并由案头编辑和我们两个人进行编辑和检查。我们试图在事实、数字、统计数据、想法、建议和写作风格的使用上保持一致，并力求避免对现有空间计划以及太空管理和法律概念的重叠和冲突解释。我们有意地在一些章节中保留了一些法律规定的重复，以加强理解并避免在不同章节之间来回切换。这对于如此众多的贡献者和观点而言是困难的，如果在某些方面我们失败了，我们也希望指出我们进行了大量的尝试。

显然，这本书是全面的，但没有给出所有的答案。我们希望该研究至少可以定义一种新颖而实用的方法，以便在全球太空管理领域寻求新的更好的答案。这本书不是最终的定论，而应被视为在与外层空间有关的所有可能的问题、活动和发展方面，以及在及时和日益普遍存在的问题上开展国际对话方面，迈出了重要的一步。

拉姆·S. 贾克（Ram S. Jakhu）

约瑟夫·N. 佩尔顿（Joseph N. Pelton）

贡献者名单

首席研究员

Ram S. Jakhu

编者

Ram S. Jakhu

Joseph N. Pelton

编辑部编辑

Md. Tanveer Ahmad

Kuan - Wei Chen

核心起草人和审稿人

Timiebi Aganaba - Jeanty

Md. Tanveer Ahmad

Ntorina Antoni

Natalia Archinard

Werner Balogh

Duncan Blake

Ulrike Bohlmann

Tare Brisibe

Michael Chatzipanagiotis

David Finkleman

Donald Flournoy

Steven Freeland

Danielle Fultz

Bayar Goswami

Martin Griffin

Andrea Harrington

Niklas Hedman

Victoria Hipkin

Ram S. Jakhu

Bhupendra Jasani

Nandasiri Jasentuliyana

Sanat Kaul

Icho Kealotswe

David Kendall

Aram Kerkonian

Ivan Kosenkov

George D. Kyriakopoulos

Donna Lawler

Scott Madry

Peter Martinez

Andy Quinn

Lucien Rapp

Jana Robinson

George Robinson

John Rummel

Lisa Saloukvadze

Juliana Scavuzzi dos Santos

Francis Schubert

Alexandra Seneta

Tommaso Sgobba

Venkatasubbiah Siddhartha

Michael K. Simpson

Jai Singh

Lionel Smith

Cassandra Steer

Olga Stelmakh

Ruth Stilwell

Charles Stotler

Jinyuan Su

Su - Yin Tan

Leslie I. Tennen

Allison Christians
Eric Dahlstrom
James Dator
Philip De Man
Frank De Winne
George Dietrich
Karl Doetsch
Stephen Earle
Lorna – Jean Edmonds
Kim Ellis
Melissa Kemper Force
Tyson Lange
Paul B. Larsen
Juqian Li
Shouping Li
Siqing Li
Gil Lotan
Kiran Krishnan Nair
Alessandra Oliva
Deganit Paikowsky
Neta Palkovitz
Reuben Pessah
Elina Morozova
Sa' id Mosteshar
K. R. Sridhara Murthi
Peter Nesgos
Dmitry Payson
Walter Peeters
Joseph N. Pelton
Serge Plattard
Daniel Porras
Maria A. Pozza
Daniel Sagath
Christian Schwarz
Clair Seid
Lauren Small – Pennefather
Julio Carbajal Smith

协调员

Yaw Nyampong
Cassandra Steer
Olga Stelmakh
Jinyuan Su
Eytan Tepper
Jean – Jacques Tortora
Brian Weeden
Edythe E. Weeks
Chris Welch

其他贡献者

P. J. Blount
Peter Garretsen
Francesco Gaspari
Research Assistants
Kadriye Merve Bilgic
Sandy Belle Habchi
Maria Manoli
Dhananga Pathirana
Bruno Savoie
Kalev Tamm
Branislav Turcina

行政助理

Maria D'Amico

赞助机构名单

我们确实感谢以下机构对这项研究的支持。可以理解的是，它们支持该项目的目标，即从国际和跨学科的角度调查全球太空管理问题，并向国际社会特别是向参与全球太空管理的机构和个人提供建议。但是，它们的赞助并不意味着对本出版物的结论或建议的认可。

亚瑟·克拉克基金会，美国
欧洲空间政策研究所，奥地利
麦吉尔大学航空和空间法研究中心，加拿大
科隆大学航空航天法研究所，德国
北京航空航天大学外层空间法研究所，中国
国际航天安全促进协会，荷兰
国际空间法学会，荷兰
中国政法大学国际法研究中心，中国
国际空间大学，法国
鲁汶大学鲁汶全球治理研究中心，比利时
安全世界基金会，美国
北京理工大学空间法研究所，中国
乔治华盛顿大学艾略特国际事务学院太空政策研究所，美国
麦吉尔大学 Erin J. C. Arsenault 信托基金，加拿大
西安交通大学法学院，中国

致　谢

罗马法律谚语 Quod omnes tangit ab omnibus approbetur 提醒我们：“影响所有人的因素必须得到所有人的认可。”这种“同意主义”已成为现代管理制度的基础。该学说的影响也可以看作是国际社会公认的外层空间系统全球管理的最基本原则。在太空时代到来的几个月内，联合国大会一致通过了关于“和平利用外层空间的问题”的第 1348（XIII）号决议。大会在该决议中确认“人类在外层空间的共同利益，并且共同目标是仅将外层空间用于和平目的”，并表示希望“避免将目前的国家竞争扩大到这个新领域，并大力推动对外层空间的最充分探索和利用，以造福人类”。1967 年《外层空间条约》第一条重申了这些愿望。“对包括月球和其他天体在内的外层空间，不论各国经济或科学发展程度如何，都应为所有国家的利益进行探索和利用，应是全人类的领域”。换句话说，外层空间对所有国家和人民都至关重要，因此必须解决与探索和使用这一新领域有关的所有问题。在这种背景下，这项研究是自下而上的努力，是由来自各个学科和国家的个人团队以个人身份进行的。这实际上是一项国际努力，是一种纯洁的爱，旨在引发全球对话，以表达对影响地球所有人民的全球太空管理体系的设计、范围和性质的看法。

本书的编辑们要对帮助起草和审阅本书各个章节的庞大的专家团队表示深切的谢意和感谢。他们是各自专业领域的全球领先权威，自然在他们的职业生涯中异常忙碌。

他们的履历已包含在附录 A 中。本书所述的协作工作涉及复杂且耗时的管理和协调，涉及一百多个人和来自世界各地的众多机构的活动。他们的名字列在本文之前。

没有麦吉尔大学法学院的 Erin J. C. Arsenault 信托基金的财务支持，这项研究是不可能成功的。我们深深感激 Cynda Arsenault，他提供了这笔资金，以支持通过法治促进空间安全和可持续空间发展的教育和独立研究。我们还要感谢许多其他机构的慷慨支持、鼓励，它们的名字列在本文之前。

我们深切感谢 Kuan－Wei Chen 先生（《航空航天法》年刊的前主编）为行政协调和编辑协助做出的令人难以置信的贡献，以及 Yaw Nyampong 博士、Jinyuan Su 博士、Cassandra Steer 博士、Olga Stelmakh 博士和 Md Tanveer Ahmad 博士（在 IASL 任职或现任 Erin J. C. Arsenault 博士后研究员）以及 Maria D' Amico 女士（IASL 的行政协调员)。IASL 的几名研究生完成了与这项研究相关的各种任务,例如提供研究和编辑协助,包括 Kadriye Merve Bilgic、Sandy Belle Habchi、Maria Manoli、Dhananga Pathirana、Bruno Savoie、Kalev Tamm 和 Branislav Turcina。我们感谢他们及时且有效的帮助。V. Siddhartha 博士(印度空间研究组织的科学家)为我们提供了最新新闻、研究以及与空间和管理有关的非正式对话内容。

我们感谢他们提供了非常有用的智力投入。尽管他们的日程很忙,David Kendall 博士(时任联合国和平利用外层空间委员会主席)和 Simonetta Di Pippo 博士(联合国外层空间事务司司长)很乐意为本书撰写备受赞赏的序。我们对他们表示深深的谢意。

拉姆·S. 贾克

约瑟夫·N. 佩尔顿

目　录

第一部分　空间活动的法律和监管框架

第 1 章　全球太空管理研究导论 …… 3
1.1　引言 …… 3
1.2　研究目的 …… 5
1.3　全球太空管理的定义 …… 5
1.4　使用方法 …… 6
1.5　本书的范围、性质和预期作用 …… 7
第 2 章　全球太空管理现有机制概述 …… 11
2.1　引言 …… 11
2.1.1　通用全球管理体系的演变 …… 12
2.1.2　全球太空管理是否具有特殊性 …… 13
2.2　现有太空管理机制是否满足当前和未来全球外空公共利益 …… 14
2.3　现有的五项联合国空间条约 …… 15
2.3.1　条约法 …… 15
2.3.2　1967 年《外层空间条约》 …… 16
2.3.3　1968 年《营救协定》 …… 17
2.3.4　1972 年《责任公约》 …… 18
2.3.5　1974 年《登记公约》 …… 19
2.3.6　1979 年《月球协定》 …… 20
2.4　联合国机构是否为监管、协调或规范空间活动的最佳组织 …… 22
2.4.1　联合国大会 …… 22
2.4.2　联合国和平利用外层空间委员会 …… 23
2.4.3　联合国外层空间事务司 …… 24
2.4.4　U. N. – Space …… 25
2.4.5　国际电信联盟 …… 25

2.4.6　其他联合国机构 …… 26
2.5　其他论坛对解决全球太空管理问题的帮助 …… 26
2.5.1　联合国系统以外的多边和双边条约 …… 27
2.5.2　政府间组织/机构 …… 28
2.5.3　政府间业务组织 …… 29
2.5.4　非政府国际组织 …… 31
2.6　软法律如何和在何种程度上影响全球太空管理 …… 33
2.7　替代或补充机制的有效性 …… 35
2.7.1　自愿双边与多边安排 …… 35
2.7.2　国际 GNSS 服务 …… 35
2.7.3　商业航天联盟 …… 36
2.7.4　作为示范法的国家空间制度 …… 36
2.7.5　保险管理 …… 37
2.8　结论及汇总表 …… 37
参考文献 …… 41
第 3 章　区域视角下的全球太空管理 …… 49
3.1　引言 …… 49
3.2　区域合作机制以及太空管理倡议 …… 50
3.2.1　欧洲及其区域太空管理经验 …… 50
3.2.2　亚洲及其区域太空管理经验 …… 53
3.2.3　欧洲和亚洲区域空间合作分析 …… 55
3.3　中东、非洲和拉丁美洲的区域空间计划和机构前景 …… 58
3.4　结论：区域太空管理机制与全球太空管理机制的互补性 …… 59
参考文献 …… 61
拓展阅读 …… 62
第 4 章　国家空间政策和法律以及全球太空管理 …… 64
4.1　引言：国家空间立法在全球太空管理中的作用 …… 64
4.2　国家空间立法举例 …… 65
4.2.1　阿根廷 …… 65
4.2.2　澳大利亚 …… 65
4.2.3　奥地利 …… 66
4.2.4　比利时 …… 66
4.2.5　巴西 …… 66
4.2.6　加拿大 …… 67

4.2.7　智利 …… 67
4.2.8　中国 …… 68
4.2.9　法国 …… 68
4.2.10　德国 …… 69
4.2.11　印度 …… 69
4.2.12　印度尼西亚 …… 69
4.2.13　伊朗 …… 70
4.2.14　爱尔兰 …… 70
4.2.15　意大利 …… 70
4.2.16　日本 …… 71
4.2.17　哈萨克斯坦 …… 71
4.2.18　韩国 …… 72
4.2.19　荷兰 …… 72
4.2.20　尼日利亚 …… 72
4.2.21　挪威 …… 73
4.2.22　俄罗斯联邦 …… 73
4.2.23　南非 …… 74
4.2.24　西班牙 …… 75
4.2.25　瑞典 …… 75
4.2.26　乌克兰 …… 75
4.2.27　英国 …… 76
4.2.28　美国 …… 76
4.3　结论及汇总表 …… 78
参考文献 …… 81
拓展阅读 …… 81

第5章　商业航天企业与全球管理体系 …… 82
5.1　引言：新兴技术和商业航天部门 …… 82
5.2　国际条约和私营企业的全球管理 …… 86
5.2.1　国家对私营企业的责任 …… 87
5.2.2　国家对私营企业行为的责任 …… 88
5.2.3　所有权变更 …… 88
5.2.4　不占用和免费获取及使用 …… 89
5.2.5　应急响应 …… 90
5.2.6　轨道位置和无线电频率分配 …… 91

5.2.7 国家立法与全球协议的关系 …… 91
5.3 其他全球管理模式 …… 92
5.3.1 习惯国际法和一般法律原则 …… 92
5.3.2 非约束性的软法律 …… 93
5.4 当前管理和关键未决问题分析 …… 94
5.4.1 当前管理体系的充分性和不充分性 …… 94
5.4.2 维持现状的风险和威胁 …… 96
5.4.3 具体、潜在、创新和适当的管理 …… 98
5.4.4 可能采取行动的组织 …… 98
5.5 结论、主要挑战、机遇和汇总表 …… 99
参考文献 …… 101
拓展阅读 …… 105

第二部分 具体航天应用（使用）和运输

第 6 章 卫星通信和广播 …… 109
6.1 引言 …… 109
6.2 有关卫星通信的管理问题和相关关切 …… 112
6.2.1 与远程通信技术和运营标准有关的潜在冲突 …… 112
6.2.2 国际电联政策制定机构受到的限制 …… 113
6.2.3 适应未来通信卫星服务需求的增长 …… 114
6.3 一般性空间问题如何影响远程通信部门 …… 115
6.4 制度安排、技术、政策和法律标准相关的潜在行动 …… 116
6.5 结论及汇总表 …… 120
参考文献 …… 122

第 7 章 遥感、对地观测与气象卫星 …… 124
7.1 引言 …… 124
7.2 遥感领域主要技术发展 …… 125
7.2.1 遥感系统的创新 …… 126
7.2.2 提升传感器的能力及对遥感和气象服务的影响 …… 126
7.3 遥感活动相关的国际法律管理 …… 128
7.4 国家层面对遥感活动的监管 …… 129
7.5 加强遥感管理的措施 …… 130
7.5.1 加强对重要国际组织的监管，以改善当前和未来的状况 …… 130
7.5.2 扩大重要信息的有效范围 …… 131

7.6 结论及汇总表 …… 131
参考文献 …… 134
拓展阅读 …… 135

第 8 章 全球导航卫星系统和服务 …… 137
8.1 引言 …… 137
8.2 发展历程、现状和未来关键趋势 …… 138
8.2.1 全球导航卫星系统发展现状 …… 138
8.2.2 商业市场 …… 143
8.2.3 未来趋势 …… 144
8.2.4 全球导航卫星系统中断的风险 …… 145
8.3 现有的管理体系和面临的挑战 …… 146
8.3.1 全球导航卫星系统使用中的法律和道德问题 …… 146
8.3.2 适用的法律文书和国际论坛 …… 146
8.4 现行管理制度的充分性和建议 …… 149
8.4.1 维持现状的风险和威胁 …… 149
8.4.2 具体、潜在、创新和合适的管理解决方案 …… 150
8.5 结论及汇总表 …… 150
参考文献 …… 153
拓展阅读 …… 155

第 9 章 空间太阳能发电 …… 157
9.1 引言 …… 157
9.2 太阳能发电卫星系统的独特性 …… 159
9.3 太阳能发电卫星目前的研究热点和发展 …… 161
9.4 太阳能发电卫星面临的挑战 …… 163
9.4.1 技术挑战 …… 163
9.4.2 监管挑战 …… 164
9.5 太阳能发电卫星现行管理制度 …… 166
9.5.1 外层空间条约 …… 166
9.5.2 太阳能发电卫星造成损失的责任问题 …… 167
9.5.3 太阳能发电卫星登记问题 …… 168
9.5.4 太阳能发电卫星的无线电频率和地球同步轨道位置 …… 169
9.5.5 微波辐射（无线能源传输） …… 170
9.6 结论及汇总表 …… 171
参考文献 …… 174

拓展阅读 …… 175

第 10 章　太空发射服务 …… 177

10.1　引言 …… 177

10.2　新兴太空发射技术 …… 178

10.2.1　可重复使用发射技术 …… 178

10.2.2　小载荷发射系统 …… 180

10.2.3　从空间站部署小卫星 …… 180

10.2.4　先进火箭发射系统 …… 181

10.2.5　先进非火箭发射系统：太空电梯 …… 183

10.3　与发射有关的管理问题和担忧 …… 184

10.3.1　私营部门参与度不断提高 …… 184

10.3.2　环境问题：地球及太空清洁技术 …… 184

10.3.3　新发射技术中的立法缺失 …… 185

10.3.4　可行措施 …… 186

10.4　结论及汇总表 …… 186

参考文献 …… 189

第三部分　全球空间安全与保护问题

第 11 章　载人航天 …… 193

11.1　引言 …… 193

11.2　国家载人航天 …… 194

11.3　国际载人航天 …… 194

11.4　未来的国际载人航天 …… 195

11.5　新兴商业载人航天 …… 196

11.6　商业载人航天管理 …… 198

11.6.1　当前管理结构：关于国家责任的《外层空间条约》第六条 …… 198

11.6.2　未来管理结构 …… 199

11.7　结论及汇总表 …… 202

参考文献 …… 205

拓展阅读 …… 205

第 12 章　全球空间安全管理 …… 207

12.1　引言 …… 207

12.2　外层空间军事和安全活动的发展趋势 …… 208

12.3　当前全球空间安全面临的挑战 …… 210
12.3.1　空间武器 …… 211
12.3.2　空间中的其他安全挑战 …… 216
12.4　现行空间安全管理体系的不完善之处 …… 218
12.4.1　对现行法律制度的分析 …… 218
12.4.2　防止军备竞赛 …… 219
12.4.3　减少空间碎片 …… 221
12.4.4　主动清除、管理碎片和在轨服务相关的准则条例 …… 222
12.4.5　武装冲突法 …… 222
12.4.6　全球协调的行星防御 …… 223
12.5　约束或鼓励在太空中负责任的行为 …… 223
12.5.1　厘清管理框架 …… 224
12.5.2　保护现有的空间基础设施 …… 226
12.5.3　提高空间基础设施的自我恢复性 …… 226
12.5.4　开发替代方案降低空间基础设施的重要性 …… 227
12.5.5　对不负责任的行为做出必要的反应 …… 227
12.6　结论及汇总表 …… 227
参考文献 …… 230
拓展阅读 …… 235

第 13 章　临近空间交通管理与协调控制 …… 236
13.1　引言 …… 236
13.2　探空火箭、轨道飞行器的发射与回收 …… 238
13.2.1　技术和运营方面的挑战 …… 239
13.2.2　航线与经济 …… 240
13.2.3　减少风险威胁与公平问题 …… 241
13.3　临近空间 …… 242
13.3.1　技术和运行方面的挑战 …… 242
13.3.2　航线与经济 …… 243
13.3.3　降低风险威胁与公平问题 …… 244
13.4　太空交通管理 …… 244
13.4.1　技术和运行方面的挑战 …… 245
13.4.2　航线与经济 …… 245
13.4.3　降低风险威胁与公平问题 …… 246
13.5　当前管理分析和可能采取的行动的考虑 …… 246

13.6 当前管理结构的充分性 …… 247
13.7 维持现状的风险和威胁 …… 248
13.7.1 当前的航天国家 …… 248
13.7.2 未来的航天国家 …… 248
13.8 特定的潜在、创新和适当的管理解决方案 …… 249
13.9 结论：主要风险、挑战、选择以及解决方案 …… 249
参考文献 …… 251

第四部分 “新太空”活动

第 14 章 在轨维修、主动清除碎片及相关活动 …… 255
14.1 引言 …… 255
14.2 需要新的解决方案和能力来应对空间碎片造成的威胁 …… 256
14.3 在轨维修和主动清除碎片的现状和演变 …… 258
14.3.1 轨道快车——DARPA/NASA …… 258
14.3.2 德国轨道维修任务—— DLR …… 258
14.3.3 凤凰计划——DARPA …… 259
14.3.4 机器人加注模块——NASA …… 259
14.3.5 太空拖船（ConeXpress 轨道回收系统）——轨道恢复公司 …… 260
14.3.6 空间基础设施服务——MDA …… 260
14.3.7 任务扩展飞行器——ViviSat …… 260
14.3.8 X-37B 轨道试验车——美国空军 …… 261
14.3.9 CleanSpace One - EPFL/eSpace …… 261
14.3.10 其他重要的国际在轨服务试验 …… 261
14.4 当前在轨维修和主动清除碎片框架下的法律问题和政策关注 …… 262
14.4.1 “空间碎片”是空间物体吗? …… 263
14.4.2 清除行为的合法性 …… 264
14.4.3 在轨维修和主动清除碎片的责任和义务 …… 266
14.5 政策问题：私人运营商的额外障碍 …… 267
14.6 应对航天系统在轨服务和主动清除碎片未来发展的可能监管行动 …… 268
14.7 结论及汇总表 …… 269
参考文献 …… 272
拓展阅读 …… 275

第 15 章 小卫星和巨型商业卫星星座 …… 276
15.1 引言 …… 276

15.2　小卫星和新型商业卫星星座的历史背景和趋势 …… 278
15.3　小卫星是一种颠覆性的创新，还是一种对不断变化和创新的空间产业现象的展示？ …… 280
15.4　小卫星和新商业发射服务提供商 …… 283
15.5　小卫星和星座趋势评估 …… 285
15.6　结论及汇总表 …… 288
参考文献 …… 290
拓展阅读 …… 291
第16章　空间开采和空间自然资源利用 …… 294
16.1　引言 …… 294
16.2　空间采矿的演变、现状和发展趋势 …… 296
16.2.1　从外层空间提取空间资源 …… 296
16.2.2　遥感的意义 …… 296
16.2.3　空间处理技术 …… 296
16.2.4　空间资源提取、运回和处理系统 …… 297
16.2.5　样本取回任务和现场分析 …… 297
16.3　月球资源 …… 298
16.4　近地天体 …… 298
16.5　未来成功进行空间采矿的挑战 …… 299
16.5.1　商业和金融挑战 …… 299
16.5.2　空间采矿新技术的关键发展目标 …… 300
16.6　空间采矿与国际空间法、太空管理和相关先例 …… 301
16.6.1　《外层空间条约》和《月球协定》的解释 …… 302
16.6.2　外层空间的私营部门 …… 302
16.6.3　主权/不占有与天体的“使用” …… 303
16.7　外层空间资源与未来监管需求 …… 304
16.7.1　潜在监管行动的考虑 …… 305
16.7.2　采用国家空间法范本 …… 305
16.7.3　国家空间法的单方面解释 …… 306
16.7.4　空间采矿管理方面需要国际共识 …… 307
16.8　环境与公共健康风险、危害和对空间采矿的关切 …… 309
16.9　创新和适当的管理解决方案 …… 310
16.10　联合国和平利用外层空间委员会和其他论坛 …… 311
16.11　挑战和选择 …… 312

16.11.1 商业空间活动征税或“全球共享”财务安排 …… 313
16.11.2 《美国空间资源勘探和利用法》是否为空间采矿监管的良好模式 …… 313
16.12 结论及汇总表 …… 314
参考文献 …… 317
拓展阅读 …… 320

第五部分　面向未来

第17章　宇宙灾害和行星防御 …… 323
17.1 引言 …… 323
17.2 减轻宇宙灾害的相关步骤 …… 323
17.3 行星防御面临的宇宙灾害和技术挑战 …… 325
17.3.1 有潜在危害的小行星和彗星 …… 326
17.3.2 行星防御与对近地天体使用核武器的法律问题 …… 326
17.3.3 近地天体挑战和潜在对策 …… 328
17.3.4 极端空间天气危害 …… 328
17.3.5 挑战和潜在对策 …… 330
17.4 考虑政策、法律、标准或其他问题相关的可能行动 …… 330
17.5 结论及汇总表 …… 331
参考文献 …… 334
拓展阅读 …… 335

第18章　空间环境问题 …… 337
18.1 引言 …… 337
18.1.1 空间环境问题的产生 …… 337
18.1.2 评估环境问题的方法 …… 338
18.2 地球和近地环境 …… 339
18.2.1 近地空间使用的物理危害 …… 341
18.2.2 非物质性环境恶化 …… 343
18.3 行星和小天体环境：利用外层空间的潜在影响 …… 344
18.3.1 对小天体和卫星的威胁 …… 344
18.3.2 对富含挥发性物质的天体的威胁 …… 345
18.3.3 全行星尺度上的环境威胁 …… 345
18.4 地球保护 …… 347
18.5 主要挑战、机会和威胁总结 …… 347
18.6 保护天体环境的现行管理制度 …… 348

18.6.1　科学行星检疫要求（PQR）/行星保护政策 …… 348
18.6.2　国际条例 …… 350
18.6.3　环境保护、道德和跨科学 …… 356
18.6.4　行星保护的科学和法律方法之间的冲突 …… 357
18.6.5　外层空间环境行为守则 …… 359
18.6.6　地球同步轨道的污染和拥堵 …… 361
18.7　结论及汇总表 …… 362
参考文献 …… 365
拓展阅读 …… 369
第19章　太空移民和殖民 …… 371
19.1　引言 …… 371
19.1.1　人类的本质 …… 371
19.1.2　移民 …… 372
19.1.3　移民作为持续进化的手段 …… 373
19.1.4　现状 …… 375
19.1.5　未来趋势 …… 376
19.2　现行管理体系 …… 377
19.2.1　历史根源 …… 377
19.2.2　充分性 …… 378
19.2.3　不足之处 …… 379
19.3　对未来管理体系的建议 …… 381
19.3.1　定居的目的和功能 …… 382
19.3.2　谁来解决？ …… 383
19.3.3　行为 …… 384
19.3.4　环境因素 …… 385
19.3.5　环境保护 …… 386
19.3.6　适用论坛 …… 386
19.3.7　管理结构 …… 388
19.3.8　资源稀缺性 …… 389
19.3.9　定居点的独立性 …… 390
19.3.10　可能遇到外星生命体 …… 390
19.4　其他需要回答的问题 …… 392
附件：火星公约草案 …… 393
参考文献 …… 398

延伸阅读 …… 399

第 20 章　太空在地球长期经济发展中的作用 …… 401

20.1　引言 …… 401
20.2　太空资产和技术的益处 …… 402
20.2.1　天基信息通信技术的益处 …… 402
20.2.2　天基地球观测的益处 …… 403
20.3　可持续性、空间活动和可持续发展目标 …… 408
20.4　管理挑战和潜在解决方案 …… 411
20.5　结论及汇总表 …… 413
参考文献 …… 415
延伸阅读 …… 418

第 21 章　将外层空间的利益和用途扩大到全人类 …… 419

21.1　引言 …… 419
21.2　分享外太空利益概念的演变 …… 421
21.3　发展中国家如何分享太空利益 …… 422
21.3.1　全球空间活动与联合国可持续发展目标 …… 423
21.3.2　人口增长 …… 424
21.3.3　射频竞争 …… 424
21.3.4　地球观测和免费数据 …… 424
21.3.5　数据共享的可持续性 …… 424
21.3.6　私营行为 …… 425
21.3.7　太空应用和共享太空惠益 …… 425
21.4　法律观点：“公平利用”和“公平分享”外层空间 …… 426
21.5　国际社会的看法 …… 427
21.6　为实现预期的公平性而提出的措施 …… 429
21.7　太空、发展中国家和获得有限自然资源 …… 430
21.8　国际空间法的统一事实适用性 …… 431
21.9　当前管理分析和潜在行动考虑 …… 431
21.10　具体、潜在、创新和适当的管理解决方案 …… 432
21.11　结论及汇总表 …… 434
参考文献 …… 436
延伸阅读 …… 437

第 22 章　全球太空管理能力建设 ……………………………… 438
22.1　引言 ……………………………… 438
22.2　太空教育的传统轮廓 ……………………………… 439
22.3　迈向 21 世纪的太空教育模式 ……………………………… 440
22.3.1　现有机构 ……………………………… 441
22.3.2　正规高等教育以外的教育和研究项目 ……………………………… 444
22.4　分析和建议 ……………………………… 446
22.5　结论及汇总表 ……………………………… 449
参考文献 ……………………………… 451

第六部分　结论与未来之路

第 23 章　结论、综合调查结果和一般性建议 ……………………………… 457
23.1　引言 ……………………………… 457
23.2　全球太空管理的传统和新机制 ……………………………… 459
23.2.1　全球太空管理的跨部门问题 ……………………………… 459
23.2.2　过去的先例和全球太空管理的新来源 ……………………………… 459
23.2.3　新太空举措对全球太空管理构成的挑战 ……………………………… 460
23.2.4　未来挑战 ……………………………… 461
23.3　研究中出现的主题 ……………………………… 463
23.4　结论和展望 ……………………………… 465
参考文献 ……………………………… 467

附录 A　撰稿人传记 ……………………………… 468

附录 B　术语表 ……………………………… 503

附录 C　关键文档的案文 ……………………………… 517

第一部分

空间活动的法律和监管框架

第 1 章　全球太空管理研究导论

1.1　引言

2014 年 5 月 29 日至 31 日，颇具历史意义的第二届曼弗雷德·拉克斯全球太空管理国际会议在加拿大蒙特利尔的麦吉尔大学航空和空间法研究中心举行。来自 22 个国家的航天和非航天领域的 120 多名专家出席了这次国际中立会议。这次会议的引人注目之处在于，它不仅聚集了空间法律和政策方面的专家，而且聚集了致力于创新空间技术、破解宇宙奥秘、创建有利于人类的全球太空管理新机制的科学家和工程师（见图 1－1）。

图 1－1　第二届曼弗雷德·拉克斯会议开幕式，该会议通过了《蒙特利尔宣言》
（从左到右：Yaw Nyampong，Cynda Arsenault，Ram Jakhu，George Robinson 和 Daniel Jutras）

经过三天的介绍和激烈讨论，大家认识到，创造全球太空管理美好未来最缺失的因素之一既不是条约法的新建议，也不是空间法白皮书；既不是更详尽、更复杂的技术论文，也不是开发宇宙的新系统；而是在空间探索、使用和开发的管理方面缺乏与时俱进的知识、思想和高层对话，导致在全球太空管理的更新与迭代方面存在巨大空白。从本质上讲，我们需要的是更有效的国际和跨学科对话。空间法的设计和监管过程需要学术界、政府、国际组织、非政府组织、工业界、新的太空初创企业以及科学家、工程师、太空机构、商业太空企业和企业家之间进行更多的互动以及思想和信息交流。在过去的半个世纪中，世界范围内尤其是在航天领域，出现了很多变化。在这些变化中，以下几点是最关键的：

1）全球地缘政治格局已经彻底地从两极化变成了多极化，全球经济（以及最终的政治）力量可能会向发展中国家和新兴的航天国家转移，如中国、印度和巴西等。

2）空间活动不再由少数国家进行。目前有60多个国家运行着自己的卫星，超过12个国家拥有独立的发射能力。在世界范围内，70多个政府空间机构正在鼓励和增强空间能力，在不久的将来，随着发射更多的卫星，预计空间活动将呈指数级增长。

3）目前，1 300多颗卫星和6 000多吨空间碎片在轨道上运行。其中，正在运行的卫星中，中国、欧洲国家和其他国家共620多颗，美国约550颗，俄罗斯约131颗，这两个国家为空间主导大国。

4）政府不再是占主导地位的太空运营者。太空商业化似乎是当代主题之一。据估计，全球空间活动的年经费水平已达3 300亿美元，且在2014年和2015年分别以年均9.7%和10%的速度增长。

5）太空用于军事目的的用途正在扩大。军事实体正在增加对商业卫星的使用和依赖。军民两用的航天器及其搭载的有效载荷使得军事、民用、人道和企业之间的传统划分复杂化。各国对太空武器化的认识日益加深。人们也开始担心恐怖分子会将太空作为下一个战场。

6）太空活动不再是少数几个国家独有的冒险活动。空间对所有国家都至关重要。它在提供关键服务方面发挥着关键作用。目前约有200个国家和地区利用卫星进行通信、导航、遥感和天气预报；还用于监测和处理气候变化和全球污染；监测裁军协定的遵守情况；预防和减轻地球上和空间上的化学和生物事故以及灾难恢复、安全和风险管理。银行时间戳记、飞机起降和互联网同步都依赖于导航卫星的精确授时。没有卫星，经济、社会和政治将受到干扰，国防系统也将受到极大的影响。

7）全球对太空管理的兴趣日益浓厚。截至2016年年底，联合国和平利用外层空间委员会（UNCOPUOS）已有83个成员国，成员名单还在扩大中。

8）涉及全球太空管理的许多新的法律和政策问题正在迅速出现。这些问题包括但不限于：a）无线电频率和轨道资源短缺；b）商业空域以上、外层空间以下称为临近空间的区域的新用途；c）对卫星和高空平台信号的有害干扰，包括在某些情况下的故意干扰；d）空间碎片；e）可能存在的宇宙自然灾害以及对行星防御日益迫切的需求；f）地球-空间环境和空间的长期可持续性；g）安全有效地利用天基太阳能；h）安全、规范和受控的人类太空和近太空旅行（太空旅游、高超声速跨大陆旅行和私人空间站）；i）关于月球和小行星商业开采的有效、全球化、商定的法规和程序，以便安全地提取和处理太空中的自然资源；j）对控制和遏制可能发生的空间冲突的考虑；k）对恐怖主义分子将来可能使用空间的考虑；l）一系列涉及公平使用外层空间以及全球公平地共享探索利用外层空间而出现的其他新问题（包括实现联合国的可持续发展目标）。

这些问题和其他一些前所未有的发展（在目前的全球太空管理制度的制定过程中尚不

为人所知）被认为在不久的将来对太空活动，以及全人类和平可持续利用空间产生严重的负面影响，例如维护全球在外层空间的公共利益。

1.2　研究目的

蒙特利尔会议认为，评估目前全球太空管理制度的效力并提出适当的管理制度以解决目前和新出现的问题的时机已经到来，因此以协商一致的方式通过了《蒙特利尔宣言》。本章末尾提供了这一简短声明的全文。

《蒙特利尔宣言》呼吁公民、学术界、政府、私营企业和其他利益相关者共同开发一个有效的全球太空管理制度，以和平、可持续地探索和利用外层空间，造福全人类；同时作为这项全球计划的一部分，使新的商业太空工作和常规太空机构计划得以向前推进。此外，它呼吁麦吉尔大学航空和空间法研究中心牵头发起、完成一项关于空间法规和标准的驱动因素的国际跨学科研究。会议认为该研究应：

1）分析不断变化的全球经济、政治和社会条件以及对空间基础设施的依赖性；

2）确定和评估所有已知的空间威胁和风险；

3）研究空间机会及可持续与和平利用外层空间的必要性，以及为全人类的利益探索和利用空间的必要性；

4）确定需要填补的安全、技术和操作空白；

5）建立适应当前和新出现的空间活动的太空管理协定、安排、条例、标准和体制机制。

这本书是对《蒙特利尔宣言》深思熟虑后的回应。筹备工作大约花了三年时间，并吸收了来自世界各地约 80 名法律、技术、政府和商业航天专业人员的专业知识。其目的是提供一项国际性、跨学科中立的研究报告，对全球太空活动和管理的“全局”进行全面研究。本书采用自下向上的方法，解决了以下具体问题：

为了切实有效地实现为和平目的以及为全人类的利益而可持续利用空间的目标，未来 20～30 年全球太空管理的形式和实质应是什么？

1.3　全球太空管理的定义

在这项研究的背景下，有一个问题自然出现在人们的脑海中，即什么是外层空间的全球管理或者什么是“全球太空管理”。

当然，多年来，世界一直在以各种方式应对全球管理的需求。这种需求促成了相关国家签订了强有力的《国际海洋法》；形成了涵盖南极等全球公域的国际领域条约；促成了国际民用航空组织（民航组织）的成立和 1944 年《芝加哥公约》的通过，以协调国际航空航行、旅行和安全；当然，还有联合国及其所有专门机构的建立。其中一些比较专业的国际机构，例如国际电信联盟（国际电联），在分配航天器使用的无线电频率以及协调各种地球轨道上的活动以防止干扰方面发挥了关键的“管理”作用。

全球管理是一个广泛的术语，可以有多种解释和含义。就本书而言，“全球太空管理”是指国际、地区或国家法律以及管理或规制与空间有关的事务或活动的监管机构和行动/方式/过程的集合。这一概念涵盖了所有的文书、机构和机制（包括国际和区域条约、协定和规章），国家法律法规，技术标准和程序，行为准则，太空交通规则和准则，透明度和建立信任的措施。简而言之，全球太空管理（或外层空间的全球管理）是与外层空间事务或活动相关的全部协议、法律、法规和其他机制（强制性和自愿性），包括制定有关国际、国家机构监管与执法的流程。

有效治理的核心在于受托人有义务为追求正确的利益而做出决定。因此，如果将太空管理的重要方面委托给一个或多个国际机构，那么这些机构如何利用委托给它们的权力（例如管制进入的权力）达成共识和明确规定至关重要。它们是根据有关公约缔约国的最大利益，还是那些拥有太空计划的国家的最大利益，还是所有国家的最大利益，还是全人类的最大利益做出决定？不同的标准可能会导致不同的决定和不同的资源分配。这些基本问题是本书中用来评估现有太空管理系统并提出改进建议的标准，以便实现为和平目的以及为全人类利益而可持续利用外层空间的目标。

1.4　使用方法

本书的简单前提是，空间政策和法律、空间工程和空间业务的专家将决定空间发展和开发的未来。他们需要更有效的合作以创建代表未来的全球太空管理的各种机制（例如国际协议、协调机制、政策、法规、标准和法律）。要做到这一点，他们首先必须更多地沟通。工程师、商人、决策者和律师需要更好地了解他们每个人面临的挑战和问题。寻找使立法者参与这一过程的方法也至关重要。

根据编辑们和各种专家的意见，首先草拟了该书的大纲，确定了与全面研究全球太空管理的性质和未来有关的问题和主题。本书是由世界太空事务和活动领域的顶尖专家共同起草、同行评审共同参与并寻求了来自世界各地的公共和私营企业、政府间组织和非政府组织的学者和知识渊博的专业人士的意见，以确保书中包含的信息和数据的准确性，真正地反映利益相关者的利益和担忧。本书主要起草人、编辑、审稿人和赞助机构列于本书文前。

因此，本书是所有贡献者的集体著作，其起草和定稿过程中没有任何章节、小节或想法归属于任何特定的个人或机构。有几位作者已同意在不署名的情况下收录自己的文本。采用这种做法是为了得到坦率和真实的观点，而不用担心政治、国家和职业的压力或影响。

迄今为止，从未尝试过以这种方式对所有与全球太空管理相关的主题和问题进行全面、国际化、跨学科和客观的概述。我们的意图是在知识渊博的以个人身份积极参与的个体和世界各地与空间有关的机构的密切合作下完成这项艰巨的任务。我们认为，太空是国际共享的领域。显然，空间越来越具有战略意义。它是一个国家的行动最有可能影响另一国利益的领域。任何管理子系统的性质和级别都可以确定该系统打算创建的秩序的有效性、可预测性和稳定性。人们认为，全球性问题需要通过全球参与来寻求和执行全球性解决办法。因此，本书试图确定和评估与空间活动有关的所有已知的影响和风险，而这些影响和风险不能仅在国家一级得到有效管理，而是需要通过统一的规则或准则、标准和守则来进行某种形式的国际协调和管理行为，以及通过国际机构进行某种形式的有效执法。

1.5　本书的范围、性质和预期作用

随后的22章试图回应来自《蒙特利尔宣言》的特定指令。章节主要内容如下：

第一部分讨论了全球太空管理的背景和重要性，为后文做铺垫。重点从全球、区域和国家的角度概述现有的全球太空管理机制。自1979年《月球协定》通过后，约束性国际管理机制或多或少地停止了发展，而国际软法律文书、国家法律、法规和政策则迅速出现。本部分探讨了现有和新兴的"习惯法"和"软法律"(例如，透明度和建立信任措施)制度对全球太空管理的影响程度。此外，还考察了替代机制（"软法律"）或国家法律和标准是否可以帮助发展国际上可接受的全球太空管理形式。同时，探讨了区域合作机制(区域内和区域间太空管理倡议）的影响（优点或缺点)，以确定它们是否对全球太空管理起到补充作用。

本部分还探讨了全球太空管理对国家制度的影响和国家制度对全球太空管理的影响，以及管理制度可能出现的分裂和冲突所带来的挑战及其协调一致的必要性。众所周知，私营企业的作用正在扩大，并正在对全球太空管理产生强大影响。因此，还讨论了私营商业航天企业在监管过程中发挥的日益重要的作用，这一因素在20世纪60年代和70年代通过的《外层空间条约》和其他空间条约中并未得到认真考虑。本书第一部分表明，必须审查现有的全球太空管理机制是否符合空间商业化日益增长的趋势，以及如何在全球太空管理下平衡最佳的商业考虑与全球公平的需要。

第二部分介绍了最近几十年呈指数增长的几种空间应用（用途)。这些应用展示了目前和未来对人们日常生活的实际好处。第二部分各章节描述和分析了与卫星通信（包括广播和其他通信服务)、遥感与对地观测（包括天气预报、全球气候变化、灾害管理、搜索与救援等)、全球导航卫星系统和服务（包括空间态势感知)、空间太阳能发电卫星（从单纯的概念发展到未来的实施）等有关全球管理的关键问题。太空发射服务一章概述了一项对实现空间利用至关重要的活动。

本部分的每一章通常包含：1）讨论有关空间活动的发展演变、现状和今后的主要趋势；2）分析目前适用的监管制度的充分性及不足；3）关于可以或应当采取的改善当前和未来状况的全球管理行动的具体和适当建议，以及以和平和造福全人类为目的，为可持续利用空间而采取积极行动的论坛。目前，为使这些分析和建议尽可能可行和切合实际，有关方面已做出了尝试。

第三部分涵盖了与空间安全有关的新出现的问题，这些问题在很大程度上可能对所有国家和平利用外层空间产生直接的负面影响。章节内容涉及载人航天（包括商业和旅游）、空间安全管理、临近空间交通管理与协调控制。

空间安全正变得极其重要，因为更多的军事和军民双重用途的活动正在扩大，空间中发生冲突的可能性越来越大。本部分讨论了与空间战略用途的管理、武器化控制、太空恐怖主义、裁军计划等有关的问题，以便研究为和平目的和全人类的利益可持续利用空间所面临的威胁。这类应用包括商业亚轨道空间飞行、具有各种操作载荷的平流层气球、货运机器人、高超声速运输、高空平台系统、离子发动机驱动的从深空或亚轨道发射到低地球轨道（LEO）的飞行，以及可能的空间电梯或绳系运输系统的及时操作。研究的其他问题涉及平流层及以上的环境控制、辐射暴露的健康标准和其他有关的安全标准。

第四部分为“新太空”活动，包括太空机器人和主动碎片清除技术、小卫星、巨型星座（特别是低轨卫星星座），以及空间自然资源的开采和利用。重点是捕捉此类活动发展中的关键未来趋势，评估当前适用的管理体系的充分性和不充分性，并就全球管理行动提出适当的建议，以促进其活动的开展，从而改进和扩大空间利用的积极因素，造福全人类。

第五部分论述了自 20 世纪 70 年代以来由于太空活动的范围和性质的重大变化而出现的新的和普遍的挑战，以及为了当代和子孙后代的利益而维持空间的可持续利用而必须解决的广泛问题，包括有潜在危害的小行星和彗星以及极端空间天气；空间环境问题（包括太空碎片、进入太空的可持续性、污染和行星保护等）；太空移民和殖民；地球磁层变化和范艾伦带的防护罩可能带来的危险；太空在地球长期经济发展中的作用；将外层空间的利益和用途扩大到全人类；全球太空管理中的教育和能力建设。关于太空移民和殖民的主题还提出了生活在外层空间和天体上的新管理规则，特别是与资源稀缺、生活在外层空间的可接受行为以及外层空间定居点的独立性等有关的问题。

最后，第六部分包含结论、总结以及对未来全球太空管理的适当的、系统的建议。本部分应与各章（第 2 章到第 22 章）结尾处的各种表格一起阅读。

尽管在本书的第一部分中详细介绍了国家、区域和全球层面上某些复杂的空间法律法规，但是如果读者对空间相关活动及其监管的特定领域感兴趣，则可以直接阅读最感兴趣的章节。

我们相信，本书内容对空间决策者、空间律师、空间机构、新太空企业家以及与空间有关的机构是有用的。凭借其全面性和跨学科的分析，本书力图提供全方位的可能性，为未来铺平道路。本书的重点是实用的、合理的、可实现的目标，以实现未来的空间发展，并避免烦琐的法规阻碍未来人类活动在空间领域的发展，因为人类活动在空间领域充满了增长的可能性和对全人类有益的潜力。因此，许多建议集中于诸如国家法律、透明度和建立信任措施（TCBM）、行为准则、安全标准、空间机构之间的协调行动以及受尊敬的国际机构［例如，国际宇航科学院（IAA）、国际空间安全促进协会（IAASS）、国际空间大学（ISU）或其他具有相关空间研究和工程计划的国际知名组织］进行的国际和学科间研究等行动上。

这本书的独特之处在于它试图解决技术标准、政策选择和法律问题，这些问题阻碍了更有效的全球太空管理。此外，每个与空间发展主题有关的章节都试图确定挑战和可能的领域，在这些领域中，全球太空管理的新要素可以协助未来的空间发展。本书试图确定空间活动的哪些方面需要进行全球管理，以及在何处、何时以及对谁适用这种管理系统。如果管理体系还不存在或不够充分，这本书将探讨如何建立或加强管理体系以及由谁来建立体系。

简而言之，这本书很可能首次在全球范围内让空间律师、空间政策专家、空间工程师和空间企业家一致努力开启新的对话方式。正如学者、工程师、商人和企业家团队所认为的那样，它列出了空间发展的许多关键要素，这些要素对于未来至关重要。

探索太空发展特定领域中新出现的问题和挑战对国际社会来说是有价值的。诚然，其中所包含的分析和对未来行动方针的建议远非完美，而且并非所有提议的行动都能获得全球共识。不过，这些想法和拟议的行动可以帮助在多边层面和联合国和平利用外层空间委员会内为进一步讨论和建立协商一致意见奠定基础。此外，这项全面研究的与空间相关问题有关的内容和讨论可能将在各种国际论坛上讨论，特别是计划于2018年举行的UNISPACE＋50会议，将考虑在未来的几十年中对全球空间的进一步发展采取积极的管理。为此，在联合国和平利用外层空间委员会和联合国外层空间事务司的领导下，已经对协调全球太空管理的研究做出了努力。

蒙特利尔宣言

2014年5月29日至31日，在加拿大蒙特利尔麦吉尔大学举行了第二届曼弗雷德·拉克斯全球太空管理国际会议。

来自22个国家（航天国家和非航天国家）的120多名空间活动和管理方面的专家出席会议。

作为开展国际化的关于全球太空管理和不同类型的跨学科讨论的指定场所，会议：

认识到自20世纪六七十年代建立的现有全球太空管理体系，国际社会并没有对其进行全面审查；

认识到全球管理的概念是全面的，包括广泛的行为守则、建立信任措施、安全概念、国际机构、国际条约和其他协定、条例、程序和标准；

注意到全世界特别是空间探索方面出现了许多变化，这些变化对当前和未来的空间活动以及为和平目的和全人类的利益（即全球外层空间的公共利益）而可持续地利用空间产生了严重影响；

认为当前应评估全球太空管理制度的有效性，且应提出适当的全球太空管理制度，以解决当前和新出现的关切问题。

经与会专家协商一致，决定：

呼吁民间社会、学者、政府、私营企业和其他利益攸关方考虑建立一个工作组，筹备和召开一次国际会议，审议并商定针对政府和有关国际组织的建议，旨在建立和平和可持续地探索、利用和开发空间的全球管理体系，造福全人类。

1. 确保在全球所有主要利益攸关方（即国家和非国家行为者）参与的情况下尽快举行拟议的国际会议，包括：国际政府间组织、有关区域组织、非政府组织、有关国家部委和空间机构、学术机构、独立的商业企业和个人。

2. 呼吁麦吉尔大学航空和空间法研究中心牵头发起和完成此项研究内容，并利用各种形式的媒介广泛传播。这是一项以全球受众为对象的国际性的跨学科研究，旨在对空间法规和标准的驱动因素进行研究。

3. 确保上述研究审查以下及更多内容：

（1）不断变化的全球经济、政治和社会条件以及对空间基础设施的依赖；

（2）确定和评估所有已知的空间威胁；

（3）空间机会及全人类可持续与和平利用、探索和开发空间的需要；

（4）需要填补的安全、技术和操作空白；

（5）与当前和新出现的空间活动问题有关的适当的太空管理标准、条例、安排、协议和机构。

2014 年 5 月 31 日于蒙特利尔完成。

第2章　全球太空管理现有机制概述

解决的关键问题

· 全球太空管理机制的演变、与其他管理机制的区别，以及现有的全球太空管理机制在服务全球太空公共利益方面是否成功？

· 对五项现有的联合国空间条约及其目前的影响、范围和批准情况进行调查。它们与全球太空管理相关的主要特征是什么？存在哪些不足？

· 联合国及其专门机构是规范、协调或标准化空间活动和做法的最佳组织吗？

· 还有哪些论坛？它们如何为有效解决全球太空管理问题做出贡献？

· 现有的和正在出现的非约束性的“软法律”（例如，决议、准则、透明度和建立信任措施等）如何以及在何种程度上影响全球太空管理？

· 考虑到目前和未来对空间的利用，是否有其他或补充机制，例如标准和行为守则，以及这些机制在多大程度上能够有效地实现一种国际上可接受的外层空间全球管理形式？

2.1　引言

本章提出的问题是，现有的全球太空管理制度是否足以通过支持当前和拟议的未来空间活动来服务全球外层空间公共利益。“全球外层空间公共利益”是指无论各国的经济和科学的发展程度如何，探索和利用外层空间（包括月球和其他天体）的目标均应顾及所有国家的利益。同时应根据包括《联合国宪章》在内的国际法，维护国际和平与安全，促进国际合作与相互理解［GA Res 1962（XVIII）；Outer Space Treaty；Jakhu，2006］。

为了理解全球太空管理的背景，本章首先讨论全球管理的普遍现象。然后，概述五项联合国核心空间条约、20世纪负责太空管理的联合国机构、由于联合国系统的局限性而承担了太空管理任务的替代机构，以及由于碎片化结构而导致的已经创建和正在创建的非约束性的“软法律”工具（制度）等。还将讨论每个现有管理机构的充分性或不充分性。但是，鉴于本书的后面大多数章节会就外层空间活动中的特定问题提出与上述相似的问题，因此本章将不会进行透彻的分析和提出详细的建议。相反，重点将讨论这些系统和机构是否确实满足全球公共利益，或者我们是否应该寻求创建新的系统和机构。

2.1.1 通用全球管理体系的演变

全球管理由众多法律机制（如规范、规则和体制）组成，这些法律机制通过政治进程和实体落实，影响和平与安全以及社会和经济的发展。全球管理作为国际合作的制度化政策，是在 20 世纪随着国际法和国际组织的建立而产生的。在国际法为主权国家提供“游戏规则”的地方，私人和公共机构成立了国际组织，通过统一西欧跨越国界的运输、通信的规则和标准来促进工业增长和发展并创造更大的市场［Murphy，1994］。事实上，最早的国际组织之一是由维也纳会议于 1815 年成立的莱茵河中央导航委员会（CCNR）。然后是国际电信联盟（ITU），国际电信联盟是在 1865 年以国际电报联盟的名义成立的，目前是太空管理的关键机构之一。这促成了更好的跨境基础设施和更大的欧洲工业市场，导致了第二次工业革命。

第二次世界大战后，以美国为首的最重要的国际组织随之建立了布雷顿森林体系，其中包括一些金融组织，如世界银行、国际货币基金组织（IMF）、关税和贸易总协定（GATT）［于 1994 年演变为世界贸易组织（WTO）］。此外，联合国于 1945 年成立，取代了失败的国际联盟。现在，联合国几乎囊括了所有国家，取得了更大的成功。

下一代国际组织出现在 20 世纪 60 年代中期，并以国际通信卫星组织（INTELSAT）的成立为起点（INTELSAT 是一个共享卫星电信和电视广播的政府间组织）。这一代组织由联合国领导，并基于交通、通信和信息技术的转变而开创了工业发展的新时代。国际组织响应了时代的需要，加强和平，也促进经济发展。也许，由于我们在空间方面的活动和我们对空间技术的依赖都有所增加，现在是国际组织再次结合的时候了。

然而，全球管理不仅仅是所有国际组织的总和。它由一系列参与者组成：主要的国际组织（联合国、世贸组织、货币基金组织、世界银行等）；准正式政府间会议（G7/8、世界经济论坛等）；国际非政府组织（如红十字国际委员会）和私人协会（如国际商会）［Wilkinson，2002］。事实上，全球管理已经发展并演化为无数具有各种联系的子系统，从中产生了多中心的管理模式［Scholte，2008；Tepper，2014］。

由于国际法最初是由独立国家制定或在独立国家之间制定的法律，因此全球管理也以国家作为其核心来创建规范、规则和机构，它们是这些机构的成员，也是这些规则和规范的主体。从全球管理的早期开始，它就像国际法一样，逐渐将非国家行为体包括在上述所有角色中，主要是社会公民和商业行为者。这些非国家行为体包括次国家实体，如国家非政府组织、公司，甚至一些个人，以及国际实体，特别是国际非政府组织、跨国公司和政府间组织。

全球管理及其超国家的规范、规则和机构的兴起，并不一定意味着当今的国家更加弱小或者其活动受到限制。相反的是，国际法中的基本主权原则仍然很牢固。实际上，还有一些因素扩大了国家的权力，从国内立法和法规的增加到全球管理都为它们带来了新机会，例如国际贸易和许多问题上的国际合作。能够成功驾驭全球管理的国家比以往任何时候都强大。在空间方面，国际通信卫星组织、国际海事卫星组织（INMARSAT）、欧洲通信卫星组织（EUTELSA）、欧洲气象卫星组织（EUMETSAT）、全球卫星通信系统（INTERSPUTNIK）和阿拉伯卫星通信组织（Arabsat）使国家能够享受卫星通信和气象服务的好处，其中许多服务不可能在国家一级上得到提供。

换句话说，国际合作使各国能够利用并向其国民提供本无法享用的服务。国际合作还使各国能够通过共享卫星数据更好地处理自然灾害，这是建立联合国灾害管理和应急天基信息平台的目的。因此，全球管理不能取代国家。此外，全球管理的目标不是强迫各国以某种方式行事。事实上，各国继续为促进本国的国家利益而采取行动。然而，这些利益已经并将继续引导他们在许多问题上进行合作，推动并参与全球管理。

由于全球管理并未包含在单一的全球宪法中，因此它是灵活且不断变化的。新的论坛和组织建立并采用了新的规则和规范，而现有论坛和组织的任务范围则扩大了。

在整个 20 世纪，有一种趋势是通过谈判达成具有普遍性和法律约束力的条约，以自上而下的方式规定总体政策、规范和规则，并建立具有明确授权的国际组织。然而，在 21 世纪，这种国际管理的意愿和愿望似乎正在减少 [Falkner et al.，2010]。本已脆弱的国际法变得更加脆弱，全球管理体系——无论是法律体系还是制度体系——正在分崩离析。正如国际法委员会（ILC）在 2006 年的报告中指出的那样，国际法的分散化是一个普遍的现象 [ILC Report 2006]，国际机构和组织的分散化也是一个普遍现象 [Ruggie，2014]。

尽管全球太空管理的范围正在扩大，但挑战也在增加。当今世界是多极化的。随着西方主导影响力的明显下降，人们需要一种与新的多极世界更紧密相关的国际体系，一种更加多中心的体系。

2.1.2　全球太空管理是否具有特殊性

在讨论全球太空管理时，必须牢记两个事实。第一，并非所有属于太空管理的活动实际上都位于外层空间。第二，这种管理在可预见的未来仍然是，并将继续是基于地球环境的，因此依赖于各国政府、国际组织和论坛以及地球上的其他参与者。基于这些原因，人们可能会认为，全球太空管理与一般的全球管理不可能有明显区别。

尽管如此，外层空间环境的独特特征以及在太空中进行的活动确实使全球太空管理显著不同，尽管并不完全不同。那些促使太空领域的先驱和领导更好、更和平地开展工作的精神在联合国大会关于太空探索的第一项决议中得以体现："避免目前的国家对抗扩展到这个新领域" [GA Res 1348（XIII）]。这种新的精神伴随着 1967 年《外层空间条约》的谈判，主要是由美国和苏联进行的。在冷战期间，尽管两国在其他领域的竞争仍在继续，但这两个超级大国通过建立一个有远见的太空法律框架进行了合作，后来甚至在太空任务方面进行了合作。当时的美国国务卿表示，谈判是简短的，谈判"以一种商务方式进行，几乎没有争论，在就条约性质达成一致的前提下，在很短的时间内就结束了" [Statement of Rusk，p. 111]。太空带来了新的梦想、愿景和合作。时任美国总统林登·约翰逊（Lyndon B. Johnson）宣布：

该条约演变过程中的"合作事实"应被视为"对完善和平的重大贡献"……

达成这种协议的气氛显然是一个令人鼓舞的征兆，这将使我们在其他领域继续不断寻求有助于加强和平机会的谅解。

在空间外交中，正如在空间技术中一样，始终至关重要的是，不要把临时的成就误认为最终的成功。我今天递交给参议院的这项条约就是这样一个过渡性的成就——意义重大，但不是向前迈出的最后一步。

它推进了过去十年的努力，通过缩小潜在冲突的范围来扩大和平的领域［Message from President Johnson，p. 58］。

空间所提供的鼓舞并没有消除所有国家竞争或人类的其他缺点。然而，在当代以利益为基础的国际政治中，以改进和重新审视合作伙伴关系为基础的全球太空管理模式可以改善其他领域的全球管理。

相对人类历史而言，全球管理是一个新的概念，而太空探索更是一个新兴领域。如果说全球管理取得了一些成就，也面临一些困难，那么全球太空管理就取得了更多的成功，但也并非没有挑战。下一章将回顾全球太空管理及其演变、成就和挑战，并进一步提出改进当前各种问题管理机制的方法，使人类能够更好地利用外层空间提供的机遇。

2.2 现有太空管理机制是否满足当前和未来全球外空公共利益

今天，太空管理机制是20世纪太空竞赛中通过的国际协议与一些国际组织为处理出现的具体问题而制定的不具约束力的原则和指导方针的结合。这些协定和原则的案文见附录C。

然而，由于世界已不再是两极而是多极的，而且由于有更多的国家和非国家行为体积极参与空间活动，相互竞争的利益已变得更加多样化。虽然由134个发展中国家组成的77国集团一贯主张有约束力的文书，但有些国家已不太愿意接受新的有约束力的准则。因此，联合国及其专门机构在谈判新的条约方面没有取得成功。相反，非约束性“软法律”规范的数量在增加，参与这些规范创建的实体数量也在增加，它们有时相向而行，有时相互冲突。

这看似可能是一个再简单不过的问题，但真正的斗争往往发生在各国追求自我利益与国际务实合作时，全球太空管理领域显然意识到了这个问题。一方面，迄今在没有冲突的空间领域已经取得了成功的国际合作和有效的管理。诸如国际电信联盟（ITU）之类的机构以几乎全民参与的方式开展工作。另一方面，很明显，我们在空间中的活动性质正在以两种主要方式发生变化。第一，空间活动正在变得更加商业化。第二，许多航天工业部门的行为者和利益相关者，无论是政府还是私人，都在迅速增加。显然，现有机构并不是为了规范或管理这种新出现的范例而创建的。因此，过去的成功不太可能转化为未来的成功，特别是当某些国家可能希望采用以自身利益为动力的方法而不是寻求合作的管理观点时。

尽管有一些实体致力于全球公共利益，如国际电信联盟，但不能保证这种全球利益是不同机构和制度的头等大事。正如后面将要讨论的那样，执法机制通常是薄弱的，这意味着，随着我们向一个更具竞争性的环境空间的前进，新形式的全球管理将是必要的，以确保短期的、个人的利益不主导长远的全球公共利益。

2.3　现有的五项联合国空间条约

五项管理空间活动的核心国际条约当然不是国际法和外空管理的外部界限。但是，这些条约是主要的具有国际约束力的文书，并构成了其他“软法律”原则和指南的基础。它们是 20 世纪 60 年代和 70 年代的产物，因此它们非常“以国家为中心”[von der Dunk，“International Space”，2015b，p. 45]。尽管如此，它们仍然构成全球太空管理的重要基础。

这五项条约都是通过联合国和平利用外层空间委员会进行谈判取得的，该委员会是联合国于 1958 年成立的一个机构 [GA Res 1348（XIII）]。联合国和平利用外层空间委员会通常以协商一致的方式开展工作。但是，未投反对票的协议并不一定意味着所有国家之间都一致同意，这通常意味着他们做出了妥协 [Lyall & Larsen，2009，pp. 19 – 42]。因此，这五项条约的内容并不总是清晰的，而是留有解释的余地。为了理解这些条约的含义，有必要简要介绍一下条约法。

2.3.1　条约法

尽管某些联合国条约被称为“协定”或“公约”，但就这些条款在国际上的法律意义而言没有任何区别，都是具有法律约束力的条约 [VCLT，art. 2（1）（a）]。

条约充当国家之间的国际合同。它们具有约束力，因为各国明确同意其条款，并通过签署这些合同证明其意图 [VCLT，art. 11]。但是，签字本身通常是不够的，因为各国还必须批准该条约，并且通常还必须将该条约写入其国家法律。因此，尽管条约可能是由各国在会议上或谈判结束时签署的，但根据具体条约的条款，该条约要经过一定数量的国家履行批准程序后方可生效 [VCLT，arts 2（1）（b），14]。然而，一旦一国签署了一项条约，即使它尚未正式批准，它仍然有义务避免出现违背该条约的目的和宗旨的行为 [VCLT，art. 18]。

如果一国的行为违反了条约的一项规定，受到损害的任何其他国家可要求违约国停止该行为，或在某些情况下向国际法院起诉引起损害的国家 [Articles on State Responsibility，art. 42（a）]。五项空间条约所包括的一些义务也可视为普遍的义务，即对整个国际社会都通用的义务。在违反这种义务的情况下，作为条约缔约国的任何其他国家都可以提出索赔，而不必为损害提供证明 [Articles on State Responsibility，art. 42（b）]。然而，这一制度的弱点之一是执行机制非常少。如果一个国家选择无视国际法院的一项裁决，即使它违反了国际义务，也许除了经济和贸易制裁或主要通过联合国施加政治压力之外，就没有什么可做的了。

2.3.2　1967 年《外层空间条约》

联合国和平利用外层空间委员会的任务是起草一项条约，以维护和平利用外层空间。根据联合国大会第 1962（XⅧ）号决议中不具约束力的许多措辞，联合国和平利用外层空间委员会通过了《外层空间条约》，其中载有管理空间活动的核心法律原则。

目前，《外层空间条约》有 104 个缔约国，表明国际参与极为广泛。其中 89 个国家是谈判国，其余国家已经加入或者在某些情况下成功加入了该条约。例如，苏联在 1967 年批准了该条约，在 1992 年苏联解体后俄罗斯联邦继承了该条约。

第一条保障的“自由”主要包括探索自由、进入空间和天体所有区域的自由以及科学调查的自由。所有这些自由还旨在保证“探索和利用外层空间应造福和符合所有国家的利益”“不得在基于国际法的平等和公正的基础上进行任何形式的歧视”和“应为全人类谋福利”。因此，虽然当时只有美国和苏联才有能力进行有意义的太空探索和利用活动，但各国都有意愿确保空间不只是这两个强国的领域。这是特别希望并通过非航天国家，主要是发展中国家的积极参与而实现的［Jakhu，1982］。

问题是，当一些国家而不是所有国家使用用于远程通信、电视广播和其他商业服务的轨道位置时，在多大程度上能够真正保证探索和利用空间是“符合所有国家的利益”。对未来的开采探险也可以说是为了某些国家或商业实体的经济利益，但不一定是为了所有国家的利益和全球公共利益。尽管第九条要求各国“在适当顾及所有其他缔约国的相应利益”和“以合作与互助原则为指导的前提下”在太空开展其所有活动，但这些基本上只是行为义务，并且行为义务不能保证任何特定的结果，而且从定义上讲是薄弱的［Crawford，2012，p. 221］。因此，很难断言一个国家是否违反了这项义务，特别是因为《外层空间条约》的执行机制有限。

保护空间或天体不受国家垄断甚至殖民化也在第二条中得到呼应，其中禁止国家“通过主权要求，使用或占领等方法以及任何其他手段”进行占有。虽然任何国家都不能声称在空间拥有领土，但最近的行动已开始让人们对这些规定的意义产生疑问。美国联邦航空管理局发表声明，表示将授权美国公司登陆月球并开始开采月球资源，尽管在与美国国家航空航天局（NASA）和美国国会协商后，该声明被撤销［Klotz，2015］。更近一些时候，美国和卢森堡通过了法律，声称要“按照国际条约义务”向私营公司提供开采权（第 16 章详细论述了空间开采问题）。有人认为，有可能可以通过主张根据国内法保护国内商业实体在太空中的活动来规避这一禁令。当前这样做是否符合国际法一直是热门的讨论话题，特别是 VCLT 规定，各国不能援引国内法作为未能履行其条约义务的理由［VCLT，art. 27］。但是，《外层空间条约》的执行机制薄弱，可能意味着各国即使在被认为不完全遵守该条约的情况下，其立法方面也不会受到条约的有力束缚。

尽管在谈判《外层空间条约》时无法想象商业实体会成为如此普遍的空间行为者，但第六条确保了国家根据国际法应对外层空间的所有国家活动负责，并要求各国授权并继续对非政府活动进行监督。这些与关于国家责任的一般法律是一致的，它们在《外层空间条约》通过后得到了充分的解释，但仍被视为具有习惯法约束力 [Crawford，2012，p. 43]。尽管关于国家对空间活动的责任的规定仍然取决于其他国家是否愿意以破坏外交或经济关系的风险来承担责任，但它至少对各国施加了一些限制，从而确保它们能够监督所有活动均在其管辖范围内进行。迄今为止，各国似乎已经按照这一要求采取了行动，并继续认真对待这一要求，即使它们在立法上赞成商业实体，但也明确划定了拨款的界限。

《外层空间条约》的核心原则之一是将月球和其他天体用于和平的用途。关于将其解释为“排他性的非军事目的”还是仅“非侵略性的目的”的争论一直在继续。后者可能包括军事活动，如情报收集或核查裁军或防扩散条约的遵守情况。鉴于太空中的第一颗人造卫星斯普特尼克是一项军事任务，而早期的太空竞赛包含了许多军事技术，并且当今许多成像和通信卫星都是“双重用途”的，因此上述天体既可用于军事目的又可用于民用目的。要断言第四条禁止在外层空间的一切军事活动几乎是不可能的。条约的谈判历史也表明，谈判国打算采用这种较窄的含义。正如第 12 章将要全面讨论的那样，太空的军事用途正在扩大，这一核心原则也可能承受巨大压力。

总的来说，《外层空间条约》的意图是维护全球公众在空间方面的利益，在其颁布后头几十年里，它非常成功地实现了这一目标。然而，随着越来越多的政府和私人利益攸关方的加入，空间经济的性质正在发生变化，因此，《外层空间条约》承受着巨大压力，但它必须继续作为一项强有力的管理工具。

2.3.3　1968 年《营救协定》

这个已得到 94 个国家批准的《营救协定》，象征着在冷战期间和自冷战以来，航天国家和非航天国家之间存在的合作意愿。因此，它是保护全球公共利益方面较为成功的工具之一。

如果航天员、任何空间物体或其组件因无意、遇险或紧急情况降落在发射国以外的国家领土上，该协定第一条至第六条规定了该国协助航天员共享信息的义务，且应以协作方式帮助其恢复原貌。如果航天员或空间物体降落在公海或不属于任何国家管辖范围内的任何其他地方，它也规定了相关义务。该协定还考虑了国际组织、单个国家、两个或多个国家合作进行的发射。

其目的是将航天员的安全置于国家间竞争的首要地位，并促进在回收空间物体方面的合作和相互支持。《外层空间条约》第五条也规定了这些原则，其中规定将航天员视为“使者”，这确保了在航天员地位方面的中立和合作。可以说是成功地实现了全球公共利益。但是，由于在任何核心空间条约中都没有对“航天员”进行定义，因此出现了一个问题，即“太空旅行者”是否是“航天员”的别称。可以说，人们普遍同意，花钱进行亚轨道或太空飞行的人无权享有与为复杂任务接受训练的人同样的特殊地位 [Lyall & Larsen，2009，p. 131]，无论他们是否被称为“太空飞行参与者”或“航天员”。另一方面，不清楚是否应仅仅因为这些商业空间飞行参与者支付了旅费，就将其排除在外，不履行《外层空间条约》和《营救协定》规定的国家的“营救和返回”义务。援助处于危险或困境中的人的概念在国际法［SOLAS，UNCLOS］中由来已久，它也可被视为一种道德义务。随着技术的进步，任何帮助商业航天乘客的义务范围都必须得到更多的关注，而不应该被留到灾难发生的时候去讨论。这部分的相关内容将在关于载人航天的第 11 章中进行讨论。

2.3.4 1972 年《责任公约》

空间物体造成的损害赔偿责任在《外层空间条约》中得到了一些注意。但是，当时国际劳工大会尚未充分制定国家责任和赔偿责任的一般规则，尤其是在空间活动方面需要进一步明确。因此，1972 年联合国和平利用外层空间委员会通过了《责任公约》。

《外层空间条约》第一条和第三条重申，各国必须“按照国际法”开展其活动，这些条款使关于国家责任和赔偿责任的一般规则也适用［Lyall & Larsen，2009，p. 104］。如上所述，《外层空间条约》第六条也明确规定，各国应对本国在空间的所有活动负责，包括非政府实体。此外，《外层空间条约》第七条规定，从其领土或其设施发射物体的国家，或促使发射的国家，应对地球、大气或外层空间所造成的损害负责。

谈判《责任公约》是为了比《外层空间条约》更详细地讨论这些事项。《责任公约》第一条基本上引用了《外层空间条约》对发射国的定义，即“发射国”一词是指：1）发射或促使发射空间物体的国家；2）从其领土或设施发射空间物体的国家。《责任公约》与《外层空间条约》略有不同，因为它使用了“空间物体”一词，而不仅仅是发射的“一个物体”。“空间物体”一词在《责任公约》中的定义是空间物体的所有组成部分，包括运载火箭及其部件。但是，《责任公约》第二条和第三条与《外层空间条约》的一般条款有所不同。第二条明确，在地球表面或大气中造成的损害的责任是“绝对的”，即不需要证明任何过错。第三条则明确，对于在太空（“地球表面以外的地方”）造成的损害，责任是基于过失的，也就是说，必须有证据证明损害国或被指控国的行为疏忽大意，或有可能避免损害但却没有这样做。这意味着，一国不对没有过错的轨道事故负责，例如，2009 年美国的铱- 33 卫星与俄罗斯宇宙- 2251 卫星的碰撞。但是，这仅在国际空间法的范围内才是正确的，因为受害国可以根据一般国际法的原则来追究责任［Rio Declaration，Principle 2；Legality of the Nuclear Weapons］。

如果各国对属于第三国的物体所造成的损害承担共同责任，各国也可分担责任［Liability Convention，art. Ⅳ］。《责任公约》也可以适用于接受其条件的国际组织［Liability Convention，art. XXII］。欧洲空间局（ESA）、欧洲通信卫星组织（EUTELSAT）和欧洲气象卫星组织（EUMETSAT）是做出此声明的仅有的三个国际组织［U. N. Doc A/AC. 105/C. 2/2016/CRP. 3］。

尽管《责任公约》从来都不是引起争议的诉讼或仲裁的起因，但 1978 年俄罗斯核动力卫星 Kosmos 954 在加拿大西北地区坠毁并在约 48 000 平方英里（124 000 平方千米）的范围内散布了放射性碎片，就违反了《责任公约》。加拿大-美国联合团队找到并回收了一些卫星碎片。通过外交照会，加拿大援引《责任公约》和国际法规定的国家责任，向苏联索要超过 600 万加元的实际费用和未来不可预测费用的额外赔偿［Lyall & Larsen，

2009，p. 117]。苏联最终向加拿大支付了 300 万加元，两国通过谈判解决了这一问题。这可以看作是该公约的相对成功，因为在交换外交照会中提到了这一点，两国没有进一步争端就解决了问题。

1979 年美国 Skylab 的部分碎片落在澳大利亚最西端的城市珀斯附近 [Lyall & Larsen，2009，p. 117]，《责任公约》再一次被引用。由于这些零件降落在沙漠中，因此没有造成经济损失，尽管 NASA 声称会支持索赔，但没有真正进行赔偿。当地政府以乱抛垃圾为由而对 NASA 处以 400 澳元的小额罚款（最终在 2009 年用一位电台主播从他的听众那里筹集的资金支付了罚款）。然而，这几乎不是国际责任的一个例子 [Cooper，2013；Wall，2013]。虽然责任应由发射国承担，但由于现在有更多的私营和商业实体参与空间活动，各国通常要求对非国家实体投保，并作为一项许可条件，使其免受可能的赔偿责任。

《责任公约》目前有 92 个缔约国，另有 21 个国家已经签署但尚未批准，还有 3 个国际组织已经发表声明接受其条款。这是非常广泛的参与，并且值得注意的是，从未在有争议的案例中援引它。此外，由于其纯经济实质内容，鉴于空间的商业化及其日益增长的经济重要性，最可能援引的就是这项条约。

2.3.5　1974 年《登记公约》

早在联合国大会关于空间活动的决议中，就已呼吁各国向联合国和平利用空间委员会提供资料，以便对有关发射和空间物体进行登记 [GA Res 1721（XVI）；GA Res 1963（XVIII）]。《外层空间条约》第八条提到了登记发射进入空间物体的国家，对这种物体拥有管辖权。但是，直到 1974 年《登记公约》之后才出现了设立中央国际登记处的想法。该公约建立了一种双重的强制性的国家登记制度 [Registration Convention，art. II] 和由联合国秘书长维护的国际登记处 [Registration Convention，art. III] ——现在由联合国外层空间事务司维护。

目前，《登记公约》有 63 个缔约国，另有 4 个签署国。和《责任公约》一样，国际组织也可以声明它们接受《登记公约》的条款。只有欧洲空间局、欧洲通信卫星组织和欧洲气象卫星组织这样做了 [U. N. Doc A/AC. 105/C. 2/2016/CRP. 3]。

《登记公约》的目标是帮助确定发射国和对空间物体的管辖权，以便追查责任以及送回航天员和回收空间物体或其部件。早在 1974 年，很明显就需要这样的信息，以便安全地计划发射和进入轨道，因为人们日益认识到运输量的增加和一些空间碎片的存在 [Lyall & Larsen，2009，p. 89]。

国家登记册的实际内容和保存条件可以由每个国家确定 [Registration Convention，art. II]，国际登记册中的内容应充分公开，以便查阅 [Registration Convention，art. IV]。还要求各国通过联合国外层空间事务司将已不在地球轨道上的已登记空间物体通报给联合国秘书长 [Registration Convention，art. VI]。

据我们所知，《登记公约》在这方面相对成功，因为各国已经适当登记了在其管辖范围内的发射物［Jakhu，2006］。尽管如此，最近在朝鲜进行的发射被登记为太空计划的一部分时，人们质疑这种制度是否保护了全球公共利益，但实际上许多人认为这是根据一系列联合国安理会决议禁止导弹计划的开始［Statement by Di Pippo］。

该公约也受到了批评，因为它使国家登记系统非常分散，轨道数据的资料也很有限。鉴于轨道资源十分有限，这些资料在今天具有非常重要的意义［Lyall & Larsen，2009，p. 91］。汇编资料也可能有问题，因为在时间和距离方面的计量单位在国家登记之间是不同的，而且只有登记空间物体用途的一般要求。

出现的另一个问题是所有权的转让。随着商业活动和私营企业的增加，卫星或其他空间物体的所有权可能在发射后转移，这意味着发射国不再对其拥有控制权或管辖权［Schrogl & Davies，2002］。一个例子是将国际通信卫星组织的卫星转让给荷兰的 New Skies Satellites NV 公司。事实上，荷兰声称其不受《营救协定》《责任公约》或《登记公约》的约束，尽管它接受了《外层空间条约》第六条规定的责任［U. N. Doc A/AC. 105/806］。这可能表明，面对 21 世纪的经济和政治，冷战时期的太空管理正在瓦解。随着空间物体变得越来越复杂，空间碎片问题也变得更加棘手，拥有更详细的登记要求将是有益的，例如识别空间物体的更多组成部分，或者在较大部分上使用更清晰的标识符［Lyall & Larsen，2009，p. 93］。

最后，“发射国”的定义本身可能需要完善，因为与谈判《登记公约》的时间相比，发射已经变得更加复杂和国际化。第一条中发射国指进行发射或促使发射的国家，或为发射提供领土的国家，或使用其设施进行发射的领土国。然而，由于采购和实际启动有许多私人和商业实体参与，而且分包合同的做法越来越普遍，跨国关系现在可能更加复杂。

尽管《登记公约》允许在生效后十年内进行修订，但联合国大会在 1986 年决定不对其进行修订［GA Res 41/66］。第十条的确允许以后进行修订，但需要三分之一的缔约国提出请求，多数缔约国同意才能进入议程。这一进程需要当今各国在国际舞台上表现出更加积极的意愿。因此，与其他核心空间条约一样，我们可以说，《登记公约》在实现 20 世纪的全球公共空间利益方面相对比较成功，但是应对 21 世纪的发展变化可能还显得不足，尤其是当数千个立方体卫星和纳卫星被发射时（第 15 章更详细地讨论了这一问题）。

关于软法律方面的最新发展，应回顾联合国大会第 62/101 号决议，《关于加强国家和国际政府间组织登记空间物体的做法的建议》［GA Res 62/101］。特别是，建议向联合国外层空间事务司报告该领域的所有新进展以及所有权的变化，同时鼓励提高透明度和公共信息的可获得性以及提倡加入《登记公约》［GA Res 62/101］。有趣的是，2014 年俄罗斯关于在联合国主持下建立近地空间监测信息中心的工作文件是一个很有前景的倡议［U. N. Doc A/AC. 105/L. 290］。加拿大、埃及、法国、德国、意大利、日本、罗马尼亚、瑞典、英国和美国建议设立一个监测空间物体和同国际社会交换资料的专家组［U. N. Doc A/AC. 105/2016/CRP. 16］。

2.3.6　1979 年《月球协定》

《月球协定》（又称《月球条约》）是联合国五项空间条约中的最后一项，影响最小，因为它的参与者最少。目前，《月球协定》只有 17 个缔约国，另有 4 个签署国。由于作为签署国的法国和印度，以及作为缔约国的荷兰，是其中仅有的真正积极开展太空活动的国家，《月球协定》几乎不可能付诸实施。然而，最近由于关于私营商业公司开采月球或小行星并从这种活动中获利的国家法律的提出，这个问题得到了更多的注意。

1970 年，阿根廷提出了《月球协定》的倡议［A/AC. 105/C. 2/L. 71 and Corr：1］，随后是苏联于 1971 年提出［A/8391］。然而，在第一次登月后的十年里，联合国和平利用外层空间委员会忙于应对被认为是更紧迫的问题，即其他四个主要的空间条约。随着进一步探索和开发，月球似乎不再是国家太空计划的首要任务，达成《月球协定》的紧迫性也在减弱。此外，国际社会的注意力主要集中在围绕 1982 年开放供签署的《海洋法公约》（《联合国海洋法公约》）漫长而复杂的谈判上。

《月球协定》的案文经协商一致确定，并于 1979 年由联合国大会通过，但各协议国先后经过五年（即 1984 年）的国内批准程序后才生效。它的主要目的是申述和阐明《外层空间条约》有关月球及其资源开发的条款。《外层空间条约》第二条禁止任何国家以主权或"其他任何方式"占有月球和其他天体。因此，任何公共或私人实体均不得主张财产权："不动产的有效财产权只能存在于一国建立的法律体系中，并且与该国拥有主权的财产有关"［Lyall & Larsen，2009，p. 185］。《月球协定》重申了这一点，并毫无疑问地规定月球不能成为"任何国家、国际政府间或非政府组织、国家组织、非政府实体或任何自然人的财产"［Moon Agreement，art. 11（3）］。这些正是美国和卢森堡最近鼓励私人企业开采月球和小行星的国家立法引起争论的问题。

从这个意义上说，《月球协定》第 11 条中包含"人类共同财产"一词，其不仅引用于对如何规范南极的讨论，也引用于《联合国海洋法公约》谈判中的讨论。后者在保护深海海底资源的同时，还允许进行开采活动［UNCLOS，Part Ⅸ；Lyall & Larsen，2009，pp. 194－195］。同样，《月球协定》第 11（5）条要求建立一种国际制度，以便在月球自然资源的开发即将成为可能时对其进行管理。第 11（7）条规定，这种制度的目的是有秩序和安全地开发月球的自然资源，合理地管理这些资源，扩大利用这些资源的机会，公平地分享这些资源所带来的利益。

这一共同财产的概念值得赞扬，第 11 条似乎试图在希望鼓励开发的国家和不太可能参与但希望从这种活动中获益的发展中国家之间达成妥协。然而，这可能是《月球协定》参与率如此之低、最活跃的太空开发国家几乎没有参与的关键原因之一。

目前看来，国家立法是鼓励空间采矿经济活动的任何制度背后的推动力。然而，有一个很大的风险，即重要的环境原则（例如预防原则）可能没有处于这种推动力量的前列。此外，所有国家应共享探索和利用包括月球和其他天体在内的外层空间所获利益，这是全人类的职责［Outer Space Treaty，art. Ⅰ］。当一个或几个航天国家立法加强他们的专属国家利益和促进他们自己的商业实体时，这种目标就会受到威胁。

就目前而言，全球太空管理机制在可能侵占外层空间原位自然资源方面，明显未能保护全球公共利益。这将在关于太空采矿的第 16 章中更详细地讨论。

2.4 联合国机构是否为监管、协调或规范空间活动的最佳组织

在“人造卫星”发射一年之后，成立了联合国和平利用外层空间委员会。这标志着美国和苏联双方都认识到，有必要对空间活动进行管制，而且该管制应由国际机构掌握。联合国显然是（即使不是唯一可行的）这种国际机构，它在规范空间活动和登记空间物体方面继续发挥重要作用。有多个联合国机构以各种方式参与太空活动。但是，从整体上看，即使联合国机构成功地对太空活动进行了一定的概述，但在许多人看来，近几十年来，它们在太空管理的逐步发展方面的效力已下降。尽管下文所述的某些机构仍然是控制或协调活动的最佳机构（例如，发射登记和轨道分配），但许多其他机构仍未能保护全球公共利益。另一方面，太空管理逐步发展的机制不仅涉及在联合国机构主持下制定的法律，而且还涉及国家与国际组织之间订立的法律文书［Brisibe，2016］。

2.4.1 联合国大会

联合国大会决议不具有约束力。但是，它们确实代表了明确的全球政治观点，而投票数通常可以表明特定国家在任何给定问题上的立场。在其成立初期，大会决议是全球管理特别是太空管理的成功手段。但是，随着问题变得越来越复杂，大会决议的效力也降低了。

在起草五项核心空间条约之前，大会设立了联合国和平利用外层空间委员会并通过了一系列关于一般空间原则的决议。联合国和平利用外层空间委员会积极开展工作，起草了一系列决议，并获得联合国大会通过，成为五项核心空间条约的基础。例如，《关于各国探索和利用外层空间活动的法律原则宣言》［GA Res 1962（XVIII）］成为《外层空间条约》的基础。然而，在大量编纂之后，联合国和平利用外层空间委员会谈判新条约的能力受到削弱。相反，由于空间活动增加，联合国和平利用外层空间委员会起草并通过了第二系列决议［Brisibe，2016］。

1982 年，通过了直接电视广播卫星的决议［GA Res 37/92］。然而，这是有争议的，各国并没有对此达成一致意见，因为许多尚未拥有这种技术的国家不同意在未经接收国事先同意的情况下向其他国家进行广播［Koppensteiner，2012，p. 170］。

1986 年，以协商一致的方式通过了有关遥感的决议［GA Res 41/65］，此后这一直被认为是习惯法的代表［Gabrynowicz，2012，p. 185；von der Dunk，“International Space，” 2015b，p. 42］。《关于在外层空间使用核动力源的原则》也一样［GA Res 47/68］，该原则是技术性很强的，处理的问题显然没有那么有争议。

1996 年通过的一项决议反映了向多极政治世界的转变和发展中国家的关切，即它们可能获得空间利益的机会需要得到保护。大会第 51/122 号决议规定了促进《外层空间条约》第一条和第二条的一般原则，并试图在使航天国家能够推进其活动与表达发展中国家的关切之间做出妥协。

每年，联合国大会都会通过一项措辞几乎相同的决议，即防止外层空间军备竞赛（PAROS）决议，该决议敦促“所有国家，特别是那些拥有重要空间能力的国家，为和平利用外空和为防止外空军备竞赛的目标做出积极贡献，不采取违反该目标和现有有关条约的行动，从而维护国际和平与安全和促进国际合作”[GA Res 70/26，2015]。虽然在语言上令人钦佩，但它只是一种理想，而且它每年都在重复，背后没有任何额外的力量，也没有美国的支持，这可能会削弱它产生的任何效益。

2014 年，联合国大会也以多数票通过了一项决议，禁止各国首次在外空放置武器，以支持中俄提议谈判一项关于防止在外层空间放置武器的条约（PPWT），并呼吁所有国家做出政治承诺，即它们将不是第一个放置武器的国家 [GA Res 69/32]。2015 年，大会再次以 122 票赞成、4 票反对、47 票弃权通过了《关于不首先在外层空间放置武器的决议》[GA Res 70/27]。截至发稿时，已有 12 个国家宣布“它们将不会率先在外空部署武器”，其中包括阿根廷、亚美尼亚、白俄罗斯、巴西、古巴、印度尼西亚、哈萨克斯坦、吉尔吉斯斯坦、俄罗斯联邦、斯里兰卡、塔吉克斯坦和委内瑞拉 [GA Res 70/27]。在这些国家中，俄罗斯是唯一真正积极从事航天活动的国家，因此这些大会决议的效力受到质疑。

大会还通过了支持其他非约束性的软法律倡议的决议，例如认可机构间空间碎片协调委员会（IADC）起草并由联合国和平利用外层空间委员会通过的《空间碎片缓减准则》[GA Res 62/217]。大会还鼓励各国或国际组织在其许多决议中提出透明度和建立信任的措施。最近，政府专家组通过了一份报告，取得了一些进展，并被视为推动协调有关空间安全与管理的活动的工具。因此，联合国大会的决议可以被视为一种支持机制，但不是领先的机制。

2.4.2　联合国和平利用外层空间委员会

随着第一颗卫星的发射，联合国和平利用外层空间委员会最初于 1958 年作为一个特设机构成立，由 18 个成员国组成，研究有关新空间活动的技术、法律和其他问题 [GA Res 1348（XIII）]。目前，联合国和平利用外层空间委员会拥有 83 个会员国以及一些具有观察员地位的政府间组织和非政府组织。它由两个小组委员会来运作：科学和技术小组委员会、法律小组委员会 [Doc A/4141]。

联合国和平利用外层空间委员会在协商一致的基础上进行决策。核心空间条约都是在协商一致的基础上谈判的，而不是通过投票，这一事实为它们提供了被国际接受的坚实基础，增强了早期太空管理的民主化意识。然而，这一体系的不利之处是，它大大减缓了谈判的速度，许多人将这五项条约之后未能形成任何有约束力的规范归咎于过分要求共识 [Lyall & Larsen，2009，pp. 19－20]。近年来，随着越来越多的国家成为航天国家，以及商业实体的地位越来越突出，谈判和决策有时会被边缘化。更糟糕的是，并非所有国家都派代表参加会议，而参加会议的代表往往缺乏必要的专业知识 [Lyall & Larsen，2009，p. 22]。相反，一些国家倾向于与伙伴国家在具体空间活动方面达成双边协定

[Jankowitsch，2015，p. 13]，或者倾向于在联合国和平利用外层空间委员会以外商定不具约束力的准则（第 2.6 节讨论）。因此，联合国和平利用外层空间委员会在确保全球公共利益至高无上方面取得了早期成功，但今天被认为是向前迈进的一个失败［Brisibe，2016］。

联合国和平利用外层空间委员会今天的中心主题之一是外层空间活动的长期可持续性。这包括空间碎片、进入和使用轨道以及防止空间军备竞赛等问题。在编写本书时，联合国和平利用外层空间委员会通过了一套将提交联合国大会通过的准则，其中呼吁各国在可持续利用外层空间的所有事项上进行合作［n. Doc/AC. 105/C. 1/L. 354］。虽然这些指导方针值得称赞，但它们对国家立法和合作的影响如何，仍有待观察。

2.4.3 联合国外层空间事务司

联合国外层空间事务司（UNOOSA）最初是在联合国秘书处内设立的一个小型专家小组，于 1958 年开始为特设的联合国和平利用外层空间委员会提供服务。它于 1962 年成为政治和安全理事会事务部的一个单位，并于 1992 年改为政治事务部内部的外层空间事务司。

UNOOSA 执行大会及联合国和平利用外层空间委员会的决定，它也是后者的秘书处。它维护着《空间物体登记册》和各种其他数据和文件汇编，从而可以协助从事空间活动的联合国机构，同时它还提供可公开获得的信息。可以说它是相当成功的，因为它协调了所有这些活动并使共享信息得以集中。但是，它也完全取决于各国的合作。因此，它是全球太空管理的一种有限的积极手段。

UNOOSA 自称具有双重目标，即支持联合国和平利用外层空间委员会及其两个小组委员会的政府间讨论，以及协助发展中国家利用空间技术来促进其发展。在这方面，它经常举行会议，以便对有关空间活动和管理以及培训方案的信息进行传播。

特别值得一提的是，UNOOSA 已经主办了三次联合国探索及和平利用外层空间会议（UNISPACE）。第一次是在 1968 年，此后 UNOOSA 承诺提供空间技术实际应用方面的培训，特别是为发展中国家。第二次是在 1982 年，在此期间，UNOOSA 扩大了空间应用方案的任务范围，将促进发展中国家发展本土能力纳入其中。第三次外空会议于 1999 年举行，其后的重点是在全球传播关于空间的优势及其条例的知识。许多人将这些外空会议视为全球关于太空管理的重要时刻，而 UNOOSA 计划在 2018 年举办“UNISPACE＋50”，可能是考虑未来几十年全球太空管理需求的重要机会。

继第三次外空会议之后，联合国大会授权联合国和平利用外层空间委员会建立一个国际实体，以协调和优化用于灾害管理的天基服务。这导致了 2006 年 U. N. －SPIDER（联合国天基灾害管理和应急响应天基信息平台）的成立，提供了一个知识门户和协调全球卫星运营商“捐赠”的信息的能力。联合国外层空间事务司仍然是该知识门户网站的中心信息点，天基信息平台的任务是“确保所有国家以及国际和区域组织都能获得并发展使用各种类型天基信息来支持整个灾难管理周期的能力”［GA Res 61/110］。天基信息平台的成功之所以难以衡量，是因为它的发展往往相当缓慢，并且依赖于国家机构的参与。它提供技术培训和外职服务，旨在协调国家救灾当局向有需要的国家提供援助。但是，它无法提供对灾难的全面协调响应。也许，它是发挥这种作用的最佳组织，因为它是负责数据共享的中立机构，而数据共享由于其他原因可能是很敏感的。

2.4.4 U. N. - Space

联合国外层空间活动机构间会议是一个平台，允许国家和地区的空间机构每年召开会议，讨论共同关心的问题和新兴技术。2013 年，决定将其命名为 U. N. - Space，以提高其知名度 [GA Res 68/75]。

U. N. - Space 向联合国和平利用外层空间委员会报告，根据联合国大会可持续发展目标开放工作组的授权，该工作组最近将阐述“空间可持续发展目标”作为其重点。作为促进和平利用外层空间国际合作的一部分，U. N. - Space 强调“需要加强科学界、数据和增值产品提供者与用户界之间的对话，以弥补在获取和使用天基技术方面现有的知识差距”，以及有必要在国家、地区和国际等各个层面提高认知、进行能力建设和培训 [U. N. Doc A/AC. 105/2014/CRP. 9]。

充满希望的是，各机构间已经就可持续利用外层空间以及国家和私营部门在行动前进行沟通达成协议。但是，目前缺乏实现这一目标的具体措施。因此，迄今为止，U. N. - Space 在保护全球公共空间利益方面取得的成功有限，尽管它有可能被各国进一步利用。

2.4.5 国际电信联盟

国际电信联盟（简称国际电联），成立于 1865 年，原名为国际电报联盟(International Telegraph Union)，后来进行了改名以代表技术的变革。1947 年，它成为联合国的一个专门机构。今天，它作为调控者和促进者在太空管理中发挥重要作用，因为它分配无线电频率和轨道资源，并在国际频率总登记（MIFR）中登记频率和轨道资源，这是一个国家频率分配的国际数据库。国际电联定期举行世界无线电通信会议（WRC），根据无线电频率分配、管制程序、计划、技术标准来研究和制定未来数年的工作计划。

详细的讨论可以在第 6、7 和 8 章中找到。值得注意的是，国际电联成功建立了一个全球系统，以管制竞争日益激烈的轨道和无线电频率环境。取得成功的部分原因是纳入了“部门成员”。除 193 个成员国外，还有一些代表私营和商业利益的部门成员，包括信息和通信技术监管机构、学术机构、大约 700 家私营公司和联合国有关机构等。

像大多数联合国机构一样，国际电联的运作是基于共识的。在这个意义上，部门成员和观察员没有投票权。尽管如此，但他们对所做的决定的内容有重大的影响。这导致了当一些事情变得政治化时可能会出现的典型问题。例如，一些发展中国家对有关使用互联网的决议持不同意见（一些部门成员对起草这些决议产生了重大影响），因为许多发展中国家认为这些决议的内容对他们不利。最后，由于国际电联系统是全球唯一的管理和注册系统，如果各国希望在谈判中有所作为，则必须参与。

尽管国际电联在执行方面面临一些挑战，但它被认为是一个非常成功的全球太空管理机构（特别是在与无线电频率和轨道资源有关的事项上），因为各国一般都认识到参与这一制度的好处。

2.4.6 其他联合国机构

联合国还有许多其他专门机构在太空管理方面负有某些责任，尽管这不是它们的主要任务。例如，联合国裁军研究所（UNIDIR），它与各国、国际组织、民间社会、私营企业和学术界合作，“协助国际社会寻找并实施解决裁军和安全挑战的办法”［UNIDIR，“Home”］。它通过举办国际会议、进行独立研究和提供政策建议来做到这一点。它正在进行的两个研究项目与外层空间有关：“外层空间安全会议系列”和对联合国政府专家组（空间和网络）的支持，这两个项目均属于其“新出现的安全问题”计划［UNIDIR，“Programmes”］。事实上，裁军研究所本身的目的并不是要成为一个直接管理的工具，而是要各国和联合国支持比较传统的管理形式。在这方面，可以说它成功地突出和提醒决策者注意最重要的空间安全问题。然而，不能指望它在这些问题上制定标准、规范，甚至协调。

还有一些与太空管理有关的其他机构，如世界气象组织（WMO）、联合国环境规划署（UNEP）、联合国教育、科学及文化组织（UNESCO）、裁谈会（CD）、国际海事组织（IMO）、国际民用航空组织（ICAO）和世界知识产权组织（WIPO）。世界知识产权组织发起缔结了 1974 年《关于发送卫星传播节目信号的布鲁塞尔公约》，该公约责成各国采取措施防止任何未经授权的载有卫星信号的传播。为了保持对这些组织所有与空间有关的活动的概览，联合国外层空间事务司设有一个称为联合国外层空间活动协调处的中央信息收集平台。

隶属于联合国外层空间活动协调处的所有联合国机构的活动在太空管理的大局中不能被忽视，尽管它们的影响是通过协调而不是单独的倡议产生的。作为联合国的一部分意味着决策缓慢，尽管它可能是包容的，但它很少会真正创新或能够响应快速的技术变化，因此其促进全球公共利益向 21 世纪前进的能力是有限的。

一个可能的例外是国际民用航空组织和联合国外层空间事务司之间的合作，他们分别于 2015 年 3 月和 2016 年 3 月在蒙特利尔和阿布扎比举行了会晤，讨论了航空航天技术的重叠以及亚轨道飞行和人类太空旅行的监管所产生的问题。如果能够利用国际民用航空组织在管理航空方面的成功经验，可能会使空间技术和商业活动以一个理想的速度发展。另一方面，联合国外层空间事务司受到有限的预算和资金的制约，可能会减缓必要的进展。

2.5 其他论坛对解决全球太空管理问题的帮助

虽然在 20 世纪中叶联合国显然是全球太空管理的明显国际机构，但自那以后，它已成为一个庞大的面临着许多挑战的国际组织，例如各国的政治意愿分歧、预算有限，以及如前所述，通常还会受到共识决策要求的阻碍。在缺乏通过多边条约继续进行国际空间法“立法”的意愿和能力的情况下，其他区域和国际机构越来越积极地制定有约束力的规则和无约束力的规范，以填补太空管理的空白。

其中一些机构有一些国际论坛，能够制定虽然没有约束力但对激励和改变空间行为者的行为有效的准则。其中许多是政府间组织。其他一些组织，主要是非政府组织，虽然没有那么明显的存在感，但在制定规范和传播关于太空管理问题的意识方面仍然具有影响力。

2.5.1　联合国系统以外的多边和双边条约

各国之间不依赖联合国来谈判条约和公约。虽然五项核心空间条约是在联合国和平利用外层空间委员会主持下谈判达成的，但有许多与空间活动有关的条约是由各国独立谈判达成的。这些可能是两个国家之间的双边条约，或者是许多国家之间的多边条约。只要有足够的共同政治意愿，各国就很有能力就具有约束力的国际准则达成协议，而且有这样做的前例。例如，《南极条约》于 1961 年在 12 个积极在南极洲开展活动的国家之间生效，今天已发展到 53 个缔约国 [Secretariat of the Antarctic Treaty]。另一个例子是 1998 年建立的《国际刑事法院罗马规约》，该规约目前有 124 个成员国 [“The States Parties to the Rome Statute”]。

除 2.5.2 节所述外，还有一些与空间有关的条约的例子：1） 1963 年的《部分禁止核试验条约》，该条约明确宣布外层空间及水下和大气层的核爆炸为非法。这是一项相当成功的多边条约，目前有 126 个成员国参与；2） 1972 年美国与苏联签署的《反弹道导弹条约》，该条约禁止发展、试验和部署包括天基武器在内的反弹道导弹武器（然而，美国于 2001 年退出了该条约，因此该条约不再有效）；3） 1977 年《关于禁止为军事或任何其他敌对目的使用改变环境的技术的公约》，其中禁止以军事或任何其他敌对方式使用改造技术来改变地球或外层空间；4） 1998 年 15 个国家关于民用合作的国际空间站的政府间协定。

由于决策过程中需要达成协商一致的意见，以及各种利益集团在其议程上争夺优先地位，联合国和平利用外层空间委员会决策有时会非常缓慢。不幸的是，由于这一进程的排他性质，各国没有表现出谈判具有约束力的协定的意愿和团结，甚至谈判一项不具有约束力的文书（例如《国际行为守则》）的努力也没有成功。因此，虽然联合国以外的论坛作为全球管理的替代机制存在，但在任何特定时刻，这些论坛仍然完全取决于各国政府的政治意愿。另一方面，也有一种普遍的观点认为，针对每一个问题的条约都会导致复杂性和困难，特别是因为条约接受的成员国不同。它还可能导致不一致性和造成现有空间制度的不和谐。因此，一个更好的管理制度不应仅以增加条约数目为目标。相反，目标应该是修正现有的制度使其更具包容性并鼓励更多的成员加入 [Galloway，1977]，以及使它们适应不断变化的太空活动需求。

2.5.2 政府间组织/机构

具有有效管理太空能力的最著名的政府间组织是区域和机构间实体。例如，欧空局不仅在协调其欧洲成员国的空间政策和活动方面发挥重要作用，而且在制定与其他国家或组织合作的国际标准和规范方面也发挥重要作用（关于区域空间机构的作用见第 3 章）。

裁军谈判会议（裁谈会）成立于 1979 年，是谈判几乎所有多边军控制度和解决包括防止外空军备竞赛在内的各种裁军问题的唯一论坛。目前，它有 65 个成员国。裁谈会的秘书长是联合国日内瓦办事处的总干事，该办事处每年为许多与裁军问题有关的会议提供服务。裁谈会每年都通过防止外空军备竞赛的决议。

同样，亚太空间合作组织（APSCO）最终于 2005 年正式成立，以促进亚太地区各国在空间问题上的合作，尽管 2001 年该组织就有了秘书处且在 2003 年通过了《亚太空间合作组织公约》并开放签字。它的主要重点是在其成员国之间提供培训、发展和能力建设。它还举办年度专题讨论会，集中讨论与在该区域使用空间技术有关的具体主题。关于这些区域组织的详细讨论载于关于区域观点的第 3 章。

另一个重要的政府间论坛是机构间空间碎片协调委员会（简称空间碎片委员会），该委员会于 1993 年成立，并向联合国和平利用外层空间委员会科学和技术小组委员会报告其活动。它有 11 个成员机构（其中包括欧空局），由一个指导小组和四个工作组组成，每个工作组侧重于一个主题，这四个主题分别为测量、环境和数据库、保护和缓解。2003 年，空间碎片委员会制定了一套《空间碎片缓减准则》，并将其提交给联合国和平利用外层空间委员会，作为每个国家和区域空间机构执行各自制定的条例的基础。本书的其他章节，特别是第 18 章，广泛地讨论了空间碎片问题。简而言之，这是在联合国系统之外进行政府间合作的一个成功例子，即使它不具有约束力，但也能产生急需的监管。

与国际卫星委员会类似的还有地球观测卫星委员会（CEOS）和全球导航卫星系统国际委员会（ICG）。地球观测卫星委员会是由运行和使用民用地球观测卫星的 32 个空间机构和 28 个协会组成的国际论坛/机制。CEOS 的任务是确保“民用天基地球观测计划的国际协调和促进数据交换，以优化社会效益并为确保人类繁荣和未来可持续发展的决策提供信息”[CEOS]。自 2002 年以来，CEOS 在和平利用外层空间委员会拥有观察员地位。全球导航卫星系统国际委员会于 2005 年通过联合国外层空间事务司成立，其不具约束力的条款是“鼓励和促进所有卫星导航系统之间的兼容性、互通性和透明度”[ICG]。其成员仅限于关键的全球导航卫星系统（GNSS）供应商和天基区域或增强系统供应商。处理全球导航卫星系统服务和应用的国际和区域组织和协会作为准成员加入了全球导航卫星系统国际委员会。全球导航卫星系统国际委员会将提出不具约束力的建议，也不制定标准。尽管 CEOS 和 ICG 在协调甚至可能调整国家地球观测计划、导航服务和相关成员的政策方面发挥了有价值的作用，但它们对全球太空管理没有直接和重大的影响。

政府间合作机制以《灾害宪章》的形式得以体现。它是欧空局和法国国家空间研究中心（CNES）在第三次外空会议之后发起的。它有 21 个成员，包括许多国家航天机构以及一些国家和国际政府组织。授权用户通常是灾害管理授权机构，如来自宪章成员国的国防、救援、防御和安全机构，它们可请求宪章对本国或与之合作进行救灾的某个国家的紧急情况提供支持［Disaster Charter］。

作为基于遥感的信息共享平台，《灾害宪章》取得了一些重要的成功。然而，直到最近，它的成员资格还很有限。因此，许多本可以从该机制获益的国家被拒绝获得任何数据共享和援助［Israel，2014，p. 232］。最近，宪章成员采用普遍准入的原则，因此任何国家灾难管理机构都可以提交紧急响应请求。一些国家的主管部门不了解这种天基信息，或者可能无法按时索取信息，或者可能没有充分利用这一信息的技术能力，这仍然是切实保证有利于全人类的一个局限性挑战［Israel，2014，p. 231］。因此，能力建设，特别是发展中国家的能力建设，对于这一机制实现其潜在成功至关重要。

一个重要的成功合作是机构间行动咨询小组（IOAG），它"为确定跨多个国际机构的共同需求，协调空间通信政策，以及高层程序、技术接口和其他与互联性和空间通信有关的事项提供了论坛"［IOAG，"Home"］。IOAG 是由互操作性全体会议于 1999 年建立的，在此之前，NASA 和 ESA 举行了一次会议，会上一致认为互操作性最好在一个多方论坛上进行协调。如今，IOAG 由 7 个国家空间机构和欧洲空间局以及 5 个观察空间机构组成［IOAG，"Agencies"］。它的关键目标是实现国家航天机构之间的全面互通性。它定期举行会议，会议形式包括面对面或电话会议，会上讨论问题和对解决方案提供建议。这些问题和方案将被送回互操作性全体会议以得到实施。

同样，世界主要空间机构于 1982 年成立了空间数据系统协商委员会（CCSDS），"为讨论空间数据系统发展和操作中的共同问题提供论坛"。它由 10 个国家航天机构和欧洲空间局以及 30 个观察机构和 99 个工业协会组成。与国际电联类似，工业和政府机构的这种结合是成功确保空间数据系统互操作性和促进多机构航天合作的关键因素之一。CCSDS 的大部分工作是提出标准建议，然后由国家机构在国家一级和任何合作空间任务中实施。这些标准适用于空间操作的所有部门，包括地面站系统工程、任务操作和信息管理、空间连接服务和航天器机载接口。

由于 IOAG 和 CCSDS 提出的建议具有技术性，所以它们是合作管理的良好论坛。这两个机构既不关心政治约束，也不关心推动任何特定成员的议程，而是确保一致性、互操作性和易于协作，而这正是它们在其整个生命历程中所实现的。随着技术的发展，应该鼓励这些或者类似的技术协作平台。它们目前面临的唯一挑战是，它们必须将那些还没有积极的太空计划的发展中国家排除在外。

2.5.3　政府间业务组织

某些从事太空活动的企业起初是政府间的安排，后来为了避免政府干预或由于财政压力，其中一些企业已私有化。例如，国际通信卫星组织（INTELSAT）、国际海事卫星组织（INMARSAT）、欧洲通信卫星组织（EUTELSAT）、欧洲气象卫星组织（EUMETSAT）、国际宇宙通信组织（INTERSPUTNIK）和阿拉伯卫星通信组织

(Arabsat)。可以说这些企业是全球管理的结果，因为它们必然需要国际合作。但是，由于它们不是管理机构，因此很难评估这些机构可以为全球管理或全球公共利益做出有效贡献的程度。

INTELSAT 于 1964 年成立，当时叫 ITSO。它是一个拥有和运营卫星装置的政府间组织，最初有 11 个成员国，到 2001 年私有化时达到 100 个成员国［Lyall & Larsen，2009，p. 4］。国际通信卫星组织的主要目标是在商业和在非歧视性的基础上向世界所有地区提供高质量和可靠的国际公共电信服务。正是通过 INTELSAT 的网络，人们对首次登陆月球进行了电视转播。如今，它的服务包括提供宽带、无线电和电视广播。早期的 INTELSAT 的独特之处在于它是传统的政府间联合体，以经济上合理的方式向国家提供服务的商业实体的混合体［von der Dunk，"International Organizations"，2015a，p. 285］。这种混合特征体现在其内部管理中，这种内部管理使成员国能够像许多政府间组织那样在缔约国大会上投票，同时，使理事会有一个与成员持有的投资股份相关的复杂投票系统［von der Dunk，"International Organizations"，2015a，p. 286］。

INTELSAT 的许多缔约国开始将其电信商业化和私有化。同时，人们对美国政府施加压力并干预 INTELSAT 的管理和运作方式表示担忧。1998 年，INELAST 决定将部分卫星出售给一家荷兰公司，因此很难确定其中的已有责任和潜在责任，这也就是上面讨论的问题。2001 年做出了将国际通信卫星组织私有化的决定，这个新的私营实体与以前的成员国之间达成了一项协议，以确保它继续提供同样质量和同样范围的服务。为了确保这一点，设立了一个新的政府间组织作为监督机构，其原来的名字是 ITSO。

类似地，国际海事卫星组织（INMARSAT）最初建立于 1976 年，它提供了一个独立的国际卫星系统，专门用于海上通信，特别是安全和救援，后来被私有化［Lyall & Larsen，2009，p. 344］。国际海事卫星组织和国际通信卫星组织的成员有重叠。然而，由于国际海事卫星组织专注于移动服务，因此在一开始，这两个实体并没有在很大程度上争夺市场份额。国际海事卫星组织的内部管理结构与国际通信卫星组织类似，即缔约国对一般事务有投票权，但日常决策权掌握在理事会手中，理事会由最大的投资者组成［von der Dunk，"International Organizations"，2015a，p. 292］。

导致国际通信卫星组织私有化的任何因素也影响国际海事卫星组织的私有化，尽管后者的私有化也源于其他额外的因素，即为包括移动卫星通信而开发的技术比早期基于舰载的要求更简单［von der Dunk，"International Organizations"，2015a，p. 293］。20 世纪 90 年代中期以来，由于全球个人用户急剧增加，移动电信在经济上变得更具竞争力。很明显，一个政府间组织在经济上不再具有竞争力。与国际通信卫星组织一样，做出的决定是将国际海事卫星组织的业务私有化，并设立一个较小的政府间机构来管理和监督，特别是在维持全球海上遇险和安全系统（GMDSS）进行搜索和救援方面［von der Dunk，"International Organizations"，2015a，p. 294］。因此，全球管理确保了为全球公共利益提供的必要服务不会被纯粹的私人实体的商业利益所消耗。

欧洲通信卫星组织（EUTELSAT）基于一些 ESA 计划经历了类似的转变，并于 1977

年成立了欧洲通信卫星组织。1982年，它与ESA在欧洲启动的第一个直接入户卫星电视频道合作，开始播放自己的频道Sky TV广播电视，并于1983年开始提供电信服务。由于电信行业的全面私有化和移动电信竞争力的增强，它于2001年被私有化。如今，它主要提供电视广播、移动通信以及用于商业目的的机载或海上应用。它成立之初是为了在西欧提供服务，但不久后便扩展到东欧、非洲、亚洲部分地区和北美。

INTERSPUTNIK成立于1971年。由于美国在国际通信卫星组织中具有主导地位，因此俄罗斯不想加入该组织［Lyall & Larsen，2009，p. 364］。INTERSPUTNIK没有相同的两层内部管理系统。当苏联解体后，空间活动私有化的压力变得非常大，INTERSPUTNIK走上了和上面讨论的其他三个组织同样的路。一个不同之处在于，对原来的成员国来说，私有化实体的经营协议是可选的。在最初的25个成员国中，19个已经签署了协议［von der Dunk，“International Organizations”，2015a，p. 302］。

这四个组织改变了其与原始成员的关系表明，即使是全球管理最不受争议的服务也可能是复杂和具有竞争性的。可以说，向私人实体的转移相对成功，因为政府有能力维持一些政府间的监督。因此，这些实体本身不是全球管理的一部分，而是受全球管理的制约。另外两个政府间区域业务组织是欧洲气象卫星组织和阿拉伯卫星组织。它们是根据各自的国际条约设立的，分别在欧洲提供计量服务和主要在阿拉伯国家提供卫星电信服务。这些组织能够促进区域合作，但在全球太空管理方面影响或发挥的作用很小。

2.5.4　非政府国际组织

非政府组织（NGOs）对全球太空管理的直接或可执行的影响可能较小。然而，它们的贡献在于发现问题并帮助创造合作的解决方案。未来，它们可能必须在维持全球公众对可持续太空管理的兴趣方面发挥更积极的作用，特别是为了将问题与不断变化的短期政治路线分离开来。

一个例子是国际标准化组织（ISO），这是一个独立的非政府组织，其成员来自163个国家的标准化机构［ISO，“ISO members”］。其目的是生成国际标准，“制定公用的要求、规格、指导方针或特性，以确保材料、产品、过程和服务符合其标准”。［ISO，“Standards”］。这些标准是由在ISO的技术委员会工作的特定领域的专家小组制定的，旨在确保国际上的统一性和可操作性。ISO已创建了缓解空间碎片的标准，从而制定了《空间碎片缓减指南》以及其他空间技术标准。ISO可能是进一步制定太空安全标准的最合适组织之一。

另一个非常活跃的组织是国际空间安全促进协会（IAASS），这是一个非营利性组织，“致力于促进空间系统安全领域的国际合作和科学进步”［IAASS，“Welcome”］。其主要目的是“传播关于建立国际民用空间安全组织的时机已经成熟的想法”，在航空安全方面与国际民航组织相似［IAASS，“Welcome”］。IAASS在联合国和平利用外层空间委员会具有观察员地位，并且是国际宇航联合会（IAF）的成员，IAASS有独立的会员，以及公司、机构、大学和其他专业协会。

国际空间安全促进协会与国际空间安全基金会（ISSF）密切合作。后者是另一个致力于促进空间安全领域的工业合作和科学进步的非营利性组织。基金会的“终极目标是追求塑造和发展空间安全的工业文化（技术、组织和社会政治），以为广大公众、地面人员、太空旅行者和机组人员提供更安全的太空飞行任务、车辆、空间站、外星栖息地、设备和有效载荷”[ISSF，“Home”]。该基金会还强调了维护轨道环境的重要性，以确保代际内和代际间对太空的可持续性访问和利用。该基金会的关键项目是空间安全研究所，旨在发展和支持“将空间安全的概念作为航空航天工业的集体责任来加以落实”[ISSF，“Home”]。它还为工程师和其他空间应用专业人员提供培训课程，并与国际空间安全促进协会共同主办研讨会和会议。

空间研究委员会（COSPAR）是一个重要的组织，该委员会是由国际科学联合会理事会于1958年发射人造卫星一年后成立的[COSPAR，“About”]。COSPAR由两种类型的成员组成，即国家科学机构和国际科学联盟[COSPAR，“Members”]。COSPAR的宗旨是“促进国际层面的空间科学研究，重点是成果、信息和意见的交流，并为所有科学家提供一个论坛，讨论可能影响空间科学研究的问题”[COSPAR，“Strategy”]。COSPAR最具影响力的工作是2002年的《COSPAR行星保护政策》，并于2011年进行了修订，该政策为航天国家在太空探索中避免有机成分和生物污染提供了参考[COSPAR，2011]。COSPAR的建议来自其每两年举行一次的科学大会以及偶尔针对特定问题的“路线图”，其目的是向科学界、空间机构和决策者通报协作决策的重要性。它还为来自世界各地的年轻科学家提供了能力建设讲习班。从这个意义上讲，它无疑是一个成功的组织。然而，如果决策者给予它更多的关注，它的影响可能会更大，特别是考虑到科学合作对于解决我们在未来几十年将面临的所有问题的重要性。

另一个重要的非政府组织是成立于1919年的国际天文联合会（IAU），其使命是“通过国际合作促进和维护天文学的所有方面”[IAU，“About”]。它与COSPAR的不同之处在于，它由积极从事天文学研究和教育的专业天文学家个人成员组成。国际天文联合会还与世界各地的各种科学组织合作。通过出版其讨论会和座谈会的会议记录，对科学界产生了重大影响。尽管如此，很难从管理机制的角度来衡量它的成功。科学家面临的挑战始终是如何将其工作的重要性传达给国家和国际决策者。

另一个著名的国际参与者是成立于1950年的国际宇航联合会（IAF），其目的是将冷战两极分化双方从事空间技术工作的科学家聚集在一起，并鼓励他们之间的科学对话。它的成员包括在空间有关的领域工作的组织和公司，由大会主席和秘书组成的“主席团”以及专家组成的行政和技术委员会管理。这些委员会可以就IAF项目提出建议，也可以就标准和问题向外部机构提出建议。IAF的主要活动是一年一度的国际宇航大会（IAC），每年在不同的国家举行，汇集了来自世界各地的空间技术、管理和政策方面的参与者，包括工程师、工业代表、国家和区域空间机构、决策者和媒体。在国际宇航大会期间，议会成员每年举行一次会议，提供一个非正式论坛，就全球关注的主要议题进行传播和讨论。由于该会议没有任何直接的决策议程，因此很难衡量会议的成功或影响。然而，国际宇航大会的存在很重要，因为它为这些讨论提供了一个中立的论坛，而且许多与会者都是各自领域的真正专家。

在国际宇航大会期间，根据第三次外空会议的决议，联合国外层空间事务司举行了一次研讨会，该会议决议规定，外层空间事务司应促进各国之间在空间技术和管理问题上的合作 [U. N. DocA/CONF. 184/6]。该研讨会对太空管理有重要贡献，因为它促进能力建设和支持决策，以加强国际和区域合作 [U. N. Doc A/AC. 105/1048]。但是，它的影响和成功的程度是有限的，因为它取决于派遣代表的国家，其中许多国家在太空管理问题方面缺乏足够的背景。

IAF 的另一个重要合作伙伴是国际空间法学会（IISL），它每年也都会在 IAC 开会，并在太空活动的最前沿发布有关法律问题的会议记录。有人认为 IISL 是 IAF 的“法律委员会”[Lyall & Larsen，2009，p. 10]。国际空间法学会还与欧洲空间法学会密切合作，每年共同主办一次专题讨论会，并组织曼弗雷德·拉克斯空间法模拟竞赛。国际空间法学会有个人成员和机构成员，其中大多数个人成员对空间法或社会科学文献做出积极贡献，而机构成员则积极参与社会或科学方面的空间法或空间活动。国际空间法学会在联合国和平利用外层空间委员会具有观察员地位。所有成员必须由现有成员提名，以确保一定水平的专业知识。但是，作为管理机构，它的影响是有限的（如果有的话）。它最大的优点是使已经活跃在空间法领域的人以及该领域的毕业生和年轻专业人员把关于重要法律问题的辩论推到前沿。它不向国家或国际组织提供建议，因此，它不是 21 世纪向前发展的全球太空管理的非常有力的参与者。

国际法协会（ILA）空间法委员会是一个类似的法律专家机构。国际法协会是一个非政府组织，由来自世界各地的个人成员组成，其委员会就与他们有关的国际法问题进行研究和报告。空间法委员会审议一系列问题，包括那些与其他委员会重叠的问题，如海平面上升委员会 [ILA，“Space”]。国际法协会在联合国的一些机构中具有咨询地位，并向联合国和平利用外层空间委员会提出意见。它不是一个直接管理的机构，但是国际法协会确实为联合国内部以及国际法律界之间的知识和问题传播做出了贡献。作为一种管理机制，其成功受限于其会员的局限性，因为在会员之外的国家中，并未开展广泛和积极的交流。

2.6　软法律如何和在何种程度上影响全球太空管理

联合国机构和其他论坛提出的许多制度和机制都属于非硬性法律（软法律）的范畴。条约具有与法律或合同相同的约束力，而软法律则不具有约束力，这意味着它不是真正意义上的法律。相反，软法律包括许多国际文件和决议在指导空间行为者的行为和最佳做法方面的影响力，以及它们以多边方式体现出来的普遍国际意愿和利益的影响。

在前面讨论的联合国大会决议中可以找到一个软法律的例子，该决议以两种方式影响了太空管理。第一，软法律影响了指导五项核心空间条约谈判的最早决议，因此先于硬法律文书的制定并为之提供了依据。第二，后来的联合国大会决议就特定活动确定了一般原则，例如直接广播以及包括发展中国家在内的所有国家平等利用空间的权利。尽管这些可能只是空想，但它们仍显示出历史上特定时间的政治意愿。

同样，外空委员会的决议只是一种愿望。然而，关于在外层空间放置武器的决议可能是朝着某些更强有力的义务缓慢前进的一个步骤，因为各国根据该决议所做的单方面声明本身具有国际约束力。虽然目前还没有达成这样一项条约的共识，但联合国内部正在缓慢地推动达成这样一项具有约束力的文书。

联合国还通过联合国和平利用外层空间委员会和大会，就透明度和建立信任措施的必要性建立了协商一致意见，这些措施本身就是一种软法律。2006 年和 2007 年，大会首先通过决议，强调必须采取透明和建立信任措施，以减少军备竞赛的风险，并呼吁各国提出具体建议［GA Res 61/75；GA Res62/43］。

为响应这一请求，欧盟于 2008 年提出了一项行为准则建议，并于 2012 年提交了一份修订草案。欧盟的这一建议受到批评，被认为该过程不够透明和包容。为此，欧盟举行了不限成员名额的多边磋商。共有 95 个联合国成员国参加了磋商进程，每轮磋商都有 61 个国家出席［EU External Action，"Disarmament"］。

2014 年，欧盟制定了新的《外层空间活动国际行为守则草案》(ICoC 草案)，该草案与以前的草案保持着相同的主要目的，要求签署国同意遵守外层空间自由原则，认识到外空自卫的权利，同时避免外太空的威胁或使用武力。签署国还应避免损害或销毁空间物体，除非有"紧急安全考虑"的理由，并鼓励减少空间碎片或自卫的"固有权利"。它还敦促各国执行下文所述的《空间碎片缓减准则》。但是，2015 年 7 月，在欧盟主持下在纽约联合国总部举行国际会议时，原定的谈判未能达成任何协议。辩论集中在对该进程的不满上，没有足够的包容性，并且忽略了各国在公开磋商中的意见［Chair's Summary］。自这次会议以来，许多人都宣布 ICoC 草案失败了，这表明了真正的全球协作进程的重要性［Meyer，2015］。如果没有一定的政治支持，要使这一文件恢复生机可能是非常困难的。

国际空间碎片委员会提到的《空间碎片缓减准则》也是缺乏具有约束力标准的软法律制度的一个例子。2001 年，联合国和平利用外层空间委员会要求国际空间碎片委员会制定一套国际空间碎片缓减准则［U. N. DocA/AC. 105/761；Viikari，2015，p. 742］。后来又作为联合国大会通过的 2007 年 UNCOPUOS 指南的基础［GA Res 62/217］。该准则是一项自愿措施，鼓励各国通过执行自己的关于发射、卫星设计（减少长期碎片）和空间安全（处理现有碎片）的国家标准来遵守这些准则。这种国际公认的标准和准则尽管是自愿的，但已经在许可要求方面对国家立法产生了积极影响，并且是通过制定标准成功进行全球管理的一个例子。详细内容将在第 14 章中讨论。

2011 年，联合国大会通过了一项决议，成立了政府专家组（GGE），以开展有关外层空间透明度和建立信任措施的研究［GA Res 65/68］。2013 年，政府专家组制定了一份报告，强烈鼓励制定行为准则［U. N. Doc A/68/189］。该报告还强调，针对外层空间活动的非法律约束措施应补充与空间活动有关的现行国际法律框架，并且不应损害现有的法律义务或妨碍对外层空间的合法利用，尤其是新的外空行为。还强调透明度和建立信任措施可以促进但不能取代对军火限制协议的监督［U. N. Doc A/68/189］。政府专家组报告还认识到国际合作在外层空间活动中对建立国家间的信任和信心方面的作用日益增强。由于透明度和建立信任措施的重点是对太空军备竞赛的关注，因此，政府专家组建议在联合国裁军事务厅（UNODA）、联合国外层空间事务司和联合国其他机构之间建立协调平台，以促进实施透明度和建立信任措施，并促进其进一步发展。缺乏这种协调的管理一直是近几十年来明确定义和就全球公共空间利益达成共识的关键限制因素之一。

2.7　替代或补充机制的有效性

全球管理有时可以采取民间社会的形式，创建由专家组成的独立组织，这些专家寻求在任何正式官僚机构之外共同努力并为标准制定做出贡献。此类组织不受任何国家的授权，也不一定是政府间合作的产物。因此，他们没有直接参与管理。但是，制定标准或行为守则可能是其重要的贡献。其中一些组织比国家更成功，因为它们基于专业知识并且不受政治因素的影响。只要"全球管理"不需要任何直接授权，它们就可以被视为非常有效的机制，特别是考虑到当前和未来的空间使用，例如全球卫星导航和人类太空飞行。

2.7.1　自愿双边与多边安排

在保护空间完全用于和平用途方面，导弹技术管制制度（MTCR）是一项多边、自愿安排的例子，它制定了一套不具约束力的准则，以防止能够运载大规模毁灭性武器的无人运载系统的使用［Missile Agreement；van Fenema，2015，p. 418］。这些准则包括航天运载工具，旨在在不妨碍国家空间方案或和平利用外层空间的国际合作的前提下，防止此类技术的出口。但是，准则的问题在于，很难验证是否可以将某些导弹技术用于运载大规模毁灭性武器，并确保合作不会导致这种使用。《关于常规武器和两用物品及技术出口控制的瓦森纳协定》是一种多边、非约束性的出口管制制度，旨在防止购置武器，避免两用技术对某个地区或国家中的局势造成安全隐患，其中武器包括空间运载工具和航天器［Wassenaar Arrangement］。

国家、国家机构、公司甚至个人之间的谅解备忘录（MoU）是一个重要的非约束性国际太空管理论坛。虽然这些不等同于立法或有约束力的合同，但它们是合作和建立信任的重要环节［Lyall & Larsen，2009，p. 37］。谅解备忘录通常包含以"期望"而不是法律上强制执行的条款表示财务安排、责任协议以及其他权利和义务。有时，谅解备忘录作为合同协议的先导。然而，它们也可以是独立的协议。谅解备忘录已广泛用于国际空间站和全球移动卫星个人通信（GMPCS）的操作［Lyall & Larsen，2009，p. 122］。这些谅解备忘录可以作为更复杂的法律安排的一部分，成为实体之间合作的重要纽带。

2.7.2　国际 GNSS 服务

国际 GNSS 服务（IGS）成立于 1991 年，目前是由全球 100 多个国家的 200 多个机构组成的联盟。每个参与的组织根据自身对IGS网络的贡献自愿提供自己的资金。作为一个协作机构，IGS提供了有助于定位、导航和授时精度的参数，并收集、存档和公开数据，用于对地球表面和气候的科学监测，为广泛的应用和实验服务。它是“一个由超过400个永久的、持续运行的包括GPS、GLONASS、伽利略、北斗、QZSS和SBAS的大地测量站组成的全球网络”[IGS，“About”]。

与独立提供国际标准的IAASS和ISO的影响类似，在传统论坛中各国很难做到这一点，IGS填补了全球太空管理的空白。通过将许多全球导航卫星系统生成的数据集中起来，并提供参数以提高精度，IGS为数百个实体及其终端用户提供了所需的服务。从这个意义上说，它可以说是一种成功的全球太空管理机制，当然也可以替代以国家为基础的正式谈判或管理的缓慢动态。

2.7.3 商业航天联盟

管理范围的另一端是商业航天联盟（CSF），顾名思义，它是从事人类航天工业工作的私营商业实体之间的协作。CSF有70多个成员，其任务是“为可持续的太空经济奠定基础，并使科学家、学生、平民和企业民主化地进入太空”[CSF，“Home”]。然而，应该指出的是，它特别关注美国，尤其是在成员方面，它的执行成员几乎都是美国公司，而且它的大多数准成员都是在美国的。它自称其任务是加强美国在商业航空航天领域的领导地位。它的董事会成员都是参与新兴商业航天领域的大公司的首席执行官级别的官员。虽然他们的利益肯定是一致的，但他们可能不符合全球公共利益。

CSF已成功游说美国的新立法，这是其主要目标之一。该组织及其成员游说美国国会通过《2015年商业太空发射竞争法律》（在第11章和第16章中有更详细的讨论），并且一直在游说就安全法规、太空港基础设施和国际武器运输条例现代化的进一步立法，这目前限制了空间技术的某些贸易。该联盟还对与NASA和商业人员被送往国际空间站有关的政策持有立场。

它的大部分政策和法律建议都是直接针对美国立法者、美国法律和基础设施的。因此，CSF对国家太空管理具有成功的影响。然而，它在全球太空管理中的直接作用是有限的。或许，它可以被视为其他国家或区域联盟的一个模式，借此私人行为者联合起来影响传统的管理机制。然而，美国有一种特殊的文化，在这种文化中，商业和工业行为者对立法者的影响要比其他许多国家大得多。因此，这种模式是否能在其他地区，甚至在全球范围内复制还有待观察。

2.7.4 作为示范法的国家空间制度

一些国家，特别是美国，一直非常积极地在国内层面就与空间有关的活动立法。美国这样做不仅是为了在其管辖范围内促进商业实体的空间活动，而且是为了对空间碎片等更大的共同问题做出反应。许多人认为，这种国家法律可以成为一种有用的工具，以加强迄今为止只是在全球层面自愿采取的措施。

同样，在国际社会迟迟不能制定明确的规范和激励机制的情况下，国家立法可能会在这一领域先行一步。其中一个例子就是美国最近通过的一项法律，该法律主张保护希望开采小行星的美国商业实体不受任何其他实体的干涉，无论它们是美国公司还是外国公司[Commercial Space Launch Competiveness Act of 2015]。该法律还声称，根据美国法律[Commercial Space Launch Competiveness Act of 2015]，这些公司将对从小行星上开采的东西拥有财产权。该法律的这一部分将在关于空间采矿的第 16 章中详细讨论。

2.7.5　保险管理

与通过复杂的程序发展起来的政府监管相比，保险公司可以更快地调整其合同机制，以确定和实施合理的、有益的行业标准，甚至可以在随后的监管机制制定中使用这些标准[Andrea Harrington，2016]。在全球提供保险的保险公司为数不多，这为航天工业的“保险管理”创造了理想的环境，例如，在碎片减少规则和空间交通管理服务方面。保险公司将成立一个太空保险行业协会来制定标准，或者保险公司可以与发射提供商和卫星制造商组成一个太空运输协会来制定行业最佳实践，这将与美国政府发布的有关此类最佳实践的呼吁相一致。

2.8　结论及汇总表

由此可见，除了国家和政府组织之外，在全球太空管理领域还有更多的参与者。同样清楚的是，没有放之四海而皆准的解决方案。具体的问题将需要具体的解决办法和具体的专业知识，因此，挑战在于协调多层次的管理，以确保全球公共利益始终处于核心地位。

即使在主导 20 世纪太空竞赛的冷战的两极政治环境中，两个超级大国之间也愿意达成与空间活动的早期管理有关的具有国际约束力的协议。同时，其他国家对这两个超级大国在太空中的主导地位，包括可能进行的太空军备竞赛，也同样感到担忧。这些因素导致在发射人造卫星一年后迅速成立了联合国和平利用外层空间委员会，以规范外层空间的使用。还促使联合国大会通过了一系列基本原则，并起草和通过了一些核心条约。

然而，由于有更多的国家和非国家行为者积极参与空间活动，相互竞争的利益已变得更加多样化。联合国和平利用外层空间委员会的成员已从少数国家增加到 80 多个国家，这些国家具有非常不同的政治议程和与空间有关的目标。有些国家已不太愿意接受新的有约束力的准则，联合国及其专门机构在谈判新的条约方面也未取得成功。相反，非约束性“软法律”规范的数量有所增加，参与制定这些规范的实体数量也有所增加。它们有时是并行的，有时是相互冲突的。从长远来看，这些软法律规范可能会更成功地激励行为者维护全球利益。然而，几乎没有机会阐明 21 世纪太空领域的全球公共利益是什么，更不用说确保这些利益得到实现或保护了。有失去一致性的风险，并可能看不到为和平目的和为全人类的利益可持续利用空间的目标（见表 2-1）。

表 2－1　现有主要太空管理机制汇总表

现有的管理机制	成员类别（正式/非正式）	决策者（行动者/参与者）	优势	局限
五项联合国空间核心条约	正式	国家	制定了进入和使用空间、因空间活动造成损害的责任、登记义务、归还和救援义务等核心原则。其中一些原则被认为是习惯法，对所有国家及所有空间活动都有约束力	冷战的产物。当今的地缘政治力量更加复杂，太空行为者也更多，包括非国家行为者。因此，当受到挑战时，很难坚持这些原则。有限的执法机制。《月球协定》的参与度很低，影响也很小
联合国大会	正式（政府间的）	联合国成员国	全民参与。决议代表了成员国的立场，这可以从投票计数中看出	决议具有政治约束力，而不是法律约束力
联合国外层空间事务司	正式（政府间的）	联合国成员国	通过与许多专门机构的合作，将空间活动集中在联合国内部 根据联合国关于外层空间的条约和原则履行联合国秘书长的职责，包括维护向成员国和私人实体提供的《空间物体登记册》和其他数据库。开展能力建设活动，并通过培训项目传播知识。担任国际协调小组的执行秘书处及SMPAG的常设秘书处	资金有限，需要不断增长的人力资源补充
联合国和平利用外层空间委员会	正式（政府间的）	以联合国成员国身份成为委员会成员（目前有80个成员国）	对和平利用外层空间的具体关注意味着全球公共利益是核心。联合国和平利用外层空间委员会制定了五项核心空间法条约。目前的重点是长期的空间可持续性、透明度和建立信任措施，以及全球导航卫星系统、空间天气、探索和创新、行星防御和可持续发展	共识决策意味着要妥协一切，联合国和平利用外层空间委员会就新的与空间有关的主题达成广泛协议的能力有限，也没有产生任何新的具有约束力的法律规范，但它在“软法律”方面取得了成功，制定了一套补充空间法条约的原则、决议和指导方针
裁军会议	正式（政府间的）	联合国成员国	对裁军的具体关注使全球公共利益仍然是高度优先事项。与其他（非空间）裁军问题的联系	共识决策意味着，在这一政治敏感领域几乎没有进展
国际民用航空组织	正式（政府间的）	联合国成员国	就航空法事项制定了许多具有约束力的法律。最近已经就考虑空中和空间安全与交通管理活动之间的重叠同联合国外层空间事务司开始开展合作	就商业空间运输和亚轨道活动而言，它在多大程度上具有处理空间管理的管辖权和授权，个别国家的利益主导着立法

续表

现有的管理机制	成员类别（正式/非正式）	决策者（行动者/参与者）	优势	局限
世界卫生组织（WHO）、世界气象组织（WMO）和联合国环境规划署（UNEP）	正式（政府间的）	成员国	就辐射和环境问题提出建议和标准	只讨论这些组织的主要任务规定的与空间有关的管理问题
国际电联	正式（政府间的，还有一些非政府组织的参与）	“部门成员”，包括区域组织、商业实体和学者	成功实现无线电频率和轨道资源的分配。已经拥有近乎普遍的参与度	很少有执行机制，也没有强有力的机制。违规行为可以被记录下来，但没有真正的惩罚
地球观测卫星委员会（CEOS）	正式	国家航天机构	协调卫星对地观测政策、标准和其他运行情况	成员只限于一些空间机构，决定不具约束力
机构间行动咨询小组（IOAG）	正式（政府间的）	国家航天机构	就协调空间通信政策和技术问题向互操作性全体会议提出建议。集中的和中性的。拥有广泛的参与	建议没有约束力。取决于国家空间机构的参与，排除了尚未积极开展空间项目的发展中国家
政府专家组（GGE）	非正式（政府间的）	根据他们的专长选择个人	根据联合国大会决议编写了关于透明度和建立信任措施的报告。网络安全和电信领域也成立了类似的组织。2013 年专家组关于 TCBM 在外空活动中的作用的报告为联合国和平利用外层空间委员会考虑更广泛的空间安全视角铺平了道路	非约束性规范，依赖国家或其他机构执行。没有执行或激励机制
UNISPACE Ⅰ，Ⅱ，Ⅲ	非正式（政府间和非政府活动）	联合国成员国、国际组织、与空间有关的工业成员（应其政府邀请）	成为几乎所有利益攸关方讨论空间探索、利用和开采空间资源的所有方面的重要论坛	在全球太空管理方面的影响有限，只能是间接的
国际宇航联合会（IAF）	非政府组织	从事空间领域工作的公司和组织	建立一个大规模参与空间活动的私人实体的全球网络。传播知识和技术进步有助于国际合作，特别是通过与议会成员举行年度会议	不生成适用的管理文件或指导方针
国际空间法学会（IISL）	非政府组织	在空间法方面具有专业知识的个人	使国际专家以个人身份而不是以国家代表的身份聚集在一起审议空间法问题。出版论文集和学术出版物	没有一般指导方针或适用的管理文件，对全球太空管理没有重大和直接的投入

续表

现有的管理机制	成员类别（正式/非正式）	决策者（行动者/参与者）	优势	局限
国际空间安全促进协会（IAASS）	非政府组织	对太空有专业知识的人。国际空间安全促进协会本身是国际宇航联合会的成员，在联合国和平利用外层空间委员会具有观察员地位	编写报告、学术出版物/论文集，以及向联合国和平利用外层空间委员会提出建议，制定国际标准	
国际法协会（ILA）空间法委员会	正式非政府组织	国际法协会国家分支的成员并在空间法方面具有专业知识的个人	使国际专家以个人身份而不是以国家代表的身份聚集在一起审议空间法问题	编写报告和学术出版物，但没有一般指导方针或适用的管理文件；不太擅长传播
空间数据系统协商委员会（CCSDS）		国家空间机构、其他政府机构、非政府组织、私人科学和商业实体	开发标准以增强政府和商业的互操作性和交叉支持，同时也减少风险、开发时间和项目成本	

注：在全球太空管理中，还有许多其他监管工具和机构在不同程度上发挥作用。它们太多了，不能列在这个表格中，尽管其中一些在其他章节中提到。

参 考 文 献

[1] Agreement Governing the Activities of States on the Moon and Other Celestial Bodies, 18 December 1979, 1363 UNTS 3 [Moon Agreement].

[2] Agreement on the Rescue of Astronauts and the Return of Objects Launched in Outer Space, 22 April 1968, 672 UNTS 119 [Rescue Agreement].

[3] Agreement on Guidelines for the Transfer of Equipment and Technology Related to Missiles, 16 April 1987, (1987) 26: 3 ILM 599 [Missile Agreement].

[4] Charter on Cooperation to Achieve the Coordinated Use of Space Facilities in the Event of Natural or Technological Disasters, 20 June 2000, online: Global Fire Monitoring Center 〈www. fire. uni - freiburg. de/emergency/charter. htm〉 (last accessed 12 December 2016) [Disaster Charter].

[5] Convention of the Asia - Pacific Space Cooperation Organization (APSCO), 28 October 2005, online: APSCO 〈www. apsco. int/apscon/apSCO - AD/imapic/201261315125947542. pdf〉 (lastaccessed 12 December 2016) [APSCO Convention].

[6] Convention on International Liability for Damage Caused by Space Objects, 29 March 1972, 961 UNTS 187 [Liability Convention].

[7] Convention on Registration of Objects Launched into Outer Space, 14 January 1975, 1023 UNTS 15 [Registration Convention].

[8] COSPAR Planetary Protection Policy, (20 October 2002; As Amended to 24 March 2011), available online: COSPAR 〈https: //cosparhq. cnes. fr/sites/default/files/pppolicy. pdf〉 [COSPAR 2011].

[9] Declaration of Legal Principles Governing the Activities of States in the Exploration and Use of Outer Space, GA Res 1962 (XVIII), UNGAOR, 18th Sess, U. N. Doc A/RES/18/1962 (1963a).

[10] Declaration on International Cooperation in the Exploration and Use of Outer Space for the Benefit and in the Interest of All States, Taking into Particular Account the Needs of Developing Countries, GA Res 51/122, UNGAOR, 51st Sess, U. N. Doc A/RES/51/122 (1997).

[11] Draft International Code of Conduct for Outer Space Activities, version 31 March 2014, online: European External Action Service 〈www. eeas. europa. eu/non - proliferation - and - disarmament/pdf/space _ code _ conduct _ draft _ vers _ 31 - march - 2014 _ en. pdf〉 (last accessed 12 December 2016) [ICoC].

[12] Draft Treaty on the Prevention of the Placement of Weapons in Outer Space, the Threat or Use of Force against Outer Space Objects, online: UN Office at Geneva 〈www. unog. ch/80256EDD006B8954/ (httpAssets) /C4CD83AD4A8B4797C1257CF3003AC425/ $ file/1319 + Russian + Federation+Draft+Updated+PPWT+. pdf〉 (last accessed 18 January 2017) [PPWT].

[13] International Convention for the Safety of Life at Sea, 1974, 1 November 1974, 1184 UNTS 278 (entered into force 25 May 1980) [SOLAS].

[14] International cooperation in the peaceful uses of outer space, GA Res 1721 (XVI), UNGAOR, 16th

Sess (1961).

[15] International cooperation in the peaceful uses of outer space, GA Res 1963 (XVIII), UNGAOR, 18th Sess (1963b).

[16] International cooperation in the peaceful uses of outer space, GA Res 62/217, UNGAOR, 62nd Sess, U. N. Doc A/RES/62/217 (2008a).

[17] International cooperation in the peaceful uses of outer space, GA Res 68/75, UNGAOR, 68th Sess, U. N. Doc A/RES/68/75 (2013).

[18] No first placement of weapons in outer space, GA Res 69/32, UNGAOR, 69th Sess, U. N. Doc A/RES/69/32 (2014).

[19] No first placement of weapons in outer space, GA Res 70/27, UNGAOR, 70th Sess, U. N. Doc A/RES/70/27 (2015a).

[20] Prevention of an arms race in outer space, GA Res 70/26, UNGAOR, 70th Sess, U. N. Doc A/RES/70/26 (2015b).

[21] Principles Governing the Use by States of Artificial Earth Satellites for International DirectTelevision Broadcasting, GA Res 37/92, UNGAOR, 37th Sess, U. N. Doc A/RES/37/92 (1982).

[22] Principles Relevant to the Use of Nuclear Power Sources in Outer Space, GA Res 47/68, UNGAOR, 47th Sess, U. N. Doc A/RES/47/68 (1993).

[23] Principles relating to remote sensing of the Earth from space, GA Res 41/65, UNGAOR, 41st Sess, U. N. Doc A/RES/41/65 (1986a).

[24] Question of the peaceful use of outer space, GA Res 1348 (XIII), UNGAOR, 13th Sess (1958).

[25] Question of the review of the Convention on Registration of Objects Launched into Outer Space, GA Res 41/66, UNGAOR, 41st Sess, U. N. Doc A/RES/41/66 (1986b).

[26] Recommendations on enhancing the practice of States and international intergovernmental organizations in registering space objects, GA Res 62/101, UNGAOR, 62nd Sess, U. N. Doc A/RES/62/101 (2008b).

[27] Rio Declaration on Environment and Development, U. N. Doc A/CONF. 151/5/Rev. 1 (1992), 31ILM 874 [Rio Declaration].

[28] Rome Statute of the International Criminal Court, 17 July 1998, 2187 UNTS 3 [Rome Statute].

[29] The Antarctic Treaty, 1 December 1959, 402 UNTS 71 [Antarctic Treaty].

[30] Transparency and confidence - building measures in outer space activities, GA Res 61/75, UNGAOR, 61st Sess, U. N. Doc A/RES/61/75 (2006).

[31] Transparency and confidence - building measures in outer space activities, GA Res 62/43, UNGAOR, 62nd Sess, U. N. Doc A/RES/62/43 (2008c).

[32] Transparency and confidence - building measures in outer space activities, GA Res 65/68, UNGAOR, 65th Sess, U. N. Doc A/RES/65/68 (2011).

[33] Treaty Banning Nuclear Weapon Tests in the Atmosphere, in Outer Space and Under Water, 5August 1963, 14 UST 1313, TIAS No 5433, 480 UNTS 43 (entered into force 10 October1963) [Partial Test Ban Treaty].

[34] Treaty on Principles Governing the Activities of States in the Exploration and Use of Outer Space, including the Moon and Other Celestial Bodies, 27 January 1967, 610 UNTS 205 [Outer Space

Treaty].

[35] Treaty on the Limitation of Anti - Ballistic Missile Systems, Union of Soviet Socialist Republics and United States, 26 May 1972, 944 UNTS 13 (entered into force 3 October 1972) [Anti - Ballistic Missile Treaty].

[36] United Nations Convention on the Law of the Sea, 10 December 1982, 1833 UNTS 3 (entered intoforce 16 November 1994) [UNCLOS].

[37] United Nations Platform for Space - based Information for Disaster Management and Emergency Response, GA Res 61/110, UNGAOR, 61st Sess, U. N. Doc A/RES/61/110 (2007).

[38] Vienna Convention on the Law of Treaties, 23 May 1969, 1155 UNTS 331 (entered into force 27 January 1980) [VCLT].

[39] Argentina, "Draft Agreement on the Principles Governing Activities in the Use of the Natural Resources on the Moon and Other Celestial Bodies (A/AC. 105/C. 2/L. 71 and Corr: 1) " in UNCOPUOS, Report of the Legal Sub - Committee on the Work of its Ninth Session (8 June - 3July 1970) to the Committee on the Peaceful Uses of Outer Space, UNGAOR, 1970, U. N. DocA/AC. 105/85, Annex Ⅱ.

[40] Canada et al, Proposal by Canada, Egypt, France, Germany, Italy, Japan, Romania, Sweden, the United Kingdom of Great Britain and Northern Ireland, and the United States of Americafor an expert group on space objects and events, UNCOPUOS, 59th Sess, U. N. Doc A/AC. 105/2016/CRP. 16 (2016), online: UNOOSA 〈www. unoosa. org/res/oosadoc/data/documents/2016/aac _ 1052016crp/aac _ 1052016crp _ 16 _ 0 _ html/AC105 _ 2016 _ CRP16E. pdf〉 (lastaccessed 12 December 2016).

[41] Chair's Summary: Multilateral Negotiations on an International Code of Conduct for Outer Space Activities, New York, 27 - 31 July 2015, online: United Nations. 〈papersmart. unmeetings. org/secretariat/codeofconductforouterspace/documents/other - documents/chairs - summary/〉 (lastaccessed 12 December 2016).

[42] "Draft articles on responsibility of States for internationally wrongful acts" in "Report of the Commission to the General Assembly on the work of its fifty - third session" (U. N. DocA/56/10) in Yearbook of the International Law Commission 2001, vol 2, part 2 (New York: References 60 United Nations, 2007) (UNDOC. A/CN. 4/SER. A/2001/Add. 1 (Part 2)) 26 [Articles on State Responsibility].

[43] Engaging space tools for development on Earth - contribution of space technology and applications to the post - 2015 Development Agenda: Summary report on the open informal session of the United Nations Inter - Agency Meeting on Outer Space Activities, UNCOPUOSOR, 2014, U. N. Doc A/AC. 105/2014/CRP. 9.

[44] "Fragmentation of International Law: Difficulties Arising from the Diversification and Expansion of International Law" in "Report of the Commission to the General Assembly on the work of its fifty - eighth session" (U. N. Doc A/61/10) in Yearbook of the International Law Commission 2006, vol 2, part 2 (New York: United Nations, 2013) (UNDOC. A/CN. 4/SER. A/2006/Add. 1 (Part 2)) 175 [ILC Report 2006].

[45] Legality of the Threat or Use of Nuclear Weapons Case, Advisory Opinion, [1996] ICJ Rep 226 [ICJ Advisory Opinion in the Legality of the Threat Case].

[46] Report of the Ad Hoc Committee on the Peaceful Uses of Outer Space, UNGAOR, 14th Sess, U. N. Doc A/4141 (1959).

[47] Report of the Group of Governmental Experts on Transparency and Confidence - Building Measures in Outer Space Activities, UNGAOR, 68th Sess, U. N. Doc A/68/189 (2013).

[48] Resolution 1: The Space Millennium: Vienna Declaration on Space and Human Development in Report of the Third United Nations Conference on the Exploration and Peaceful Uses of Outer Space (Vienna, 19 - 30 July 1999), UNGAOR, 1999, U. N. Doc A/CONF. 184/6, 6.

[49] Russian Federation, Long - term sustainability of outer space activities (basic elements of the concept of establishing a unified Centre for Information on Near - Earth Space Monitoring under the auspices of the United Nations and the most topical aspects of the subject matter), UNCOPUOS, 57th Sess, U. N. Doc A/AC. 105/L. 290 (2014.), online: UNOOSA 〈www. unoosa. org/pdf/limited/l/AC105 _ L290E. pdf〉 (last accessed 12 December 2016).

[50] Status of International Agreements relating to activities in outer space as at 1 January 2016, UNCOPUOS Legal Subcommittee, 55th Sess, U. N. Doc A/AC. 105/C. 2/2016/CRP. 3 (2016a).

[51] The Declaration of the Russian Federation and the People's Republic of China on the Promotion of International Law, 25 June 2016, online: The Ministry of Foreign Affairs of the Russian Federation 〈www. mid. ru/en/foreign _ policy/position _ word _ order/-/asset _ publisher/6S4RuXfeYlKr/content/id/2331698〉 (last accessed 12 December 2016) [Russia China Declaration].

[52] UNCOPUOS, Guidelines for the long - term sustainability of outer space activities: Working paper by the Chair of the Working Group on the Long - term Sustainability of Outer Space Activities, U. N. Doc A/AC. 105/C. 1/L. 354 (2016b), online: UNOOSA 〈www. unoosa. org/res/oosadoc/data/documents/2017/aac _ 1052017c _ 1l/aac _ 105c _ 1l _ 354 _ 0 _ html/AC105 _ C1 _ L354E. pdf〉 (last accessed 12 December 2016).

[53] UNCOPUOS, Note verbale dated 29 July 2003 from the Permanent Mission of the Netherlands to the United Nations (Vienna) addressed to the Secretary - General, U. N. Doc A/AC. 105/806 (2003), online: UNOOSA 〈www. unoosa. org/pdf/reports/ac105/AC105 _ 806E. pdf〉 (lastaccessed 12 December 2016).

[54] UNCOPUOS, Report of the Scientific and Technical Subcommittee on its thirty - eighth session, held in Vienna from 12 to 23 February 2001, UNGAOR, 2001, U. N. Doc A/AC. 105/761.

[55] UNCOPUOS, Report on the United Nations/International Astronautical Federation Workshop on Space Technology for Economic Development (Beijing, 20 - 22 September 2013), UNGAOR, 2013, U. N. Doc A/AC. 105/1048.

[56] Union of Soviet Socialist Republics, "Proposal for a Treaty concerning the Moon (A/8391, annex) " in UNCOPUOS, Report of the Legal Sub - Committee on the Work of its Eleventh Session (10 April - 5 May 1972), UNGAOR, 1972, U. N. Doc A/AC. 105/101, Annex I.

[57] UNOOSA, Statement by Simonetta Di Pippo, Director, UNOOSA: 59th session of the Committee on the Peaceful Uses of Outer Space Vienna, 8 - 17 June 2016, online: UNOOSA 〈www. unoosa. org/oosa/en/aboutus/director/director - statements/2016/director - statement - copuos - 2016. html〉 (last accessed 12 December 2016) [Statement by Di Pippo].

[58] U. S. Commercial Space Launch Com petitiveness Act, Pub L No 114 - 90 [Commercial Space

Launch Act of 2015].

[59] US, Arms Control and Disarmament Agency, Documents on Disarmament 1967: Message from President Johnson to the Senate on the Outer - Space Treaty, February 7, 1967, US Arms Control & Disarmament Agency Publication 46 (Washington, DC: US Government Printing Office, 1968) 56 [Message from President Johnson].

[60] US, Arms Control and Disarmament Agency, Documents on Disarmament 1967: Statement by Secretary of State Rusk to the Senate Foreign Relations Committee: Outer - Space Treaty, March 7, 1967, US Arms Control & Disarmament Agency Publication 46 (Washington, DC: US Government Printing Office, 1968) 110 [Statement of Rusk].

[61] Brisibe, Tare. "Parliamentary Diplomacy in the United Nations and Progressive Development of Space Law" (2016) 18: 1 Eur J L Reform 6.

[62] Cooper, Ben. "Skylab's Grave: Remains of 1st American Space Station in Australia", Space. com (13 May 2013), online: Space. com 〈www. space. com/21122 - skylab - space - station - remains - museum. html. 〉 (last accessed 12 December 2016).

[63] Crawford, James R. Brownlie's Principles of Public International Law, 8th ed (Oxford: OxfordUniversity Press, 2012).

[64] Falkner, Robert; Hannes Stephan & John Vogler. "International Climate Policy after Copenhagen: Towards a 'Building Blocks' Approach" (2010) 1: 3 Global Policy 252.

[65] Gabrynowicz, Joanne Irene. "The U. N. Principles Relating to Remote Sensing of the Earth from Outer Space and Soft Law" in Irmgard Marboe, ed, Soft Law in Outer Space: The Function of Non -binding Norms in International Space Law (Wien: Böhlau Verlag, 2012) 183.

[66] Galloway, Eilene M. "The Future of Space Law" in Mortimer D Schwartz, International Institute of Space law & International Astronautical Federation, eds, Proceedings of the Nineteenth Colloquium on the Law of Outer Space, October 12 - 15, 1976, Anaheim, California (Davis: University of California School of Law, 1977) 9.

[67] Harrington, Andrea. "Governing Activities in Outer Space: Responsibility, Liability, Regulation and the Role of Insurers" (DCL Thesis, McGill University Institute of Air and Space Law, 2016) [unpublished] [Andrea Harrington].

[68] Israel, Brian R. "Help from Above: The Role of International Law in Facilitating the Use of Outer Space for Disaster Management" in David D Caron, Michael J Kelly & Anastasia Telesetsky, eds, The International Law of Disaster Relief (New York: Cambridge University Press, 2014) 217.

[69] Jakhu, Ram S. "Developing Countries and the Fundamental Principles of International Space Law" in Rafael Gutiérrez Girardot et al, eds, New Directions in International Law: Essaysin Honour of Wolfgang Abendroth: Festschrift zu seinem 75 Geburtstag (Frankfurt: CampusVerlag, 1982) 351.

[70] Jakhu, Ram. "Legal Issues Relating to the Global Public Interest in Outer Space" (2006) 32: 1 JSpace L 31.

[71] Jankowitsch, Peter. "The Background and History of Space Law" in Frans von der Dunk & FabioTronchetti, eds, Handbook of Space Law (Cheltenham: Edward Elgar, 2015) 1.

[72] Klotz, Irene. "Exclusive - The FAA: regulating business on the moon", Reuters (3 February 2015.), online: Reuters 〈www. reuters. com/article/2015/02/03/us - usa - moon - business -

idUSKBN0L715F20150203〉(last accessed 12 December 2016).

[73] Koppensteiner, Franz. "The 1982 U. N. Principles Governing the Use by States of Artificial Earth Satellites for International Direct Television Broadcasting" in Irmgard Marboe, ed, Soft Law in Outer Space: The Function of Non - binding Norms in International Space Law (Wien: BöhlauVerlag, 2012) 161.

[74] Lyall, Francis & Paul B Larsen. Space Law: A Treatise (Surrey: Ashgate, 2009).

[75] Meyer, Paul. "Star - crossed: An international code of conduct for outer space?", Open Canada. org (31 August 2015), online: Open Canada. org 〈www. opencanada. org/features/star - crossed - an international - code - of - conduct - for - outer - space/. 〉(last accessed 12 December 2016).

[76] Murphy, Craig N. International Organization and Industrial Change: Global Governance Since 1850 (Cambridge: Polity Press, 1994).

[77] Ruggie, John Gerard. "Global Governance and "New Governance Theory": Lessons from Business and Human Rights" (2014) 20: 1 Global Governance 5.

[78] Scholte, Jan Aart. "From Government to Governance: Transition to a New Diplomacy" in AndrewF Cooper, Brian Hocking & William Maley, eds, Global Governance and Diplomacy: Worlds Apart? (New York: Palgrave Macmillan, 2008) 39.

[79] Schrogl, Kai - Uwe & Charles Davies. "A New Look at the Concept of the "Launching State": The results of the UNCOPUOS Legal Subcommittee Working Group 2000 - 2002" (2002) 51: 3ZLW 359.

[80] Tepper, Eytan. "Applying Ostrom's Nobel Winning Study to International Cooperation in Space Activities" (2014) 57 Proceedings Intl Institute Space L 675.

[81] Van Fenema, Peter. "Legal Aspects of Launch Services and Space Transportation" in Frans vonder Dunk & Fabio Tronchetti, eds, Handbook of Space Law (Cheltenham: Edward Elgar, 2015) 382.

[82] Viikari, Lotta. "Environmental Aspects of Space Activities" in Frans von der Dunk & FabioTronchetti, eds, Handbook of Space Law (Cheltenham: Edward Elgar, 2015) 717.

[83] Von der Dunk, Frans. "International Organizations in Space Law" in Frans von der Dunk & FabioTronchetti, eds, Handbook of Space Law (Cheltenham: Edward Elgar, 2015a) 269.

[84] Von der Dunk, Frans. "International Space Law" in Frans von der Dunk & Fabio Tronchetti, eds, Handbook of Space Law (Cheltenham: Edward Elgar, 2015b) 29.

[85] Wall, Mike. "40 Years Later, Skylab Space Station Inspires Possible Successor", Space. com (14 May 2013), online: Space. com 〈www. space. com/21106 - nasa - skylab - 2 - space - station. html. 〉(last accessed 12 December 2016).

[86] Wilkinson, Rorden. "Global Governance: A Preliminary Interrogation" in Rorden Wilkinson & Steve Hughes, eds, Global Governance: Critical Perspectives (New York: Routledge, 2002) 1.

[87] Commercial Space flight Federation, "Home", online: Commercial Space flight Federation 〈www. commercial space flight. org/〉(last accessed 12 December 2016) [CSF, "Home"].

[88] Committee on Space Research (COSPAR), "About", online: COSPAR 〈cosparhq. cnes. fr/about〉(last accessed 12 December 2016) [COSPAR, "About"].

[89] Committee on Space Research (COSPAR), "COSPAR Strategy Statement", online: COSPAR

〈cosparhq. cnes. fr/content/cospar - strategy - statement〉（last accessed 12 December 2016）[COSPAR，"Strategy"].

[90] Committee on Space Research (COSPAR)，"Members"，online：COSPAR〈cosparhq. cnes. fr/.

[91] about/members〉(last accessed 12 December 2016) [COSPAR，"Members"].

[92] Committee on Earth Observation Satellites (CEOS)，online：CEOS〈http：//ceos. org/〉[CEOS 2017].

[93] Conference on Disarmament，online：United Nations Office in Geneva (UNOG)，〈http：//www. unog. ch/80256EE600585943/(httpPages)/BF18ABFEFE5D344DC1256F3100311CE9? OpenDocument〉[CD - UNOG 2017].

[94] EU External Action，"Disarmament，Non - Proliferation，and Arms Export Control" (8 August 2016)，online：European External Action Service〈eeas. europa. eu/headquarters/headquartershome page/427/disarmament - non - proliferation - and - arms - export - control _ en〉(last accessed 12 December 2016) [EU External Action，"Disarmament"].

[95] IAASS：International Association for the Advancement of Space Safety，"Welcome to IAASS"，online：IAASS〈iaass. space - safety. org/〉(last accessed 12 December 2016) [IAASS，"Welcome"].

[96] IAU：International Astronomical Union，"About the IAU"，online：IAU〈http：//www. iau. org/about/〉(last accessed 12 December 2016) [IAU，"About"].

[97] ICS：International Committee on Global Navigation Satellite Systems (ICG)，online：ICS〈http：//www. unoosa. org/oosa/en/ourwork/icg/icg. html〉[ICS 2017].

[98] IGS：International GNSS Service，"About"，online：IGS〈www. igs. org/about〉(last accessed 12 December 2016) [IGS，"About"].

[99] International Criminal Court，"The States Parties to the Rome Statute"，online：International Criminal Court〈asp. icc - cpi. int/en _ menus/asp/states%20parties/Pages/the%20states%20parties%20to%20the%20rome%20statute. aspx〉(last accessed 12 December 2016).

[100] ILA：International Law Association，"Space Law"，online：ILA〈www. ila - hq. org/en/committees/index. cfm/cid/29〉(last accessed 12 December 2016) [ILA，"Space"].

[101] IOAG：Interagency Operations Advisory Group，"Agencies"，online：IOAG〈www. ioag. org/Lists/Participants/Agencies. aspx〉(last accessed 12 December 2016) [IOAG，"Agencies"].

[102] IOAG：Interagency Operations Advisory Group，"Home"，online：IOAG〈www. ioag. org/default. aspx〉(last accessed 12 December 2016) [IOAG，"Home"].

[103] ISO，"ISO members"，online：ISO〈www. iso. org/iso/home/about/iso _ members. htm〉(last accessed 12 December 2016a).

[104] ISO，"Standards"，online：ISO〈www. iso. org/iso/home/standards. htm〉(last accessed 12 December 2016b).

[105] ISSF：International Space Safety Foundation，"Home"，online：ISSF〈issf. space - safety. org/〉(lastaccessed 12 December 2016) [ISSF，"Home"].

[106] Secretariat of the Antarctic Treaty，"Antarctic Treaty"，online：Secretariat of the Antarctic Treaty〈www. ats. aq/e/ats. htm〉(last accessed 12 December 2016).

[107] The Consultative Committee for Space Data Systems，"About CCSDS"，online：CCSDS. org〈public.

ccsds. org/about/default. aspx〉(last accessed 12 December 2016)[CCSDS,"About"].

[108] The Wassenaar Arrangement on Export Controls for Conventional Arms and Dual - Use Goods and Technologies,"About us",online:The Wassenaar Arrangement〈www. wassenaar. org/aboutus/〉(last accessed 12 December 2016)[Wassenaar Arrangement].

[109] UNIDIR:United Nations Institute for Disarmament Research,"Home",online:UNIDIR〈www. unidir. org/〉(last accessed 12 December 2016a).

[110] UNIDIR:United Nations Institute for Disarmament Research,"Programmes",online:UNIDIR〈www. unidir. org/programmes/all - programmes〉(last accessed 12 December 2016b).

[111] UNODA:United Nations Office for Disarmament Affairs,"Treaty Banning Nuclear Weapon Testsin the Atmosphere,in Outer Space and Under Water",online:UNODA〈disarmament. un. org/treaties/t/test _ ban〉(last accessed 12 December 2016)[UNODA,"Treaty Banning Nuclear Weapon Tests"].

第3章　区域视角下的全球太空管理

解决的关键问题

- 区域合作制度、区域内制度和区域间太空管理倡议是什么?
- 中东、非洲或拉丁美洲的区域空间计划和机构的前景如何?
- 区域太空管理机制是否与全球太空管理互补?

3.1　引言

在第2章中，从全球角度探讨了由各种政府间组织以及专业组织和非政府组织实施的太空管理主题。在第4章中，将详细讨论有关外层空间管理的国家立法、行政法规和政策等主题。本章阐述了区域视角以及区域机构和机制如何成为构成全球太空管理的进程和机构机制的一部分。可以明确的是，目前存在的大多数太空管理系统不是建立在国家层面就是建立在全球层面。在很大程度上，区域性机构是较新的、不太常见的，而且经常被视为受国家间的竞争所困扰。然而，各国正在探索建立区域合作机制，以便集中精力发展，从当前和过去的区域空间行为者那里汲取的经验教训可以指导新的行为者。

有人认为，努力建立区域空间合作机制通常是为了实现四个目标：1）强调特定区域空间共同体的现有优势；2）提高区域内技术标准的互用性；3）协调区域空间活动；4）争取就区域内与空间有关的需要和空间基础设施达成协议。此外，发展区域政策或管理机制可以帮助实现这些目标［Liao，2012］。从现实的角度来看，当我们考虑空间的区域管理时，世界在逻辑上可以分为两部分。欧洲有一个非常活跃的区域空间计划，这个计划与国家空间计划并存。相反，世界其他地区的区域机构正在执行协调和信息交流计划，而任何类型的区域计划都具有临时性质。

区域空间政策制定和管理的两个主要参与者是欧洲联盟（欧盟）和欧洲空间局（欧空局）。随着1993年亚太区域空间机构论坛（APRSAF）和2005年亚太空间合作组织（APSCO）的成立，亚洲在太空管理方面采取了区域合作的办法。

这些组织的价值问题就这样出现了。就区域机构提出的倡议和世界其他区域提出的类似倡议的前景而言，它们的优点和缺点是什么？随着欧洲和亚洲建立的制度的不断完善，对参与机制、管理结构、计划和实施机制的评估揭示了“区域太空政治的动态，对发展共同区域空间能力的追求以及区域太空管理的必要性”，这可以使我们对这些机构的优势及其面临的挑战有一个很好的理解［Liao，2015，p.25］。

本章有两个主要目标：第一目标是确定空间合作与管理领域中一些重要的区域联盟的定义及特征。值得注意的是，欧洲的区域太空管理方法是独特的，本章将探讨欧洲区域太空管理的经验，以及与世界其他地区不同的一些具体方式。第二个目标是强调区域活动，无论是在国家政府间合作层面，还是在区域非政府组织或商业联盟层面，这些区域参与者聚在一起提出统一立场，通常可以对全球太空管理产生影响。但是，对于某些区域而言，似乎仍将保持不变，除非建立具有明确的财务和创收能力的区域准政府机构，并证明其在一段时间内能够发挥作用，以及区域空间工作的作用和影响不会是统一且重要的。欧空局和欧洲联盟就是这样，欧洲通信卫星组织和阿拉伯卫星组织在较小程度上也是这样。

3.2 区域合作机制以及太空管理倡议

3.2.1 欧洲及其区域太空管理经验

早在 1958 年欧洲经济共同体（EEC）成立之前，欧洲就存在制度化的合作根基，这从已有的大量文献记载的欧洲合作制度可以体现出来。在空间背景下，欧空局历来被公认为是中央政府间组织，旨在引导自愿投资，以有效响应区域、国家和欧洲的空间活动。欧空局成立于 1975 年，目前由 22 个成员国组成，加拿大是准成员国，并与其他 6 个欧盟成员国签署了合作协议。该机构的目的是促进欧洲国家之间在空间研究和技术及其空间应用方面的合作，这些空间应用完全出于和平目的，被用于科学和操作空间应用系统。2009 年，《里斯本条约》生效，该条约赋予了欧盟在空间事务中具有法律权限的更强的角色，欧空局和欧盟正在欧洲空间倡议方面进行新的共享权限。

在一定程度上，还有其他欧洲组织在区域范围内影响全球太空管理。这些组织包括欧洲电信标准协会（ETSI）、欧洲邮政和电信管理局会议（CEPT）、EUTELSAT（以前称为欧洲通信卫星组织）、欧洲气象卫星开发组织（EUMETSAT）、欧洲卫星公司（SES）、不来梅轨道高科技公司、空中客车公司、RUAG 空间公司和泰雷兹·阿莱尼亚宇航公司。这些公共和私营实体以及其他实体在制定欧洲技术标准以及空间政策和条例方面发挥了有益的作用。欧盟（作为一个超国家机构）和欧空局（作为一个政府间机构）都有由欧洲国家资助的实际的太空计划和活动。可以认为这两个欧洲机构在制定欧洲空间政策和全球管理计划方面发挥了重要作用。下面讲述关于欧盟和欧空局的重要背景信息，特别是关于它们是如何组成的、它们如何执行区域空间计划，以及它们如何帮助实现全球管理地位。

3.2.1.1 欧盟

欧盟是由 28 个欧洲国家组成的超国家经济和政治伙伴关系。它的前身是欧洲经济共同体，由 6 个国家（比利时、法国、德国、意大利、卢森堡和荷兰）于 1958 年创立。目前，阿尔巴尼亚、冰岛、黑山、塞尔维亚、前南斯拉夫的马其顿共和国和土耳其都是欧盟候选国。波斯尼亚、黑塞哥维那和科索沃被确定为潜在的候选国，但它们尚未提交会员申请。欧盟内部高维护成本的相关问题由在布鲁塞尔的董事会管理——来自叙利亚和其他国家的移民（合法和非法）和难民激增，以及希腊和其他欧洲国家的金融危机在过去两年中损害了欧盟的地位。2016年6月23日，英国就是否退出该区域管理机构进行了一次重大的全民公投。结果，52%的投票结果支持脱欧。迄今为止，这场所谓的英国脱欧公投似乎并未影响各国对欧空局的承诺，欧空局对不同资格的成员有着不同的管理程序。

欧盟越来越多地参与与空间有关的活动。如前所述，《里斯本条约》加强了欧盟在空间活动中具有特定法律权限的作用。《欧盟运作条约》第4（3）条规定："在研究、技术发展和空间领域，欧盟有能力开展活动，特别是确定和实施计划；但是，行使这种权限不应妨碍会员国行使其权限"[TFEU，art.4（3）]。

一些成员国认为，空间是一种"共享"权限，可以在联盟未行使其程序的范围内独立行使。但是，一些成员国不认为欧盟能够替代其在太空中的作用，并发展了"平行"能力的概念。这变得有些复杂，因为几个欧洲国家除了是欧空局的成员之外，还拥有自己的空间机构（例如法国、德国、意大利和英国，而比利时正在创建一个太空机构），欧空局成员规模更小（欧空局成员包括挪威和瑞士，它们不是欧盟成员国）、目标更明确且对空间有很明确的兴趣，如下所述。

拥有空间机构的欧盟成员国和欧空局将继续是相对于欧盟的独立行动者。但是，存在合作计划的可能性。例如，欧洲全球导航卫星系统（GALILEO）是一项由欧空局担任总承包商的欧盟计划。哥白尼——一种用于监视地球的系统，或多或少地以相同的方式组织起来。这些欧空局和国家航天局的空间项目独立于欧盟，在定义新的和现有的项目、制定合同条款和条件以及就财政安排达成一致方面保持独立[Schmidt-Tedd，2011]。

在欧盟范围内，空间政策和空间活动的集中化受到每个国家可以决定的各种安排和计划的限制，因此它是独立、合作或选择性的。根据这种高度的灵活性，空间政策和空间活动的集中化是在项目的基础上定义的。就欧空局而言，一些科学项目（不包括勘探）是强制性的，而其他项目则是可选择的。最重要的是没有适用的一般规则，各国应该就个案去审查对欧洲空间项目的参与和资金的投入。

国家加入欧盟的过程很复杂，主要包括三个阶段。任何国家只要愿意接受欧盟成员国的权利和义务，以及欧盟成员国的特权，就可以启动申请程序。第一步是要满足所谓的"哥本哈根标准"，其中包括拥有"自由市场经济，稳定的民主和法治，以及接受包括欧元在内的所有欧盟立法"[Joining the EU]。如果符合这些条件，则可以向欧盟理事会申请欧盟成员资格，从而成为加入欧盟的候选人（丹麦仍然保留克朗而不是欧元，因此是一个例外）。此后，欧盟委员会确定申请人满足成员资格的能力。如果该委员会的决定是肯定的，则欧盟理事会"必须随后商定一项谈判授权"[Joining the EU]。谈判是在逐个主题的基础上开始的。一旦谈判和所要求的改革完成并得到双方的满意，该国就可以正式加入欧盟。有关欧盟在空间方面的优势和局限，见表3-1。

表 3-1 欧盟在空间方面的优势和局限

优势			局限		
参与	管理结构	项目和措施	参与	管理结构	项目和措施
基于条约，因此更有确定性 三阶段成员资格审批流程可以提高加入国的整体能力 包括欧洲大陆的大多数国家	欧洲议会和欧盟理事会的联合决策有助于协调与欧盟、欧空局和成员国之间的潜在利益冲突	欧盟成员国资助的旗舰项目（伽利略和哥白尼） 由第七届研究和技术发展框架计划和"地平线 2020"提供研究和创新资助 以成本效益为目的的"物有所值"原则	只对国家开放 耗时且难加入	欧洲空间政策和活动的集中化仍然有限	严重依赖国家和欧空局的空间能力 "物有所值"原则可能与欧美合作项目的"公平回报"原则相冲突

3.2.1.2 欧洲空间局

欧洲空间局（欧空局）是一个政府间的高技术组织。它本质上是一个区域性的公共空间机构，在很多方面类似于 NASA。它的总部设在巴黎，在荷兰有它的欧洲空间技术和工程中心（ESTEC），并在欧洲各地设有许多其他的技术中心。

欧空局的机构包括理事会和总干事。理事会由欧空局成员国的代表组成。它在需要时举行代表会议或部长级会议。欧空局理事会的决策程序遵循"一国一票"的规则。决定是由多数、三分之二多数还是全体一致做出，取决于有关问题的性质。

有人认为，这一投票程序使作为欧空局但不是欧盟成员国的挪威和瑞士在与欧盟有关的事务上，尤其是在涉及安全和国防事务的问题上，具有不相称的影响力——这两个领域对太空管理的意义都很重要［COM（2012）671 final］。但是，也有人指出，在避免挪威或瑞士参加影响欧空局内欧盟活动的投票时，始终要格外小心。关于在欧空局活动中增加新目标和改变现有方案的决定必须由欧空局所有成员国一致做出。

虽然欧盟和欧空局的成员基本上重叠，但它们的辖区由不同的国家组成。它们的目标和能力也完全不同，并且在不同的结构和规则下运作。欧盟的结构、程序和政策具有更多的政治特征。此外，欧盟的活动和责任计划范围更广。欧空局特别关注空间科学、研究、开发和创新、应用和探索，因此几乎没有政治任务和技术责任。但是，欧盟和欧空局在空间利用领域有一个共同的目标，即为提高欧洲的社会、政治和经济利益而加强对空间系统的利用。

这两个机构之间的合作已得到加强，特别是通过 2004 年 5 月生效的欧洲共同体和欧空局之间的框架协议。该框架协议确定了与空间有关的科学、技术、对地观测、卫星导航和通信、载人航天和微重力、发射装置和频谱政策等领域的合作。欧盟理事会和欧空局理事会（空间理事会）定期或同时举行部长级会议来协调或促进相关的合作活动。根据这项协议，欧盟委员会和欧空局通过联合秘书处、欧盟行政人员和欧空局行政人员组成的一个小组来协调他们的行动。欧空局还在布鲁塞尔设有一个联络处，以促进与欧洲各机构的关系。然而，框架协议并没有在这两个机构之间建立一个固定的协调机制。需要在方案层面商定具体的协调与合作机制。

伽利略计划和哥白尼计划是两个合作计划，是双方合作的旗舰领域。可以看到，由于缺乏共同管理这两个数十亿欧元计划的体制机制，这两个项目似乎要陷入巨大的困境。伽利略计划是欧洲资助和部署的全球导航卫星项目，虽然具有民用性质，但可与美国的全球定位系统（GPS）和俄罗斯的 GLONASS 导航系统相媲美。哥白尼计划的目标是提供准确、及时和容易获取的信息，以改善环境管理，了解和减轻气候变化的影响，并为民事安全做出贡献。哥白尼项目曾经被称为全球环境与安全监测（GMES）项目。关于欧空局目前的优势和局限，见表 3－2。

表 3－2　欧空局目前的优势和局限

优势			局限		
参与	管理结构	项目和措施	参与	管理结构	项目和措施
基于条约，因此更具确定性 三阶段成员资格审批过程，有助于能力建设和加入前供应链的形成 包括西欧大陆的大多数国家 准成员资格允许非欧洲国家参与，如加拿大	根据重要性，通过多数、三分之二多数或一致通过做出决策 项目层面的协调	为强制性项目、可选项目和运营活动提供灵活性 在特殊情况下，可以在有限期间内减少捐款 “公平回报”政策作为投资激励（这也可以被认为是劣势）	对各国开放加入耗时	非欧盟成员国（挪威、瑞士）可以对投票产生关键影响 与欧盟缺乏制度协调机制	一些新成员国处于不利地位 航天工业集中度越高的国家受益越多 增加军事和双重用途项目的开支，可能与增强国家整体能力发生冲突 “公平回报”政策不一定具有成本效益

3.2.2　亚洲及其区域太空管理经验

如本章简介所述，就区域太空管理而言，欧洲是一个独特的案例。亚洲是唯一拥有完善的与空间有关并可以被视为真正发挥作用的机构的区域。在亚洲，有一些职能团体出于各种目的使用卫星数据。一些机构使用遥感卫星进行灾害预警和恢复，例如夏威夷的太平洋灾难中心和日本的亚洲灾难恢复中心。然而，更重要的是，有两个政府间组织在整个地区分享与空间有关的项目。它们是亚太空间合作组织（APSCO）和亚太区域空间机构论坛（APRSAF）。这两个组织都使该地区的发展中国家增加了获得空间应用的机会。

3.2.2.1　亚太空间合作组织

亚太空间合作组织（APSCO）是一个政府间组织，采用典型的成员资格申请加入处理方法。亚太空间合作组织公约最初是由八个国家（孟加拉国、中国、印度尼西亚、伊朗、蒙古、巴基斯坦、秘鲁和泰国）于 2005 年签署的。2006 年，土耳其成为该公约的签署国。阿塞拜疆也正在考虑成为成员。该公约确定了三种类型的成员资格。

第一种资格类型是成员国。亚太空间合作组织是向“联合国在亚太地区的所有联合国成员国”开放的［APSCO Convention，art. 9（1）］。成员国享有完全投票权，有权参加本组织开展的合作项目和活动［APSCO Convention，arts. 9（2），9（3）］。他们还应为本组织的运作缴纳会费［APSCO Convention，art. 9（4）］。新成员国的加入须经其理事会一致批准。第二种资格类型是准成员。除联合国成员外，亚太地区以外的任何国家均可申请成为准成员［APSCO Convention，art. 9（7）］。准成员在理事会会议上没有投票权。第三种资格类型是观察员，一个国家也可以成为一名观察员［APSCO Convention，art. 9（6）］。

中国是具有先进技术和空间应用能力的航天大国，其重要性在不断扩大，这对APSCO至关重要。但是，由于亚太空间合作组织有严格的以条约为基础的合作机制，而且需要安理会协商一致，因此成为APSCO成员国可能需要很长时间。APSCO的扩大也可能受到导弹技术控制制度（MTCR）的阻碍。APSCO的主要目标是：

1）促进和加强“成员国间空间合作项目的发展”；

2）通过拟定和执行空间发展政策，在空间技术研究和发展、应用和培训等领域采取有效行动，并协助各成员国采取有效行动；

3）促进“合作、共同发展、在空间技术及其应用领域和空间科学研究中分享成就，利用该地区的合作潜力”；

4）加强成员国有关企业和机构的合作，促进空间技术及其应用的产业化；

5）在空间技术及其应用领域的国际合作活动中，为和平利用外层空间做出贡献［APSCO Objectives］。

表3-3对APSCO进行了优势和局限分析。

表3-3 APSCO的优势和局限

优势			局限		
参与	管理结构	项目和措施	参与	管理结构	项目和措施
基于条约，因此更有确定性 分享中国的航天专业知识作为激励 允许以准成员或观察员身份更广泛地参与	协商一致的决策机制使组织内部保持统一	基本活动和可选活动 以“投资回报”作为投资激励 中国对这些项目做出了巨大贡献 教学和培训有助于传播中国的航天专业知识 活动不受MTCR限制	对各国开放 通过协商一致的方式决定成员资格可能很耗时 缺乏有助于能力建设的渐进成员程序 可能受到MTCR的阻碍	通过共识做出的决策可能是缓慢的	一些参与国缺乏足够的资金和技术能力

3.2.2.2 亚太区域空间机构论坛

亚太区域空间机构论坛（APRSAF）不是任何具有法律约束力的协议的产物。相反，这是一个共享信息的“伞形论坛”。它成立于1993年，具有灵活开放的框架。参加APRSAF会议和其他活动的对象包括：

1）参与空间科学、技术及其应用的机构、政府机构以及亚洲及太平洋地区的公司、大学和研究机构，以及相关机构和国际组织；

2）参与空间科学、技术及其应用的机构，以及支持 APRSAF 的亚太地区以外的组织［APRSAF Principles］。

实际上，没有针对参与者的筛选程序。APRSAF 年度会议是开放和免费的，但是所有与会者都必须支付自己的旅行和活动费用。

APRSAF 基本上由日本领导。自 1993 年成立以来，这个论坛一直在举行年度会议。APRSAF 的灵活和开放性使来自不同地区的各种实体可以参加其活动。它是该地区最大的太空社区，参与者不仅可以与空间机构，还可以与相关部委、私人公司、国际组织以及大学的太空参与者见面，从而讨论未来的合作。截至 2015 年 12 月，来自 45 个国家和地区的 612 个组织以及 28 个国际组织参加了 APRSAF，其中包括亚太地区及其他地区的主要航天国家。除伊朗和秘鲁外，APSCO 的所有成员国均参加了 APRSAF。

最近，APRSAF 的活动已开始在全球范围内进行。当前，关于是否应将 APRSAF 重新定义为全球论坛尚无明确讨论。也没有讨论它是否应该成为一个以条约为基础、具有决策权和程序的国际组织。人们认为，参加人数的增加是由于其开放、灵活和独立的性质，在某种程度上与每年在夏威夷举行的太平洋电信会议所发挥的作用相类似。

APRSAF 的主要目标包括促进区域和国际合作以及由空间活动产生的可持续解决方案。

1）提供一个论坛，参与空间科学、技术及其应用的机构和亚太地区的国际组织汇聚一堂，就空间方案、空间资源和空间科学技术的应用交换意见、看法和信息；

2）确定并采取“通过空间技术及其应用为亚太地区可持续社会经济发展做出贡献并保护环境的措施”；

3）促进在共同感兴趣的优先领域内从事空间研究与开发的机构、天基服务和产品的提供者以及亚太区域的用户之间的互利合作，以及提高与该区域以外与空间有关的实体合作的可能性［APRSAF Principles］（见表 3－4）。

表 3－4　APRSAF 的优势和局限

优势			局限		
参与	管理结构	项目和措施	参与	管理结构	项目和措施
向非国家行为者开放 分享日本的太空专业知识作为一种激励 不以条约为基础，允许非国家实体、亚太地区及其他地区广泛参与	开放灵活的框架 新成立的执行委员会	4 个工作组，通过频繁的会议分享信息 国际项目合作作为解决共同问题的方案，如空间环境应用(SAFE)	不以条约为基础，因此具有不确定性 日本的主导地位可能会阻碍其他主要航天强国加入	决策机制不明确 日本外交政策的影响	日本受到出口管制机制的制约

3.2.3　欧洲和亚洲区域空间合作分析

欧盟、欧空局和亚太空间合作组织都是以条约为基础的机构，采用正式的成员资格加入的方法吸纳成员，而不像向非国家行为者开放的没有任何具有约束力的法律协议的伞形论坛 APRSAF。尽管成员制程序具有限制性，但基于条约的机构已经建立了相关机制以允许更多国家参与进来，例如分阶段的成员制、准成员制或观察员地位。为了确保它们的辖区随着地区的扩大而继续增长，这种分阶段的做法是必要的。欧空局最开始只有 10 个成员国，现在发展为具有 22 个成员国，其他 7 个欧洲国家和加拿大或已经签有合作协议，或正在参加欧洲合作国家计划（PECS）。最初的想法是从 1）参加合作协议/可选计划，到 2）准成员，再到 3）正式成员。然而，在许多情况下，一体化进程被证明是漫长而复杂的，因为不同的欧洲国家在与空间有关的工业和科学能力方面处于不同的水平［Klock & Aliberti，2014］。

在亚洲，亚太空间合作组织缺乏一个渐进的成员资格程序，尽管区域以外的任何国家都可以成为准成员或观察员，但须经理事会协商一致同意。应当指出，阿塞拜疆正在考虑成为空间合作成员国。缺乏一个渐进的过程将意味着成员的不平等地位将更加明显地表现出来，正如欧空局那样。

最近的欧空局成员国的经验和对有抱负的国家的现状进行的分析，以及 2012 年 3 月 23 日欧洲空间政策研究所举行的关于“欧空局扩大”的研讨会的结论，可以为协助加入欧空局提供各种各样的战略指导［Klock & Aliberti，2014］。已经引入了新的工具来满足不同国家的特定需求，包括：1）加强与空间有关的学术体系，2）加强与不同行为者的国际合作，3）促进学习复杂的 ESA 技术、行政和财务规则与程序，以及活动、计划、课程和培训。这里的想法是，必须加强国家体系才能从区域机构的成员身份中感受到其利益。如果考虑到 APRSAF 的灵活参与机制，这些问题是否也适用？

如果没有该区域主要空间行为者之间的双边合作，区域合作组织的概念将毫无意义。虽然欧洲的所有主要行为体都在合作，但可以认为，由于不同空间行为体的共同责任和成员重叠，欧洲现在面临着一个复杂的空间制度问题。根据一项框架协议，欧盟委员会和欧空局通过联合秘书处、欧盟行政人员和欧空局行政人员组成的小组来协调其行动。欧空局还在布鲁塞尔设有一个联络处，以便与欧盟和其他欧洲机构进行协调。然而，框架协议并没有在两个机构之间建立制度协调机制。需要在方案层面商定具体的协调与合作机制。

资金和产业政策规则对区域机构的运作至关重要，因为它们至少是在一般情况下决定了出资人拥有的权力。欧盟的太空计划是由中央预算资助的。反过来，欧盟预算主要来自各成员国按其国民总收入的一定百分比提供的资金，但也从欧盟以外产品的进口关税以及各成员国征收的一定百分比的增值税中获得收入。同样，亚太空间合作组织各成员国的会费分摊比额由理事会协商一致决定，并根据各成员国的经济发展水平和人均国内生产总值每三年进行一次审议。其他财政来源包括成员国和其他组织的自愿赠款以及向其他组织提供的服务。这些融资方法的结果是，对于产业政策，欧盟遵循了其金融监管政策中的“物有所值”原则，该原则预先考虑了被资助活动的风险和价值回报计划。相反，欧空局遵循“公平回报”原则，根据该原则，给予成员国的回报数额应反映它所做的贡献。一个成员国的会费越高，它可能获得的回报就越多。由于各国通过其国家预算确定其投资，预期所进行的投资能够支持国家发展的需要，并促进从空间到社会领域的收益之间的相互联系以及国家工业基础的发展，提高相关能力。

但实际上，有些国家，主要是 2000 年以后加入欧空局的新成员国，回报率偏低。航天工业比较集中的国家，如德国、法国和比利时，更有可能从“公平回报”原则中获益。“公平回报”原则受到欧空局与欧盟日益增长的合作的挑战。例如，根据伽利略计划和哥白尼计划的授权协议条款，欧空局在工业采购领域必须遵循欧盟的“物有所值”原则，这意味着在欧空局运作其计划时没有一个公平的竞争环境。这对全球管理很重要，因为它突显出，当不同行为者的出发点存在巨大差异时，很难确定它们能从中受益多少。“你付出什么就得到什么”的原则是公平的原则吗？还是当追求物有所值时，所有的参与者都会分享利益？当考虑到新兴空间参与者时，这两种观点都可能受到挑战，因为它们不能满足任何一个标准。然而，正如上文所述，重点主要是通过各种举措发展和建设国家能力，以提高竞争力，例如通过强调选定的市场机会和创建专门的空间孵化项目来遵循利基战略。在制定影响全球管理的区域准则时，考虑这些差异是否会出现是很重要的。

亚洲区域制度尚未制定出具有全球意义的太空管理规范。《欧洲空间碎片缓减指南》和《欧洲空间活动行为守则》是欧洲规范框架的两个例子，它们例证了区域规范对全球范围的影响。欧洲早在 1983 年就开始实施减少空间碎片的措施。法国国家空间研究中心（CNES）制定了自己的关于源自 NASA 标准的空间碎片标准，并扩展到了主要的欧洲合作伙伴，促进了《欧洲碎片缓减标准》的发布以及 2004 年《空间碎片缓减行为准则》的发布。这些举措为国际机构间空间碎片协调委员会准则、2007 年联合国和平利用外层空间委员会（UNCOPUOS）准则以及国际标准化组织（ISO）基于欧洲行为准则的空间系统-空间碎片减缓要求做出了贡献。通过在多个参与者的经验基础上建立区域共识，欧洲的倡议和经验在全球范围内发挥了更大的作用，从而影响了其他参与者的变革。这是一个成功将区域太空管理举措向全球应用的例子。

然而，另一项欧洲倡议最初并未在全球范围内被顺利接受。欧盟制定了《外层空间行为守则》，被视为自上而下的倡议，旨在在不进行全球协商的情况下强加全球标准。欧盟成员国于 2008 年 6 月同意了欧盟机构内部的初稿，并于 2008 年 12 月向国际社会正式发布了其《外层空间活动欧盟行为准则》。这是 2009 年《里斯本条约》赋予欧盟参与外交和安全政策制定的新权利后首次行使该权利［Johnson，2014］。然而，由巴西、俄罗斯、印度、中国和南非组成的金砖国家表示反对欧盟的做法。在纽约会议开幕式上发表的一份联合声明中，金砖国家重申了“他们的立场，即这一文书的制定应在联合国框架内以包容的、基于共识的多边谈判的形式进行”［BRICS Joint Statement］。美国政府内部进行了广泛的跨部门审查并进行了联合评估后，他们认为《行为准则》草案可能会限制太空活动。于是美国于 2012 年 1 月宣布，将不签署拟议的欧盟草案。相反，美国宣布将与外国伙伴一道，以欧盟草案为基础，制定国际行为守则。尽管欧盟草案尚未在国际上得到完全接受，但这仍然是区域倡议在协助全球范围内改善空间合作与管理的事业中发挥作用的又一个例子。

3.3　中东、非洲和拉丁美洲的区域空间计划和机构前景

在中东、非洲和拉丁美洲，已经出现了一些举措，特别是在电信领域。阿拉伯卫星通信组织（Arabsat）由阿拉伯联盟的 21 个成员国于 1976 年成立，旨在向中东和北非提供广播、电视、低成本通信和教育性广播。非洲区域卫星通信组织（RASCOM）于 1993 年在非洲成立，有 45 个成员国，它可能是受阿拉伯卫星组织的启发。该卫星组织致力于为非洲提供用于中继电话、数据和电视信号的自主卫星系统。建立 RASCOM 的动机主要有两个方面：首先，非洲国家之间几乎不存在直接联系，这迫使它们通过西方国家过境传输，这种做法带来大量的费用和资本外流。其次，人们对电信作为经济发展动力的作用的认识不断提高，促使非洲领导人共同努力为非洲提供能够确保非洲大陆电信可持续发展的基础设施，特别侧重于农村地区。

拉丁美洲国家也在寻求建立一个区域卫星系统。Condor 项目是由安第斯电信企业协会（ASETA）为安第斯共同体（玻利维亚、哥伦比亚、厄瓜多尔、秘鲁和委内瑞拉）提议的一个卫星通信系统，该协会是这些国家的一个政府电信机构。1988 年，安第斯卫星电信组织（OATS）成立，以运行区域系统，其总部设在委内瑞拉。定制设计的空间部分可以最佳地服务于地面部分，并保证与外部组织的政治独立性，这里的外部组织指的是美国主导的 INTALSAT（原为国际电信卫星组织）。通常情况下，区域性计划背后存在着与技术原理和可行性一样重要的政治动机。

所有这些电信项目都显示出区域天基合作项目增长的潜力。然而，随着关于建立区域空间机构的讨论不断进行，新兴区域在发展区域计划中所面临的挑战变得清晰起来。关于建立拉丁美洲航天局的提议已经讨论了数十年，尽管针对非洲航天局（ASA）和泛阿拉伯航天局的提议相对较新，但它们都面临许多相同的困难。例如，拟议的建立 ASA 面临的挑战包括缺乏政治支持、对外部支持的依赖、协调不足、认识和人才能力不足以及监管限制［El - Magd，2015］。

建立区域空间论坛的做法与 APRSAF 类似，在讨论具有区域意义的问题方面取得了成功，例如，美洲空间会议（CEA）和非洲空间科学与技术促进可持续发展领导人会议（ALC）。CEA 的讨论集中在区域和国际空间合作上，目的是促进区域发展。这些讨论产生了一系列宣言，即 1993 年《圣地亚哥宣言》、2002 年《卡塔赫纳宣言》、2006 年《旧金山基多宣言》和 2015 年《马那瓜宣言》。这些宣言的广泛目标包括强调需要适用于逐步整合至美洲空间活动一体化的国家计划和项目，要求在该区域建立进行有效合作与协调的机制，并审查建立区域空间机构以促进共同关心的合作项目的可行性。

尽管在非洲背景下的 ALC 宣言中也出现了类似的声明，但它仍提出了需要更好地协调机制的需求。欧盟-非洲联盟讨论了一个拟议的非洲空间机构（其中没有包括相关利益攸关方），这引起了人们的关注［Aganaba - Jeanty，2013］。实际上，当非洲联盟对非洲航天局的可行性进行研究时，未与 ALC 协商，尽管 ALC 在召集受影响最大的非洲航天利益

攸关方中发挥了作用。然而，这次会议已经被用作推动被称为非洲资源和环境监测卫星星座（ARMS）的区域空间项目的途径，该项目已于2009年在南非、尼日利亚、阿尔及利亚和肯尼亚之间正式达成协议。尽管正在进行使该项目投入运营的尝试，但仍出现了困难，因此我们得出结论，集中于区域层面的运行项目可能比建立自上而下的机构（例如区域航天局）更可取［Jiménez，2010］。

区域合作最重要的理由之一是巩固区域行为者的共同目标。洛佩斯考察了在巴西、哥伦比亚和墨西哥这三个拉丁美洲国家空间项目发展阶段，不同的空间行为者的空间可持续性方法。这项工作呼应了一种观点，即该地区的国家对其所在区域的空间安全政策需求往往高度一致。这三个国家都表示支持发展促进空间可持续性的国际机制。关于可持续性的讨论引起了许多相关的关注，包括对空间自卫的明确定义，对地球静止轨道资源的分配以及对空间划界的关注。洛佩兹强调，共同文化和法律传统可以利用一些地区行为者建立机构和制定与空间有关的政策和条例的背景，作为拉丁美洲国家讨论如何解决所提出的国际管理机制的发展问题的依据，同时也有助于定义促进国家和地区实施的方法。在这方面，在全球层面解决重大问题为促进整个地区的空间发展，以及在国际讨论中保持区域一致的声音提供了机会［López，2016］。

然而，区域机构并不总是代表个别国家的观点。例如，阿拉伯联合酋长国（UAE）于2008年呼吁建立一个泛阿拉伯航天局，以降低建造和发射卫星进入轨道的成本，监督安全并参与反恐倡议，监视中东和北非（MENA）的运输、污染。但是，阿联酋可能会发现在制定自己的太空计划和区域计划的努力之间存在潜在冲突的问题，当评估为卫星部门制定法规的经验时，区域合作也面临其他挑战。阿拉伯联盟制定了有争议的《阿拉伯联盟媒体宪章》（又名《阿拉伯卫星广播宪章：在阿拉伯国家规范卫星广播传输的原则》）。尽管事实上，中东和北非国家之间的“阿拉伯认同”可能存在很大差异。《阿拉伯联盟媒体宪章》仍然是引起许多争论的原因，但它只是在中东和北非国家之间开展合作并达成具有约束力的共识所面临挑战的一个例子［Shaykhoun，2014］。

尽管如此，重复的主题表明了区域参与的好处，至少在发展空间可持续性机制方面是如此。一种兼顾双边和多边接触，考虑到地区情况和团结性，同时承认各国将有独特的优先事项和利益的方式，对全球机制的发展至关重要。此外，区域行为者为发展联合地位而共同努力的潜力在增加，主要是由于它提供了共同合作和集体获得经验的机会。例如有这样一些组织，其中包括被定义为“不结盟国家”“新兴工业化国家”“全球南方”和“77国集团（G-77）”的国家。在这种情况下，“区域”不是通过特定的地理区域定义的，而是通过共同的经济、社会或政治利益来定义的。在利益一致的情况下，汇集经验的努力是可取的。

3.4 结论：区域太空管理机制与全球太空管理机制的互补性

区域空间法规、标准及其有效性高度依赖于区域政治管理。也就是说，根据欧盟的经验，能够实现区域政治一体化制定统一的区域空间政策和法规，特别是考虑到欧空局的形成和成功。就世界其他地区而言，区域标准和监管通常只是在一个地区内形成的。但是，如果在地方、区域和全球各级支持该目标，则可以自下而上逐步出现大规模合作。这是因为在没有预先形成较小规模管理的情况下，一开始就难以形成有效的大规模管理。但是，一旦小规模的小组拥有一套运转良好的规则，便可以与其他此类小组进行合作，最终促进更大范围的合作。将这一概念应用到全球太空管理中，提出了一种从地方到区域再到全球的有效模式。

尽管 Liao 认为，日益增长的空间区域化与其他碎片化力量一起，使全球太空管理的架构和机制更加复杂化［Liao，2015，p. 25］。但我们认为，现有的国际组织和机构可以并且应该鼓励和支持建立许多中小型机构，这些机构将成为全球太空管理的坚实基础。现有的国际论坛和组织，主要是联合国 COPOSOS，可以作为中央协调论坛。该论坛可以包括潜在用户，并可以建立新的规范。论坛还可以提出技术标准的建议，并为了合作和考虑潜在用户的利益而提供其他激励措施。值得注意的是，联合国和平利用外层空间委员会法律小组委员会现在已认识到它正处于不断变化的状态，并意识到应对自己进行改革。目前正在讨论一项关于小组委员会工作方法的新议程，并正在拟订各项建议。然而，这种迫切需要的讨论引发了地区组织的怀疑，比如非洲［Schrogl，2014］，尽管其他一些不言而喻的因素可能也很重要。

除了各国政府参与区域空间计划之外，还有一些活动涉及航空公司或各种非政府和专业组织之间的区域合作。这些通常是由商业利益、特定空间相关产业的利益或专业利益所驱动的，并不是真正的太空管理工具。然而，当利益一致时，这些实体可以帮助形成协议和协商一致的领域，当利益不一致时也可以导致集团的形成。

参考文献

[1] BRICS Joint Statement Regarding the Principles of Elaboration of International Instruments on Outer Space Activities, 27 July 2015, online: The Ministry of Foreign Affairs of the Russian Federation 〈www. mid. ru/en/briks/-/asset _ publisher/RdlYjVvdPAwg/content/id/1623220〉 (last accessed 23 November 2016) [BRICS Joint Statement].

[2] Consolidated version of the Treaty on the Functioning of the European Union, 25 March 1957, [2012] OJ, C 326/47 [TFEU].

[3] Convention of the Asia - Pacific Space Cooperation Organization (APSCO), 28 October 2005, online: APSCO 〈www. apsco. int/apscon/apSCO - AD/imapic/201261315125947542. pdf〉 (last accessed 23 November 2016) [APSCO Convention].

[4] Framework Agreement between the European Community and the European Space Agency, 25 November 2003, [2004] OJ, L 261/64 (entered into force 28 May 2004) [Framework Agreement].

[5] Treaty of Lisbon amending the Treaty on European Union and the Treaty Establishing the European Community, 13 December 2007, [2007] OJ, C 306/1 [Lisbon Treaty].

[6] Aganaba - Jeanty, Timiebi. "Precursor to an African Space Agency: Commentary on Dr Peter Martinez 'Is there a need for an African Space Agency?' " (2013) 29: 3 Space Pol'y 168.

[7] Aoki, Setsuko. "Regional Cooperation in Asia Relating to Space Activities (Commentary) " in Proceedings of the Space Law Conference 2006: Asian Cooperation in Space Activities: A Common Approach to Legal Matters (2 - 3 August 2006, Bangkok, Thailand) (Institute and Center for Research of Air and Space Law, McGill University, 2006) 153.

[8] El - Magd, Islam Abou. "7th Space Working Group Meeting" (Paper delivered at the African Leadership Conference, Sharm El Sheikh, Egypt, 1 - 4 December 2015), online: African Leadership Conference 2015 〈 www. alc. narss. sci. eg/webroot/attachments/alc2015/Day% 201/Session%201/IAM - PPT - Policy - Strategy - ALC. pdf〉 (last accessed 23 November 2016).

[9] Ferreira, Leonardo & Bella Mody. "Contextual Analysis of the Decision to Adopt a Regional Satellite System: The Case of the Andean Condo" (Paper delivered at the Telecommunications Policy Research Conference, Warrenton, VA, 30 October - 1 November 1988.), online: ERIC Institute of Education Sciences 〈files. eric. ed. gov/fulltext/ED305043. pdf〉 (last accessed 23 November 2016).

[10] Jiménez, Monroy C. Legal and Institutional Aspects of Latin - American Space Cooperation AQUARELSat: The Water Monitoring Constellation (PhD Thesis, Leiden University, 2010).

[11] Johnson, Chris. "Draft International Code of Conduct for Outer Space Activities Fact Sheet", Secure World Foundation Fact Sheet (February 2014.), online: Secure World Foundation 〈swfound. org/media/166384/swf _ draft _ international _ code _ of _ conduct _ for _ outer _ space _ activities _ fact _ sheet _ february _ 2014. pdf〉 (last accessed 23 November 2016).

[12] Klock, Erich & Marco Aliberti. "ESA Enlargement: What Interested Countries Can Do to Prepare

Themselves for Ultimate Accession – With a Special Focus on the CEE Region", European Space Policy Institute Report 47 (January 2014.), online: European Space Policy Institute 〈www. espi. or. at/images/stories/dokumente/studies/ESPI _ Report _ 47. pdf〉 (last accessed 23 November 2016).

[13] Liao, Xavier Li – Wen. "Consolidate Global Outer Space Governance with Regional Cooperation Mechanisms as Building Blocks" (Paper delivered at the 2012 Beijing Space Sustainability Conference, Beihang University, Beijing, China, 8 – 9 November 2012).

[14] Liao, Xavier Li – Wen. "The Growing Space Regionalization of the Global Space Regime Complex" (2015) XIV: 1 Aviation & Space J 23.

[15] López, Laura Delgado. "Space Sustainability Approaches of Emerging Space Nations: Brazil, Colombia, and Mexico" (2016) 37: 1 Space Pol'y 24.

[16] Rhee, Sang – Myon. "Regional Cooperation in Asia Relating to Space Activities: Northeast AsianIssues" in Proceedings of the Space Law Conference 2006: Asian Cooperation in Space Activities: A Common Approach to Legal Matters (2 – 3 August 2006, Bangkok, Thailand) (Institute and Center for Research of Air and Space Law, McGill University, 2006) 141.

[17] Schmidt – Tedd, Bernhard. "The Relationship between the EU and ESA within the Framework of European Space Policy and its Consequences for Space Industry Contracts" in Lesley Jane Smith & Ingo Baumann, eds, Contracting for Space: Contract Practice in the European Space Sector (Burlington, Vt: Ashgate, 2011) 25.

[18] Schrogl, Kai – Uwe. "The New Debate on the Working Methods of the UNCOPUOS Legal Subcommittee" (2014) 105: 1 Acta Astronautica 101.

[19] Shaykhoun, Sonya. "Pan – Arab Space Agency: Pipe Dream or Real Possibility?", ViaSatellite (26 August 2014.), online: ViaSatellite 〈www. satellitetoday. com/publications/2014/08/26/pan – arab – space – agency – pipe – dream – or – real – possibility/〉 (last accessed 23 November 2016).

[20] APRSAF, "Principles of APRSAF", online: APRSAF 〈www. aprsaf. org/about/pdf/Principles. pdf〉 (last accessed 23 November 2016) [APRSAF Principles].

[21] APSCO, "APSCO Objectives", online: APSCO 〈www. apsco. int/apsco – ad/imapic/201662815404326181. pdf〉 (last accessed 23 November 2016).

[22] EC Commission, Communication from the Commission to the Council and the European Parliament: Establishing Appropriate Relations between the EU and the European Space Agency, COM (2012) 671 final (Brussels: EC, 2012).

[23] European Union, "Joining the EU", online: EU 〈europa. eu/european – union/about – eu/countries/joining – eu _ en〉 (last accessed 23 November 2016).

拓展阅读

[1] Chaudhry, Maqbool Ahmad & Zhang Wei. "Role of Asia Pacific Space Cooperation Organizationin

Advancing Space Technology and its Applications in the Asia Pacific Region" (Paper delivered at the 6th International Conference on Recent Advances in Space Technologies, Istanbul, 12 - 14 June 2013).

[2] Moltz, James Clay. Asia's Space Race: National Motivations, Regional Rivalries, and International Risks (New York: Columbia University Press, 2011).

[3] Ostrom, Elinor. Governing the Commons: The Evolution of Institutions for Collective Action (Cambridge: Cambridge University Press, 1990).

[4] Peter, Nicolas. "The Changing Geopolitics of Space Activities" (2006) 22: 2 Space Pol'y 100.

[5] Schrogl, Kai - Uwe & Christophe Venet. "The Impact of the European Space Policy on Space Commerce" in Lesley Jane Smith & Ingo Baumann, eds, Contracting for Space: Contract Practice in the European Space Sector (Burlington, Vt: Ashgate, 2011) 7.

[6] Suzuki, Kazuto. "Space Security in Japan" in Kai - Uwe Schrogl et al, eds, Handbook of Space Security: Policies, Applications and Programs (New York: Springer, 2015) 397.

[7] Suzuki, Kazuto. "The Contest for Leadership in East Asia: Japanese and Chinese Approaches to Outer Space" (2013) 29: 2 Space Pol'y 99.

[8] UN Institute for Disarmament Research, Regional Perspectives on Norms of Behaviour for Outer Space Activities (Geneva: UN, 2015).

第4章 国家空间政策和法律以及全球太空管理

解决的关键问题

- 一些重要的国家空间政策和法律是什么？
- 国家空间政策和法律对全球太空管理有什么影响？
- 域外行使管辖权的含义是什么？

4.1 引言：国家空间立法在全球太空管理中的作用

在可预见的未来，主权国家一直并将持续处于全球管理倡议的最前沿。然而，由于空间活动日益商业化，“国家”机构相对于“国际”机构的重要性最近似乎发生了变化。私营企业进行的新商业空间项目激增。这些新举措（除了传统的商业化卫星应用）正处在趋于成熟的不同阶段，从最初的筹资阶段到商业上可行阶段，包括：1）新的商业发射提供商，如 SpaceX、S－3 和 launch One；2）Virgin Galactic、Blue Origin、XCOR、WorldView 和 Bigelow Aerospace 等空间旅游供应商；空间采矿企业，例如深空工业、行星资源和月球快递；3）外太空探索和太空定居项目，如 Golden Spike Inc. 和 Mars One。因此，非政府行为体（如商业实体、跨国网络和非政府组织）在全球管理过程中的参与开始变得更加明显，并将不可避免地改变全球空间格局。然而，各国在全球管理进程中的影响很可能会得到补充，而不是因各种非政府行为者的参与受到阻碍。

从历史上看，与通过国家立法来管理私人行为体的传统国内做法不同，全球太空管理以一种不同的方式运行。在20世纪中期，空间时代开始时，空间活动主要是由各国（主要是美国和苏联）通过政府和公共机构来进行。由于空间活动主要是由公共机构进行，因此几乎没有必要制定国家立法，以确保所开展的活动符合国际条约义务（因为他们能清楚地认识到这种义务）。因此，诉诸国家立法来指导空间活动在很大程度上被认为是不必要的，它也并没有构成那个时代全球太空管理的重要组成部分。

随着私人空间参与者的加入，情况发生了变化。不仅航天国家的数量增加了，而且在太空中运作的商业实体也在增加。在当今世界，各国鼓励私营公司参加太空活动。许多人认为，与政府实体相比，私人投资和参与者可以更有效地满足“专业技术”、专业知识和投资方面的需求。太空活动日益商业化和私有化，为各国通过国家太空立法提供了必要的动力，以使其监管机构能够根据条约义务更好地授权和监督私人和公共行为者的太空活动［Dempsey，2013，p. 303］。

《外层空间条约》第六条规定，各国应对其国家外层空间活动承担国际责任，无论其是由政府实体还是由非政府实体进行。因此，各国有义务确保国家空间活动是按照条约的规定来进行的。第六条还要求私人空间活动必须得到有关国家的授权和连续监督。在这方面，联合国大会鼓励各国“考虑制定和执行授权，并提供对其管辖下的非政府实体在外层空间活动的持续监督的国家法律”[UN GA Res 59/115]。因此，随着私人行为者的参与增加，国家空间立法在全球太空管理领域的重要性也增加了，各国履行其国际承诺的规则和条例的能力也增强了。为了应对这些不断变化的情况，许多航天国家正在制定国家空间立法。登普西教授指出：“国家空间立法的迅速兴起是空间法发展最快的领域，其中包括国际法和国内法的结合”[Dempsey, 2013, p. 305]。对于那些希望确保自己不受外部压力影响，又寻求刺激国内能力而获得充分发展的国家而言，国内立法的需求同样紧迫。

国家空间法的作用是确保管理国家层面外层空间活动的规则与空间条约相一致。国家空间法管理着不同行为者进行的空间活动，以确定国家空间活动的优先次序和目标、此类活动的安排以及在进行此类活动时必须保持的标准。各国已开始建立并继续建立负有监督责任的政府机构。有时，这种监督职能被授予现有的政府机构而没有建立新的机构。这些监督机构有权批准私人空间活动，主要是通过颁发许可证，并确保遵守国家空间立法规定的各项规定。在一些情况下，同一政府机构还履行国家公共空间活动的监督和执行职能。

在撰写本文时，至少以下 28 个国家已经制定了国家空间政策和法律：阿根廷、澳大利亚、奥地利、比利时、巴西、加拿大、智利、中国、法国、德国、印度、印度尼西亚、伊朗、爱尔兰、意大利、日本、哈萨克斯坦、韩国、荷兰、尼日利亚、挪威、俄罗斯联邦、南非、西班牙、瑞典、乌克兰、英国（UK）和美国。本章的其余部分简要介绍了一些与空间有关的国家立法的示例。当前朝鲜是唯一尚未发布或提供有关空间政策的航天国家。

4.2　国家空间立法举例

4.2.1　阿根廷

阿根廷有两项关于外层空间活动的法令：1）第 125/95 号国家法令，建立向外层空间发射物体的国家登记处；2）第 995/91 号国家法令，建立国家空间活动委员会。顾名思义，前者是为了依据《登记公约》建立国家空间物体登记簿和登记程序而制定的。后一项法令建立了阿根廷国家空间活动委员会（CONAE），负责管理、制定、实施、监督和管理空间领域的项目和事业。

4.2.2　澳大利亚

澳大利亚通过了一些关于外层空间活动的政策并颁布了一些法律，例如：《国家空间工业政策原则》《澳大利亚的卫星利用政策》、1998 年的《空间活动法》和 2001 年的《空间活动条例》。其中，1998 年的《空间活动法》是指导澳大利亚外层空间活动的主要法律，2001 年的《空间活动条例》是对该法的详细阐述。1998 年的《空间活动法》特别规定了：由澳大利亚境内（包括澳大利亚境外领土）的任何自然人和法人或澳大利亚境外的澳大利亚国民进行某些太空活动的授权程序（类似于美国的立法，见下文）；授权的条件、授权的撤销和中止程序；太空活动造成的损害赔偿责任规则；空间物体的登记；对违反该法案某些条款的民事处罚以及事故和事件的调查程序。授权程序尤其考虑到国家安全、其他安全（包括公共卫生、公共安全和财产损失）、环境保护（地球和外层空间环境）、申请人的财务能力（包括保险范围）以及澳大利亚的国际义务。该法案是全面的，并构成了最全面的国家法律之一。因此，它可以作为希望用国家法律来管理其空间活动的航天国家的一个模式。

4.2.3 奥地利

奥地利通过了 2011 年《奥地利外层空间法》，其中规定了太空活动的授权、撤销或修改授权的程序；建立国家空间登记处和注册程序；授予奥地利运输、创新和技术部长监督权；减轻空间碎片；损害赔偿责任（尽管只是短暂的）以及违反该法规而受到的制裁。如上所述，奥地利的授权程序考虑了澳大利亚在其许可程序中所考虑的相同问题。

4.2.4 比利时

比利时有一项有关外层空间活动的主要法规，名为《2005 年空间物体的发射、飞行操作或制导活动法》。如果国际协议允许，则该法适用自然人或法人在比利时管辖、控制范围内或任何地区进行的外层空间活动，或使用比利时拥有、在其管辖或控制下的设施进行的外空活动。该法规定了空间活动的授权和监督程序，其中，该程序考虑了安全（包括与公共卫生、人员安全和财产有关的安全问题）；保护环境；国家和国际标准以及申请人的财务能力。它还规定了建立国家空间物体登记册；对空间物体造成的损害所需承担的责任；空间物体发生故障时的程序；根据国际义务归还在比利时领土内发现的空间物体；违反法律而受到的制裁以及根据法律授予或撤销授权的程序。一项皇家法令详细阐述并实施了该法律的某些规定。

4.2.5 巴西

巴西制定了几项重要的空间立法法案，第一项法案是 1984 年 2 月 10 日颁布的第 8.854 号法律。巴西根据该法案创立了巴西航天局（INPE）。后来，于 2001 年 1 月 26 日通过了第 51 号决议，以解决巴西境内的商业发射活动。2001 年 6 月 20 日第 27 号行政命令规定了详细程序。巴西航天局被授予签发执照的权限，以便在巴西领土上进行发射活动，并控制、跟踪和监督这些活动。但是，第 27 号行政命令所规定的详细程序与巴西的条约义务关系不大。许可程序更多地涉及许可证申请人的法人、技术资格、经济和金融资格以及税收规定。该程序并未阐明可能涉及巴西条约义务的许可条件。相反，它们仅提供了许可证的限制性条款或条件条款，并且预计这些条款将涉及巴西的条约义务。

4.2.6　加拿大

加拿大有大量的国内空间法，包括 1990 年的《加拿大空间机构法》、2005 年的《遥感空间系统法》、1999 年的《民用国际空间站协定实施法》和 2007 年的《遥感空间系统条例》。其他与空间活动有关的法令有 1985 年的《无线电通信法》、1985 年的《加拿大广播电视和电信委员会法》、1991 年的《广播法》和 1993 年的《电信法》。还有一些法律并没有明确用来管理空间活动，但却产生了相同的影响。加拿大通过《加拿大空间机构法》创建了加拿大航天机构，其目标是“促进空间的和平利用和发展，通过科学方法普及空间知识，并确保空间科学和技术为加拿大人提供社会和经济利益”［Canadian Space Agency Act，sec. 4］。这些目标与其他国家空间机构法中所概述的目标相似。加拿大航天局被授权“就议会有管辖权的、或依据法律指派给加拿大政府任何其他部门、委员会或机构的所有空间事务，行使其权力，履行其职责并发挥其作用”。［Canadian Space Agency Act，sec. 5（1）］。《遥感空间系统法》规范了遥感空间系统的操作，包括违反该法某些规定的许可程序所受处罚。本法的适用范围不限于加拿大领土，如果以下人员使用遥感空间系统，则该法也适用于加拿大境外：加拿大公民、加拿大永久居民、根据加拿大或某省法律成立或延续的公司，以及在遥感空间系统方面与加拿大有实质联系的任何规定类别的人员［Remote Sensing Space Systems Act，sec. 6］。加拿大枢密院的一名成员被任命为部长，负责监督遥感太空系统的运行。他的监督权限包括遥感空间系统的许可证的颁发、修改、更新、中止或取消［Remote Sensing Space Systems Act，secs. 3，7］。在这方面，部长应考虑到国家安全、加拿大部队的安全、加拿大的国际义务、保护环境、公共健康以及人身和财产安全。《遥感空间系统条例》载有关于遥感空间系统操作的详细准则。

应该指出的是，与澳大利亚不同的是，加拿大尚未制定一项全面的空间法案，而是考虑到加拿大根据空间条约所承担的义务来管理所有类型的外层空间活动。鉴于加拿大广泛的空间计划和庞大的空间部门（包括 200 多家私营企业公司、研究机构、大学和政府部门和机构），制定一项综合的外层空间法并辅以适当的条例是至关重要的。

4.2.7　智利

智利通过第 338 号最高法令设立了空间机构，针对与太空相关的政策、计划、方案、措施以及其他活动的确定、制定和实施有关的所有事项，向总统提供建议，并代表中央政府协调该领域的其他组织［Supreme Decree No 338 of July 17，2001，art. 1］。为了履行这些职能，智利航天局必须提出国家空间政策及其执行或实施所需的措施、计划和方案等；研究有关外层空间事务的国家立法，并在体制和业务层面提出相关的改进或改革；并提出旨在促进太空活动和出于和平目的利用外层空间的活动［Supreme Decree No 338 of July 17，2001，art. 2］。由于智利尚未颁布外层空间法案，因此智利航天局有义务起草并提出一项建立发展空间活动的常设机构框架的法案［Supreme Decree No 338 of July 17，2001，art. 2］。

4.2.8 中国

中国通过了两项空间法，并发表了三篇有关其空间活动的关键白皮书。国防科学技术工业委员会（2001 年更名为国家国防科技工业局）和外交部的 2001 年第 6 号令规定了对进入外层空间的物体进行登记管理的办法，以履行中国在登记中的义务［2001 Order No 6，art. 1］。该办法规定了建立国家空间物体登记册［2001 Order No 6，art. 6］，并详细说明了注册程序。国家国防科技工业局的 2002 年第 12 号令载有关于对民用航天发射项目许可证管理的暂行办法。制定这些办法是为了规范民用航天物体发射项目的管理、促进民用航天工业的健康发展、维护国家安全及公众利益、履行中国作为外层空间国际公约缔约国的义务［2002 Order No 12，art. 1］。如果已发射或将要发射的航天器归属于中国的自然人、法人、组织、机构，或该航天器的所有权已在轨道上转移给上述实体，则这些措施适用于从中国境内或中国境外发射的活动［2002 Order No 12，art. 2］。国家国防科技工业局对民用航天发射项目实行统一规划和管理，负责审查、批准和监督任何此类发射项目［2002 Order No 12，art. 4］。该委员会在考虑国家安全利益、中国的条约义务、安全性（包括公共卫生、公共安全和财产安全）、环境保护（包括地球和外层空间的安全）和申请人的技术和财务能力等因素之后，颁发民用航天发射的许可证。2002 年第 12 号令规定了撤销许可证的办法，并包含相关罚则。中国的三份白皮书（2011 年通过的最新白皮书）是国家空间政策文件，其中详细介绍了空间活动的目标和原则、未来的发展目标和主要任务、发展政策和措施以及国际交流与合作的指导方针。

4.2.9 法国

法国拥有广泛的空间立法和明确的空间政策。2008 年 6 月 3 日关于空间行动的第 2008 - 518 号法律是关于空间活动的主要立法。该立法详细规定了空间行动的授权程序；授权人的义务；被授权的行政机关的职责；保险需求；损害赔偿责任程序以及行政和刑事处罚。与澳大利亚、加拿大和中国一样，该法律适用于在法国境内的活动，而不论经营者的国籍如何。同时该法律还适用于在法国境外的活动，如果该活动是由法国公民、总部设在法国的法人或者任何法国经营者发起的［Loi no 2008 - 518，art. 2］。该法律简要地讨论了空间物体的登记问题。与其他国家的许可程序类似，在批准过程中也考虑以下事项：法国的国际义务、安全（包括公共健康和人身及财产安全）、环境保护、国家安全、法国管辖范围内的空间活动造成的损害的责任以及财政和技术能力。此类授权的持有人对这些事项负有义务，违反这些义务可能导致其对特定活动的授权被暂停或撤回。此外，授权管理机构可能会向持有人发出强制性指示，他们必须遵守这些指示。法国根据 1961 年 12 月 19 日第 61 - 1382 号法律设立了国家空间研究中心（CNES），该中心是工业和商业性质的公共、科学和技术机构，其使命是发展和定位外层空间领域的科学技术研究［Loi no 61 - 1382，arts. 1，2］。目前，中心的职责由《研究规范》第三节（公共研究机构和组织）和第三章（工商事业单位）规定［Loi no 61 - 1382，art. L331 - 2］。根据该规范，虽然空间研究中心的大部分职责与研究有关，但它代表政府持有空间物体登记册，并监督法国空间运营者以确保他们遵守政府关于空间操作的技术条例。值得注意的是，法国空间研究中心在履行其研究义务时，需要考虑到安全（包括公共健康、人身和财产安全）和环境保护[Loi no 61 - 1382，art. L331 - 7]。

4.2.10　德国

德国制定了广泛的太空法，以此作为国家太空政策。《行政首长权过渡法》规定了将太空活动的行政职责从最高的联邦太空主管部门移交给德国宇航中心（Deutsches Zentrum für Luft - Und Raumfahrt，DLR）。行政职责包括制定德国在太空活动中的战略以及执行德国太空计划。德国卫星数据安全法（SatD Stenten datens icherheits gesetz — SatDSiG）致力于推广应用高质量的地球遥感数据，用来使德国免受安全风险。SatDSiG 适用于德国国民、法人、根据德国法律设立的个人协会，以及总部位于德国境内的外国法人或外国个人协会[SatDSiG，sec. 1]。SatDSiG 法案规定了不同类型的许可证，详细规定了许可证发放程序，并包含了刑事条款。其中，德国同许多其他航天国家一样，没有通过一项单独的法案来处理所有外层空间活动并考虑到其根据空间条约所承担的义务。

4.2.11　印度

印度现在是世界上拥有最广泛的空间发射装置和空间应用项目的国家之一，甚至还向火星发射过一次任务。但是，与加拿大、德国类似，印度是一个尚未颁布空间法规的重要的航天国家。但在这方面，印度的情况并不完全相同，因为该国尚未通过任何法规来规范其外层空间活动。尽管其太空计划可以追溯到几十年前，但印度实际上已经限制了“非约束性”立法。到目前为止，印度已经通过了一项有关遥感数据的政策（2011 年的遥感数据政策）以及一份有关实施卫星通信政策框架的指导性文件，该文件的标题为《实施政策框架的规范、准则和程序》，是 2000 年印度政府批准的。它的空间发射装置开发和其他空间应用及空间研究项目是由印度空间研究组织（ISRO）组织进行的，但没有基本的空间立法或总体政策指导。

4.2.12　印度尼西亚

印度尼西亚已经研制出探空火箭，目前正在研制一种能够将较小的卫星送入轨道的发射器，因此不久将成为一个航天国家。印度尼西亚最近颁布了一项全面的空间立法，题为《印度尼西亚共和国空间法》（2013 年第 21 号）。2013 年立法的目的是保证空间活动的可持续性，建立开展空间活动的安全和保障，以及为了国家利益优化国际协议的执行[Law Number 21 of 2013，art. 2]。该法律对太空活动进行了规范，包含以下方面的法规：太空运行、监督、安全、航天员搜救、太空物体登记、防止外空坠落物体、赔偿损害责任、保险、保证和设施、环境保护（地球和外层空间）、事故调查和制裁。仔细研读该法律就会发现，它不允许任何违反空间法条约规定的活动（特别是和平利用外层空间的原则）。该法律规定了国家航空和空间研究所（Lembaga Penerbangan dan Antariksa Nasional，LAPAN）的责任，该研究所负责航空航天研究和发展领域的事务，并将其用于所有空间业务。该研究所在考虑到印度尼西亚的空间条约义务的前提下，代表该国开展发射活动。关于研究所职责、职能、权限和组织结构的规定受《总统令》限制［Law Number 21 of 2013，art. 38（4）］。该研究所负责拟订一项总计划，作为“国家空间行动准则”，有效期为25年［Law Number 21 of 2013，art. 40］。但是，政府有责任为太空运行提供指导，其中包括：制定涉及为太空运营商确定规范、标准、指南和准则的一般政策和技术政策；指导、培训、发放许可证；颁发认证以及在建设和运营领域提供技术帮助［Law Number 21 of 2013，arts. 41－42］。重要的是，太空商业活动是受政府法规而非该法律监管的［Law Number 21 of 2013，art. 37］。与其他国家类似，法律的管辖范围包括印度尼西亚的公民和法人实体，如果是从印度尼西亚领土或以印度尼西亚的名义进行太空活动，则适用于外国国民和法人实体［Law Number 21 of 2013，art. 5］。

4.2.13 伊朗

伊朗制定了国家太空法，即《伊朗航天局规约》，以此为基础建立了国家航天局，其目的是履行国家的法律义务，进行学习和研究，设计和运营航天服务及遥感技术，并增强国家内部和外部的通信网络和空间技术。此外，该机构还被授权与相关机构合作进行商业、科学卫星的研究、设计、制造和发射，控制中心业务的设计和建立，以及国家卫星的发射。商业实体被授权从事空间活动，但卫星控制中心的发射和运行除外。这种商业空间操作应在该机构的监督下进行。在这方面，该机构负责空间活动的授权。

4.2.14 爱尔兰

爱尔兰通过了《2000年爱尔兰航空局（火箭和小型飞机）令》，目的是引起公众的注意，尤其是在操作小型火箭时，应采取必要的许可和预防措施，以避免对其他国家领空用户的火箭弹造成危害。该令适用于燃料质量超过1.5千克、推进剂质量超过100克的无人火箭。打算在爱尔兰境内操作此类火箭的任何人，必须向爱尔兰航空局的负责部门提供指定信息，包括负责人的姓名和地址、火箭的数量、每个火箭的大小和质量、这些火箭将运行的最大高度或飞行高度，以及运行的位置、日期、时间和持续时间。此外，在距离机场或直升机场边界8千米以内的管制和限制空域，以及在水平能见度低于8千米的高度，这种无人火箭在操作过程中不能产生与任何飞机相撞的风险。

4.2.15 意大利

意大利有一项雄心勃勃的太空计划，该计划由意大利航天局管理，其目标是根据国家定义的太空政策确定的。此外，还有一些相关法律。1983年1月25日颁布了第23号法律：《实施〈空间物体造成损害的国际责任公约〉的规范》，其规定了对《责任公约》缔约国以外国家发射空间物体造成损害的赔偿。意大利的另一项主要立法是2005年7月12日第 153 号法律：对射入外层空间的物体进行登记。根据该法律，意大利航天局负责维护国家注册机构并收集《登记公约》要求的信息。尽管意大利目前没有独立的发射业务，但是在 20 世纪 60 年代到 80 年代期间意大利拥有圣马科发射场，曾经发射过卫星。

4.2.16　日本

日本颁布了一项有关外层空间的主要法律，即 2008 年第 43 号法律：《外层空间基本法》。其中，该法案规定了日本空间活动的六项基本原则，包括和平利用外层空间和环境保护以及外层空间活动的基本政策和措施，具体包括国内外社会的和平与安全、保护环境以及促进与空间使用和探索有关的私人业务活动。在很大程度上，2008 年法案明确了政府在太空使用和探索方面的责任。此外，该法案提出建立外层空间开发战略总部，其任务是起草一项计划，以有计划的方式全面促进有关空间利用和开发的政策和措施的建立。日本宇宙航空研究开发机构（JAXA）是根据 2002 年第 161 号法律（关于 JAXA 的法律）创建的。该机构的任务主要涉及卫星的研究、开发、发射、跟踪和操作，以及对空间领域的研究人员和工程师进行培训。此外，该法律还包含与损害赔偿责任、保险要求和违反某些法律规定应受到的惩罚等有关的规定。2013 年《空间政策基本计划》是最新的外层空间计划，涵盖了从 2013 年开始的五年计划。该计划包括一项促进空间开发和利用的基本政策（旨在实现自主空间活动的扩展）及政府为开发和利用空间而应采取的全面而系统的措施。与其他航天国家一样，日本尚未颁布一项解决其所有外层空间活动并考虑到其根据空间条约应承担义务的单一法案。日本在 2008 年第 43 号法律中承认了这种不足，该法律要求日本政府“颁布管理外层空间活动的法律和履行有关空间使用和开发的条约及其他国际承诺所必需的法律，从而有计划、迅速和全面地改善其法律体系中关于空间利用和开发的问题”[Law No 43 of 2008，art. 35]。

4.2.17　哈萨克斯坦

2012 年第 528 -Ⅳ号法规（即《哈萨克斯坦共和国空间活动法》）规定了其太空活动的原则、方向和限制，并特别考虑了安全（包括公共卫生、人员安全和财产安全）、国家安全、环境保护以及哈萨克斯坦的国际义务。该法律特别规定了政府在空间活动中的责任；建立履行政府职责的授权机构；商业实体的许可（很简短，因为参考了哈萨克斯坦的许可立法）；空间物体的登记；太空活动的安全性（包括环境保护）；空间物体造成的损害赔偿责任以及违反其规定的罚款规定（尽管很简短）。其中，授权机构负责许可太空活动、登记太空物体、提供太空活动的安全性（包括环境保护）、实施营救行动、调查事故、组织制定空间活动的技术法规和国家标准，并制定在哈萨克斯坦境内建立太空系统和太空火箭联合体以及外层空间系统的规则。授权机构在空间活动领域被赋予监督作用，主要在这一领域进行国家监管。与其他国家一样，该法适用于具有哈萨克斯坦国籍的个人和公司，如果他们在哈萨克斯坦境内从事太空活动，则适用于外国国民和公司。

4.2.18 韩国

韩国现在已经开发了 Karo 1 和 2 号运载火箭，还拥有广泛的商业卫星业务。因此，颁布了几项太空法：2009 年的《航空航天发展促进法》(9440 号)，取代了 2005 年的《空间发展促进法》(7538 号)，2008 年的《航空航天损害担保赔偿法》代替了 2007 年的《空间责任法》(8852 号)。第 9440 号法令“通过合理地支持和促进航空航天发展，并促进有效利用、和平利用和科学探索外层空间，为国家安全、国民经济的健康发展和国民生活的改善做出贡献”[Act No 9440，art. 1]。该法令包括与航空航天物体登记有关的条款和发射许可的要求（考虑到安全和赔偿责任等有关的问题）、此类许可的撤销、对事故造成的损害的责任、保险、事故调查、对私人航空航天发展项目的支持、航天员和空间物体的营救和返回，以及对违反本法任何规定的处罚。韩国政府被授予监督权，以确保韩国的活动遵守其国际义务并促进和平利用外层空间 [Act No 9440，art. 3]。此外，政府还负责制定韩国航空航天发展促进基础计划 [Act No 9440，art. 5]。在总统的直接管辖下，成立了国家航空航天委员会，以审议与航空航天发展相关的问题，其中包括发射航天器的许可 [Act No 9440，art. 6]。然而，教育、科学和技术部长会对个人发射进行审核。不出所料，2009 年法案的适用范围与其他国家类似，即在韩国主权领土内进行的所有空间活动（包括发射韩国政府或其公民拥有的航天器和飞机）以及由其国民在其领土以外进行的活动，都在其管辖范围之内。第 9440 号法案规定了因事故造成的任何损害的赔偿责任，第 8852 号法案中包含有关赔偿责任的详细规定，以确保韩国根据《责任公约》承担有关义务。

4.2.19 荷兰

荷兰制定了《空间活动法》，该法确立了有关空间活动的规则，建立了空间物体登记处，并载有管理登记处的规则。该法规定了许可程序，其中特别考虑了人员和财产的安全、环境保护、财产安全（包括保险）、国家安全、保护公共秩序、履行荷兰的国际义务、吊销许可证、发生事故时的程序、空间物体造成的损害赔偿责任以及对该行为的处罚。与其他国家类似，该法案的适用范围包括在荷兰境内进行的太空活动（包括荷兰的航天器和飞机）。如果空间活动是由荷兰国民或法人在非《外层空间条约》缔约国的领土上（包括其船舶、飞机等）上进行的，则该法的适用范围超出了国家边界 [Space Activities Act，sec. 2]。2007 年 11 月 13 日颁布的《空间物体注册法令》中提供了详细的注册程序。此外，2008 年 2 月 7 日编号为 WJZ 7119929 的经济事务部长命令中包含了详细的许可程序以及许可证申请和注册表格，该命令经 2010 年 4 月 16 日编号为 WJZ/10020347 的经济事务部长命令修正。

4.2.20 尼日利亚

尼日利亚是新兴的航天国家之一，已经发射了一系列通信卫星，并正在进行一项计划，该计划中表示有望到 2020 年具有成功地将火箭发射到轨道的能力。尼日利亚制定了一项空间立法和一项空间政策，分别是 2010 年《国家空间研究与发展机构法》和《国家空间政策与计划》。尼日利亚通过《发展机构法》建立了国家航天局，该机构法中详细说明了国家组织的结构、职能和权力，而《国家空间政策与计划》则建议在该机构内设立空间委员会。该法案包含有关太空活动许可的规定。理事会根据该机构的建议，发行了太空许可证，并充分考虑了安全问题（包括公共卫生、人员和财产安全）、尼日利亚的国际义务和国家安全。除了这些问题之外，许可证还必须包含一些条件，这些条件尤其要考虑到环境保护（地球和外层空间）、通过避免干扰他人的活动而和平探索和利用外层空间，以及因各自的太空活动造成的损害赔偿责任保险。该机构负责根据其国际义务来维护尼日利亚的空间物体登记册。

4.2.21　挪威

挪威于 1969 年 6 月 13 日通过了关于将物体从挪威领土发射到外层空间的第 38 号法令。该法律禁止未经有关当局许可而将物体发射到太空。与大多数国家一样，该法令适用于在挪威领土发射的飞船和飞机，以及由挪威公民或在挪威有常住地的人在挪威领土外发射的物体。但是，该法案没有就发射许可证的发放提供详细的规定，而把对空间活动的控制留给有关部门今后将通过的条例。

4.2.22　俄罗斯联邦

俄罗斯联邦颁布了大量的空间法：俄罗斯苏维埃议会第 5663 - 1 号法令：《“关于空间活动”的俄罗斯联邦法》；关于批准“俄罗斯航天局条例”的 1995 年 5 月 15 日第 468 号决议；第 104 号空间经营许可证条例；“关于履行俄罗斯联邦空间计划和国际空间协定的措施”的第 422 号法令；关于俄罗斯联邦空间活动的管理结构的 1992 年俄罗斯联邦总统法令；“关于执行国家在火箭和航天工业领域的政策”的俄罗斯联邦第 54 号总统法令；关于通过联邦航天局条例的 2004 年 6 月 26 日第 314 号决议；“关于俄罗斯联邦空间政策的优先事项”的俄罗斯联邦最高苏维埃第 4879 - 1 号决议；“关于组织进一步利用拜科努尔航天发射场以促进俄罗斯联邦的空间活动”的 1994 年 10 月 24 日俄罗斯总统第 2005 号法令；2013 年 4 月 19 日的《到 2030 年及以后俄罗斯联邦在空间活动领域的国家政策基础》；2014 年 1 月 14 日的《到 2030 年俄罗斯联邦经济现代化和地区发展在利用空间活动领域的国家政策基础》；“关于火箭和航天工业管理系统”的 2015 年 12 月 2 日俄罗斯总统第 874 号法令；2015 年 7 月 13 日《关于国家航天事业公司的联邦法》等。

颁布第 5663 - 1 号法令的目的是为太空活动提供法律法规，并促进空间科学和工业潜力的应用。该法令规定，在俄罗斯管辖范围内的太空活动必须考虑安全性、环境保护（外层空间和地球）、俄罗斯的国际责任和国家安全。该法令禁止以下活动：将核武器和任何其他种类的大规模毁灭性武器放入环绕地球或外层空间的轨道，包括对此类武器的试验；出于军事和其他敌对目的将空间物体和其他空间技术用作影响环境的工具；将月球和其他天体用于军事目的；故意对空间活动的安全造成直接威胁；造成外层空间的有害污染以及俄罗斯加入的国际条约所禁止的活动。

该法令要求俄罗斯政府部长理事会监督太空活动。俄罗斯联邦航天局（ROSCOSMOS）有权颁发执行太空活动的许可证，组织太空技术的认证并确保太空活动的安全。该法令为空间活动许可、空间技术认证、空间对象的注册、太空飞行、空间活动安全、环境保护、事件调查、保险、搜索和救援、损害责任等提供了空间技术许可。为了国防和安全，俄罗斯国防部承担了开展太空活动的责任。该法令规定采用联邦太空计划。与大多数其他国家一样，俄罗斯将其管辖范围扩大到在俄罗斯领土内进行空间活动的外国公民和组织。

1992年根据总统令成立了俄罗斯航天局（ROSCOSMOS），并赋予它某些职责。1995年的第468号决议为管理俄罗斯航天局提供了详尽的条例。除了第5663-1号法令赋予俄罗斯航天局的职责之外，1995年决议授权俄罗斯航天局确保俄罗斯在空间活动领域履行国际义务、颁布规范法令，并对其执行情况实施监管。第54号总统令详细列出了该机构在执行火箭和空间发展领域的国家政策方面的更多职责。第104号法令详细规定了许可程序，其中俄罗斯航天局除有权颁发许可证外，还有权监督已获许可的经营活动，并暂停或取消许可证。许可程序还考虑到国家安全、对国家立法的遵守以及俄罗斯的国际义务。

根据2004年第314号裁决，俄罗斯航天局是负责空间活动的联邦执行机构，除了上述职责外，该机构维持着空间物体的登记，但不再拥有监督权力。第4879-1号决议确定了俄罗斯空间政策的优先事项，包括加强国家安全、确保空间活动安全、确保环境保护和确保履行俄罗斯的国际义务。

在过去的几年中，俄罗斯国家航天工业的组织发生了巨大变化。2014年3月，联合火箭与航天公司（URSC）成立，合并了该行业的大多数国有企业。2015年7月13日，俄罗斯国家航天局（ROSCOSMOS State Corporation）法签署，标志着自1992年成立俄罗斯航天局（Russian Space Agency）以来一体化发展趋势的终结。如今，俄罗斯国家航天总署（ROSCOSMOS State Corporation）为国家民用太空计划整合了国家采购和工业制造功能。公司的销售总额由国家资助计划（又称联邦计划）和一些额外的商业合同来确定。2016年3月，俄罗斯政府批准了2016—2025年联邦太空计划。

4.2.23 南非

南非通过了一项国家空间政策（2008年12月的国家空间政策）和四项空间立法：经1995年空间事务修正案修正的《1993年空间事务法》；《2008年南非国家航天局法》以及2007年的《天文地理优势法案》。《1993年空间事务法》是主要的空间法，依据该法设立了南非空间事务理事会，以管理和控制某些空间事务并确定其目标；它明确了理事会的职责及管理和控制理事会的方式的详细规定，并规定了与理事会有关的事项。这些有关事项包括空间活动的许可、空间物体的登记、许可证的修改、暂停和撤销、事故责任和损害责任，以及对不遵守本法规的处罚。在与理事会及其他政府机构磋商后，贸易和工业部长被授权确定要遵循的国家空间政策，以履行南非在和平利用外层空间方面的国际承诺和责任 [Space Affairs Act，1993，sec. 2]。此外，允许该部长通过规定的方式执行委员会的职能，包括但不限于许可证申请程序、与保护国家利益有关的措施、安全措施和最低限度的费用，以及政府所缔结或批准的国际空间条约和协定条款的适用情况 [Space Affairs Act，1993，sec. 22]。理事会代表南非处理南非因政府缔结或批准的国际公约、条约和协议而在其空间和与空间有关的活动方面产生的利益、责任和义务等事项。因此，除此之外，理事会还被赋予一项监督权力，有权颁发和修订、暂停或撤销空间许可证，以及关于空间物体的登记。许可程序考虑到南非的安全、国家利益和国际义务。与大多数国家相似的是，下列活动被认为是在南非的管辖范围内：任何人发起的在南非领土范围执行的空间活动，由任何南非公民或在南非合并或注册的法人发起的空间活动（无论这些活动在哪里执行）。

依据 2008 年的法案建立了南非国家航天局（SANSA），其中规定了该机构的目标、职能以及管理的方式，并规定了与此有关的事项。促进和平利用外层空间和促进与空间有关的活动中的国际合作是该机构的五个目标中的两个目标 [South African National Space Agency Act，2008，sec. 4]。2007 年法令规定，保存和保护南非境内特别适合光学和射电天文学的区域，就国家重大天文学优势领域以及相关事项开展政府间合作，并进行公众协商。

4.2.24　西班牙

1995 年 2 月 24 日西班牙通过了第 278/1995 号皇家法令，该法令规定了建立西班牙外层空间物体登记处，并规定了有关登记处的登记程序。尽管西班牙没有单独的发射计划，但西班牙有一个积极的太空应用和太空研究计划，该计划是与欧洲空间局和其他太空机构合作但独立进行的。此外，它还拥有许多获得许可的商业运营，尤其是涉及通信卫星业务的商业运营。

4.2.25　瑞典

瑞典颁布了《空间活动法》（1982：963），简要规定了空间活动的许可、许可证的撤销、制裁和损害赔偿责任。瑞典政府负责签发太空许可证，并可将其监督权力下放给任何政府实体。同其他国家一样，该法令的适用范围包括在瑞典领土内进行的空间活动，如果由瑞典自然人或法人进行，则可扩展到领土以外。根据《空间活动法令》（1982：1069），许可证的申请必须向国家空间活动委员会提出。该委员会被授予监督权，并负责空间物体的登记。

4.2.26　乌克兰

乌克兰通过了一些空间法，这很重要，因为乌克兰有一些运载火箭系统。这些法律包括：1996 年 11 月 15 日《乌克兰法》，这是乌克兰最高苏维埃关于空间活动的条例；关于设立乌克兰国家航天局的 1992 年总统法令第 117 号；乌克兰总统 1997 年关于乌克兰国家航天局规章的第 665/97 号法令以及 1998 年 6 月 4 日关于国家管理空间活动的措施的第 798 号法令，该法令通过了两项规定：1998 年关于空间活动主体与外国商业实体就探索和利用外层空间进行谈判、生产和使用空间系统，以及签订空间系统技术买卖合同、颁发许可证程序的规定，据此规定来登记乌克兰与外国商业实体间的空间活动合同；1998 年《商业实体开展空间活动权利许可令》。其中，1996 年的法律是管理乌克兰为国家经济、国家安全和商业利益而进行的空间活动的主要空间立法。该法律规定了乌克兰国家航天局的权限，并进一步禁止以下行为：以任何方式在轨道和空间放置核武器或任何其他类型的大规模毁灭性武器；测试这类武器；为军事目的或对人类构成威胁的其他目的，利用空间技术作为对环境产生影响的手段；将月球和其他天体用于军事目的；对人类的生命和健康构成直接威胁并造成环境破坏；违反关于外层空间污染的国际准则和规定以及国际法不允许的与空间活动有关的其他行为。该法律简要地规定了空间活动的许可、空间设施的认证和登记、空间活动的安全（在该机构、国防部和其他主管行政机关被授予监督权力的情况下）、环境保护、保险和损害赔偿责任。因此，它规定必须采用管理空间活动的法规。该法律明确规定："乌克兰应确保履行其在空间活动领域的所有国际义务，并应根据公认的国际法标准和其加入的国际条约的规定承担责任" [Law of Ukraine of November 15, 1996, art. 17]。因此，国际空间活动的原则包括遵守公认的国际法原则和标准。1998 年的法规规定了空间活动主体执行上述内容中提到的活动的许可证颁发程序。1998 年的命令载有关于商业实体从事空间活动的权利许可详细规定，此外，还规定了此类许可的终止和撤销程序。乌克兰航天局被授予签发、终止和吊销此类许可的权力。

4.2.27 英国

英国根据 1986 年《外层空间法》执行国家空间计划。该法赋予首相（包括许可证颁发机构）某些权力，以确保英国遵守有关空间物体发射和运行的国际义务以及确保国家公务人员在开展其他空间活动时同样履行国际义务。1986 年法案规定了太空活动的许可，并考虑到安全（包括公共卫生、人员和财产安全）、英国的国际义务、环境保护（外层空间和地球）、不干涉其他国家的和平空间活动以及国家安全。该法案允许就详细的许可程序进一步制定有关条例，并详细规定空间物体的注册流程。有关当局有权向被许可方做出指示以确保其遵守特定许可条件和英国的国际义务；有关机构有权对空间活动制定规章，对空间许可证的转让、变更、暂停或撤销，及违反本法律的处罚做出规定。与其他国家相比，英国法律的范围是有限的，因为它不适用于在英国领土内进行空间活动的外国人或法人团体。但是，由于英国对自己的领土拥有管辖权，因此可以对在该领土内发生的任何活动行使主权，因此立法者认为可能没有必要将 1986 年《外层空间法》的管辖范围明确扩大至在英国领土内进行空间活动的外国人或法人团体。

4.2.28 美国

美国的太空政策和法律可能是最全面的。鉴于其广泛的太空计划，包括政府和商业活动，美国有必要颁布此类政策和法规来管理太空活动。此外，出于同样的原因，美国可以而且应该在全球太空管理中发挥重要的作用。近年来，美国先后出台了两项国家太空政策：2010 年的《国家太空政策》和 2013 年的《国家太空运输政策》。2010 年的政策强调和平探索和利用外层空间、国防和安全、美国的国际义务以及保护空间环境。该空间政策的一个不同寻常的方面是，它还要求开发和利用空间核动力系统。与 2010 年的《国家太空政策》类似，2013 年的《国家太空运输政策》强调国家安全、安全性和美国的国际义务。2013 年的政策赋予美国交通部长监督权，以确保非联邦发射和再入操作免受空间碎片的危害，进而确保非联邦发射操作和再入地点的安全。此外，运输部长必须在国际上倡导采用美国政府安全法规、标准和许可措施，以提高“国际商业太空运输活动的全球互操作性和安全性”[National Space Transportation Policy of 2013，p. 5]。

在美国的几部法律中，《美国法典》第 51 篇、《美国法典》第 42 篇第 159 章、《联邦条例法典》第 14 篇第 3 章和第 5 章专门用于处理太空活动。《美国法典》第 51 篇涉及国家和商业太空计划，其中包括《美国国家航空航天法》[51 USC，Ch. 201]。该法案规定于 1958 年建立美国国家航空航天局（NASA），并规定了 NASA 的职能和权力。第 51 篇强调了上面讨论的两项空间政策所强调的同样问题。第 509 章讨论了商业空间发射和再入活动，并规定了对这种活动的许可。在认真考虑此类活动的安全性（公共卫生、人员和财产安全）和对国家安全的影响后，交通运输部长才有权签发此类许可证。运输部长具有许可活动的监督权，他可以出于安全性和国家安全等原因修改、暂停或撤销许可。第 51 篇还规定了被许可人的责任保险要求，而且包含与罚款和事件调查有关的规定。运输部长有权发布法规，详细说明执行第 509 章的程序（包括许可程序）。与大多数航天国家一样，如果此类太空活动是由美国公民进行的，则美国的管辖范围将超出其领土。但是，法律进一步规定，在美国管辖范围以外的地区，将由美国与相应外国之间的协议确定 [51 USC § 50904]。

第 51 篇的第 601 章涉及陆地遥感政策，因此规定了私人遥感空间系统的许可。美国商务部长对这类系统享有监督权，在考虑到美国的国际义务和国家安全等因素的情况下，向私人遥感空间系统颁发许可证。《联邦条例法典》第 14 篇第 3 章详细阐述了《美国法典》第 51 篇，其中提供了有关以下几方面的详细程序：不同类型的太空活动的许可，此类活动的安全性（包括发射安全、飞行安全以及地面安全）、调查、修改、暂停和吊销许可证。除其他外，还载有关于空间物体登记、处罚和财政责任（包括保险要求和损害责任）的规定。在许可程序方面，还考虑到安全性、国家安全、环境保护和美国的国际义务。根据本章的规定，联邦航空管理局（FAA）商业空间运输副署长有权行使运输部长的权力，以“许可或以其他方式管理商业空间运输”[14 CFR §§ 401.1，401.3]。《美国法典》第 42 篇第 159 章涉及太空探索、技术和科学。《联邦条例法典》第 14 篇第 5 章详细阐述了《美国法典》第 51 篇关于 NASA 的内容。

4.3 结论及汇总表

通过上述数量众多的空间立法，可以得出许多相对普遍的特性。一般来说，人们可以看到，在某一特定国家完全控制范围内或直接影响到一个国家内部运作的法律要素在各种空间法中具有很高的普遍性。例如，对国民的管辖、确保国际社会稳定和保险要求、指导航天机构的目标、建立许可程序等，都是成熟的航天国家和许多正在崛起的航天国家几乎所有法律制度的特点。但是，对在国家法律中仍然模糊不清的法律问题缺少解释，例如空间物体的定义或空间的界定。然而，国际法中仍然有许多法律概念含糊不清。虽然一些国家，例如澳大利亚，根据1998年的《空间活动法》，间接地将海拔100千米以上的区域确定为外层空间，试图解决模糊的概念，但国际上已经基本避免了此类有争议的问题。如下所述，它们可能会一直存在，直到对全球管理原则的发展产生重大影响的一个或多个主要航天国家做出一致的努力，以解决其国家体制内的这些问题，从而为其他国家开辟了道路。当然，所选择的方向将取决于所涉及国家的利益。

下面是一些需要考虑的关键问题。

一方面，在国家立法和国家空间政策方面存在着动态平衡；另一方面，国家立法和国际法之间也存在着动态平衡。如果世界各国的国内法相当一致并符合一般原则，就可以在国际法的内容和范围上达成某种形式的共识。相反，如果国家法律之间存在巨大差异，导致在关键问题和原则上产生分歧，并导致围绕某些问题的竞争行为，例如税收、劳动法、允许企业自由行动甚至使用所谓的“方便旗”，这将使确定国际法或行为规范变得更加困难。在现实世界中，有时两种模式都以某种方式起作用，使得建立得到良好支持的“习惯法”更加困难。这种复杂性并不是国际空间法所独有的。然而，由于在空间活动领域中有大量的创新、企业计划和全新的企业，因此达成国际协议可能会更加困难。但是，如果国家空间法和国家空间政策具有一致性，那么国际空间法的内容和范围就会更容易达成一致意见和得到执行。换句话说，没有统一就难以制定国际法。不同国家共同的做法和相容的国家空间法使相容的国际惯例得以实施，而国际惯例又反过来使空间法的某些领域得以发展。

与国际空间法相比，国家空间立法的作用明显不同。国际法规范了国家之间的互动和活动，而国家空间立法则旨在为私人/商业参与者和国家机构建立一个框架，使他们了解“道路规则”，并观察它们在国家管辖范围内的行为是否适当。因此，制定新的国际条约可以提供一个可接受的全球行为的保护伞，这些国际条约传统上使用模糊的语言来对国家允许的活动进行分类和描述。挑战在于使这种模糊的界定变得更加清晰。

如果能在发展新类型的空间活动的早期阶段达成协商一致意见，那么也许就能在国家立法中就相当一致的条件达成更明确的基线和具体准则，并为商业实体的活动提供明确的指示。当然，制定国家法律是出于特定的原因，每个国家都有理由根据各自的情况和商业活动水平来决定何时以及如何进行规范。在这个意义上，已确立的国际空间法（以主要空间条约的形式）可能足以概括各国对其私人实体的全面责任。因此，全球太空管理必须谨慎务实，在全球平等、公平和合理协作的前提下，应对新趋势、新做法、新机遇。

本章的前半部分表明，并非所有进行空间飞行的国家都颁布了充分详细的空间立法，以履行它们根据空间条约所承担的国际义务。最重要的是，加拿大、印度拥有广泛的空间活动，并且私营企业的参与正在迅速增加，但它们尚未颁布全面的空间立法来执行《外层空间条约》和其他与空间有关的国际协定。相比之下，印度尼西亚和尼日利亚等新兴空间力量已经制定了必要的空间立法，这将大大有助于太空管理。

美国最近颁布了最重要的新空间立法。作为最大的商业航天国家，美国有必要通过此类立法，以遵守国家宪法/立法要求和国际义务，并确保其私人实体的活动在良好的环境下进行。作为领先的航天国家之一，美国颁布的任何法律都可以成为其他国家效仿的典范（并有助于进行全球太空管理）。美国影响其他国家的能力可以从卢森堡和阿拉伯联合酋长国最近的声明中看出，在美国通过关于空间资源开采的法律之后不久，他们表示将起草关于空间资源开采活动的立法［Domonoske，2016］。卢森堡政府最近通过了一项法律草案《空间资源的探索和利用法草案》，以确保“在太空工作的私人运营商可以对其在太空中开采资源的权利充满信心”［Luxembourg Ministry of the Economy］。可能会有更多的国家效仿这一做法，并推动新的全球太空管理原则的发展。

随着国家立法的增加，各国必须认识到一个现有问题，即管辖权重叠所造成的潜在冲突。正如我们所看到的，由于国家倾向于扩大其国家空间立法的适用范围（通过将其管辖权扩大到在其领土内从事活动的外国国民和公司，以及本国国民和公司，即使他们的行为超出了其管辖范围），因此存在两个国家要求对同一活动拥有管辖权的风险［Zannoni，2013］。考虑以下情况：A 国国民在 B 国从事空间活动，其中有关活动是两国国家空间法律规定的受监管活动，并都在两国管辖范围内。根据各国的情况不同，结果也会有所不同。如果一个国家的法律没有扩展到外国人（如英国），那么如果活动在该国境内发生，则可以避免冲突。相反，如果国家之间达成协议，规定在哪种情况下哪个国家具有管辖权（如美国和某些国家），就可以避免冲突。同样，与荷兰的例子一样，只有当公民或实体在不是空间条约特别是《外层空间条约》缔约国的国家领土（包括其船舶和飞机）内从事空间活动时，或者像挪威那样，活动是在不属于任何国家主权领土内的地区进行的，才能要求域外管辖权，从而确保法规之间没有差距。

可以预见，在不久的将来将会出现超出现有空间条约范围的各种类型的空间活动。例如，美国航天工业正在考虑进行近地小行星开采。关于空间条约是否涵盖了这种“资源提取”，目前存在一定程度的争议［Hilmi，2014］。在缺乏相关国际法条款和对现有空间条约条款做出澄清的情况下，就美国工业而言，所制定的美国国家空间法是否为此类活动提供了最终指导仍是一个问题。

可以肯定地说，在不久的将来，美国以外的其他国家也将就这一主题颁布自己的立法。前提是，在达成某种形式的国际共识之前，全球太空管理下的适当指导可能会处于不断变化的状态。但是，这只是不断发展的一系列国家法律与最终达成国际共识和某种形式的管理协议的最终愿望以及最终需求之间相互作用的一个例子。在当今世界，尚不清楚它是正式的还是非正式的，还是介于两者之间的，就像一种公认的、得到广泛分享的国际惯例的行为准则一样。显然，国家空间法是关键的组成部分，对国际惯例和全球太空管理的最终协议仍然至关重要（见表 4 - 1）。

表 4 - 1 国家空间政策和法律与全球太空管理

现有的管理机制	正式/非正式	决策（行为者/参与者）	优势	局限
国家法律、法规、标准、政策、指导方针和监管机构	正式	主要是官方法律和政策的制定者、行政人员，在一些国家则是私营部门和民间社会的参与	在建立和实施国家管理机制、形成全球太空管理机制方面非常有效，在实施全球太空管理体系方面往往是必要的	一些国家（甚至航天国家）缺乏国内法，性质不同造成不一致，一些国家法律可能在域外适用，某些国家的国内法可能阻碍全球太空管理规范的通过

参 考 文 献

[1] Application of the concept of the "launching State", GA Res 59/115, UNGAOR, 59th Sess, UN Doc A/RES/59/115 (2005).

[2] Convention on International Liability for Damage Caused by Space Objects, 29 March 1972, 961 UNTS 187 [Liability Convention].

[3] Convention on Registration of Objects Launched into Outer Space, 14 January 1975, 1023 UNTS 15 [Registration Convention].

[4] Treaty on Principles Governing the Activities of States in the Exploration and Use of Outer Space, including the Moon and Other Celestial Bodies, 27 January 1967, 610 UNTS 205 [Outer Space Treaty].

[5] Dempsey, Paul Stephen. "The Emergence of National Space Law" (2013) XXXVIII Ann Air & Sp L 303.

[6] Domonoske, Camila. "Luxembourg Hopes To Rocket To Front Of Asteroid - Mining Space Race", NPR: The Two - Way (3 February 2016.), online: NPR 〈www. npr. org/sections/thetwo - way/2016/02/03/465448871/luxembourg - hopes - to - rocket - to - front - of - asteroid - mining - space - race〉 (last accessed 1 December 2016).

[7] Hilmi, Tina. "The Next Frontier: An Overview of the Legal and Environmental Implications of Near - Earth Asteroid Mining" (2014) XXXIX Ann Air & Sp L 409.

[8] Zannoni, Diego. "Conflict and Conciliation of National Space Laws" (2013) XXXVIII Ann Air & Sp L 343.

[9] Luxembourg Ministry of the Economy, Press Release, "Luxembourg's New Space Law Guarantees Private Companies the Right to Resources Harvested in Outer Space in Accordance with International Law" (11 November 2016), online: Luxembourg Government 〈www. gouverne - ment. lu/6481433/11 - presentation - spaceresources〉 (last accessed 1 December 2016).

拓 展 阅 读

[1] Dempsey, Paul Stephen. "National Laws Governing Commercial Space Activities: Legislation, Regulation, & Enforcement" (2016) 36: 1 Nw J Intl L & Bus 1.

[2] Jakhu, Ram S. , ed, National Regulation of Space Activities (Dordrecht: Springer, 2010).

[3] Kacowicz, Arie M. "Global Governance, International Order, and World Order" in David LeviFaur, ed, Oxford Handbook of Governance (Oxford: Oxford University Press, 2012) 686.

第 5 章　商业航天企业与全球管理体系

解决的关键问题

• 私营商业航天企业在外层空间活动的各个方面日益发挥作用的性质是什么？

• 现有的全球太空管理机制是否与空间商业化日益增长的趋势相适应？哪些法律和政策对商业空间业务产生不利影响？

• 鉴于私营企业越来越多地参与所有空间活动，解决管理责任、所有权变更、对紧急情况的反应、行使管辖权和控制权以及筹资等问题（公法和私法）的最佳办法是什么？

• 商业问题与公平有效的全球太空管理问题之间平衡的最佳方式是什么？

5.1　引言：新兴技术和商业航天部门

私营商业行为者参与探索和利用外层空间并不是一个新现象，它实际上可以追溯到空间时代的开始。例如，美国国家航空航天局第一次载人航天计划的水星舱就是由麦克唐纳飞机公司制造的。整个 20 世纪 60 年代到 70 年代，美国国家航空航天局的阿波罗计划得到了商业机构的支持，如北美航空公司、麦克唐纳・道格拉斯公司和北美罗克韦尔公司。世界上第一个国际卫星通信机构是被称为国际通信卫星组织（INTELSAT）的联盟。该联盟成立于 1965 年，并于 1965 年部署了晨鸟卫星 Intelsat 1。这个独特的组织基于商业化运作，包括政府和商业伙伴。几十年来，如美国的波音公司和洛克希德・马丁公司等私人承包商，以及现在由众多欧洲公司合并而成的空中客车公司和阿丽亚娜公司，在空间应用的开发、与空间有关的研发和执行空间任务方面发挥了不可或缺的作用［Gabrynowicz, 2010, pp. 423 - 424］。

然而，在探索和利用外层空间的早期，商业行为体的作用主要局限于提供产品和服务上，以支持政府的项目和任务，而目标的确定、规划和主要风险仍由公众参与者承担。从 20 世纪 70 年代和 80 年代开始，私营商业运营商开始打破这种以政府为中心的模式，在许多项目的发展中发挥了积极主动的作用。例如，欧洲在 1980 年创立了第一家私营发射服务运营商阿丽亚娜空间公司，开创了空间商业化的先河，1982 年又在法国创立了 Spot Image 公司。1982 年，太空服务公司（Space Services Inc.）发射了 Conestoga 1，这是第一枚私人资助的进入太空的火箭。成立于 1984 年的泛美卫星公司（PanAmSat）是一家完全商业化的企业，它的成立对国际通信卫星组织构成了一定挑战，而后者是一个政府间组织。1985 年，在卢森堡成立了欧洲卫星公司（Société Européenne des Satellites，SES），为全球商业卫星通信服务。这些活动标志着电信系统的竞争和所谓的“自由化”的开始，而电信系统以前是政府授权的国内和国际服务的垄断项目。

20 世纪 90 年代，卫星通信的商业市场显著扩大，政府资助的发射服务通过美国发展的消耗性运载火箭（EELV）计划开始了商业化进程。

21 世纪初，一股新的创新和颠覆浪潮开始出现。这项活动现在被称为“新太空”。有些人认为 XPRIZE 竞赛是这一变革的开端，它奖励了 2004 年完成的第一次成功的太空重复飞行，这一变革催生了许多新的商业空间参与者。如今，“自我推动”的商业参与者多种多样，从车库式的初创企业到亿万富翁资助的公司应有尽有。尽管它们在规模和资金水平上存在差异，但这些新空间企业都致力于开发更便宜的进入外层空间的替代品。参与者还加强了包括遥感和电信在内的经典空间应用能力，以及探索新太空应用领域，如在轨服务和空间资源利用。

各国政府已经认识到这些新的具有突破性行为体的力量，并已启动政策，扩大政府对商业空间产品和服务的购买，以及协助这些与“新太空”有关的新生活动的计划。其作用既有协同作用，又有催化作用。空间工业的私营参与者数量显著增加，商业空间部门迅速增长，各国政府（至少在一些国家）更加依赖商业能力。私营企业也有能力优化其产业组织。例如，SpaceX 公司可以将其工业活动集中在加利福尼亚州。民用系统的大部分军事用途是通过公私伙伴关系实现的。另一个例子是 Digital/Geo Eye 公司在 21 世纪第二个十年初期签订的价值 72 亿美元的巨额合同。

新的、具有突破性的空间活动包括现成技术的进步，有助于空间创业以及政府预算的缩减，这导致国家机构寻求更便宜的商业空间产品和服务。“新太空”倡议通过新的方法，如搭载有效载荷、CubeSats 的搭载和小卫星发射器的增加，增强了以更低廉的成本进入太空的能力。政府政策和其他举措也发生了变化，以支持新兴的商业空间部门，这使得采购更加容易，例如美国国家航空航天局的风险等级程序。此外，一个成功的创新是奖品竞赛的演变，比如 Ansari XPRIZE、Google Lunar XPRIZE，以及由 NASA、ESA 和其他空间机构提供的挑战奖。尽管奖品刺激了颠覆性技术，但“新太空”计划（至少是那些接近市场的计划）通常是技术保守的。换句话说，在相关的技术风险方面受到限制。

空间活动持续增长的创业型公司包括 Nanorack、Virgin Galactic、Reaction Engines、Swiss space Systems、Bristol Aerospace、SpaceX、Bigelow Aerospace、Sierra Nevada Corporation（SNC）、Orbital ATK、TerraBella Technologies、Planet、Xcor、Vivisat、ConeSpace、Golden Spike、Deep Space Industries（深空工业）、Planetary Resources（行星资源公司）和 Dauria 航空公司等。这些只是世界各地与“新太空”相关的创新型公司的一些例子，这些公司正在重塑整个行业以及政府与空间公司开展互动与合作的性质。

全球经济衰退导致各国政府和政府机构为进入和利用外层空间寻求更廉价的商业解决方案。打破成本高这一进入太空的障碍一直是美国国防部长期以来的首要任务。进行过多次尝试，如 EELVs、推进技术突破和可重复使用的发射器，但都没有成功。人们认识到，只有私营实体才能实施彻底的工业优化，因此，美国启动了使用商业空间产品和服务的政策和方案。例如，2010 年的《国家太空政策》和 2013 年的《国家空间运输政策》规定政府购买商业空间服务。由于美国航天飞机的停飞和对联盟号严重的依赖，私人项目受到鼓励，因为无法为此目的调动大量公共预算。作为美国国家航空航天局商业载人计划的一部分，SpaceX 公司和波音公司已经接到了前往国际空间站（ISS）载人飞行任务的订单。Orbital ATK、SNC 和 SpaceX 获得了 NASA 商业补给服务项目下的合同。美国国家海洋和大气管理局（NOAA）宣布了一项商业空间政策，旨在利用商业空间能力进行地球观测。国际空间站的美国部分已被国会指定为国家实验室，由太空科学促进中心（CASIS）管理，该中心正在发掘有关飞船的商机，这些机会是由 Nanoracks 等初创公司带头创造的。在欧洲，特别是政府电信卫星服务的新型合同授予中也可以找到例子。例如，Paradigm/Skynet 5 是 21 世纪初为提供军事电信服务而建立的第一个公私合作伙伴关系。

与民用空间活动一样，国防和国家安全方面的外层空间产品和服务也正在转向由非政府实体提供。美国国家地理空间情报局（U. S. National Geospatial Intelligence Agency）表示有兴趣利用新兴的创业公司，这些公司正在推出低成本的成像星座，并设计新的数据分析方法。新成立的提供此类服务的公司包括拥有 100 多个鸽子立方体卫星的行星实验室（Planet Labs）和谷歌旗下的特拉贝拉科技公司（TerraBella Technologies）。美国空军（USAF）认证了 SpaceX 公司的猎鹰 9 号火箭发射国家安全有效载荷的能力，使 SpaceX 公司与美国的联合发射联盟（United launch Alliance）处于类似的地位。美国空军也在考虑购买商业气象数据。

一些新的、创新的空间活动应用已经出现。其中包括在轨服务、卫星加注和改装、天基太阳能、空间资源提取和利用、私人载人航天飞行（包括亚轨道、轨道和超轨道）、私人空间栖息地以及部署通信小卫星星座（例如 OneWeb）和遥感小卫星星座（如行星实验室和特拉贝拉科技公司）。

上述许多应用都具有两用功能。它们具有与商业相关的应用，也可以用于国防和国家安全目的。此外，许多商业运营商通过在卫星上搭载军事和国家安全有效载荷来补贴发射和其他费用。搭载的有效载荷与商业卫星相连，其通信电路独立于主航天器运行，但共享卫星的电源和转发器。这个概念也被称为“背负”或“搭便车”

其他潜在的影响来自“外层空间”理念的“空间”延伸。平流层、亚轨道和高超声速飞行器有时被称为临近空间飞行器，有许多可能的应用。这些飞行器可用于太空旅游、科学研究、货运机器人，最终实现高超声速点对点运输。临近空间的应用还处于早期发展阶段，但发展迅速。这些发展方向为未来的空间产业提供了无限可能性，且这一特点正在逐步加强。因为对气球和飞船等一些应用的财政投资可能低于其他空间活动。随着大量实体进军高超声速或亚轨道领域，一批新的亚轨道“发射”飞行器正在进入市场。新兴活动还包括开发高空平台、太空旅游、国防应用、进行各种活动的空间站以及跨洋机器人运输[Pelton，2013]。

临近空间飞行器可以保持静止（即黑暗天空研究站），还包括自由漂浮的气球、操纵的自由漂浮物、机器人飞行器和机动飞行器［Pelton，2013］。利用这些交通工具可以进入“原始空间”或新空间，以研究气候变化并制定缓解战略。例如，World View Enterprises 计划利用气球开始商业“太空飞行”，气球升空约 30 千米［Dodson，2013］，而西班牙的 Zero 2 Infinity 也在追求类似的能力。这些举措表明，在未来可能需要对近空间平流层（即临近空间）以及 250 千米及以上的地球轨道提供监管、安全和交通管理监督。

许多不同领域新空间活动的全球化以及新的亚轨道系统发挥的关键作用，有助于进一步发展空间市场，特别是“贯通空间”部分。新太空活动还将包括轨道空间运输系统，即点对点运输服务。有利于进一步全球化的因素包括：1）不同国家之间的运输需求不断增加；2）对更快、更有效和更便宜的运输的需求不断增加；3）根据目前的趋势，这些需求中的大多数很可能由私营部门来满足。美国的私营空间部门在经济可行性以及国际声望和竞争力方面具有优势，美国国家航空航天局被要求尽可能利用商业服务［51 USC § 20102；Dempsey，2008，p. 340］。

虽然人类轨道飞行在技术上比亚轨道飞行更为复杂和昂贵，但这并没有阻止一些私营公司（如 SNC 和 SpaceX），冒险进入这一行业［Masson Zwaan & Freeland，2010，p. 1599］。然而，大多数计划中的商业载人航天活动，至少是那些在各自发展进程中走得更远的活动，都是亚轨道的。可以想象，在不远的将来，毕格罗航天公司将基于 B330 型号发射商业空间站，甚至在月球上放置类似设施［Gebhart & Grondin，2013］。MarsOne 提出了一个大多数航天机构认为不可行的计划，即送人去火星进行单程旅行［Herkewitz，2014］，而其他一些初创公司，如月球快车公司，正准备将人类送上月球［Moon Express］。

立方体卫星和小卫星（包括纳卫星和皮卫星）是新太空行业迅速扩展的另一个领域。尽管立方体卫星比传统卫星小得多，但它们可以用来测试以后可以在更大的卫星上实施的技术，测试成本大大降低，因为它们体积小，发射质量小，可以放在现有火箭发射的可用空间里。由于立方体卫星平台最初的模块化性质，更大的版本（如 6 单元立方体卫星）在物理尺寸、功率等方面提供了足够的能力来承载有效载荷，从而允许部署商业运营程序。

很明显，立方体卫星市场的增长引起了人们对轨道拥挤和空间碎片的严重担忧，这将影响保险费。由于缺乏监管或适当的保险覆盖，发射这些微小卫星的成本仍然相对较低。但是，由于这些小卫星仍以指定发射国的名义登记，涉及小卫星的碰撞可能使登记的发射国面临更多的赔偿责任。

商业太空参与者在成功参与太空活动之前会面对各种障碍。这些障碍可能是法律、监管、财务或运营方面的。法律法规是在特定的背景下制定的。就空间而言，这一背景在很大程度上植根于国际法和对空间活动本身就是高风险活动的认识。虽然参加这种活动有很大的风险，但是那些寻求在近期内参与空间工业的个人和实体也可能在财政和声誉方面获得可观的回报。

由于市场上有许多公司在寻求资金开发新的和创新的空间技术，看来我们正朝着有更多人进入空间的社会迈进。不幸的是，“尽管有诱人的商业可能性，但商业载人航天的长期技术和商业可行性仍有待观察。促成该行业最终成功或失败的因素之一将是适用法律和制定管理载人航天的条例”［Hughes & Rosenburg，2005，p. 3］。为了促进私营空间部门的发展，必须对空间活动进行适当的全球和国家管理。

5.2 国际条约和私营企业的全球管理

关于外层空间的国际法和政策始于20世纪50年代末美国和苏联的双边讨论，这些讨论促使1958年联合国大会第1348（ⅩⅢ）号决议决定设立和平利用外层空间特设委员会。1959年第1472（ⅩⅣ）号决议设立永久性的和平利用外层空间委员会，其任务是审查国际合作，研究在联合国主持下可以开展的与空间有关的活动，鼓励和协助国家研究计划，并研究探索外层空间可能产生的法律问题。

联合国外层空间事务司（UNOOSA）是联合国和平利用外层空间委员会（UNCOPUOS）的秘书处，该组织隶属于联合国大会第四委员会。随着新西兰在2016年的加入，联合国和平利用外层空间委员会已经发展到84个成员国。

联合国和平利用外层空间委员会及其法律小组委员会、科学和技术小组委员会是谈判五项与空间有关的国际条约（包括1967年《外层空间条约》）以及许多其他宣言、决议、原则和准则的组织。

《外层空间条约》是管理空间活动的最早、最全面的条约，是空间法的基石［Lyall & Larsen，2009，p. 53］。它被视为国际空间法的一项基本文书，因为后来的空间相关条约均是建立在《外层空间条约》所载的一般原则基础上的，各国通过了国家空间立法，目的是确保在国家层面执行《外层空间条约》。截至2016年，该条约已得到104个国家的批准，另有25个国家签署［UN Doc A/AC. 105/C. 2/2016/CRP. 3］。所有主要航天国家都已成为该条约的缔约国。

根据《外层空间条约》，所有国家都享有自由进入、利用和探索外层空间的平等权利［Outer Space Treaty，art. Ⅰ］。同样，禁止各国侵占包括天体在内的外层空间［Outer Space Treaty，art. Ⅱ］。

第二项较为全面的早期条约是《营救协定》，该协定详细阐述了《外层空间条约》第五条。《责任公约》以《外层空间条约》第七条为基础，建立了发射国基于过错的绝对赔偿责任制度。根据《外层空间条约》第八条，《登记公约》授权为射入地球轨道或更远轨道的物体建立国家登记册，并设立一个国际登记册，以补充联合国大会第1721（ⅩⅥ）号决议先前设立的登记册。《营救协定》《责任公约》《登记公约》分别有94个、92个和63个缔约国［UN Doc A/AC. 105/C. 2/2016/CRP. 3］，提供了有关返回和救援、赔偿责任和登记要求的更详细的规则。

《月球协定》详细阐述了《外层空间条约》关于探索和利用包括月球在内的天体的规定，并确立了开发外层空间资源的法律原则。《月球协定》是五个太空协定中签署国最少的，只有 17 个国家。因此，就条约的约束性而言，它是价值较低的一个条约。本协定所载规定仅对十七个缔约方具有约束力。

事实上，《月球协定》确实适用于太阳系中尚未达成具体国际协定的所有天体 [Moon Agreement，art. 1 (1)]。例如，《月球协定》将适用于荷兰 MarsOne 公司 [Mars One，2012] 在火星上提议的活动，因为荷兰是该协定的缔约国 [UN Doc A/AC. 105/C. 2/2016/CRP. 3，p. 7]。

除了联合国外空事务委员会制定的国际法外，越来越多的国际规则直接影响到从事外层空间活动的私人和商业行为者。国际电信联盟的《章程》《公约》和《无线电条例》涉及外层空间频谱管理和卫星在地球静止轨道上的放置。国际统一私法协会（统法社）制定了《移动设备国际利益公约》关于空间资产特有事项的议定书（尚未生效）。常设仲裁法院制定了《外层空间活动任择规则》，随着外层空间活动的多样化和参与者数量的增加，私营公司可能会发现这些规则越来越有用。

国际民用航空组织（民航组织）通过一系列国际民航组织大会决议，继续申明其有权说明国际民用航空在所有与空间有关的事项上的立场，以及监测和协调其缔约国在区域和全球规划方面所做的工作 [ICAO Assembly Resolution A29 - 11]。2014 年，国际民航组织召集了一个空间学习小组，就国际民航组织全球空中导航计划和全球航空安全计划的空间政策语言向其航空局局长提供咨询意见。民航组织理事会主席宣布了制定国际空间政策的目标，该政策将在 2019 年召开的三年一次的大会上通过。SNC 的追梦者（Dream Chaser）是一种有翼可重复使用的航天器，它就像一架小型航天飞机，被纳入美国国家航空航天局的商业货运计划，通过颁布标准和推荐做法（SARP），邀请国际民航组织进一步参与全球太空管理。

遥感、通信、全球定位、导航和授时等大多数空间应用能力，特别是发射能力，都具有双重应用，即商业用途及国防和国家安全用途。因此，在联合国和平利用领域和裁军领域制定透明度和建立信任措施的努力越来越与商业行为体有关。联合国和平利用外层空间委员会历来把重点放在和平利用外层空间上，裁军问题留给联合国大会第一委员会、裁军审议委员会和裁军谈判会议处理。自 20 世纪 80 年代以来，裁谈会成员国审议了其议程下关于防止外层空间军备竞赛的提案。2006 年，中俄两国在裁谈会上提出了防止外空军备竞赛的决议草案。2008 年，这两个国家在裁谈会上提出了防止在外层空间放置武器、对外空物体使用或威胁使用武力的条约草案。2014 年，中俄两国再次在裁谈会上提出了该条约草案的修订版本。然而，近 20 年来，裁谈会在如何最好地解决与空间安全有关的问题上一直陷入僵局。

5.2.1　国家对私营企业的责任

根据《外层空间条约》第六条，推动国际空间法执行的方式应顾及在外层空间的私人商业活动。第六条宣称：

各缔约国应对其在外层空间的活动……不论这些活动是由政府机构还是由非政府实体

进行的，均应承担国际责任，并应保证其活动的开展符合本条约的规定。非政府实体在外层空间的活动……应得到条约有关缔约国的批准和持续监督。当国际组织……在外层空间进行活动时，该国际组织和参加该组织的本条约缔约国均应承担遵守本条约的责任。

国家责任是一个关键的全球太空管理机制。根据《外层空间条约》第六条，各国对本国国民（可包括自然人和法人）在空间的活动承担国际责任，包括使其遵守该条约。各国有义务授权并持续监督自然人或法人进行的任何此类空间活动。就国际组织开展的活动而言，责任既落在该国际组织上，也落在该组织的缔约国上。这项规定是国家空间立法的基础。各国将授权和持续监督义务解释为外层空间活动需要的许可证。从商业角度来看，必须了解一个国家在促进其空间活动和保护自己免于承担此类活动责任方面的政策。

5.2.2 国家对私营企业行为的责任

根据《外层空间条约》第七条，每个国家对其空间物体或其组成部分对另一国造成的损害（包括对另一国自然人和法人造成的损害）负有赔偿责任，不论这种损害发生在地球表面、空中或空间。风险管理是任何商业计划的关键特征。考虑到运载火箭可能造成的损害，风险管理可以说是私营商业行为者最重要的关切。

《外层空间条约》第七条规定：

发射或促使将物体发射到包括月球和其他天体在内的外层空间的各缔约国，以及为发射物体提供领土或设施的缔约国，应对该物体或其组成部分在地球、空中或外层空间（包括月球和其他天体）对另一缔约国或其自然人或法人造成的损害承担国际责任。

《责任公约》是对《外层空间条约》第七条的阐述［Jakhu，2006，p. 53］。结合第六条的国家责任要求，这些规定可以说已经成为习惯国际法的一部分［Lyall & Larsen，2009，p. 71］。

《责任公约》规定了对外层空间物体造成损害的基于过错的赔偿责任，并规定了对在地球表面或飞行中的航空器造成损害的绝对赔偿责任。此外，根据《外层空间条约》第六条可以产生赔偿责任，因为这种责任是将不法行为判归给责任国后产生的义务性要求［Lee，2006，p. 359］。由于发射国对空间物体造成的损害负有责任，国家空间立法可能包括对私营商业空间行为者的严格保险或其他财政要求。对于亚轨道和其他临近空间活动，此类物体的大部分行程将发生在空中。就此类活动而言，飞行中的飞机在地球表面造成损害的可能性远远高于对另一个空间物体造成损害的可能性。值得注意的是，《责任公约》自成立以来只使用过一次：加拿大在解决西北地区宇宙 954 号坠毁事件的外交交流中引用了该公约。

5.2.3 所有权变更

《外层空间条约》第八条承认对位于国家领土以外的空间物体的管辖权、控制权和所有权［Diederiks - Verschoor，1979，p. 42］。这是一项关于国家对其公共和私人空间物体管辖权的重要规定。第八条的前两句是：

凡登记把物体发射到外层空间的条约缔约国，对其在外层空间或天体上的物体及其任何人员具有管辖权和控制权。发射到外层空间的物体（包括在天体上着陆或建造在天体上的物体及其组成部分）的所有权，不受其在外层空间或天体上的存在或返回地球而受到影响。

关于空间法，“管辖权和控制权包括该国对其空间物体及其上的人员进行立法的权力”[Haanappel，2003，p. 24]。第八条所指的登记可被视为授予国籍地位［van Bogaert，1986，p. 115］。这种授予国籍可与一国在公海对悬挂其国旗的船只给予国籍相比较。

任何空间条约都没有对“射入空间的物体”“空间物体”或该术语的任何其他变体之间的区别提供任何说明，任何区别似乎都是无意的［Cheng，1997，p. 495］。“从法律的角度来看，在目前的实践中，‘空间物体’是一个通用术语，涵盖航天器、卫星等，事实上是人类发射或试图发射到太空的任何物体，包括其部件和运载火箭及其部件”［Cheng，1997，p. 463］。

《外层空间条约》“保护以国家登记册为基础的管辖权归属以及空间物体的识别，以此确保责任原则和取回此类物体的权利”［Cocca，1979，pp. 177－178］。对空间物体承担责任和赔偿责任的前提是对这些物体具有管辖权［Gorove，1972，p. 316］。第八条保证所有权的连续性，这对空间企业极为重要。当然，在处理一个实体的财产时，登记国的私有制法律将是至关重要的，在选择登记国时应予以考虑。根据《登记公约》第一条的规则，还必须是发射国——发射或促成发射空间物体的国家，或从其领土或设施发射该物体的国家。在卫星转让给非发射国的保险公司或出售给非发射国的一方当事人的情况下，可能会造成混乱。

《外层空间条约》第八条规定的空间物体的管辖权、控制权和所有权是永久性的［Jasentuliyana，1994，p. 13］。管辖权和控制权仍然属于登记国［UN Doc A/AC. 105/1001（2012）；Jakhu et al.，2009，p. 202；van Bogaert，1986，p. 135；Tucker，2009，p. 601；Hobe，1997，p. 135；Lachs，1972，p. 69；Lyall & Larsen，2009，p. 83；Diederiks－Verschoor，1979，p. 42；Oduntan，2012，p. 180］。事先行使管辖权和控制权意味着国家“保留”这种管辖权和控制权［Gorove，1972，p. 318］。人们还普遍认识到，放弃空间物体是不可能的，也是法律不允许的，因此，责任不能转移［Lyall & Larsen，2009，p. 84］。

5.2.4　不占用和免费获取及使用

《外层空间条约》第二条禁止以任何方式据为己有，并被视为习惯国际法的一项准则［Galloway，2004，p. 312；Cheng，1997，p. 465；Freeland & Jakhu，2009，p. 46；Pop，2009，p. 38；Lee & Eylward，2005，pp. 98－99；Lyall & Larsen，2009，p. 71；Schwetje，1987，p. 141］。“由于长期占领，特别是通过探索或利用天体的一部分很容易引起法律纠纷。这种占领很容易与‘自由进入’原则相冲突，这是非占有概念中固有的”［Cheng，1997，p. 400］。

因此，人们一定会产生疑问，在目前的全球管理制度下，永久使用轨道资源、在天体上设立永久设施、开发小行星进行资源利用是否等于据为己有。上述对外层空间的这种广泛占有不能构成对部分空间或天体的合法占有或所有权授予［Freeland & Jakhu，2009，pp. 53－54；Oduntan，2012，p. 189］。

《外层空间条约》第一条所阐明的探索和利用外层空间的自由是以条约为基础的国际法和习惯国际法的一项基本规则［Cheng，1965］。有人认为，根据自由进入权，不允许假定（声称）对外层空间或天体的专属权利［Tucker，2009，p. 601］。虽然在土地方面不允许排他性，但可以对空间站和设施行使独立权［Lee & Eylward，2005，p. 100］。

5.2.5　应急响应

根据《外层空间条约》第五条，当航天员发生事故、遇险或在另一国领土或公海紧急着陆时，各缔约国应向航天员提供一切可能的援助。此外，这一义务不适用于在外层空间和天体上的活动——缔约国必须提供一切可能的援助，而不论是否存在紧急情况，例如事故、遇险或紧急着陆。此外，航天员应安全和迅速地返回其空间飞行器的登记国。

《营救协定》详细阐述了第五条，该协定将这种归还义务扩大到空间物体。《营救协定》没有使用“航天员”一词，而是提到了“航天器人员”［Rescue Agreement，art. 1］。这些术语对航天器上的商业乘客提出了一些问题。例如，美国法律提到“机组人员”“太空飞行参与者”和“政府航天员”［51 USC § 50902］。关于商业航天器上的航天员和太空飞行参与者是否有资格成为航天员的问题出现了。

Bin Cheng 认为，在实践中，“航天员”和“宇航员”这两个词“只是用来形容那些冒险进入外层空间的人……不管是否超越了星际空间”［Cheng，1997，p. 507］，“航天员这个词现在可能涵盖了所有到外太空旅行的人”［Cheng，1997，p. 509］。Manfred Lachs 说，“目前还不能区分机组人员和乘客，因为后者还不存在，但人们不能忽视 1 日游旅客将被运送的可能性；在这种情况下，赋予他们同样的地位是合乎逻辑的”［Lachs，1972，p. 71］。尽管他承认有关这一问题的法律并不明确，但 Lachs 明确表示，不将乘客纳入为人员或宇航员提供的制度是不明智的。从人道主义和管辖权的角度来看，将条约解释为不将乘客纳入宇航员和人员的定义将导致荒谬的结果，因此根据《维也纳条约法公约》第 32 条是不允许的。

尽管《外层空间条约》或《营救协定》都没有对“航天员”一词下定义，但它的解释很可能是为了保护人的生命，包括那些更接近乘客而不是传统航天员的人的生命［Hobe，Goh & Neumann，2007，p. 372］。如果载人航天变得更加普遍，这些规定将（或至少可能）有助于澄清这些人类参与者之间将存在的权利和义务。

关于空间物体，根据《外层空间条约》第五条规定并在《营救协定》中详细阐述的权利和义务如下：发现国必须通知发射机构，必须采取切实可行的步骤来保护该物体，必须归还该物体或将其交由发射机构的代表，如果他们认为该物体是危险的，可将此通知发射机构。发射机构可以请求收回和归还其空间物体，必须采取有效步骤减轻其空间物体造成的危险，并必须支付收回和归还空间物体所发生的费用。尽管有归还这些物体的义务，但发射国特别是对美国等实行严格进出口管制的国家，甚至可能被要求为其自己的物体，取得进出口许可证。

5.2.6　轨道位置和无线电频率分配

轨道位置和无线电频率必须由国际电联分配或注册，国际电联是一个联合国机构，对空间活动的这些方面拥有权威。国际电联章程第44条规定了成员国在有效利用和公平利用地球静止轨道和频谱资源方面的义务。国际电联成员国不仅受欧盟宪法和公约的约束，而且还受其无线电条例的约束，这些条例构成了具有约束力的协定［ITU Constitution，art. 4］。

同《外层空间条约》一样，各国会确保其国民因遵守这些国际义务而能够获取利益。在确定要使用的无线电频率时必须谨慎，不仅要从技术和操作的角度进行分析，而且要从法律的角度进行考虑。各国将建立确保适当使用无线电频率的国家机制。例如，美国联邦通信委员会（FCC）［47 USC § § 701 et seq］负责颁发卫星与美国领土联络使用的频谱和广播许可证。

5.2.7　国家立法与全球协议的关系

因为国际制度将空间活动的责任归于国籍国［Outer Space Treaty，art. 6］，个别国家将强制执行其在空间活动方面的要求。首先要履行国际空间法规定的权利和义务。尽管许多国家有关于建立国家空间机构的法律，但很少有国家颁布了全面的国家空间立法。通过国家立法实施国际空间法的国家包括：阿根廷、澳大利亚、奥地利、比利时、巴西、加拿大、智利、中国、法国、德国、印度、爱尔兰、意大利、日本、哈萨克斯坦、荷兰、尼日利亚、挪威、俄罗斯联邦、南非、韩国、西班牙、瑞典、乌克兰、英国和美国。

如上所述，各国将第六条的义务解释为必须制定外层空间活动的许可证和许可证制度。举例来说，在美国发射和重返大气层的情况下，授权由联邦航空管理局（FAA）处理，联邦航空管理局根据国会法案颁布了全面的法规［51 USC § § 50901 et seq；14 CFR Chapter Ⅲ，parts 415，420，431 & 435］。一般来说，一个发射任务包括重要的分析要素，包括风险评估、政策审查［14 CFR § 431.23］和环境影响评估［42 USC § 4321］。

国家对国家空间行为体的责任在国家空间立法/管理与国际空间法制度之间建立了重要联系。尽管各国在授权和持续监督方面的做法各不相同，但商业空间运营商必须了解基本框架，以便对其可能受到监管的领域进行适当的尽职调查。从欧洲的角度来看，《里斯本条约》“明确禁止任何欧盟层面的努力，以协调有关私人空间活动的国家法规”［Lisbon Treaty，art. 189；von der Dunk，2011，p. 149］。因此，一个拼凑起来的国家立法已经形成，创造了一个不同国家之间管理不一致的环境。第4章详细讨论了国家空间立法问题。

为了建立具有互操作性的监管制度，联邦航空局商业太空运输办公室已经与英国民航局、英国航天局、意大利民航局、国家民航管理局以及其他处理太空活动的监管机构签署了备忘录。这些协定包括在汇编安全数据方面加强合作、收回参与空间运输的人员和飞行器以及制定商业空间运输安全条例的规定。这些双边安排说明了全球太空管理的一个新方面：国家监管机构在国际层面上的参与。

5.3 其他全球管理模式

5.3.1 习惯国际法和一般法律原则

习惯法作为国际法的一个组成部分，在全球太空管理中可以发挥作用。这在第 2 章中已经讨论过。不过，这里提供了一些进一步的背景资料。

国际惯例是指“国际法律制度适用的规则和规范中没有被条约（a）项或一般法律原则（c）项所涵盖的那一部分”[Cheng，1986，p. 513（referencing Article 38 of the ICJ statute）]。习惯国际法的两个要素是国家惯例和法律意见。在国际法委员会关于习惯法形成的报告中，后一要素的定义是“各国认为自己正在适用一项强制性的习惯国际法规则”，或者换言之，“［感觉］由于习惯法规则迫使他们……在法律上被迫……［执行有关行为］”[Cheng，1986，p. 548]。

就《国际法院规约》第三十八条（乙）项所规定的习惯国际法而言，各国的普遍接受足以构成习惯国际法的规范；不要求所有国家都接受 [Cheng，1986，p. 549]。在一个很少有国家有能力证明一贯做法的领域，这种做法足以构成习惯法规则的基础 [Nuclear Weapons Advisory Opinion；Lowe，2007，p. 83]。关于“谁构成社会的普遍部分或主导部分的问题，可以说，这基本上包括那些有意愿使自己的意志占上风并有能力这样做的人”[Cheng，1986，p. 545]。同样，“关键是，当规则不被遵守而对其不利时，是否已被有关国家中既有能力又有意愿维护规则的国家所接受”[Cheng，1986，p. 547]。因此，主要航天国家是有能力确认习惯国际空间法规则的国家。

在空间法这样一个相对年轻的领域，习惯国际法是如何产生的？国际法院承认，条约条款在两种情况下能够准确反映习惯国际法：一是编纂现有习惯国际法，二是将新出现的习惯法具体化 [North Sea Continental Shelf；Lowe，2007，p. 83]。《外层空间条约》的许多条款都符合这些要求。

《关于各国探索和利用外层空间活动的法律原则的宣言》制定了具有约束力的规范，这些规范随后在《外层空间条约》中加以列举和阐述 [Lachs，1972，p. 183；Cheng，1965；Vlasic，1967，pp. 508 - 09；Vereshchetin & Danilenko，1985，p. 33；Jakhu & Buzdugan，2008，p. 217；Lee，2000，p. 204]。各国在通过本决议时完全没有抗议，获取了一致通过，据此航天国家制定了具有约束力的习惯国际法准则 [Lachs，1972，p. 138]。

关于《责任公约》：

对 1967 年《外层空间条约》第三条和第七条的规定所做的评估表明，国际法一般与各国发射空间物体和这些发射所产生的空间活动的赔偿责任有关。由于国际法适用于这种行为，因此必须确定一些并非源自正式条约的有关空间活动的国际原则［Christol，1991，p. 260］。

科孚海峡案还确立了"已知或应已知"的国际法律责任标准［Corfu Channel，pp. 22-23］。这为根据《责任公约》第三条确定过失责任确立了一个重要的先例。第三条规定："如果一个发射国的空间物体在地球表面以外的地方对另一个发射国的空间物体或该空间物体上的人或财产造成损害，则前者仅在以下情况下承担责任，损害是由于其过失或由其负责的人的过失造成的。"

《责任公约》第十二条进一步阐述了损害赔偿措施，该条规定：

> 对……损害……的赔偿应根据国际法以及公正和公平的原则确定，以使提出索赔要求的自然人或法人、国家或国际组织……恢复到没有发生损害的情况下本应存在的情况。

这一损害赔偿措施与常设国际法院在 Chorzów 工厂案中采用的措施相一致，从而说明了《责任公约》与习惯国际法的一致性。

一般法律原则也适用于外层空间活动［ICJ Statute，art. 38（1）（c）］。它们是国际法律秩序的基石。它们是国际法律体系运作的基本原则，填补了条约和习惯国际法的空白。它们通常被视为拉丁格言，并包括诸如 audiatur et altera pars（"让另一方听到"）、actori incumbit onus probandi（"举证责任在原告身上"）和 lex posteral kere legi priori（"后一部法律废除前一部法律"）等条款。虽然在外层空间活动中很少被援引，但它们对于解决法律制度之间的冲突和争端可能非常重要。

5.3.2　非约束性的软法律

除条约和习惯国际法外，还有一些不具约束力的文书，包括联合国大会决议、原则、准则、行为守则、标准、建议或最佳做法等。这些文书通常被称为"软法律"。一些不具约束力的文书，如联合国和平利用外层空间委员会《空间碎片缓减准则》已经开始对空间的政府和非政府行为者发挥重要作用。"虽然标准在国际法渊源中传统上没有提及……但它们在塑造国家在国际关系方面的行为中的影响力越来越大"［Vadi，2009，p. 866］。

由于"国际条约制定的过程可能很慢，有时甚至可能无法达成协议"［Mirmina，2005，p. 652］，软法律最近被作为具有约束力的多边协议的替代品加以利用。"总的来说，我们可以说，为外层空间法订立条约的时代已经结束，取而代之的是更具体和渐进的步骤，包括谅解备忘录、框架协定、自愿制度、行为守则和判例法决定"［Galloway，2008，p. 518］。

这里所考虑的软法律解决方案是一种"保证"，包括不具约束力的联合国协议等文件［Raustiala，2005，p. 587］。软法律保证更具灵活性和初步性，因此不像条约那样具有先例性或公开性，也不需要复杂的批准程序［Raustiala，2005，p. 591］。这种协定的一个好处是它们是在协商一致的基础上起草的，符合有关国家的自身利益，因此不需要有效的执行机制来保持法律效力［Galloway，2008，p. 519］。尽管谈判需要大量时间，但由于没有冗长的批准程序，宣言的通过比条约生效要快得多。

这类决议在空间法中一贯使用（例如广播原则、核动力源原则和遥感原则）。最成功的例子是《关于各国探索和利用外层空间活动的法律原则的宣言》，它促使习惯法和条约法的形成，从而成为具有约束力的准则。“通过一项软法律文书只是朝着建立有约束力的法律制度迈出的第一步”［Francioni，2003－2004，p.1227］。软法律文书应作为实现长期解决方案的一个步骤，非约束性文件不会作为最终有效的管理机制。

然而，非约束性准则直接影响到非政府实体对外层空间的利用。例如，根据《遥感原则》第12条原则，被感测国应能在不歧视的基础上并在合理的费用条件下获得关于其管辖下领土的数据。基于这一原则，美国实行了一项非歧视性的准入政策，要求私营者向要求提供本国领土图像的国家提供数据。因此，数字地球等公司的商业模式直接受到软法律的影响。

直接影响商业行为体利用外层空间的其他不具约束力的协定包括《导弹技术管制制度》《关于常规武器和两用物品及技术出口管制的瓦森纳协定》和《防止弹道导弹扩散海牙行为守则》。这些是作为出口管制在国内一级实施的自愿性国际规则，对外层空间活动的全球化和私营公司在国际市场上的行动能力产生重大影响。例如在美国，这些非约束力规则是根据《国际武器贸易条例》和《商业管制清单》作为出口管制措施执行的。

最后，可持续性问题对探索和利用外层空间的政府机构和非政府实体越来越重要。因此，在联合国和平利用外层空间委员会的主持下制定的2016年《长期可持续性指导方针》包含了许多有关私营和商业行为体的规定，有望成为探索和利用外层空间的宝贵指导意见。

5.4 当前管理和关键未决问题分析

5.4.1 当前管理体系的充分性和不充分性

关于商业空间活动现行管理制度是否适当的首要问题在于国际空间法与执行国际权利和义务的国家法律法规之间的联系。国际空间法是在20世纪60年代和70年代初制定的，当时的世界是一个由冷战问题主导的两极世界，其特点是商业空间活动少得多。其结果是形成了一套广泛的、无定形的法律体系，而这些法律如今有些过时，特别是考虑到跨国商业活动的激增以及与空间有关的产品和服务的全球市场不断发展。问题是如何协调国家的立法和法规，从而在本质上属于国际性的活动中创造互操作性和兼容性。

在国际上，立法在某种程度上已经有些停止。这在一定程度上归因于联合国和平利用外层空间委员会未能将国际空间法的基本原则与国际21世纪的空间活动相结合并加以推进。如果不进一步发展国际空间公法，各国在履行国际义务时只能诉诸模糊的原则。结果往往是监管阻碍和混淆了活动，而不是促进它们。

具体来说，让我们考虑一下当前管理体系中的以下差距。关于登记，《登记公约》只要求在“空间物体射入地球轨道或射入地球轨道以外”的情况下进行登记［Registration

Convention，art. Ⅱ]。由于亚轨道飞行并不打算，也从未真正进入地球轨道，严格地说，它们不受《登记公约》的约束 [Gerhard，2011，p. 290]。这可能会在现有空间法条约制度中造成空白，根据这一制度，很大一部分空间物体可免于国际登记要求。根据国际法，保留对空间物体的管辖权和控制权与该物体在国家登记处的登记直接相关，这一登记差距还可能在一国对此类物体行使管辖权和控制权的依据方面产生一个重大问题 [Outer Space Treaty，art. Ⅷ]。

国家法规的杂乱无章开始造成严重问题，并导致所谓的“挑选法院”。例如，当毕格罗航空航天公司寻求许可发射其创世一号和创世二号轨道栖息地时，美国每个颁发外层空间活动许可证的机构都拒绝了它。根源是《外层空间条约》第六条执行不力。美国法律允许由联邦航空局颁发发射和重返大气层许可证，由联邦通信委员会颁发电信许可证，由美国国家海洋和大气管理局颁发遥感许可证。由于毕罗格的活动不属于这几个领域，这些机构都没有能力颁发许可证。毕格罗唯一的选择是与俄罗斯接洽，俄罗斯考虑将其有效载荷作为纯粹的商业行为，因此，除了减轻潜在的第三方损害外，不会倾向于坚持任何具体的许可要求。随后，毕格罗得以在美国国家航空航天局（NASA）的赞助下建造了一个充气的栖息地，在国际空间站进行测试。国内法规的这种不一致性也导致了一些问题，如第 6 章所述的“纸卫星”。

目前一个普遍的问题是，由于联合国和平利用外层空间委员会法律小组委员会以及联合国无法以符合 21 世纪空间活动的需求和利益的方式，成功地推进空间条约中阐明的国际公法基本原则。其结果是，我们看到各国法律的激增，这些法律正在努力执行模糊不清和无定形的原则。如前所述，这样做通常会导致阻碍和混淆空间活动的规则，而不是促进空间活动。国家对国际责任的关注常常导致拖延、不确定和混乱。这可能导致有些空间活动努力寻找在税收、责任和发射许可证方面提供最佳规定的国家进行，而这些国家不受与轨道碎片或环境保护有关的严格规定的限制。

为了纠正这一问题，美国制定了所谓的“增强有效载荷审查”，联邦航空局在进行发射许可证的正常有效载荷审查时，与其他政府机构协调，审查拟议的活动。反过来，申请人提供额外信息并承诺更新这些信息，从而允许授权和持续监督。如果所有相关机构都认为在这种情况下是合适的，联邦航空局就会颁发许可证。2016 年，这一程序被用于向月球快车颁发商业月球车发射许可证。

随着技术和业务计划的不断发展，这种规则不一致的问题可能会成为一个更大的问题。鉴于目前空间运输的发展状况，有效的国家规章制度对这一行业的运作至关重要，这些规章制度既能促进该部门的发展，又能促进公众的信任。

虽然缺乏国际法的发展使制度模糊不清和无定形，使各国没有明确的执行方向，但制定新的国际空间法可能阻碍和使活动复杂化，这同样令人关切。就拿统法社的协议来说，虽然该议定书是对国际私法的善意补充，试图建立一个新的法律制度来协调担保权益，但其效果是在国内法上增加了另一层。有人担心，这项议定书是否导致了重叠、重复，在某些领域可能模糊了既定原则。

必须指出的是，在短期内，“目前计划的任何空间旅游项目都将在同一领土上运作。只要目标飞行器将在该区域内‘起飞’和‘着陆’，发生越界破坏的可能性就有限，原则上，无论涉及轨道飞行还是亚轨道飞行，国家法律都将适用”[Masson - Zwaan & Freeland，2010，p. 1600]。尽管有过多的亚轨道旅行计划，但在发展中取得重大进展的项目都不准备作为两国间的点对点运输。因此，就目前而言，这些活动更有可能受国内法而不是双边或多边协定管辖，当然必须保证这些活动按照适用的条约法和习惯国际法进行。随着我们向跨界空间运输靠拢，法律责任问题将日益突出和复杂。非常有必要建立一个既能促进航天事业发展又能充分保护消费者的赔偿责任制度。虽然条例可能只适用于与某一特定国家有关的活动，但仍有必要认真起草此类条例，并使之易于与其他国家的制度相比较。

然而，普遍适用于域外活动（出口管制、税收、知识产权、担保贷款和融资、所有权等）的国家法律，完全独立于国际和国家空间法。这是一个与管理相关的主题，因为对国家活动的影响，无论是私人的还是国家赞助的，都可能是深远的。随着空间旅游和临近空间平流层活动在未来几年的增多，这些域外问题也应得到考虑。欧洲增值税（VAT）的问题已经影响到太空旅游飞行的目的地规划。

5.4.2 维持现状的风险和威胁

监管的不确定性本身就抑制了私营部门的投资。可以想象，许可证和安全要求、噪声和排放要求以及其他相关法规的应用将对一个刚刚起步的行业构成重大负担。安全监管是全球管理制度要解决的一个目标领域。特别重要的是，不仅对地面和空中的第三方，而且对航天器上的人员也有人身危险。载人航天安全政策的目标是“针对致命灾难性事故的可靠性为 0.999”。然而，从载人航天飞行开始到 1993 年，由于在 139 次飞行任务中发生了 3 次致命事故，这种可能性并没有维持下去［Carver，1993，p. 150］。不过，这样的概率显然还远未达到最佳水平。人类太空旅行的一些危险如下：

> 辐射、火灾、太阳耀斑和设备退化或故障……航天器上存在有毒化学品，难以提供迅速和适当的医疗……长期隔离造成的心理压力，必须加以处理，防止外层空间犯罪［Matte，1993，p. 147］。

当然，这些危险与太空本身的真空所造成的危险同时存在，例如极端温度和缺氧。

加强有效载荷审查增加了独断的可能性，并威胁到法治。这个过程基于审查人员的突发奇想，几乎没有透明度，在许可证被拒的情况下，法律追诉权也存在问题。然而，在美国国家空间法范围内更好地执行《外层空间条约》第六条，对扼制“挑选法院”收效甚微。建立一个全面的许可证制度不会阻止商业空间行为体前往尚未执行第六条的司法管辖区，这种司法管辖区将为商业空间活动带来较少的监管负担。

搭载有效载荷提供了新的业务机会。然而，也给商业运营商带来了新的风险。由于所有部件共用一个电源，因此可能出现故障，操作员必须优先考虑一个有效载荷。例如，出于国家安全考虑，运营商可以关闭其商业组件，以保护国防和国家情报能力。此外，这种

“卫星巴士”可能成为动能打击、故意干扰致盲的合法目标，从而阻碍其遥感能力，增加商业运作的风险。

空间旅游运载器安全条例是一个功能完备的国家太空管理制度和可预测、可靠的风险管理的关键组成部分。因此：

> 这一新兴行业的主要危险或风险之一是，没有一个被普遍接受的行业标准来衡量太空飞行参与者的身体状况，比如太空飞行参与者应穿戴的装备、飞行器中应配备的安全设备等，也没有公认的标准。此外，安全简报中有哪些要求，什么类型的飞行器能够常规地前往亚轨道空间，甚至飞行员必须配备哪些特定类型的飞行器或特定的仪表等，都没有明确的要求［Knutson，2007，p. 114］。

第一，这一问题必须在全球管理制度的背景下加以考虑和解决，以促进这一行业的成功发展。

第二，某些国家在现状下维持的出口管制阻碍了私人空间活动的发展。例如，在《美国国际武器贸易条例》中，出口的定义很广，不仅包括将物品运到美国境外，还包括转移控制权或所有权（包括在轨转让），尤其是，向外国人披露技术数据（在美国或其他地方，包括口头或视觉资料）［22 CFR § 120.17］。这可能使个人或实体之间的跨界合作极为困难，阻碍商业行为者参与全球市场经济。

第三，需要澄清的是，资源的使用和提取需要在非占用和自由获取的前提下进行。有几个实体提议对天基自然资源进行这种开采和利用。然而，对于此类活动的法律地位以及为此类活动颁发许可证的国家是否违反了其国际义务，尚不确定。

第四，关于外层空间活动许可证发放的国家立法存在差异，已经导致选择法院的现象，并为各国因不充分执行或未能执行《外层空间条约》第六条而向空间企业提出诉讼创造了机会。如同阻碍国家税收制度的避税天堂一样，一些国家可以建立许可证制度，允许商业行为者在没有充分授权或持续监督的情况下发射有效载荷和提供空间应用。一个解决办法是达成一项国际协定，统一外层空间活动的授权和监督程序。与后来的各项协定一样，详细阐述《外层空间条约》的各项规定（如第五条中所述的营救协定），该协定可以详细说明第六条的责任、授权和持续监督规定。作为达成这项协定的第一步，联合国外空委应责成其一个小组委员会内的一个工作组负责制定关于批准和持续监督外层空间活动的无约束力准则。

第五，如果没有更大的透明度和建立信任措施以及解决外层空间可持续性和安全问题的其他解决办法，再加上空间大国之间日益紧张的关系，可能会给商业空间行为者带来严重后果。随着国防和国家安全行为体对商业产品和服务的日益依赖，轨道上的商业硬件是否可以成为动能武器、故意干扰和致盲的合法目标的问题也随之产生。搭载有效载荷，以及通过卫星总线搭载商业和国防/国家安全组件，对保险公司和业务组合中的风险缓解提出了严重的问题。起草搭载有效载荷合同以及向国防和国家安全部门出售空间产品和服务的律师必须意识到这些风险，并相应地采用合同。军民两用物品合同范本可以大大提高人们对外空军事和国家安全利用可能产生的问题的认识，并缓解这些问题。

5.4.3 具体、潜在、创新和适当的管理

关于安全条例的一个管理办法是将国际民航组织的特别安全和救援计划应用于航天飞行，或至少是某些类型的航天飞行。“将为商用空间飞行器确定可接受的运输安全和公共风险水平。基于这些安全和风险水平，将以类似于商用飞机的方式对一些空间飞行器进行安全评估”[Spada，2006，p. 6]。此外，还开展了大量工作，以评估和分析建立可持续的航空和航天综合监管制度的可能性 [Jakhu，Sgobba & Dempsey，2011]。统一赔偿责任制度也将为私人空间活动的管理带来实质性的好处。

然而，应当指出，除非放松出口管制制度，使国际论坛上的专家能够充分评估各种能力，包括特定飞行器的技术缺陷和优点，否则在国际一级制定标准的适当性是值得怀疑的。

5.4.4 可能采取行动的组织

双边协定可以单独使用，也可以与软法律或单边行动结合使用。双边条约也有助于随后多边条约的发展；它们是条约规定的概念证明 [Hosenball，1979]。“双边协定在空间活动的国际合作中发挥着重要作用”[van Bogaert，1986，p. 281]。它们一直是，将来也将是空间合作的重要工具 [Hosenball，1979]。美国、苏联和其他一些航天国家使用过这样的协议 [van Bogaert，1986，pp. 276 - 281]。双边协议可以采取传统公约、行政协定、谅解备忘录或交换信函（互致信函）的形式 [van Bogaert，1986，p. 278]。这些协议对希望合作和分享利益的航天国家和非航天国家都是有用的 [Hosenball，1979]。“空间合作的双边协议一部分基于在联合国登记为国际参与的具有足够正式性质的双边协定，另一部分基于尚未以类似法律形式表达的协议”[Jenks，1965，p. 82]。

多边协定比双边协定或软法律更适合全球太空管理。然而，正如所指出的，令人遗憾的是，缺乏有约束力的多边协定的政治意愿。如果有可能达成一项具有约束力的多边协定，这取决于该协定的内容以及它是否是对现有协定的修改，联合国大会第一委员会、第四委员会、联合国裁军谈判委员会、国际电联、民航组织或这些机构的某些组合，可作为拟定这种协定的组织。同样，这些机构可以（而且确实）主持国际讨论，以期找到软法律解决办法。

行业团体也可以为全球太空管理做出贡献。以航空业为例，国际航空运输协会（IATA）作为一个贸易协会，为全世界航空实体制定国际标准提供了极大的帮助。这个模式也可以应用于空间。事实上，特别是在空间交通管理方面，国际空间交通协会可以提供一个分享数据和培养空间态势意识的论坛。另一个例子是，保险公司可以提出安全、环境或其他方面需要遵守的规则，以便以有助于全球航天工业管理的方式获得保险。

5.5 结论、主要挑战、机遇和汇总表

《外层空间条约》为管理空间活动提供了一个基本框架。《外层空间条约》是在大多数空间活动都是由政府实体进行的时代发展起来的，但在现在这个时代，人们正在考虑发起私人活动。新空间技术和创新的空间活动为航天实体和航天国家创造了令人兴奋的新商机。然而，与此同时，也提出了新的挑战。自这些关于空间活动的条约起草以来，空间活动的经济、政治和技术背景发生了重大变化。这种不断变化的性质在管理方面留下了巨大的空白，需要加以解决，以便继续成功和可持续地发展私人空间活动。

目前对私人空间活动的管理存在一些固有的风险和挑战。主要有：登记要求的差距妨碍了对所有权、管辖权、控制权和责任的有效评估。各国之间缺乏统一的安全法规，可能导致各国为便利而进行选择法院，从而造成潜在的不安全和不稳定的商业环境。安全法规的逐步发展不仅应支持工业，而且应提供可接受的安全进入空间的途径，这是一个关键问题。出口管制可能阻碍跨境合作的重要机会。不明确的资源开采规则可能会阻碍依赖开采和使用空间资源的商业实体获得投资，因为这种活动的合法性还不确定。

这些挑战可以在一些不同的潜在论坛上通过各种不同的手段来应对。国家法规、双边协定、具有约束力的多边协定、多边软法律文书和业界自我监管都是太空管理向前发展的选择。如果有足够的政治意愿来解决这些问题，联合国有很多机构可以解决这些问题（见表 5 - 1 和表 5 - 2）。

表 5 - 1　私营商业航天企业关键要素及相关问题汇总表

问题和挑战	技术挑战（自然和人为的）	经济、商业、人口、健康和其他挑战	风险/威胁缓解/公平问题
技术领先于管理	缺乏监管；潜在的不安全做法；对可持续利用外层空间没有远见	监管不确定性导致的业务风险；潜在的安全问题	国家许可和批准规则参差不齐
发射纳/皮卫星低成本	缺乏推进力；跟踪困难；机动能力有限或没有	从监管角度来看，发射可能会被忽视；由于飞行时间短，此类卫星的注册受到限制	缺乏监督会导致违反环境、安全、责任和其他规则
全球私营航天产业的发展	技术的安全性和可持续性各不相同	出口管制和杂乱无章的国家规章制度阻碍了国际合作的发展	选择法院，追寻便利
私人活动的国家责任	识别和跟踪包括碎片在内的空间物体	要求是在国家而不是国际一级执行的	对空间风险管控严格的国家可能会扼杀其国民发展空间工业
		实体必须满足国家对赔偿的不同要求	不从空间实体中获取财政收入的小国可能无法支付所造成的损害
空间物体所有权的变更	无线电频率分配的转移	转让方和受让方在所有权国际承认方面的商业风险	无论所有权如何，责任仍然属于发射国

续表

不占用、自由获取和使用原则	创新的空间采矿技术的发展可能会受到阻碍	开采资源所有权的法律不确定性	不确定法律环境下空间资源开采企业投资风险分析
轨道资源和频率分配	有害的无线电频率干扰;空间物体和碎片跟踪	卫星运营商的商业成功依赖于使用特定无线电频率和轨道资源的能力;有限的资源;纸卫星	通过国际电联进行的全球管理确保了国际合作;国家机制各不相同
国家立法/双边协定与全球管理的关系	不同的技术在不同的状态下可以被区别对待	经济、商业、环境、责任等规则在每个司法管辖区可能会有不同的处理方式	选择法院,追寻便利
习惯国际法的形成	国际法的发展与技术的发展不同步	很难确定习惯法何时具体化	法律的不确定性给投资带来了风险
使用软法律机制	技术的发展甚至比软法律机制的建立还要快	对于那些选择忽视软法律机制的开发者来说,按照现有软法律机制开发的技术可能在经济上处于不利地位	机制是不具约束力的准则;不能确保遵守
登记要求差距	空间物体的识别和空间碎片的跟踪	未注册亚轨道飞行器状态的不确定性	潜在的责任和所有权问题
出口管制	不同国家的国民之间难以共享技术信息	全球航天事业安全、可持续发展的障碍	扼杀国家航天工业;难以控制全球范围内的各种技术

表 5－2　与私营航天企业有关的拟议国际行动

拟议行动	拟采取行动的实体
拟定全面多边条约、现有条约的修正案或现有条约的补充议定书或执行协定	部分或全部:联合国大会第一委员会、第四委员会、联合国和平利用外层空间委员会、外层空间事务司、国际电信联盟、国际民航组织、世界气象组织
通过双边或有限的多边协定	个别国家、区域和国际组织(欧盟等)
软法律工具的发展	联合国裁军审议组织、联合国裁军审议委员会、国际电联、民航组织
行业主导规则的实施	航天工业行业协会
合同执行标准	保险公司和其他航天工业服务提供商
鼓励那些仍然缺乏国家立法的国家继续发展	各国必须执行自己的法规,但可以得到国际组织和国家游说者的鼓励

参考文献

[1] Aeronautics and Space, 14 CFR Chapter Ⅲ, parts 415, 420, 431 & 435 (2004).

[2] Agreement on the Rescue of Astronauts and the Return of Objects Launched in Outer Space, 22 April 1968, 672 UNTS 119 [Rescue Agreement].

[3] Agreement Governing the Activities of States on the Moon and Other Celestial Bodies, 18 December 1979, 1363 UNTS 3 [Moon Agreement].

[4] Commercial Space Launch Activities Act, 51 USC §§ 50901 et seq (2010).

[5] Convention on International Liability for Damage Caused by Space Objects, 29 March 1972, 961 UNTS 187 [Liability Convention].

[6] Convention on Registration of Objects Launched into Outer Space, 14 January 1975, 1023 UNTS15 [Registration Convention].

[7] Corfu Channel (UK v Albania), Merits, [1949] ICJ Rep 4.

[8] Factory at Chorzów case (Germany v Poland), 1928 PCIJ (ser. A) No. 17, 47 (Sept. 13).

[9] Declaration of Legal Principles Governing the Activities of States in the Exploration and Use of Outer Space, GA Res 1962 (XⅧ), UNGAOR, 18th Sess, UN Doc A/RES/18/1962 (1963).

[10] Foreign Relations; Export, 22 CFR § 120. 17. (2017).

[11] International Telecommunication Union Constitution and Convention, 22 December 1992, online: ITU 〈www. itu. int/pub/S - CONF - PLEN - 2011/en〉 (last accessed 8 November 2016).

[12] International Telecommunication Union Radio Regulations, 2012, online: ITU 〈www. itu. int/pub/R - REG - RR - 2012〉 (last accessed 8 November 2016).

[13] National Aeronautics and Space Program, 51 USC § 20102 (2010).

[14] National Environmental Policy Act, 42 USC § 4321 (2017).

[15] North Sea Continental Shelf (Federal Republic of Germany v Denmark; Federal Republic of Germany v Netherlands), [1969] ICJ Rep 3.

[16] Legality of the Threat or Use of Nuclear Weapons, Advisory Opinion, [1996] ICJ Rep 226.

[17] Report of the Scientific and Technical Subcommittee on its Forty - Ninth session, held in Vienna from 6 to 17 February 2012, UNCOPUOS, 55th Sess, UN Doc A/AC. 105/1001 (2012).

[18] Settlement of Claim between Canada and the Union of Soviet Socialist Republics for Damage Caused by "Cosmos 954", 2 April 1981, online: JAXA 〈www. jaxa. jp/library/space _ law/chapter _ 3/3 - 2 - 2 - 1 _ e. html〉 (last accessed 8 November 2016) [COSMOS 954].

[19] Status of International Agreements relating to activities in outer space as at 1 January 2016, UNCOPUOS Legal Subcommittee, 55th Sess, UN Doc A/AC. 105/C. 2/2016/CRP. 3 (2016).

[20] Statute of the International Court of Justice, 24 October 1945 [ICJ Statute].

[21] Treaty of Lisbon amending the Treaty on European Union and the Treaty establishing the EuropeanCommunity, 13 December 2007, [200] OJ, C 306/1 [Lisbon Treaty].

[22] Treaty on Principles Governing the Activities of States in the Exploration and Use of Outer Space, including the Moon and Other Celestial Bodies, 27 January 1967, 610 UNTS 205 [Outer Space Treaty].

[23] Vienna Convention on the Law of Treaties, 23 May 1969, 1155 UNTS 331.

[24] Use of Space Technology in the field of Air Navigation, ICAO Assembly Res A29 - 11, 29th Sess, ICAO Doc 10022, I - 53, online: ICAO 〈www.icao.int/publications/Documents/10022 _ en.pdf〉 (last accessed 8 November 2016) [ICAO Assembly Resolution A29 - 11].

[25] Carver, John H. "Factual Issues" in Karl - Heinz Böckstiegel, ed, Manned Space Flight: Legal Aspects in the Light of Scientific and Technical Development: Proceedings of an International Colloquium, Cologne, May 20 - 22, 1992 (Köln: Carl Heymanns Verlag, 1993) 149.

[26] Cheng, Bin. "Custom: The Future of General State Practice in a Divided World" in Ronald StJ Macdonald & Douglas M Johnston, eds, The Structure and Process of International Law: Essays in Legal Philosophy, Doctrine, and Theory, 1st ed (Dordrecht: Martinus Nijhoff, 1986) 485.

[27] Cheng, Bin. Studies in International Space Law (Oxford: Clarendon Press, 1997).

[28] Cheng, Bin. "United Nations Resolutions on Outer Space: 'Instant' Customary Law?" (1965) 5 Indian J Intl L 23.

[29] Christol, Carl Quimby. Space Law: Past, Present, and Future (Deventer: Kluwer Law and Taxation Publishers, 1991).

[30] Cocca, Aldo Armando. "Convention on Registration of Objects Launched into Space" in Nandasiri Jasentuliyana & Roy SK Lee, eds, Manual on Space Law, vol I (Dobbs Ferry, NY: Oceana Publications, 1979) 173.

[31] Dempsey, Paul Stephen. "The Evolution of US Space Policy" (2008) XXXIII Ann Air & Sp L 325.

[32] Diederiks - Verschoor, IHPh. "Space Law as it Effects Domestic Law" (1979) 7: 1 J Space L 39.

[33] Francioni, Francesco. "Beyond State Sovereignty: The Protection of Cultural Heritage as a Shared Interest of Humanity" (2003 - 2004) 25: 4 Mich J Intl L 1209.

[34] Freeland, Steven & Ram Jakhu. "Article II" in Stephan Hobe, Bernhard Schmidt - Tedd & Kai - Uwe Schrogl, eds, Cologne Commentary on Space Law, vol 1 (Köln: Carl Heymanns Verlag, 2009) 44.

[35] Gabrynowicz, Joanne. "One Half Century and Counting: The Evolution of U. S. National SpaceLaw and Three Long - Term Emerging Issues" (2010) 4 Harv L & Pol'y Rev 405.

[36] Galloway, Eilene. "Maintaining International Space Cooperation for Peaceful Uses" (2004) 30: 2 JSpace L 311.

[37] Galloway, Jonathan F. "Revolution and Evolution in the Law of Outer Space" (2008 - 2009) 87: 2Neb L Rev 516.

[38] Gerhard, M. "Space Tourism - The Authorisation of Suborbital Space Transportation" in Frans Gvon der Dunk, ed, National Space Legislation in Europe: Issues of Authorisation of Private Space Activities in the Light of Developments in European Space Cooperation (Leiden: Martinus Nijhoff, 2011) 263.

[39] Gorove, Stephen. "Criminal Jurisdiction in Outer Space" (1972) 6: 2 Intl Lawyer 313.

[40] Haanappel, Peter PC. The Law and Policy of Air Space and Outer Space: A Comparative Approach

(The Hague: Kluwer Law International, 2003).

[41] Hobe, Stephan. "The Legal Framework for a Lunar Base Lex Lata and Lex Ferenda" in Gabriel Lafferranderie & Daphné Crowther, eds, Outlook on Space Law over the Next 30 Years: Essays published for the 30th Anniversary of the Outer Space Treaty (The Hague: Kluwer Law International, 1997) 135.

[42] Hobe, Stephan; Gérardine Meishan Goh & Julia Neumann. "Space Tourism Activities - Emerging Challenges to Air and Space Law?" (2007) 33: 2 J Space L 359.

[43] Hosenball, S Neil. "Bilateral Agreements" in Nandasiri Jasentuliyana & Roy SK Lee, eds, Manualon Space Law, vol I (Dobbs Ferry, NY: Oceana Publications, 1979) 356.

[44] Hughes, Timothy Robert & Esta Rosenburg. "Space Travel Law (and Politics): The Evolution of the Commercial Space Launch Amendments Act of 2004" (2005) 31: 1 J Space L 1.

[45] Jakhu, Ram S. "Legal Issues Relating to the Global Public Interest in Outer Space" (2006) 32: 1 J Space L 31.

[46] Jakhu, Ram & Maria Buzdugan. "Development of the Natural Resources of the Moon and Other Celestial Bodies: Economic and Legal Aspects" (2008) 6: 3 Astropolitics 201.

[47] Jakhu, Ram S; Tommaso Sgobba & Paul Stephen Dempsey eds, The Need for an Integrated Regulatory Regime for Aviation and Space: ICAO for Space? (New York: Springer Wien NewYork, 2011).

[48] Jakhu, Ram et al, "Space Policy, Law and Security" in Joseph Pelton & Angie Bukley, eds, The Farthest Shore: A 21st Century Guide to Space (Burlington: Apogee Books, 2009) 202.

[49] Jasentuliyana, N. "Regulation of Space Salvage Operations: Possibilities for the Future" (1994) 22: 1 J Space L 5.

[50] Jenks, C Wilfred. Space Law (London: Stevens & Sons, 1965).

[51] Knutson, Tracey. "What is "Informed Consent" for Space - Flight Participants in the Soon - to Launch Space Tourism Industry?" (2007) 33: 1 J Space L 105.

[52] Lachs, Manfred. The Law of Outer Space: An Experience in Contemporary Law - Making (Leiden: Sijthoff, 1972).

[53] Lee, Ricky J. "The Liability Convention and Private Space Launch Services - Domestic Regulatory Responses" (2006) XXXI Ann Air & Sp L 351.

[54] Lee, Ricky J. "Reconciling International Space Law with the Commercial Realities of the Twentyfirst Century" (2000) 4: 1 Sing JICL 194.

[55] Lee, Ricky J & Felicity K Eylward. "Article II of the Outer Space Treaty and Human Presenceon Celestial Bodies: Prohibition of State Sovereignty, Exclusive Property Rights, or Both?" (2005) 48 Proceedings Intl Institute Space L 95.

[56] Lowe, Vaughan. International Law (Oxford: Oxford University Press, 2007).

[57] Lyall, Francis & Paul B Larsen. Space Law: A Treatise (Surrey: Ashgate, 2009).

[58] Masson - Zwaan, Tanja & Steven Freeland. "Between Heaven and Earth: The Legal Challenges of Human Space Travel" (2010) 66: 11 - 12 Acta Astronautica 1597.

[59] Matte, Nicholas M. "Safety and Rescue: Introduction" in Karl - Heinz Böckstiegel, ed, Manned Space Flight: Legal Aspects in the Light of Scientific and Technical Development: Proceedings of an

International Colloquium, Cologne, May 20 - 22, 1992 (Köln: Carl Heymanns Verlag, 1993) 145.
[60] Mirmina, Steven A. "Reducing the Proliferation of Orbital Debris: Alternatives to a Legally Binding Instrument" (2005) 99: 3 AJIL 649.
[61] Oduntan, Gbenga. Sovereignty and Jurisdiction in the Airspace and Outer Space: Legal Criteria for Spatial Delimitation (New York: Routledge, 2012).
[62] Pelton, Joseph N. "Beyond the Protozone: A New Global Regulatory Regime for Air and Space" (Paper delivered at the American Bar Association Forum on Air and Space Law Conference "Space Law: Current and Future Issues", Washington DC, US, 6 June 2013).
[63] Pop, Virgiliu. Who Owns the Moon?: Extraterrestrial Aspects of Land and Mineral Resources Ownership (Dordrecht: Springer, 2009).
[64] Raustiala, Kal. "Form and Substance in International Agreements" (2005) 99: 3 AJIL 581.
[65] Schwetje, F Kenneth. "Protecting Space Assets: A Legal Analysis of "Keep - Out Zones" " (1987) 15: 2 J Space L 131.
[66] Spada, Mariagrazia. "Human Space flights Will Extend Regulatory and Legal Framework Governing Civil Aviation" in 2006 IEEE Aerospace Conference. (2006), online: IEEE Xplore 〈ieeexplore. ieee. org/stamp/stamp. jsp? arnumber=1655735〉 (last accessed 8 November 2016).
[67] Tucker, Cody. "Lunar Rights: How Current International Law Addresses Rights to Use and Exploit Lunar Resources, the Practical Difficulties Attached, and Solutions for the Future" (2009) XXXIV Ann Air & Sp L 591.
[68] Vadi, Valentina Sara. "Investing in Culture: Underwater Cultural Heritage and International Investment Law" (2009) 42: 3 Vand J Transnat'l L 853.
[69] van Bogaert, ERC. Aspects of Space Law (Boston: Kluwer Law and Taxation Publishers, 1986).
[70] Vereshchetin, Vladlen S & Gennady M Danilenko. "Custom as a Source of International Law of Outer Space" (1985) 13: 1 J Space L 22.
[71] Vlasic, Ivan A. "The Space Treaty: A Preliminary Evaluation" (1967) 55: 2 Cal L Rev 507.
[72] von der Dunk, Frans G. "Space Tourism, Private Space flight and the Law: Key Aspects" (2011) 27: 3 Space Pol'y 146.
[73] Dodson, Brian. "World View Enterprises near - space balloon flights to begin in 2016", New Atlas (25 October 2013.), online: New Atlas 〈newatlas. com/space - tourism - balloon - worldview/29510/〉 (last accessed 8 November 2016).
[74] Mars One, Press Release, "Mars One will settle men on mars in 2023" (31 May 2012.), online: Mars One 〈www. mars - one. com/news/press - releases/mars - one - will - settle - men - on - marsin - 2023〉 (last accessed 8 November 2016).
[75] Moon Express, online: 〈www. moonexpress. com〉 (last accessed 8 November 2016).
[76] Gebhart, Chris & Yves - A Grondin. "From Space Station to Moon Base - Bigelow expands on infla table ambitions", NASASpaceFlight. com (30 May 2013), online: NASASpaceFlight. com 〈www. nasaspaceflight. com/2013/05/space - station - moon - base - bigelows - expands - inflatableambitions/. 〉 (last accessed 8 November 2016).
[77] Herkewitz, William. "Why the One - Way Trip to Mars Is Doomed to Fail", Popular Mechanics (27 October 2014.), online: Popular Mechanics 〈www. popularmechanics. com/space/moon - mars/

a11475/is - a - one - way - trip - to - mars - doomed - to - fail - 17359519/〉(last accessed 8 November 2016).

[78] "Small Cube Sat Provides Big Space Experience", Space Daily (26 December 2014), online: Space Daily〈www. spacedaily. com/reports/Small _ CubeSat _ Provides _ Big _ Space _ Experience _ 999. html〉(last accessed 8 November 2016) ["Small CubeSat Provides"].

拓 展 阅 读

[1] Use of Nuclear Power Sources in Outer Space, UN Doc A/RES/47/68 (1992).

[2] Jinyuan Su. "The Delimitation Between Airspace and Outer Space and the Emergence of Aerospace Objects" (2013) 78: 2 J Air L & Com 355.

第二部分

具体航天应用（使用）和运输

第6章　卫星通信和广播

解决的关键问题

· 介绍太空通信（包括广播）发展进程中的演变、现状和未来关键趋势；包括用于通信的高空平台在内的，涉及频谱需求、轨道定位、相互干扰以及与其他空间或地面服务相关的空间业务；

· 分析当前适用的与通信相关的管理系统、标准、程序的充分性和不充分性；

· 就全球管理行动提出具体和适当的建议，以改善所有与卫星通信业务和论坛有关的当前和未来状况，以确保为和平目的并为全人类的利益可持续地利用空间和临近空间进行卫星通信、广播和网络服务。

6.1　引言

大约在1965年，基于太空的通信业务作为一种商业太空服务开始兴起。这项服务从很多方面看都和其他太空活动截然不同，特别是从成熟度方面来讲，它是规模最大且形成时间最长的太空行业。在过去的50年间，远程通信卫星业务蓬勃发展。2015年卫星产业的总收入接近2100亿美元，同比2014年增长3%，过去几年的增长率也大致如此。未来如果想要保持这样的增长率，将取决于一系列的技术革新，以及新政策、监管、经济和标准措施［TheTauri Group，2016］。

根据市场分析，从2016年至2025年，全球将会研制并发射540余颗卫星［Forecast International，2016］。此外，多家公司计划发射数千个低轨星座，包括数千颗卫星［de Selding，2015］。尽管很难预测未来十年可发射的卫星的精确数量，但是可以明确的是，数量一定是可观的，并且需要大量的无线电通信方可运行，这就为低轨和地球静止（或地球同步）轨道（GEO）卫星之间的频率管理带来了挑战。

未来的远程通信很有可能是一个集成的系统，包括领土宽频、无线、卫星组网等，再过若干年，也许会有高空平台系统（HAPS）在平流层运行。因此消费者会得益于接口标准的发展，以及其带来的多种媒体的交互。这对于民用通信用户是毋庸置疑的，但同样也适用于军事通信和军事远程通信卫星应用。简而言之，有必要发展全球数字远程通信“无缝接口”标准。这样的标准可应用于所有传输媒体以及所有服务，包括电话通信、广播、电视、高清电视（HDTV）、视频会议和各种数据网络和文字传输。

在过去半个世纪技术、运营、监管的发展历程中建立了很多先例，其中涉及很多不同种类的太空服务。这需要国际社会对很多技术和运营标准达成广泛共识。同时也需要一个综合的全球化太空管理机制来适应发展、降低干扰，并且使用更加广泛的电磁频谱。这就对国际电联（ITU）提出了更多更高的要求，国际电联这个国际组织在不断变化和不断更新，已经发展出了一套相对高效和成熟的技术标准和监管机制框架，可以满足全球远程通信、广播和网络需求，以及有线、无线和太空通信需求。

国际电联是联合国的一家专业化机构，它的创立甚至早于联合国。2015 年国际电联迎来了建立 150 周年纪念，在过去的一个半世纪中，它不断应对新的通信和网络需求。这得益于它不断修正更新自己的使命、组织架构和工作方法，毕竟新的通信方式不断出现，新的成员不断加入全球通信行业，新的技术不断研发，新的挑战层出不穷。现在，作为一个由 193 个成员国组成的政府间组织，它的使命包括开放所有通信和网络方式，并且它对所有成员开放，也就是非国家成员。这些成员包括政府间机构、非政府组织、私有企业和学术机构，目前超过 800 家［About ITU］。尽管他们的权利和职责与成员国不一样，但他们也能影响决策过程，特别是技术标准的制定。由于要解决的问题多种多样，国际电联的组织架构已然相当复杂（见图 6－1）。

国际电联的主体是代表大会（Plenipotentiary Conference），由所有成员国构成。这些成员国每四年或者每五年举行会谈。这是国际电联的最高决策机构，他们可以制定并修正国际电联的章程和公约，以及基本的国际协定。主要的执行部门有 3 个，即无线电通信部门（ITU－R）、电信标准化部门（ITU－T）、电信发展部门（ITU－D）［Jakhu，2013］。

无线电通信部门的职责是确保所有无线电通信服务合理、平等、高效且经济，包括静止轨道和其他轨道卫星。主要通过世界无线电通信大会（WRC，旧称世界行政广播大会）来履行和无线电及卫星通信相关的职能。这些大会都使用国际电联无线电条例（RR），并进行周期性的修正。该条例包括了数千页的高度复杂的技术信息、无线电频率分配、系统间协调流程文件，在此基础上形成国际协定，明确无线电通信局（BR）和无线电规则委员会（RRB）的职责。世界无线电通信大会的决策大部分基于无线电通信大会和其他研究小组开展的大量工作。

市场规模的增长以及互联网和数据网络应用的兴起，导致网络、远程通信和广播产业之间出现一些严峻的问题。这会影响卫星通信，尤其是技术问题，比如传输时间。

虽然国际电联似乎是远程通信领域最主导的标准制定者，但仍然存在其他举足轻重的标准制定方，包括国际标准化组织（ISO）、互联网工程任务组织（IETF）、国际电工委员会（IEC）、电力与电子工程协会（IEEE）、美国国家标准所（ANSI）、欧洲远程通信标准所（ETSI），以及一些地区性的组织，比如亚洲、大洋洲、非洲和南美洲的相关组织，而且数量还在继续增长。

在这数量众多的标准机构中，有些机构关注网络和陆地网络，有些关注远程通信和空天系统，因此有时陆地或太空通信服务中会出现传输标准和频率分配的问题。一个显而易见的例子就是对于静止轨道卫星来讲，太空传输存在延迟或者等待时间，这种延迟和陆地传输系统的标准就会有冲突。最常见的冲突涉及卫星和宽频陆地无线系统之间的频率分

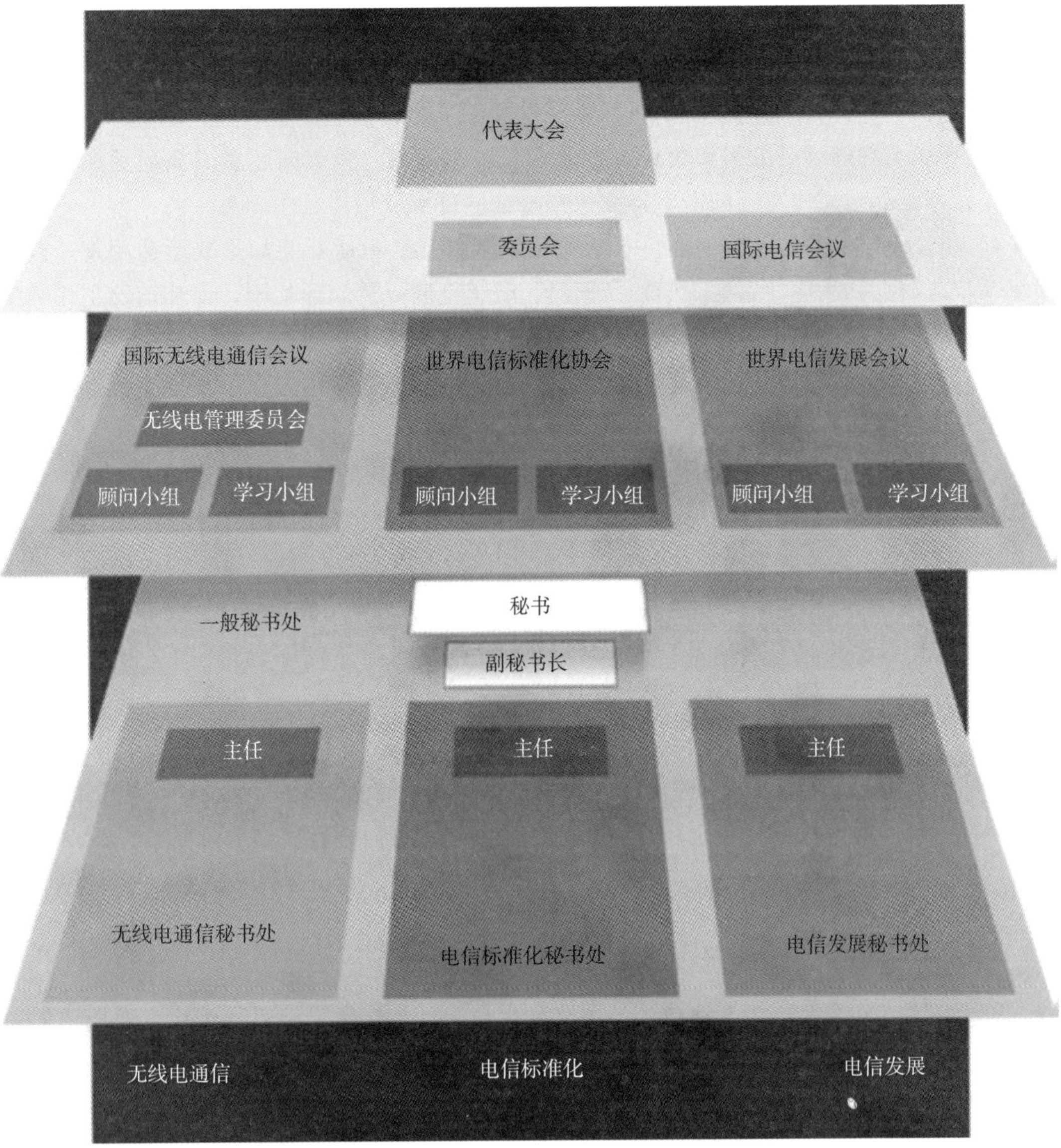

图 6-1　国际电联组织架构（来源：国际电联）

配、频率再分配和频率干扰问题。特别是，当卫星通信采用的标准和计算机互联网系统的标准不完全适配时最容易出现问题。对于采用传输控制协议/互联网协议（TCP/IP）系统的网络来讲，这个问题尤为明显。比如，将这些协议应用于卫星传输、互联网协议保障（IPsec），建立安全虚拟网络等相关领域时，就会出现问题。从很多方面来讲，过去十年中这些问题已经成功得到解决或改善。

今天，和卫星通信有关的管理问题可以归为以下 6 个方面：

1）技术和运营标准组织的数量不断增加。包括重叠问题和偶尔的卫星和数字地面网络（即互联网和内联网）服务之间的冲突问题，以及卫星无线电频率分配和地面无线宽频再分配之间的冲突问题。

2）对国际电联和其他标准制定方权限和政策制定力的限制。特别是卫星通信服务中的主动和被动干扰问题，这个干扰问题在地球静止轨道卫星、中地球轨道（MEO）卫星、低地球轨道卫星之间尤为明显，在巨型星座以及未来的高空平台站建设中更突出。

3）无线电频率频谱分配和轨道位置的相关限制问题。关键问题在于如何适应未来的增长，特别是陆地无线宽频的需求持续大幅增长（每年涨幅接近40%）。

4）物理撞击风险的相关问题。某些机构、国家、卫星运营商如果缺乏透明度，或是不分享轨道信息，就会导致这个问题。同时，轨道空间碎片问题加剧，碎片清除工作力度不够，国际社会对空间形势的认识不足都是问题。

5）国际公平问题。一方面是已有的卫星通信供应商的权利，另一方面是新兴国家寻求公平使用资源的权利。

6）未来发展的诸多问题。包括但不限于：

a）更高频率的使用（即太赫兹、红外波段，甚至是卫星间的激光链接的频率分配）；

b）使用先进的频带分配方法，包括在较低频带内运行的卫星之间的频率协调、干扰最小化，以及较低频带内卫星、高空平台站和无人飞行器（UAVs）之间的干扰和兼容性；

c）在地外地点（如拉格朗日点、月球和火星殖民地，正在开发的小行星或是为了开发或其他目的而重新定向的小行星）的卫星通信监管问题；

d）所谓的低轨巨型卫星星座问题，可能使太空交通管理问题难度加大；

e）失效的或休眠的航天器、火箭上面级产生的轨道碎片问题。

6.2 有关卫星通信的管理问题和相关关切

关于技术、运营、监管和市场的一系列问题由来已久，但仍未得到解决。而所谓的新太空活动也会带来一些新问题，因为会出现新型的卫星远程通信服务、新的标准和频率分配，以及卫星远程通信和新的太空应用，比如太阳能卫星之间的交互。所有问题陈述如下。

6.2.1 与远程通信技术和运营标准有关的潜在冲突

当前，远程通信领域的商业模式基本可以分为两类。一类是“传统通信”，另一类是“网络工作”，聚焦于数字化网络和TCP/IP服务。有时，这两种商业模式的差别可能和标准制定过程不符。一方面，国际电联制定与远程通信和无线电服务相关的标准，这一过程由高度专业化的研究小组完成。另一方面，由互联网协会（ISOC）管理的互联网工程任务组织（IETF）是一个国家化的开放的团体，互联网协会不那么正式，由以下几部分组成：应用、通用、互联网、运营和管理、实时应用和基础设施、路由、安全和运输。互联网工程任务组织的运作过程和国际电联相比更分散。它基于在互联网用户群体中广泛流通的“征求评议”（RFC）文件来制定标准。与此同时，互联网工程任务组织注重陆地应用和传输安全，这导致标准和运营举措要求苛刻，难度大，甚至对远程通信卫星造成各种问题。显然，国际电联和互联网协会之间如果能在远程通信服务标准方面采取协作的策略，那么卫星远程通信服务将会在传输延迟、IPsec、基于 IP 的虚拟网络方面受益。

而一个重要的问题就是，现在有好多家组织都在制定远程通信的标准。正如古语所讲，“我们热爱标准，因此标准才会有那么多。”全球远程通信技术标准制定的过程太复杂，而又没有充分考虑到这个行业的需求和利益所在，这就使得行业遭受一定损失。

6.2.2　国际电联政策制定机构受到的限制

国际电联备受尊崇，在一个半世纪中，它承担着分配和分派频率任务，协调成员国组网工作，制定所有类型媒介和服务的通信技术标准，取得了相当的成功。通常来讲，国际电联本身并没有执行机构。在某些情况下，国际电联有一些强制执行方法，比如，在违反国际电联无线电条例（RR）的情况下，可能会停用卫星网络。这些强制执行方法需要成员国快速高效的配合支持，近期几个领域的例子凸显了国际电联缺乏执行机构的局限性，例如在“拥挤”（或无线电通信主动干扰）的情况下。在很多无意干扰的情况下，卫星系统需要技术协调来减少干扰，大多数情况下这些手段是足够的。然而，处理“拥挤”情况的手段却受到限制。国际电联可将任何有关信息提请国际电联成员国相关机构注意。但是，应由成员国通过其电信管理部门找到违规方并阻止其造成故意干扰。如果“干扰活动”是成员国故意造成的，这显然就是一个待解决的政治问题，国际电联没有执法权或处罚的能力。如果成员国认为人为干扰是出于国防的目的，则当事方可能陷入僵局。与之相似的是，如果一个运营商在没有备案、事前通知或与其他可能受影响的运营商进行协调的情况下，故意将其航天器转移到某个没有获批的轨道位置，国际电联也没有权力采取惩罚措施。

另一个例子是所谓的“纸卫星”。这种情况就是，国际电联成员国通过其国家电信局行事，代表商业实体或其他指定的机构向国际电联提交卫星系统申请，但是却从未真正打算发射卫星设备。提交文件的目的仅仅是占据（即打算使用而不是拥有）某个无线电频率，这可能是因为其他机构打算将这个频率用在相似的服务上，就抢在他们前面提前抢占了这个频率。这种卫星只存在于纸上，因此被称为纸卫星，而且这种做法很普遍。

国际电联成员国通过其电信主管部门采取一系列措施，主要是通过世界无线电通信大会，来试图解决这个问题。措施包括：向国际电联支付备案费，要求提交一定的发射卫星系统制造证明，与发射有关的时间信息，以及在特定时间段内将申报的卫星投入使用的信息［Jakhu，2013；Galeriu，2015］。国际电联无线电条例现在明确了使用频率的规则。如果国际电联无线电通信局对是否满足这些要求有疑问，可要求有关主管部门提供补充信息和说明。如果国际电联无线电通信局没有完全掌握情况，就不会考虑批准频率投入使用。

这种方法可以在将来解决相似类型的问题中发挥作用。但是，纸卫星的问题仍然没有得到完全解决。在某些情况下，某些国家会在短时间内使用卫星，却不提供电信或其他服务，其唯一目的只是满足国际电联对无线电频率投入使用的规则要求。也许应该施加更严格的限制应对频率的“可疑激活”问题，并由国际电联无线电通信局积极采取措施杜绝此类做法。但是，似乎可以使用目前国际电联权限范围内的机制和程序来解决该问题，并且不需要任何新的扩充形式的管理规则。

6.2.3　适应未来通信卫星服务需求的增长

对全球电信服务的最新研究表明，在消费者驱动的市场中，对移动宽带服务的需求持续增长。一些研究预测，这种增长未来五年内至少在经济合作与发展组织（OECD）成员国当中每年将高达40%。因此，他们预测未来越来越需要在电视、微波中继和卫星使用中重新分配使用频率。美国联邦通信委员会（FCC）2013 年发布了一份有关此主题的白皮书，指出全球挑战是需要射频来满足其不断增长的需求，并预测从 2011 年到 2016 年，全球移动数据流量将增长 18 倍［FCC White Paper，2013］。

有一些需求可以通过数字压缩技术创新得到满足，例如通过地面蜂窝网络和通信卫星，甚至可能通过新的高空平台（例如 Google 提出的 Loon 项目，企图从位于高纬度商业航线之上的气球上发送信号）提升传输速度。可能还会有新技术将更多的卫星部署在地球同步轨道中，或者部署在地球同步轨道的扩展范围内，甚至在临近空间中的高空平台和空间站中部署。然而，仅依靠这些技术创新恐怕仍无法适应预期的需求增长。

也许将来在通信卫星中使用更高的频段（即高于当前大量使用的 L 波段、C 波段、Ku 波段和 Ka 波段），尤其是 Q/V 和 W 波段，可能会适应未来十年的增长。实际上已经提出了使用太赫兹范围频率的可能性。同样，使用从地球到卫星的激光通信链路的全球互联卫星环也可能适应未来的增长。

问题在于，目前没有有效的监管和市场机制来解决对全球轨道资源的竞争需求，尤其是在围绕竞争轨道、高空平台位置、点波束功率水平以及频谱和频带利用率的问题上。卫星运营商需要决定最有效的满足未来需求的方式，并将被迫从一系列可能令人困惑的可用选项中进行选择，这些选项涉及不同类型的程序或监管义务。其中包括：数字压缩和编码效率；新的毫米波频率，价格昂贵、使用困难并且易受到雨衰问题的影响；较窄的点波束，涉及先进的处理过程以实时互连和使用；巨型低地球轨道卫星星座中的小卫星数量不断增加，发生碰撞和干扰的风险增加，而地球同步轨道卫星在射频干扰（RFI）情况下具有更高优先级。将来，他们甚至可能面临一种将卫星打包到地球同步“带”中的新方法，而不是单一的地球同步轨道弧。

这些技术解决方案将受到监管变化的不利影响，例如为地面宽带移动通信分配更多的微波频段，以及军事或民用通信卫星可用频段可能发生变化。必须考虑许多相互矛盾的因素：哪种新技术最经济高效且使用起来最可靠？为长期规划目的，可能为发展中国家保留哪些频段、轨道位置或其他诸备资源？哪些频率可能会从通信卫星重新分配到其他应用（例如地面宽带移动服务）？必须将传输频率与其他传输介质（例如高空平台）共享吗？因此，应该明确认识到，未来的临近空间使用不仅涉及“空间交通管理”宏伟计划中围绕物理安全的问题，而且还涉及频率分配问题，以最大程度地利用频谱资源和最大程度地减少干扰。

信息和通信技术（ICT）行业可能经历了世界上任何行业中最高的技术创新和服务增长速度。移动和卫星通信服务的发展，以及同轴和光纤地面网络的发展已经改变了通信世界。随着高级编码系统的出现，向微蜂窝移动通信系统的迁移以及将潜在的数千个点波束集成在一起的卫星的出现，可以预测未来将继续保持快速创新的趋势。当前对个人通信无线宽带的需求激增，产生了对宽带、高通量移动地面通信服务的额外分配的需求，以及对在卫星和蜂窝系统之间高度运行的高空平台频率的潜在需求。随着高通量卫星移动到更大的多波束在轨天线（仅在美国或欧洲地区有这种趋势），并且由于产生更小的单元的能力潜在地与地面蜂窝系统竞争，这种竞争可能加速。这将需要新的技术解决方案，例如，将用于陆地宽带移动服务和多波束高通量卫星、大规模的巨型低地球轨道卫星星座或具有辅助地面服务的移动卫星的混合系统的频带分开，以便蜂窝和卫星覆盖范围不重叠［De Baere，2013］。

解决移动宽带服务供需紧张问题的一个方案是使用新的卫星服务频段，甚至可以使用频率在兆赫兹量级的无线电频谱或基于激光的链路，或者尽可能多地使用毫米波导或红外光谱进行地面移动通信。那么，随着科学家和技术人员努力解决问题，可能会征服新的领域，例如通过地月链路与太空移民地进行通信，与拉格朗日点、月球、地外航天器甚至火星进行宽带通信。在地球上，也将探索如高空平台、全球灾难预警和救援网络以及其他创新的系统。技术进步和对新型宽带服务的不断增长的需求，与任何试图以僵化的方式在每个国家的基础上为明确目的分配频谱的计划相抵触［Takashi Iida，Pelton & Ashford，2003］。同时，此处的目的是避免仅根据经济权重来定义频率分配中的优先级，例如，即使可能被地面系统更密集地利用也要保留卫星频率。太空和地面运营商之间的竞争应基于政治理由进行仲裁，而不仅仅是基于经济或技术的考虑。

关键是要找到为新兴国家和发展中经济体、新兴空间应用、重要的公共服务（例如公共安全和紧急服务）以及全新应用保留频谱以及保留机会的策略方法。目标是保证灵活性，以适应增长、新应用和技术的出现，同时确保来自发展中经济体的需求和新的公共服务需求［Pelton，2017］。

简而言之，可以说对无线电频率的需求不断增长是一个问题，而解决方案是采用新技术，但是如果没有必要的法规，新技术将无法发挥作用，并且需要在全球范围内制定适当的法规，也就是需要适当的全球太空管理规则才能增强世界各地的卫星通信。

6.3　一般性空间问题如何影响远程通信部门

轨道碎片不断增加不仅对卫星通信带来实质问题，也影响着其他很多空间应用。轨道碎片也会威胁到导航、遥感和气象卫星。这其中首要的问题就是轨道空间碎片问题和其他空间应用的问题，这些应用希望使用靠近或可能干扰现有卫星的轨道位置，或使用相邻或重叠的频率。轨道碎片不断增加，对众多空间应用带来威胁，这里所说的轨道包括低地球轨道、极轨道甚至是地球同步轨道，在该轨道上运载火箭上面级和倾斜轨道卫星路径可能交错。对通信卫星最大的威胁可能就是碰撞带来的经济影响，继而就是频率干扰的问题。考虑到广播卫星、通信卫星以及地球同步轨道上的固定卫星通信的卫星数量，这价值数十亿美元的空间资产所面临的风险持续增长。此外，低地球轨道巨型星座的增多也引发了人们对轨道碎片可能发生碰撞以及频率干扰的问题的担忧。

空间数据联合会（SDA）成立于 2009 年，允许卫星运营商分享实时更新的轨道数据。分享关联数据可以避免卫星碰撞。ManSat 是该非营利联合会的企业监管方，而图像分析股份有限公司（Analytical Graphics Inc.）负责运营和更新空间数据联合会的数据库。空间数据联合会拥有四个执行董事会成员：三个创始成员，即国际海事卫星组织（Inmarsat）、国际通信卫星组织（Intelsat）和 SES 公司，以及 2011 年加入的欧洲通信卫星公司（Eutelsat）。其他成员和参与方包括空客防务和太空部等。因此，除了卫星通信运营商，参与空间数据联合会的还有遥感和气象卫星运营商［Space Data Association］。

2014 年 8 月初，空间数据联合会和美国国防部签署了一项关于空间态势感知的合作协议。这项协议同意获取轨道追踪数据以及“正式开展空间态势感知，包括降低电磁干扰（EMI）和射频干扰（RFI）方面的合作”［Space Data Association］。

通过分享数据预防碰撞和电磁干扰-射频干扰（EMI - RFI）是一个可取的措施，但是目前在获取数据方面做出的努力似乎不够，而在未来这些问题可能会增多。除非制定更严格、更精准、更有约束力的空间碎片解决规则，并采用一些相应的［除联合国和平利用外层空间委员会（UNCOPUOS）在联合国大会支持下制定的空间碎片清理指南框架以外的］监管机制和积极的碎片清理措施，否则碰撞发生的危险是不可忽视的。Iridium 33 和 Kosmos 2251 的碰撞不是特例［Iridium 33］。

6.4 制度安排、技术、政策和法律标准相关的潜在行动

一个关键的问题是，是否需要建立除国际电联以外的一个新的国际机构来解决不断出现且日益复杂的空间通信问题。从本质上来说，确实有两个基本的选项。一是继续依赖国际电联和它的监管措施；另一个是建立新的国际组织。这带来一个问题，新的组织是否可以提高效率？在自然资源有限的情况下是否可以满足不同国家的需求？是否优于国际电联现有能力？

如果要建立一个国际电联之外的组织，采用和现在不同的新的频率分配方法，需要很长的时间才能在国际上达成共识，以及在高度复杂的技术领域培养出合格的人才队伍。此外，还需要确保这样的一个组织能够在政治上达到平衡，满足所有国家的不同诉求。在有限的时间内这些目标似乎都是遥不可及的。因此，似乎唯一可行的方法就是在现有的国际电联系统内进行完善，至少在未来 25 年内如此。

如果认同国际电联是唯一选择，那么意味着不仅需要继续依赖国际电联，也需要进行如下改进：

1）努力在全球范围内，优化现有的和频谱分配相关的国际电联规则、制度和程序，以及和轨道位置监管相关的优化程序、和高空平台相关的程序。

2）研究新的方法、程序，应对和地球网络、高空平台网络、卫星系统相关的频率干扰问题。

3）探索改革措施，解决频率分配、轨道位置滥用等问题。

4）提高无线电规则委员会的调查和核查能力，解决空间站布置的滥用问题，以便可以在短时间内（即短期激活）完成不同轨道位置的地球静止卫星网络的频率分配，以及解决不同种类的干扰问题（包括 GEO 和 LEO 星座之间的干扰），并采取措施防止“纸卫星”现象的出现。

还可以考虑其他措施，比如授权国际电联可以开罚单或者提高和监管相关的费用。下面提出了 3 种方案，讨论如何解决国际电联的能力和监管层次问题［Kealotswe，2014，pp. 43 - 46］。

（1）优化国际电联规则和程序，以便管理轨道和频谱资源

国际电联定期举办世界无线电通信大会，以根据无线电部门的需求更新自己的管理规定。在 2012 年和 2015 年无线电大会上（WRC - 12 和 WRC - 15），通过了一系列的决策，旨在优化轨道/频谱资源使用方面的程序。这些决策包括以下几个方面［Kealotswe，2014，pp. 43 - 44；Allison，2017］。

对无线电条例 11.49 条措辞进行了更新。新条例中允许空间站的频率分配最多延长至 3 年。在此情况下，使用方应至少在暂停使用之日起 6 个月之内告知国际电联无线电通信局。如果使用方在开始延长 6 个月之后才告知无线电通信局，那么这个 3 年的期限将会被缩短。

对无线电条例 13.6 条进行了修订。有权取消或修正有关任务尚未投入使用、已不再使用或打算继续使用但不符合条件的空间站已获得的频率。

无线电条例 11.44B 条针对在地球静止轨道使用的空间站频率设置了分配条件。

无线电规则委员会被授权根据一些共性问题或不可抗因素，在请求延长时限方面考虑使用国际规则和惯例，前提是这些延长确是“有限的且合格的”，且确会受卫星发射影响。也就是说，由于发射失败，迫使无线电通信局将这些被批准的文件如期投入使用。

第 15 届世界无线电通信大会（WRC - 15）决定废除卫星协调过程中的预先公布信息（API）机制，授权无线电通信局在受到特定方的协调请求后预先公布信息。

第 15 届世界无线电通信大会的一些重要决策彰显了国际电联管理和流程的高效性。第一，考虑到 MH370 这一灾难性事件，第 15 届世界无线电通信大会做出了一个史无前例的决定，为全球航班追踪服务创立了一个新的卫星无线电频率分配，而这项内容原本并不在大会议程上。第二，正视与纳卫星和微卫星有关的监管问题，主要是因为这两种卫星的在轨工作时间很短。WRC - 15 通过了 659 号决议，以“研究满足非对地静止空间业务服务期限短的需求”［Final Acts，WRC - 15］。该决议建议 WRC - 19 大会进一步审议该问题。第三，根据国际电联宪章第 48 条，成员国有权保留军用无线电设置自由。若干机构

一直在利用这一豁免分配频率，用于国防、军事或其他政府目的。WRC－15决定只有当某一机构专门申请豁免时，方可允许此项豁免［Final Acts，WRC－15］。第四，WRC－15认可高空平台站的许多优势，例如：其是在距地球20至50千米的海拔高度的某一特定点的物体。根据160号决议，WRC－15决定，高空平台站也可使用31－31.3GHz频段，并建议WRC－19进一步研究各项问题，以便国际电联无线电通信部门（ITU－R）开展工作［Final Acts，WRC－15］。

这些世界无线电通信大会会议上的决策例子为未来可能会采取的监管效率提升工作提供了先例。

（2）采取组织机构和技术方法消除干扰，包括对卫星的干扰

国际电联的职责之一就是解决国际射频干扰问题，这些问题的来源既有卫星也有地面通信站。遗憾的是，干扰和有意阻塞的问题不断升级，给国际电联的员工额外增加了工作量。目前，国际电联无线电规则委员会在探测干扰和提供一国对另一国造成的确切干扰源方面的能力有限。其中一个建议是国际电联可以安排独立监测站，以便有能力发现无意或有意的干扰。对该操作的监督和选择哪个主管部门执行这项服务显然是一个敏感问题。此外，建议国际电联拥有更准确的位置定位，从而拥有更大的权限解决这样的问题。这个问题也具有很大的政治敏感性。因此，不管是为了扩大监管职能还是提高权限解决干扰问题，似乎短期内国际电联全权代表大会或国际电联理事会达成的协议都不会获批。

有一种可行的建议是通过寻求国际电联世界通信发展大会（WTDC）的支持，建立独立的国际监测站［Kealotswe，2014，pp.44－45］。

（3）提升无线电规则委员会决策的法律价值和地位

国际电联无线电条例本身作为国际协定是强制性的。同时，国际电联无线电通信局也拥有一些方法来鼓励各机构遵守国际电联无线电条例，例如，如果达不到国际电联无线电条例的要求，将取消卫星网络的登记。然而，整体来讲，国际电联并不拥有“空间警察”力量来执行无线电条例。它只能依赖各成员国的国家机构自己有诚意地遵守无线电条例，并强制各国的私有卫星通信企业遵守。如果国际电联无线电通信局和相关机构之间没有达成协议，那么问题将被提交给无线电规则委员会。未来有可能无线电规则委员会的决定和文件被提交给法院或其他机构，以解决干扰、频率分配侵害、违反国际电联程序或分配使用轨道位置等问题［Kealotswe，2014，p.45］。后续国际电联可能根据开普敦大会上形成的太空协定承担国际登记处的职责。

最终，可能需要形成某种约束性法规或制裁。未来制定某种形式的和卫星星座、地球同步轨道卫星相关的空间交通管理程序时，可能需要国际电联行政机构、国际电联独立成员国、国际民航组织和联合国和平利用外层空间委员会通力协作。

从目前情况来看，未来短期之内国际电联不太可能拥有明确的执法机关或者施加重大制裁的能力。那么解决方案可能就是扩大国际电联的权力、加强申请费的收取、施行调查要求、收取其他行政或技术费用来更有效地开展国际无线电频率和轨道位置监管工作。巨型低地球轨道星座，例如Iridium next、one web和LEOs At networks的部署，无疑将需

要国际电联起到更大的协调作用，甚至由于特定系统间存在协调问题，国际电联或各国可能直接进行干预。

（4）其他可能的举措

技术创新，包括：孔径更大、更智能、频率更高的空间天线；用户终端更先进；更新的编码和解密系统；回声抑制；防碰撞系统；空间态势感知更好；更优的空间碎片清除指南和应用于空间碎片主动清除的新技术，这些新技术可能特别适用于巨型 LEO 卫星星座以及涉及数千个新卫星的部署的工作。小卫星和纳卫星有望考虑采用被动报废系统。

政策、法规、经济和标准举措，包括：制定新标准确保系统间协调；优化频率计划，以适应发达国家和发展中国家区域性和全球性的服务需求；进行经济和商业刺激，迁移到新频率，或采用更强的编码和多路传输系统；使卫星可提供基于 IP 地址的服务，优化协调国际电联和互联网工程任务组织的标准制定程序；允许通过软件驱动而不是硬件驱动的系统升级的新标准；减少轨道碎片产生的新标准；新的刺激政策，鼓励主动清除碎片，消除责任障碍等。

国际合作和协调进程应当保证持续性，确保国际电联三个领域的频率分配更加一致，鼓励各国不要在全球分配表中加脚注、寻求例外。随着对全球宽带无线服务需求持续增长，国际业务不断扩张，在这些领域达成共识将变得越来越重要。在追求这些补救措施的过程中，必须考虑成熟的卫星通信提供方的需求，也要考虑新的成员。任何提升轨道定位和空间交通管理系统（用于地球同步轨道和卫星星座）的努力应该考虑到所有卫星运行方的利益。

可召开世界无线电通信特别会议，寻求更连贯和长期的计划（10～20 年），以满足全球民用和军用的地基/天基通信服务。如上所述，这样的计划需要更具概念性而非明确性，以便更灵活地满足未来的频谱、轨道和服务需求。目前，各种类型的需要无线电频率运行的电信服务，彼此相互抵触。与之相反的是，所有类型的要求和技术进步都应该考虑是否可以用更全面的方式、在长期计划的框架内满足各项需求。在召开这样一次世界无线电通信大会之前，由国际专家团队（范围设在国际电联无线电通信部门研究组之内或之外）进行的全面研究可以确定通过采用新的压缩技术、迁移到更高的频率、采用新型混合地面和无线系统，以及一些其他的长期创新方案可以达到的效率。

应对低地球轨道巨型星座数量的增加可能是当前最紧迫的任务之一。可能采取的行动包括：

1）开展某种形式的国际空间交通管理，满足希望部署此类国际网络的各个国家的需求，以最大程度地减少轨道碎片增加的风险（特别是在低地球轨道和极地轨道上，也包括地球同步轨道）；

2）可能需要建立融资机制，以支持空间碎片主动清除活动，包括涉及关键卫星应用的最拥挤的区域。

加强所有类型卫星运营方之间的合作，尤其是通信卫星运营方之间的合作必不可少，包括以下方面：

1）分享信息，以避免潜在的物理碰撞；

2）制定轨道碎片清除的准则；

3）主动清除轨道碎片；

4）降低电磁干扰，尤其是降低射频干扰。

卫星行业联合会（SIA）、空间数据联合会（SDA）或指定的国际电联标准工作组可进行协商并就以上 4 个方面以及空间态势感知方面达成一些共识性建议。这也可能带来一个新的局面，即这些私营企业能够在政府间组织中达成自己的诉求，比如联合国和平利用外层空间委员会（UNCOPUOS）和裁军事务署（UNDOA）。

6.5 结论及汇总表

毫无疑问的是，为卫星通信创建的国际电联和全球管理系统非常成功。已经建立了一个相对完善、综合、细致且国际化的约束机制，也受到了广泛尊重，因此并不需要根本性的变革，它已经可以满足国家性、地域性和全球性通信和网络需求。如此成功可以归因于国际电联进行调整以适应不断变化的环境，所有利益相关者的积极参与以及详细的规则和程序所具有的约束力。但是，有很多新的过去并未曾预见的技术创新、标准、经济激励措施以及新的法规和政策，可以帮助满足新的和扩大的服务需求，并有助于协调卫星通信、地面移动互联网系统。未来必须要对国际电联、国际标准化组织、联合国和平利用外层空间委员会、裁军事务署、私营卫星系统的所有者和运营方之间的协调再加强。新的监管主要关注的领域包括与通信系统有关的非地球位置和与巨型 LEO 系统相关的空间碎片主动清除。长期关注的领域包括监管措施、技术标准和频率分配过程，涉及地月通信、天体通信或地球轨道之外的地外设备的通信。在拟议的国际电联世界无线电通信特别会议上，最好是根据全权代表大会制定的任务，建设性地解决这些问题（见表 6－1 和表 6－2）。

表 6－1　与卫星通信相关的关键因素和问题

问题挑战	技术挑战(自然及人为)	经济、商业、人口、健康和其他挑战	风险/危险控制/公平问题
射频干扰和电磁干扰	优化编码系统;智能天线系统	加大对干扰的执法和处罚力度	应对政府批准的干扰
国际电联和互联网任务组织之间需要更好的标准和协调	如果可能的话,消除或降低卫星服务的延迟,IPsec“标头”和虚拟专用网络技术限制	改善通信和 IP 网络机制之间的标准和联系;利用新的国际标准化组织和国际电工委员会标准使卫星网络和用户终端更容易更新黑盒、加密和数据下载	补救措施需要适应民用和国防卫星网络
需要额外的卫星频率以满足宽带服务,以及地面蜂窝宽带频谱竞争	雨衰应对系统;动态功率响应以按需分配功率裕量	毫米波、太赫兹及更高频率的更高开发成本	发达经济体对卫星系统的主导地位;发展中国家的需求;地面移动用户相互矛盾的需求

续表

问题挑战	技术挑战(自然及人为)	经济、商业、人口、健康和其他挑战	风险/危险控制/公平问题
地球同步轨道饱和问题	需要卫星运营方之间加强合作,包括分享信息;改进电子离子定位和指示系统;可避免碰撞的自主控制与人工智能系统	新的许可和竞拍方法;采用经济举措刺激使用更高频率或更高效卫星技术,特别是应用于轨道保持和碰撞规避	需要满足发展中国家参与的需求,同时还要满足扩展的服务需求
低轨道和极轨道的阻塞	改进制导和控制系统;改进空间态势感知(S 波段雷达空间栅栏);替代低轨道和极轨道卫星星座的卫星技术	新的许可和竞拍方法;采取经济措施刺激使用较高频率的或更有效的卫星技术,特别是用于轨道保持和碰撞规避	需要满足发展中国家参与的需求,同时还要满足扩展的服务需求
轨道碎片堆积(尤其是还要考虑可能部署的巨型 LEO 系统)	高性价比和可靠的碎片清除新技术,或者满足 25 年规则的被动方式;卫星和火箭上面级更强的主动和被动离轨能力	发射的所有低轨道系统达到 25 年规则的要求;需要新经济制度来鼓励清除碎片;需要改革空间赔偿责任条款	自愿性清除指南不够;需要发展强制性空间交通管理系统并找到为主动清除碎片提供资金的方法

表 6-2　与卫星通信相关的国际措施建议

拟议行动	建议行动主体
优化流程,使射频干扰和电磁干扰最小化	国际电联、联合国和平利用外层空间委员会、联合国外层空间事务司、联合国裁军事务署、联合国大会、国际标准化组织、卫星行业联合会(SIA)、空间数据联合会(SDA)以及卫星干扰降低小组赋予无线电规则委员会权力,包括对干扰和为保留轨道位置采取可疑行动等滥用行为进行调查和核实,并赋予国际电联实施制裁的权力
卫星和无线/蜂窝/高空平台站 UAV 系统的长期规划过程,尤其是未来在毫米、太赫兹、红外和可见光频率的频谱分配需求;还将考虑更有效地利用地球同步轨道和空间交通管理,特别是对于全球 LEO 和 MEO 星座	国际电联及国际电联国家主管部门,国际民航组织或者其他相关国际机构
改进国际电联和互联网工程任务组织之间的协调标准,以及国际电联和国际民航组织之间有关应用卫星空间业务管理的新关系	国际电联与互联网工程任务组织之间的协调;国际电联(相关授权卫星网络的国家机构)和国际民航组织联合开展某种太空交通管理工作
改进卫星通信用户终端和设施的更新,以减少对相邻卫星的频率干扰	国际标准化组织和国际电工委员会
通过国家法律宣传新要求,遵循“示范法”使离轨卫星符合 25 年(或更久)规则	国家立法机构;联合国和平利用外层空间委员会授权联合国外层空间事务司制定示范法,并向国际社会提供更多的国家法律或国家监管/行政框架;经过空间数据联合会(SDA)或机构间空间碎片协调委员会(IADC)同意的国际活动空间碎片清除新程序
召开一次国际协调会议,审议与空间有关的广泛问题,包括空间应用和空间交通管理	联合国大会、联合国和平利用外层空间委员会、国际电联、国际民航组织或相关国际论坛
制定卫星运营方之间的通信协议,旨在防止物理撞击,包括尽早共享交会的信息	卫星行业联合会(SIA)、空间数据联合会、联合国和平利用外层空间委员会、联合国外层空间事务司(在加强航天器和事件信息交流的框架下)

参考文献

[1] "Iridium 33 - Cosmos 2251 Collision", Analytical Graphics Inc (12 February 2009), online: AGIwww. agi. com/media - center/multimedia/current - events/iridium - 33 - cosmos - 2251 - collision/ (last accessed 11 November 2016).

[2] "Space Data Association: SDA and U. S. Department of Defense Sign Space Situational Awareness Agreement", Business Wire (8 August 2014), online: Business Wire www. businesswire. com/news/home/20140808005645/en/Space - Data - Association - SDA - U. S. - Department - Defense (last accessed 11 November 2016).

[3] Allison, Audrey, "Satellite Spectrum Allocations and New Radio Regulations from WRC - 15: Defending the Present and Provisioning the Future" in Joseph N. Pelton, Scott Madry, and Sergio Camacho - Lara (editors), Handbook of Satellite Applications (2nd Edition), (2017) N. Y., Springer Press. [Allison, 2017].

[4] De Baere, Tom. "The Future of High Throughput Satellites for Service Providers" (27 November 2013) Newtec: Industry blog. (blog), online: Newtec 〈www. newtec. eu/article/article/the - future - of - high - throughput - satellites - for - service - providers〉 (last accessed 11 November 2016).

[5] de Selding, Peter B, "Signs of a Satellite Internet Gold Rush in Burst of ITU Filings" Space News, January 23, 2015, online: 〈http: //spacenews. com/signs - of - satellite - internet - gold - rush/〉 [deSelding, 2015].

[6] Final Acts WRC - 15, World Radiocommunication Conference, Geneva, ITU, 2015. [Final Acts, WRC - 15].

[7] Forecast International: Insatiable Demand for Data and Connectivity Drive Commercial Satellite Market (Sept. 12, 2016), online 〈https: //globenewswire. com/news - release/2016/09/12/871248/10165067/en/Forecast - International - Insatiable - Demand - for - Data - and - Connectivity - Drive - Commercial - Satellite - Market. html〉 [Forecast International, 2016].

[8] Galeriu, Iulia - Diana. "Paper Satellites" and the Free Use of Outer Space", GlobaLex (January/February 2015.), online: GlobaLex 〈www. nyulawglobal. org/globalex/Paper _ satellites _ free _ use _ outer _ space. html〉 (last accessed 11 November 2016).

[9] Iida, Takashi, Pelton, Joseph, & Ashford, Edward (editors), Satellite Communications in the 21st Century: Trends and Technology (Reston, Va: American Institute of Aeronautics and Astronautics, 2003).

[10] International Telecommunication Union, "ITU Radiocommunication Sector", online: ITU 〈www. itu. int/en/ITU - R/Pages/default. aspx〉 (last accessed 11 November 2016).

[11] International Telecommunication Union, Background on ITU, online: 〈https: //www. itu. int/osg/spu/ip/chapter _ one. html〉 [Background in ITV] 2017.

[12] International Telecommunication Union, About ITU, online:〈https: //www. itu. int/en/about/Pages/default. aspx〉[About ITV] 2017.

[13] Jakhu, Ram, "Regulatory Process for Communications Satellite Frequency Allocations," in PeltonJ., Madry S. , Camacho Lara S. (ed.), Handbook of Satellite Applications: Springer Reference, Springer - Verlag Berlin Heidelberg, 2013. [Jakhu, 2013].

[14] Kealotswe, Icho. Do the Principles of the ITU Realize the Outer Space Treaty's Concept of Equity? (LLM Mini Thesis, University of Pretoria, 2014.), online: University of Pretoria: UP Space repository. up. ac. za/bitstream/handle/2263/46122/Kealotswe _ Principles _ 2015. pdf (last accessed 11 November 2016).

[15] Pelton, Joseph, "New Millimeter, Tera Hertz and Light Wave Frequencies for Satellite Communications" Handbook of Satellite Applications (2nd Edition) (New York, SpringerPress, 2017).

[16] Strelets, Victor. "Satellite Communications and Space Governance in the Coming Years: International Regulation of Frequencies and Satellite Orbits: Improving Rather than Revising ITU's Procedures" in Guilhem Penent, coordinator, Governing the Geostationary Orbit: Orbital Slots and Spectrum Use in an Era of Interference (Paris: Institut français des relations internationales, 2014) 69, online: IFRI: Institut français des relations internationales〈www. ifri. org/sites/default/files/atoms/files/noteespacegpenent. pdf〉(last accessed 11 November 2016).

[17] The Tauri Group, "State of the Satellite Industry Report", Satellite Industry Association Report (June 2016) . Online: Satellite Industry Association〈http: //www. sia. org/wp - content/uploads/2016/06/SSIR16 - Pdf - Copy - for - Website - Compressed. pdf〉(last accessed 11 November 2016).

[18] US, Federal Communications Commission, The Mobile Broadband Spectrum Challenge: International Comparisons, FCC White Paper (26 February 2013.), online: Federal Communications Commission〈apps. fcc. gov/edocs _ public/attachmatch/DOC - 318485A1. pdf〉(last accessed 11 November 2016).

第7章　遥感、对地观测与气象卫星

解决的关键问题

·介绍与遥感、对地观测和气象卫星（包括灾害管理，搜索和救援以及气候变化监测）有关的技术发展的演变、现状和关键的未来趋势、监管惯例和法律监督；

·分析当前的管理体系是否满足且适用于遥感、对地观测以及气象卫星系统和服务中的标准制定、频率分配和监督；

·提出具体和适当的建议，以采取全球管理行动来改善此类卫星服务的当前和未来状况，并确定哪些组织可以采取积极相关行动，以确保改善这些服务，为了和平目的和全人类的利益而持续利用太空。

7.1　引言

遥感和对地观测是继通信卫星之后最早的卫星重要应用之一。1959年2月17日发射的气象卫星先锋2号（Vanguard 2）和1960年4月1日发射的更为成功的泰罗斯1号（TIROS-1）卫星揭开了气象卫星时代的序幕。这两颗美国卫星通过在预测天气模式和提供暴风雨预警方面的应用证明了建立对地观测卫星的价值。

遥感卫星时代的开始有点复杂。虽然Landsat 1卫星是1972年7月23日才发射升空的，但在此之前，美国Corona侦察卫星计划已经显示出遥感卫星的潜力。通过在太空中部署航天器对选定位置进行详细摄像，Corona计划展现了在太空进行光学传感的能力。从1959年到1972年，Corona计划（Corona-1至Corona-5）一直在成功运行，只是不为外界所知。

苏联1969年3月26日发射了Meteor 1-1卫星，标志着气象卫星投入使用。秘密进行的Zenit监视卫星计划从1962年一直运行至1970年，在此期间，成功发射了58颗遥感卫星。继美国和苏联/俄罗斯之后，欧洲、日本、印度也建立了许多其他项目。

自从半个多世纪前发射第一颗卫星以来，卫星技术已经有了长足的发展，传感器更精密，分辨率更高，并且拥有了通过对收集的数据进行分析提取信息的能力。特别是在高光谱传感、用于风暴监测的闪电跟踪器以及从大量卫星的星座中采集高频数据等领域。不仅卫星和数据处理更加复杂成熟，而且还有许多国家及其私营公司积极参与到这些业务中。

在过去的五十年中，在遥感和对地观测领域，技术、运营、法规和法律方面得到了一定的发展。最令人关注的领域，有时甚至是有争议的领域，是这些光学、红外、雷达或其他遥感卫星究竟在多大程度上有权利收集其他国家的数据。尤其是当收集数据的国家或商业组织与被观测的国家或地区之间存在敌对状态时。此外，还有一些和其他空间应用面临的共性问题，比如，地球静止轨道和同步极轨道的占用率不断提高，可能导致轨道拥挤。此外，雷达卫星观测和高密度数据下载过程中无线电频率是否充足，特别是在高光谱遥感卫星中。还有空间碎片的问题，尤其是遥感和气象观测最常使用的轨道上出现的问题更加严重。

本章重点介绍了遥感、对地观测和气象卫星的民用和非军事应用。提供了该领域的一些最重要的技术和运营发展及其所引发问题的最新情况。并讨论太空管理问题，这些问题现在已引起广泛关注，可能成为未来几年需要解决的问题。另外，对于各国、地区或国际行为者如何解决其中的一些问题，也提供了一些建议。军事侦察问题涉及空间安全问题，将在第 12 章中单独讨论。

7.2　遥感领域主要技术发展

遥感通常被解释为通过各种方式从远处收集数据。从理论上讲，任何简单的目视观察都是遥感的一种形式。然而，人们普遍认为遥感涉及使用机械记录媒介［Lyall & Larsen，2009］。

“对地观测”一词涵盖了有关地球物理、化学和生物系统的信息的收集。该术语通常指监测和评估地球自然和人为环境的状态以及其变化。因此，对地观测数据通常是指从诸如卫星和飞机之类的遥感平台获取数据，并辅以地表和地下测量和绘图。

术语“监测”通常意味着了解系统的状态，指使用监视器或测量设备观察情况以检测随时间推移可能发生的任何变化。监测可以通过多种方式进行，例如通过接收器检查物体的质量或内部状态；通过电子接收器检查重要内容；系统地追踪某物以收集信息；定期或持续进行测试；密切关注卫星系统的性能。这就是该术语通常用于卫星通信的含义。简而言之，术语“监测”的含义需要参考上下文，对不同的卫星应用含义是不一样的。

然而，在大多数情况下，空间法在其分析和决定中选择使用“遥感”一词。尽管现在用“对地观测”代替了“遥感”一词，但遥感和对地观测（包括气象观测）是为两种不同目的而进行的两种不同类型的空间应用。尽管用途不同，但是遥感和对地观测通常使用相似的轨道（太阳同步极地轨道和地球同步轨道）和光学传感器（遥感卫星也使用雷达、红外甚至紫外线光谱传感器）。

想要实现全面有效的遥感和气象观测，关键是四种要素。这四种要素即：空间、光谱、时间和辐射。收集数据的分辨率或精度越高，在观察区域获得的信息就越有用。

（1）空间分辨率

空间分辨率用于度量图像细节清晰度或精细度。简而言之，就是一棵树的清晰可见程度，一棵树的树枝，一片叶子，还是叶子的详细结构？一个典型的例子就是在数字成像中，它是指单个图像像素捕获的精确区域。通常，像素为正方形，因此分辨率通常表示为像素的边长，例如每 10 m×10 m 或 1 m×1 m，甚至 25 cm×25 cm 一个像素。

（2）光谱分辨率

光谱分辨率通常是指传感器捕获的波长间隔的宽度和光谱通道（或波段）的数量。因此，光谱分辨率定义了传感器检测物体或区域之间的波长差异的能力。同样地，在可见光谱和红外光谱中获取的可用信息越多，所揭示的信息细节就越多。

（3）时间分辨率

时间分辨率即单个或一组卫星传感器对特定地理位置重新访问或重新成像所需要的时间。例如，每周一次、每天一次或每 4 小时一次。在光学传感的情况下，云层会产生影响，可能需要重新进行多次观测才能获得清晰的地面图像。

（4）辐射分辨率

辐射分辨率表示传感器检测亮度值变化的灵敏度（即传感器检测可辨别的最小辐射强度差异的能力）。在技术意义上用二进制比特深度表示。比特深度通常是指由特定传感器记录数据的多个灰度级别［Madry & Pelton，2010］。

7.2.1 遥感系统的创新

上述提到的所有传感器的性能都取得了极大进步，特别是空间分辨率和光谱分辨率。最初，遥感分辨率仅为每像素 30～100 m。但是现在分辨率达到每个像素1 m，甚至某些情况下，传感器的分辨率可以达到 25 cm×25 cm。这种高分辨率带来了广泛的应用。它可以帮助渔民识别鱼群中的特定类型。在所谓的智能农业中，高空间分辨率和高光谱分辨率可以告知农民（或至少是他们的“智能拖拉机”），在耕地上究竟应施多少水和多少肥料。这些信息可以准确地告知林务人员哪里有可能感染疾病的某种树木或植物。简而言之，在捕鱼、农业、测量、军事行动、城市规划、建筑等领域有数百种遥感应用，这些应用确实对经济、政府或军事部门都有益。

最近，围绕遥感卫星的设计思路发生了变化，即在大星座中开发和部署一系列小卫星，以便同一区域观测的时间分辨率达到更高。这意味着诸如 Google 的 Terra Bella（之前被称为 Skybox Imaging）之类的遥感系统可以在时域内提供信息，这对于跟踪在大型购物中心停放的汽车数量非常有用，它可以记录不同日期不同时段的顾客数量。

7.2.2 提升传感器的能力及对遥感和气象服务的影响

遥感领域主要的变化之一得益于高光谱传感和数据处理的最新技术。数据处理可以理解为一个“数据立方体”，它详细显示了一个二维地理区域，带宽分段传感在光谱的小狭缝中被分解，而且非常详细。利用这种在整个光学光谱（有时是红外光谱）中获取大量信息，然后分解为较小的带宽段的方法，可以得出植被的健康状况、葡萄的成熟度和玉米的成熟度等准确的结论。（见图 7－1）。

通常，技术创新会带来相关的问题。在上述这种情况下，要从遥感卫星下载的数据既具有很高的空间分辨率，又涉及跨频谱的许多小片段的高光谱传感，因此需要相当大的带

图 7-1　高光谱数据立方可显示大量的信息。本图展示的是加利福尼亚州山景城的莫菲特场
（来源：美国国家航空航天局，图片由喷气推进实验室提供）

宽才能实现。简而言之，大量数据将需要更多的频谱分配以及技术调整，以回答从哪儿、何时以及如何下载数据的问题。当然，也存在和其他正在使用的空间应用（诸如宽带蜂窝通信）之间的无线电频谱需求竞争。

美国国家航空航天局（NASA）曾计划过一项宏大的计划，即被称作"地球任务"的遥感卫星网络。但是，在最终设计中，由于下载信息难度大且信息处理（包括存储、利用和分发）成本高，不得不减少要获取的数据量。

气象卫星也会面临同样的问题，例如最新的 EUMETSAT 和 NOAA 卫星，这些卫星需要携带复杂的温度探测器和雷电传感器，具有高空间分辨率的特点。这些附加功能还需要额外的频谱分配，才能满足数据流向信息处理中心。随着越来越多的国家部署遥感和气象卫星，对频谱的需求将会增加。积极的一面是，世界气象组织（WMO）创建了新的方法，使气象数据的共享范围更广泛。尽管如此，许多气象卫星服务提供商共享数据的范围还是很有限，例如只在发生灾难的情况下分享数据，或通过合同出售数据。

遥感方面的情况有所不同。几个主要国家政府越来越鼓励和促进大多数遥感业务的私有化，并出售数据图像。行业的这种商业化限制了数据和已处理信息的共享机会。

《国际空间与重大灾害宪章》（《灾害宪章》）是一项适用于灾难的国际举措，允许向提出信息需求的组织无偿提供信息。尽管该宪章现已在 32 个国家成功援引了 500 次左右[“激活宪章”；参见下文]，但这项用于遥感数据共享机制的定义还不够清晰。因此，未来的趋势是越来越多的国家设计和发射具有更高分辨率并且经常涉及高光谱遥感的遥感卫星系统。这意味着可能需要更多频谱来支持这些服务，未来的商业化将带来更多的和格式标准化、轨道拥挤和轨道碎片相关的问题。

这些层出不穷的问题可能会限制未来卫星应用的作用或增长。接下来的问题是，要采取什么样的行动来解决诸如轨道碎片、频率分配不足、干扰、轨道拥挤以及在紧急情况下(例如洪水、干旱、地震、暴风雨和其他危机情况)难以及时获取信息的问题。

7.3 遥感活动相关的国际法律管理

从国际层面来看，遥感活动的管理主要涵盖在1986年的《关于从外层空间遥感地球的原则》中。在该文件中，术语“遥感”被解释为“利用被感测物体所发射、反射或衍射的电磁波的特性从外层空间对地球表面进行感测，目的是改善自然资源管理、土地使用和保护环境”[Principles relating to Remote Sensing, Principle Ⅰ (a)]。术语“遥感活动”被定义为“遥感空间系统、原始数据收集和储存站的操作，以及处理、解读和传播处理的数据的活动”。此处明确区分了“原始数据”“处理过的数据”和“分析过的资料”的区别[Principles relating to Remote Sensing, Principle Ⅰ (d)]。原始数据或者说初始数据指的是“由空间物体所载的遥感器获取的，并从空间以遥测方式通过电磁信号、摄影胶片、磁带或任何其他方式向地面传送并交付”的数据[Principles relating to Remote Sensing, Principle Ⅰ (b)]。处理过的数据指的是“为使原始数据可用而对原始数据进行处理所得到的产品”[Principles relating to Remote Sensing, Principle Ⅰ (c)]，而分析过的资料指的是“对处理过的数据和其他来源获得的数据和知识进行解释所得到的资料”[Principles relating to Remote Sensing, Principle Ⅰ (d)]。

联合国决议决定了被感测国有权以合理的价格，在非歧视的基础上，使用有关其管辖范围内被感测得到的原始数据、处理过的数据[Principles relating to Remote Sensing, Principle Ⅻ]。为了保护人类免受自然灾害的侵害，要求进行遥感活动的国家在感测到其他国家可能受到自然灾害影响的情况下，尽可能快地向被感测国家传输数据和信息[Principles relating to Remote Sensing, Principle Ⅺ]。

值得注意的是，如何定义遥感数据将直接影响对此类数据的保护，特别是版权保护，可能直接影响在不同国家或组织之间互通数据的法律范畴。通常来讲，数据的分类可以有不同的标准，包括但不限于数据来源、产生或获取过程、生成数据的主体、最终用户以及使用数据的目的。

为了扩大给世界各国提供遥感信息的范围，各方做出了很多努力，特别是为了应对灾难情况。《灾害宪章》保障了在重大灾难发生时可以向救援组织免费提供遥感卫星数据。该宪章的最初支持者是欧洲空间局(ESA)以及法国空间研究中心(Centre National d'Etudes Spatiales, CNES)。该宪章在1999年7月UNISPACE第三次大会后制定，2000年11月1日正式生效。该宪章已经被援引了数百次，涉及包括光学、红外和雷达系统在内的众多遥感卫星系统。但是，《灾害宪章》的成功应用启示我们，现在应该考虑扩大宪章的条款，使其包括干旱和饥荒等情况，也许还可以扩大可要求使用数据的组织机构的范围。而就在最近，宪章应用得到了扩展，一些参与救助行动的非国家实体也可以在紧急情况下提交数据要求。在宪章覆盖面之外，还有其他问题有待商榷，例如气象数据是否可以更有效地共享，以便对风暴、海啸和其他对人类生命的重大威胁提供更好的预警。

7.4 国家层面对遥感活动的监管

遥感最初仅限于国家所有。但是现在商业实体开始占据越来越多的市场份额。其中一些公司只对国家运行的卫星获取的数据进行处理，而另一些公司还运行自己的卫星然后处理获取的数据［Lyall & Larsen，2009］。

许多国家已经量身制定了遥感领域的相关法律，来管理遥感活动的授权、数据采集和处理，以及合作机制等方面。

其中，美国就制定了一整套补充性的规定。美国采用非歧视性访问遥感数据的原则，鼓励数据的获取和传播，同时也始终维护美国的核心国家安全利益，实现外交政策目标并遵守国际义务。1985年，美国曾试图创建一家名为地球观测卫星（EOSAT）的公私合营公司，将美国对地卫星系统（Landsat）商业化。但是未能成功，该方案在1992年被否决。与遥感有关的最早的文件之一是1992年的《美国土地遥感政策法案》［51 USC Chapter 601］。当前，美国商务部长通过美国国家海洋和大气管理局（NOAA）监管美国商业遥感行业。国防部长负责确定在哪些地球观测活动中需要保护国家安全，而国务卿则负责监督外交政策。

2006年，美国国家海洋和大气管理局发布了一项最终规则，称为《私人土地遥感空间系统许可》［15 CFR Part 960］。该规则将遥感技术的授权实践进行了整理，并确定了数据访问、数据保护、数据标准、国家安全问题制度和快速控制相关政策。从一定程度上讲，该规则继承了1992年《美国土地遥感政策法案》和2003年《美国商业遥感政策》的条款。

在俄罗斯联邦，与遥感活动最相关的立法是俄罗斯苏维埃议会第5663-1号法令。法令第2条将地球遥感列为空间活动的主要方向之一。2007年的政府法令《获取、使用和提供地理空间信息的监管法规》主要着眼于建立一个用于获取、使用和提供上述数据的统一的程序。俄罗斯第104号联邦法律提到太空活动是需要许可的活动之一。在2012年《关于批准太空活动许可条例》的政府法令中明确规定，获取和处理从遥感航天器收集的信息必须先获得许可。遥感数据处理和数据衍生产品必须适用专门的保护机制。衍生产品受版权保护，并受到俄罗斯民法的保护。

2007年，加拿大《遥感空间系统法》实施了一项监管制度，重点关注遥感空间系统的许可以及原始数据和遥感产品的分配［Jakhu，Doldirina和Nyampong，2012］。法令规定，任何人在未获得许可的情况下都不得运行遥感空间系统。许可条款中规定，只有在加拿大政府认为适当的条件下，被授权方才可以将原始数据或原始数据类别分享给被授权方或者系统参与方以外的人或机构。此类条件可能会要求，在特定情况下，原始数据的分享必须事先获得批准，或者必须签署具有法律效力的协议保障数据安全且约束后续分享机制。

在德国，《德国卫星数据安全法》的制定和搜索救援领域的第一个公私合作项目（TerraSAR－X）的实施同时进行。由于相关数据价值高、敏感性高，安全问题成为该法案的主要关注点。法案的思路是将卫星获取的地球遥感数据进行分配和商业化，特别是在国际市场上通过商业链维护德国安全和外交政策利益。

应当注意的是，在遥感领域的第一家私营运营商是法国发起的，也就是 Spot Image。2008 年，法国通过了《太空运营法》，主要是为了应对其在太空活动中的授权和管控职责、航天器登记和损害赔偿责任方面的国际义务［LOI no 2008－518］。该法案为在法国从事具有某些技术特征的活动的任何数据运营商建立了一个声明制度。该法案还引入了某些控制和限制机制。即它明确了主管行政当局必须确定，天基数据的主要经营者进行的活动不会损害法国的根本利益，特别是在国防事务、外交政策和国际承诺方面。为此，有法律基础约束主要天基数据运营商的活动，是维护这些利益所必需的。关于遥感数据，法国法案仅涉及许可方面。

7.5 加强遥感管理的措施

7.5.1 加强对重要国际组织的监管，以改善当前和未来的状况

与遥感和气象卫星服务相关的许多关键监管问题，也涉及通信和空间导航，因而都涉及国际电联的监管。包括为数据的下行链路分配频率、最大程度地减少频率干扰以及应对与轨道拥挤有关的问题。

目前，国际电联的权力非常有限，其关键作用是协助各国开展合作。不像世界贸易组织（WTO）有权对其成员国实施制裁，国际电联缺乏监管和执法权，这一不足在未来几年会凸显出来。解决这些问题的第一步是讨论可预见的问题，看看国际社会是否可以就法规和其他补救办法达成一致。换句话说，第一步应该是就同意监管达成一致，然后使法规和条款具有约束力，最后，为法规的执行建立适当的国际监督机制。

可以召开一次世界无线电通信大会，探索更协调一致的长期计划，以满足全球对各种形式的卫星应用的需求。首先聚焦于远程通信需求上，并且同步考虑未来频谱需求，以支持诸如遥感、气象系统和空间导航等应用。这项长期计划将不仅考虑对这些服务的频谱分配进行更新或修订，还将考虑这些关键空间应用之间的干扰问题。如果制定计划着眼于至少十年的时间跨度，那将很有益处。

在召开世界无线电通信大会之前，国际专家团队可先进行全面的研究，探索有助于此类长期计划的技术创新，例如通过新的压缩技术、向更高频率迁移或向其他技术迁移（如光学数据传输即激光）、或者与新型混合型地面和无线系统的集成等以实现更高效率。从逻辑上讲，这将从电信和信息技术的需求出发，后续可以扩展到遥感、气象服务、空间导航和更有效利用轨道等方面的需求。

为了提高未来的遥感、对地观测、气象和气候监测能力和服务，有必要做到以下几点：

1）在公平有效的基础上容纳所有在对地观测领域寻求部署卫星应用的国家、国际组

织和私营部门系统；

2）提供某种形式的国际空间交通管理，以最大程度地减少轨道碎片增加的风险（特别是在低地和极地轨道，也包括地球静止轨道）；

3）明确对轨道拥挤、频率干扰和轨道碎片等所有形式的对卫星应用构成威胁的问题的应对方法；

4）在可能的条件下，建立融资机制，以支持在涉及关键卫星应用的最拥挤空间开展碎片主动清除活动。

7.5.2　扩大重要信息的有效范围

在召开世界无线电通信大会之前，《灾害宪章》运作良好并被证明具有价值，而现在应该考虑对《灾害宪章》进行扩展和修正。毕竟仍有一些灾害和重大危害未在章程中涵盖，包括干旱、饥荒和气候变化的其他不良影响。此外，还有其他一些重大关切问题，比如对恶劣天气、海洋活动、气候变化和太阳风暴（辐射和日冕物质抛射）以及地球磁层的变化的及时警报，以及保护地球免受太阳风暴等，如果建立和《灾害宪章》平行的机制来覆盖以上这些方面，那将大有裨益。

此外，更重要的是，应该扩大国际卫星对地观测委员会（CEOS）在国际标准、政策和法规协调以及与地球观测有关的信息共享方面的作用，并使之更加有效。

7.6　结论及汇总表

与遥感和气象卫星系统的运行有关的问题很多。其中许多与频谱分配、射频干扰、轨道拥挤和空间碎片有关的问题，与其他已有的卫星应用（例如远程通信、广播和导航）所面临的问题是极其相似的。因此，想要有效地进行改革、影响国际电联及其监管框架，最好的措施可能就是采取协调一致的行动。解决遥感应用面临的问题，也有可能影响到国际民航组织在临近空间开展的空间交通管控工作。试图更好地解决空间应用领域的共同关切，可能涉及扩大国际电联世界无线电通信大会的规划和决策过程。也可能需要赋予国际电联和国际民航组织更多的监督权力，甚至是执法的权力。

此外，还有向各国发出极端天气、海洋活动、太阳风暴等情况预警的问题。《灾害宪章》过去的表现非常成功，未来可能需要对它进行重新审查和改进，使之涵盖更多的灾害和挑战，例如干旱、饥荒以及气候变化的重大不利影响，特别是对岛屿国家的影响。

展望未来，应考虑增加预警系统和提高快速响应能力，以应对在磁极移动和范艾伦辐射带变化期间，太阳风暴可能增强的模式。尽管人们已经认识到太空天气不仅与对地观测有关，而且还与太阳观测有关，但还需要更多的科学知识才能理解、预测和保护地球和人类免受不利的太空天气挑战。只有这样，各国才能建立适当的运行系统，以提供有效的预报服务。显然，这些尚未开发和具有前瞻性的空间应用的适用法律制度和法规，将与适用于遥感和对地观测应用的法律制度和法规大不相同。即使这样，与遥感和对地观测应用有关的上述问题和关注的有效监管和解决方法仍将为未来的空间应用提供良好的框架。表7-1和表7-2介绍了与改善遥感和对地观测有关的全球太空管理的关键问题和拟议的行动。

表7-1 遥感、对地观测和气象卫星面临的挑战和问题

问题	技术挑战（自然和人为原因）	经济、商业、人口、健康和其他挑战	风险/问题控制/公平问题	挑战
额外的频率分配	不断增加的感测数据快速下载问题	处理卫星获取的分辨率更高、频谱密度更高、重访率更高的数据成本高昂	满足该领域新用户的问题；越来越多的国家和企业的卫星性能更高	相互竞争的卫星应用要求频率更多、干扰和轨道占用更少
对太阳同步极地轨道和地球同步轨道的使用需求增加	轨道位置有限，使用密度增加，导致出现频率干扰和碰撞的风险	获取更多数据与终端产品收益之间的权衡	缩减关键政府服务以适应商业服务的增加	缺乏国际层面对未来需求的协同规划；政府和商业服务之间存在需求差异
轨道碎片不断增加	由于极地轨道使用过度，特别是巨型星座的建设，导致极地轨道上碎片快速增加	目前没有性价比高的轨道碎片清除方法；缺乏金融刺激措施	碎片问题仅来自少数国家，但会影响所有国家利用太空	当前没有鼓励轨道碎片清除的激励措施或处罚规定
个人、社会和政府受到非自愿的监测带来的隐私问题	缺少有效机制减少非自愿的监测情况（包括从太空和利用无人机进行监测）	地理成像和地理信息系统数据库商业化不断发展，使得隐私保护难上加难	经济不发达国家最有可能受到非自愿监测的困扰	需要达成遥感数据分享的新协议，来保护获取数据能力有限的国家的经济利益
需要更有效更及时的全球预警系统，应对严重风暴和极端太阳活动问题	由于气候变化，有关严重风暴的卫星预警问题正日益突显；同时，更多的关键基础设施受到太阳风暴的威胁	当前缺少金融或商业措施提供所需的预警	受全球变暖威胁最大的国家不是那些已经受到气候变化影响的国家	需要世界气象组织(WMO)、联合国开发计划署(UNDP)和国际建设开发银行的通力协作
高效使用遥感数据，应对灾害和保障灾后恢复	应对时效和信息细化	过度使用《灾害宪章》可能会削弱商业遥感案例	发达国家最有可能有能力高效使用遥感数据	所有国家均可高效使用遥感数据

表7-2 遥感、对地观测和气象卫星相关的措施建议

建议措施	建议行动主体
制定长期计划，以满足未来遥感、对地观测、应急服务、气象卫星和气候监测卫星系统的频率分配和轨道分配需求	国际电联无线电通信大会、航天机构、联合国和平利用外层空间委员会和国际卫星对地观测委员会(CEOS)
制定国际协同计划，支持未来关键地球轨道的使用，解决射频干扰和轨道拥挤/碰撞问题	国际电联无线电通信大会、航天机构、联合国和平利用外层空间委员会和国际卫星对地观测委员会
制定一项新的全球共识的计划，既要减少新产生的空间碎片，同时又主动清除低地球轨道/极地轨道上的危险程度高的大型碎片（参见第六章通信表格中的详细建议）	联合国和平利用外层空间委员会（尤其是科学和技术小组委员会和外层空间长期可持续性活动工作组）、国际电联、机构间空间碎片协调委员会

续表

建议措施	建议行动主体
优化预警系统，用于严重风暴、太阳风暴和重大气候变化情况预警；制定和《灾害宪章》并行的新机制	世界气象组织、联合国环境规划署（UN Environment Programme）、联合国和平利用外层空间委员会；扩展世界天气监视网，以涵盖扩大的气象、海洋和太阳灾害（这可能包括与气候变化威胁有关的工作以及为防止日冕物质抛射而建立太阳"防护罩"的工作）；UNISPACE+50 会议将国际太空气象服务框架作为优先主题
修订和更新《灾害宪章》，扩展遥感数据在灾后恢复、重大气候变化、干旱、饥荒情况的用途；协调法规、政策和标准，以及共享地球观测信息，将扩大对地观测数据和应用的使用范围和市场容量	国际卫星对地观测委员会、联合国灾害管理和应急天基信息平台（UN-SPIDER）；扩展现有宪章的范畴，以更高的效率覆盖更多灾害；UNISPACE+50 会议将低排放、增强社会恢复力方面的国际合作作为优先主题

参考文献

[1] Charter on Cooperation to Achieve the Coordinated Use of Space Facilities in the Event of Natural or Technological Disasters, 20 June 2000, Rev. 3 (25/4/2000) . 2, online: International Charter Space & Major Disasters 〈www. disasterscharter. org〉 (last accessed 15 November 2016) [International Charter on Space and Major Disasters].

[2] Principles relating to Remote Sensing of the Earth from Space, GA Res 41/65, UNGAOR, 41st Sess, UN Doc A/RES/41/65 (1986).

[3] Act to give Protection against the Security Risk to the Federal Republic of Germany by the Dissemination of High - Grade Earth Remote Sensing Data (Satellite Data Security Act - SatDSiG) of November 23, 2007, 2007, 2590 Federal Gazette (BGBl) Part I No 58 (Issued in Bonn on 28 November 2007).

[4] Land Remote Sensing Policy Act of 1992, 51 USC Chapter 601 (2014).

[5] Law of the Russian Federation "About Space Activity", Decree No 5663 - 1 of the Russian House of Soviets, online: UNOOSA 〈www. unoosa. org/oosa/en/ourwork/spacelaw/nationalspacelaw/russian _ federation/decree _ 5663 - 1 _ E. html〉 (last accessed 15 November 2016).

[6] Licensing of Private Land Remote - Sensing Space Systems; Final Rule, 15 CFR Part 960 (2006).

[7] LOI no 2008 - 518 du 3 juin 2008 relative aux operations spatiales, JO, 3 June 2008, . NOR: ESRX0700048L, online: Legifrance 〈www. legifrance. gouv. fr/affichTexte. do? cidTexte = LEGITEXT000018939303〉 (last accessed 15 November 2016).

[8] Remote Sensing Space Systems Act, SC 2005, c 45.

[9] Russia, Governmental Decree dated 28. 05. 2007 No 326 on the "Regulation on the acquisition, use and provision of the geospatial information", online: ConsultantPlus 〈www. consultant. ru/document/cons _ doc _ LAW _ 68628/〉 (last accessed 15 November 2016).

[10] Russia, No 104 - Statute on Licensing Space Operations, 2 February 1996, online: UNOOSA 〈www. unoosa. org/oosa/en/ourwork/spacelaw/nationalspacelaw/russian _ federation/decree _ 104 _ 1996E. html〉 (last accessed 15 November 2016).

[11] U. S. Commercial Remote Sensing Policy, 25 April 2003.

[12] Jakhu, Ram S; Catherine Doldirina & Yaw Otu Mankata Nyampong. "Findings of an Independent Review of Canada's Remote Sensing Space Systems Act of 2005" (2012) XXXVIII Ann Air & Sp L 399.

[13] Lyall, Francis & Paul B Larsen. Space Law: A Treatise (Surrey: Ashgate, 2009).

[14] Madry, Scott & Joseph N Pelton. "Satellites in Service to Humanity" in Joseph N Pelton & Angelia P Bukley, eds, The Farthest Shore: A 21st Century Guide to Space (Burlington, Ont: Apogee Books, 2010) 40.

[15] International Charter Space & Major Disasters, "Activating the Charter", online: International Charter

Space & Major Disasters www.disasterscharter.org/web/guest/activating-the-charter ["Activating the Charter" 2017].

拓 展 阅 读

[1] Willibald, Croi; Fréderic-Michael Foeteler & Harold Linke. "Introducing Digital Signatures and Time-stamps in the EO Data Processing Chain" in Ray Purdy & Denise Leung, eds, Evidence from Earth Observation Satellites: Emerging Legal Issues (Leiden: Martinus Nijhoff, 2013) 379.

[2] Doldirina, Catherine. "A Rightly Balanced Intellectual Property Rights Regime as a Mechanism to Enhance Commercial Earth Observation Activities" in Corinne M Jorgenson, International Institute of Space Law & Colloquium on the Law of Outer Space, eds, Proceedings of the International Institute of Space Law 2009: 52nd Colloquium on the Law of Outer Space (Reston, VA: American Institute of Aeronautics and Astronautics, 2010) 301.

[3] Doldirina, Catherine. "The Impact of Copyright Protection and Public Sector Information Regulations on the Availability of Remote Sensing Data" in Ray Purdy & Denise Leung, eds, Evidence from Earth Observation Satellites: Emerging Legal Issues (Leiden: Martinus Nijhoff, 2013) 293.

[4] Gabrynowicz, Joanne Irene. "The UN Principles Relating to Remote Sensing of the Earth from Outer Space and Soft Law" in Irmgard Marboe, ed, Soft Law in Outer Space: The Function of Non-Binding Norms in International Space Law (Wien: Böh lau Verlag, 2012) 21.

[5] Gerhard, Michael & Matthias Creydt. "Safeguarding National Security and Foreign Policy Interest-Aspects of Export Control of Space Material and Technology and Remote Sensing Activities in Outer Space" in Frans G von der Dunk, ed, National Space Legislation in Europe: Issues of Authorisation in the Light of Developments in European Space Cooperation (Leiden: Martinus Nijhoff, 2011) 189.

[6] Harris, Ray. "Science, Policy and Evidence in EO" in Ray Purdy & Denise Leung, eds, Evidence from Earth Observation Satellites: Emerging Legal Issues (Leiden: Martinus Nijhoff, 2013) 43.

[7] Jakhu, Ram S & Joseph N Pelton. Small Satellites and their Regulation (New York: Springer, 2014).

[8] Johnston, Shaida. "Technical Introduction to Satellite EO" in Ray Purdy & Denise Leung, eds, Evidence from Earth Observation Satellites: Emerging Legal Issues (Leiden: Martinus Nijhoff, 2013) 11.

[9] Purdy, Ray. "Pulling the Threads Together and Moving Forward" in Ray Purdy & Denise Leung, eds, Evidence from Earth Observation Satellites: Emerging Legal Issues (Leiden: Martinus Nijhoff, 2013) 399.

[10] Sekhula, PP. "The Right to Satellite Remote Sense Data: Impact of Multilateral Cooperation on International Space Law" in Corinne M Jorgenson, ed, Proceedings of the International Institute of Space Law 2011 (The Hague: Eleven International Publishing, 2012) 228.

[11] Smith，Lesley Jane & Catherine Doldirina. "Intellectual Property Issues in the Use and Distribution of Remote Sensing Data" in Lesley Jane Smith & Ingo Baumann，eds，Contracting for Space：Contract Practice in the European Space Sector (Surrey：Ashgate，2011) 337.

[12] Tronchetti，Fabio. "Access and Distribution of Earth Observation and Spatial Data in the European Context：The Impact of the European Directive INSPIRE" in Bhat SB，ed，Space Law：In the Era of Commercialisation (Lucknow：Eastern Book Company，2010) 21.

[13] von der Dunk，Frans. "Outer Space Law Principles and Privacy" in Ray Purdy & Denise Leung，eds，Evidence from Earth Observation Satellites：Emerging Legal Issues (Leiden：Martinus Nijhoff，2013) 243.

[14] Williams，Maureen. "Satellite Evidence in International Institutions" in Ray Purdy & Denise Leung，eds，Evidence from Earth Observation Satellites：Emerging Legal Issues (Leiden：Martinus Nijhoff，2013) 195.

[15] Wright，Merideth. "The Use of the Remote Sensing Evidence at Trial in the United States - One State Court Judge's Observations" in Ray Purdy & Denise Leung，eds，Evidence from Earth Observation Satellites：Emerging Legal Issues (Leiden：Martinus Nijhoff，2013) 313.

第 8 章　全球导航卫星系统和服务

解决的关键问题

• 介绍构成全球导航卫星系统和服务（包括空间态势感知）空间活动领域发展过程的演变、现状和关键的未来趋势；

• 分析当前适用的管理系统的充分性和不充分性；

• 提出应采取的全球管理行动的具体和适当建议，以改善当前和未来的全球导航卫星系统和服务的状况，并确定哪些组织应积极采取相关行动以提高这些服务，实现为和平目的和全人类的利益而持续利用太空的目标。

8.1　引言

24 小时周期轨道上的三颗卫星不仅可以以单个现代发射机相同的功率提供无干扰和免审查的全球电视服务，而且还可以提供一个定位网格，任何人都可以使用一个手表大小的工具简单拨几个号就能找到自己的位置。

——**亚瑟 · C. 克拉克**（Arthur C. Clarke），**《无线世界》**，1945 **年** 10 **月**

全球导航卫星系统（GNSS）是卫星导航系统的通用术语，可提供覆盖全球范围的自主地理位置［Bonnor，2012］。国际民航组织将全球导航卫星系统定义为“一种全球位置和时间确定系统，包括一个或多个卫星星座、飞机接收机系统所包含的所有监控设备，并在必要时进行更新，以支持预期操作所需的导航性能”［Annex 10 to the chicago Con－vention］。

空间技术在很多方面悄然无声地影响着现代世界。全球导航卫星系统尤其如此，它又被称为基于卫星的定位、导航和授时（PNT），也用于表示精确的导航和授时。这是继卫星通信、遥感和气象卫星之后最新的主要空间应用，已牢固地确立了其在主要商业市场和重要社会服务中的地位。

全球导航卫星系统网络最初是美国和苏联军队出于军事目的开发的。如今，这些系统已经完全扩展到了民用领域，并已发展成为一种无形的每天有数十亿人用于各种各样目的的工具。首先，每个用户的智能手机中都内置了全球导航卫星系统接收器，这样的接收器也安装在卡车、轮船、飞机和运输集装箱中。除了不同类型的军事用途外，全球导航卫星系统的应用和用途也非常广泛和多样，包括：基于位置的服务、智能手机的紧急呼叫功能；车辆、骑行者和远足者的公路和越野导航；铁路运输；海上、内河航道和渔业导航；航空运输；搜救服务；测绘；科学测量和实验；航天器导航。

将定位、导航和授时的应用比喻为“化剑为犁”清楚地说明了耗资数十亿美元的军事技术如何迅速成为商业、安全和公共使用的重要方面。这些系统从运送军舰、飞机和火箭到目的地的高度机密和受保护的系统演变为我们每天在智能手机或计算机上使用的东西，这本身就是一个有趣的故事。我们迫切地需要了解我们的位置和时间，以及如何导航到另一个位置，这一应用已经无形之中深深地影响我们的生活，以至于如果一整天时间里享受不到这样的应用，日子就很难过了，而这一技术从首次应用到现在才过去了短短几十年而已。如果有一天由于自然或人为原因无法使用这些系统，影响将立刻凸显出来，并且影响深远。

尽管这些系统广泛向民用用途过渡，但首要的仍是军事用途，并具有最高级别的国家安全能力；它们由国家实体经营和资助，以促进其自身的国家和国际安全及经济利益。当我们从最初的政府空间应用模式转变为更商业化的新空间范式时，这种不协调造成了非常复杂且不断发展的政策和法律环境，这些系统的提供者和用户都置身其中。

尽管目前定位、导航和授时还没有完全的商业提供者，但是国家安全与商业驱动因素之间的相互作用仍在不断发展，围绕这种复杂空间应用的国际政策、法规、法律和道德问题将继续变得更加向重视商业倾斜［Rycroft，2003］。未来如何解决这些矛盾需求仍然不确定，特别是发射和运行成本高昂。因此，虽然航天发射、人类太空旅行以及基于卫星的通信和遥感的商业化快速发展，但定位、导航和授时领域可能仍然将独树一帜。而全球导航卫星系统既是免费的政府提供的基础设施，又在为民用、政府、商业用途提供服务，未来它又将如何发展呢？全球导航卫星系统的双重用途性质似乎不可避免地定义了全球导航卫星系统的现在和未来。而且，还有一个问题是，这种天基基础设施对于飞机的起降、互联网同步以及数十种对全球经济起关键作用的其他重要服务至关重要。

8.2 发展历程、现状和未来关键趋势

8.2.1 全球导航卫星系统发展现状

由于全球定位系统（GPS）是免费提供的，因此迅速且广泛地应用在陆上、海上和空中运输导航以及其他用途。GPS的使用普及了，并迅速成为许多关键系统的重要一环。但是，对美国系统的广泛依赖引起了欧洲和其他地方的担忧，越来越多的国家政治领导人希望能够建立独立的全球导航卫星系统。

随着GPS芯片普遍安装在智能手机里，GPS NAVSTAR称得上是全世界使用最频繁的网络。但是，由于从政治角度对GPS的担忧，俄罗斯、欧盟、中国、印度和日本开始计划和实施其他全球导航卫星系统。还有一些区域增强系统，例如欧洲对地静止导航覆盖服务（EGNOS）和美国广域增强服务（WAAS）。

当前所有的商业全球导航卫星系统活动都是基于免费使用一个或多个全球导航卫星系

统提供的信号，这种情况不太可能改变。这将全球导航卫星系统领域与其他任何当前或新兴的太空市场区分开来，例如运载火箭、卫星通信、遥感甚至载人太空旅行。所有的全球导航卫星系统都分为三个部分，即空间、地面和用户部分，各个参与国的系统和政策存在相似点和不同点 [Camacho - Lara，“International，” 2013；Enríquez - Caldera，2013；Madry，2015]。

8.2.1.1　美国

第一批全球导航卫星系统网络是冷战时期太空竞赛的产物。苏联发射了第一颗人造地球卫星 Sputnik 1 之后，美国约翰·霍普金斯大学的科学家在听取苏联卫星发出的信号时注意到信号发生了很大的多普勒频移。他们认识到，熟练使用多普勒频移不仅可以用于监测卫星的实时定位，还可以使用它的反射过程对地球上的位置进行定位。这种定位在军事上有应用潜力，因而美国国防部（DoD）于 1958 年资助了这样一个项目，命名为 TRANSIT（或 NAVSAT），目前该项目已结束多年。苏联也有类似工作原理的项目，分别命名为 PARUS 和 TSIKADA [Bonnor，2012]。

正如我们今天所知，全球导航卫星系统的开发遵循了这些初始系统的设计原则。美国于 1973 年开始实施全球导航卫星系统计划，即 GPS，1978 年首次发射卫星，1993 年该系统开始全面运行（见图 8 - 1）。

图 8 - 1　中高地球轨道上运行的 GPS IIR - M 卫星

（Source：U. S. National Executive Committee for Space - based Positioning，Navigation，and Timing.）

GPS NAVSTAR 卫星旨在向海上、陆地或空中的无限数量的用户同时提供全球定位、授时和导航服务，无论白天还是黑夜，雨天或晴天均可运行。该系统包括三个部分：

1）空间部分至少由二十四颗卫星组成，分布在六个等间隔的55°轨道平面内。卫星的高度为12 000英里（19 300千米），每颗卫星每天环绕地球两次；

2）控制部分由控制星座的命令系统、控制系统以及上行链路系统组成；

3）用户部分包括手持GPS接收器、智能手机、空中和海上接收器以及高精度测量系统和其他系统。

起初，该系统严格用于军事用途。但是，1983年发生了一架韩国航班因错误地偏离了航线被苏联战斗机击落的事件，此后情况发生了变化。里根总统将导航系统长期开放给民用用途，如今，民用用户数远远超过了美国军事用户［Bonnor，2012］。根据美国军方的要求，选择性使用条款（SA）故意降低了导航的精确度，而且只有获得授权的用户才可以获取全精度。1996年，美国总统比尔·克林顿（Bill Clinton）下令对所有人免费提供标准的定位服务，并且选择性使用条款应在十年内终止。美国从2003年开始对系统进行重大升级，已花费超过200亿美元用于系统的开发、发射、运营和升级，并且目前正在进行空间和控制部分的重大升级［Camacho - Lara，"International，" 2013；Enríquez -Caldera，2013；Madry，2015］。

美国的观点和政策随着时间的推移发生着重大变化，从单一提供商转变为与其他几家全球导航卫星系统运营商共同在一个环境中工作。当前的政策原则是与其他全球导航卫星系统网络和运营商保持兼容性、互操作性和透明度。这意味着各个系统不应相互干扰，民用信号应为所有人可用，并且结构、信号和频率应以透明的方式公开提供。美国承诺在可预见的将来免费在全球范围内提供民用GPS信号，但美国政府对GPS使用不承担任何责任，并"按原样"提供GPS原信号，不保证其性能。

GPS系统由美国国防部运营，但通过民事和军事联合机构进行管理，由国防部和交通运输部主持，其他多个联邦部门和机构参与。政策是在最高级别制定的，总统拥有最终权力，但将运营和管理分配给国家太空定位、导航和授时执行委员会［Jakhu，2010］。美国商务部（DoC）通过其新成立的太空商务办公室促进GPS商业化的利益。美国商务部还通过美国国家电信和信息管理局（NTIA）与联邦通信委员会（FCC）一起担任相关频谱的监管者。美国国家电信和信息管理局管理政府频谱，而联邦通信委员会管理商业频谱分配和法规，并通过国际电联寻求全球协调。美国商务部工业安全局为GPS设备的出口许可制定了指南。有时可能会涉及艰难的选择，因为分配给GPS的频谱与用于移动卫星通信的频率相邻，并且射频干扰问题确实已成为一个重要问题。

8.2.1.2 俄罗斯

俄罗斯的全球导航定位系统称为格洛纳斯（GLONASS）（见图8-2）。GLONASS的开发始于1976年，1982年进行了第一次发射。1985年宣布部分运行，1993年宣布全面运行，然而一些专家对这些宣布的运行时间的实际能力提出了质疑［Bonnor，2012］。经过一段时间的衰落之后，GLONASS系统在21世纪初重新焕发了活力，全面投入运营［Hegarty & Chatre，2008；Bonnor，2012］。

图 8-2　俄罗斯全球导航卫星系统中的 GLONASS-M 卫星
（Source：Graphic courtesy of NPO PM.）

该系统由俄罗斯联邦国防部管理，目前是俄罗斯联邦航天局（Roscosmos）成本最大的单个项目，占据了该机构年度预算的三分之一。受到苏联解体的影响，2000 年只有六颗卫星在运行。俄罗斯总统弗拉基米尔·普京（Vladimir Putin）将重建 GLONASS 星座作为头等大事，而现在，该系统已全面投入运行。目前尚无有关 GLONASS 系统运行成本的数据，不过，它前后总共花费的成本可能和美国的 GPS 大致相当［Camacho-Lara，“International，” 2013；Enríquez-Caldera，2013；Madry，2015］。

GLONASS 系统由俄罗斯国防部协调科学信息中心管理，日常管理和运行由俄罗斯太空部队负责［Jakhu，2010］。它最初是严格的军事系统，于 2007 年开放使用，取消了对其使用的所有限制，免费提供民用信号且不加密（与美国 GPS 一样，保留一个加密的军事信号）。很显然俄罗斯将 GLONASS 视为国家资源，并且根据 2012 年的一项决定，要求 2018 年之前所有民用飞机（包括直升机）在俄罗斯领空运行时必须配备 GLONASS 或 GLONASS 加 GPS。这一强制所有民用飞机必须搭载俄罗斯制造的 GLONASS 设备的要求被视为是促进俄罗斯全球导航卫星系统电子产业发展的一个举措。这些措施存在争议，并且可能导致其他全球导航卫星系统运营国要求使用本地制造的设备。

8.2.1.3　欧盟

欧洲的全球导航卫星系统计划称为伽利略（Galileo），由欧盟委员会资助。欧洲空间局（ESA）资助了部分研发活动。尽管伽利略号卫星已于 2011 年首次发射，但尚未完全投入使用。值得一提的是，虽然伽利略项目以欧洲为核心，但它也拥有欧洲以外的合作伙伴，包括以色列、乌克兰、摩洛哥和韩国。

欧盟和欧空局多年来一直致力于创建与 GPS 和 GLONASS 相当的导航卫星系统。欧洲政治和经济领导人非常渴望拥有欧洲独立的导航系统，既能满足商业利益，又能提升国际声誉。早期在国际民航组织上进行了讨论，欧洲当时赞成国际社会共享同一个系统。但美国和俄罗斯都拒绝分享对现有卫星系统的控制权，这在很大程度上促成了欧洲决定启动自己的计划。计划分两个阶段进行，首先是一个名为 EGNOS 的 GPS 区域增强系统，然后是一个完全独立的系统，即伽利略。该系统的发展和融资过程错综复杂，困难重重。尽管如此，欧盟和欧空局一直坚持不懈，该系统规划的 30 个中地球轨道（MEO）星座中已经发射了 16 颗卫星。伽利略的设计涵盖了多种级别的信号，包括加密的军事信号、免费的公共信号和收费的精确信号。这种收费的精确信号是一种可保证精度和可用性的商业服务，将是导航领域中独树一帜的一个类型［Camacho - Lara，“International,” 2013；Enríquez - Caldera，2013；Madry，2015］。

伽利略项目最初的设计是和商业实体形成公私合作关系。但是由于商业实体没有看到现实的商业回报而未能实现。尽管最初是欧空局开展了初步研究，但欧盟现在是伽利略的政治和纲领性推动者。这是在 2008 年做出的决定，当时欧盟承担了该计划的责任，并确定全球卫星导航系统是“欧盟权限”，而不是各个成员国的［Jakhu，2010］。这使欧盟成为伽利略所有基础设施的所有者，并负责国际政策和频率分配。欧空局负责技术开发和发射，系统运行是由新成立的全球导航卫星系统监管机构（GSA）负责。其他实体，例如欧洲航空安全组织（EUROCONTROL），也承担航空领域的相应责任。

伽利略的发展道路充满艰辛，欧洲各个国家和组织之间存在复杂的资金、开发、运营和政策问题。目前系统的长期资金仍未得到保障，总成本也未确定。欧洲有可能像俄罗斯一样，要求在民航和手机中使用欧洲伽利略设备，以发展和保护欧洲全球导航卫星系统商业制造部门，并筹集急需的运营资金。这是一个复杂而有争议的国际政策问题。2004 年，欧盟与美国签署了一项协议，其中规定：各方在采取以下任何措施之前应当与另一方沟通。

1）……

2）直接或间接地授权在其各自领土内使用任何基于民用卫星的导航和授时信号或服务、增值服务、全球导航和授时设备（除非此类使用已得到国际民航组织或国际海事组织（IMO）的明确授权）［EU - U. S. GNSS Agreement，art. 5］。

这样的要求肯定会遭到美国的强烈抵制。如果顺利执行的话，可能会导致全球导航卫星系统服务分散化，即每个提供商都要求在其地理区域内使用自己的本地制造的设备，这显然不能促进国际社会整合结构。欧盟或俄罗斯采取的此类措施可能在世界贸易组织（WTO）面前受到挑战，因为它们对自由贸易施加了限制，不符合 WTO 规则。

8.2.1.4 中国

中国独立实施的全球导航卫星系统计划——北斗系统（原称 COMPASS）于 2000 年首次发射。该系统自 2011 年以来一直在区域范围内运行，并且持续开发和部署覆盖全球范围，预计在 2020 年可实现全球覆盖。由于无法继续参与到欧洲伽利略系统，中国已迅速起步，发展自己独立自主的系统，并且其投入运营将早于伽利略系统［Li，2013］。现在已经具备了覆盖亚洲区域的能力，全球覆盖预计可在 2020 年实现。与其他全球导航卫星系统网络一样，北斗也采用开放民用和加密军事信号。与 GPS 和 GLONASS 不同，北斗将由 35 颗卫星组成，包括地球同步轨道卫星、中地球轨道卫星和高倾斜同步轨道卫星 [Camacho - Lara, "International," 2013; Enríquez - Caldera, 2013; Madry, 2015]。

8.2.1.5　印度

印度于 2006 年宣布开发独立的全球导航卫星系统，即印度区域导航卫星系统（IRNSS），由其航天局印度空间研究组织（ISRO）开发。IRNSS 是一个区域性网络，不具备全球覆盖能力，仅覆盖印度次大陆及周边地区。该系统由三颗 GEO 和四颗大椭圆轨道（HEO）卫星组成混合星座，所有卫星均由印度机构制造和发射。第一次发射是在 2013 年；该系统于 2015 年初具雏形，收官卫星于 2016 年 4 月成功发射 ["Navipedia"; Bhat, 2016; Camacho - Lara, "International," 2013; Enríquez - Caldera, 2013; Madry, 2015]。

印度的 IRNSS 着重于独立技术的开发和运营，以实现国家的总体经济、军事和科学目标，这与印度的其他航天计划是一致的。IRNSS 完全在印度国内开发，由印度的火箭发射，并由印度政府以两用模式运行 [Jakhu, 2010]。印度既把发展商业和经济作为关键目标，也关注实际应用，例如农业、基础设施建设和灾难应对。迄今为止，印度尚未决定开发全球系统，因此，该系统被认为对其他系统不构成经济挑战。

8.2.1.6　日本

日本宣布的准天顶卫星系统（QZSS），有时也称为"数字 8 轨道网络"，看起来似乎就更普通，没什么野心。QZSS 的第一颗卫星于 2010 年 9 月发射，预计将于 2018 年投入使用。QZSS 并不是一个独立的系统，不具备独立提供导航的能力。仅仅旨在改善美国 GPS 在日本境内的性能，特别是针对密集城市环境中高层建筑阻碍 GPS 信号。

该系统由在高度倾斜的地球同步轨道上等间隔分布的三颗卫星组成。卫星的轨迹像"数字 8"，其中一颗卫星始终位于日本上空。这提供了测距校正信号，以提高 GPS 和其他信号的精度。因此，QZSS 只是在日本使用的一个增强系统，不会在日本以外提供独立的服务。QZSS 的另一个用途是允许以高视角进行移动卫星通信，从而可以在高海拔地区进行通信。因此，日本的 QZSS 无论如何都不会是其他全球导航卫星系统的竞争对手。

8.2.2　商业市场

全球导航卫星系统的商业和民用历史不长，主要兴起于 20 世纪 90 年代。在那之前，全球导航卫星系统的民用用途主要是商船。

不可否认，定位、导航和授时已发展成为强大的商业和经济力量，据估计该行业有超过 300 万个工作岗位 [Jacobson, 2007]。其商业市场影响很难估量。不过仍有估算表明当前直接收入约为 60 亿美元，间接收入包括全球导航卫星系统相关设备和芯片等在内则要高得多，当前估值为 650 亿美元，到 2021 年预计将增长到 1 300 亿美元以上 [Frost & Sullivan, 2012; Pelton, Madry & Camacho - Lara, 2013; SIA & Tauri Group,

2015]。

主要的商业参与者对全球导航卫星系统上游和下游市场都有参与。上游供应商主要是大型航天公司和参与全球导航卫星系统建设和运营的国家生产商，包括：提供卫星、发射服务和运营基础设施。波音、洛克希德·马丁、泰雷兹、阿斯特里姆和 NEC 只是其中一部分，还包括中国和俄罗斯的国有实体。在市场下游是全球导航卫星系统设备的制造商，例如 Garmin 和 TomTom，智能手机制造商比如苹果和三星，独立的芯片制造商比如德州仪器和博通等。不夸张地讲，全球每天有数十亿智能手机和其他设备在使用全球导航卫星系统信号。据估计，现在世界上启用全球导航卫星系统的设备数量几乎也是这个量级。全球导航卫星系统市场的独特之处在于，所有当前和规划中的系统都是由政府机构开发、持有和运营的，（民用）信号在全球范围内免费提供。当前所有的商业全球导航卫星系统活动都是基于免费使用一个或多个由国家全球导航卫星系统提供的信号。这使得全球导航卫星系统领域不同于任何其他当前或新兴的太空市场，例如运载火箭、卫星通信、遥感甚至载人太空旅行。全球导航卫星系统服务、绝大多数全球导航卫星系统用户以及整个商业市场都建立在信号免费提供基础上，而且这一点不太可能改变 [Camacho - Lara, “Current”, 2013; Enríquez - Caldera, 2013; Madry, 2015]。

8.2.3 未来趋势

多年来，GPS 是唯一向民用开放的军用系统，因此，商业用户将其活动建立在一个免费的、单一的政府信号供应商上，而且政府不保证信号的可用性。所以国际民航组织成员国在讨论未来全球导航卫星系统的体制框架时，这种对单个国家全权控制的单一系统的依赖是主要关切之一。为了支持航空和其他用户的高精度导航，我们应该快速创造条件，除许多区域系统之外，设立多达五个重叠的可运行全球导航卫星系统网络。现在，这些系统包括美国的 WAAS、欧洲的 EGNOS 和印度的 GPS 辅助型静止轨道增强导航系统（GAGAN）。所有这些信号都将是开放的，并可用于商业用途：一种是免费的民用信号，另一种是限制使用的信号。应该重申的是，这可能会导致产生非常昂贵的两用技术，这些技术由单个国家或国家集团（例如欧盟）为广泛定义的长期国家安全目的而运行。

这些系统通常被合并为 GNSS - 1 和 GNSS - 2 系统，GNSS - 1 由 GPS 及其各种国际增强系统（例如 WAAS、EGNOS 和 GAGAN）组成，GNSS - 2 系统包括下一代复合系统，例如最新更新的 GPS - Ⅲ、GLONASS、伽利略、北斗、IRNSS 和 QZSS，以及其升级后的区域增强系统。这些当前和未来的系统可能会尝试共享一个公共频谱范围和通用体系结构，并且所有系统都可以提供未加密的公共信号供商业使用。原则上，它们都应该是可互操作的，不过其中几个系统也可具有附加功能，例如加密的军事信号、搜索和救援，也可能还会有其他功能。但是，应该指出的是，全球导航卫星系统星座的全球覆盖范围和互操作性可能使欧盟实现用户付费航空 GNSS 服务的雄心受到质疑。

这种情况使国际合作与协调至关重要，但困难重重，因为频谱分配和信号干扰问题必须在国际电联分配给这些系统的非常有限的带宽内处理。所有全球导航卫星系统网络的双重用途性质增加了在危机时期故意干扰的可能性。这也可能导致国家和地区相互竞争，努力培育商业用户和制造基地 [Jakhu，2010]。在国家安全、国家商业目标、冗余和备份方面存在一些敏感的权衡，同样，在国家或地区卫星系统竞争、用户单位成本上升、系统设计是否足以支持空间和平流层应用方面，也存在一些权衡。不同的目标之间会存在矛盾冲突，因为在这种复杂的环境中，消费者、商业实体、政府、国家安全部门和军事机构可能发现他们的利益并不总是一致的，并且有潜在的冲突。

8.2.4 全球导航卫星系统中断的风险

全球导航卫星系统网络本质上是军民两用系统。因此，在发生冲突时可能会成为信号故意干扰的目标，这是一个不可忽视的问题 [National PNT Advisory Board，2010]。之所以会发生这样的情况，是因为卫星广播的信号非常微弱，刚刚超过噪声水平，因此有可能发生局部干扰。在美国，这种对全球导航卫星系统（或 Wi-Fi）信号的干扰违反联邦法律。这些小型且价格低廉的商业干扰器（购买价格低于 50 美元）覆盖的面积很小，通常用于干扰公路自动收费系统工作，破坏基于全球导航卫星系统的汽车失窃寻回系统工作，以及干扰商业车辆车主对自己车辆的跟踪。目前，一些国家正在制造专门为战场设计的更大型且功能更强大的全球导航卫星系统干扰器，据报道，这些干扰器已在多个冲突地区使用，包括乌克兰、伊拉克等。伦敦证券交易所（London Stock Exchange）报告说，在其办公室曾发现有意的信号干扰，企图故意破坏 GPS 信号（用于为电子股票交易打上时间戳）。

还有一个被称为“GNSS 欺骗”的相关的问题，即设备发出看起来是正确的全球导航卫星系统信号，但实际上是有意发出的错误信号 [Key，1995]。这会导致在本地区域中导航不正确，而用户的系统可能正常运行，因此不会发现问题 [Jafarnia-Jahromi et al.，2012]。这种系统在美国是非法的，但是可以在市场上买到并且已经被证明有效。这些系统可以缓慢增加发射器的功率，从而使用户系统不知道它们正在使用中。这样缓慢的不断累积的过程最终可能会在本地用户无法察觉的情况下，在感知的位置上发生重大错误。下一代全球导航卫星系统，例如美国的 GPS-Ⅲ系统，具有使干扰和欺骗的可能性降到最低的新功能，但这样的可能性仍然存在，尤其是在军事冲突地区 [Dovis et al.，2012]。在战争时期，也有可能破坏全球导航卫星系统地面或卫星系统。

尽管我们已经了解到干扰和欺骗这样的人为问题，但对全球导航潜在的最大影响其实是大规模的太阳耀斑或太阳日冕物质的喷射 [Hapgood，2010]。它将产生电磁脉冲（EMP），有可能使大量的 GEO 和 MEO 卫星失效，并可能导致全球导航卫星系统功能的全部丧失。在 GEO 卫星轨道附近的空间中核装置爆炸可能具有类似效果。

全球导航卫星系统定位和授时服务的长期丧失将对国际互联网同步、全球银行业、航空、商业和军事产生巨大的影响 [The Royal Academy of Engineering，2011；John A Volpe National Transportation Systems Center，2001]。

8.3 现有的管理体系和面临的挑战

8.3.1 全球导航卫星系统使用中的法律和道德问题

全球导航卫星系统网络提供了强大的社会效益，例如灾难应对、交通管理、电子邮件和股票市场交易的时间戳等。但是，其持续跟踪个人信息的能力也具有重要的社会、道德和法律影响，这一点变得越来越明显。对警察、私人侦探或其他人员来讲，他们拥有秘密跟踪个人及其活动的能力具有很大的意义。显然，在当今世界，技术的发展远远快于法律和社会结构的发展。仍有一些问题尚未得到解答：谁有权拥有全球导航卫星系统跟踪数据？谁可以买卖这些数据？谁负责纠正错误的数据？谁决定某个人是否可以追踪另一个人？父母可以追踪孩子吗？警察可以在没有得到授权的情况下使用全球导航卫星系统追踪任何人吗？许多警察部门使用 GPS 手环监视假释人员。车主也常追踪车辆及其驾驶员，不仅能够监视工作效率，而且还可监视车速、驾驶员在休息和其他方面是否符合驾驶法规。租车公司使用 GPS 数据来确定汽车发生事故时是否存在超速行驶，而保险公司可以根据存储的 GPS 数据拒绝索赔。这些关于数据的所有权、责任和个人隐私的法律问题都是新出现的而且很重要的问题。在美国，联邦政府没有设置约束 GPS 使用的法律。但是，一些州设置了规定，包括允许父母追踪未成年子女，私家侦探可开展秘密追踪等。美国最高法院于 2012 年裁定，警察不得在没有获得授权的情况下使用 GPS 车辆追踪设备［United States v Jones］，而下级法院则裁定，员工驾驶公司的车辆时，不受隐私权保护。尽管如此，这些问题仍在不断发展。

8.3.2 适用的法律文书和国际论坛

当前，全球导航卫星系统领域并没有一个总体的国际性的条约。但是，每个全球导航卫星系统运营国都有相关的国家法律，欧盟也有法律和通信指导办法，此外还有很多和全球导航卫星系统相关的国家和国际法律和条约［Haanappel，2003；Kahveci & Can，2013］。

8.3.2.1 相关的国际条约

联合国的核心空间条约与全球导航卫星系统有关。当前所有提供全球导航卫星系统的国家都是《外层空间条约》《营救协定》《责任公约》和《登记公约》的缔约国，这意味着这些条约约束着全球导航卫星系统活动［Lyall & Larsen，2009，p. 402］。例如，《登记公约》要求各国向联合国登记其国家登记在册的所有全球导航卫星系统卫星，并且根据《责任公约》，它们将对其发射的卫星造成的任何损害承担责任，但这些卫星发出的不良信号造成的损坏除外。如果某个国家适用 2001 年《移动设备国际利益公约》（《开普敦公约》）的《太空议定书》，则该国管辖范围内的卫星金融证券将适用该公约。

全球导航卫星系统服务对民用航空至关重要，因此 1944 年的《芝加哥公约》的重要性也不容忽视。《芝加哥公约》规定各国有义务为国际民用航空提供空中导航服务。该公约第 28 条主张：

每个缔约国在可行的范围内承诺：

1. 按照本公约，在其领土内、机场提供无线电服务、气象服务和其他空中导航服务，以便利国际空中航行，并且与建议的或新修订的标准或举措保持一致。

最近，在国际民航组织的支持下，通过了 1998 年《全球导航卫星系统服务国家权利和义务宪章》[ICAO Assembly Resolution A32 - 19]。该章程部分条款如下：

2. 每个国家和所有国家的航空器均应在统一条件下无歧视地使用全球导航卫星系统服务，包括在此类系统覆盖范围内的航空领域使用区域增强系统。

3. ……

4. 每个提供全球导航卫星系统服务（包括信号）的国家，或在其管辖范围内提供此类服务的国家，均应确保此类服务的连续性、可用性、完整性、准确性和可靠性，包括采取有效安排以最大程度地减少系统故障或失效对业务的影响，并快速实现服务恢复……

1998 年的宪章仅限于空中导航，尽管没有约束力，但它也提供了有效参考，且通常为各国所遵守。实际上，目前所有商用飞机均使用 GPS 和区域增强系统进行导航，也包括其他系统。这些系统的可靠性是一个重要而复杂的问题。由于国际商业航空业是全球导航卫星系统服务的主要用户，因此必须认识到，提供航空服务是每个国家的责任，不受国际条约的约束。

责任是关于民航使用全球导航卫星系统的另一个关键问题 [Michael，1999]。对于不提供全球导航卫星系统的国家，要在民航中使用特定的全球导航卫星系统服务，该国的民事责任是什么？国家航空安全监管机构是负有最终责任还是仅在未能执行适当的监管控制时才承担责任？提供方何时应承担责任？一个国家是否可以禁止使用特定的全球导航卫星系统，或要求在其空域内使用本国的全球导航卫星系统和设备？目前，很多问题还没有得到解答，而且这种情况还在继续发展。由于提供和使用全球导航卫星系统服务的参与方众多，因此不确定性会特别大。

全球导航卫星系统服务也已成为海上导航不可或缺的一部分，尤其是对于搜救行动而言。作为联合国的专门机构，国际海事组织（IMO）在国际上的地位等同于国际民航组织，有义务建立通用的标准和惯例。由于海上全球导航卫星系统的使用强调普遍性和统一性，因此国际海事组织大会于 1997 年通过了 A. 860（20）号决议，该决议规定不同的船载接收器之间应当实现全球导航卫星系统可互操作，以提供有关位置、速度和航向的信息，包括在港口、港口入口和“其他航行受限的水域”[Resolution A. 860（20），art. 3. 1. 6]。尽管也认识到从机构层面来讲，国际海事组织不适合规范此要求，但该决议仍呼吁国际民航组织和海事组织合作，并要求国际、地区和国家的全球导航卫星系统提供者了解这些海事要求。此外，尽管国际海事卫星组织（Inmarsat）不再是国际公共组织，并且已完全私有化，但由于其在全球范围内的广泛参与，它仍然是加强对全球导航卫星系统的支持并提供海上导航和安全服务的重要机构 [Lyall & Larsen，2009，p. 409]。

8.3.2.2 联合国和平利用外层空间委员会、联合国外层空间事务司和全球导航卫星系统国际委员会

全球导航卫星系统网络的协调工作涉及的几个机构包括：联合国和平利用外层空间委员会、联合国外层空间事务司（UNOOSA），还包括全球导航卫星系统国际委员会（ICG）和国际电联。

当前和未来提议的所有全球导航卫星系统信号都通过C和L频段广播，这些频段都已预留给移动通信使用。各个全球导航卫星系统提供商和希望利用分配的全球导航卫星系统带宽的其他提供商之间存在激烈竞争，各方都争抢使用此频段（以及相邻的频段）。2013年，美国一家提供陆地移动卫星通信的名为LightSquared的私营公司向美国监管机构提出申请，希望使用与GPS信号相邻的频段。联邦通信委员会最终拒绝了该申请，因为它可能会干扰非常微弱的GPS信号 [National Telecommunications & Information Administration，2012]。鉴于新的移动应用在商业上取得了成功，这种侵犯频率的例子肯定不会是最后一个。

全球导航卫星系统的特定双重用途性质使全球导航卫星系统频率重叠和干扰问题变得更加复杂。在国际紧张局势或冲突时期，很有可能出现有意的信号干扰情况，如果频率与另一个系统相邻甚至重叠，则情况将变得更加复杂。

8.3.2.3 全球导航卫星系统提供方大会——全球导航卫星系统国际委员会

全球导航卫星系统国际委员会（ICG）成立于2005年，旨在促进与基于民用卫星的定位、导航和授时及增值服务有关的共同关心的事项上的合作。该机构审核各种系统之间的兼容性和互操作性问题，并且是各种全球导航卫星系统提供方和其他相关实体的国际讨论平台。

所有提供全球导航卫星系统的国家和区域经济一体化组织，即美国、欧盟、俄罗斯、中国、印度和日本，都是全球导航卫星系统国际委员会的成员。全球导航卫星系统国际委员会的成员还包括其他感兴趣的联合国会员国和相关国际组织，例如民用全球定位系统服务接口委员会（CGSIC）、面向民用GPS用户和美国GPS当局的论坛、世界航空体育联合会、国际大地测量学协会、国际测绘与遥感协会。

全球导航卫星系统国际委员会成员同意，所有全球导航卫星系统提供国都会将描述信号、频段和性能数据，被称作接口控制文档的文件公开发布。上述数据应公开提供，并根据需要进行更新。

全球导航卫星系统国际委员会重点关注全球导航卫星系统详细信息和频率的交换，都是在全球导航卫星系统兼容性和互操作性的前提下实现的。兼容性和互操作性是全球导航卫星系统国际委员会的两个关键词 [Camacho - Lara，“International，” 2013]。这些术语有一个定义，包括信号之间的频段分离、大地参考、时间标准以及其他常见注意事项。

关于频率兼容性的所有讨论均在全球导航卫星系统国际委员会内部进行，但是该国际

委员会的性质仅仅相当于是一个工作小组。当前的国际局势是由各个全球导航卫星系统提供国与某些第三方之间的双边协议确定的，而国际上并没有统一的关于全球导航卫星系统的国际条约或框架。再次重申一下，当前的政治情况是在可预见的将来不会有这样的条约出现。关于全球导航卫星系统国际公约的益处和实用性已有一些讨论，该公约具有法律约束力，可解决关键问题，例如系统运营商的权利和义务、责任和争端解决。这样的公约甚至可以解决将来联合提供服务的问题，但是考虑到当前的地缘政治实际情况，这种可能性不大。如前所述，当前全球导航卫星系统技术的研发、发射和运营成本及其双重用途性质，使得目前无法开发商业系统。建立一个统一的全球导航卫星系统将具有多重成本和效率优势，尽管在可预见的将来这不太可能，但它仍然是一个有吸引力的概念。

8.4　现行管理制度的充分性和建议

当前与全球导航卫星系统有关的管理体系包括若干具有法律约束力的文件以及软法律、无法律约束力的文件。此外，它包括几个组织，其中一些是自发的，也有强制性的比如国际电联，还有在 WTO 协议下具有法律约束力的其他组织，其中涉及对违规行为的切实可执行的处罚。但是，当前与卫星导航和授时有关的管理体系不足之处在于，它仅限于国际协调，因此在诸如故意干扰之类的问题上缺乏足够的强制性能力。

而且，较早一代的全球导航卫星系统本质上具有双重用途，既提供军事用途又提供民用服务，这为确保必要的透明度和开展国际合作制造了困难。国家安全的考量有时可能会优先于互操作性，反之亦然，不同国际网络之间的商业竞争和必要的信号增强又和安全问题相矛盾。当前缺乏一个总体的管理体系来考虑这些相互竞争的问题。

同样，目前正根据美国太空总署与各个国家航天机构之间的双边合作协议来处理空间态势感知（SSA）问题。考虑到这个问题不仅威胁到全球导航卫星系统网络，而且威胁到当前所有空间技术的使用，因此似乎需要在不久的将来专门设立一个中立的国际机构来监督和规范空间态势感知问题。

当前另一个管理体系薄弱的例子就是海上使用全球导航卫星系统。尽管国际海事卫星组织（Inmarsat）可以在急需的情况下协调海上全球导航卫星系统服务，但它毕竟是一个受经济因素驱动的私有实体，因此不一定总是将全球公共利益放在首位。我们可以期望，如国际海事组织所强调的那样，互操作性的要求将仍然是海事用户以及国际海事卫星组织的主要关注点，然而如果提供者未能满足此要求，并没有强制执行机制。

因此，当前的流程可能尚不足以应对未来发展带来的挑战。如上所述，显然有必要创建一些新的标准和规则，并且将协调工作继续深化并扩展到新的领域。

8.4.1　维持现状的风险和威胁

如上所述，维持现有管理体系的现状存在许多风险。例如，全球导航卫星系统的碎片化，和为了满足全球导航卫星系统提供国的要求而强制航空公司安装几种不同的全球导航卫星系统接收器的规则。缺乏互操作性可能会降低可从全球导航卫星系统网络获得的效益。此外，全球导航卫星系统服务中断的风险切实存在，并可产生深远的影响。另一个风险与适用于全球导航卫星系统活动的赔偿责任制度的不确定性有关，这是由于卫星系统的分散和所涉参与者的广泛性造成的。功能备份和紧急恢复是全球基础架构中至关重要的一部分，未来规划中一定不可以忽视这一点。

8.4.2 具体、潜在、创新和合适的管理解决方案

当前和未来的挑战需要全球就标准和规则达成一致。但是，规则只能在相关的合适的国际论坛中才能通过。因此，第一步应该是明确确定全球导航卫星系统服务或网络的各种重大问题。第二步应该是确保所有利益相关方积极参与对这些问题的讨论。第三步，也是最后一步，将是在国际层面改进或制定新标准、规则和通用做法（无论是否具有法律约束力），以解决这些问题。尽管最理想的结果可能是制定具有法律约束力的文件，但不具约束力的建议通常也被视为是有效的，可能足以支撑在全球导航卫星系统领域中实现协调一致的国际行动。

值得关注的一个特定领域是空间态势感知。如上所述，目前这取决于美国军方与其他国家的政府或国家航天机构之间的双边协议。发展进程可能并不令人满意，因为它在任何时候都取决于政治意愿，在紧张或敌对的情况下信息共享可能会中断。同时，一个非常有效的非政府平台是各个业余观察者和教育组织的“业余”信息共享，例如乔纳森的《太空报告》和《视觉卫星观察家》[Jonathan，2016]。这种空间态势感知是非常有用且开源的，因此成为政府信息共享之外的一个补充。但是，仅此一项可能是不够的。因此，急需更高水平的信息共享和中立且具有约束力的国际协议。

8.5 结论及汇总表

在商业空间应用领域中，正在运行（或计划中）的多个全球导航卫星系统网络具有其独特性。这些全球导航卫星系统是国家资产，价格昂贵且系统复杂，本质上具有双重用途，既支持军事行动，又越来越广泛地支持民用应用。尽管目前民用用户的数量远远超过了军事用户，但广义上讲，这些系统仍是为了国家安全的目的，由国家提供资金并运营。至少在短期内，新太空（NewSpace）变革对这一领域的影响不会与对其他领域的影响相同，例如商业发射服务、载人航天、卫星通信和遥感。这是因为从商业角度来讲，当前一代全球导航卫星系统的研发、发射和运营成本之高令人望而却步，这一领域未来仍是政府出于战略目的主导。在本书的其他章节中介绍了空间态势感知和轨道碎片监测问题，这个领域也涉及一个政府主导的系统继续探索其与各种商业力量之间的关系和与之协调的问题。

这并不意味着全球导航卫星系统应用的商业化革命进程会止步不前。相反，这些系统提供的商业、金融、公共安全以及其他广泛的应用至关重要，且不断发展。

从商业市场发展角度来讲，全球导航卫星系统的发展现在已经超过了太空遥感，并且可能会继续以两位数的速度增长。对全球导航卫星系统来讲，国家安全和商业驱动力之间存在竞争，军事需求和运营之间存在竞争，同样国际上对有限频谱、商业用户群、国际影响力和新兴商业市场也存在复杂的竞争，这些都为新太空时代提供了迷人的色彩。很难预测新太空革命将如何利用、推动甚至最终取代现有的国家双重用途系统。这一领域最终的发展结果可能是形成一个复合系统，将由政府提供的空间部分链接到商业性质的用户系统。在这方面，大多数国际政策和法律问题仍在发展中。但是，全球导航卫星系统领域的整体发展情况将确保未来全球导航卫星系统在商业空间系统发展的几乎所有要素中发挥重要作用。

人们对全球导航卫星系统网络的激增有很多担忧，也担忧某些国家政府可能要求使用国家系统进行空中交通管制和管理，这最终可能导致空中安全问题或不必要的空中旅行费用的增加。这些重要系统的拥挤和干扰问题日益严重。另一方面，新技术和软件的发展可能会使这些系统变得更加通用，并且会提升它们在安全、经济、商业和战略应用中的重要性。表 8－1 和表 8－2 致力于总结关键风险、挑战、新应用、服务和技术、潜在解决方案的选择以及可能解决已知问题的潜在因素。全球导航卫星系统国际委员会（ICG）通过其会议和各个专门的小组委员会在解决这些问题上取得了很大的进步，并为建立一个合适且强大的管理体系奠定了坚实的基础。表 8－1 和表 8－2 列出了关键问题和可能采取的措施。

表 8－1　和全球导航卫星系统相关的关键因素和问题

问题和挑战	技术挑战（自然和人为原因）	经济、商业、人口、健康和其他挑战	风险/问题控制/公平问题
国家和地区性全球导航卫星系统激增	全球导航卫星系统激增；全球导航卫星系统、多用途接收器复杂性增加	卫星投资增加，运营成本增加，尤其是多系统用户接收器单位成本增加	复杂性增加；国家强制使用本地全球导航卫星系统可能造成不一致性和额外费用；缺乏互操作性
射频干扰、电磁干扰和拥挤	优化编码系统 智能天线系统 欺骗	提高对干扰和阻塞的执法力度	应对干扰犯罪行为，甚至是政府批准的干扰
通信或其他应用目的对相邻频率使用的需求增加	将相邻频率应用干扰最小化的技术难度	用户终端成本可能更高	全球导航卫星系统服务可能无法使用的情况，尤其是对于至关重要的服务，例如飞机起降、海上导航和救援
商业空域上空的航天飞机和平流层系统的空间/临近空间操作可能越来越需要全球导航卫星系统服务	没有足够的安全系统覆盖商业空域上方至低地球轨道的区域	这些新市场的成本可能会更高，且缺乏具有成本效益的设备	可能会有许多新的商业系统依赖于平流层全球导航卫星系统，例如高超声速运输系统。但是，这些区域的软件或硬件并未针对此用途进行优化

表 8－2　全球导航卫星系统相关的措施建议

建议措施	建议行动主体
在全球范围内更好地协调和整合全球导航卫星系统；修订 1998 年《关于全球导航卫星系统服务的国家权利和义务的宪章》，以授权各国采取行动，协调和整合全球导航卫星系统应用	全球导航卫星系统国际委员会、国际民航组织、各国
更好地协调新的和现有的全球导航卫星系统和用户终端的设计和实施	联合国大会（UN General Assembly）、联合国和平利用外层空间委员会、全球导航卫星系统国际委员会
改进程序，以降低故意或相邻使用导致的射频干扰（RFI）和电磁干扰（EMI）	国际电联、联合国大会、联合国和平利用外层空间委员会、全球导航卫星系统国际委员会
优化技术设计，将全球导航卫星系统干扰最小化	航天系统设计人员、全球导航卫星系统国际委员会
在多系统用户终端和设施方面，也包括区域地面系统（如 WAAS 和 EGNOS），进行优化整合和合作	国际标准化组织、国际电工委员会、美国联邦航空管理局（US Federal Aviation Administration）、欧洲航空安全局（European Aviation Safety Agency）
明确和全球导航卫星系统服务相关的责任	国际电联、联合国大会、联合国和平利用外层空间委员会、全球导航卫星系统国际委员会、国际民航组织，以及如果可能的话，各国的国家法律
国际电联防止对地面应用造成频率损失	国际电联、联合国大会、联合国和平利用外层空间委员会、全球导航卫星系统国际委员会

参考文献

[1] Agreement on the Promotion, Provision and Use of GALILEO and GPS Satellite - Based Navigation Systems and related Applications, 26 June 2004 [EU - U. S. GNSS Agreement].

[2] Charter on the Rights and Obligations of States Relating to GNSS Services, ICAO Assembly Res A32 - 19, 32nd Sess., ICAO Doc 10022, V - 8, online: ICAO 〈www. icao. int/publications/Documents/10022 _ en. pdf〉 (last accessed 5 November 2016) [ICAO Assembly Resolution A32 - 19].

[3] Convention on International Civil Aviation, 7 December 1944, 15 UNTS 295, Can TS 1944 No 36, ICAO Doc 7300/9 [Chicago Convention].

[4] ICAO, Annex 10 to the Convention of International Civil Aviation, Montreal, PQ, Canada, Jul. 17, 2007, vol. I, Radio Navigation Aids, Amendment 82 [Annex 10 to the Chicago Convention].

[5] Maritime Policy for a Future Global Navigation Satellite System (GNSS), IMO Assembly Res A. 860 (20), 20th Sess (1997).

[6] United States v Jones, 565 U. S. 400 (2012).

[7] Bhat, Avinash. "India's very own GPS is ready with seventh navigation satellite launch", The Hindu (29 April 2016), online: The Hindu 〈www. thehindu. com/sci - tech/science/irnss - launch - indias - own - regional - navigation - satellite - system - takes - shape/article8531388. ece〉 (last accessed 7 November 2016). [Bhat, 2016].

[8] Bonnor, Norman. "A Brief History of Global Navigation Satellite Systems" (2012) 65: 1 J Navigation 1. [Bonnor, 2012].

[9] Camacho - Lara, Sergio. "International Committee on GNSS" in Joseph N Pelton, Scott Madry & Sergio Camacho - Lara, eds, Handbook of Satellite Applications (New York: Springer, 2013) 603. [Camacho - Lara, "International", 2013].

[10] Camacho - Lara, Sergio. "Current and Future GNSS and Their Augmentation Systems" in Joseph N Pelton, Scott Madry & Sergio Camacho - Lara, eds, Handbook of Satellite Applications (New York: Springer, 2013) 617. [Camacho - Lara, 2013].

[11] Dovis, Fabio et al, "Recent Trends in Interference Mitigation and Spoofing Detection" (2012) 3: 3 Intl J Embedded & Real - Time Communication Systems 1. [Dovis et al, 2012].

[12] Enríquez - Caldera, Rogerio. "Global Navigation Satellite Systems: Orbital Parameters, Time and Space Reference Systems and Signal Structures" in Joseph N Pelton, Scott Madry & Sergio Camacho - Lara, eds, Handbook of Satellite Applications (New York: Springer, 2013) 573. [Enríquez - Caldera, 2013].

[13] Haanappel, Peter PC. The Law and Policy of Air Space and Outer Space: A Comparative Approach (The Hague: Kluwer Law International, 2003). [Haanappel, 2003].

[14] Hapgood, Mike. "Space Weather: Its impact on Earth and implications for business", Briefing, Lloyd's 360° Risk Insight (2010), online: Lloyd's 〈www. lloyds. com/~/media/lloyds/reports/360/360%20space%20weather/7311 _ lloyds _ 360 _ space%20weather _ 03. pdf〉 (last accessed 7 November 2016). [Hapgood, 2010].

[15] Hegarty, Christopher J & Eric Chatre. "Evolution of the Global Navigation Satellite System (GNSS) " (2008) 96: 12 Proceedings of the IEEE 1902. [Hegarty & Chatre, 2008].

[16] Hungdah Su ed, Asian Countries' Strategies Towards the European Union in an Inter - regionalist Context (Taipei: National Taiwan University Press, 2015). [Su, 2015].

[17] Jacobson, Len. GNSS Markets and Applications (Norwood, Mass: Artech House Books, 2007). [Jacobson, 2007].

[18] Jafarnia - Jahromi, Ali et al, "GPS Vulnerability to Spoofing Threats and a Review of Antispoofing Techniques", online: (2012) Intl J Navigation & Observation 〈dx. doi. org/10. 1155/2012/127072〉. [Jafarnia - Jahromi et al, 2012].

[19] Jakhu, Ram S ed, National Regulation of Space Activities (London: Springer, 2010). [Jakhu, 2010].

[20] Kahveci, Muzaffer & Nazli Can. "Legal issues in GNSS applications: Past, today and tomorrow" (Paper delivered at the 6th International Conference on Recent Advances in Space Technologies (RAST), June 2013). [Kahveci & Can, 2013].

[21] Key, Edwin L. "Techniques to Counter GPS Spoofing", Internal Memorandum, The MITRE Corporation, Bedord, Mass (February 1995). [Key, 1995].

[22] Li Chengzhi. "The Chinese GNSS—System development and policy analysis" (2013) 29: 1 Space Pol'y 9. [Li, 2013].

[23] Lyall, Francis & Paul B Larsen. Space Law: A Treatise (Surrey: Ashgate, 2009). [Lyall & Larsen, 2009].

[24] Madry, Scott. Global Navigation Satellite Systems and Their Applications (New York: Springer, 2015). [Madry, 2015].

[25] Michael, Gregory E. "Legal Issues including Liability associated with the Acquisition, Use, and Failure of GPS/GNSS" (1999) 52: 2 J Navigation 246. [Michael, 1999].

[26] Passary, Anu. "FCC fines Chinese GPS signal jammer vendor record $34. 9 million", Tech Times (22 June 2014), online: Tech Times 〈www. techtimes. com/articles/8888/20140622/fcc - fines - chinese - gps - signal - jammer - vendor - 34 - 9 - million. htm〉 (last accessed 7 November 2016). [Passary, 2014].

[27] Pelton, Joseph N; Scott Madry & Sergio Camacho - Lara. "Satellite Applications Handbook: The Complete Guide to Satellite Communications, Remote Sensing, Navigation, and Meteorology" in Joseph N Pelton, Scott Madry & Sergio Camacho - Lara, eds, Handbook of Satellite Applications (New York: Springer, 2013) 3. [Pelton, Madry & Camacho - Lara, 2013].

[28] Rycroft, Michael J ed, Satellite Navigation Systems: Policy, Commercial and Technical Interaction (Dordrecht: Springer Netherlands, 2003). [Rycroft, 2003].

[29] European Space Agency, "Navipedia: NAVIC", online: European Space Agency 〈www. navipedia. net/index. php/NAVIC〉 (last accessed 7 November 2016). ["Navipedia"].

[30] Frost & Sullivan, Global Navigation Satellite System Applications Market Assessment in Pursuit of New Business Opportunities (18 December 2012), online: Frost & Sullivan 〈www.frost.com/prod/servlet/cio/271053019〉 (last accessed 7 November 2016). [Frost & Sullivan, 2012].

[31] John A Volpe National Transportation Systems Center, "Vulnerability Assessment of the Transportation Infrastructure Relying on the Global Positioning System", Final Report (29 August 2001), online: U.S. Department of Homeland Security: Navigation Center 〈1.usa.gov/hPw6wr〉 (last accessed 7 November 2016).

[32] McDowell, Jonathan "Jonathan's Space Report", online: Jonathan McDowell 〈www.planet4589.org/space/jsr/jsr.html〉 (last accessed 7 November 2016). [Jonathan, 2016].

[33] National PNT Advisory Board, "Jamming the Global Positioning System - A National Security Threat: Recent Events and Potential Cures" (4 November 2010), online: GPS.GOV 〈www.gps.gov/governance/advisory/recommendations/2010 - 11 - jammingwhitepaper.pdf〉 (last accessed 7 November 2016).

[34] Satellite Industry Association & the Tauri Group, "State of the Satellite Industry" (September 2015), online: Tauri Group 〈space.taurigroup.com/reports/SIA _ SSIR _ 2015.pdf〉 (last accessed 7 November 2016). [SIA & Tauri Group, 2015].

[35] The Royal Academy of Engineering, "Global Navigation Space Systems: Reliance and Vulnerabilities" (March 2011), online: The Royal Academy of Engineering 〈bit.ly/feFB2i〉 (last accessed 7 November 2016).

[36] US, Department of Commerce: National Telecommunications & Information Administration, "NTIA LightSquared Recommendation to the FCC" (14 February 2012), online: National Telecommunications & Information Administration 〈www.ntia.doc.gov/fcc - filing/2012/ntia - lightsquared - recommendation - fcc〉 (last accessed 7 November 2016).

[37] Visual Satellite Observer, "Home", online: Visual Satellite Observer 〈www.satobs.org/〉 (last accessed 7 November 2016).

拓 展 阅 读

[1] Epstein, Jonathan M. "Global Positioning System (GPS): Defining the Legal Issues of Its Expanding Civil Use" (1995 - 1996) 61: 1 J Air L & Com 243.

[2] Gibbons, Glen. "European Officials Consider Galileo Mandate for Mobile Devices", Inside GNSS News (30 April 2014), online: Inside GNSS 〈www.insidegnss.com/node/3990〉 (last accessed 7 November 2016).

[3] Iqbal, Muhammad Usman & Samsung Lim. "Legal and Ethical Implications of GPS Vulnerabilities" (2008) 3: 3 J Intl Commercial L & Technology 178.

[4] Kuusniemi, Heidi. "Effects of GNSS jammers and potential mitigation approaches" (Presentation delivered at the United Nations/Latvia Workshop on the Applications of Global Navigation Satellite

Systems, Riga, Latvia, 14 - 18 May 2012).

[5] Pelton, Joseph N & Sergio Camacho - Lara. "Introduction to Satellite Navigation Systems" in Joseph N Pelton, Scott Madry & Sergio Camacho - Lara, eds, Handbook of Satellite Applications (New York: Springer, 2013) 561.

[6] European Global Navigation Satellite Systems Agency, "GNSS Market Report", online: European Global Navigation Satellite Systems Agency 〈www. gsa. europa. eu/market/market - report〉 (last accessed 7 November 2016).

[7] UNOOSA, "International Committee on Global Navigation Satellite Systems (ICG) ", online: UN Office for Outer Space Affairs 〈http: //www. unoosa. org/oosa/en/ourwork/icg/icg. html〉 (last accessed 7 November 2016).

第 9 章　空间太阳能发电

解决的关键问题

- 与实施太阳能发电（SBSP）有关的可行性和实践、运营、经济和监管问题；
- 讨论为了实现可行的太阳能发电卫星系统需要解决的问题，包括发射系统、地面整流天线以及环境和战略有关的问题等；
- 分析当前适用于太阳能发电卫星的管理系统的充分性和不足；
- 提出了应采取哪些全球管理行动，提出了具体和适当的建议，来加强和落实太阳能发电卫星系统的研发，促进相应的国际机构处理这些问题，确保这些服务的建立和可持续利用空间设施用于和平目的，造福全人类。

9.1　引言

在 20 世纪的最后几十年中，地球上的能源仍然很容易获得并且相对便宜。但是在 21 世纪，石油和天然气的开采成本变得越来越高。碳氢燃料和核裂变材料越来越被视为不可持续的能源或“肮脏的能源”。并且，这些燃料造成的环境污染还可能带来一些目前不全然了解的代价问题，这也成为人们高度关注的领域。而与此同时，许多国家的长期能源安全也成为问题。鉴于这些问题，加上能源行业的一些突出问题，以及气候变化带来的更加明显的负面影响，人们开始把目光转向太阳能发电，这似乎是一个可研究的方向。尽管空间太阳能初始的投资成本很高，但战略性地在太空中选址建造太阳能电站，源源不断地提供清洁的能源还是很具有吸引力的，也越来越被认为是可行的［Flournoy，2012，p. 2］。

如今，有许多成熟的卫星应用已经持续运行了数十年，对全球经济发挥至关重要的作用，包括卫星广播和通信、空间导航、遥感和气象卫星等。相比之下，太阳能发电卫星是一种相对较新的空间应用，40 多年前由 Peter Glaser［Glaser，1968］首次提出，这些年也经历了不同程度的研究和发展。这项新应用可以被称为空间太阳能发电（SBSP），或者太阳能卫星（SPS），甚至有个非正式的名称“太阳卫星”（SunSats）。

太阳能发电卫星目前发展还不成熟，但是与利用地球表面收集的太阳能相比，它具有较强的竞争潜力。太阳能发电卫星和地面太阳能相比的潜在优势包括（但不限于）以下几点：

1）云层和地球大气层极大地影响了太阳能接收。云层有时会遮挡住接收器，大气层会减弱太阳能的强度，但使用天基收集器可以无损耗地获取太阳能；

2）昼夜更替限制了太阳辐射可得的持续时间，不同地理位置持续时间有所不同，但与之形成对比的是，天基太阳能接收器可以 24 小时接收太阳能；

3）地面上无法大面积收集和利用太阳能（尤其是急需太阳能的城市/大都市地区），如果从遥远的太阳能场或光伏电站向城市运输能量，基础设施的成本高。而且由于季节性气候条件，许多人口稠密的中心城市并不适合利用地面太阳能。

太阳能发电卫星并非没有面临困难，仍有诸多技术挑战摆在面前。似乎需要开发新的、更具成本效益的实施系统，才可以将太阳能发电卫星从概念转变为可行的空间服务。太阳能发电卫星的支持者认为，根据当前的研究和发展前景来看，未来几年似乎成为可能。尽管如此，除开发新技术外，太阳能发电卫星行业还将引发监管、法律和安全标准问题等。幸运的是，这种新的卫星应用在从概念向新的空间服务的过渡中，先前的空间应用规则制定过程的先例和实践可以为它提供参考。毫无疑问，随着近地轨道（NEO）经济活动的增加，在轨的大规模发电的初步应用将会以空间为基础。这种初步做法和监管太阳能发电卫星的“交通规则”将借鉴联合国和平利用外层空间委员会、国际电联，也许还有世界气象组织以及全球导航卫星系统国际委员会的经验。在一定程度上，新的空间运输管理和控制流程会不断发展，这可能还需要国际民航组织在监管方面给予一些投入。

太阳能发电卫星产生的问题还有很多，涉及与卫星通信、空间导航和遥感之间的频率干扰或协调问题。包括：1）频率分配、频谱管理以及对其他服务的潜在干扰；2）指定轨道的使用和必要的轨道管理；3）空间碎片和碎片管理问题；4）输电水平、辐射限值以及安全标准；5）激光传输控制和有关对空间武器限制的考虑；6）对地球及空中生命和财产的安全风险；7）太空环境的可持续性；8）与使用太阳能发电卫星提供清洁可再生能源以解决二氧化碳（CO_2）排放和气候变化问题有关的全球政治和金融利益。必须找到适当的解决方案来应对这些以及其他相关问题，才能保证太阳能发电卫星从运营和商业角度都具备可行性。

2018 年将是联合国探索与和平利用外层空间会议（UNISPACE）成立 50 周年。有关方面正在计划利用这一周年纪念日来纪念在过去的 50 年间空间科学和技术发展方面取得的重大进展，以及人类探索宇宙付出的巨大努力和取得的辉煌成就。在此背景下讨论太阳能发电问题似乎是合情合理且具有现实意义的，因为此类卫星将来可能会成为满足全球能源需求、为子孙后代提供清洁能源的空间应用。但是，前提是必须解决环境和安全问题，尤其是如何创建这些系统而又不引起新的环境问题。简而言之，太阳能发电卫星可能具有为《2030 年可持续发展议程》做出贡献的潜力，《2030 年可持续发展议程》是联合国的一项优先议题［Draft Resolution］。迄今为止，太阳能发电卫星总体上还没有获得足够的公众关注，没有被具体列为联合国确定的“可持续发展”的重要工具之一。但是，该技术领域已经取得了一定的进步，开展了新的商业太空探索，未来太阳能发电卫星系统应该会成为各种国际论坛（尤其是 2018 年 UNISPACE＋50 会议）公开议程讨论的一部分。

9.2　太阳能发电卫星系统的独特性

太阳能发电卫星由三个主要要素或方面组成，空间部分、发射部分和地面部分。每个要素或方面都有各自的作用，也面临相应的挑战。

（1）空间部分

作为在地球大气层以外执行工作的平台，通信卫星（ComSats）和太阳能发电卫星具有相似的技术和操作要求。太阳能发电卫星的能量收集和传输基础设施包括卫星总线（物理基础设施）、太阳能电池组、星载处理系统、遥测控制系统和无线传输系统。与通信卫星收集一小部分太阳辐射为其航天器提供动力不同，太阳能发电卫星天线的设计目的是收集和集中大量的太阳热能和光伏能，将其传输到地球或太空中的其他地方转换成电能（见图 9-1）。

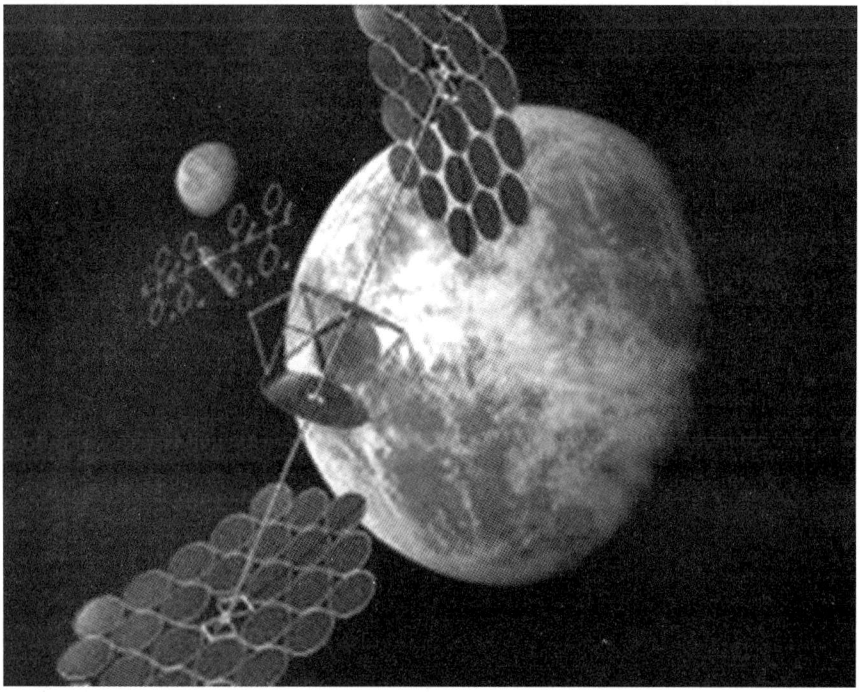

图 9-1　NASA 设想的用于太阳能发电卫星的低质量太阳能聚集器（来源：Graphic courtesy of NASA）

通常讨论将太阳能发电卫星放置在地球同步轨道上，该轨道高度为 35 870 千米，是用于通信卫星服务的“最佳位置”。此外还有其他选项，例如低轨上的太阳同步极轨道，甚至使用拉格朗日 L1 点。拉格朗日点是一个轨道位置或地点，较小的第三物体（在这种情况下即太阳能发电卫星）受到的来自太阳和地球的引力等于离心力［Howell，2015；European Space Agency，“Operations”］（见图 9-2）。太空中能量收集后将使用微波或激光进行无线传输，这两种情况都需要在国际电联监管下进行严格的频率分配和协调。

（2）发射部分

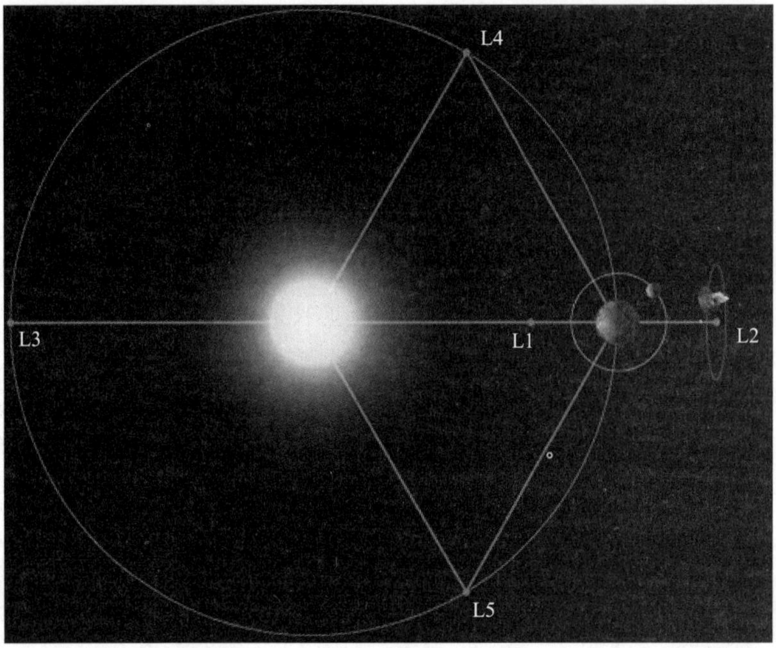

图 9－2 L1 到 L5 点是拉格朗日点（来源：Graphic courtesy of NASA）

太阳能发电卫星的发射要求至少在初始阶段与通信卫星的发射要求相似。由私营、商业或政府火箭向太空发射一个平台，脱离地球引力进入特定的轨道——低地球轨道、中地球轨道、地球同步轨道或相对于地球的更高位置，例如 L1 点，该平台作为太阳能发电卫星在太空中运行的基础。就位于 L1 点的太空设施而言，可能还需要设立某种类型的遮阳系统以应对气候变化问题并保护其免受日冕物质抛射的影响，尤其是如果将来减少对范艾伦辐射带的自然屏蔽的话。太阳能发电卫星的安全发射、定位和维护问题都是挑战。通常它的这些平台可能比用于通信或其他用途的常规卫星应用平台更大、更重。这是因为太阳能电池组的重量和质量更大，其中一些可能还需要在空间中进行组装。

在开发更具成本效益的发射和推进系统方面，公共和私营领域已取得了相当大的进步，例如支持从低地球轨道到更高轨道的发射操作的电推进，使用化学推进的商业发射系统，甚至缆绳技术，未来最终可能会创造出新型的太空升降机系统，即“太空电梯”[Swan，et al.，2013]。同时，在开发机器人系统方面也已经取得了长足的进步，这些机器人能够替代航天员执行复杂太空操作，远程完成组装和重新配置等维修活动。

（3）地面部分

从某些方面来讲，太阳能发电卫星信号的地面接收器（整流天线）类似于早期的广播和电视使用的无源 TVRO（电视仅接收）地球天线。但是，它们不会捕获要传递给客户和消费者的信息；它们只作为电力公司和其他高耗能客户的无线电力传输（WPT）的接收器。因此，这些接收器可能直径更大，达到 1 至 10 千米，以确保可以分散并安全地接收能量。为了确保卫星发射器准确地聚焦其主要功率波束，系统并不需要上行链（除了为了远程传输和处理地面接收器发出的低功率导频波束）（见图 9－3）。整流天线极有可能由电力公司管理，然后将接收到的能量直接转换为交流电（AC），汇入现有的电网中。在许多太阳能发电卫星设计中，从太空传递到地面的可用电量大约在 1 兆瓦（1 GW）的范围，近似于 1 个核电站的发电量 [Wallach，2010]。

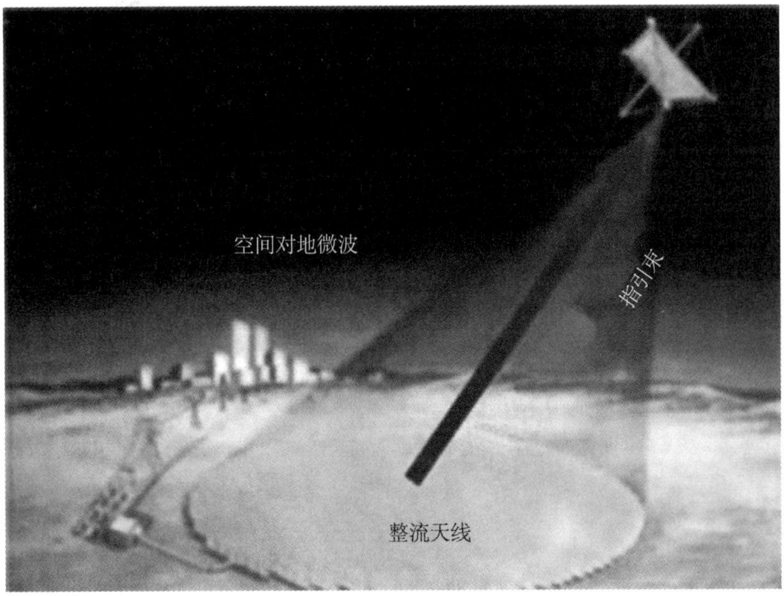

图 9－3　概念图：整流天线接收太空传输的无线电能（来源：Graphic courtesy of NASA）

9.3　太阳能发电卫星目前的研究热点和发展

随着当前全球能源危机日益加剧，以及国际社会对采用绿色能源日益关注，太阳能发电卫星系统如果可以解决技术、经济和工程问题，有望成为一项尖端技术。自 20 世纪 80 年代末太阳能发电卫星系统引起国际社会的关注，许多国家在这些系统的研究和开发上进行了大量投资。

（1）美国

20 世纪 60 年代美国提出首个太阳能发电卫星的提案，20 世纪 80 年代 NASA 获得了 2 000 万美元的预算来研究太阳能发电卫星系统 [Reichhardt，1998]。1997 年 NASA 提出“新面貌研究”（Fresh Look Study），重新激发了对这种能源方式的兴趣，该研究旨在确定太阳能发电卫星系统的可行性。2007 年 3 月，美国国家安全太空办公室再次出于“能源、环境、经济、知识和太空安全”的利益考虑提出了 SBSP 构想 [National Security Space Office，2007]。最近，为了解决过去的困难，NASA 创新先进概念计划（NIAC）通过任意大型相控阵（SPS－ALPHA）支持了第一颗实用太阳能卫星的第一阶段，该阶段于 2011 年至 2012 年完成。该研究建议：

SPS－ALPHA 能够实现经济可行性。随着技术成熟和系统级演示，SPS－ALPHA 概念通过当前的实验室技术可接近商业水平（例如，每千瓦时少于 20 美分），并通过提升关键技术以提供具有竞争力的商业能源（例如，每千瓦时少于 10 美分）［Mankins，2012 年，p. 105］。

该研究得出的结论是："SPS－ALPHA 的先进概念很有前景，值得探索"［Mankins，2012，p. 106］（见图 9－4）。

图 9－4　示意图：地球轨道上太阳能卫星向地面传输能量

（John C. Mankins 提出的 SPS－ALPHA 概念。已获 John C. Mankins 授权使用该图像）

（2）欧盟

2002 年，欧盟根据欧空局先进概念小组提出的一项倡议，建立了欧洲太阳能卫星网络。这一项举措契合欧洲对可持续发展的广泛关注，目的是探索空间可再生能源。1999 年，德国航天局根据欧空局合同对太阳能发电卫星进行了更大规模的研究，该合同的成果是提出了"欧洲帆塔 SPS 概念"（European Sail Tower SPS Concept）。除此之外，欧洲的各个实验室还在进行无线功率传输方面的各种其他实验，包括使用"多层太阳能电池、薄膜太阳能电池、小质量的 u 波导、高效率的 u 波发生器、大型超轻型结构等。"［Summerer，2003］。

在最近的研究中，欧空局结束了太阳能发电卫星研究的第一阶段，通过比较天基和地基太阳能发电的成果，强调了太阳能发电卫星相比那些基于地球的太阳能发电器的优势。欧空局现在进入 SPS 研究的第二阶段［European SpaceAgency：Advanced Concepts Team，2008］。

（3）日本和印度

日本可以被视为太阳能发电卫星系统研究和开发的领先者，并已设定了向地球传输 1 千兆瓦电能的目标。日本计划用较小的卫星开始太阳能发电卫星系统测试，下一步目标是到 21 世纪 30 年代建成一个运行站。同时，印度经过研究人员 20 余年的努力，已经建立了太阳能发电卫星项目的草图和初步框架［Flournoy，2012，p. 89］。

（4）私营企业

随着技术的进步，从太空向地球发射清洁和可再生能源的前景似乎每年都在向好的方向发展。商业上的成功进展与卫星通信、遥感以及空间定位、导航和授时都类似，这表明空间太阳能作为未来新的空间商业可以提供至关重要的服务并成为成功的行业。

在许多方面，可以将新生的太阳能发电卫星行业视为通信卫星业务的后续应用。通信行业的企业家是最早致力于空间技术的先驱，他们最早发现了将发射塔架设在地球上空可以获得最远距离、最大覆盖范围且兼具机动性的优势。由于早期成本高昂和对部分私营部门的不信任，未来太阳能发电卫星系统比较可行的发展方式是由私营企业、空间企业与一个或多个赞助商或许可此类活动的国家政府合作来完成。需要这种类型的企业合作，才可以开发出可行的技术和总体系统设计，建造和发射太阳能发电卫星系统，获得地面整流天线系统的许可证，充分解决相关的安全问题和标准问题，并满足必要的国家、地区和国际批准条件［Feng Hsu，2010］。

有一种提议是，要想使太阳能发电卫星成为现实，一个良好的开端是建立一个由政府、企业、非政府组织和学术界的参与者组成的公私合作联盟，就像 Intelsat/Comsat 建立的模式一样。这种合资企业的协作和管理模式可在用户之间分配成本，最小化和分担风险，并促进国际合作［［Jakhu，Howard & Harrington，2016，p. 51］。在美国、日本和欧洲，政府对该领域的研究已经给予了一定程度的支持，但还不足以达到可以进行商业开发的地步［Hsu，2010］。

自 2009 年以来，已经出现了几项完全由私人商业企业部署和运营太阳能发电卫星系统的计划，包括太平洋天然气和电力公司（PG & E）、Solaren 公司、三菱电机公司、IHI 株式会社以及太空能源公司。但是，这些商业企业目前尚未获得许可，并且尚未获得任何用于发射的太空硬件支持。当前，没有严重的监管障碍可以阻止私营企业开发太阳能发电卫星系统。鉴于商业航天特别是发射领域快速发展，未来可能出现较小规模的商业设计，并寻求空间布署。这些举措无论是由各国政府、私人公司或国际联盟主导，都会面临一系列技术挑战。

9.4　太阳能发电卫星面临的挑战

9.4.1　技术挑战

与太阳能发电卫星相关的技术研发至少包括以下方面：

1）开发效率更高、成本效益更高且寿命更长的光伏电池，以更具生产能力、更低成本低、更高效益的方式利用太阳辐射发电；

2）开发一种更有效、更安全的从太空传输电力的手段，确保地面接收系统安全和对环境友好，并且不会造成危害或过度使用土地或地表水资源；

3）改进空间运输系统，以支持建立具有成本低、效益高、可靠和安全的太阳能发电卫星系统；

4）设计、构想和实施从经济、操作和技术角度来看都可行的系统。这必须借助优化设计，并有效利用机器人技术和自动化系统来构建和运行太阳能发电卫星系统，从而减少航天员需要到太空进行组装、测试、运营和维修的需求，降低成本并提高人员安全性。

过去的数十年间已经开展了大量研发工作，开发出了更高效的太阳能电池。研发出了能够将更高比例的太阳辐射转换为电能的光伏电池（包括最新的有关量子点技术的研究成果，该技术取代了硅、铜铟硒化镓等大块材料）以及生产成本更低、使用寿命更长并且可以长时间承受高水平的辐射的光伏电池。也研发出了更有效地保持太阳能电池寿命的玻璃涂层。在压电聚合物方面的工作也取得了一定进展，该压电聚合物可以为太阳能聚集器提供紧凑的成形光束，并且成本低。所有这些技术结合起来，使运行太阳能发电卫星比以前更有望成为现实。

但是，其中还面临的一部分挑战是，设计出的系统要能满足以24/7（不间断）的方式将功率分配回地球，或者能够将该能量束送到最需要能量的区域。缺乏化石燃料的国家，例如日本，已大力投资开发这种新的太阳能发电卫星技术。另一个关键点是开发出的系统要耐用，只需进行少量的机器人维修和更新即可运行。系统如果只能运行5到10年，那就毫无成本效益可言。随着发射系统变得更具成本效益，新设计的太阳能发电卫星系统如果可以持续更长时间，那么会更加可行且更具有经济竞争力［Norris，2013］。

简而言之，实现新的基于太空能量的卫星业务的障碍绝不仅仅是技术上的。挑战还包括寻找更容易和更低成本的进入太空的途径，设计具有更高效率和更大容量的太阳能电池，以及开发和部署高效轻量的太阳能聚集器、WPT和接收器网络以及能量转换、存储和分配系统。

9.4.2 监管挑战

在开发、部署和运行太阳能发电卫星系统方面，还有许多亟待解决的政策和法规问题。国际宇航科学院（IAA）在2011年的报告中列出了一些最基本的问题：

- 是否可以切实考虑将太阳能卫星视为“绿色能源”的选择；
- WPT光束健康和安全的主要考虑因素；
- WPT波束频谱分配和管理；
- 可能存在的空间碎片影响和相关问题；
- 潜在的WPT“武器化”问题；
- 空间太阳能开发和运营的国际协调战略［Mankins & Kaya，2011，p. 74］。

自国际宇航科学院报告发布以来，大量相关文献试图回答这些以及其他令人关注的问题。约翰·曼金斯（John Mankins）在其 2014 年出版的书中指出，太阳能发电卫星系统不仅涉及解决技术问题，而且还面临国际社会必须密切关注的多方面的监管和政策问题。这些要素包括（但不限于）：空间政策；能源政策；与环境和气候有关的规则；技术研发、项目规划和国际技术转让限制；税收政策和关于空间发展或能源的激励措施；国防和安全问题；与监管环境有关的各种因素以及国际关系和相关问题［Mankins，2014，p. 275］。

但是，随着太阳能发电卫星可行性越来越高，逐渐凸显的最受关注的问题包括以下方面：

9.4.2.1　频率分配和轨道登记

国际电联是联合国中历史最悠久的、专门处理频率和轨道位置的分配和协调机构，拥有“高度技术性的规则、程序和标准的复杂网络”［Jakhu，Howard & Harrington，2016，p. 33］。随着太阳能发电卫星技术的出现，必须审视的一个问题就是，与该技术有关的监管框架和决定是否将完全包含在国际电联或其他监管流程/组织的管理之中。从目前情况看，从国际政治角度讲，国际社会对建立新的监管机构犹豫不决，那么将国际电联视为合适的管理监管机构也是合理的。

通信卫星在轨道登记、定位、频率分配和功率传输方面都受到监管。根据当前的监管程序，太阳能发电卫星不论放在任何轨道都必须经过类似的审核和授权过程，才能在特定位置或轨道运行。这最终将需要国际电联介入并协调，以最大程度地减少和其他空间用户以及地面和空域无线电频率用户之间的电磁干扰。由于太阳能发电卫星产业出现得晚，因此它将在诸如地球同步轨道的轨道位置以及稀缺的频率分配等问题上受到先前用户的抵制。此外，先前用户希望保护通信、导航、遥感和其他服务，也会在共享轨道位置和频谱问题上表现出明显的抵制［Flournoy，2012，p. 6］。

9.4.2.2　安全和健康风险

太阳能发电卫星最重要的政策和法规考虑因素可能就是 WPT 产生的安全和健康风险。国际宇航科学院在 2011 年的报告中强调了 WPT 的安全性和潜在的健康风险，并提出疑问：WPT“在发生意外操作事故的情况下”是否可以提供“失效保护”［Mankins & Kaya，2011，p. 77］。该报告还指出了与电子设备或其他机器的瞬态照明有关的问题，以及需要消除任何对人类和动物的眼睛产生安全风险的问题［Mankins & Kaya，2011，pp. 77－78］。

9.4.2.3　空间碎片

太阳能发电卫星也同样面临空间环境的所有挑战，包括（人为和自然的）空间碎片的威胁。至少在最初阶段，太阳能发电卫星技术无法做到小型化，为了满足效率，整个系统的表面积很可能会比较大，因此更容易受到碎片撞击。此外，由于太阳能发电卫星系统本身具有很多较大的活动部件，在发生事故时自身还可能产生更多的碎片［Jakhu，Howard & Harrington，2016，p. 24］。国际宇航科学院在 2011 年的报告指出，“空间碎片最显著的问题是在低地球轨道……对于 SPS，这个问题涉及三个方面。第一个问题是低地球轨道碎片对专用 SPS 基础结构的潜在影响。第二个问题是通过 SPS [Earth - to - orbit] 和太空运输可能产生 LEO 碎片。第三个问题是地球同步轨道上的 SPS 太空运输与低地球轨道碎片之间的潜在相互作用”[Mankins & Kaya，2011，p. 79]。通常来讲，空间碎片长期以来一直是国际空间法律和法规的考虑因素。但是，由于缺乏严格的约束性规则或履行条约义务的政治意愿，这一问题继续加剧，并且从监管和利用外层空间的角度来看这一问题一直令人担忧。

9.4.2.4 太阳能发电卫星用作武器

尽管近些年大多数关于太阳能发电卫星的研究表明微波更适合于从太空传输能量，但是激光也有其自身的优点和缺点，也是一种可行的选择。使用激光作为传输介质的缺点之一是太阳能发电卫星可能被用作武器，从太空或者地球表面均可。国际宇航科学院在 2011 年的报告中特别指出，“对于可能使用 SPS 传输来点燃地球表面目标感到担忧”[Mankins & Kaya，2011，p. 81]。该报告进一步指出了诸如照明、传感器系统损坏、电源系统损坏以及产生静电放电等问题。太阳能发电卫星技术的发展必须包括特定的设计控制和输电监管，以确保快速、精确和有效地传输天基太阳能，而不会威胁到地球、空域或外部的空间安全 [Mankins & Kaya，2011，pp. 82 - 83]。

9.5 太阳能发电卫星现行管理制度

确保太阳能发电卫星生存的根本必要条件是适当的国际和国家法律。Betancourt 描述了国际法规如何可以营造一个良好的环境，支持太阳能发电卫星系统的发射、维护和清除过程，并指出进行太阳能发电卫星开发和使用会自动带来一些问题，需要制定相关法律和流程来应对 [Betancourt，2010]。对于太阳能发电卫星而言，“这些问题包括空间物体的协调和注册、空间产权、私人当事方的权利、损害赔偿责任和环境保护” [Betancourt，2010]。目前已经具备管理所有空间活动（包括太阳能发电卫星）的一般框架，尽管如此，未来全球太空管理体系仍需要进一步和具体的发展 [Jakhu，Howard & Harrington，2016]。

如第 2 章所述，联合国和平利用外层空间委员会引领了空间应用法律框架的发展。联合国有五项核心的空间法条约，国际电联有和空间活动有关的国际电联《组织法》和《公约》（以及国际电联《无线电规则》）。与太阳能发电卫星监管有关的几条重要条约包括：1967 年的《外层空间条约》、1972 年的《责任公约》、1976 年的《登记公约》以及国际电联《组织法》和《公约》。

9.5.1 外层空间条约

如前几章所述，《外层空间条约》奠定了太空管理体系的基础。它认可所有国家及其私人公司为了合法目的，享有探索和利用外层空间的自由，包括从太空收集和传输能源。但是，它禁止任何国家和组织以任何方法侵占外层空间和天体。该条约在以下方面涉及太阳能发电卫星系统：

9.5.1.1　以惠及全人类为目标自由利用太空

《外层空间条约》第一条规定："探索和利用包括月球和其他天体在内的外层空间应造福和符合所有国家的利益，而不论其经济或科学发展程度如何。"[emphasis added]。关于这条规定一直存在争议，尤其是它涉及航天国家与非航天国家之间，或发达国家与发展中国家之间的争执。迄今为止，大多数空间活动都是以探索为目的，而目前我们面临开发空间资源的问题，太阳能发电卫星系统面临的问题就是要能保持平衡，以满足以所有国家利益为目标而利用太阳能发电卫星，而不仅仅是部署此类系统的国家。特别考虑到太阳能发电卫星可以解决全球能源危机，那么如何以及以何种形式实施《外层空间条约》第一条以造福全人类，还有待观察。

9.5.1.2　对太阳能发电卫星用作武器的监管问题

本章前面已提到，太阳能发电卫星可能会被用作太空武器，因此，对其进行监管对国际安全至关重要。从整体上看，《外层空间条约》的起草者打算以和平为目的利用和探索外层空间。特别是，《外层空间条约》第四条禁止将任何携带核武器或任何其他种类的大规模毁灭性武器的物体放置在环绕地球的轨道上。该措辞也存在一些拓展性的解读，即意味着可能会在地球周围的轨道上放置除特别禁止的武器以外的强大武器。是否违反《外层空间条约》第四条，取决于如何解释大规模毁灭性武器一词，以及太阳能发电卫星系统用作武器可能造成的强度、影响和损害。

对太阳能发电卫星系统来讲，普遍认为任何试图利用高功率微波或激光束技术将太阳能发电卫星转换为武器的尝试都与《外层空间条约》的整体精神背道而驰。第 12 章将进一步详细讨论空间安全问题。

9.5.1.3　国家层面授权要求

根据《外层空间条约》第六条，国家应对其公共机构和私营公司开展的空间活动承担国际责任。各国有义务确保其私营公司的空间活动（包括太阳能发电卫星）符合条约的规定，并应获得国家授权和持续监督。因此，许多航天国家已经制定了国家法律和法规，包括某种国家许可制度，来管理其私人公司的空间活动。但是，目前任何国家都没有国家法律规定太阳能发电卫星系统的发射和运行需要获得国家许可。一旦太阳能发电卫星技术变得可行，就要制定此类法律，并且将来缺乏此类立法确实会阻碍太阳能发电卫星系统开发。众所周知，美国颁布了具有前瞻性的立法，并且正如所讨论的那样，它致力于开发太阳能发电卫星技术。因此，可以预料，在国家层面针对太阳能发电卫星系统的此类具体立法可能会逐渐展开。

9.5.2　太阳能发电卫星造成损失的责任问题

根据《外层空间条约》第七条和 1972 年《责任公约》，发射国应对其发射的任何空间物体（包括其私人公司经营的物体）造成的任何损害承担责任。发射国（直接发射或采购发射器，或使用其领土或设施进行发射）如果对任何地球表面或飞行中的飞机造成损害，应负有绝对责任。但是，如果损害是在外层空间或天体上造成的，则应以过失为归责原因。尽管适用于其他空间物体的责任制度同样适用于太阳能发电卫星系统，但太阳能发电卫星系统作为新的空间应用存在一些特殊之处，需要特别提及和关注。其中一个例子就是太阳能发电卫星系统的建造过程是一项复杂而庞大的在外层空间中开展的活动，特别是如果放置在地球同步轨道中，需要完成多次往返外层空间的发射。在太阳能发电卫星系统的建造和运行过程中发生事故的可能性预计会比较高，并因此增加了承担责任的风险[“Draft：URSI White Paper，” 2006]。

根据一般国际法，因违反义务而产生的损害赔偿要求“必须克服严重的不确定性，例如法律选择、法律冲突、索赔依据、可复原性、损害赔偿金数额、法院程序、证据的性质和可采性、法院使用的语言、法院的管辖权等。”[Jakhu，Howard & Harrington，2016，p. 28]。但是，在国际空间法领域内，《责任公约》规定了有关对遭受损害进行索赔的具体规则和程序。

随着私营企业在空间活动中的作用不断增强，必须指出的是，国际空间法仅对国家施加损害赔偿责任，对私营企业并没有施加责任[Jakhu，Howard & Harrington，2016]。为了填补这一空白，各国必须制定自己国家层面的法律来规范私营公司的活动，在私营公司造成损害的情况下保障国家的利益。如果此类规定不到位，国家可能不愿允许私营公司进入太空，从私营部门的角度可能会阻碍太阳能发电卫星技术的发展。美国、日本和法国已经通过了一般性的太空立法，以明确责任问题。

在制定和颁布国家空间立法方面，美国仍然是最具创新性和积极性的国家。美国国会已通过立法，授予美国联邦航空管理局有权管制商业航天开展私营太空活动。该立法规定，私营公司需要向美国联邦航空局申请发射卫星的许可证。本书的第 5 章也讨论了该法案的部分规定。它要求所有申请方通过责任保险或其他独立方式证明其具备承担财务责任的能力。美国要求，在授权范围内开展航天活动，应该确保保险可赔偿可能造成的对其他方或自身造成的损失，且保额应达到指定的限额。该法律规定了赔偿责任上限，在此上限之上，政府将提供一定程度的赔偿。针对该问题，美国 2015 年发布了最新的《商业空间发射竞争法》，其中规定了责任上限，由政府和商业保险公司各自承担责任。

日本也采取了类似的做法。但是，日本的法律相对来讲对私营公司更为友好。不像美国的责任限额较高，日本政府要求的平均责任保险约为 2 亿美元。更重要的是，对于责任保险以上的金额，日本政府可以无限额承担，这样私营公司投资太空行业就少了些顾虑。法国也采用了私营赔偿保险要求和政府责任保险的混合模式，这在某种程度上对商业发射公司更为有利。

但是，目前还没有一个国家专门设置覆盖太阳能发电卫星所有方面（包括赔偿责任）的国家法律。

9.5.3　太阳能发电卫星登记问题

《登记公约》第二条要求，所有国家需要为本国或本国企业发射到太空的所有物体建立登记手续，并长期履行条约。第四条要求各国需要向联合国提供此类信息，包括物体的轨道参数，联合国将根据这些信息建立全球空间物体登记系统。

《登记公约》未来可以帮助新兴的太阳能发电卫星行业寻找可能损坏太阳能发电卫星的空间碎片来源，这点很有意义。仅仅是保持登记可能还不够。有关方面已经提出，为了避免空间碰撞并更好地应对空间碎片，可能需要建立一个主动的空间交通管理和控制系统。在这方面，多个国际论坛上已经讨论了国际民航组织未来可能参与空间交通管理的问题，以及如何改进空间态势感知的方法。本书的第 13 章更深入地讨论了空间交通管理问题，第 14 章中讨论了在轨机器人技术和主动碎片清除问题。

9.5.4　太阳能发电卫星的无线电频率和地球同步轨道位置

另一个法律问题涉及谁可以使用地球同步轨道上特定位置或适合太阳能发电卫星作业的特定轨道上的无线电频率和轨道位置。如上所述，目前，国际电联发挥着协调作用。但是，正如本书第 6 章所述，它在涉及卫星通信方面的执行权有限。国际电联负责确定、协调和登记无线电电磁频谱和轨道位置的使用。目前，国际电联的首要考虑是经济有效地使用有限的自然资源，似乎在无线电频率和轨道分配上采用“先到先得”的办法。

用于收集和传输能量的太阳能发电卫星的布置方法和用于通信的卫星的布置方法基本相同。Wallach 评论说，“太阳能发电卫星收集能量并将其转换为微波束后传输到地面，理想情况下，其放置的位置是在赤道上方，可以通过活动的‘点波束’传输到目标接收整流天线”[Wallach，2010]。但是，地球同步轨道越来越拥挤，一方面主要是因为在轨卫星对适当的频率和轨道位置的需求不断增长，另一方面也因为空间碎片的存在。因此，对于所有航天国家及其公司来说，太阳能发电卫星进入和使用轨道将面临重大挑战 [Jakhu，2013]。

第二个挑战将是为太阳能发电卫星系统找到合适的无线电频率频段。当前，国际电联没有专门给空间能量传输分配特定的频带。因此，在当前频率分配已经紧张的情况下，还要容纳这种新的空间应用，政治层面和法律层面都面临困境。起初，2.45 GHz 被认为是微波传输的最佳频率。然而，随着时间推移，这个频率被广泛应用，现在还选择它已经不太可行了 [Jakhu，Howard & Harrington，2016，p. 26]。

包括 NASA 在内的一些机构提出，5.8 GHz 已经应用在工业、科学和医学（ISM）等应用程序上，也可以作为太阳能发电卫星应用的频带。但是，很多其他机构不认同，原因如下：首先，根据国际电联无线电法规，ISM 频率仅允许在本地使用，而太阳能发电卫星具有国际性。其次，ISM 业务不是远程通信服务，因此，使用 ISM 服务不会对无线电服务产生潜在的有害干扰，而太阳能发电卫星被认为会产生干扰。最后，当前使用该频段的用户会大力反对对该频段进行重新分配 [Jakhu，Howard & Harrington，2016]。

目前看来，为太阳能发电卫星寻找合适的无线电频率似乎是一个挑战。但是，随着太阳能发电卫星系统的其他技术问题得到解决并且太阳能发电卫星在经济上变得可行，无线电频率的可用性可能不是主要问题。从地球到太阳能发电卫星进行通信和控制的无线电传输可能会产生有害干扰，因此需要预先进行协调。此外，地球到太空的波束是一项新兴的技术，不可避免地也会面临挑战。空间射束可能被应用于为 LEO 和 GEO 之间的轨道转移飞行器提供动力，这种传输也可能对太阳能发电卫星系统的运行造成类似的威胁［Jakhu，Howard & Harrington，2016，p. 26］。

9.5.5 微波辐射（无线能源传输）

最近的研究进展表明，在技术和法律意义上，为了促进无线能源传输（WPT），微波似乎更合适，并且将成为首选方法。尽管早期的太阳能发电卫星设计（有些甚至追溯到 40 年前）提出了使用激光束将太阳能传输到地球，但最近的太阳能发电卫星传输设计却更优先考虑使用微波束。微波束的优势在于，地球大气层对 3GHz 至 8GHz 频带内的电磁辐射几乎透明，因此可将波束穿过大气层时的能量损失降至最低。相比之下，激光束会被云阻挡并导致降水衰减。微波束带来的健康相关的问题也可能更少，并且将更难以用作武器，特别是在已经提出的功率水平上。与微波束相比，激光束更适合于较小的发电系统。但是，在能量传输功率水平较高的情况下，它们在高强度下发生光束转向可能会造成财产损失甚至人身伤害。微波的问题在于，需要在地球表面安装大型接收整流天线。

9.5.5.1 微波无线能源传输相关的安全和健康风险

诸如国际宇航科学院等机构已经进行了和太阳能发电卫星相关的健康问题的研究。考虑到微波的辐射水平，得出的结论是：

> 用于太空太阳能的微波没有电离作用，因此没有因微波辐射而致癌或基因改变的危险。微波的潜在危险，像来自太阳和人造光源的能量一样，直接与特定区域中的能量密度有关。太阳能发电卫星系统的设计要求为在地球表面的功率密度必须保持在安全范围内。例如，太阳光线的平均功率密度约为 100 mW/cm^2，而卫星太阳能系统在地球表面的最大设计功率是 25 mW/cm^2［Betancourt，2010］。

与上述研究结果相反，国际无线电科学联盟（URSI）明确表示了担忧，在整流天线中心上方，“SPS 功率通量密度将大大高于目前人类可接受的安全水平”［Draft：URSI White Paper，2006］。Jakhu，Howard 和 Harrington 也指出，“没有制定具有法律约束力的国际安全标准，来保护暴露于太阳能发电卫星传输电力的微波中的人员的健康”［Jakhu，Howard & Harrington，2016，p. 34］。此外，无线能源传输对人类健康造成的任何不利影响，特别是健康损害（按照《责任公约》），将是“对太阳能发电卫星运营国施加责任的基础，并且可根据国际空间法要求赔偿”［Jakhu，Howard & Harrington，2016，pp. 34 - 35］。

即使低强度微波束（在到达地球表面时会散布到一平方英里或更广区域）确保不会对人类健康构成威胁，但这些束流仍会造成影响，例如影响鸟类的迁徙途径。还有其他问题，例如太阳能发电卫星服务是否可能对空中交通产生影响，以及是否需要向靠近整流天线位置的飞机发出某种警告信号［Wallach，2010］。已经提出了一些解决这些问题的建议方案，例如建议在需要时使用法拉第笼或金属壳拦截无线能源传输，以避免飞行中的飞机暴露于可能对人体有害的波束中。对于其他飞行器，建议的解决方案是建立类似于现在军事区周围的禁飞区 [Jakhu，Howard & Harrington，2016，p. 26]。

9.5.5.2　国家层面对无线电频率的监管

向地面传输微波束可能受到国家通信监管机构的管辖，该机构迄今为止甚至已经对非常小规模的无线电力传输的演示进行了监管。目前尚不清楚在各种其他类型的无线电力传输（例如无线电和电视广播信号的传输、手机通信等）方面将允许何种程度的可能干扰。除了对无线服务干扰的担忧外，还将对接收整流天线的反射能量产生担忧，这可能会对通信卫星或导航卫星产生不利影响 [Wallach，2010]。

9.6　结论及汇总表

上述法律问题和其他几个问题应该得到妥善解决，方可确保太阳能发电卫星的可行性和经济可行性。

根据世界银行的数据，全球仍有约 11 亿人无法用电。世界银行认为“获取能源对减少贫困至关重要”[TheWorld Bank，“Energy”]，且基于以下假设资助了研究：“实现普遍用电是发展中国家政府能源部门设定的最重要目标之一……能够获取电力对人类发展至关重要，因为很多基础活动——如照明、冷藏、使用家电和运行设备用除了电力以外的能源都很难实现。可持续的电力供应可以解放大量的时间和劳动力，并促进更好的健康和教育。电气化可以帮助实现经济和社会目标”[TheWorld Bank，2010]。

将来，太阳能发电卫星可能会成为为地球上任何地区，甚至太空殖民地提供电力的新供应商。这种能力不仅代表着新的机会，而且还引发了新的监管问题。有能力提供当然还意味着有机会保留或拒绝。目前已经有一些有冲突或者结盟的国家把提供或保留能源作为外交政策的一种工具。

不仅发达国家在提倡太阳能发电卫星，发展中国家同样意识到了其潜力。其中一位支持太阳能发电卫星技术的人就是印度航空科学家和工程师 APJ Abdul Kalam 博士，他曾于 2002 年至 2007 年担任印度总统。他曾在一次演讲中表示：“到 2050 年，即使我们利用可用的所有能源，不论清洁的还是不清洁的，传统的还是新替代的，太阳能、风能、地热能、核能、煤炭、石油还是天然气，能源短缺比例仍会高达 66%。”此外，在 2013 年圣地亚哥举行的国际空间发展会议上，Kalam 博士进一步提出了他的想法，即到 21 世纪中叶，建立一套国际太阳能发电卫星系统为全球范围提供能源。当前，相关方面已经进行了合作，致力于开展太阳能发电卫星技术的国际交流，开发太阳能发电卫星技术和系统，包括北京科技大学、中国空间技术研究院、印度空间研究组织（ISRO）、印度空间科学技术研究所（IIST）、日本宇宙航空研究开发机构（JAXA）、日本的大学以及其他机构。

现在有两个非常重要的国际平台，未来可能会采取积极行动。首先，国际电联可以帮助调节和协调与频率和轨道分配有关的所有问题，为满足太阳能发电卫星的需求可进行量身定制。第二个是联合国和平利用外层空间委员会，在这个框架内就与空间活动有关的国际法律框架进行协商。这两个机构，以及与国际环境法规、健康和安全标准、气候变化有关的其他国际论坛，甚至负责空间交通管理的国际民航组织，都可以成为促进太阳能发电卫星发展的中坚力量，使得太阳能发电卫星这项成功的空间技术可以确保空间的和平和可持续利用，并造福于全人类。

因此，为了确保可持续地利用太阳能发电卫星造福全人类，特别是要符合《外层空间条约》第一条，寻求国际合作是必不可少的。为了实现这个目标，人们认为形成国际层面的公私合作伙伴关系（如最初的 Intelsat 企业）将是设计和运营太阳能发电卫星系统最合适的模式 [Jakhu，Howard & Harrington，2016]。

成功开发太阳能发电卫星面临许多挑战。需要开发空间系统、光伏发电和地面接收站（即整流天线）以及最佳效益成本比的发射系统等新技术。需要制定新的技术、安全和健康标准。国际社会还必须就相关安排达成一致，诸如与其他空间服务进行协调以最大程度地减少干扰，分配新的频谱用于向地球传输电力，解决轨道碎片问题，以及与责任有关的问题。还有前面提到的可能与空间武器、空间的长期可持续性、气候变化和环境问题有关的问题。

2018 年将庆祝联合国探索与和平利用外层空间会议 50 周年。此次 UNISPACE＋50 会议的目标之一可能包括确定或启动可行的日程安排，推动此项技术和监管程序，以在未来的几十年实现这种从太空获取清洁可持续能源的技术。

表 9－1 和表 9－2 列举了未来的挑战。表格内容有助于理清应对新的太阳能发电卫星系统引起的问题和关注的解决方案。

表 9－1　与太阳能发电卫星有关的关键因素和问题

问题和挑战	技术挑战（自然和人为原因）	经济、商业、人口、健康和其他挑战	风险/问题控制/公平问题
射频干扰和电磁干扰（EMI）	对系统进行调制、复用和编码，帮助区分通信和轨道上其他卫星应用的功率传输；智能天线系统	加强对干扰的执法和处罚力度	对国家系统提供特别保护，特别是使用 C 波段网络的发展中国家的卫星系统，但实际上是所有通信卫星以及卫星导航系统
需要国际电联、能源产业、国家负责电网监管的机构加大有关标准的协调力度	采用新的技术标准，协调并将对其他空间应用的干扰降到最低	优化干扰标准和流程，以更有效地应对通信、导航和电力网络的电磁干扰问题；利用国际标准化组织和国际电工委员会的新标准以及国际电联的新标准	对通信和空间太阳能卫星系统之间的干扰进行罚款或处罚
新的频率分配	新的分配旨在最大程度地隔离电力、通信和导航卫星，并提供更高的电力吞吐率	如果监管不当，各个太空产业数十亿美元的资产可能会受到威胁	依赖这些服务的各种空间应用行业和商业面临潜在财务损失
和太阳能发电卫星系统相关排放的健康标准	研究通过大气传输以及靠近整流天线对健康的影响	商定空间传输和地面整流天线的新健康标准	对靠近整流天线的人员、乘坐飞机的人员和迁徙的鸟类存在风险

续表

问题和挑战	技术挑战(自然和人为原因)	经济、商业、人口、健康和其他挑战	风险/问题控制/公平问题
协调太阳能发电卫星系统相对于通信和其他应用卫星的轨道分配	更有效的定位和轨道操作系统	新的许可和竞拍技术;更有效的卫星技术,尤其是在保持定位和避免碰撞方面	对所有类型的地球同步轨道卫星的风险;对 L1 拉格朗日点或其他轨道的部署相关的风险也需要研究
轨道碎片增加	采用新技术以更经济有效和可靠地清除碎片,或采用被动手段以满足 25 年的离轨规则;卫星和火箭上面级具有更好的主动和被动离轨能力	要求发射的所有太阳能发电卫星系统进入安全停留轨道或满足 25 年离轨规则;采用新的经济体系 鼓励碎片清除;需要改革空间赔偿责任条款	自愿的缓解准则不足;可能需要发展强制性空间交通管理系统,并找到一种方法为主动清除碎片提供资金支持

表 9-2　和太阳能发电卫星相关的国际措施建议

建议措施	建议行动主体
改进流程以最小化所有类型的应用与科学卫星和太阳能发电卫星系统之间的电磁干扰和射频干扰	国际电联、国际标准化组织、卫星行业联合会(SIA),卫星干扰降低小组赋予国际电联和其无线电规则委员会调查并核实电磁干扰以及对潜在的滥用行为采取行动的权力
建立太阳能发电卫星系统从太空到地面整流天线传输的健康和安全标准	世界卫生组织、国际电联、电气和电子工程师学会(IEEE)、国际宇航科学院、国际太空安全促进协会(IAASS)
分配新的无线电频谱,用于从空间向地面整流天线的传输	国际电联、各国国家级通信机构
改进卫星通信用户终端以减少干扰,建立太阳能发电卫星整流天线的新标准,包括潜在的能量反射回太空的问题	国际电联、卫星行业联合会、国际标准化组织和国际电工委员会
促进国家层面的立法来争取新要求,且必须与空间条约相一致,为主动清除轨道碎片制定新的标准;与太阳能发电卫星系统有关的空间碎片的风险升级,原因是这些系统的物理规模较大	国家立法机构;联合国外层空间事务司可以将国家法律样例或国家法规/行政程序或最佳实践分享给国际社会;可以通过空间数据协会或机构间空间碎片协调委员会制定新的空间碎片主动清除的国际程序,并提交给联合国和平利用外层空间委员会考虑
召开关于利用外层空间用于太阳能发电卫星的国际会议,以审查技术、频率、干扰缓解、空间武器问题以及能源和可持续发展的状况,目的是就上述问题和实施时间表提出具体建议,最终致力于创建国际合资企业(例如较早的国际通信卫星组织)以开发和运营全球太阳能发电卫星系统	第一步,国际宇航科学院开展研究制定议事日程;第二步,联合国和平利用外层空间委员会探讨研究的问题,参与探讨的还包括联合国机构观察员,专业机构如国际电联(ITU)、国际民航组织等。授权联合国外层空间事务司进一步制定议事日程;第三步,在此基础上,由联合国外层空间事务司主办召开国际大会

参考文献

[1] Algeria: Draft Resolution: International Cooperation in the Peaceful Uses of Outer Space, UNGA Fourth Committee, 70th Sess, UN Doc A/C. 4/70/L. 2 (2015), online UNOOSA 〈www. unoosa. org/res/oosadoc/data/documents/2015/a/ac _ 470l _ 2 _ 0 _ html/A _ C4 _ 70 _ L02E. pdf〉 (lastaccessed 17 November 2016) [Draft Resolution].

[2] U. S. Commercial Space Launch Competitiveness Act, Pub L No 114 - 90 [Commercial Space Launch Act of 2015].

[3] Convention on International Liability for Damage Caused by Space Objects, 29 March 1972, 961UNTS 187 [Liability Convention].

[4] Convention on Registration of Objects Launched into Outer Space, 14 January 1975, 1023 UNTS15 [Registration Convention].

[5] Treaty on Principles Governing the Activities of States in the Exploration and Use of Outer Space, including the Moon and Other Celestial Bodies, 27 January 1967, 610 UNTS 205 [Outer Space Treaty].

[6] Betancourt, Kiantar. "Legal Challenges Facing Solar Power Satellites", online: (2010) 16 Online J Space Communication. 〈spacejournal. ohio. edu/issue16/betancourt. html〉 (last accessed 17 November 2016).

[7] Feng Hsu. "Harnessing the Sun: Embarking on Humanity's Next Giant Leap", online: (2010.) 16 Online J Space Communication 〈spacejournal. ohio. edu/issue16/hsu. html〉 (last accessed 17 November 2016).

[8] Flournoy, Don M. Solar Power Satellites (New York: Springer, 2012).

[9] Glaser, Peter E. "Power from the Sun: Its Future" (1968) 162: 3856 Science 857.

[10] Howell, Elizabeth. "Lagrange Points: Parking Places in Space", Space. com (19 August 2015), online: Space. com 〈www. space. com/30302 - lagrange - points. html. 〉 (last accessed 17 November 2016).

[11] Jakhu, Ram S. "Regulatory Process for Communications Satellite Frequency Allocations" in Joseph N Pelton, Scott Madry & Sergio Camacho - Lara, eds, Handbook of Satellite Applications (New York: Springer, 2013) 271.

[12] Jakhu, Ram S; Diane Howard & Andrea J Harrington. "Legal Aspects of Solar Power Satellites" in Patricia Margaret Sterns & Leslie I Tennen, eds, Private Law, Public Law, Metalaw and Public Policy in Space: A Liber Amicorum in Honor of Ernst Fasan (Switzerland: Springer, 2016) 17.

[13] Mankins, John C. "SPS - ALPHA: The First Practical Solar Power Satellite via Arbitrarily Large Phased Array (A 2011 - 2012 NASA NIAC Phase 1 Project) ", Final Report to the NASA Innovative Advanced Concepts Program (15 September 2012.), online: NASA 〈www. nasa. gov/pdf/716070main _ Mankins _ 2011 _ PhI _ SPS _ Alpha. pdf〉 (last accessed 17 November2016).

[14] Mankins, John C. The Case for Space Solar Power (Houston, Tex: Virginia Edition, 2014).

[15] Mankins, John C & Nobuyuki Kaya eds, Space Solar Power: The First International Assessment of Space Solar Power: Opportunities, Issues and Potential Pathways Forward (Paris: International Academy of Astronautics, 2011), online: International Academy of Astronautics 〈iaaweb. org/iaa/Studies/sg311 _ finalreport _ solarpower. pdf〉 (last accessed 17 November 2016).

[16] Norris, Guy. "Lighting the Way", Aviation Week & Space Technology 175: 18 (3 June 2013) 34.

[17] Reichhardt, Tony. "Congress Revives Hopes for Solar Power Satellites" (1998) 394: 6691 Nature 309, online: nature. com www. nature. com/nature/journal/v394/n6691/full/394309b0. html. (last accessed 17 November 2016).

[18] Summerer, L. "Solar Power Satellites - European Approach" in Proceedings Japanese Solar Power Conference, Kobe, Japan, in press (2003.), online: ESA 〈www. esa. int/gsp/ACT/doc/POW/ACT - RPR - NRG - 2003 - Kobe02%20Solar%20Power%20Satellites - European%20approach. pdf〉 (last accessed 17 November 2016).

[19] Swan, Peter Alfred et al, Space Elevators: an Assessment of the Technological Feasibility and the Way Forward (Paris: International Academy of Astronautics, 2013).

[20] Wallach, Mark I. "Legal Issues for Space Based Solar Power", online: (2010) 16 Online J Space Communication. 〈spacejournal. ohio. edu/issue16/wallach. html〉 (last accessed 17 November 2016).

[21] European Space Agency: Advanced Concepts Team, "ESA work on Solar Power from Space: concluded and ongoing activities" (January 2008), online: ESA 〈www. esa. int/gsp/ACT/doc/POW/ACT - RPT - NRG - 2209 - SPS _ concluded _ and _ ongoing _ activities _ reduced _ size. pdf〉 (lastaccessed 17 November 2016).

[22] European Space Agency, "Operations: What are Lagrange Points?", online: ESA 〈www. esa. int/Our _ Activities/Operations/What _ are _ Lagrange _ points〉 (last accessed 17 November 2016).

[23] International Union of Radio Science. "Draft: URSI White Paper on Solar Power Satellite (SPS) Systems" (September 2006), Version 01 Sept 06, online: International Union of Radio Science 〈ursi. ca/SPS - 2006sept. pdf〉 (last accessed 17 November 2016) ["Draft: URSI White Paper"].

[24] The World Bank, "Addressing the Electricity Access Gap: Background Paper for the World Bank Group Energy Sector Strategy" (June 2010), online: World Bank 〈siteresources. worldbank. org/EXTESC/Resources/Addressing _ the _ Electricity _ Access _ Gap. pdf〉 (last accessed 17 November 2016).

[25] The World Bank, "Energy", online: World Bank 〈www. worldbank. org/en/topic/energy〉 (lastaccessed 17 November 2016).

[26] US, National Security Space Office, "Space - Based Solar Power: As an Opportunity for Strategic Security: Phase 0 Architecture Feasibility Study", Report to the Director, National Security Space Office, Interim Assessment, Release 0. 1 (10 October 2007), online: NASA: Kennedy Space Center 〈 science. ksc. nasa. gov/shuttle/nexgen/Nexgen _ Downloads/SBSPInterimAssesment0. 1. pdf〉 (last accessed 17 November 2016).

拓展阅读

[1] Flournoy, Don M. The Broadband Millennium: Communication Technologies and Markets

(Chicago：International Engineering Consortium，2004).

[2] Rajagopalan，Rajeswari Pillai. “Space Based Solar Power：Time to Put it on the New US - India S & T Endowment Fund?”，Observer Research Foundation：Commentaries (2 April 2011)，online：Observer Research Foundation 〈www. orfonline. org/research/space - based - solar - power - time - to - put - it - on - the - new - us - india - st - endowment - fund/〉 (last accessed 17 November 2016).

[3] International Telecommunication Union，“ICT Facts and Figures：The World in 2015”，online：ITU 〈www. itu. int/en/ITU - D/Statistics/Documents/facts/ICTFactsFigures2015. pdf〉 (last accessed17 November 2016).

第 10 章　太空发射服务

解决的关键问题

· 航天运载器和发射服务（包括太空电梯和其他新技术）发展的历程、现状和未来关键趋势；

· 分析适用于航天运载器和发射服务的现行管理制度的适当性，并提出改善相关全球管理的行动建议；

· 针对全球管理行动和行动组织提出具体和适当的建议，以便采取积极措施改善当前和未来的状况，提升服务并实现和平利用太空和造福全人类。

10.1　引言

航天发射系统，即将有效载荷运送到外层空间，是几乎所有空间活动的第一步。传统的利用外层空间（如将卫星放置在轨道上进行通信），和其他成熟的空间应用，以及新的空间活动（如太空旅行、太空自然资源开采、在轨维修和太空制造）都需要太空发射系统。为了实现造福全人类和空间探索可持续发展的目标，我们需要一个健全的太空管理体系，以及鼓励低成本和环境友好的发射系统的技术和法律制度。

传统的太空发射系统使用火箭从地球发射诸如卫星或航天器之类的有效载荷，将其运送到围绕地球的轨道上。此外，出于太空旅行或科学目的，某些发射也可能是瞄向亚轨道，或者超越地球的引力进入行星际轨道。

通常来讲，用于将有效载荷发射至轨道的一次性火箭由一级或多级组成。火箭的每一级在飞向太空的过程中逐渐被分离。被分离的这几级要么落回地球，要么在重返大气层时被烧毁，而上面级仍留在轨道上。这种不可重复使用（一次性）火箭发射成本很高，每次发射的费用在 5 000 万美元至 4 亿美元之间。价值 6 000 万美元的 SpaceX 火箭燃料成本仅为 20 万美元。对于发射费用 4.5 亿美元的航天飞机来讲，燃料费用仅为约 140 万美元。但是，一次发射的实际成本取决于轨道、需求和供应、不同发射策略的影响、固定/可变成本比率等。因此，很显然，如果发射次数和空间的使用量增加，从经济和环境角度使用可重复使用的运载火箭是最合理的，但是现在还不清楚能否经济地实现重复发射。

为了开展新的空间业务且提高发展能力，发射系统必须具有性价比高、可靠、产生轨道碎片少并且环境友好等特点。发展太空发射服务的首要关注点是降低每千克进入轨道的发射成本并减轻对环境的影响。因此，航天产业可能会倾向于使用可重复使用的发射器，以降低航天发射的成本。还有关键的一点是要减少空间碎片和分离后的火箭末级产生的危害，以实现空间利用的可持续性。除了降低空间发射成本的经济激励措施外，监管和法律改革也发挥着重要作用，可以促使未来的发射系统更安全、更清洁、设计更优化以避免不利的环境影响。当前，使用固体燃料的发射器会产生微粒，加速平流层臭氧的产生。这一点十分重要，因为在空气稀薄的平流层中，污染问题比在海平面上的污染要严重一百倍，甚至可能对保护性臭氧层产生不利影响。本书第 18 章将讨论空间环境问题。

10.2 新兴太空发射技术

10.2.1 可重复使用发射技术

很显然降低太空发射成本的首要方法就是火箭可重复使用。尽管之前思路方法很多，但近期的商业航天进展才切实证明了可重复使用技术方面的重大进步，如内华达山脉（Sierra Nevada）的追梦者号（Dream Chaser）、蓝色起源（Blue Origin）的 New Shepherd 运载火箭和 SpaceX 的猎鹰 9 号（Falcon 9）。波音 X－37 和苏联 Buran 航天飞机等型号已经表明，可重复使用的系统在技术上可行，但从经济角度来看仍面临很大挑战。一些可重复使用运载器可以实现高空发射，例如白骑士 2 号（White Knight Two），Stratolaunch 和内华达山脉的追梦者号，也提供了部分或全部可重复使用的方法。

可重复使用飞船可以根据其向上发射系统和向下回收或着陆机制进行大致分类，而着陆机制对于可重复使用是必不可少的。垂直起飞是火箭发射的标准方式，因此，可重复使用的火箭发射系统也使用垂直起飞方式。垂直起飞的优点是系统相对简单，且研发成本较低。另一种方式是水平起飞，利用航天器上升期间的气动升力。水平起飞很吸引人的一点是，它可以减少火箭垂直起飞所遭受的重力损失（在远离地球向上飞行时产生的损失）。因此，水平起飞需要的推进剂较少，并且理论上，正常机场跑道的长度就足够了。但是，水平起飞的主要缺点之一是需要在运载器上增加机翼，这会增加干重。对这个问题的一个变通方法就是使用水平起飞运载工具，例如白骑士 2 号或 Stratolaunch，作为有翼或常规的运载器，将火箭运送到高空再进行发射。

根据对可重复使用的定义，可重复使用发射系统意味着必须安全地返回地面。第一种方法是垂直着陆，既可以是使用火箭发动机主动推进着陆，也可以是使用降落伞或通过与大气相互作用减速的装置（例如旋翼机）进行“被动”着陆的方法。第二种方法是水平着陆，这需要运载器有机翼和起落架，从而增加质量。从轨道返回的运载器还面临许多其他问题，例如控制再入时的加热和加速问题，以及超声速或高超声速飞行状态。

可重复使用火箭最简单的形式是单级入轨（SSTO）。单级入轨意味着航天器入轨不会抛弃舱段。为了增大有效载荷的质量，单级入轨需要低质量比，即运载器的湿重（包含推进剂）和干重（不包含推进剂）的比，以及高排气速率。因此，单级入轨火箭需要做到结构轻，主要使用复合材料和先进合金，以及先进的推进系统，这些都是很大的技术挑战。尽管单级入轨运载工具尚没有实际发射的例子，目前还只是设想阶段，但低成本、高可靠的商业化可重复使用运载火箭目前已取得重大进展，因此应从监管角度鼓励这项研究和开发。

可重复使用的概念也适用于多级火箭。例如，两级入轨（TSTO）发射器由两个部分组成，可以是火箭由两级组成，也可以是两个单独的飞行器，其中一个用于将另一个推进到轨道。部分可重复使用指只回收其中一级，而完全可重复使用需要把两级都回收。根据系统的不同，回收可以是指运载器自行飞回到发射点，也可以是从遥远的地方对它进行回收。

在所有情况下，理想的情况都是将运载器起飞时的湿重降至最低。一种方法是选择氧气作为氧化剂。一个提高效率的方式是运载器本身不携带氧，而是在上升初期利用大气中的氧气。为此，有四种不同的方法和推进技术：超燃冲压发动机、涡轮火箭发动机、液体空气循环发动机和预冷喷气发动机。但是，通常认为仅通过吸气式推进无法达到轨道速度，因此仍然需要火箭推进才可以获得所需的轨道速度。在上升的第一阶段提取和存储的氧气可以在火箭发射阶段使用。英国的 Reacton Engines 公司正在研发 Skylon 超燃冲压发动机。该公司正在努力研发单级入轨运载器，结合吸气式技术和储存燃料的火箭推进技术来达到入轨目的。

尽管吸气式技术颇具吸引力，但是这种系统在技术上非常复杂。系统承受的热载荷可能非常高，因为吸气式运载器的飞行轨迹（至少在上升的第一阶段）是要通过相对较厚的大气层的水平飞行，因此产生大量热量。相比之下，火箭运载器的飞行轨迹几乎是垂直的，阻力损失和热量积聚较少。

除了可重复使用的发射系统的不同设计之外，推进剂的选择也可能是个复杂的问题。其中一个关键考虑因素是使用氢气还是使用密度更高但推力较低的其他推进剂。氢的优点是，燃烧温度较高，因此排气速度也较高，而且它的低温属性也使其成为极好的冷却剂。尤其是与产生微粒的固体推进剂火箭相比，它产生污染物也较少。但是，氢有两个主要缺点。第一，其密度低意味着需要更大的贮箱。第二，因为氢是低温的，存储和处理更复杂，而且氢分子很小，意味着使用它的系统需要更高质量的工程设计。这些缺点使得它可能不是单级入轨的理想燃料，因为燃料箱和泵必须更大、更重，才能存储氢并达到需要的推进速度。从这些因素综合来看，氢不是一个理想选择，因为它降低了总的推质比，而推质比是垂直发射火箭关键一点，推质比低意味着火箭会在上升过程中重力损失也会增加。尽管有上述这些缺点，目前仍有一些研发项目正在进行研究使用氢作燃料和氧气作氧化剂的航天飞机系统。

完全可重复使用的发射系统面临的另一个关键问题是需要对从轨道返回的所有部分进行热防护。很显然，对于重新进入大气层的可重复使用的发射系统，隔热层是必不可少的。对单级入轨运载器来讲，所有部分都必须进行热防护，而对于两级入轨来讲，则应对第二级（或上面级）进行防护。尽管原则上可以使用可更换的热防护系统，但航天飞机的例子已经表明，检查和维护该系统的运营成本很高。在这方面，追梦者号航天飞机已经进行了一些改进。

如前所述，可重复使用的吸气式单级入轨运载器一个非常有用的案例是 Skylon 运载器。这是一种水平起飞和水平着陆的无人航天飞机。Skylon 使用的推进系统是氢燃料组合循环喷气发动机和火箭发动机（称为 SABRE）混合的系统。Skylon 从常规跑道起飞，使用大气中的空气加速，到 26km 的高度时马赫数达到 5.4，然后再切换发动机改为使用自身携带的液氧（LOX）飞行直至入轨。Skylon 有效载荷运载能力可以达到低地球轨道 15 000 千克。最后，它会重新进入大气层，外部由陶瓷复合材料护罩保护，飞行器整体质量较小，可以实现在跑道上飞行和降落。理想的状态是仅经过两天的检查和维护，它便可以再次飞行。未来的设想是，发射供应商购买 Skylon 运载器后按照和当前航空飞机大致相似的方式运营 Skylon，每艘航天器最多可重复使用 200 次。

10.2.2 小载荷发射系统

载荷质量最小的卫星包括立方体卫星、飞卫星和纳卫星。立方体卫星（CubeSats）是现在最常见的小卫星，其高度、长度和宽度为 10 厘米，质量只有几千克，但能力不容小觑。质量最大的卫星是巨型星座的商业卫星，其质量通常在 250 到 500 千克之间，位置通常在低地球轨道。这些卫星主要用于 OneWeb，LeoSat，Constellation 和其他大型网络系统等。各种所谓的“小卫星”都需要发射系统。除了用于发射 10 至 18 吨范围内更大载荷的航天器的发射系统，这类发射系统也是重要的一部分。

经过过去十多年的技术发展，小型公司、大学和业余团体现在都有能力设计和建造自己的卫星。这些组织面临的主要挑战是将其自行设计的卫星发射到太空中。最初，这种小卫星是作为较大卫星的发射器上的次要有效载荷而发射的。由于此前有效载荷的数量相对较少，因此该方法相对有效。但是，现在寻找发射机会的小卫星数量大大增加。这使得运载火箭的市场利益情况有了新变化。2015 年的一项研究显示有二十多个正在研发的小型有效载荷发射系统。其中，有 11 个在 100 到 1 000 千克的范围内，7 个在 20 到 100 千克的范围内，另外 4 个在 20 到 20 千克的范围内 [Niederstrasser & Frick, 2015]。

小卫星的数量及其潜在用途不断增加，发射和部署小卫星的新方法也在不断改进。例如，一种方法是从国际空间站（ISS）发射小卫星，这种方法被认为可行，下一章节将展开讨论。对于非常小型的太空实验，可以在国际空间站使用 NanoRacks 公司的设施进行。完成实验后，可以将实验包送回地球或在补给任务结束时燃烧掉，例如安塔瑞斯/天鹅座（Antares/Cygnus）太空舱就是这种情况。另一个建议是将许多小卫星飞行任务合并到一个实验平台上飞行，以节省成本，以便这些小卫星在进行完飞行试验后可以离轨，尽量减少空间碎片 [Jakhu & Pelton, 2014]。在本书的第 15 章中，将讨论小卫星的发射问题。

10.2.3 从空间站部署小卫星

鉴于小卫星的数量不断增加，一些组织已开始研究发射小卫星的新方法。现有的一个技术解决方案是通过货物补给任务将卫星运送到国际空间站，然后再将卫星分配到轨道上。由于国际空间站配备有日本实验模块（JEM 或 Kibo），即所谓的 JEM 小卫星轨道部署器（J-SSOD），使这种方式成为可能。使用安装在日本实验模块（JEM）上的机械式太空机器人手臂，可以发射或部署立方体卫星 [Jakhu & Pelton，2014]。据预测，一旦通过常规的货物供应任务将立方体卫星运输到国际空间站，这种部署卫星的机制就可以实现低成本 [JAXA，"JEM"]。

美国公司 NanoRacks 也使用了这种方法，通过日本和美国开展向国际空间站的发射任务。但是，这种方法存在局限性，例如可以部署卫星的轨道本身有限制，且由于 SpaceX 公司的猎鹰 9 号（Falcon 9）和 Orbital ATK 公司的安塔瑞斯火箭的发射问题而被推迟。

10.2.4 先进火箭发射系统

除了上面概述的"传统"空间发射系统外，还有很多先进的发射系统理念。可以大致分为火箭类和非火箭类。

核动力火箭所使用的能源可以是内部的或外部的。例如，核热推进（NTP）是一种先进的火箭发射系统，其使用的热力学过程类似于常规化学火箭推进系统。推进剂被加热以提高其焓值，然后从喷管排出，将焓值转化为动能，在出口处达到超声速。不同的是，核热推进（NTP）用核能代替了常规火箭中使用的化学燃烧。原则上，这种能源可以基于核裂变或聚变。后者更可取，因为其质量-能量转换效率比前者高五倍以上。但是，与裂变不同的是，聚变过程现在还不可控。洛克希德·马丁公司的 Skunk Works 团队等机构在聚变研究方面取得的最新进展表明，该技术可能在不久的将来可以突破。

由于核热推进不需要进行化学反应，因此只需要一种推进剂。通常选择氢作为推进剂，因为其分子量低且排气速度高。氢气在低温条件下以液态形式存储，因此可用于进入反应堆之前的冷却推进系统。通常，反应堆燃料使用铀 235（U-235），它是储存量最丰富的天然易裂变同位素。在反应堆内部，放射性铀 235（U-235）衰减并散发热量。原则上，1 千克铀 235（U-235）可产生 77 兆焦耳的能量，因此作为能源它的结构非常紧凑。然而面临的一个很大的技术挑战就是要确保它的提取过程安全可控。尽管核热推进的主要挑战是设计一种可有效地将热量传递到推进剂，同时最大程度地减小质量的反应堆堆芯，但核热推进需要提高性能以补偿安全因素造成的质量损失。

核热推进火箭的四个主要组件是反应堆、涡轮泵、喷嘴组件和辐射屏蔽件。核热推进有三种一般形式，根据生成热能的反应堆的设计区别分为：实心、液心和气心。

当前，全球没有一个国家有公开的核热推进项目。但是，从 20 世纪 60 年代到 90 年代，美国和苏联都在该领域进行了研究和探索。从 20 世纪 50 年代中期开始，美国开始为太空运载器研发核热推进。美国国家航空航天局和美国原子能委员会共同开展了两个计划：用于开发反应堆技术的漫游者（ROVER）项目和用于火箭飞行器应用的核火箭发动机（NERVA）项目。NERVA 取得了一定进展，达到了集成系统组件演示水平，这意味着核热推进具备用于太空探索的可能性。美国国家航空航天局计划将其用作运载火箭的上面级，用于登月任务的太空渡轮以及用作载人探火任务的推进平台。然而，在后阿波罗时代，这些任务都没有得到政府的支持，并且在 1972 年 NERVA 计划被取消。1987 年，当时的美国战略防御计划建立了一个秘密计划，名为 Timberwind 项目，以评估将粒子床反应堆应用于核热推进，将远程反导弹拦截器发射到太空的计划。1991 年，Timberwind 被转移到美国空军的太空核动力推进方案，并于 1992 年终止。

2003 年，美国国家航空航天局启动了普罗米修斯计划（Project Prometheus），开发用于太空飞行任务的核系统。尽管最初看来该计划会涉及核热推进技术，但后来预算被削减，导致普罗米修斯计划几乎只能专注于太空核动力源和核电推进，而核电推进推力较小，并不适合用于发射系统。

苏联也尝试开展核热推进研究，从 20 世纪 60 年代中期到 20 世纪 80 年代后期一直在进行研究，建立了多套系统并进行了地面试验。唯一可完全运行的核热推进系统是 RD-0410 发动机。

总体而言，核热推进具有很多潜在的优势，但是由于它在太空中的应用或发射系统的应用对很多公众部门而言都极具争议，因此核热推进面临很多技术和政治上的挑战。然而，目前对裂变和聚变的研究兴趣被重新拾起。因此，如果可以对核热推进系统法律方面进行评估，将会很有益处，而且其他还在酝酿的先进系统未来也会需要健全的法律框架。

一直以来，在太空使用核能这个问题本身就存在着矛盾。一方面，核辐射可能对环境造成危害，人们对使用核推进感到非常担忧。另一方面，使用核能时在平流层的排放比使用常规固体推进剂要干净得多。目前，此类系统要遵守联合国大会《关于在外层空间使用核动力源的原则的决议》[GA Res 47/68] 中详述的在太空中使用核材料的准则。

另一种火箭发射系统使用从其他地点传输到火箭的“外部”能量，通常是通过激光或微波束来实现。正如（目前已经倒闭的）美国 Escape Dynamics 公司建议的那样，这种能量是指直接加热推进剂（即激光）或在交换系统中转换成热量后加热推进剂（即微波）。在 Escape Dynamics 公司的设计中，来自地面相控发射器的微波束撞击安装在发射器底部的热交换器。热量被传递到流经热交换器的推进剂，然后推进剂从喷管排出产生推力，就像化学热动力火箭发动机一样。预计这种方法可以有效地把能量传输给推进剂，可以支持单级入轨，使用有翼飞行器在部署有效载荷后滑回发射场。

还有许多其他的应用于发射系统的束能量概念。例如，在烧蚀激光推进器中，使用高能脉冲激光点燃和燃烧火箭底部的固体推进剂。此外，目前正在实施被称作“突破星空”（Breakthrough Starshot）的计划，将纳米飞行器系统发送到距离地球最近的恒星系统阿尔法半人马座（Alpha Centauri）。这种微小的飞船小到可以使用“一个地面千米级激光阵列将其加速到很高的速度，该阵列能够一次连续几分钟发射 100 千兆瓦的激光脉冲穿透大气层，厚度只有原子厚度、宽度 1 米的‘光帆’（light sails）在这些光束推动下飞向其他恒星”[Billings，2016]。简而言之，该项目结合了太阳帆与激光推进 [Billings，2016]。

10.2.5　先进非火箭发射系统：太空电梯

太空电梯将是一种将有效载荷（最终目标是载人）从地球表面提升到太空的系统。在未来的几十年中，系绳升降机系统或太空升降机可能会成为一种可持续发展且经济可行的发射服务。因此，有必要评估系绳提升系统或最终太空电梯及其使用带来的不可避免的法律、政策、程序和法规方面的问题。

非火箭发射系统，即通过轨道电梯或系绳将有效载荷转移到太空，这种概念已经由来已久。太空电梯是一根电缆，也称为系绳，一端连接到地球赤道表面，另一端连接到比地球同步轨道高得多的配重处。电缆在离心力作用下保持拉紧状态。每个电梯单元或者称作“攀爬器”可以沿着电缆上下移动。从理论上讲，有效载荷只需要沿着电缆上行，就可以被运送到太空。但是，实施太空电梯面临很多非常重大的技术挑战，特别是电缆所需材料的强度。

太空电梯的电缆长度将达约 100 000 千米，这条极长的电缆的一端是地球同步轨道上的一个节点。另一端是地球下方 35 870 千米处的弹性锚点。同样，它将向外部署到地球同步轨道节点上方的空间中，以在系绳的上部创建被称为“负重力”的点。电梯厢利用电力，沿着缆绳上下移动，这个成本预计远低于使用火箭的成本。太空升降机最终具有的运载能力估计比当今的火箭大两个数量级，而且成本大大降低，对环境的影响也小，产生空间碎片的可能性也低［Swan et al.，2013，p. 9］。

国际空间电梯协会（International Space Elevator Consortium）关于这一领域研究状况的一份实用的报告是 2013 年由国际宇航科学院出版的名为“空间电梯：技术可行性评估和前进之路”的报告。这项研究表明，出于各种法律、责任和国际所有权方面的考虑，此类太空电梯的着陆位置应位于公海之上。因此，其部署应当遵循海洋、航空和太空的法律制度［Swan et al.，2013，p. 260］。

这项 2013 年的研究的结论是“必须由国际组织支持或一个国家赞助太空电梯项目”。同时，也需要“国际电联同意在地球同步轨道上某个位置建立通信基础设施”。同时还指出，管理外太空物体的国际法律需要国家支持“发射登记和频率登记，以及地球同步轨道位置协调”［Swan et al.，2013，p. 268］。

还有其他相关的概念，比如数十千米高的发射塔（以避免在地球大气层最密集的地方进行发射），还有所谓的天钩和动量交换系绳。天钩是绕地球轨道运行的系绳，它可以向下延伸一段距离，以将由亚轨道航天器发射的有效载荷钩入轨道。旋转或不旋转的动量交换系绳可用于将有效载荷加速到轨道速度。其他非火箭太空发射系统还包括基于磁悬浮的发射回路和基于颗粒的太空喷泉等。尽管这些潜在的未来发射系统尚未成为现实，它们与大多数当前的发射系统相比，尤其是和固体推进剂系统相比，具有对环境的影响较小、产生空间碎片可能性更小等特点。

10.3　与发射有关的管理问题和担忧

10.3.1　私营部门参与度不断提高

如第 2 章所述，目前的发射服务法律框架主要基于 1967 年《外层空间条约》和 1972 年《责任公约》。两者都是根据“发射国”而不是私人实体来起草的，这就是为什么各国应对从其领土上发射的所有空间物体承担国际责任，而且各国还要对地球表面或飞行中的飞机可能造成的任何损害承担绝对责任。此外，根据《责任公约》任何索赔都必须是由一国对另一国提出。

当前的法律框架对非政府、私人和商业航天发射存在限制，因为它希望每个国家都可以建立国家层面的授权或不授权发射的法律。此外，如果一个私人企业希望寻求赔偿（例如由于发射失败而造成的损害），它必须首先与本国交涉，然后由这个国家对另一国提出索赔。私人企业无法直接提出索赔，这必然成为限制商业航天发射服务发展的障碍。但是，到目前为止，这似乎并不是主要障碍。一些国家已经设置了批准太空发射的中央监管结构，还有一些国家没有设置，主要是因为尚未感觉到有这个需求。但是，很显然，没有监管框架的国家的私人团体也有可能拥有开发和部署太空发射的能力。因此，在国家立法跟不上技术发展的情况下，拥有一个达成一致的总体国际法律框架作为支持能够发挥一定作用。为此，许多人建议建立一个全球开放的有关发射系统及其具体数据的数据库。这对于具有发射能力的国际商业联盟而言，可能用处颇大。

10.3.2　环境问题：地球及太空清洁技术

各国都有发射前必须进行的环境审查程序。建立示范国家法律以加强这些程序可能会有益处。这类法律可以鼓励使用更清洁的火箭燃料，最大限度地减少轨道碎片的产生，并制定比联合国和平利用外层空间委员会当前准则更严格的标准。如果在航天国家之间广泛实施这样的法律规定，将有益于改善现状。可用于化学发射器的燃料种类有很多，可以分为液体燃料、固体燃料和包含固体燃料的混合系统（混合系统中的固体燃烧可以通过停止氧化剂供应来关闭）。固体燃料和混合系统会排放出固体颗粒，这种污染从环境角度看是“不洁净的”，而且平流层非常敏感，大气厚度比海平面薄了两个数量级，因此加剧了这种污染。污染本就是一个令人担忧的问题，而未来如果部署所谓的太空旅游飞行和高超声速运输系统，飞行的数量非常大的话，问题就更严重了。世界气象组织（WMO）已经提出对火箭发射系统对环境的影响进行系统的研究。未来的监管措施应少支持会造成污染的燃料系统，如果可能的话支持使用电子离子推进器。穿越平流层的飞行会对大气条件已经很脆弱的区域产生不良影响，对这种飞行活动应该进行仔细研究方可开展。

除了地球上的环境问题外，轨道碎片也是发射系统要面对的重要问题。开发针对空间碎片减少和清除的功能更优化的发射系统至关重要，例如使用从地磁层获得的电磁推力的所谓的电子动态碎片消除器（EDDE）系统。低成本的发射系统将使碎片清除在经济上更加可行，如果未来可以制定适当的法规，则应受到空间政策的鼓励。

10.3.3　新发射技术中的立法缺失

根据当前有关空间的法律框架，太空电梯未来能否成为现实似乎还很不确定。太空电梯很可能会受到海洋、航空和太空法律的三重监管制度的约束。可能还会受到被称作“临近空间”（protozone）有关的第四重约束，“临近空间”指的是商业空域之上但外层空间之下的区域。

太空电梯适用的不止空间法这一套法律体系。如上所述，太空电梯预计会安置在公海上。因此，也会适用海洋法律体系。海洋法律体系大部分源于习惯法和古代海洋传统，后来又被纳入《海洋法公约》(UNCLOS)。科学家已经提出，将太空电梯锚固在海中的浮动平台上，“比陆基锚固器具有更多优势”[Edwards & Westling，2003，p. 87]。显著的优点是：可以将电缆避开低地球轨道物体和暴风雨的路径；不受雷击和风暴影响，以及赤道地区天气相对平静；该地区的空间活动平台经过测试，例如海上发射；没有高空作业挑战[Nase，2006，p. 121]。

由于这样的站点或太空电梯预期锚定在公海，因此《海洋法公约》第87（1）（d）条将适用，该条款规定了在国际法框架下建造人工岛和其他设施的自由［UNCLOS，art. 87（1）（d）］。但是，根据第147条第2款（e）项，此类人工装置或人工岛屿不具备占据领海、获得岛屿地位的权利［UNCLOS，art. 147（2）（e）］。有可能在此类装置周围建立安全区，但是根据《海洋法公约》，安全区范围应限制在500米以内。而专家建议，在太空电梯周围至少应保留海平面高度40千米以下和周长100千米以内的防空圈[Laubscher，2004]。而出于要为海上航行和空中航行保留足够的预警时间的考虑，专家们还进行了争论并提出实际区域比这个尺寸还要大［Nase，2006，p. 122］。

此外，国际航空法也与太空电梯有关，因为国家领土上方的空域或公海上方的空域均受《芝加哥公约》的管制。卫星（特别是小卫星）的发射也将触及国家和国际航空法。到目前为止，由于航空器最终必须降落，因此没有必要对空域的永久占用进行管理。对于敏感区域，例如军事基地，可以宣布限制飞行或禁飞［Chicago Convention，art. 9］。为了民航安全，也必须在太空电梯周围建立类似的限制区或禁区。还有一个问题是，设置特定的法律和法规指南以及“控制机构”是不是仅仅针对国家领空，还需不需要涉及更高海拔的区域（例如临近空间和外层空间）？本书的第13章专门讨论了与所谓的临近空间有关的问题，该问题与空间交通管理有关。除了法律地位之外，还有一个问题是，是否有必要提高技术能力来对这些区域提供足够的安全和监督控制，例如提高雷达技术或改进全球导航卫星系统软件，以及开发新形式的“空间交通管理与控制”。

空间法和五项核心空间条约也适用于太空电梯。迄今为止，没有一个物体既在太空中又同时被物理连接在地球上。从这方面来讲，必须对当前的监管制度进行某些调整才能适应太空电梯的特殊性。那么空间法必须回答几个基本问题。太空电梯不仅可能会对大气中的飞机造成危害，而且还可能对地球轨道上的航天器造成危害，据推测，在这方面需要制定法律制度。还有一个基本的问题是太空电梯是地面还是空间结构？此外，太空电梯运送的有效载荷从什么时候开始可以被视为太空物体？

10.3.4 可行措施

对现有和未来的空间发射系统、技术和概念进行全面系统的调查和分类会很有帮助，有助于未来形成短期、中期和长期的方案基础，可以从法律角度分析确定适合未来发展的框架。最重要的是，进行调查可以明确在法律法规方面面临的挑战，这些挑战对于开发更具成本效益、更可靠、更安全、可重复使用以及环境可持续的发射系统可能是起负面作用，也可能会起到积极的促进作用。应当尽可能激励发射系统的创新，尤其是可以减少轨道碎片，或者能够更经济有效地回收轨道碎片的发射系统。对于会对环境构成威胁的发射系统也应给予同样的重视，了解其威胁的程度和性质，以便可以在明确建立的数据的基础上考虑潜在的惩罚或使用替代发射系统。对于小卫星发射系统不断增加的情况，也要进行技术上的平衡，开发小卫星在寿命终止时主动或被动离轨技术。

10.4 结论及汇总表

全球太空管理需要不断进行审查和修订，才能认识到技术和机构的变化。其中一个关键变化是，将有效载荷放置在太空中不再局限在国家行为。各种层级的商业运营商越来越多地参与航天发射服务，从大型可重复使用的运载工具发射大型有效载荷，到使用小型、相对便宜的一次性使用系统大量发射微小卫星。随着技术发展和变得相对容易实现，微小卫星的全球监管可能会越来越成问题。未来运载火箭的重复使用可能还会带来其他监管问题。

同样，未来越来越多的发射系统和航天飞机进入并通过临近空间（protozone）可能会导致一系列新的技术、安全、环境和法律/法规问题。这些问题，特别是空间交通管理方面的问题，越早得到解决，就越有可能达成国际共识并统一实施战略，以便提供更广泛的国际支持。

从中长期来看，许多可能的技术发展可能会带来新的法律和法规问题。理想情况下，对全球太空管理的任何改变都应认识到并预见到此类问题，并以适当和相关的方式进行框架设计。尽管国际电联和国际民航组织也可能发挥有益作用，但联合国气候变化大会和联合国外层空间事务司（UNOOSA）将是促进这一议程的主要组织。如果在各种国际论坛上，特别是在2018年的UNISPACE+50会议上讨论这些关切和问题并考虑新的解决方案（见表10-1和表10-2），将会非常有成效。

表 10-1 与太空发射服务有关的关键因素和问题

问题和挑战	技术挑战(自然和人为原因)	经济、商业、人口、健康和其他挑战	风险/问题控制/公平问题
更好地定义基本概念,例如“国家领空”“临近空间”和外层空间;建立涉及发射区的关键区域,例如低地球轨道,中地球轨道和地球同步轨道	这些地区和区域没有根据精确的技术参数明确定义	这些地区和区域的应用之间存在竞争关系,以及对经济利益的使用程度也不尽相同	对这些概念缺乏国际公认的定义,使各种空间举措面临风险;发展中国家可能处于不利地位
需要更清洁的燃料,和对平流层更环保的发射器	逐步淘汰使用固体燃料和混合燃料的发射器和太空飞机,或者找到其他方式解决微粒问题	平流层顶部臭氧层枯竭造成的健康和基因突变风险	环境问题在北极和南极地区影响最大
开发清除轨道碎片功能更优化的发射系统,且清除过程更具成本效益;这些系统也可能用于解决存在潜在危险的小行星	新系统,例如EDDE和其他有前景的技术;用于加热、烧蚀或加速的地面或太空激光器是有前景的,但会造成有关太空武器的问题	当前的系统都不具有成本效益。EDDE可能还会带来与《外层空间条约》和其他空间条约相关的法律问题	如果空间碎片问题不能迅速得到解决,问题将会加剧。未来5年内直径1厘米的碎片数量可能会从25万增加到100万
研发可重复使用的空间发射系统	轻质化结构,先进的推进系统和可重复使用的热防护系统	投资所有类型的完全可重复使用的发射器	这样的系统不仅可以降低成本,而且可以降低风险
研发小型有效载荷发射系统	开发便宜和简单的组件	此类系统的全球许可和监管	不受管制地使用小型发射系统
核推进相关的机会和困难	研发推力大、可靠性高的核热推进(NTP)系统	政治和社会角度对核热系统的强烈不接纳	风险控制,如果应用为发射系统或作为载荷发射
束流能量系统	能量传输/转换、追踪和实时控制	公众对潜在危险的担忧,以及对“武器化”使用的担忧	
太空电梯/轨道塔	需要研发出足够强韧的材料以及控制系统,避免可能发生的碰撞	此类系统如果实施带来的成本问题,对现有发射设施的影响	保护太空电梯的地面端不受侵蚀

表 10-2 和太空发射服务相关的国际措施建议

建议措施	建议行动主体
鉴于目前有许多私营企业的活动,应在联合国和平利用外层空间委员会内部寻求一项普遍共识,各国应制定“道路规则”或制定国家立法,明确希望空间实体履行国际义务,并应扩大发射服务在非歧视基础上开展自由贸易的机会;并在可能的情况下将贸易和非关税壁垒降至最低(例如出口管制法规,如美国《国际武器贸易法规》)	联合国和平利用外层空间委员会、联合国外层空间事务司、世界贸易组织以及采纳航天相关法律、支持降低关税壁垒的贸易法规的国家立法机构
在联合国体系内为现有和未来的空间发射技术创建一个系统的调查和分类系统,其中包括燃料的类型和发射推进系统、起飞和着陆的发射配置、大气和太空中的交通管理、空气和平流层污染水平、产生轨道碎片的风险以及任何其他特殊考虑	联合国和平利用外层空间委员会、联合国外层空间事务司、国际民航组织以及所有合作的航天国家

续表

建议措施	建议行动主体
建立灵活的可以适应未来发射系统发展的法律框架；该过程应最大程度地激励以下目标：1)可重复使用的发射系统；2)对平流层无环境危害的燃料系统；3)可以在各种意义上进行优化以协助解决轨道碎片问题的发射系统	联合国和平利用外层空间委员会、联合国外层空间事务司，国家立法措施，以及不断致力于探索新方式和新技术解决关键问题的国家航天政策
需要制定有关国家领空、临近空间和轨道空间要素的关键定义	国际民航组织、联合国和平利用外层空间委员会、联合国外层空间事务司，以及可以解决本章论述的问题的机构间航天委员会（即机构间空间碎片协调委员会的扩展版）

参 考 文 献

[1] Convention on International Civil Aviation, 7 December 1944, 15 UNTS 295, Can TS 1944 No 36, ICAO Doc 7300/9 [Chicago Convention].

[2] Convention on International Liability for Damage Caused by Space Objects, 29 March 1972, 961UNTS 187 [Liability Convention].

[3] Principles Relevant to the Use of Nuclear Power Sources in Outer Space, GA Res 47/68, UNGAOR, 47th Sess, UN Doc A/RES/47/68 (1993).

[4] Treaty on Principles Governing the Activities of States in the Exploration and Use of Outer Space, including the Moon and Other Celestial Bodies, 27 January 1967, 610 UNTS 205 [Outer Space Treaty].

[5] United Nations Convention on the Law of the Sea, 10 December 1982, 1833 UNTS 3, UKTS 1999 No 81 [UNCLOS].

[6] Billings, Lee. "$ 100 - Million Plan Will Send Probes to the Nearest Star", Scientific American (12 April 2016), online: Scientific American ⟨ www. scientificamerican. com/article/100 - million - planwill - send - probes - to - the - nearest - star1/⟩ (last accessed 28 November 2016) . [Billings, 2016].

[7] Edwards, Bradley C & Eric A Westling. The Space Elevator: A Revolutionary Earth - to - Space Transportation System (Houston, Tex: BC Edwards, 2003) . [Edwards & Westling, 2003].

[8] Jakhu, Ram S & Joseph N Pelton. Small Satellites and Their Regulation (New York: Springer, 2014) . [Jakhu & Pelton, 2014].

[9] Laubscher, Bryan. "Defense of a Space Elevator" (Paper delivered at the 3rd Annual Space Elevator Conference, 27 - 30 June 2004, Washington DC) . [Laubscher, 2004].

[10] Nase, Vernon. "The Questionable Legality of the US Space Elevator Concept" (2006) 55: 1 ZLW118. [Nase, 2006].

[11] Niederstrasser, Carlos & Warren Frick. "Small Launch Vehicles - A 2015 State of the Industry Survey" in Proceedings of the 29th AIAA/USU Conference on Small Satellites, 2015, SSC15 - Ⅱ - 7, online: Utah State University ⟨ digitalcommons. usu. edu/smallsat/2015/all2015/12/⟩ (Last accessed 28 November 2016) . [Niederstrasser & Frick, 2015].

[12] Swan, Peter Alfred et al, Space Elevators: An Assessment of the Technological Feasibility and the Way Forward (Paris: International Academy of Astronautics, 2013) . [Swan et al, 2013].

[13] Japan Aerospace Exploration Agency, "JEM Small Satellite Orbital Deployer (J - SSOD) ", online: JAXA: Japan Aerospace Exploration Agency ⟨ iss. jaxa. jp/en/kiboexp/jssod/⟩ (last accessed 28 November 2016) [JAXA, "JEM"].

第三部分

全球空间安全与保护问题

第 11 章　载人航天

解决的关键问题

• 人类航天活动发展进程中的演变、现状和未来趋势；

• 分析应用于载人航天活动的现行管理制度的合理之处与不足之处，包括在新兴的商业航天业务主导下发展载人航天相关的情况；

• 对载人航天的考虑，要特别关注有关安全、航天运输管理与控制和环境保护等方面；

• 随着论坛可能会采取积极的行动以确保空间被可持续利用于和平目的和造福全人类，也应当采取一些恰当并具体的全球管理行动来缓解当前和未来的情况、问题和担忧。

11.1　引言

人类航天活动包括人类对太空的探索和利用，涵盖亚轨道飞行、在轨持续运行、长期居住和太空移民。这一概念包括所有让人类接触太空或近太空元素的活动，包括平流层、低地球轨道、中地球轨道、地球同步轨道，也包括探测月球、火星和其他天体的活动。本章将主要关注由国家太空计划和私人商业实体所主导的航天活动中人的因素，并根据过去、现在和将来的太空情况研究当前以及未来可能的管理模式。

到目前为止，载人航天活动主要是由国家资助、国家开发或国营的项目所主导。那些大型公共实体进行人类航天活动需要巨额的资金投入、深厚的科学知识以及大量的科研人员。第一个人类航天员尤里·加加林进入太空就是如此，而对由多国航天员和普通民众所组成的国际空间站而言，其创建、维护并保持稳定的可居住性仍然是这样的情况。

在未来数年内，这一情况可能会被商业载人航天运营模式的引入而改变。到那时，随着传统的国家空间计划致力于更加先进和更有雄心的项目，主要的载人航天业务将被商业实体所主导，这种由公共转向私人的变革将会带来新的机遇和挑战，两者都需要在已有的和即将出现的管理模式中加以解决以便对其进行调控。因此，以管理、协调与合作的模式进行全球管理的需求将会与日俱增。

11.2 国家载人航天

历史上，载人航天活动主要由国家太空计划所主导。不论是第一个绕地飞行的俄罗斯航天员，或是在月球上行走的美国航天员，还是到达过国际空间站的其他任何私人国际太空旅行的人，这些人的行动都依赖于各个国家的资源、智慧、长期规划和运营能力。这些由国家主导的项目的性质完全是国营的，意味着其产生的结果即为：任何管理方案都只是其自身设定的。但是，鉴于空间活动的全球性质和利用空间促进全人类的和平与福祉的愿景，各国已经签署了一系列国际协议。其中的一些协议是双边的（通常是空间运输服务、补给任务或合作项目)，而其他的协议则是多边的（例如为现有法律制度奠定基础的国际空间条约)。

历史上，由于大多数的空间活动都是无人的，因此大部分关于国际空间条约的讨论都集中在无人空间活动产生的法律后果上。然而，这些国际空间条约不仅适用于无人空间活动，也同样适用于载人空间活动。《外层空间条约》的每一项规定都明确了进行载人航天活动国家的义务和责任，例如明确其进行相关活动的义务和责任的原则，授予其对其空间飞行器管辖和控制的权力，并确保其适当兼顾其他国家的相应利益。

《外层空间条约》的第五条特别规定了航天员在外层空间的义务和责任。简而言之，这相当于规定了在外太空的航天员所属国家的责任：有义务将可能对航天员的生命或健康构成威胁的现象告知其他国家；有义务在发生事故、紧急情况或灾难时，将在其领土内或公海发现的航天员送回航天器所属国；航天员彼此之间也有义务互相帮助。总的来说，航天员是人类的使者。《救援协定》是由人类对宇航员和其他航天器中的人员和平探索外层空间的情感所推动确立的，并进一步发展了这些观念。

11.3 国际载人航天

由国家主导的政府活动既有单独进行的，也有与其他国家合作进行的。根据任务类型与客观需求，各国已经决定依据合约和多边协议单独或共同地向前发展。在某些情况下，形成伙伴关系是为了获取不同国家空间项目所提供的专业知识。例如，加拿大在为国际空间站开发加拿大 1 号与加拿大 2 号机械臂时展现出在机器人方面的专长。然而另有一些情形，其目的是将智力资源从资深的航天国家转移至新兴的航天国家。例如，国际空间站的项目和技术已经为维持南太平洋珊瑚礁的健康、伊拉克库尔德人村庄的水净化系统提供了新方法，并且提升了亚马逊地区土地管理的水平［NASA et al.，2012］。不论意图如何，这些伙伴关系都是根据政府高级官员（高级主管、部长、空间机构负责人）所做的战略抉择而制定的，以此来维护他们的国家利益、提升国际威望或维持稳定的伙伴关系。通常，这些伙伴关系的目标是给每个国家创造利益，不论是经济利益、领导力、综合能力或其他方面的展示。

国际伙伴关系最好的例证就是国际空间站。国际空间站是各个国家的一项特殊事业。各国同意在近地轨道上发展并运行一个永久性空间站，以此来推动各缔约国科研目标的发展。国际空间站的法律基础是基于1998年由美国、加拿大、日本、欧洲空间局成员国与俄罗斯建立的一个政府间协议："国际长期合作框架……在真诚合作的基础上，为了和平目的而设计、开发、运营并使用一个可永久居住的民用国际空间站" [ISS Agreement, art. 1]。这些国家的独立空间机构（加拿大航天局 [CSA]、日本宇宙航空研究开发机构 [JAXA]、欧洲空间局 [ESA] 和俄罗斯航天局 [ROSCOSMOS]）已经同美国国家航空航天局 [NASA] 签署了谅解备忘录，以便NASA在整体的管理与协调工作中发挥主导作用。重要的是，其他任何机构彼此之间都没有签署谅解备忘录，因此NASA被放置在了协调者的位置。尽管如此，各国还是保留了对其国际空间站上的国民和所登记模块的管辖权。

11.4　未来的国际载人航天

在推动国家空间项目向前发展时，建立广泛的伙伴关系与合作的机会是十分重要的。一旦商业实体主导当前的近地轨道空间活动，正在向前推进的任务——例如深空科学实验、天体潜在寿命的详细观测和建立长期栖息地——将从多方利益相关者的投资中受益。就像任何一个国家单独承建国际空间站是一个繁重的工作一样，未来的国家空间计划活动将受益于利用多方独特优势或能力促进全球进步的伙伴关系。我们从更深层次的探索与对深空更彻底的理解中获益的形式将以对个别国家不那么重要而对整个人类很重要的方式得以呈现。因此，从多边的角度出发去参加这些活动，将会令空间探索使全人类受益，并协调这些活动为大多数人带来最大利益。

国际空间探索论坛（ISEF）是政府间的部长级多边论坛，该论坛旨在促进如何为支持空间探索建立全球合作的讨论。开幕式于2014年在华盛顿举行，有33个航天国家（包括欧空局和欧盟成员国）参加。会议强调国际合作在空间活动方面的价值，并聚焦各国的空间政策、战略、目标以及太空的和平利用。特别是，与会各方强调了商业航天依照现行国家和国际准则进行探索活动的重要性。这种深度发展商业航天的认知和承诺经历了一个成熟的过程，现有的航天机构可以借此集中精力发展更大型和更具雄心的项目。

同样，国际空间探索协调小组（ISECG）是一个由14个空间组织组成的论坛，他们在此交流有关空间探索项目、计划和活动的信息，以此促进各自的项目并加强集体的能力。国际空间探索协调小组的愿景是发展一系列的人类与机器人和平探索空间的主题，并重点关注可以维持人类生产生活的太阳系以内的目的地。国际空间探索协调小组是一个包容、灵活和创新的组织，不同的工作小组为实现他们的目标在协商一致的基础上共同工作，并对任何有兴趣在空间探索目标上合作的机构保持开放。显然，各国都看到了在空间探索活动方面合作的价值，不论是人类的还是机器人的，为此，有国家已经或打算加入，或正在安排加入，以使合作的效益得以实现 [U. S. Department of State, 2014]。

现在还不确定未来国际载人航天的管理模式。完全可能的是，目前的这种自愿伙伴关系/协定/谅解备忘录的模式仍将在未来的国家间载人航天活动的合作进程中发挥作用。但同样有可能的是，会出现新的体系（例如全球太空机构）来支配未来国家或国际载人航天活动的开展方式。但不论用什么方法，任何一个可持续管理模式的目标都必须是灵活反映各国的贡献，满足各国和国际的政治目标，为全人类创造福祉，对任何想加入的国家持开放态度并保持可控。毫无疑问，均衡这些利益非常困难，但仍有必要确保旨在以可持续方式促进和发展人类空间活动的全球太空管理系统的功能。

11.5　新兴商业载人航天

如上所述，迄今为止大多数的载人航天飞行都由国家空间机构所主导。未来几年里，私人拥有和运营的空间系统将很有可能开始亚轨道和在轨操作，这将极大地改变外太空的情形。目前监测和管理这些操作的全球管理机制很有限，尤其是在载人航天领域。下一节（11.6 节）将评估载人航天的管理现状和可能的发展趋势。但是为了更好地理解我们的现在和未来，我们必须首先了解我们的现状。

过去，载人航天由政府以相对有限的方式主导，即将国家培训的航天员送上国家开发的发射装置去执行国家资助和国家批准的活动。但是，随着新的商业实体参与到空间活动的每一个领域中来，这一现实将会被很快地改变。私人资助的空间开发仅限于下游应用（例如谷歌地图使用非谷歌的遥感卫星开发其应用），而研究和开发空间实验活动则通常依靠资金雄厚的政府去进行。一个例外是通信卫星行业，大量的私人资金使得商业通信的基础设施得以较早地完成建设。

然而，商业空间运营者们近期已经向上游转移（例如，行星实验室正在开发它自己的遥感卫星系统），以便于为空间业务的发展与研究引入新的参与者和更多利润。这个新工业通常被定义为新太空，其特点主要是利用私人资本和与空间机构或主流航空航天工业不同的方法来追求空间技术的发展。

在伯特·鲁坦设计的实验航天飞机——太空船一号赢得了安萨里的 XPRIZE 竞赛后，新兴商业航天产业声名鹊起，同时这也吸引了广泛的关注。尽管媒体将这一发展描述为新的私人太空业务的开始，然而事实则是商业的空间运输可以追溯至 20 世纪 80 年代，即随着欧空局的世界上第一个商业空间运输系统（由阿丽亚娜太空公司运营）的发展，随后紧接着进行了空中发射系统的测试（由轨道科学公司运营，现由 ATK 轨道公司运营）。无论如何，安萨里 XPRIZE 奖和商业航天活动之间的联系是清晰的，而仅在 20 年后的今天，我们就处在一个相当成熟的商业航天工业体系之中。

目前尽管大多数的商业航天活动被限定为无人的任务，但也有不少实体在发展载人业务。在考虑载人航天活动商业化的影响之前，如何鼓励商业实体去经营这类业务也同样值得思考。虽然美国的新太空产业由私人资本启动，但也得到了主要来自 NASA 的公共资金的支持。它实现了一个重大的、颠覆性的范例的转变。在面向低轨道卫星的运输任务中，NASA 从开发人员转变为客户的服务者。历史上主流航空航天工业使用成本加成开发合同，在使用固定价格的服务合同后，为政府节省了大量成本，这一合同给私企带来了丰厚利润。NASA 的商业轨道运输服务项目和商业乘员项目，即由私营公司分别向国际空间站运送货物和人员的成功已经证明了这一点。

美国商业航天产业的发展是多个市场驱动因素和有利条件共同作用的结果，特别是：

1）可获得私人资本：在很多情况下，大量的私人资本都是新兴富豪企业家（例如：微软创始人保罗·艾伦，亚马逊创始人杰夫·贝佐斯，Paypal、SpaceX 和特斯拉的企业家埃隆·马斯克，ID 软件创始人约翰·卡马克，廉价套房的罗伯特·比格罗，维珍集团的企业家理查德·布兰森等）。这些所谓的太空亿万富翁为这个新兴产业提供了大量的启动资金。

2）激励措施：引导性奖励吸引了广泛的关注和更深层次的资金投入。业界著名的安萨里 XPRIZE 奖促成了“商业亚轨道太空竞赛”的开始，激发了人们的兴趣并促进了行业的发展。据估计，该奖项的杠杆效应是其本身 1 000 万美元规模的十倍以上。

3）宽松的管理模式：2014 年的美国商业太空发射修正案引入了一种混合许可和知情同意的管理方法，这被认为是在获取足够多航天经验之前的一种权宜之计。这项立法最近被重新制定为《2015 年美国商业太空发射竞争法案》，该法案将实验性的许可程序延长至 2025 年。

4）补贴、税收优惠和基础设施：由州政府向在该州开展业务的公司提供服务（如新墨西哥州、得克萨斯州），也可通过联邦设施支持其发展。

5）稳定的市场：由政府通过 COTS（商业轨道运输服务项目）和 CCP（商业载人航天项目）计划提供。

所有这些因素综合在一起，刺激了美国商业航天工业的革新，并使其在可预见的未来有显著的发展。自 2004 年开始，商业亚轨道飞行行业已经获得相当可观的预订量，截至 2015 年预估订单超 1 000 份。然而，进展及条件的延误已经影响到了所有的参与方，第一批付费客户的航程也一再推迟。2014 年 10 月 31 日，维珍银河事件遭遇了突发性的事故，这对整个行业来说是一次重大挫折，使更多的注意力转移至安全领域，并推动日常运营向纵深发展。尽管如此，仍有许多私营实体在亚轨道航天服务方面开展工作并取得了显著的进步。

此外，新经济亿万富翁埃隆·马斯克创建的 SpaceX，以及小型和中型运载火箭猎鹰 1 号和猎鹰 9 号的开发，都进一步巩固了私人资本在太空领域的重要性和影响力。通过自行研发几乎所有火箭零部件，并采用其他科技初创企业普遍使用的精益运营模式，SpaceX 得以用远低于市场历史水平的成本进行发射并仍创造利润。此外，SpaceX 还很关注其一级火箭的可重复使用性，SpaceX 致力于进一步降低成本，使太空项目对更多人而言更能负担得起，更易接近。

尽管至今为止大多数的商业活动都集中于无人空间项目，但这一趋势将在不远的将来演变为包括载人空间飞行在内的活动。我们已经有两个私人实体（SpaceX 和联合发射联盟）计划与 NASA 的 CCP 一起为美国政府执行载人航天任务，一家公司使用可重复使用的火箭和太空舱为普通民众提供“太空边缘”之旅（蓝色起源），一家公司致力于向付费客户提供亚轨道飞行服务（维珍银河），还有两家公司寻求在不久的将来提供符合人类标准的栖息地和空间站（比格罗航天公司和公理空间）。新形式的空间项目对传统的由国家资助的载人航天活动的侵占必然会促进新的载人航天活动的发展，并为应用的更新创造机会。

但现在值得注意的是，除了名声之外，商业实体进入这一新市场唯一重要的驱动因素就是潜在经济收益。因此，最初的投资来自富有的个人就不足为奇，他们有长远的眼光，有能力承受像航天这样的科技行业预期的财政困境或亏损。但是，很明显所有的私人实体最终的目标都是创造利润。然而，如今这种非常具有激励作用和益处的力量，也有一定的风险，即这种激励如果没有适当的管理，将会产生很严重的负面后果。

11.6 商业载人航天管理

11.6.1 当前管理结构：关于国家责任的《外层空间条约》第六条

实际上在《外层空间条约》产生之前，即在谈判期间形成的《各国关于探索和利用外层空间活动的法律原则宣言》时［GA Res. 1962（XVIII）］，各国就已经意识到私营实体可以在空间活动方面发挥作用。然而，两个大国在意识形态上存在分歧。在未来的太空探索、利用和开发方面，美国希望对私营部门的参与敞开大门，而苏联则认为外层空间的探索应仅由国家来进行。在协调者的帮助下，两个国家已经达成了一项协议，即每个国家对其公民在太空的活动负有责任。对私人行为担负国家责任的这一共识与一般的国际法准则相违背，因为一个国家通常不对私人实体的活动担负国际责任。尽管如此，这一折中方案仍然被写入了《外层空间条约》的第六条，即：

各国对其在外层空间的活动负有责任。不论这些活动是由国家机构执行还是非政府实体执行，各国都应确保此类活动按照此条约进行。非政府实体在外太空的活动，应得到该条约缔约国的批准和持续监督。

早在 1967 年，载人航天就已经成为现实。因此，在概述各国的责任和义务时，谈判各方就打算将载人航天的规则同样应用于无人航天。第六条表明，尽管在不久的将来，有许多甚至大部分空间活动都由私营实体进行，但国家的作用仍然不会完全消失。每个国家都必须继续制定国家政策，颁布并执行法律和条例，并监管其国民的活动。事实上，该条约第六条看起来更像是严格禁止私人的、未受管理的太空活动，因为诸如“授权”“持续监督”等措辞似乎需要政府的认证和许可，并强制遵循政府的规定。

此外，私营实体在参加载人航天活动时还必须考虑《外层空间条约》的第九条，其中包括：任何国家“在进行可能对其他国家造成潜在危害的类似活动时，必须进行适当的国际磋商”。因此，即便在这样一个商业经营者接管载人航天操作的世界里，国家也必须在确保其非政府实体（如第六条所述）的活动不会对其他国家的活动造成危害（如第九条所述）这方面发挥重要作用，而不论这些活动是公共的（国家的）还是私人的。这一结论迫使为维护全球和平与安全而建立的现有管理结构适应于当前和未来的政府或非政府活动。然而，现有的结构是否足够高效，将在本章的剩余部分进行讨论。

11.6.2　未来管理结构

11.6.2.1　概要

如上所述，国家在其私营实体空间活动的授权和监管方面负有国际责任。但需要承担什么目前还不清楚。不同的国家有不同的制度，他们试图通过这些制度（如果有的话）来管理与太空有关的私营实体的运作。有些国家在国内颁布了法律或建立了管理制度，以确保其私营实体在从事空间业务之前得到政府的批准，然而也有其他国家只是简单概括了其政策立场，并选择与新兴的私营实体一道，共同发展其空间能力。尽管如此，对一个国家而言，必须要有一个明确或含蓄的认证过程，以便履行其国际责任。

认证过程（或常被称之为授权或批准）适用于空间活动的任何方面。当我们考虑对商业或私营载人航天活动进行认证时，面临的问题是确定活动本身、即将使用的航天器、地面负责管理的人员、太空中推进行动的操作人员、行动参与者的利益与合作的方式等。尽管如今的趋势是给予那些希望参与空间活动的私营实体一个宽泛的操作空间，以便不扼杀其创新或成长，但在不久的将来，所列出的每一个组成部分都需要某种形式的管理。无论是寻求类似的制度（如航空业），还是创建一个全新的制度，事实是这些独立的组成部分或早或晚都需要某种形式的认证。乘员需训练多久？将实施哪种训练模式？谁来监管任务？是否会有行为的准则？非公民也可以参与吗？谁来承担责任？这些议题将由各国自行决定，还是在最低标准上达成全球共识？克努森认为：

> 这一新兴的行业最主要的危害或风险是：对于“航天参与者”的身体条件等关键问题，尚没有普遍认可的标准来指导这一行业，“航天参与者”该穿着何种装备、运载器中应当安置何种安全装置、安全须知中应当有哪些内容、哪种类型的运载器更适合经常往返于亚轨道空间，甚至于飞行员应具有哪种特定类别的飞行器或特定等级的仪器［Knutson，2007，p. 114］。

从每一单独操作都需要认证的角度来看，这些议题的每一项都需要加以解决。

此外，运输管理的概念也必须加以考虑，不仅是在轨道管理方面，还包括在通过通常为传统航空器保留的空域内转移空间物体方面。尽管大气层和外太空看起来似乎无限大，但它们都是有限的资源，必须精心管理以确保其可供未来利用。此外，虽然运输管理的框架目前尚不明晰，但仍需集中精力以确保外太空的可持续利用性。不论是各国同意联合起来确定一种高效的并得到国际组织如国际民用航空组织与联合国外层空间事务司支持的空间运输管理新方案，还是鼓励各国发展他们自己的实用体系，都很明确的是，将来需要一种制度来规范这些活动。

11.6.2.2　环境影响

空间碎片对外太空的可持续利用无疑是个严重问题，虽然不可过分夸大，但本书在其他章节仍对其给予了大量关注并详细概述了其特点。可以说，随着空间活动的增加，空间碎片也将相应的增加，而这一趋势将很可能对太空飞行造成严重影响。事实上，考虑到本章的焦点是载人航天，就应当指出，尽管空间碎片长期以来都对一般的空间活动构成威胁，但认识到它对人类活动的负面影响是近期才有的现象。近二十年来国际空间站在近地轨道上的运行尤其能够证明，大大小小的空间碎片对其构成了巨大的威胁。国际空间站通常靠调整轨道来避免空间碎片的撞击，而在有些情况下，也只能承受碎片的撞击。尽管目前尚无灾难发生，但很可能随着空间活动与空间碎片的持续增加，类似的惨剧会发生在将来载人航天操作的某一时刻。

然而，除了空间碎片以外，我们还必须认识到包括载人航天在内的所有空间活动所产生的环境影响。每一次火箭发射都不可避免地造成大量的温室气体排放，而这些大量的温室气体直接被排放至高层大气中，这使情况变得更加糟糕。随着对各种关于飞行器排放气体的研究，我们了解到，化石燃料的燃烧及其废气在高层大气的排放造成的温室效应危害比同等化学反应在贴近地面排放要严重得多。火箭发射也有类似的影响，并且其排放量和高度位置的情况更加严峻。虽然化石燃料能源发动机确实在不断取得进步，并且事实上会有一天我们可以完全利用清洁能源来满足我们的能源需求，但现实是，我们不可能发展出一种不依靠燃烧地面能源就能摆脱地球引力的方法。这不是说要我们停止发展和利用火箭，而是说我们要保持对现实的认知。事实上，如果我们可以将所有的其他能源转换为清洁能源，那么因使用火箭对环境产生的影响将很可能变得微不足道了。任何行业使用化石燃料都会对环境产生影响，包括航天、人类活动都是如此。

当然，同样值得指出的是，随着载人航天活动的扩张，我们很有可能在与完全陌生的环境的交互中走向终结。如果 NASA、SpaceX 公司，或其他实体成功竞争到达火星，那么这些任务的人类参与者将必然在新环境中暴露他们自己，这种新环境或许是抗拒的，或许是友好的，或许是宽容的，等等，但却是人类历史从未经历过的。考虑到我们只是近期才认识到人类活动对空间环境的深远影响，在尽可能早的阶段确定我们应当如何与新环境互动，则可以提升我们业务的可持续性、任务成功的可能性和载人航天参与者的整体生存能力。我们还必须认识到载人航天对我们新发现地区潜在的污染影响，以及带着外来污染进入我们生态圈的潜在风险。

11.6.2.3 安全性

空间安全可以定义为不受人为或自然有害条件的影响，有害条件是指那些可能造成人类死亡、受伤、疾病，或系统、设施、装备、财产的破坏，以及对环境有破坏的情况。在载人航天方面，这一定义包括航天器上的人员、直接参与系统集成与操作的人员、不直接参与但协助参与系统集成与操作的人员，以及普通民众。对于无人系统，如机器人卫星，由于外部无恶意的原因造成的损害导致任务目标的损坏或损失，这也属于空间安全的范畴（例如，卫星与其他卫星或空间碎片的意外碰撞）。与空间安全相关的领域包括国家、国际和全球利益，以及实现这种安全的途径（即通过设计、操作，或两者的结合）。

绝对安全是一种达不到的水平。要做到绝对安全，一个系统、产品、装置、材料和环境必须不会造成事故或潜在事故。然而在实现和运行实际可行的系统时，这是完全不可能的。相反，在讨论安全时，我们需要努力达到可接受的风险水平，而不是追求绝对安全，承认这种差别将使经济性能好、实用性强、操作性好、安全性能强的空间系统得以发展。

可接受的风险水平是指利益相关方或一般社会可以接受的风险水平，因不同系统而异，并随时间或社会经济变化和技术进步而演变。实践已经证明，有必要根据实际情况建立可以接受的风险等级阈值。最佳的做法在传统上是根据国家或国际法规等规范建立的，对这些法规、规范、标准的执行程度代表了系统执行安全规范的程度。

载人航天活动的可行性和商业成功基本上取决于其操作的安全性，以及如何在监管过程中应用安全标准和程序。因此，如何保证载人航天参与者的安全至关重要，包括他们在外层太空时、在地球轨道上时、通过所谓的临近空间或平流层时以及发射前在地面上时各种活动的安全。确保这些举措在载人航天的早期被整合起来（当它们由一些大型机构或航天项目主导时），对于创建安全文化至关重要。这是因为，一旦这些操作成熟，发展为大量的商业活动，将会很难全面实施基本的安全举措。当考虑到外太空活动的增加，包括发射次数的增加、巨型卫星星座的扩张、碎片形势的恶化等情况时，关于载人航天安全的担忧就更加突出。尽管在规划太空任务时考虑这些威胁总是谨慎的，但在保护人类免受无生命物体的威胁方面，仍然要提高警惕。

空间系统的安全设计和建设规则可以根据行业标准来建立，合规性可以由第三方机构来监测（潜在的非政府组织），但是制定空间操作规则并控制其执行是政府监管机构的职责，因为这需要国际协议和协调。但问题在于 20 千米以上空域的管控情况还没有很好地确立。本书第 13 章为解决空间交通管理，提出了在距地面 0～21 千米、21～42 千米、42～250 千米连续区域进行较多控制或较少控制的概念，以此作为一种管控的方式进行讨论。

就商业空间运作而言，空间系统的安全在很大程度上取决于它的设计、建造和运作。目前，这些系统设计和构建的要素几乎完全被行业巨头掌控。但是，运行的安全不能被单方面处理，也不能超出所有这些空间操作的范畴，包括载人的、无人的、商业的和非商业的等更广范围的活动。运行的规章必须考虑所有可能的交互作用，例如多方的参与者和偶然的利益冲突、各种操作系统、环境以及国家政策或标准的潜在影响。

在开发空间系统时，可以通过为系统设计容错或避错机制来保障安全。容错机制包括设计系统的特性（如冗余或障碍），以便在发生故障时维持其功能。避错机制包括设计一个系统（如选择优质材料、实施质量控制、进行多次测试、提前谋划最坏情形等），来减少出错的概率或增加单个组件的可靠性，而这通常依靠经过验证的最佳经验或技术标准来实现。

在操作一个空间系统时，可以通过控制危险和管控出现危险的概率等方式来操作系统实现安全。控制的基本目标是防止危险对其他系统、资产或人员构成威胁，或在失控时，风险管理系统应在低于可接受阈值的情况下，尝试去降低对其他系统、资产或人员的危害。

载人航天系统安全领域的另一个重要元素将是标准的制定和执行。考虑到商业化的影响，这一点将被证明是极为正确的。虽然竞争会自然地刺激商业实体以不同的方式去创新或应用技术，但竞争的本质是以营利为目的，可能会导致走捷径或对安全产生负面影响的不明智的商业决定。如今从事太空活动的商业实体似乎都把安全放在首位（如维珍银河公司的不幸坠毁事件和随后的调查、SpaceX 公司对最近两次火箭故障的细致调查等）。但是，当该领域的竞争对手越来越多时，将会有最大限度节省资金的压力，其中一种方案就是削减安全措施的成本。避免此类潜在问题的一种方法即是在整个行业贯彻标准。当然，这种方法存在一个缺点，可能会因为迫使实体使用固定的材料、结构或策略而扼杀创新，而不是开发独特的方法来实现同样的目标。虽然这一观点在一定程度上是正确的，但是也必须根据潜在的后果进行考量，比如在某些情况下会使人丢失生命，这就需要进行相应的平衡。

“标准”这一概念的本质是：无论是否施行，都必须监测和执行强制性要求，否则，这些要求就成了一套简单的指导性方针。监测和执行情况不一定由政府机构监管，可以由任意的指定方监管，只要这些组织具备足够的权威、强大的能力和对特定项目或计划的独立性即可。这些标准和法规的基本好处是它们有效地消除了执行性和验证性过程中的主观意念。

为使商业载人航天事业发展和壮大，该行业本身可能会寻求与国际空间安全促进协会（IAASS）等组织合作，来建立一套连贯的安全与技术标准。总体来看，尽管高效的商业战略对空间安全具有很高要求，但航天工业部门具有完成这项任务所需的人才和组织资源。与大学和研究中心的合作将有效促进标准化进程。工业界和学术界的合作可以采用空间安全研究所的形式。该研究所将联合业界专家和大学研究人员进行特别的探索，开发教育项目，运行标准化工作，并为商业航天系统的独立安全认证提供技术支持。

对于一个使用全新技术、以安全为首、昂贵系统的新兴行业来说，仅仅建立在过去的经验上是不可能的。例如，航天工业具有高度的创新性，需要复杂精确的技术来实现其目标，其中许多目标是专门为了航天目的而设计的。基于这些原因，空间机构和商业实体往往面向目标或绩效来设定其安全和技术要求。管理者不为特定系统建立明确的特殊标准，而是建立广泛的安全标准，然后由开发人员提出并确定最合适的设计方案和相关的验证方法。简而言之，管理者（通常是一个国家的航天局）提供评判标准和一般准则来区分“安全”与“不安全”，然后由具有系统设计与操作知识的开发者确立最合适的解决方案。

11.7 结论及汇总表

在当前的载人航天管理中，存在许多内在关键问题、挑战与风险。不论是发展现有的国家或国际空间项目，还是开创一个载人航天的新时代，与认证程序、环境问题、安全顾虑相关的问题一直都没有得到解决，除非决定采用集体行动来解决这些问题。各国航天机构应当继续在重要的全球倡议上共同努力，加深我们对人类航天活动的理解，以确保随后的商业化建立在坚实的科学基础上，因为所有人类的利益都依赖于此。相反，商业实体在经营其载人航天活动时必须确保其乘客、乘员、高危人群的安全，保护环境，确保空间活动的全面可持续性，以便我们能继续在空间所提供的巨大进步和机会中受益。毫无疑问，我们将在空间活动与相关能力方面继续前进。需要解决的问题是，我们将以何种方式向前推进，以及我们是否能够建立坚实的基础来维持我们继续前进。

如果商业太空飞行成功地为平流层的高超声速飞行铺平道路，则可以大大改善国际太空飞行交通管制和安全的紧迫性。但是这也将使平流层的大气污染方面的环境问题更加紧迫（见表 11－1 和表 11－2）。

表 11－1　有关载人航天的关键要素和问题

问题与挑战	技术挑战(自然的与人为的)	经济、商业、人口、健康及其他挑战	风险、减少危险、公平性问题
缺少关于外太空和近地空间界限的定义，未明确应由谁负责交通控制与管理	在跟踪与控制系统等领域缺乏技术与管理视角	新的跟踪与控制系统的开支可能是昂贵的，这将为如何在全球范围内应用、控制、购买这些系统带来问题	与事故相关的责任非常重大，若没有明确的控制与监督，将会导致纠纷或法庭上法律索赔的搁浅
轨道碎片的增加和巨型卫星星座的部署会使国家载人航天或商业航天、近地空间旅行面临更高风险	在轨服务与碎片主动清理仍处于技术发展的早期阶段，无人卫星网络和载人航天安全之间没有正式的协调	开发这些项目对能力要求很高，目前尚不清楚该由谁以及通过什么机制来支付这些费用	卫星网络、商业太空旅行以及大多数的临近空间操作面临的风险日益增加，然而没有明确的已成型或在计划之中的管理和安全机制
与临近空间和亚轨道系统相关的领域技术发展迅速，领先于航天飞机领域的业务管理、空间交通安全管制和环境控制	缺乏监管、潜在的不安全行为，以及平流层污染	监管的不确定性会带来业务问题、潜在的安全问题	各国在许可、认证和批准方面规则不一致
私人空间技术的全球化发展和不同国家的不同管理方法	安全技术在安全性和可持续性方面不尽相同	出口管制和琐碎的国家法规可能会阻碍国际合作的发展	到那些管理宽松、便利的国家采购
由于美国的立法，长期的实验许可和使用原则现在似乎充满变数，如《2015 年美国商业太空竞争法案》会产生许多不确定性	空间技术的创新发展可能会受到阻碍(如小行星或月球采矿)。这些阻碍可能是机械上的，但某些方面也会涉及人类	关于开采矿产资源所有权的法律的不确定性	空间资源开采企业在不确定的法律环境下投资存在风险；需要国家合作

表 11－2　与载人航天行动有关的拟议国际行动

拟议行动	参加的实体
更好地定义 20～36 000 千米区域内国家的监管权限，以及在安全、交通管理和环境污染方面适用的国际管理机制和控制手段	国际民航组织、联合国和平利用外层空间委员会、国际电联、联合国外层空间事务司与国际民航组织秘书处协调并就关心的军事问题与各国空中交通机构、国家空间机构、商业航天联合会进行协调。此外，在环境污染方面还有联合国环境规划署与世界气象组织

续表

拟议行动	参加的实体
通过国家法律和国际机构协调轨道碎片控制和脱轨要求，建立管理机制	航天国家的立法和讨论涉及机构间空间碎片协调委员会、联合国和平利用外层空间委员会及其外层空间活动长期可持续性工作组，并通过 UNISPACE＋50 会议，将加强空间物体和活动信息交流作为优先事项
执行由行业主导的包括载人航天在内的商业太空旅行的规则，并特别关注未来跨大陆的临近空间飞行	航天工业贸易协会、空间安全行业、国际空间安全促进协会、联合国和平利用外层空间委员会、联合国外层空间事务司、国际民航组织、联合国环境规划署与气象组织
关于月球/火星(包括小行星)的开采与发掘的现有条约修正案	包括但不限于：联合国和平利用外层空间委员会、联合国大会、国际电联、国际民航组织
根据合同和空间保险业的指导来实施标准(主要包括临近空间和近地轨道，但也包括中地球轨道与地球静止轨道)	国际民航组织、联合国和平利用外层空间委员会、航天工业部门、国际空间安全促进协会、空间保险公司、联合国外层空间事务司及其太空计划
安全要求与目标	国际民航组织、空间安全行业、机构间空间碎片协调委员会、联合国和平利用外层空间委员会和它的长期可持续发展空间活动工作组
如果以上领域取得了进展，将很有可能促使双边或多边协议的达成，届时，这些标准和建议措施可以在秘书处设在芝加哥的国际民航组织的监督下执行	个别的国家或国际组织(特别是欧盟、欧空局、联邦航空管理局等)、国际民航组织秘书处、联合国外层空间事务司、联合国和平利用外层空间委员会

参考文献

[1] Agreement among the Government of Canada, Governments of Member States of the European Space Agency, the Government of Japan, the Government of the Russian Federation, and the Government of the United States of America concerning Cooperation on the Civil International Space Station, 29 January 1998, TIAS No 12927 [ISS Agreement].

[2] Agreement on the Rescue of Astronauts and the Return of Objects Launched in Outer Space, 22 April 1968, 672 UNTS 119 [Rescue Agreement].

[3] Declaration of Legal Principles Governing the Activities of States in the Exploration and Use of Outer Space, GA Res 1962 (XVIII), UNGAOR, 18th Sess, UN Doc A/RES/18/1962 (1963).

[4] Treaty on Principles Governing the Activities of States in the Exploration and Use of Outer Space, including the Moon and Other Celestial Bodies, 27 January 1967, 610 UNTS 205 [Outer Space Treaty].

[5] U. S. Commercial Space Launch Competitiveness Act, Pub L No 114 - 90 [Commercial SpaceLaunch Act of 2015].

[6] Knutson, Tracey. "What is "Informed Consent" for Space - Flight Participants in the Soon - To Launch Space Tourism Industry?" (2007) 33: 1 J Space L 105.

[7] NASA et al, International Space Station Benefits for Humanity, NP - 2012 - 02 - 003 - JSC (2012.), online: NASA 〈www. nasa. gov/pdf/626862main _ ISS _ Benefit _ for _ Humanity. pdf〉 (last accessed 20 December 2016).

[8] U. S. Department of State, Media Note, "International Space Exploration Forum Summary" (10 January 2014), online: US Department of State 〈www. state. gov/r/pa/prs/ps/2014/01/219550. htm〉 (last accessed 20 December 2016).

拓展阅读

[1] Committee on Shuttle Criticality Review and Hazard Analysis Audit, Post - Challenger Evaluation of Space Shuttle Risk Assessment and Management (Washington, DC: National Academy Press, 1988).

[2] Farand, A. "The Code of Conduct for International Space Station Crews", ESA Bulletin 105 (February 2001) 64, online: ESA 〈www. esa. int/esapub/bulletin/bullet105/bul105 _ 6. pdf〉 (lastaccessed 20 December 2016).

[3] Handberg, Roger. Reinventing NASA: Human Spaceflight, Bureaucracy, and Politics (Westport, Conn: Praeger, 2003).

[4] Jakhu, Ram S; Tommaso Sgobba & Paul Stephen Dempsey eds, The Need for an Integrated Regulatory Regime for Aviation and Space: ICAO for Space? (New York: Springer Wien NewYork, 2011).

[5] Logsdon, John M. After Apollo?: Richard Nixon and the American Space Program (New York: Palgrave Macmillan, 2015).

[6] Multilateral Crew Operations Panel, "Principles Regarding Processes and Criteria for Selection, Assignment, Training and Certification of ISS (Expedition and Visiting) Crewmembers", Revision A (November 2001), online: SpaceRef 〈www. spaceref. com/news/viewsr. html? pid=4578〉 (last accessed 20 December 2016).

[7] Rodney, George A. "The Space Station Freedom: International Cooperation and Innovation in Space Safety", IAF Paper 89 - 615 (1989), online: NASA Technical Reports Server 〈ntrs. nasa. gov/search. jsp? R=19900026586〉 (last accessed 20 December 2016).

[8] Shireman, Kirk. "International Space Station: Safely developed by a partnership of 5 space agencies representing 15 countries", online: NASA 〈ntrs. nasa. gov/archive/nasa/casi. ntrs. nasa. gov/20110016497. pdf〉 (last accessed 20 December 2016).

[9] Webber, Derek. "Point - to - Point Sub - orbital Space Tourism: Some Initial Considerations" (2010) 66: 11 - 12 Acta Astronautica 1645.

[10] Bigelow, "BEAM: The Experimental Platform", online: Bigelow 〈bigelowaerospace. com/beam/〉 (last accessed 20 December 2016).

[11] Google Lunar XPrize, "Moon Express", online: Global Lunar XPrize 〈lunar. xprize. org/teams/moon - express/〉 (last accessed 20 December 2016).

第 12 章　全球空间安全管理

解决的关键问题

· 军事空间活动的发展方向、发展现状、未来趋势；

· 分析当前应用于军事活动的管理制度是否妥当，包括空间武器化与限制在空间使用武器的机制和程序；

· 分析军事或国防相关关切与利益可能会和空间企业的商业利益发生冲突的领域；

· 为改善当前与未来的状况，应当采取具体和适当的全球管理行动，与可能采取积极行动的论坛一道，以确保为了和平和全人类利益而可持续地利用空间。

12.1　引言

虽然历史上仅有苏联和美国是太空领域的两大参与者，但如今中国、欧洲、日本和印度也进入了这一领域，并且毫无疑问其他国家也会这样做。事实上，现在有十几个国家有能力将卫星送上太空或组建空间导弹系统。虽然民用或商业卫星继续发展是不可避免的，但许多军用卫星的性能与用途仍然是严格保守的秘密。如今太空受到各国的争夺，他们互相指控彼此可能将太空应用于军事目的，尽管许多空间技术与系统的应用范围仅仅是限定在陆海空常规军事范围内。空间智能技术、侦察技术、监测技术以及通信技术已经完全融入地球的军事行动中。因此，全球空间安全管理应该是为所有希望在不侵犯他人权益的前提下利用这些公共空间的人建立国家行为的制度或标准。

自从人类首次能够将物体送入太空以来，战略竞争已经成为太空领域的主导动力。随着时间的推移，导弹已经发展成为战争的工具和战略防御的手段，因此促成了许多国际条约来限制空间活动向军事方面的发展。然而这也只是空间领域管理机制涉及的一个方面。

此外，国际协定往往反映了谈判期间的某一特定时间节点的战略关切和利益。冷战以后，我们在有关利用外太空和平流层以上的空间的战略背景已经发生了很大改变。现存的全球太空管理机制并没有解决已有的空间安全方面的问题。如今，关于太空安全的忧虑远不止一些国家使用导弹和将太空武器化。当前的问题还包括新形式的空间武器，如网络战、与空间系统相关的潜在形式的恐怖主义、在轨服务、轨道碎片、辐射危害和星际防御，甚至在平流层作业的高空平台也包括在内。未来的挑战包括航天飞机与高超声速运输、其他形式的平流层利用、太空采矿等。

因此，这一研究的挑战在于要找到一种方法来修改并提升当前的全球太空管理制度，不仅解决今天的空间安全关切，还要以更全面的方式去探索未来解决长期问题的新办法。完善全球安全管理的最终目标，是探索并实施在可预见的未来对人类空间安全产生持久、积极影响的新体系。2016年度的空间安全指数表明，所谓的“空间军事化”在持续扩张，这一问题的紧迫性也在持续增加。

首先有必要在这里说明所讨论的两个关键术语“全球”与“安全”的含义。关于“全球”一词的定义，必须承认《外层太空条约》所宣布的：探索和利用外层空间是“全体人类的权益”。也许，设想我们在本章中能够表述出能体现全人类意志的全球空间安全政策是过于雄心勃勃的。正如本书第2章所述，全球管理在更广泛的意义上是各国作为其国民的代表，解决经常相互冲突的利益。只有国家才有足够的资源在太空中竞争，也只有国家才能承担起人民期望的重担，也只有国家才有权力去确保并维持全球的安全。此外，现存的国际与国内法律都保留了国家对使用武力的垄断地位。然而即便是在安全领域，更多的“全球”利益以及其他行动者（不论是公司、非政府组织、国际组织或其他类型的社会经济、技术或文化团体）所采取的行动，都有助于加强各国的利益。因此，本章的议题包括国家管理行为和其他主要参与者如国际组织、国际非政府组织以及私营企业等的利益关切。

“安全”可以定义为没有恐惧或焦虑，或在危险、恐吓特别是外部行为中保持安全的状态。涉及空间领域的危险或威胁的来源不仅包括人类行为，也包含自然本身。太阳活动的变化、地磁层的变化、小行星或彗星撞击的危险，都构成了全球空间安全的合理关切。长远看来，真正的灾难性危险来源于宇宙自然事件的可能性要远比因人类对空间资源采取的敌对性或侵略性行为或操作的可能性更大。本章的重点是人类产生的危险，包括现有的或潜在的空间碎片。本书的第17章讨论了自然威胁，第18章则讨论了一般的环境问题。由于空间资源的安全也取决于地面部分或地面-太空通信的安全，因此空间安全的定义也包括了这些不同的部分。

本章为更好地进行全球空间安全管理所提出的方法是建立一种制度，以此减少或消除人类利用空间寻求利益所产生的危险或威胁。人类的战略威胁来源于对短期的（无知的）自身利益的片面追求，或是疏忽地、有意地、鲁莽地、不顾一切地牺牲他国或其他人的利益。为便于参照，我们将此定义为“战略摩擦”。

12.2 外层空间军事和安全活动的发展趋势

太空是终极高地。与地球上的其他地方相比，卫星能够提供更广阔的视野来观察地球上的活动。卫星可以看到更多地区，并且如果愿意的话，它会比任何地面平台看到的都多。这种意义上的“看见”范围很广泛：只要能摆脱地球大气的影响，任何能传送信息或物质的东西，例如电磁波等，都可以在太空中被“看见”。仅仅通过掩蔽可见光谱中的传输可能是不够的（使用伪装）。相反，相较于在地球上，卫星可以在地球的表面更广阔的区域进行传输。法律允许卫星飞越任何一个国家而不受国界的限制。

到 1967 年《外层空间条约》生效时，外层空间已经成为一个军事化的环境。这并不奇怪，因为早在 20 世纪 40 年代后期，就已经有了将人造地球轨道卫星用于国防的概念，并且航天发射系统早期的发展和军事系统与军事能力有着密切的关系。1960 年，在 GRAB 和 Corona 项目的引导下，美国发射了一系列军事侦察卫星，将卫星首次应用于国防。该系统能够获得高分辨率的电子和成像数据，而这一系统在当时是机密系统［Moltz，2014，p.43；Jasani，2016］。在冷战时期及其结束后的一段时期内，军民两用的空间应用得到广泛扩展（见图 12－1）。

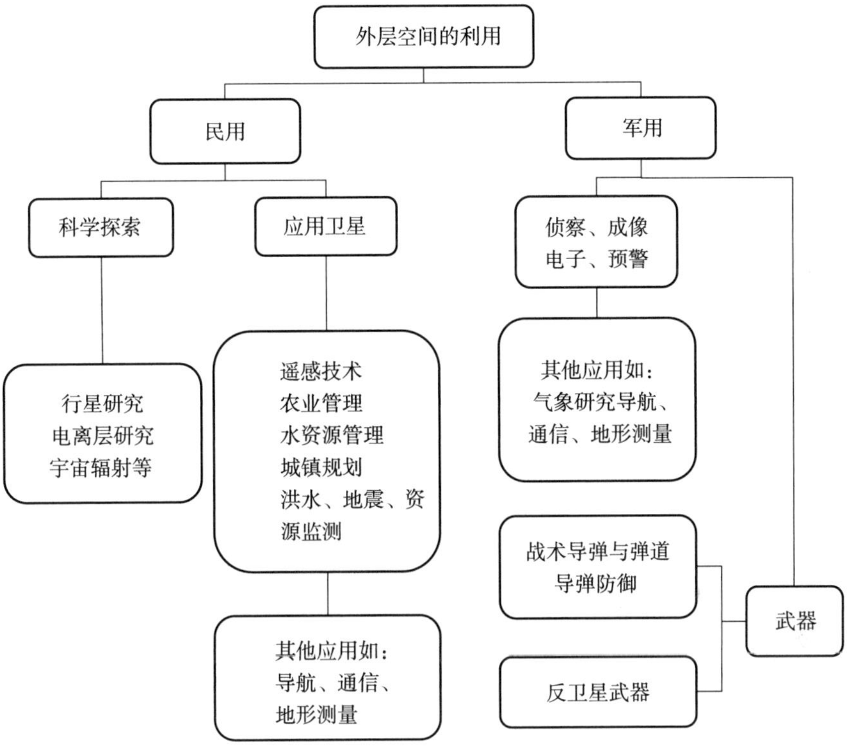

图 12－1　外层空间活动的分类

20 世纪 90 年代，空间资源被完全整合到地面军事系统中，此后，两用系统快速发展，军事和商业用户可以共用一个航天器提供的服务。今天这一趋势仍在继续，军事应用和民事应用以及两者之间的能力在很大程度上正趋于一致。在世界正面临人口剧增和发展资源紧张的情况下，有效管理人类事务成为全世界的共同挑战。在地球被人为的或自然的灾难破坏的过程中，强大的分析能力显得尤为重要。在这一过程中，空间遥感将发挥巨大的作用。关于遥感和地球观测的相关议题与挑战在本书第 7 章做了讨论。

军用与民用的通信与导航卫星的能力已经取得了很大的进步。有效使用地面武器需要对目标的性质及其位置有准确的了解，而这需要由照相侦察卫星与大地测量卫星提供。照相侦察卫星也会应用于轰炸任务。有了这些知识，导弹或者携带弹头的无人机就可以被导航卫星精确地引导至目的地。这些事实在两次海湾战争中得到了充分的体现，事实上，由于全面依赖卫星通信、全球定位系统和遥感数据，20 世纪 90 年代初期的第一次海湾战争通常被称为“第一次空间战争”[Maogoto & Freeland，2007，p. 1，107]。

空间安全领域至少出现了两种趋势。第一种是利用卫星加强陆地武器的潜能，第二种是发展武器来摧毁在轨卫星以及在太空飞行的导弹或弹头。这些议题在冷战期间得到了大力发展。然而，包括针对卫星和国家导弹防御系统的地基和天基武器研发等在内的太空军事化发展仍在继续。自 1967 年通过《外层空间条约》以来，类似的发展取得了很大的进步。因此，加强《外层空间条约》，或至少就不干涉其他国家的卫星和空间物体达成一项协议，或许与美国和俄罗斯之间的一些双边协议类似（特别是在不干涉国家武器核查技术方面）。有很多民用或商业卫星正在被用来核实多边条约的履行情况，如 1968 年的《核不扩散条约》。

12.3 当前全球空间安全面临的挑战

太空被广泛地描述为“拥挤、竞赛与争夺的场地”[U. S. National Security Space Strategy，p. 1]。为了利益与用处，太空参与者的类型与数目都有所增加。全球空间安全管理所面临的挑战主要来自具有以下五种持久特征的驱动因素：空间价值、共享性、脆弱性、远距离和不对称性。

表 12－1 从事航天的国家

国家	早期预警卫星	通信卫星		导航卫星		气象卫星		观测卫星		国产运载火箭	空间武器
		国防	商业(民用)	国防	商业(民用)	国防	商业(民用)	国防	商业(民用)		
中国	√	√	√	√	√	√	√	√		√	√
朝鲜								√		√	
欧洲		√	√	√	√	√	√		√	√	
法国		√	√	√	√	√	√	√	√	√	
印度			√		√		√	√	√	√	
伊朗								√		√	
以色列								√	√	√	
日本			√					√		√	
俄罗斯	√	√	√	√	√	√	√	√	√	√	√
韩国									√	√	
美国	√	√	√	√	√	√	√	√	√	√	√

1）空间是宝贵的。将卫星送入轨道或将物体送入太空会带来巨大的战略价值和经济利益。空间基础设施的价值也大于其成本。由于地球对少数大型且功能强大的卫星较为依赖，卫星的价值也得以集中凸显。在军事范围内，若破坏基于太空的类似“眼睛”“耳朵”等功能的全球范围内的瞬时通信手段，例如全球导航卫星系统的定位、授时和导航功能，则会获得地球上军事力量中的一个重大优势。大型卫星是敌对活动的重要目标，因其会造

成太空和地面上的双重损失。

2）根据《外层空间条约》的规定，太空作为全球公共资源是共享的，所有国家都可以自由使用。但为了确保各种行动的责任性，将会有一些限制措施。同样，一种卫星可能会为不同类型的用户或不同的国家创造利益。

3）空间基础设施以及地球自身都是脆弱的，因为它们暴露在人类和自然的重大威胁下，区别这些威胁是一项重要而复杂的任务。

4）太空非常遥远，难以被发现、监控或管理。这种距离意味着空间发射和空间活动都是复杂和危险的，充满挑战性。外层空间的远距离通信和控制都面临巨大困难。

5）太空活动在许多方面都是“不对称的”。这主要是指，迄今为止的许多外层空间活动都仅限于进行重大经济、技术和业务投资的国家。然而，与此同时，在“公共领域”概念的影响下，空间活动的参与者受到其他没有进行类似投资的国家以及利益相关者意见的左右和限制。现在，由于非国家参与者的影响，空间领域的情况变得更加复杂。例如，私营商业实体（甚至恐怖组织）正在创造新的空间能力，而这些能力可能会影响到部署在空间的安全系统。这可能会以新的、不完全清楚的方式界定空间系统的竞争和使用，并可能导致关于适用规则的分歧。

以上五种驱动因素既相互促进，又相互制约。在全球太空管理中，任何试图减少一种因素造成战略摩擦的努力，实际上都有可能加剧另一种因素带来的战略摩擦。因此，太空管理必须全球统筹。空间武器的问题要排在其他与空间安全有关的挑战之前进行处理。

12.3.1　空间武器

民用与国防空间资产是地球安全的重要组成部分，这使得它们成为任何地面冲突的目标。因此，为了空间资产，所有航天国家必须保护空间，使之成为安全的环境。然而，早在 1967 年 10 月《外层空间条约》生效之前，针对卫星和导弹的地基和天基武器的开发就已经开始了。

早期反卫星武器属于动能武器的一类。本质上，这种想法是用一种共轨武器、地基或天基导弹击中一颗在轨卫星。这类武器的一个缺点是，它需要一段时间才能到达目标，而且撞击会产生大量的碎片，可能会伤害到自己或他人的卫星［Moltz，2011，p. 320］。在 20 世纪 60 年代，反卫星武器的试验还包括核弹头，但人们很快认识到这种武器不是很有用，因为它不分敌友，会摧毁包括己方航天器在内的附近的所有卫星。冷战期间，美国和苏联都进行了动能武器的开发、测试和部署［Moltz，2011，p. 202；Grego，2012］。

随着对民用和商业卫星的通信、遥感、导航技术以及地面武器操作对军用卫星等空间应用的依赖不断增强，各种射程导弹所产生的威胁直接催生了人们相当大的兴趣去发展反导武器。表 12－2 总结了现有和潜在的各种空间武器系统及其部署的模式。表中所列的大多数武器是概念武器或正在研究中的武器，只有少数可能在相对短期内得到部署。

表 12－2 不同类型的空间武器

武器							状态
类型		模式					
		地-天	天-天	天-空	天-地	空-天	
核能	稠密大气层	X(1)					已有
	大气层外	O(2)					已有
	X射线激光器	O	O(3)	O(3)	X(3,4)	O	理论研究
非核能	武器(如动能武器、美国F－15微型自导飞行器、俄罗斯陆基导弹、轨道炮)	O	O	O	O	O	据报道，俄罗斯已经部署
	中性粒子束		O				研究中
	激光武器	O(5)	O	X(3)	X	O	研究中
	无线射频武器	O	O	O	O	O	研究中

说明：X—弹道导弹防御能力，O—弹道导弹防御和反卫星能力，1—地面-大气层，2—电磁脉冲武器，3—《外层空间条约》禁止部署核武器，4—用于高层大气的在轨武器，5—激光武器，最好部署在山的顶峰。

空间武器可以大致分为三类：核武器、非核动能武器和非动能武器。后两种既不能摧毁卫星也不能摧毁导弹。相反，它们可摧毁对有效操作航天器或导弹至关重要的指挥、控制以及生存装置。非动能武器使用网络攻击或干扰来自卫星的信号。然而，最大的挑战是如何全面地定义反卫星武器，因为许多无害的技术也可以用来干扰卫星。

当前发展的反卫星武器包括陆基、空基和海基三类。现在的陆基系统需要具备发现他们所要攻击目标的能力。空中发射能力可以克服在目标卫星下飞行带来的限制，尽管如此，仍需要在全球建立一些空军基地。若要用最灵活的反卫星武器去攻击特定的卫星还需要使用水面舰艇和潜艇。因为这将使其可以部署在世界的任何地方。当然，包括舰载和潜载反卫星武器在内的所有系统都容易受到攻击［Jasani，2016］。

就未来潜在的天基武器而言，尽管实现两个空间物体的交会是非常复杂的，但卫星本身可以被操控使其与其他卫星相撞（共轨型反卫星武器）［UK，Ministry of Defense，2010］。定向能武器如高能粒子束、激光和微波等，也可能被操作使用。这类武器系统以光速或高速运动，相对其他武器而言不受重力影响。但是，定向能武器需要极高的能量，这使得当前的天基定向能武器发展极为受限［Grego，2012］。另一方面值得考虑的是，这种“潜在的反卫星攻击”能力可能在未来成为与潜在的行星防御相关的关键能力。

有些武器的目标不是摧毁卫星，而是简单地破坏卫星，甚至改变卫星以达到另一种目的。各类移动卫星服务，如维护、加油、修复或重组失灵部件等都在第14章展开了详细的讨论。这些行动可以使卫星得到重新部署，延长卫星的使用寿命，并为卫星所有者创造新的价值。然而不幸的是，这类能力若不兼顾其他国家的卫星而进行，也可能会被认为是一种敌对行为［Krolikowski & David，2013］。这种双重应用或两用问题并不局限于移动卫星服务，如上所述，任何卫星都是潜在的反卫星武器，只要它有能力拦截或与另一颗卫星相撞。空间物体激光追踪一般被用作良性目的，但也可用于针对各种卫星。

陆基武器也可以通过瞄准卫星地面站或干扰目标卫星的信号来影响天基的基础设施建设。这种对遥测、跟踪或地面指挥站的攻击实际上相当于对一个国家军事力量的常规攻击。不同的是，卫星的控制系统可以通过电子战（如干扰电磁波的波形）或网络战（如通过传输数据或控制指令的代码进行攻击）进行攻击［Garino & Gibson，2009，pp. 274－276］。

空间物体必然可以受到来自地面的定向能武器的攻击。最早期的直接上升反卫星武器在接近卫星的地方引起核爆、爆炸或电磁脉冲，使卫星失效［Chun，2000］。研究发现，由高空核爆引起的电磁脉冲会在爆炸点下方的数百千米的地球表面造成破坏性的电流激增。拦截导弹的制导系统现在已经得到了改进，最新发展的直接上升反卫星武器能被设计成在非常接近目标的地方击中或引爆。此外，动态直接上升反卫星能力与弹道导弹防御（BMD）能力非常相似［Gubrud，2011］。过去十年中，美国一直寻求通过向盟国提供BMD系统或其组件来扩大其全球BMD系统。因此，现在或不久的将来，更多的国家将会拥有其反卫星武器的BMD系统［Statement of Dr. Brad Roberts，2011］。

所有的这些技术以及其潜在的发展已在表12－3中列出。

表12－3 已有的和潜在的空间武器

	核武器	非核动能武器	非动能武器
天基武器	共轨型爆炸武器	共轨型、移动卫星服务（用来干扰或捕获卫星）	激光、定向粒子束、微波
以太空为目标的地面武器	电磁脉冲、空中、海上爆炸	陆地、空中或海上发射的非核爆炸	网络攻击、干扰、致盲
以地面为目标的地面武器		陆地、空中或海上发射的炮弹	网络攻击、电磁辐射

如今，人们越发认识到，在地面冲突中，任何一个国家都需要阻止其对手使用空间资源。此外，积极保护自己的空间资产也成为必然。近年来，一些主要航天国家的政策措辞都出现了转变，转向更加主动地保护其太空资产。例如，日本在2008年对其1969年的旧立法做了彻底的修改，旧立法将国家的空间活动仅限于民用目的，而新立法则允许发展防御性的空间武器［Moltz，2014，p. 139］。类似说法在2015年的《国防授权法案》中也有明显体现，该法案将相当一部分预算用于“发展进攻性空间控制和主动防御的战略和能力”。类似的措辞也同样出现在媒体上［Weeden，2015；Billings，2015；Yashar，2015］。于2016年12月23日成为法律的《2017财年国防授权法案》对美国导弹防御局提出了两点计划要求：1）天基弹道导弹拦截和摧毁概念的定义、设计、研究、开发、工程评估和试验；2）导弹拦截能力空间实验平台的研究开发、试验与评估［NDAA，2017］。

下面列出并比较了各航天国家的相关能力。

12.3.1.1 美国

冷战时期，美国研究了许多技术，包括卫星拦截器（后更名为卫星侦察器）、空基两级巡航导弹、美国海军的海基拦截导弹和陆军的陆基拦截导弹［Mackey，2009］。由于早期制导系统的效率较低，当时许多武器要么使用核弹头，要么使用高爆常规弹头。此外，还研究了地面雷达、指挥控制和通信设施，并研究部署了干扰通信链路的计划。

使用 Nike Zeus 火箭的反卫星武器可达到的最大高度约为 320 km。改进的雷神中程弹道导弹装备有 100 万吨级的核弹头，射程超过 1 100 km，这一试验开始于 1964 年 2 月，结束于 1975 年 4 月 1 日。

20 世纪 50 年代，设计了一种更加灵活和大胆的“猎户座”导弹，其将被安装在 B－47 轰炸机上。随后，在 1985 年，一种改进型的反辐射自寻的导弹从一架高空飞行的 F－15 战斗机上被发射测试。为避免使用核弹头或常规高爆弹头，可以将动能杀伤微型运载器安装在导弹上，直接撞击在轨卫星。1985 年 9 月 13 日，P78－1Solwind 卫星在导弹系统测试的演习中被摧毁。该项目在 1988 年被终止［Moltz，2011，p. 203］。

2008 年 2 月 20 日，一枚陆基导弹被作为反卫星武器进行测试，一颗 2006 年年底被发射进入低地球轨道的美国卫星因出现故障而被 SM－3 反导拦截器所摧毁。从美国海军伊利湖号巡洋舰发射的直接上升反卫星武器以低于 10 km/s 的速度成功拦截并摧毁了目标航天器［Axe，2015］。数百枚 SM－3 导弹被部署在几艘军舰上。此外，美国陆军和导弹防御局部署了两种地基反导武器，可以摧毁低地球轨道上的航天器。

激光武器作为一种替代方案因不会产生大量碎片而具有显著优势。这极大地推动了激光反卫星武器的研究和发展。基本来说，已经发展了陆基、空基和天基三种激光武器。例如，在 1997 年 10 月 17 日，一种具有两个功率水平的激光器对运行在 420 km 轨道高度上的美国空军 MSTI－3 卫星进行了试射。一枚 1 兆瓦的中红外先进化学激光器从美国空军位于新墨西哥州的白沙导弹试射靶场发射到太空中，测试最终失败。但是，用于调整系统和跟踪航天器的低功耗 30 瓦激光器已足以使卫星短暂失明。这也表明，一种带有1.5 m反射镜的商用激光器可以发展成为一种高效的激光武器。

仅仅十年过后，2009 年，美国成功发射了一颗“先进技术风险降低（ATRR）”卫星进入1 300 km高的轨道。卫星上的红外摄像机被用来探测火箭发射或卫星机动时可能产生的羽流［Axe，2015］。截至 2010 年，美国已经拥有了六颗可以用来抵近目标进行操作、侦察，甚至在必要的时候将其摧毁的卫星。

2010 年，美国空军用火箭将一架 X－37B 航天飞机发射到距地面 400 km 的轨道上。这种航天飞机被设计为可以像普通飞机一样在地球上着陆。两架 X－37B 飞机将被部署在轨道上，每次一架，为期一年左右。尽管它们被称作为可重复使用飞机的测试工具，但它们也很有潜力成为反卫星武器［Axe，2015］。事实上，美国已经拥有了一些在轨可操作的航天器，可以被用来作为反卫星武器。2006 年，两颗微型技术试验卫星被部署到了低地球轨道上。这些小型航天器每颗仅重 230 kg，使它们很难被探测到。2014 年以来，两颗大型卫星被送入地球同步轨道，尽管它们是地球空间同步感知计划的一部分，但它们也可以在其他卫星的附近进行有关操作。

12.3.1.2 俄罗斯

苏联早在 1967 年就开始了反卫星武器的试验，并断断续续进行了许多年。大多数的早期试验是为了发展共轨反卫星武器，通过在目标航天器附近近距离爆炸或直接碰撞来破坏卫星［Jasani，2016］。1967年10月27日，宇宙-186号卫星成功发射，并于1967年10月30日与宇宙-188号卫星会合。这次测试验证了在轨卫星的对接能力和反卫星能力。在进行了几次试验之后，1971年12月至1973年年初停止了进一步的试验，这说明已经充分验证了与在轨卫星交会的全部能力［Grego，2012］。

这枚苏联卫星拦截器展示了其在230～1 000 km高度范围内执行任务的能力。苏联在1976年恢复了共轨反卫星测试。这些测试表现出更大范围的作战能力，射程在150～1 600 km之间。可以体现俄罗斯反卫星能力的新工作在2013年年底再次重启，当时一颗小型、可控制的卫星被送入低地球轨道。随后又发射了两颗这样的航天器：2014年5月发射的宇宙-2499卫星以及2015年3月发射的另一颗卫星［Axe，2015；Jasani，2016；Haas，2015］。

苏联的Kontakt系统在20世纪80年代开始研发，包括一种搭载在米格-13飞机上发射的反卫星导弹以及一种设计用于致盲或破坏目标的机载激光器。不过目前还没有具体的细节［Haas，2015］。Nudol是一种直接上升的反卫星导弹，于2015年11月18日成功发射，并于2016年12月16日再次发射成功［Gertz，2015］。拦截导弹安装在一个移动的发射装置上，给予系统一定的灵活性，使其可以在目标卫星的下方进行直接的上升拦截。

除了动能反卫星能力外，俄罗斯还在积极发展一种空基激光系统，该系统的设计目的是使卫星暴露在高强度的激光下，进而使卫星失效，或者在不破坏它们的前提下使其失效，从而避免产生空间碎片［Jasani，2016］。

12.3.1.3 其他国家的反卫星计划

由于卫星的军事用途，人们已经进行了很多的努力来发展各种反卫星武器。尽管高能激光和粒子束武器在空间或地面部署还需要一段时间，但开发陆基、空基或天基的使卫星暂时失效的低能激光武器是有可能的。同时，已经存在一些陆基或空基的常规反卫星武器。干扰或妨碍卫星运行的行为通常不被认为是主动武器，但它们可以达到类似的效果。因此，已经有一些陆基和空基的反卫星系统，只是其能力有限而已。

毫无疑问，拥有大量太空项目的国家很可能会考虑发展自己的反卫星系统。例如，2015年12月10日，以色列使用美国的箭-3陆基导弹在太空成功拦截了目标“以色列成功号”。这是以色列第二次尝试测试反卫星武器，上次是在2014年进行的，但以失败告终。据报道，印度也在积极探索反卫星武器［Grego，2012］。其他国家很有可能也在从事卫星致盲活动，并在发展其他卫星干扰技术。在不久的将来，这些系统很有可能不是天基的而是陆基的系统。例如，朝鲜最近进行了发射试验，按照朝鲜的说法，这是其“和平太空计划”的一部分，但这很有可能导致其尝试向反卫星方向发展相关能力。

人们常说外层空间应当保持无武器状态，但简要回顾一下就可以看出，空间环境中已经存在若干种武器。例如，有些卫星是为了近距离检查其他航天器而设计的，但也可被作为反卫星武器，此外，还有专门设计和部署用来撞击其他航天器的卫星。《外层空间条约》禁止在轨道上部署核武器和其他大规模毁灭性武器，但没有提及常规武器，因此，武器没有被禁止。

12.3.2　空间中的其他安全挑战

除了可能的太空军备竞赛和陆基反卫星武器的发展之外，还有一些其他似乎只是与空间安全间接相关的问题，但其却具有重大影响。

12.3.2.1　空间碎片问题

除了太空武器化之外，我们对空间安全最紧迫和最严重的关切是空间碎片问题和公共资源的管理。因为这些问题是交叉问题，所以在本书的其他章节中对此已经有所提及。但作为一个安全问题，这不仅是一个法律问题，更是一个现实问题，即所有国家都享有《外层空间条约》第一条所规定的探索和利用外层空间的自由。

尽管外层空间是广阔的，但地球轨道作为目前太空中最有价值的资源却是有限的。从经济学的角度来说，空间作为一种公共资源，也会与其他公共资源一样容易出现拥堵。在轨卫星和空间碎片使空间拥挤不堪，同样，在电磁波的使用频谱方面也存在着拥挤的问题。本书第 15 章讨论了因巨型卫星星座和越来越多的小型航天器、立方星和微小卫星使空间拥挤进一步复杂化的问题。通常，公共资源的用户之间会形成一定的自我约束，因为有效的共享不仅意味着能获取部分价值，而且也要为成为负责任的用户而接受一些约束[Johnson - Freese & Weeden，2012]。对于外层空间，要减少空间碎片的产生，在可能的情况下积极管理甚至清除空间碎片，接受在可能发生碰撞的时候确定“通行权”的“交通规则”，并尊重使用频率的权利等级。

第 2 章所述的空间碎片协调委员会为各国和区域空间机构就空间碎片问题的合作建立了一个多边平台。空间碎片协调委员会通过了《减少空间碎片准则》，一些国家已经在其关于卫星设计和发射的相关国家法规中执行了该准则。然而，这些准则不具有法律效力，小卫星发射数量的迅速增加只是与空间碎片增长有关的其中一个问题。可以预见，如果不能减少每一个用户产生空间碎片的情况，那么将对类似轨道上的所有用户造成威胁。而这种威胁将持续数十年、数百年、数千年甚至更长时间。因此，这是一种跨代的威胁。

在没有人类干预的情况下，这种情况会进一步升级。也就是说，随着空间碎片与其他空间碎片碰撞，空间碎片的数量会增加。如果达到了这种程度，那么不积极清除或管理空间碎片也会对所有用户构成威胁。同样，太空的各个用户并不清楚在可能发生碰撞时，谁应该在这公共空间的“高速公路上”给对方“让路”，而这对于所有空间用户而言都是危险的，因为这不仅可能造成碎片，而且很可能会随之产生空间碎片云。

卫星除了暴露于来自其他空间物体的空间碎片之外，还会受到空间环境的影响：日冕物质抛射、太阳风、宇宙射线、流星体，以及相对地球而言极端的温度。空间环境事件可能导致部件暂时甚至永久失效，有时甚至导致整个卫星失效。这种失效可能会被认为是蓄意行动导致的，从而引发敌对行为或冲突。在未来的几十年里，地球磁场的变化以及随之发生的范艾伦带的变化会使恶劣太空环境的威胁变得更加严重。这些变化最近被欧空局的 Swarm 卫星系统所证实，该系统被设计用来测量地球磁层的变化。

12.3.2.2　无线电频率和轨道位置的竞争

无线电频率的竞争很大程度上是由国际电联通过的《无线电条例》所管制的。为了确保合理、有效和经济地利用卫星通信所使用的无线电频率，《无线电条例》还管理地球同步轨道的分配。在本书第 6 章和其他章节中讨论了这一制度的适当性以及在民事和商业方面进行创新的建议。与许多全球公共领地的其他管理制度类似，“军用无线电设施”享有豁免。

12.3.2.3　技术竞争

无论是在地球上还是在太空中，技术的竞争都受到严格的限制。在经济方面，相关的技术受到世界贸易组织的法律条文以及其他现行和尚未生效的与贸易相关的协定和安排的管制。在军事方面，也受到一系列军控协议的安排和管制，例如美国国际武器贸易管制系统。该系统可以影响与许多国家的技术贸易，其中包括空间技术等。这些条文和建议是否足以改变现行法律制度，特别是在所有国家大发展的情况下，将在本书的其他章节中讨论。从空间安全的角度看，已经进入太空的国家与尚未进入太空的国家之间存在不平等，因为现有制度的存在，进入太空仍然存在障碍，现有制度甚至也是战略摩擦的根源。

12.3.2.4　太空资源的竞争

太空自然资源的竞争几乎没有受到管制。本书第 16 章详细讨论了自然资源的开采和利用，新的《2015 年美国商业太空竞争法案》似乎是有针对性地削弱全球对公共太空资源的共享。据推测，《2015 美国商业太空竞争法案》“保证了个人的权利”，个人可以宣称对他们在太空获取的资源拥有所有权。

美国颁布太空法后，卢森堡和阿联酋政府表示，他们也将通过旨在规范太空资源产权的法律，其他国家很可能也会采取类似立法 [Domonoske，2016]。虽然空间采矿的投资非常高昂，但太空的矿物资源确实提供了非常大的价值，据估计，价值达数万亿美元。特别是在地球上的矿物正在被耗尽或其开采价值已经超出经济可行度的情况下，空间矿物的价值就显得更加重要。这里所涉及的已经不仅仅是各国私营部门商业成功的问题。对矿物资源的获取是国家权利中其他要素的基础，例如军事力量。

回想一下修昔底德理论，战争的前提有三个主要原因：恐惧、利益和荣誉。获取自然资源的私利是地球上几乎所有战争的根源。冷战期间，争夺外层空间潜在财富的战略竞争是超级大国接受空间法基本原则（如不占用原则）背后的驱动因素。然而对外层空间自然资源的商业开发超出了当时条约谈判人员的关注范围。而现在的情况则大为不同：商业开发即将成为可能，人们不能忽视未来因争夺这些资源而产生冲突的可能性。因此，作为安全问题，出于经济和战略原因，迫切需要制定一个有关开采外层空间自然资源的全球监管制度，但我们需要为此花费十年甚至更长的时间。

目前，对于空间资源的管制以及如何最好地保护或有效地分享空间资源还没有明确的规定。但单边行动，如上文提到过的《2015 年美国商业太空竞争法案》，则有可能引发冲突。因此，有必要建立一种新的国际共识机制。由于政治上缺乏互信，起草这样的一个法案最好还是由一个独立的组织来进行，如国际法律委员会或联合国和平利用外层空间委员会这两个经常负责起草国际条约的组织。

12.4 现行空间安全管理体系的不完善之处

当前，全球空间安全管理体系存在许多不足，需要进一步完善，由于涉及部门和种类较多，牵扯的利益非常广泛，很难分清轻重缓急。

12.4.1 对现行法律制度的分析

有关外层空间安全问题的国际法规体系是综合且普遍的。《外层空间条约》第一条第一款规定，探索和利用外层空间“应造福和符合所有国家的利益，而不论各国的经济或科学发展水平如何”，第二款则保证进入所有天体的自由。这两款与条约的第二条明确了任何主权国家都享有对外太空、月球及其他天体探索的自由。《外层空间条约》旨在建立自由使用和探索的制度，并防止因领土竞争而引发冲突。然而，这一“全人类共同的事业”并没有被明确定义，它不同于其他法律制度中使用的术语，如公海、深海海床以及南极洲等［Hobe，2009，pp.28－29］。因此，虽然起草者的意图是确保空间活动不危害国际和平与安全，但由于条约起草时所涉及的政治现实而措辞含糊，这也就意味着它作为一项保障外层空间安全的文书而受到一些限制。正如本书的第 16 章所述，关于太空采矿、小行星开采等方面已经存在紧张关系。第 16 章讨论了《外层空间条约》和《月球协定》的有关规定，以及这些协定如何适用于空间采矿的问题。

《外层空间条约》第三条规定，在外层空间进行的一切活动都必须依据国际法，包括《联合国宪章》等，它规定了一些适用国际法的外层空间的军事和安全活动，但并不意味着所有国际法都适用于外层空间的活动，因而挑战也就在于如何区分适用和不适用的具体规则。但无论如何，都有大量的国际法可以使用，包括对条约法规的解释、国家责任、环境法、使用武力法、武装冲突法、人权法等。

《外层空间条约》第三条对《联合国宪章》给予了特别重视，这在很大程度上是由于该条约是在冷战的政治背景下起草的。人们担心军备竞赛会扩展到太空，因此该条约的基本原则和首要关切就是维护和平与安全［Ribbelink，2009，p.65］。《联合国宪章》第 2 条第 4 款非常重要，即禁止以武力进行威胁和使用武力。这项禁令只有两个例外。《联合国宪章》第 51 条明确了这些例外情况：允许一个国家在行使自卫权时，即在受到另外一个国家的武装攻击并为保护自己而进行反击时合法使用武力。因此，禁止在空间进行武力威胁或使用武力，除非这样做构成自卫行为。根据国际法院对尼加拉瓜案件的决定，这种武力的使用必须符合国际法的要求，即作为武装攻击的反应，这是必要且相称的。如果我们考虑到目前反卫星技术的扩散以及空间已经涉及地面战争的现实，就会明白卫星很容易成为被攻击的潜在目标，也就会明白有关使用武力的法律是何等重要。

《联合国宪章》禁止使用武力的唯一合法例外，是由联合国安理会根据《联合国宪章》

第 42 条授予其行使武力的权利。安理会通过一项决议，允许一个或多个国家在紧急情况下使用武力，以解决威胁国际和平与安全的局势。安理会只在少数情况下这样做过，例如 1991 年的第一次海湾战争，以及 2003 年作为使伊拉克局势合法化的一种手段。这在一定程度上引起了争议。“安理会没有具体说明如何使用这支被授权的部队，因此也不会具体提到在外层空间使用武力”。尽管如此，仍然可以想象在授权的情况下是可以在空间使用武力的。

《外层空间条约》第三条除了具体提到《联合国宪章》外，还强调所有活动都应该“为了维护国际和平与安全，促进国际合作与理解”而进行。关于对和平目的的强调在《外层空间条约》的序言部分以及第四条、第九条和第十一条中有所重复，所有这些条款都表示起草人有意避免空间军备竞赛。然而，利用空间进行非侵略性军事活动，包括收集情报、监视和侦察等手段已经成为一种惯例而被广泛接受。此外，从《外层空间条约》的起草历史来看，各国总是打算将一些非侵略性的军事活动纳入“和平目的”的范畴，以寻求他国接受［Hobe，2009，p. 24；Schrogl & Neumann，2009，p. 84］。《外层空间条约》第四条规定，在“月球或其他天体”上的活动只能用于“和平目的”，禁止在月球或其他天体上建立军事基地、试验任何种类的武器或进行军事演习。但这一规定一般不适用于外层空间，这意味着外层空间的活动不受这种规定的军事活动类型的严格限制［Schrogl & Neumann，2009，p. 81］。然而，《外层空间条约》确实规定军事人员可以出于和平目的利用外层空间。

此外，第四条禁止在环绕地球飞行的轨道上放置核武器或其他大规模杀伤性武器。虽然这是一项明确的禁令，但并没有提及常规性武器，也没有禁止本章前面所讨论的许多潜在的武器或战争手段，如捕获、激光、照射或来自太空的网络攻击。因此，虽然《外层空间条约》限制了大规模杀伤性武器的部署，但该条约并不足以管理本章所讨论的更广泛的空间武器系统，特别是现在正在发展的更加复杂的空间武器系统。

最后，还有一些关于在外层空间试验和发展武器的具体条约。包括 1963 年的《部分禁止核试验条约》明确禁止在太空进行核爆炸，1996 年的《全面禁止核试验条约》旨在“永远”禁止所有核武器试验爆炸。但是，后一项条约由于没有得到批准而尚未生效。1976 年的《改变环境条约》也是与此有一定关联的，因为它禁止使用军事或其他敌对技术改变环境，这些技术会造成广泛、长期或严重的损害，其中包括改变外层空间的动态组成或结构［Schrogl & Neumann，2009，p. 89］。美国和苏联于 1972 年签订的《反弹道导弹条约》禁止发展、试验和部署包括天基武器在内的反弹道导弹武器。然而，美国在 2001 年退出了该条约。

确实已经有了适用于空间安全活动的广泛制度。但是，一些规则的具体应用是不明晰的，一些术语的具体解释几乎是不可能的。这在有效管理空间安全方面留下了若干空白，包括没有关于大规模毁灭性武器以外的空间武器化问题的明确法律。

12.4.2　防止军备竞赛

过去和现在都努力阻止和管制在空间使用武力。现行制度的困难之一是各国在敏感的空间活动方面缺乏透明度。出于国家安全的考虑，空间活动的性质往往是高度敏感的，因此可能会造成与邻国或其他可能对火箭测试感到紧张的全球参与者之间的紧张关系。出于尊重主权和国家安全的原因，现行制度给予各国隐秘进行它们自己的空间活动的极大自由。

联合国大会每年都会通过防止外空军备竞赛的决议，如 2016 年的第 71/31 号决议。除了希望采取措施防止外层空间的军备竞赛之外，它总是很少提及实质性内容。联合国的这些行动很少会产生明确的条款，使其具有可执行性。

联合国大会成立了政府专家小组（GGE），研究潜在的透明度和建立信任措施（TCBM），并于 2013 年提交了最终报告［U. N. Doc. A/68/189］。报告敦促各国和国际组织在自愿的基础上“考虑”和“实施”建议的信任措施。然而，它的表达方式并不具有可执行性。继本报告之后，大会于 2014 年又通过了一项关于建立信任措施的决议［U. N. Doc. A/RES/69/38］。然而，正如第 2 章所讨论的，大会决议没有约束力，只是提供一种政治愿望。

关于 TCBM 的一项具体提议是由欧盟主导的非约束性外空活动国际行为准则（ICoC）提案，该提案的最新草案始于 2014 年，并于 2015 年 7 月在纽约举行的有关国家会议上提交。尽管 ICoC 不仅仅是一个重点防止军备竞赛的工具，但这也是它的主要目标之一。ICoC 也遭受了许多批评。第一，它不具有法律约束力，导致人们对未来 ICoC 的实质性影响产生怀疑。另一方面，在国内执行 ICoC 可使该文书具有法律效力，特别是具有域外适用的效力，例如要求在来自执行国的任何空间技术方面遵守 ICoC 的规定。第二，它没有实际约束性。ICoC 除了鼓励缔约国执行现有文书和设法限制空间碎片，特别是长寿命空间碎片的产生之外，几乎没有什么实质性行动。然而，它也允许例外，其中之一涉及国家固有的自卫权。尽管这一权利确实是固有的（因此无论 ICoC 是否提及这一权利都不具有法律后果），但一些国家反对明确提及自卫权［Porras，2014］。第三，在 2015 年在纽约举行的多边谈判期间，许多国家对起草草案的过程表示不满，重申它们认为草案不具有包容性，它只是欧盟的一个项目，并只属于欧盟。事实上，在那次会议中没有进行任何实质性的“谈判”，而仅仅是交换意见。目前还不清楚能否就推进进一步谈判达成协议。这个程序上的障碍，加上关于自卫权的争论，使得该项目的谈判进展受阻，许多人认为 ICoC 已经失去存在的意义。然而，欧盟仍坚持承诺，并于 2016 年 6 月在联合国外层空间委员会第 59 届会议上表示有意在联合国主持下制定空间活动行为准则［U. N. Doc. A/AC. 105/1113，p. 8］。

在开展“建立信任措施”工作的同时，中俄两国十多年来一直在提出有关“防止在外空放置武器和对外空物体使用或威胁使用武力”（PPWT）的条约草案。最近的一份草案于 2014 年提交给裁军谈判会议。虽然这些目标值得称赞，其形式作为一项具有法律约束力的条约也值得称赞，但它面临着如何界定“空间武器”的艰巨任务，这与许多可以用作空间武器但不在定义范围内的良性空间物体相违背。它还排除了可以将空间基础设施置于危险之中的地面武器，尽管这类武器比太空武器更具现实威胁。最后，它缺乏一种现实的手段，即如何使国际社会核实一个国家发射的东西是否为“空间武器”，或是否已被放置在外层空间。这是美国最强烈的批评方面之一，美国不支持拟议的 PPWT [Foust，2014]。然而，联合国裁军与国际安全第一委员会在 2014 年通过了一项决议，敦促联合国大会就修订后的《禁止核武器条约》展开实质性工作。该决议得到 126 个国家的支持，只有 4 个国家投了反对票（以色列、乌克兰、美国和格鲁吉亚）[GA/DIS/3514]。

最近联合国大会通过了中俄的一项决议，敦促有关国家单方面声明“不首先在外层空间放置武器”，这种单方面的决定具有约束力，但迄今为止只有少数国家这样做了，仅包括俄罗斯这一个主要的航天国家 [Yakovenko，2014]。

维持现状的一个危险之处是，空间技术双重用途的性质将加剧地缘政治紧张局势。以伊朗发展火箭和朝鲜最近发射火箭为例，这两件事都被批评为掩盖弹道导弹计划（不管公平与否）[Thielmann，2015]。和平发射很可能被视为一种侵略行为，导致各种各样的防御方案。

很重要的一点是不得不承认，现在很难在意识形态上使各国走到一起来确定一个关于空间的任何新条约。我们只需观察一下联合国和平利用外层空间委员会如何由早期成功通过条约（从 1967—1975 年历时 8 年通过 4 个被广为接受的协议）转变为工作相对滞后，并观察裁军谈判会议早已被协商一致的原则所扼杀，甚至难以确定一个工作方案便可知。正如本书第 2 章所详细讨论的，部分问题源于这样一个事实，即这些机构是冷战权力结构的产物，而如今却面临着共识的要求和权力平衡的多重转变。

12.4.3　减少空间碎片

联合国大会通过的空间碎片准则没有约束力，没有执行机制，也没有对违反规则的惩罚规定。而就更明确的准则达成协议则存在更大的技术复杂性和潜在的责任，因此，达成这种协议尚存在普遍的障碍。空间协调委员会是最有可能在这方面起带头作用的行动者，它可以与联合国外层空间委员会外层空间活动长期可持续性工作组合作。

目前，关于空间碎片的现有国际规则具有建设性。《联合国空间碎片缓减准则》为各国提供了一个防止更多空间碎片堆积的咨询框架。这些准则的精髓可以在一些表现突出的国家空间政策中找到，如法国的政策（美国在联合国准则通过之前就制定了空间碎片缓减政策）。这些指导方针也被纳入国际行为准则，并在这一特定方面得到了坚定支持。此外，如前所述，和平利用外层空间委员会目前有一个拟定外层空间活动长期可持续性准则的工作组，该工作组会考虑到新兴航天国家的特殊需要。但是，这些准则都不具法律效力。目前的假设是，各国对管理空间碎片的重要性有认同感，并在全国采纳这些准则。虽然一些国家已经在国家层面有了一定程度上的执行，但利己主义似乎并不足以推动其管理空间碎片。

另一个假设是，《外层空间条约》和《责任公约》（这两项公约均在本书第 2 章中详细讨论）对外层空间的空间碎片造成的损害规定了责任的事故方，各国将据此迅速为其自身活动自愿采取缓解措施。然而，目前的方法有两个缺点。第一，许多国家尚未也似乎根本不准备采取任何减缓空间碎片的政策；第二，这一办法只致力于减缓空间碎片，而不致力于清除空间碎片。随着更多的发射者将有能力提供在轨服务，达成具有更严格条款的协议将变得更加困难。

而从长远看来，主动清除碎片将会是解决方案非常重要的一部分。2013 年，IADC 公布了一项关于低轨稳定性的广泛研究结果，并得出结论：如果不采取清除措施，这个轨道将在 100 年内完全失效。尽管存在许多技术和资金障碍，但技术已经达到了可以主动清除碎片的阶段。ViviSat 等公司计划使用现有的对接技术来延长卫星的寿命，它可能会展示许多清除碎片的方法。然而，这可能需要重大的政治努力，以确保国际社会对某人从太空移走任何物体、碎片或其他东西的意图感到满意。相关详细讨论，请参阅本书第 14 章。

由于许多空间基础设施具有军民两用的性质，甚至一颗卫星同时属于多个国家，因此卫星的自我调节将更加具有应用前景。许多空间基础设施的混合应用性质促进了国际合作，但同时也使国际关系更加复杂化，而这一点不仅体现在和平时期，在紧张时期甚至公开敌对时期也有所体现。

12.4.4 主动清除、管理碎片和在轨服务相关的准则条例

在主动清除、管理碎片和在轨服务方面有许多问题和挑战，在本书的第 14 章中有详细的讨论。从太空安全的角度来看，目前最大的挑战之一是缺乏对“空间碎片”与“空间项目”的明确定义，以及缺乏主动清除空间碎片，包括可能是危险碎片的动力。此外，与在轨服务、加注、改装或回收报废卫星有关的技术，以及空间机器人、近距离机动和对接的技术目前正在快速发展。然而，与此同时并没有伴随着新的空间法规、安全标准或太空管理规定的任何进步。如前所述，用于主动清除空间碎片和改造、修理或捕获报废卫星的空间能力与潜在的空间武器之间的细微差别，对于全球空间安全管理和外层空间的经济利用来说仍然是一个问题。

12.4.5 武装冲突法

关于在空间使用武力实际适用的法律，目前在潜在冲突的情况下缺乏明文规定，在武装冲突的背景下，对合法的“军事目标”和“民用目标”的攻击受到很好的管制。人们普遍同意，适用于武装冲突的法律也适用于外层空间的活动［Stephens & Steer，2015］。国家责任的法律原则（包括针对国际不法行为的反制措施）［Articles on State Responsibility］，《联合国宪章》第二条第（四）款禁止“对任何国家的政治独立进行武力威胁或使用武力”，对国家自卫权的限制，对联合国授权军事活动的限制，以及中立法都延伸到了一个国家在太空的主权利益。目前的不足之处在于，缺乏对武装冲突法和关于没有武装冲突的敌对（或至少是“不友好”）活动的法律如何延伸到外层空间的明确解释［Blake，“Military”，2014］。

一个主要的挑战是，大多数空间基础设施都是军民两用的，而且往往也在国家之间共享。根据武装冲突法，敌人只能以军事目标为打击对象，而不能以平民目标为对象，也不

能以中立国家为打击对象。此外，如果损害与所获得的利益不成比例，任何可能成为合法目标的物体仍可能不会受到攻击。摧毁一颗两用卫星，甚至只是使其瘫痪，其影响可能是灾难性的，而这种关系的计算是非常复杂的。

目前，关键民用领域的空间基础设施并没有得到特殊保护。武装冲突法中禁止打击的对象是“人们不可或缺的如食品、农业领域的生产资料、农作物、牲畜、饮用水设施和灌溉工程”等 [Additional Protocol I，art. 54（2）]，但问题在于，相关的用于通信和广播、定位、导航、授时、天气预报和气候变化观测的卫星也与此相关 [Stephens & Steer，2015]。此外，由于这些空间设施具有双重用途，它们可能被认为是可以通过空间或地面系统进行攻击的目标。对全球经济和人们的日常生活而言，天基系统变得越来越重要，攻击这些系统可以产生意想不到的后果，如对电力系统、供水系统、火灾或治安、紧急服务系统、运输系统、安全系统等的攻击，甚至有可能会关闭互联网和全球同步服务。这表明应该努力保护重要的空间服务。这还表明，空间系统的“双重用途”所带来的风险并不总是被清晰或明确定义。

最后应当指出的是，一个自然事件，例如一个高强度的宇宙事件，可能被误认为是一次导弹攻击，导致极为令人遗憾的军事反应。应当建立防止这种错误的军事反应的保护系统，包括增加透明度和信息共享等，这具有重要意义，应该尽快采取行动。

12.4.6　全球协调的行星防御

通过本书第 17 章对来自宇宙威胁的进一步讨论，我们可以清晰地知道，为了避免来自宇宙的自然危害或人为的危害（如大规模电磁脉冲或上层大气核爆），可协调的行星际防御策略正变得越来越重要。2013 年 12 月，联合国大会授权建立国际小行星预警网络（IAWN）和太空任务规划咨询小组（SMPAG）。此外，和平利用外层空间委员会及其科学和技术小组委员会在“空间天气”的议程主题下，正在努力加强关于空间天气和其他宇宙问题的国际合作。相关改善空间安全的举措很可能审查这一领域的最新科学数据，并寻求改进的全球机制，以应付这些对地球、人类生命和地球上所有生命形式的宇宙威胁。在这方面，努力进行持续的研究，包括收集数据和加强国际科学合作将是非常重要的。

12.5　约束或鼓励在太空中负责任的行为

综合来看，空间的价值、共享、脆弱、遥远和不对称的特征使得这个领域可以被视为一个新的“狂野西部”。这里有巨大的价值。然而，却很难将其他国家排除在空间之外，特别是地球轨道和无线电频率之外。一些相互作用（通常是干扰）是不可避免的。空间环境包括极端的温度变化、大量的辐射和其他挑战，也是不友好且危险的。

此外，虽然空间领域可以共享，但越来越多的国家的发展手段使其他国家的空间基础设施处于危险之中。各国把大量的价值集中在少数几颗卫星上，并对这些卫星表现出很大的依赖性。相对于空间天气或简单的制造故障来说，将对空间物体的影响归因于刻意的行动是比较隐蔽和困难的。在太空本身发生争端的时候，破坏性的、攻击性的行动可以得到很多利益的同时也会付出很大的代价。尽管存在上述这些困难，但建立一套确保外空安全的管理模式仍是可能的。

然而，存在一个很关键的环节，即如何精准利用近地空间（从临近空间到地球同步轨道），而在这一问题上商业航天企业和国防系统会有完全不同的看法，他们会对各种类型的空间管制、安全标准和违禁行为有不同的理解。商业太空企业可能会觉得，不受监管的太空环境可能会带来某种形式的竞争优势。然而，在考虑可能在该领域部署或使用何种类型的空间防御系统时，军方往往认为，非常谨慎而精确的监管和“道路规则”有利于防止意外或无意地使用由太空自然事件触发的武器系统并导致太空或地面武装冲突。

在这种情况下，有两个主要因素会削弱各国达成协议的能力。第一，如果不了解彼此的能力、状态、利益和战略，国家之间就容易出现战略误判。也就是说，国与国之间的关系具有“信息不对称”的特征。第二，在缺乏一套有效的原则或准则的情况下，各国不能对遵守这些原则或准则做出“可信的承诺”。在空间中，这些因素可能会被放大，因为很难获取正确的信息，无法精确地知道发生了什么，这种情况会影响决策者做出正确的决策，故而很难建立一个有效的原则和规范。当一个国家的崛起威胁到另一个国家的统治地位时，在可能发生权力转移的情况下，局势尤其不稳定。

因此，制止外层空间中威胁空间安全的不负责任的行为必须是一个关键出发点，涉及的关键步骤具体包括：1）厘清管理框架；2）保护现有的空间基础设施；3）使空间基础设施在发生危险时的自我修复性更强；4）尽可能发展其他方法，降低空间基础设施的重要性；5）对不负责的行为做出必要的反应。也就是说，在完善外空管理的前提下，空间应该更具规则、有弹性、有冗余和反馈。下面将逐一讨论这些因素。

12.5.1 厘清管理框架

首先，最好是整个全球空间工业，包括民用、商用以及军用工业，都以良好的方式运作，以明确、全面和各国普遍接受的规则为基础，使所有国家都可以公平竞争，而不必担心蓄意的或自然的原因造成的破坏。目前，很多法律都是泛泛而论的，在解决具体问题时并不实用。因此，有必要在许多领域开发更实用的技术解决方案和特定的行业标准。例如，在空间碎片缓减方面，必须继续制定和执行空间碎片协委会的空间碎片缓减准则。这种机构间合作必须继续得到支持，并应变得更加有力。

导致敌对行动的紧张局势的主要原因之一是不清楚某些空间活动背后的意图，以及无法确定这些活动对己方卫星的干扰是有意的还是无意的。因此提高透明度绝对是未来空间安全的关键因素。提高透明度可能与保持技术优势、最大化知识产权利润和最大化保密以保护国家安全的愿望相矛盾。然而，通常能够提供足够的细节来证明一种能力是应用于一种良性目的，而不是用于敌对目的，也不损害其他国家的利益。由美国导弹防御局（Missile Defense Agency）提出并开发的美国近场红外实验（NFIRE）卫星的起伏历史就是其透明度与其他国家安全目标之间紧张关系的一个很好例证［Ferster，2015］。

如上文所述，所谓卫星系统的军民两用性质得到了大量应用，这有时是经过深思熟虑的战略决定。民用和军用空间基础设施的整合可以作为一个盾牌。然而，积极地欺骗敌人说没有将民用设施用作军事用途，并利用这些设施作为敌对活动的掩护，可被认为是违反战争法和犯下战争罪。积极地隐瞒军事用途虽然并非“背信弃义”，但它仍然违反了武装冲突法对民用物体的保护。它将本国的民用空间基础设施置于被攻击的危险之中。因此，各国应选择在民用空间基础设施的军事使用方面保持透明度。这样，就更容易让攻击者承担责任，辨别民用卫星和军用卫星，并尽量减少民用卫星因军事用途而带来的附带损害。

此外，还需要集中精力来探索新的、更有效的电磁频谱使用方法，并精确地找到电磁干扰的来源，从而为避免这种干扰制定新的标准。还需要努力探索新的航天器制备工艺以减少空间碎片的产生，并利用空间态势感知数据来管理空间交通，从而为航天器制定交通规则。就形成新的空间规则和标准而言，这类工作可以使法律和政策具有更加清晰的概念，因而具有相当重要的实际意义。然而，这种工作并没有在联合国或其他国际组织手中得以实现，而是在机构间的合作组织或非政府间合作组织中进行，如国际安全发展协会（IAASS）和空间数据协会（SDA）。

在所有这些问题中，空间态势感知（SSA）可能是最关键的。它不仅涉及识别或预测物体曾经、现在或将来在外层空间的位置，而且还涉及它们正在执行的任务，包括在各种行动中使用的无线电频率。国际电联无线电条例（特别是第 49 号决议）所认可“投入使用”的无线电频率和有关轨道，具有重大的商业价值和国家价值。外太空效应模型在区分有意干扰和自然或无意干扰方面也具有重要的国家安全价值。目前，SSA 所需要的许多数据共享是以美国战略司令部和个别国家或机构（如欧空局）之间的双边协议的形式进行的。这种数据共享应该更进一步，而且更应该由一个多边组织掌握，而不是在一个国家的军事机构手中。比如一个中立的非政府组织将是最为理想的。

当前的空间法规和解决空间安全挑战的规则并没有提供一个有效的规范框架来防止或管制敌对行动的发起和可能的破坏行为。随着空间系统变得越来越重要，这些因素的作用将变得更加明显。目前至少可以采取两项具体步骤：一是厘清和制定反卫星武器的法律；二是明确武力使用法和适用于太空的武装冲突法。

12.5.1.1　厘清和制定反卫星武器的法律

如前所述，已经形成了两种发展趋势。第一种是利用卫星来增强地面武器的潜力，第二种是发展武器来摧毁轨道上的卫星以及在空间中过境的导弹或弹头。正如所建议的那样，现在加强《外层空间条约》或至少达成一项不干涉其他国家卫星的协定可能还为时不晚，美国和俄罗斯之间已经达成了一些类似的双边协定。一些民用、商业卫星正在被用来核查诸如《不扩散条约》等多边条约的落实情况。也许现在是时候再次建议冻结这类系统的进一步发展了 [Hafner & Jasani，1987]。现在还可以建议就限制试验所有反卫星武器达成一项多边协议。然而，面临的挑战仍然是缺乏谈判和签署这些法律协定的政治意愿。

12.5.1.2　明确武力使用法和适用于太空的武装冲突法

还有一种方法在其他领域取得了成功，并可能扩展到空间领域。在国际人道主义法的早期发展中，有关敌对行为的条约（《日内瓦条约》）和有关武器、作战手段和作战方法的条约（《海牙条约》）之间存在分歧。然而，自 20 世纪早期和中期以来，这类条约的谈判变得更加困难。同样，虽然各国可以就在陆地上适用国际人道主义法达成协议，但后来在海上和在空中适用这种法律的争议非常大，因为它们可能涉及限制使用武器等技术。红十字国际委员会（红十字委员会）和国际法研究所的创始人之一古斯塔夫·莫伊尼耶（Gustave Moynier）提名了一组国际法律专家，他们并不是要提出新的法律，而是简单地认为：

> 把我们这个时代所接受的思想清晰地编成法典，因为这是允许的和可行的。
>
> 这样做是在为军人自己服务。
>
> ……这是至关重要的，……这些法律是已知的所有人同意的，当战争来临时，交战国的男人被要求拿起武器保卫家园，这就与其规定的特殊的权利和义务有关［Moynier，1880］。

这引发了一系列成功的类似努力，如 1880 年《牛津手册》适用于陆地战争［Moynier，1880］，1913 年达成《海军战争手册》，1994 年《圣雷莫国际法手册》适用于海上武装冲突［Doswald-Beck，1995］，2010 年将《哈佛手册》适用于空中和导弹作战，2013 年将《塔林国际法手册》适用于网络战争［Schmitt et al.，2013］。前三个手册已经被历史证明是有高度影响力的手册，其不仅仅是国际法院参考的规则，更成为实际作战中军事人员的重要参考［Blake，"The Law Applicable，" 2014b］。

建议收集一组由国际法律专家起草的国际法手册，将其适用于外太空的军事领域，麦吉尔大学航空和空间法研究中心与蒙特利尔·阿德莱德大学的研究单位正在合作研究军事法律和军事伦理［MILAMOS］。项目管理委员会已经拟定了空间法、国际人道主义法和使用武力法方面的一些从业人员和专家。这些精心挑选的人员充分代表了各种背景、性别以及地理多样性。此外，将有一组技术专家和红十字委员会成员作为观察员参加手册起草过程。拟议的手册预计将于 2019 年年底完成。

12.5.2 保护现有的空间基础设施

作为一项预防措施，天基系统作为一个整体应该有一些冗余。也就是说，即使系统失去了一个组成部分，这些服务也应该能够继续提供。敌对威胁行为对本来就不友好的太空环境来说是不必要和不受欢迎的。在一个管理良好的空间领域，空间基础设施应该具有弹性，并包含多个、综合的冗余。故意威胁行为的趋势是减少的，因为这类威胁的发起者得不到什么好处。最后一个重点是确保蓄意威胁的发起者也会有很多损失。换句话说，所有违反使用和探索外层空间的管制框架的行为都应受到惩处。

12.5.3 提高空间基础设施的自我恢复性

可见，使空间系统具有抗故障能力，并使其设计得尽可能容易恢复服务，可使所有航天国家都受益。如果是这样的情况，分享关于空间危险的资料将是可取的。在空间系统的设计和执行方面需要进行合作，这些空间系统应得到更好的保护和更好的设计，以便更容易恢复，在"即插即用"部件方面更能兼容，在设计上有更有效的冗余，有更大可能性使用费用较低的保险设计。适合开展这种合作的是中立的非政府组织，如国际空间安全促进协会以及机构间协定。

12.5.4　开发替代方案降低空间基础设施的重要性

发达国家的军队越来越依赖太空系统，它们在太空资产遭受攻击时将变得更加脆弱，损失也最大。各国必须建立以地面为基础的，不依赖卫星通信或精确授时的后备通信的替代军事力量［Caton，1996］。美国空军威廉·谢尔顿将军表示，必须在"能力、可负担性和弹性"之间取得平衡，这应该包括更灵活地设计未来的卫星［Moskowitz，2013］。当然，我们需要更有创造力，回归到简单的地面能力，这样空间基础设施就显得不那么重要了。

12.5.5　对不负责任的行为做出必要的反应

如果在外层空间不负责任的行为没有得到应有的惩罚，空间领域的战略挑战将继续存在。非国家行为者（例如商业实体）的这种行为的后果可以在国家层面通过法律程序（对于违反国内管制框架的行为）或相关政策（对于更广泛的行为）予以强加。如果违反行为是由一个国家本身或在该国的默许支持下犯下的，那么对该国施加惩治的手段将相对有限。例如现在就存在一个具体的、当前的问题，即国际电联解决伊朗的干扰问题的能力。

12.6　结论及汇总表

空间领域目前存在以下几个特点：没有良好的监管、没有弹性、没有冗余也没有反馈，谁先主动就会得到更多利益，谁停在原地就会失去更多。从战略角度出发，各国自然会调整其部队结构，发展其空间能力，并增强使用武力来保卫国家利益和战略目标的能力。

然而，一个有效的外层空间规范框架，将会影响各国对使用武力或某些能力是否是保护其国家利益或实现其国家目标的最佳手段的评估。有效的规范框架会减少国家之间的信息不对称，促进其做出可信的承诺。

清晰确定国际法等规范框架也可以明确受害国对不负责任行为的合法应对措施。换句话说，现在要向国际社会发出一个明确的战略信号，即受害国可以正当性地对犯罪者施加反制，从而防止其再次犯罪。

不过，要想取得理想的效果，受害国必须采用以下几种方式来维护其战略主张：

1）我知道是你做的（归因）；

2）我可以向国际社会充分地证明是你做的（可验证性）；

3）有一个规范框架涵盖外层空间的不负责任行为（规范框架）；

4）规范框架在世界范围内被广泛接受（合法性）；

5）在这些情况下，它显然适用于你，而且你明显违反了规范框架（清晰度）；

6）我们有能力对你进行反制（能力）；

7）结果将对你产生重大影响（有效性）；

8）对你施加这些影响不会对我和我的盟友产生不可接受的负面影响（最小负面影响）。

当前的空间法规和解决空间安全挑战的建议没有为处理敌对行动和可能的行为提供有效的规范框架。随着空间系统变得越来越重要，这些因素都将发挥更大的作用。

为了反制，必须首先回答归因的问题。这就是中立的非政府组织分享关于空间态势感知的资料和数据的关键所在。归因的下一步是可验证性，这一步可能更加困难。即使一个国家或少数国家掌握了将不负责任的行为归咎于另一国的资料，如果施害国认为该国没有可能利用这些资料来煽动国际社会反对它，那施害国仍然可以不受惩罚地采取行动。

卫星哨兵项目是一个通过使用遥感卫星在陆地上观察进而采取行动的例子。来自卫星的证据已经被用于支持环境诉讼以及支持所谓的战争罪行的判定。类似的思路也可以有更多应用，如向上看（地面的传感器）、向外看（空间的传感器）。

《联合国宪章》和一般国际法准则要求，各国应首先尝试以和平方式解决争端。然而，外交、经济和其他对侵犯国施加反制的非强制性手段是间接的，即便会有效果，也往往需要时间来体现。当有关不负责任的行为涉及使用武力时，情况尤其如此。摧毁、削弱或破坏这种导致不负责任行为反击要直接得多，也更加有效。理想的情况是施加一种反制，立即阻止该冒犯行为，并阻止其重复该行为，也阻止其他人考虑该行为，但也不应该使事态升级。

现在太空越来越多地被用于商业、运输、科学和军事目的，但却没有有意义的或明确定义的安全监管体系。本书旨在确定当今复杂世界中的技术、运营、经济、监管、安全和国防等面临的挑战。我们越来越多地面临着对空间系统和防御能力的依赖，这些系统和防御能力依赖于外层空间和地面上方的平流层地区。下面的图表列出了这方面的关键因素和建议采取的行动（见表 12－4 和表 12－5）。

表 12－4　与全球空间安全管理有关的关键要素和问题

问题与挑战	技术挑战（自然的或人为的）	经济、商业、人口、健康等挑战	风险、降低威胁、公平问题等
无线电频谱和轨道供需的矛盾	缺乏有效防御系统所需的卫星频谱或轨道位置	不稳定的商业和经济状况	军方、政府、企业对无线电频谱和轨道的需求相互矛盾，发展中国家未来的需求
越来越多的危险轨道碎片	一种性价比高、可靠性强的碎片清除方法	缺乏经济上的或商业上的激励，责任问题不清晰	碎片的堆积很有可能会威胁到几乎所有用于国防、政府、商业用途的空间设施

续表

问题与挑战	技术挑战(自然的或人为的)	经济、商业、人口、健康等挑战	风险、降低威胁、公平问题等
临近空间在军事方面和在安全或商业用途方面的潜在冲突用途	临近空间不受管制或有效交通安全管理	缺乏安全性或交通的管理和控制,没有明确的健康标准	高空平台、空间站、货运机器人、航天飞机和高超声速飞行器之间可能发生碰撞
缺乏适用于外层空间和临近空间军事用途的国际法规	缺乏执行外层空间和临近空间军事用途的技术和系统	其他外层空间或临近空间利用者的责任索赔	简单冲突可能升级为更高级别的战争
关键空间基础设施成为目标或空间大规模天气事件的风险加大	缺乏防范攻击的保护系统,如电磁干扰、网络攻击或物理攻击	如授时、定位、导航等卫星系统对互联网或全球经济至关重要	自然灾害或冲突袭击可能成为全球经济的"黑天鹅"事件,造成较大的伤亡
对导弹攻击、空间天气和空间碎片的态势感知不够充分	美国在导弹和碎片跟踪、空间天气监测(特别是 S 波段雷达空间防御)等方面投入了大量资金,人们担心其技术的完备性以及信息透明度	共享空间态势感知的数据和空间气象数据对全球经济的许多方面都至关重要	空间态势感知系统的失败可能会危害全球经济

表 12-5 关于全球太空管理的全球行动建议

建议的举措	参加的实体
针对所有类型的应用(商业、政府、军事等),制定一个国际协商的空间使用长期计划	国际电信联盟无线电会议
控制轨道碎片的增加;限制巨型星座计划并改进轨道碎片清除的标准;采取措施激励清除轨道碎片	联合国和平利用外层空间委员会、机构间空间碎片协调委员会、国际电联
制定新的安全标准和程序、发展空间交通管理与控制、控制平流层以及临近空间的固体污染物排放	国际民用航空组织、国际电联、世界气象组织、联合国环境规划署
支持国际专家组编写《适用于军用外层空间和临近空间的麦吉尔国际法手册》(类似于为陆地、海洋和空域制定的国际法手册)	联合国裁军事务厅与联合国外空司、有关大学和基金会(特别是参与 MILAMOS 项目的大学和基金会)
如果关键空间基础设施丢失,对世界经济的脆弱性进行全球评估,建议对系统进行改革以降低脆弱性(包括自然的和军事的,如日冕物质抛射、电磁脉冲、人为干扰、网络攻击和物理袭击)	联合国大会、联合国和平利用外层空间委员会、国际宇航科学院;在第 6 号主题优先事项下的 UNISPACE+50 会议
对空间态势感知系统的全球数据共享计划进行改进,包括空间气候、范艾伦带防护与屏蔽、导弹攻击(包括恐怖分子)、轨道碎片与卫星连接	联合国和平利用外层空间委员会、联合国外空司、外空 50 周年会议下的空间天气技术支持专家组、国际宇航科学院、国际空间安全促进协会、SDA 以及一个专门的中立非政府组织
针对严重的空间天气、小行星和彗星、电磁脉冲和其他宇宙灾害,发展更强的全球行星防御计划	联合国大会、联合国和平利用外层空间委员会、国际小行星预警网络(协调联合国外空司并下设秘书处)、国际宇航科学院、国际空间安全促进协会

参考文献

[1] Charter of the United Nations, 26 June 1945, Can TS 1945 No 7.

[2] Comprehensive Nuclear - Test - Ban Treaty, 24 September 1996, S Treaty Doc 105 - 28 (1997), 35ILM 1439, U. N. Doc A/RES/50/245 (not yet in force) [Comprehensive Test Ban Treaty].

[3] Convention on International Liability for Damage Caused by Space Objects, 29 March 1972, 961U. N. TS 187 [Liability Convention].

[4] Convention on Registration of Objects Launched into Outer Space, 14 January 1975, 1023 TS 15 [Registration Convention].

[5] Convention on the Prohibition of Military or Any Other Hostile Use of Environmental Modification Techniques, 10 December 1976, 1108 U. N. TS 151 (entered into force 5 October 1978) [Environmental Modification Treaty].

[6] Protocol Additional to the Geneva Conventions of 12 August 1949, and relating to the Protection of Victims of International Armed Conflicts (Protocol I), 8 June 1977, 1125 TS 3 (entered intoforce 7 December 1978) [Additional Protoco Ⅱ].

[7] Statute of the International Court of Justice, 24 October 1945.

[8] Treaty Banning Nuclear Weapon Tests in the Atmosphere, in Outer Space and Under Water, 5 August 1963, 14 UST 1313, TIAS No 5433, 480 U. N. TS 43 (entered into force 10 October1963) [Partial Test Ban Treaty].

[9] Treaty on Principles Governing the Activities of States in the Exploration and Use of Outer Space, including the Moon and Other Celestial Bodies, 27 January 1967, 610 TS 205 [Outer SpaceTreaty].

[10] Treaty on the Limitation of Anti - Ballistic Missile Systems, Union of Soviet Socialist Republicsand United States, 26 May 1972, 944 U. N. TS 13 (entered into force 3 October 1972) [AntiBallistic Missile Treaty].

[11] Treaty on the Non - Proliferation of Nuclear Weapons, 1 July 1968, 729 U. N. TS 161 (entered intoforce 5 March 1970) [Non - Proliferation Treaty].

[12] International Telecommunication Union Radio Regulations, 2012, online: ITU 〈www. itu. int/pub/ R - REG - RR - 2012〉 (last accessed 1 December 2016).

[13] Chair's Summary: Multilateral Negotiations on an International Code of Conduct for Outer Space Activities, New York, 27 - 31 July 2015, online: United Nations 〈papersmart. unmeetings. org/ secretariat/codeofconductforouterspace/documents/other - documents/chairs - summary/〉 (lastaccessed 1 December 2016).

[14] "Draft articles on responsibility of States for internationally wrongful acts" in "Report of the Commission to the General Assembly on the work of its fifty - third session" (U. N. DocA/56/10) in Yearbook of the International Law Commission 2001, vol 2, part 2 (New York: United Nations, 2007) (U. N. DOC. A/CN. 4/SER. A/2001/Add. 1 (Part 2)) 26 [Articles on StateResponsibility].

[15] Draft International Code of Conduct for Outer Space Activities, version 31 March 2014, online: European External Action Service ⟨www. eeas. europa. eu/non - proliferation - and - disarmament/pdf/space _ code _ conduct _ draft _ vers _ 31 - march - 2014 _ en. pdf⟩ (last accessed 1 December 2016) [ICoC].

[16] Draft Treaty on the Prevention of the Placement of Weapons in Outer Space, the Threat or Use of Force against Outer Space Objects, online: Reaching Critical Will ⟨reachingcriticalwill. org/images/documents/Disarmament - fora/cd/2014/documents/PPWT2014. pdf⟩ (last accessed 1December 2016) [PPWT].

[17] Inter - Agency Space Debris Coordination Committee, IADC Space Debris Mitigation Guidelines, IADC - 02 - 01, Revision 1 (September 2007), online: Inter - Agency Space Debris Coordination Committee ⟨www. iadc - online. org/index. cgi? item=docs _ pub⟩ (last accessed 1 December2016) [IADC Space Debris Mitigation Guidelines].

[18] No first placement of weapons in outer space, GA Res 69/32, U. N. GAOR, 69th Sess, U. N. DocA/RES/69/32 (2014).

[19] No first placement of weapons in outer space, GA Res 70/27, U. N. GAOR, 70th Sess, Doc A/RES/70/27 (2015).

[20] No first placement of weapons in outer space, GA Res 71/32, U. N. GAOR, 71st Sess, U. N. DocA/RES/71/32 (2016).

[21] Prevention of an arms race in outer space, GA Res 71/31, U. N. GAOR, 71st Sess, U. N. Doc A/RES/71/31 (2016).

[22] Transparency and confidence - building measures in outer space activities, GA Res 69/38, U. N. GAOR, 69th Sess, U. N. Doc A/RES/69/38 (2014).

[23] Report of the Group of Governmental Experts on Transparency and Confidence - Building Measures in Outer Space Activities, U. N. GAOR, 68th Sess, U. N. Doc A/68/189 (2013), online: United Nations ⟨www. un. org/ga/search/view _ doc. asp? symbol=A/68/189⟩ (last accessed 1 December 2016).

[24] Report of the Legal Subcommittee on its fifty - fifth session, held in Vienna from 4 to 15 April 2016, UNCOPUOSOR, 59th Sess, U. N. Doc A/AC. 105/1113 (2016), online: UNOOSA ⟨www. unoosa. org/oosa/oosadoc/data/documents/2016/aac. 105/aac. 1051113 _ 0. html⟩ (last accessed 1 December 2016).

[25] U. N. Office for Outer Space Affairs, Space Debris Mitigation Guidelines of the Committee onthe Peaceful Uses of Outer Space (Vienna: United Nations, 2010), online: UNOOSA ⟨www. unoosa. org/pdf/publications/st _ space _ 49E. pdf⟩ (last accessed 1 December 2016) [U. N. Space Debris Mitigation Guidelines].

[26] National Defense Authorization Act for Fiscal Year 2015, Pub L No 113 - 291 [NDAA].

[27] Case Concerning Military and Paramilitary activities in and against Nicaragua (Nicaragua vUnited States of America), [1986] ICJ Rep 14 [Nicaragua Case].

[28] Axe, David. “When it comes to war in space, U. S. has the edge”, Reuters (10 August 2015), online: Reuters ⟨blogs. reuters. com/great - debate/2015/08/09/the - u - s - military - is - preparing - forthe - real - star - wars/⟩ (last accessed 1 December 2016).

[29] Billings, Lee. "War in Space May Be Closer Than Ever", Scientific American (10 August 2015), online: Scientific American 〈www. scientificamerican. com/article/war - in - space - may - be - closer - than - ever/〉 (last accessed 1 December 2016).

[30] Blake, Duncan. "Military Strategic Use of Outer Space" in Hitoshi Nasu & Robert McLaughlin, eds, New Technologies and the Law of Armed Conflict (The Hague: Springer, 2014a) 97.

[31] Blake, Duncan. "The Law Applicable to Military Strategic Use of Outer Space" in Hitoshi Nasu & Robert McLaughlin, eds, New Technologies and the Law of Armed Conflict (The Hague: Springer, 2014b) 115.

[32] Butt, Yousaf. "Satellite Laser Ranging in China", Union of Concerned Scientists Technical Working Paper (8 January 2007), online: Union of Concerned Scientists 〈www. ucsusa. org/assets/documents/nwgs/slr _ in _ china. pdf〉 (last accessed 1 December 2016).

[33] Caton, Jeffrey L. "Joint Warfare and Military Dependence on Space" (1996) 10 Joint Force Q 48.

[34] Chun, Clayton KS. "Shooting Down a "Star": Program 437, the U. S. Nuclear ASAT System and Present - Day Copycat Killers", U. S. College of Aerospace Doctrine Research and Education (CADRE) Paper No 6 (2000).

[35] Domonoske, Camila. "Luxembourg Hopes To Rocket To Front Of Asteroid - Mining SpaceRace", NPR: The Two - Way (3 February 2016), online: NPR 〈www. npr. org/sections/thetwoway/2016/02/03/465448871/luxembourg - hopes - to - rocket - to - front - of - asteroid - mining - spacerace〉 (last accessed 1 December 2016).

[36] Doswald - Beck, Louise ed, San Remo Manual on International Law Applicable to Armed Conflictsat Sea (Cambridge: Cambridge University Press, 1995).

[37] Ferster, Warren. "Missile Defense Agency Retires NFIRE Satellite", Space News (29 September 2015), online: Space News 〈spacenews. com/missile - defense - agency - retires - nfire - satellite/〉 (last accessed 1 December 2016).

[38] Foust, Jeff. "U. S. Dismisses Space Weapons Treaty Proposal As "Fundamentally Flawed" ", Space News (11 September 2014), online: Space News 〈spacenews. com/41842us - dismisses - spaceweapons - treaty - proposal - as - fundamentally - flawed/〉 (last accessed 1 December 2016).

[39] Garino, Brian & Jane Gibson. "Space System Threats" in Air Command and Staff College, AU - 18: Space Primer, 2nd ed (Maxwell Air Force Base, Ala: Air University Press, 2009) 273, online: Air University 〈space. au. af. mil/au - 18 - 2009/〉 (last accessed 1 December 2016).

[40] Gertz, Bill. "Russia Flight Tests Anti - Satellite Missile", The Washington Free Beacon (2 December2015), online: The Washington Free Beacon 〈freebeacon. com/national - security/russiaconducts - successful - flight - test - of - anti - satellite - missile/〉 (last accessed 1 December 2016).

[41] Grego, Laura. "A History of Anti - Satellite Programs", Union of Concerned Scientists (2012), online: Union of Concerned Scientists 〈www. ucsusa. org/sites/default/files/legacy/assets/documents/nwgs/a - history - of - ASAT - programs _ lo - res. pdf〉 (last accessed 1 December 2016).

[42] Gubrud, Mark A. "Chinese and U. S. Kinetic Energy Space Weapons and Arms Control" (2011) 35: 4 Asian Perspective 617.

[43] Haas, Michael. "Valuable Frontier: Militarized Competition in Outer Space" in Oliver Thränert &

Martin Zapfe, eds, Strategic Trends 2015: Key Developments in Global Affairs (Zurich: ETHZurich Center for Security Studies, 2015) 63.

[44] Hafner, Donald & Bhupendra Jasani. "An Arms Control Proposal Limiting High - Altitude ASAT Weapons" in John Holdren & Joseph Rotblat, eds, Strategic Defences and the Future of theArms Race: A Pugwash Symposium (London: Palgrave Macmillan, 1987) 226.

[45] Harris, Francis. "Beijing secretly fires lasers to disable U. S. satellites", The Telegraph (26 September 2006), online: The Telegraph 〈www. telegraph. co. uk/news/worldnews/1529864/Beijing - secretly - fires - lasers - to - disable - US - satellites. html〉 (last accessed 1 December 2016).

[46] Harvard University Program on Humanitarian Policy and Conflict Research. HPCR Manual on International Law Applicable to Air and Missile Warfare (Cambridge: Cambridge UniversityPress, 2016) [Harvard Manual].

[47] Hobe, Stephan. "Article I" in Stephan Hobe, Bernhard Schmidt - Tedd & Kai - Uwe Schrogl, eds, Cologne Commentary on Space Law, vol 1 (Köln: Carl Heymanns Verlag, 2009) 25.

[48] Jarman, Robert W. The Law of Neutrality in Outer Space (LLM Thesis, McGill University Institute of Air and Space Law, 2008).

[49] Jasani, Bhupendra. "Military Uses of Outer Space and the International Space Law" (Presentationdelivered at the 3rd Strategic Space Law Program, Institute of Air and Space Law, McGill University, Canada, 2 June 2016), online: STUDYLIB 〈studylib. net/doc/17704735/〉 (lastaccessed 1 December 2016).

[50] Jasani, Bhupendra & Ram Jakhu. "Unsustainable Uses of Earth Orbits" (Paper delivered at the World Economic Forum - McGill Workshop on Bringing Space Down to Earth, Montreal, Canada, 4 - 5 July 2013), online: McGill University 〈www. mcgill. ca/iasl/events/2013 - wefmcgill〉 (last accessed 1 December 2016).

[51] Johnson - Freese, Joan & Brian Weeden. "Application of Ostrom's Principles for Sustainable Governance of Common - Pool Resources to Near - Earth Orbit" (2012) 3: 1 Global Policy 72.

[52] Kai - Uwe Schrogl & Julia Neumann. "Article Ⅳ" in Stephan Hobe, Bernhard Schmidt - Tedd & Kai - Uwe Schrogl, eds, Cologne Commentary on Space Law, vol 1 (Köln: Carl HeymannsVerlag, 2009) 70.

[53] Kan, Shirley. "China's Anti - Satellite Weapon Test", CRS Report for Congress, Order Code RS22652 (23 April 2007), online: Federation of American Scientists 〈www. fas. org/sgp/crs/row/RS22652. pdf〉 (last accessed 1 December 2016).

[54] Kelso, TS. "Chinese ASAT Test" (22 June 2012), CelesTrak (blog), online: 〈celestrak. com/events/asat. asp〉 (last accessed 1 December 2016).

[55] Krolikowski, Alanna & Emmanuelle David. "Commercial On - Orbit Satellite Servicing: National and International Policy Considerations Raised by Industry Proposals" (2013) 1: 1 New Space 29.

[56] Mackey, James. "Recent U. S. and Chinese Antisatellite Activities" (2009) XXⅢ: 3 Air & Space Power J 82.

[57] Maogoto, Jackson Nyamuya & Steven Freeland. "Space Weaponization and the United Nations Charter Regime on Force: A Thick Legal Fog or a Receding Mist?" (2007) 41: 4 Intl Lawyer 1091.

[58] Moltz, James Clay. Crowded Orbits: Conflict and Cooperation in Space (New York: Columbia

University Press，2014).

[59] Moltz，James Clay. The Politics of Space Security：Strategic Restraint and the Pursuit of National Interests，2nd ed (Standford，Cal：Stanford University Press，2011).

[60] Moskowitz，Clara. "United States Headed for 'Perfect Storm' in Space，Air Force General Says"，Space. com (9 April 2013)，online：Space. com 〈www. space. com/20586 - military - spacereliance - perfect - storm. html〉 (last accessed 1 December 2016).

[61] Moynier，Gustave. The Laws of War on Land (Oxford：Institute of International Law，1880).

[62] National Defense Authorization Act for Fiscal Year 2017，(S. 2943)，online，〈https：// www. congress. gov/bill/114th - congress/senate - bill/2943〉 [NDAA，2017].

[63] Pekkanen，Saadia M. "The New Race To Dominate Outer Space：All Face 'Serious Growing Foreign Threat' "，Forbes (27 November 2015)，online：Forbes 〈www. forbes. com/sites/ saadiampekkanen/2015/11/27/the - new - race - to - dominate - outer - space - all - face - serious - growing - foreign - threat/〉 (last accessed 1 December 2016).

[64] Porras，Daniel A. "To Code or Not to Code"，Space Alert Ⅱ：6 (October 2014) 2，online：. Yumpu 〈www. yumpu. com/en/document/view/27300599/spac6/2〉 (last accessed 1 December 2016).

[65] Ribbelink，Olivier. "Article Ⅲ" in Stephan Hobe，Bernhard Schmidt - Tedd & Kai - Uwe Schrogl，eds，Cologne Commentary on Space Law，vol 1 (Köln：Carl Heymanns Verlag，2009) 64.

[66] Schmitt，Michael N et al，Tallinn Manual on the International Law Applicable to Cyber Warfare (Cambridge：Cambridge University Press，2013).

[67] Stephens，Dale & Cassandra Steer. "Conflicts in Space：International Humanitarian Law and its Application to Space Warfare" (2015) XL Ann Air & Sp L 71.

[68] Thielmann，Greg. "Iran's Overdue ICBM"，Arms Control Association (2 February 2015)，online：Arms Control Association 〈www. arms control. org/blog/Arms Control Now/2015 - 01 - 26/Irans Overdue - ICBM〉 (last accessed 1 December 2016).

[69] Weeden，Brian. "The End of Sanctuary in Space：Why America is considering getting more aggressive in orbit"，War Is Boring (7 January 2015)，online：War Is Boring 〈warisboring. com/ the -end - of - sanctuary - in - space - 2d58fba741a〉 (last accessed 1 December 2016).

[70] Yakovenko，Alexander. "Russia's no arms in outer space initiative gains support"，RT (26November 2014)，online：RT 〈www. rt. com/op - edge/209027 - outer - space - arms - un - resolution/〉 (last accessed 1 December 2016).

[71] Yashar，Ari. "United States And China Gear Up For Space Combat"，COSMOSO (26 April 2015)，online：COSMOSO 〈cosmoso. net/us - and - china - gear - up - for - space - combat/〉 (last accessed 1 December 2016).

[72] Manual of the Laws of Naval War (Oxford：Institute of International Law，1913).

[73] Space Security Index 2016，13th ed (Waterloo，Ont：SPACESECURITYINDEX. ORG，2016).

[74] UK，Ministry of Defence，The UK Military Space Primer (June 2010)，online：GOV. UK 〈www. gov. uk/government/uploads/system/uploads/attachment _ data/file/33691/SpacePrimer FinalWebVersion. pdf〉 (last accessed 1 December 2016).

[75] U. N. General Assembly：First Committee，Meetings Coverage，GA/DIS/3514，"Disarmament

Committee Approves Drafts on No First Placement of Arms in Outer Space, Ban on New Typesof Mass Destruction Weapons" (30 October 2014), online: United Nations 〈www. un. org/press/en/2014/gadis3514. doc. htm〉 (last accessed 1 December 2016).

[76] US, Department of Defense & Office of the Director of National Intelligence, National Security Space Strategy, Unclassified Summary (January 2011), online: Federation of American Scientists 〈fas. org/irp/eprint/nsss. pdf〉 (last accessed 1 December 2016) [U. S. NationalSecurity Space Strategy].

[77] US Department of Defense, Statement of Dr. Brad Roberts Deputy Assistant Secretary of Defense for Nuclear and Missile Defense Policy Before the Senate Armed Services Committee: Hearingon Missile Defense, 112th Cong, 1st Sess (13 April 2011), online: U. S. Department of Defense 〈www. dod. mil/dodgc/olc/docs/testRoberts04132011. pdf〉 (last accessed 1 December 2016).

[78] "Israel successfully blows up space target with US - funded Arrow 3 missile", RT (10 December 2015), online: RT 〈www. rt. com/news/325492 - israel - arrow - missile - test/〉 (last accessed 1 December 2016).

[79] McGill, "Manual on International Law Applicable to Military Uses of Outer Space", online: McGill University 〈www. mcgill. ca/milamos/〉 (last accessed 1 December 2016) [MILAMOS].

[80] Union of Concerned Scientists, "UCS Satellite Database", online: Union of Concerned Scientists 〈www. ucsusa. org/nuclear - weapons/space - weapons/satellite - database〉 (last accessed 1 December 2016) [UCS Satellite Database].

拓展阅读

[1] US, Department of State, "The International Traffic in Arms Regulations (ITAR) ", 22 CFR 120 - 130, online: U. S. Department of State: Directorate of Defense Trade Controls 〈www. pmddtc. state. gov/regulations _ laws/itar. html〉 (last accessed 1 December 2016).

[2] Blake, Duncan P. The Laws of Star Wars - The Need for a 'Manual of International Law Applicableto Space Warfare' (LLM Thesis, McGill University Institute of Air and Space Law, 2013).

[3] Jasani, Bhupendra. Outer Space - Battlefield of the Future? (London: Taylor & Francis, 1978).

[4] Plattard, Serge. "Security in Space: Should Space Traffic Management also concern Payloads Management?" (2015) 33: 2 Space Pol'y 56.

[5] "The U. S. Should Lead the World away from a Space War", Scientific American (1 November 2015), online: Scientific American 〈www. scientificamerican. com/article/the - u - s - should - lead - the - world - away - from - a - space - war/〉 (last accessed 1 December 2016).

第13章　临近空间交通管理与协调控制

解决的关键问题

• 当前的空间交通管理、空间态势感知以及临近空间管制与全球管理架构是否匹配，特别是能否应对越来越多的国家成为空间国家所带来的挑战。

• 空间交通管理、轨道碎片监测、碎片主动清除、在轨服务和空间物体在轨转移之间的关系。

• 全球太空管理（特别是管辖和监管能力问题）是否足以有效地规范临近空间和外层空间以下近空间区域。

• 对当前或未来应采取哪些全球管理行动来改善空间交通管理的状况，提出具体和适当的建议，积极开展讨论并付出行动，以确保为和平目的和全人类的利益可持续地利用空间。

13.1　引言

空间交通管理（STM）对不同的人有不同的意义。一方面，有人认为这个概念代表了一种更加结构化的方法来规范地球轨道的使用，如为空间碎片建立“坟墓轨道”，根据卫星特别是巨型星座和小卫星对轨道的使用频率改进轨道管理模式。另一方面，也有人认为空间交通管理就是通过建立国家法律、国际法规，甚至是国际机构来执行安全、互不干涉与控制的计划，以防止进一步产生空间碎片，或找到其他更好的方法来解决空间碎片问题。现在还有一个在临近空间进行科技竞争的问题。现在越来越多的新应用正被应用于临近空间，而这些应用反过来也面临着越来越多的碰撞和干扰的风险，因此也面临着安全问题。很清楚的是，空间交通管理对于地面和空间安全都是至关重要的。空间交通管理是保障安全的一个重要因素，因为：1）公众在发射、返回和再入期间都面临安全风险（地面、海上或空中旅行的人）；2）有丧失重要（有时安全至关重要）天基服务和基础设施的危险；3）载人航天也面临安全风险［Rongier & Sgobba，2015］。

安全世界基金会（SWF）和联合国外层空间事务司等各种机构以及围绕这一主题的各种会议正越来越多地讨论这些问题［Weeden & Walker，2007］。例如，国际宇航科学院就进行了很多空间交通管理的研究，并定义：“空间交通管理就是制定进入外太空、在外太空开展业务或从外太空返回地球时不受物理或电子干扰的一系列安全技术或监管规定”［ContantJorgenson，Lála & Schrogl，2006，p.10］。

现有的国际空间交通管理法规，比如联合国提供的空间条约、联合国大会有关决议、国际电联规定、空间碎片缓减委员会的指导方针和建立信任的措施，都可以作为进一步改进管理模式的良好基础。

太空管理和法律领域正在继续取得进展。例如，法国立法机构于 2008 年 6 月 3 日颁布了《空间操作补充条例》第 2008 - 518 号，对轨道碎片的产生建立了惩罚机制，并对结束寿命的卫星做了 25 年内脱轨的规定。

目前，联合国和平利用外层空间委员会设立了外层空间活动长期可持续性工作组，正在积极开展工作，并取得重大进展。本书考虑了外层空间的战略价值（第 12 章）、轨道碎片和轨道碎片清除（第 14 章）、小卫星（第 15 章）、发射服务（第 10 章）和载人航天（第 11 章），并在其他章节讨论了空间交通管理等方面。

然而，本章将集中讨论目前受国家管制或由国际民用航空组织进行国际协调的空域与外层空间之间的过渡空间的问题。这里也考虑了不受管制的临近空间区域，以及这些高度之上的"真空"轨道空间。航天发射单位并不喜欢"发射"这个操作。在不久的将来，商业航天飞机业务将不仅是商用和军用飞机之间协调发展的问题，更是由于在领空或外层空间的商业操作将创造巨大的经济价值的问题。换句话说，今天的太空交通和发射安全管理的效率非常低，这种低效率对空中交通和飞机运营都产生了负面影响。按照目前航天工业部门所走的道路继续下去，这个问题似乎只会随着在世界各地有大量太空飞机的出现和在临近空间有高超声速飞行器运输的出现而恶化。这就产生了一个问题，即随着时间的推移，是否会发展出一个与天空和太空交通管理有关的综合系统，来使其效率更高，或安全性能更佳。

上述问题可以归结为，正在形成一种广泛的全球共识，即需要在国家层面的航空和航天安全之外的国际层面制定新的规则和条例。但目前情况并非如此。俄罗斯驻联合国代表团就在 2016 年联合国和平利用外层空间委员会会议上关于空间交通管理的问题做了正式声明：

> 不应该急于（违背常识）将外空 50 周年会议的议程扩展到包括空间交通管理中，这还为时过早。俄罗斯联邦在外空委员会第 59 届会议上提交的工作文件（A/AC. 105/2016/CRP. 13）务实和公正地审查了关于空间交通管理的有关构想。无论是学术界还是在政治层面，大量关于这一问题的出版物不应被混淆，因为迄今为止都没有就新构想的本质提出一系列有根据的想法和现实的观点［Russian Statement，2016，p. 2］。

这一发言包括其他发言在内都清楚地表明，对于空间交通管理的组织、内容、原因和方式尚未达成共识。对于空间的协调利用和对临近空间的关注等一系列问题主要是由于近期航天飞机的出现、商业发射系统的增加、近地轨道部署大规模星座、不断增加项目启动立方星和小卫星等［Stilwell，2015］。

空间交通管理的这一问题因拟议的临近空间新用途越来越多而愈加复杂。因为在这一区域，不同系统以不同的速度运行，其使用量的增加带来了严重的安全问题。这些新的系统包括高空平台系统、无人机系统（UAS）（也称为无人飞行器、无人机遥控飞行器和无人驾驶飞机)、高空气球和飞船、超声速和高超声速运输系统，以及可用于军事、安全或边境执法和监测目的的其他系统［Pelton，2015］。这些在临近空间运行的各种新系统可以是商业的、政府的或军事性质的，因此受到不同类型的许可、授权和安全控制机制以及不同的税收和经济制度的制约。这些领域所使用的技术发展似乎超过了管理范围，这就产生了安全、使用频率协调、管理、健康标准和大气污染问题。随着新兴商业的崛起，为解决这一领域的新问题，这里的主要关切将是安全和国际发展规程。

应当将大气层、临近空间和外层空间的交通管理一体化，应当存在一个单一的国际交通协调机构，例如民航组织，而不是存在多个主体分别负责大气层和外太空的交通管理及协调。这将使使用飞行空间更加高效和安全。

最后，由于空间任务的发射系统多种多样，如何实现统一的大气层和太空交通管理还远远不够明晰。如今，从航天发射场垂直发射对空中交通管理的影响，与从飞机发射或从升到高空的火箭、气球或某种形式的飞艇发射相比，有很大不同。事实上，许多商业太空飞行器的运营商都打算从现有的机场运营。因此，如何将这些不同的运行方式不仅纳入现有的空中交通管理系统，而且纳入机场地面管理，是一个急需关注和解决的挑战。

13.2 探空火箭、轨道飞行器的发射与回收

在发射和回收阶段，航天器必须通过航空器工作的空域。迄今为止，所有的管理办法是将航天的行动与航空分开。目前，美国是由联邦航空管理局（FAA）提供独一无二的发射许可证。此外，商用、政府和军用飞机的作业与发射被分开安排。然而，这是一种非常低效的运作模式，因为每一次行动的许可证发放都是独一无二的。此外，除了安全和环境问题外，可以长时间关闭大量商业空域，以便于发射任务快速展开。

此外，对于目前还没有进行太空飞行的国家而言，可能尚且没有成熟且灵活的发展模式。随着空间技术的发展，包括传统机场的发射和回收操作，可能会遇到更多的技术和政策问题。例如，如果航天飞机所携带的燃料构成危险，机场将需要有足够的区域来将航天飞机与其他飞机、车辆和从事地面作业的人员分开。

在为太空商业运营与民用航空运营制定详细标准时，会因发射类型的多样性而带来挑战。然而，这并不是空中交通管理中唯一的问题。民用航空飞机的性能和任务在设计上都是不同的。虽然大多数民用飞行的重点是航空运输，但在这一类别内还有许多其他用途，如空中监视和摄影、特技飞行、高性能演示、娱乐飞行、跳伞、观景和零重力飞行等。飞机类型的多样性也在不断增加。飞机、浮空器和直升机通常在公共空域飞行，而非传统飞机如倾斜旋翼飞机、太阳能飞机和其他实验飞机现在也都在该区域飞行。

此外，空中交通管理系统还面临着整合其他新型飞行器，如遥控驾驶飞机系统，以及长航时飞艇和气球提供各种全球服务（互联网接入、监视等）带来的挑战。如果以对待其他航空器相同的方式对待航天器，那么航天器带来的问题就从它们能否被容纳变为它们如何被容纳。所有这些问题和关切，即使不考虑空间交通管理，也会因是否违反现行航空法

而引起质疑。这个问题不仅要从法律角度考虑，还要从政策、安全标准、技术系统和软件编程的角度考虑。空间交通管理的讨论不仅涉及 160 千米以上的活动，实际上还涉及 21 千米以下的商业空域管理、临近空间的交通管理以及 160 千米以上“真正”外层空间的交通管理之间的协调。

所有这些都表明，必须要考虑临近空间安全和商业航空安全的问题，特别是在发射、将材料/空间飞行器或平流层物体再入地球以及回收空间物体和空间飞行器方面。有些人认为，这些问题目前还不是紧急的安全问题，因此可以推迟处理临近空间安全、交通管制和重返大气层等问题。然而，正是由于缺乏前瞻性的监管行动，才使如今解决国际问题面临重重挑战。唐纳德·凯斯勒（Donald Kessler）在大约 40 年前提出了轨道碎片的问题，当时简单的监管行动可能已经解决了这个问题，或者至少在某种程度上缓解了这个问题。然而，这个问题被完全忽略了。今天，同样的问题不仅威胁着航天员的生命，还影响提供重要的空间服务，而这已经成为一个难以解决且代价高昂的问题。

具体对回收而言，能够执行空中管理指令的太空飞行器与不能执行这类任务的其他物体相比有很大的差异。从一次性运载火箭到可重复使用运载火箭的技术转变将面临新的挑战。而在这方面尚没有全球经验。上述讨论的许多在空间飞行的物体也面临同样的问题。这些物体要么有人操控，要么无人操控，要么无法控制。而在整个空域的规划过程中都应考虑这一问题。

所有这些关注点都会引起一个问题，即在技术上、经济上、政治上和法律上是否可能实现对飞机、临近空间物体以及太空飞行器管理和控制的全面一体化。不仅在对上述目标做出具有国际共识的定义方面可能存在问题，而且在监督和管理这些内容的方面也面临着许多严重的问题和关切。

应仔细审查每种操作类型的独特特征，以确定集成控制系统或分离不可控对象的适当方法。在考虑集成控制系统方法时，必须均衡每种类型用户的利益，确保其权利的平等。例如，审查 X-15 所采用的发射技术：一架在空中交通管制下的飞机飞过民用空域，在地球表面 45 000 英尺（约 14 千米）处开始发射火箭。应将这种发射行动对民用空中交通的干扰降到最小。相反，当有滑翔飞行器执行任务时，则需优先处理民用航空。对于从地面垂直发射火箭的任务，则应视其他使用者对空域的使用频率与使用时间而进行分析。

很显然，需要人们共同努力，去探索结合多种元素（包括临近空间在内）的太空管理模式，确保考虑到太空和临近空间后这些管理模式不存在结构上的矛盾。

13.2.1　技术和运营方面的挑战

现有的航天国家或许有必要的储备来面对新的发射机制，建立新的模式，但空间行动的商业化则难以为非航天国家创造机会。这是因为太空活动和临近空间活动的商业化使私营实体首当其冲。航天国家拥有非航天国家尚未拥有的技术，所以非航天国家难以与航天国家相竞争，而太空却对所有国家的私营实体采取同样的标准，因此，非航天国家在竞争方面不具优势。然而，因非航天国家的运营成本较低，所以对非航天国家的投资却往往更加有利可图，这被认为是一种对私人投资具有吸引力的刺激因素。临近空间中的新应用如通信、遥感、监视等，更有可能应用于非航天国家。

但是，非航天国家的技术有限，安全标准较松且很可能造成危险。在非航天国家进行的发射或新型空间活动可能会强调需要制定国际安全标准水平，以确保其空间活动不危及民用航空或航天活动的安全。由此就不可避免地产生新的问题，即若航天器的发射涉及运载工具的水平起降时，是否应遵守国际民航组织关于航空安全的标准和要求。技术专家认为，对一个正在发展的行业实施严格的标准和要求，就该行业目前的技术发展状况而言，是不合理的。那么，哪种方式和形式可能被认为是合理的呢？在新航天器垂直起降的情况下，需要解决缓冲区的性质、维持时间和大小等问题，以确保与商用飞机作业隔离。

对于飞越民用空域或企图在临近空间工作的航空器或航天器，必须具备与民用航空器一致的提供位置和高度信息的能力，才能维持现有标准所要求的安全间隔。例如，使用GPS测高仪的无人驾驶飞机可能不能提供足够的信息来与使用气压测高仪的传统飞机保持垂直分离。这种差异可以通过制定不同的标准来克服，但额外的工作量可能会削弱空中交通战术分离的优势。需要注意的是，空中交通战术隔离并不要求所有飞行器具有同等的机动性。在传统空中交通管制中，有许多情况是某些飞机优先于其他飞机，或为优先任务建立空域走廊，并通过操纵其他飞机的轨迹实现战术分离。显然，这样的安排会引起这样的问题：为什么某些飞机可以获得自动优先权。2016年在马德里举行的世界空中交通管理大会上就明确提出了这一问题。

在适当的情况下，民用空间的商业经营者需要注意传统航空现在的管理模式，找到那些正在应用但是不合理的规则。对现有程序和做法做一些必要的修改，可能会增加现行交通控制与管理系统进行调整的可能性，以适应商业空间运营商作为新一类空域用户的需要。除了与空中交通战术分离相关的问题外，空中导航服务提供商使用的信息基础设施可能不适合处理主要的垂直轨迹。目前广泛应用于商业航空的飞行信息区域（FIR）边界，其出入口点设计在空域的横向边界，对于在垂直边界出入口的飞行器，可能无法适应飞行数据的处理。在一些国家，垂直边界没有明确界定。尽管如此，可以认为出口点是受管制空域的垂直极限，或在离地球表面上方约20至21千米处。

13.2.2 航线与经济

航线的经济性取决于许多因素。这些因素包括导航服务供应方的组成结构、收费制度、民航用户使用特定空域的情况以及服务方为航空公司分配空间等业务的管理能力。如果采用对航空和航天综合管理的模式，空间运营商为开展垂直化的空间发射和回收操作而对民航运营商施加的经济成本可以降低。这是一个敏感的问题，因为法规可能会给航空和航天运营商都增加成本。然而，民用与军用航空合作的全球经验表明，按照欧洲目前的模式，综合空域规划面临很大挑战。随着先进的灵活利用空间等概念的发展，可能会形成适用于兼具太空、临近空间和大气层的“垂直”行动的原则，如气球、飞船和空间站等案例。

在将空域视为公共利益的国家，决定进出空域的政策时会考虑到所涉业务的相对社会利益，因此在决定政策时可能会考虑超越空域收入的因素。相反，对于那些将起飞和降落的空域作为一种商品进行出售的国家来说，因商业空间业务所赚取的费用很可能会抵消因相关空域（或机场）关闭而造成的航线费用损失。在较小的国家，这种经济影响可能特别严重，因为在这些国家，将民航排除在大面积空域之外可能会使空中交通和有关收入改道到另一国。这种情况在航空领域并非前所未有，因为在危险的情况下，包括避免冲突区或危险的自然现象，就需要这样做。然而，由于空间行动是计划活动，空中导航服务供应方在空间行动的规划和核准过程中成为经济利益攸关方。尽管如此，在某种程度上，反向考虑也是必要的。关键是，对未来航空和太空交通管理安排的审议必须考虑到经济后果以及安全、管制监督和相关的技术能力。

商业空间运营商将航空导航服务供应方作为经济利益攸关方可能没有充分考虑其运营模式。一般来说，空中航线的收费是基于成本回收模式的。广泛使用权重-距离公式是为了反映收费的能力而开发的。目前的空中导航服务供应方的融资模式都不是基于所使用的空域价值。因此，并没有一个用户补偿其他用户因缺少空域而造成收入损失的先例。

此外，上述公式的距离部分没有考虑垂直距离。因此，现有的收费和发射机制之间存在着根本的脱节。现有的航线收费模型只能应用于亚轨道空间运输，其飞行轨迹与商用飞机相似。但是，考虑到大部分飞行距离将在管制空域以外，对没有提供服务的部分收取费用与成本回收之间存在着逻辑上的脱节。在临近空间的垂直作业涉及气球、飞艇、平流层、无人机、空间站等，提出了类似但不同的问题，特别是与其他航线的潜在的持续时间冲突。

13.2.3　减少风险威胁与公平问题

在审议公平问题时，必须认识到有必要容纳商业空间经营者、民用航空经营者和所有其他希望使用大气空间、临近空间或外层空间的人。决策者的职责是确定适当的平衡规则，以安全和公平的方式容纳所有空域使用者。航天发射地点在降低风险的过程中起着关键作用。在商业航天基地的规划和批准过程中，应考虑拟议发射地点附近的民用航空交通密度。除了考虑地面操作，规划者应该评估完备覆盖的交通模式。有效的规划在降低风险和公平方面都有好处。解决这些问题很重要。这可能会需要确定在政府和军方以及商业活动方面的不同程序和优先次序。

在这个规划过程中，时间起着至关重要的作用。时间问题包括清理空域容纳发射、恢复状态和完成发射的时间。虽然空间行动经常在时间方面有具体的限制，但重要的是要认识到，一天的不同时间、一周的不同日子或季节都将影响发射窗口。同样重要的是，在规划过程中要考虑飞行器的数量。

对计划外活动的风险评估是一个挑战。例如，临近空间的设备产生故障后，需要释放有效载荷，并在民用空域快速、不受控制地下降。在现有程序下，这种挑战只会随着时间的推移而更加严重。就像发射一样，地理位置和时间都起着关键作用。同一区域的释放，在不同季节、不同的周、不同的日期以及不同的交通情况下，都会带来不同的风险。

在考虑对计划外活动进行风险评估时，必须确定在紧急情况或确有需要的情况下释放有效载荷的必要程度。对于其他类型的非计划回收，包括轨道衰减或系统故障、失控事件等则需要在评估过程中加以权衡。此外，与平流层雷达、无人机系统、无人机集群、空间站、高空气球等长时间定位相关的问题将涉及不同的规则制定和整体经济计算。对于那些曾经不加以考虑的点，现在都需要着重考虑。一个类似的问题就是，如果几十年前就富有远见地对空间碎片问题加以考虑，到今天这一问题就可以很好地避免或解决。

13.3 临近空间

目前尚没有一个全球的、技术的和法定的标准来确定民用空域的垂直界限。一般来说，载人飞机在 60 000 英尺或 20 千米（在某些情况下 21 千米）以上的飞行将仅限于军用或实验飞机。然而，无人驾驶飞机的技术创新为各种类型的民用飞机在这种高度的飞行创造了机会。

人们经常有一种误解，认为在这些空域不受国家的控制，因而不受任何管制。各国对这一空域的管制也各不相同。然而，缺乏一致的管制可能给空域使用者带来相当大的法规负担。同样，本文将临近空间定义为民用载人航空以上（即 21 千米以上）但仍在地球大气层内（即 160 千米以下）的主权空域。

现在有根据海洋法所收集的先例，提出了类似国家海岸线附近的三个区的类比建议：1）拥有 20 千米或 21 千米以内绝对主权和控制权的空域；2）20 千米或 21 千米至 40 千米或 42 千米的毗连区（或多或少类似于海洋法规定的毗连区）；3）与《海洋法》定义的专属经济区（EEZ）相当的平流层战略经济区（SSEZ，42 千米至 160 千米）。然而，这些想法至今仍是相当有争议的，因为预先确定其主权的界限通常不符合一个国家的利益。

尽管这种类比存在争议，但太空飞机和未来可能飞行的高超声速飞机的技术进步将使其成为一个更大的问题。许多人认为，将外层空间法与海洋法进行类比是没有用的，因为海洋法涉及通行权、捕鱼权或资源利用权。尽管如此，国际讨论和协议必须有一个开端，即便所做的类比并不完全符合当今世界的技术现实。

一些国家可能已经定义了对这些地区的权利、责任和控制。例如，对于正在进行的最高高度在 40 千米或 42 千米以上的超声速和高超声速飞机的临近空间飞行，一旦建立了明确的飞行路线，就会有公认的自由通行权。这只是一个可能应用于临近空间飞行的概念，尤其是那些以 $Ma=2\sim8$（2 450～9 800 km/h）速度飞行的概念。一些国家或许可以为此类飞行器制定排放标准，比如要求其仅以电力推进，或禁止固体颗粒排放。然而，无论是哪种形式，一个国家都可以允许临近空间的自由飞行［Pelton，2016］。

13.3.1 技术和运行方面的挑战

寻求利用临近空间发展不同类型无人机给空中交通管理带来了操作上的挑战。例如，虽然控制无人气球轨迹的能力有限，但高空伪卫星能以与有人驾驶飞机更接近的方式执行控制指令。在交通有冲突的情形下，缺乏控制能力为无人驾驶的热气球或飞船提供了事实上的操作优先级。此外，尽管一些国家已经建立了 60 000 英尺以上的间隔标准，但国际民航组织并没有为这些高度的作业增加额外的间隔距离。这并不是说民航组织不认为需要额外的标准来确保作业之间的安全。相反，由于大多数国家将这一空域划分为不受控制的空域，因此，划定 60 000 英尺以上的间隔标准并不被国际民航组织视为优先工作，因为民用飞机很少在这一空域运行。提高操作水平，特别是在高超声速下，则更有可能成为其优先考虑的对象。

建立飞机之间的间隔标准是一项技术挑战很大的工作，因为飞机有时无法控制，而且飞行轨迹可能难以预测。同时，让受控飞机优先承担责任来机动规避障碍引起了公平问题。为了将两个无人驾驶的自由气球分开，必须采用战略级而不是战术级空中交通管理机制。当在同一空域操纵多个不可控飞机时，就会出现非常复杂的情况。在这种情况下，一方面，用于卫星轨道分配的程序可以提供指导性的模式。另一方面，对所有空间物体的空间态势感知在未来几年内将变得更加严格。这是因为越来越多的小型、纳卫星和飞卫星正被发射，且巨型星座计划正在部署，每个网络中都可能有数千颗卫星。美国在马绍尔群岛的夸贾林岛（kwajalin）地区部署了新型 S 波段雷达“太空篱笆”（space fence），旨在跟踪近地轨道上多达 16 万个太空物体，其中一些物体只有弹珠大小。据推测，这种能力可以有助于任何新的空间交通管理系统的设计和运行，特别是在探测和警告可能发生的重大碰撞方面。

进一步的技术考虑是，全球定位系统和其他空间导航系统的设计目的是提供地球表面的精准定位，而不是在高海拔或在外太空。很可能需要改进软件来产生足够精确的跟踪和定位数据，以便于控制、定位和操纵临近空间内的物体。

但是，随着这一空域的操作障碍被克服，预期这些空域的发展和竞争将迅速通过临近空间过渡至外层空间。

长航时作战给飞行计划处理带来了明显的挑战，现有的系统无法适应跨越数日的飞行计划。许多早期进入临近空间地区的公司预计，数千艘飞船或平流层气球的飞行时间可达 90 天，比如前面提到的谷歌的 Project Loon，该项目旨在提供全球互联网连接。这超出了目前最先进的航空导航服务供应方的处理能力。

13.3.2　航线与经济

主权及其纵向限制为临近空间问题带来了具体的挑战。事实上，各国被假定对其领土之上的空域保留主权。然而，主权不能延伸到外层空间。对于一个国家及其领海上空 6 万英尺（20 千米）以下的民用空域，国家的空中管制和管理是绝对的，事实上，对这些地区的管制要求也更高。如上所述，临近空间是介于大气空间和真正的外层空间之间的空间，可以肯定地认为它不属于这两种空间。由于外层空间的界定尚不明确，这似乎是两个空间合并或重合的地方。临近空间的法律制度尚未明确，各国对该地区主张主权（或扩大主权）的义务与权利尚不明确。对于在这些区域工作的人员来说，这种模糊性会带来相当大的操作风险。如果不确定是否、何时以及如何获得进入这一模糊空域的权利，运营商就无法建立可靠的商业模式。事实上，也许更紧迫和需要关注的是，为新系统开发的安全和军事应用计划有可能正在临近空间部署。

临近空间作战，特别是那些为长航时系统设计部署的高空伪卫星，不容易适应现有的空中导航系统。一个很重要的问题是，随着越来越多的国家开展临近空间活动，不同的空间导航服务商的权利和义务并不明确。特别需要注意的问题是，空间导航服务商是否有权对其目前提供导航服务的高度以上空域的交通管理服务进行收费。

同其他交通用户一样，这一系统的费用限于提供服务的空域部分。随着临近空间长期变得拥挤和充满竞争，某种形式的空中交通服务可能变得非常必要。到那时，我们有理由认为，在临近空间运营的行业将承担这项服务的成本。鉴于这些活动的独特特点，扩大基于监视的空中交通战术管制的垂直限制不太可能是首选的解决方案。对于这些类型的活动，将通过规划和调度来实现更有效的安全隔离，而空中交通管理的功能可能更像一种一致性监测，而不是我们今天所理解的交通管制。

许多航空技术安全标准都是基于飞机故障可能导致机上人员死亡的考虑。这在亚轨道载人运输中仍然适用。然而，对于拥有无人驾驶系统的临近空间运营商来说，其安全模型可以进行调整，以反映这样一个事实：即风险不是发生在危险源上，而是发生在飞行器或地面上。

13.3.3 降低风险威胁与公平问题

就像低地球轨道中的拥堵问题一样，为了降低临近空间的风险和威胁，运营商需要完全共享飞机在指定空域内的位置和能力信息。但因美国施加的限制，如《国际武器贸易条例》的影响，在先进或试验飞行器等方面可能会存在障碍。如果没有提供和共享相关定位和导航信息的监管要求，竞争的运营商不太可能自愿这样做。由于缺乏明确的规定而造成的法律上的不确定性可能是阻碍对这类服务进行投资的一个因素。在空间交通管理中，只有初级雷达具有探测非合作飞行器的能力。更新的监视系统，包括次级雷达和自动辅助侦测系统，依靠机载配套系统来提供监视数据。在临近空间中可用的任何监视系统都可能有类似的合作要求。

缺乏对临近空间的具体管制所造成的问题，不仅对通过私人投资为空间活动筹资产生不利影响，还存在事实上的事故和不便的风险，也延误这一领域的发展进程。实际上，法律上的不确定性和缺乏适当的、协调的监管框架将导致新生的商业航天工业落后于其实际能力。

13.4 太空交通管理

未来，太空交通管理可能成为一项不可或缺的服务。在这方面，空中交通管制的发展，特别是在偏远地区的发展，或许可以为实施类似的系统提供有益的先例，该系统将空域临近空间和外层空间的交通整合在一起。同时，必须认识到空中交通管理与太空交通管理有很大的不同，临近空间本身也将带来挑战。此外，更先进的概念，如全系统信息管理和基于轨迹的管理，可能提供利用现有数据建立空中交通管制系统的机会，而不需要扩展新的或创建更复杂的监视系统。虽然可能有足够的关于功能性空间对象的资料，以现有空中交通管理系统为模型建立一个新空间交通管理系统，但空间碎片的危险仍然存在，因此需要认真考虑。

13.4.1 技术和运行方面的挑战

在指定的空间范围内获得航天器所有可用的和实时的信息（无论它们是否处于工作、部分工作或失效状态）是建立交通控制系统的第一步。然而，这些信息却无法减轻空间碎片带来的风险。探测和跟踪空间碎片的能力与简单地对空间进行交通管控是不同的概念。

美国空间监视网络（SSN）是雷达和光学传感器的集成系统，用于探测、跟踪和识别空间目标。然而，该网络无法持续跟踪所有卫星和空间物体。新的 S 波段雷达“空间篱笆”则可能有助于探测和跟踪比当前跟踪目标更小的碎片。目前，美国联合空间作战中心划定了一份优先跟踪卫星清单。一般来说，具有高价值任务或轨道不稳定的（即将脱离轨道的物体）卫星的数据收集要求比其他卫星的优先级更高。

13.4.2 航线与经济

增加空间交通管理系统可能会因防止拥挤而限制进入太空。目前还不清楚建立一个怎样的全球太空管理系统才能平衡好国家与私营实体间的利益，使其公平获取空间资源。此外，在均衡有竞争关系的国家的运营商对空间的使用权这一问题上也存在不少争议。老牌航天国家与新兴航天国家之间的利益也可能不一致。空间工业化也会遇到许多类似的问题，而这些问题的根源就是“有产者”与“无产者”之间的利益冲突，而这些问题正在全球范围内被广泛讨论。

长期来看，缺乏关于空间物体技术能力的全球标准与共识是不可持续的。最终，如果要彻底解决日益加剧的空间碎片问题，就必须营造一种环境，即空间物体必须受到某种程度的交通控制或管理。主动清除空间碎片可能是空间交通安全管理第一个需要解决的问题，本书第 14 章对此进行了详细的讨论。

空间交通管控机构需要获取受控空间内所有物体的轨道信息和工作性能。获取这一资料的政治和法律障碍可能会妨碍发展出类似航空交通管理系统的空间交通管理系统。每个国家对其登记发射的所有空间物体都拥有主权，这使得空间交通管理和控制难以设想并加以执行。目前，对地球轨道空间物体的跟踪与控制机制是全国性的，而不是全球性的。

预计未来的任何空间交通管理系统也会面临在民用与军用项目中获取数据的障碍和敏感问题。这些问题在空间中很可能会变得相当复杂，因为空间是一个多国共存的环境，而各国之间没有具体明确的协议。在许多方面，政治和法律障碍比技术障碍更加严重。

13.4.3 降低风险威胁与公平问题

有些人认为，降低低轨道卫星风险的最佳方法是减缓新参与者造成特定空间碎片堆积的速度（例如超大的星座或大规模发射立方星）。然而，目前没有任何一种全球太空管理机制能够实现这一目标，也无法阻止外空日益被民事和商业利用。当然，现在尝试在临近空间、近地轨道、极地轨道减缓拥堵情况引发了公平问题，并代表着一个巨大的管理挑战。如果由于那些已经从宝贵而有限的空间中获得巨大利益的国家所造成的碎片和拥挤导致那些寻求加入空间经济的国家无法进入近地轨道，那这种公平问题必须加以解决。此外，除了地球同步轨道之外，在任何轨道上都没有优先排序机制，现有星座的维护和扩展可能会与新加入者期望使用这些资源相冲突。

尽管从技术进步的角度看空间交通管理是可行的，但空间领域可能需要寻求适当的全球太空管理办法来管控碰撞风险，这些办法实施起来应该更加可行。

13.5 当前管理分析和可能采取的行动的考虑

空域和外层空间都在联合国系统的主持下受到管制。国际民航组织和联合国外层空间事务司保持各自独立的职责，直到 2014 年才开始正式协调活动。这两个联合国机构的组织和条约之间的差异远远超出了业务管辖权。国际民航组织是根据 1944 年《芝加哥公约》成立的，目的是促进民用航空并制定运行标准，《外层空间条约》并未建立机构，而是寻求确保和平利用外层空间。因此，《外层空间条约》提供了法律框架，而不是组织结构和技术标准［Stilwell，2015］。

1958 年，为响应第一颗人造卫星斯普特尼克的发射，联合国成立了联合国和平利用外层空间委员会，以促进空间活动方面的国际合作。为了支持其活动，该委员会最终设立了一个联合国小型专家办公室，即联合国外层空间事务司。在创建联合国和平利用外层空间委员会和联合国外层空间事务司时，没有设想到受管制的商业航天。联合国和平利用外层空间委员会是在新技术发展和冷战思维共同引起的国际政治关注的基础上发展起来的。

相反，建立国际民航组织的目的是支持需要国际统一标准的不断壮大的民航部门的发展。国际民航组织是一个相对较大的联合国专门机构，在世界各地设有区域支持办事处，并有专门的技术人员，联合国外层空间事务司不是专门机构或技术机构。它是联合国秘书长下的一个办事处，是联合国和平利用外层空间委员会的秘书处。因此，联合国外层空间事务司并非国际民航组织在空间层面的复制品。联合国外层空间事务司的结构完全不同，旨在解决与空间探索和利用有关的政治和法律问题，而不是提供运营标准和实践。应当指出，这不仅是权限问题，而且还涉及人员规模、预算资源和条约授权［Stilwell，2015］。

由于这些联合国机构的创建是出于不同的目的，而不是相互补充，因此，国际航空条约和国际空间条约都没有在空域和外层空间之间定义垂直边界。此外，与国家领空或外层空间有关的任何关键文件或条约都未明确涉及日益重要的领域，即临近空间。当空间行动由国家行为者而不是商业实体进行时，没有提出管辖权问题。展望未来，随着我们扩大空间业务的商业化并推动人类空间运输的潜在发展，对于许多人，尤其是对于“新太空”领域的人们来说，现有的框架已经不够了。此外，商业领域中的新兴技术正在创造具有航空和太空运营特征的新型运营类型，或者可能从一种过渡到另一种。这种演变将引导对管理结构以及航空、临近空间和空间政策的隔离或整合的不同思考方式［Stilwell，2015］。

13.6　当前管理结构的充分性

当前的管理结构可能已证明足以满足任何空间物体的发射和回收阶段所需的安全法规要求，但就近地空间或临近空间的运行而言可能不足。特别是，关于亚轨道载人运输的模棱两可的管辖权可能会在现有结构中提出重大挑战。

《芝加哥公约》第 37 条规定国际民航组织有义务采用标准和建议措施（SARP）以确保“在所有这些与飞机、人员、空中航线和辅助服务有关的法规、标准、程序和组织的一致性，都将促进和改善空中航行”。尽管第 37 条列举了必须采用 SARP 的特定类别，但并未将这些类别排除在外。相反，第 37 条允许国际民航组织通过 SARP，以处理“与空中航行的安全性、规则性和效率有关的不时出现的其他事项”［Chicago Convention，art. 37］。

该管理条约可能为亚轨道人类运输提供管辖权机会，但国际民航组织目前的内部结构没有提供涉及亚轨道人类运输的标准和建议措施所需的技术知识，也没有支持商业航空运营人和商业空间经营人作为空域用户的利益之间的平衡措施。对任何高度的无人驾驶飞机进行监管，这给国家和地区航空安全监管机构以及国际民航组织带来了巨大且日益严峻的挑战。在这个阶段，行业发展的速度继续领先国家/地区航空相关机构或国际民航组织制定必要的安全监管指导的能力。具有各种特性（即比空气轻、太阳能/电力飞行器、喷气动力飞行器和航天飞机/火箭系统）的新技术的引入使这个问题更加复杂。外层空间和临近空间标准的制定将面临同样的挑战，此外，支持国际民航组织的国家机构和部委之间的知识库差异很大。

国际民航组织的资金来自其 191 个缔约国支付的会费。国际民航组织在制定标准和建议措施的过程中，依靠缔约国和少数国际组织的专家的参与，并未为该组织提供必要的资源，以使其能够灵活应对技术快速发展的行业。此外，由于只有少数国际民航组织缔约国有积极的空间计划，所以国际民航组织中的资源分配可能无法反映出商业航天的需求。相比之下，国际电联允许学术和部门成员提供超出国际电联成员国贡献的财政和知识资源。国际民航组织与联合国外层空间事务司合作，能够从行业利益相关者那里获取智力和财务资源的模式可以促进进步。最重要的是，与总体空间交通管理和临近空间的最终监管有关的问题不仅仅涉及“碰撞安全”。

电磁频率协调和使用、大气污染、辐射、卫生标准等问题似乎意味着联合国和平利用外层空间委员会、联合国外层空间事务司、国际民航组织、国际电联、联合国环境规划署（UNEP）、世界气象组织（WMO）、世界卫生组织（WHO）之间需要进一步的合作与协调，也许还有其他机构，例如联合国裁军事务厅（UNODA）在军事方面的应用，尤其是在临近空间。国际民航组织和联合国外层空间事务司联合成立所谓的“学习小组”，以就航空航天问题进行临时的初步和探索性讨论，是一项重要举措。然而，这是一个应该最终由联合国大会（联合国和平利用外层空间委员会和联合国外层空间事务司）和国际民航组织解决的问题。

13.7 维持现状的风险和威胁

不仅在学术层面，而且在政策层面已经进行了许多讨论，以委托国际民航组织负责管理交通管制事项，并确定使用空域和临近空间飞行器的技术安全标准，就像该组织履行民航方面的这些责任一样［Jakhu，Sgobba & Dempsey，2011］。但是，问题仍然在于：1）是否可以通过考虑临近空间特有的，尚未明确定义的法律和科学性质来实现；2）考虑到标准和建议措施不具有约束力，这种在航空领域进行测试的模型是否可以满足航天需求；3）坚持过去（航空）的经验是否会使航天在未来有效地发展。

本节显示了当前和未来航天国家的观点和现实，以及对空间交通管理和空中交通管理进行监管的潜力。

13.7.1 当前的航天国家

拥有发达空间计划的国家可能有能力减轻许多安全问题，从而转化为一个全球接受的、可发挥作用的管理框架。但是，空域优先问题是一个政策问题，应在业务商业化之前或至少在商业化时加以处理。发射活动对民用航空构成安全威胁。相反，没有适当工具的民用航空可能对发射作业和空间旅游飞行构成危险。在未来的世界里，高超声速飞行器在平流层飞行，不同的航空公司执行完全不同类型的服务，可能会发现相互冲突的安全问题。开发相关技术的实体对这些新技术的环境影响和可能需要的国际管制的讨论更少。管理所有有关方面之间的互动对于维持现有的目标安全级别是必要的。目前，这是通过使用隔离的受保护空域来实现的。但是，当今的空域模型可能不适用于未来的发射技术，特别是对于那些试图从民用机场发射或进行机载发射的方式。

除了安全方面的考虑，未来的型号可能还需要保护比现代发射技术所需的更大的空域。这将对经济和环境造成不利影响，因为民用航空运营商将需要更长的飞行路线，以避免空中禁区。这种为适应商业空间运行而扩展的路线将受到航空用户的挑战，并不代表是一个可持续的解决方案。空域规划的综合方法考虑了通过民用空域的用户，可以减轻一个行业对另一行业带来的经济和安全风险。

13.7.2 未来的航天国家

对于目前不在航天界的国家而言，空间业务的商业化可以提供参与的机会。这些国家中潜在发射地点的可取性可能为航天员和国家创造有利的局面。但是，这些国家不太可能具有所需的经验或能力自行制定必要的安全法规和其他法规框架。国际民航组织的模式是利用已经从事某些航空活动的国家的经验，制定指导文件并提供技术援助，以允许尚未从事此类活动的国家加入该行业并确保这些新兴国家遵守国际工业标准。

13.8　特定的潜在、创新和适当的管理解决方案

鉴于《芝加哥公约》第 37 条所提供的管辖权机会，有人建议可以利用民航组织来满足商业空间经营者的需要，这似乎是合乎逻辑的行动方针 [Dempsey & Mineiro，2010]。但是，这只是第一个临时解决方案。民航组织的运行结构需要扩大或修改，以便容纳一个新的技术领域。可以采用的模式有好几种，不过需要优先考虑提供财政和智力资源以适应民航组织的职权范围、监督和管理领域的扩大。

一种解决方案是成立类似于国际民航组织内的空中航行局的“商业空间局”。应考虑新局的资产组合是否也应包括无人飞机，特别是那些在超高空运行并提供类似卫星服务的飞机。

最后，资金考虑仍将是一个关键问题，而商业、政府和军事行动的结合，以及空域、临近空间和外层空间中受控和非受控行动的变化，将使现有或未来的监管框架在协同、管理和控制日益增长的空中和空间交通方面的充分性大大复杂化。

13.9　结论：主要风险、挑战、选择以及解决方案

出于上述所有原因，最好是首先与国际民航组织合作并得到联合国大会的认可，在联合国和平利用外层空间委员会的主持下建立一个专门的论坛，以探索在空间交通管理问题上的下一步行动。出于专业知识和紧急性的考虑，应通过一个与外层空间活动长期可持续性工作组（LTSOSA）分开的特别工作组来处理此问题。这个特别工作组应与空间机构、国家航空安全监管机构和国际民航组织合作，负责向联合国大会提出空间交通管理结构。这个特别工作组还可以就空间交通管理问题和减轻轨道碎片提出建议。这应与机构间空间碎片协调委员会（IADC）和 LTSOSA 工作组进行协调。

考虑到频繁的亚轨道飞行在短期内可能发展成为太空旅游，洲际太空飞机的试飞以及临近空间的其他用途（例如通过平流层气球访问互联网以及增加使用高空平台系统的可能性），应当为拟议中的联合国和平利用外层空间委员会工作组提供最终报告和建议的时间表以及日期。当然，在开展这些旨在协调和管理交通量的国际讨论的同时，可能需要在国家领土上使用临近空间的国家监管行动，以使系统在全球范围内相互协调。

应利用民航组织和国家航空安全管理机构的长期经验，寻求所需的技术诀窍、信息和法律理解，以便采取具体行动和管理步骤，制定在这一领域向前迈进的行动议程。

表 13－1 和表 13－2 总结了有关空间交通管理的关键问题和可能采取的措施。它们还

包括有关小卫星和轨道碎片的建议。

表 13－1　与空间交通管理有关的关键要素和问题

问题与挑战	技术挑战(自然和人造)	经济、商业、人口、健康和其他挑战	风险/减轻威胁/公平问题
“空间交通管理”意味着什么 太空交通管理是否应与空中交通管理相结合	所需的技术工具可能涉及全球导航卫星系统(GNSS)的升级软件,改进的雷达(例如S波段雷达“太空篱笆”)以及其他跟踪和定位功能	空间交通管理可能涉及与应用于军事和政府系统不同的经济模型	将空间交通管理与空中交通管理“整合”以及将空间交通管理与空中交通管理分离的工作进行风险评估的需要
考虑临近空间是空中交通管制还是空间交通管制的一部分,还是综合系统的一部分 空中交通管制和太空交通管制之间是否有明确的排斥区域	最大的挑战是涉及的系统和交通工具以不同的速度行驶,从短到长的持续时间以及在不同高度	商业系统的经济系统不同于政府和军事系统的经济系统	对于较不发达国家来说,可能需要增加临近空间法规和新区域的难度
建立国家领空,毗连区和战略性平流层经济区是否会促进或使国家接受的空间交通管理工作复杂化	各国目前没有能力管理和控制平流层以上地区 当前的控制水平扩展到20千米/21千米 对于许多航天国家来说,可能增加“连续区域”控制	控制21千米以上的成本和复杂性可能非常昂贵 美国的S波段雷达“太空篱笆”将耗资超过70亿美元	对于较不发达国家来说,可能需要增加临近空间法规和新区域的难度
将重点放在涉及临近空间,亚轨道飞行和近地轨道的空中交通管理与空间交通管理问题上,而这将减损与结构化空间利用,轨道碎片堆积以及中地球轨道和同步轨道的管理相关的战略性工作的努力	与临近空间和亚轨道飞行有关的交通管理和控制问题在技术上与“真实”外层空间中与空间交通管理有关的问题有很大不同	经济责任,频率管理和与健康有关的问题也存在很大差异,例如在“真正的”外层空间与穿越平流层到近地轨道的国家领空之上的区域之间	与轨道碎片碰撞风险相比,航空碰撞风险和临近空间安全问题更为明显和可量化,轨道碎片碰撞风险仅为五年一次到十年一次。然而,从长远来看,碎片碰撞的后果要严重得多

表 13－2　与空间交通管理有关的拟议国际行动

拟议的行动	采取拟议行动的实体
定义有效空间交通管理(即临近空间、近地轨道、亚轨道和高空平流层飞行)“包括”和要求进行有效管理的范围	国际民航组织、联合国和平利用外层空间委员会和建议的工作组以及联合国大会
初步考虑是否应在协调飞行模式后,建立专门界定职责的国家空域上方最高42千米的“毗连区”和正常自由通过的战略平流层经济区(42～160千米)(涵盖平流层气球、天空站和高空平台等)	联合国大会、国际民航组织、联合国和平利用外层空间委员会和拟议的负责空间交通管理问题的特别工作组
国际一级的协调工作计划 在国际民航组织秘书处和联合国外空厅的领导下,这项工作将涉及与国际电联、环境署、气象组织、联合国裁军事务厅、卫生组织以及国家/区域航空安全机构和空间机构(特别是空间碎片协委会成员)的磋商和协调	联合国大会、国际民航组织和联合国和平利用外层空间委员会,以及其他指定的政府间机构 国家航空安全机构需要指定不超过五名的代表参加讨论

参考文献

[1] Convention on International Civil Aviation, 7 December 1944, 15 UNTS 295, Can TS 1944 No 36, ICAO Doc 7300/9 [Chicago Convention].

[2] United Nations Convention on the Law of the Sea, 10 December 1982, 1833 UNTS 3 (entered into force 16 November 1994) [UNCLOS].

[3] LOI n° 2008 - 518 du 3 juin 2008 relative aux opérations spatiales, NOR: ESRX0700048L.

[4] Permanent Mission of the Russian Federation to the UN, "ВЫСТУПЛЕНИЕ: представителя Российской Федерации в Ⅳ комитете 71 - й сессии Генеральной Ассамблеи ООН по пункту повесткн дня 《Международное сотрудничество в использовании космическогопространства в мирных целях?, 11 October 2016 [Russian Statement, 2016].

[5] Contant - Jorgenson, Corinne; Petr Lála & Kai - Uwe Schrogl eds, International Academy of Astronautics (IAA) Cosmic Study on Space Traffic Management (Paris: International Academy of Astronautics, 2006).

[6] Dempsey, Paul Stephen & Michael Mineiro. "The ICAO's Legal Authority to Regulate Aerospace Vehicles" in Joseph N Pelton & Ram S Jakhu, eds, Space Safety Regulations and Standards (New York: Elsevier, 2010) 245.

[7] Jakhu, Ram S.; Sgobba, Tommaso; Dempsey, Paul, (eds.), The Need for an Integrated Regulatory Regime for Aviation and Space: An ICAO for Space, Springer, 2011. [Jakhu, 2011].

[8] Pelton, Joseph N. "A New Integrated Global Regulatory Regime for Air and Space: The Needs for Safety Standards for the "protozone" " in Ram Jakhu, Kuan - Wei Chen & Yaw Nyampong, eds, Monograph Series Ⅲ: Global Space Governance (Montreal: McGill University Centre for Research in Air and Space Law, 2015) 293.

[9] Pelton, Joseph N. "Urgent Security Concerns in the "Proto - zone" " (Paper delivered at the Fourth Manfred Lachs International Conference on Conflicts in Space and the Rule of Law, Montreal, Canada, 27 - 28 May 2016), online: McGill University www. mcgill. ca/iasl/events/mlc2016 (last accessed 21 December 2016).

[10] "Project Loon: Balloon Powered Internet", X Company (January 2017) https: //x. company/loon/.

[11] Rongier, Isabelle & Tommaso Sgobba. "Space Safety and Space Traffic Management" (Presentation delivered at the IISL - ECSL Space Law Symposium, Vienna, Austria, 13 April 2015.), online: UNOOSA 〈www. unoosa. org/pdf/pres/lsc2015/symp - 03. pdf〉 (last accessed 21 December 2016).

[12] Stilwell, Ruth E. "Blurring the Lines: The Overlapping Interests of High Altitude Unmanned Aircraft, Commercial Space, and Aviation Policy" (Paper delivered at the Embry - Riddle Aeronautical University 2nd Annual Space Traffic Management Conference " An Evolving Landscape", Dayton Beach Campus, Florida, 12 - 13 November 2015), online: Embry - Riddle University 〈commons. erau. edu/cgi/viewcontent. cgi? article=1077 & context=stm〉 (lasta ccessed

21 December 2016).

[13] Weeden, Brian & Ben - Baseley Walker, "Space Traffic Management" (2007.), online: Secure World Foundation 〈swfound. org/media/5167/spacetrafficmgmt - bw - 2007. pdf〉 (last accessed 21 December 2016).

第四部分

“新太空”活动

第 14 章　在轨维修、主动清除碎片及相关活动

解决的关键问题

• 与在轨维修、主动清除碎片和有关的天基活动发展的演变，现状和关键的未来趋势；

• 分析适用于在轨维修，主动清除碎片和相关天基活动的现行管理系统的充分性和不足；

• 关于应采取的旨在改善当前和未来状况的全球管理行动的具体和适当建议，以及可能采取积极行动的论坛，以确保为和平目的、在符合全人类利益的条件下可持续利用空间。

14.1　引言

近年来，地球轨道上的天基活动越来越多。这些活动包括太空机器人，近距离太空操纵和对接技术，与太空制造、维修、加油和更新相关的其他技术，以及可能用于主动清除空间碎片的技术。除国家和区域空间机构外，越来越多的私营机构开始参与一些空间活动和创新研发。这些举措的确越来越多地来自“突破性”商业企业，这些企业试图建立新的商业服务市场，例如重新部署未到达其正确轨道的卫星。其他商业活动包括在轨制造，以及私人空间站或太阳能卫星组装和建造相关的功能。目前参与在轨服务的商业组织包括 MacDonald，Dettwiler and Associates（MDA），ViviSat 和 Orbital Recovery Corporation 等。

迅速发展的在轨能力，使空间法和空间政策面对新的问题。这些活动有可能通过延长航天器的使用寿命，提高航天器的性能或重新部署航天器，为卫星运营商创造重大的商业价值。如果管理得当，延长已经部署在空间中的卫星的寿命可以帮助减少空间碎片并最大限度地减少对环境的影响。但是，部署这些功能也可能被视为违反了《外层空间条约》。特别是，某些可能会被用于部署太空武器功能。这是一个问题，因为可能很快会证明这些技术对缓解轨道碎片，特别是对于主动清除碎片至关重要。空间法和空间政策所面临的挑战是，很难将这些技术的负面应用和正面应用区分开来。这就是为什么在轨活动是现在必须进行全球太空管理创新的原因。对空间活动这一领域以及创新规则与政策制定的更好了解，将有助于获取新的空间在轨服务的好处，并有助于避免空间冲突。

14.2 需要新的解决方案和能力来应对空间碎片造成的威胁

空间碎片越来越多地威胁着空间的可持续利用，因为增加的碎片堆积正在成为运行中的卫星的主要运行风险。1996 年 7 月 24 日，第一次碰撞发生在 Cerise（法国微小卫星，在 700 千米的高度上运行）与来自 Ariane 火箭爆炸的第三级的碎片之间 [Harland & Lorenz，2006，p. 272]。从那时起，低地球轨道（LEO）上碎片的数量大大增长。Iridium 33 与 Cosmos 2251 的意外碰撞产生了 2 000 多个新碎片。2015 年 2 月 3 日，一颗运行时长 20 年的美国军事气象卫星发生爆炸，并造成至少 43 个新碎片进入地球周围的不同轨道。一些评估表明，即使不再发射航天器，今后也可能每五到十年发生一次空间轨道碰撞。如果不采取补救措施，在低轨道上特别是在极地轨道上，空间碎片的数量将继续增加 [Harris，2015]。

空间碎片的迅速增长对在轨运行中的卫星以及未来所有空间活动的长期可持续性构成了真正而持续的威胁。某些轨道的拥挤，以及越来越多的空间碎片，增加了空间物体与碎片之间的碰撞概率 [Liou & Johnson，2008，p. 1046]。空间物体与空间碎片的碰撞为超高速撞击，对空间物体的损坏很大，并可能导致新碎片产生。这些额外的粒子反过来又增加了发生新碰撞的可能性，从而导致越来越多的碰撞。这种“级联”或“连锁反应”效应被称为凯斯勒综合征。这种现象可能会潜在地累积到这样一个水平，即碎片元素过于密集，对任何太空操作都构成极大的危险。这种危险可能会持续几个世纪。

如果卫星继续使用低地球轨道，而对卫星放置的位置没有任何限制，那么对轨道碎片堆积的预测就不会很乐观。空间碎片已沿轨道运行，并且没有任何积极努力从轨道上清除最危险碎片的行动。即使没有发射额外的卫星，欧洲空间局的最新预测表明，为阻止空间碎片的增加，需要每年清除约十个大型空间碎片。一些人认为，这些预测保守，并且低估了未来的危险。低地球轨道是开展地球观测、气象学研究、微重力实验、通信、太空旅游以及科学观测和实验以及其他用途的重要区域。维护低地球轨道的轨道环境非常重要，这不仅对于低地球轨道的使用而言，还因为在通往中地球轨道、地球静止轨道及其他地区的途中必须经过该区域。

人们普遍认为采取缓解措施以减少空间碎片的产生是有效的 [White & Lewis，2014，p. 189]。空间碎片长期增长的后果是严重的，需要采取主动和被动系统以协助清除碎片。近年来，已经提出了许多建议解决方案，这些解决方案都是基于主动清除碎片，或者是针对执行各种任务（例如卫星服务）提升其在轨能力。最经常提出的建议涉及延长卫星的使用寿命，为未来的卫星配备离轨能力，并主动清除至少最危险的碎片。这些想法包括为贮箱加汽燃料以提升站内维护能力，更换电池以延长电力系统寿命，以及执行可能更复杂的任务，例如升级天线系统以及修理或更新航天器总线电子设备或其他子系统。哈勃太空望远镜在航天员的协助下进行改造和维修中的事例表明，在轨维护和修理是可能的。

在过去的几年中，国际上已经进行了许多测试和实验，以证明使用机器人技术进行在轨维修是可能的。机器人系统的各种类型的在轨服务技术能力现在正在飞速发展，其发展速度超越了监管指导方针和关于这类空间活动的国际公认的原则范畴。

机器人或远程机器人功能正在多样化，太空机器人能够执行各种任务。就政策规定而言，太空机器人的某些功能非常简单。例如，某卫星通信运营商正在为其一枚卫星上推进器的燃料箱加注，并同时更换电池。这种延长通信卫星功能寿命的行为完全符合现行政策的规定，一般只需要向国际电联提出申请，延长在地球静止轨道中的轨道停留时间。添加以新频率工作的新通信包的任务可能更加复杂，并且将涉及频率协调和其他国际电联程序。美国国防高级研究计划局（DARPA）的想法更为复杂，他们计划将从废弃卫星的天线、电池或推进系统等组件重新组成合一个新的低成本卫星，开发了更为复杂的机制，并将它们重新组合为“卫星”，以创建新的低成本模块化卫星。安全世界基金会（SWF）已代表 DARPA 从技术、运营、业务和法律角度研究了这一计划［Courtland，2014］（见图 14－1）。

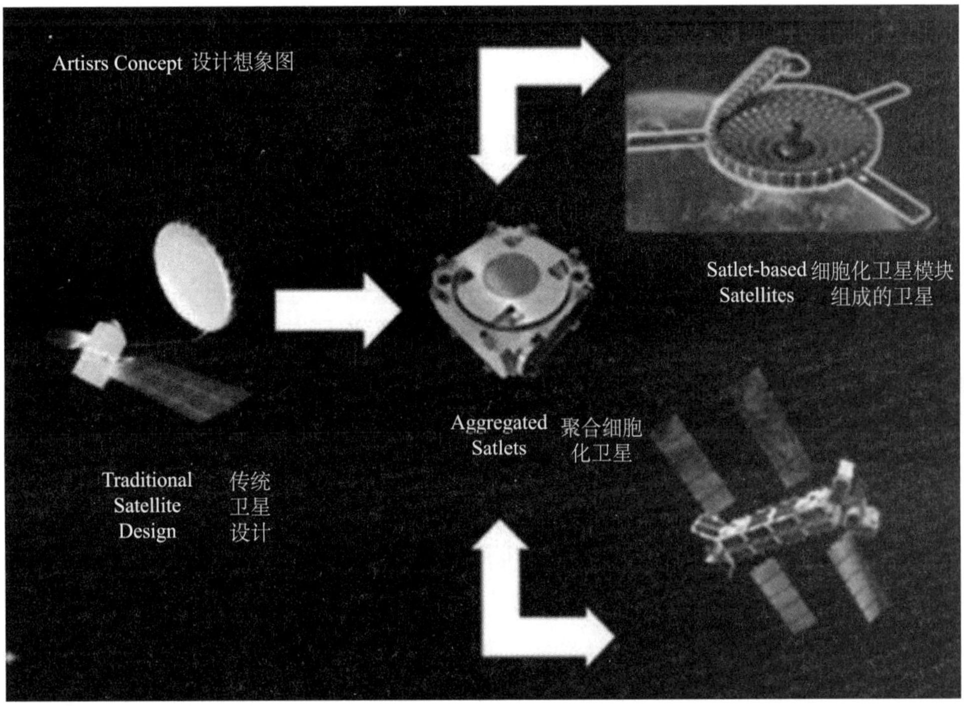

图 14－1　DARPA（“凤凰”）卫星概念图（图片由 DARPA 提供）

进行卫星在轨维修和重新利用，尚需要制定明确的程序、法律和政策。这涉及一些监管问题，包括如何最好地完成这种在轨运行，国际电联的具体准则和协调规定，以及对《外层空间条约》《责任公约》和《登记公约》等关键国际条约的相关解释。主动清除空间碎片，即使征得了空间物体所有权人的同意，也有可能产生复杂的管理问题。关于卫星在轨维修和重新利用的一些技术建议包括从已失效的卫星中移除元件，例如大口径天线，并将这些元件安装在另一个航天器上。其他建议旨在彻底清除不受控制的卫星。迄今为止，空间碎片的修复工作由于技术未得到证实，成本效益的经济考虑以及当前框架带来的法律和政策挑战而受到阻碍。

这些由空间碎片引起的问题既不是遥远的问题，也不是纯学术问题。许多已经成立的商业企业已经证实了进行轨道修复所必需的一些能力。这些私营公司提供太空硬件和机器人技术，以进行在轨加注、零件更换或更新，以及各种类型的在轨建造，其中包括使用废旧卫星的零件，并提出了与主动轨道碎片清除类似的功能，但短时间内不太可能就新的太空条约进行谈判并达成协议。这表明，扩大的国家空间法律、法规、程序或机制（例如“行为准则”）可能有助于定义适当的行为。欧洲发起的《国际空间活动行为守则》是试图建立一种能够得到普遍理解的机制的尝试。在这方面，任何类型的透明度和建立信任措施将非常有帮助。这些法律、法规、程序或机制可能来自联合国和平利用外层空间委员会的外层空间活动长期可持续性工作组，机构间空间讨论（包括与 IADC 的合作）或非政府组织，例如国际空间安全促进协会（IAASS）或 SWF。

14.3　在轨维修和主动清除碎片的现状和演变

下列空间碎片补救措施，在轨维修以及主动清除碎片的试验和演示清单仅说明了已经开展或正在开展的一些活动。这些冒险活动是由《外层空间条约》和《责任公约》的缔约国的政府实体和国家进行的。然而，就制定新的空间法规、标准和程序而言，商业空间运营商的潜在进入和在轨能力的迅速发展的商业潜力也许是最大的挑战。

14.3.1　轨道快车——DARPA/NASA

美国 DARPA 于 2007 年对名为轨道快车的航天器进行了一项测试，测试程序为轨道快车太空操作架构。Orbital Express 计划实验于 2007 年 3 月 8 日使用 Atlas V 发射器启动，是 DARPA 和 NASA 的合资项目。目的是在两颗卫星之间进行主动交互以模拟在轨服务，并进行主动离轨尝试。两者中体积和质量较大的航天器由自主太空运输机器人操作(ASTRO)，它成功地充当了“维修”航天器。体积和质量较小的航天器是作为“客户”航天器的下一代卫星和商品航天器（NextSat）。在对未来实际维修任务的模拟中以及在随后两颗卫星主动降轨的演示中捕获了 NextSat。尽管脱轨能力是一个重要的目标，但 ASTRO 和 NextSat 航天器最初被设想为可进行在轨维修、改装和加注的原型系统。两颗卫星均设计用于太空近距离操作。在这方面，NextSat 可以全面模拟捕获碎片元素以进行主动清除所需的活动，并为卫星重新提供燃料、电池、新的电子设备和天线系统。因此，轨道快车航天器验证了机器人、自主在轨加注和卫星重新配置技术可行性［Orbital Express］。

14.3.2　德国轨道维修任务—— DLR

德国航天局（Deutsches Zentrum für Luft - und Raumfahrt，DLR）目前正在执行德

国轨道服务任务（DEOS），该任务与DARPA/NASA轨道快车项目非常相似。DEOS的航天器制造商和总承包商是德国SpaceTech GmbH公司。根据DEOS，不久将以与Orbital Express实验类似的方式对两颗小卫星（追赶者和目标）进行多项测试。在这种情况下，又研制出一个“维修”型航天器（称为A期计划）和一个“客户”型航天器（称为B期计划）。DEOS的特定目标是演示如何捕获并适当地改造以不受控制的方式翻滚的有缺陷的航天器（指B期计划中的客户B型航天器），使其能够恢复运行，从而躲避失效空间对象的威胁。DEOS将展示当前技术的能力，并通过示范任务验证不可控卫星的交会、捕获、维护和从其运行轨道移出的流程和技术［Sommer et al.，2012］。

14.3.3 凤凰计划——DARPA

凤凰计划的几个部分将在地球同步轨道而不是近地球轨道上完成，这将给机器人遥控系统带来巨大的技术挑战。地球同步轨道卫星距地球最近点约36 000千米，因此离测控天线很远。当卫星测控地面站位于两极附近的高纬度处，且与卫星的视角低时，则传输距离可能会更远。相比之下，高度为350千米的低轨卫星距离只有1/100，因此传输时间和延迟也是同步轨道的1/100左右。但是，凤凰计划的目标和挑战不仅限于将可回收材料从近地球轨道转移到地球同步轨道。它的计划是探索一种全新的体系结构，用于使用在轨机器人系统进行卫星设计和服务，甚至在太空中重建卫星。

这些概念涉及组装和拆卸以重新利用卫星及其零件。这可能涉及从一颗卫星上拆下部件，甚至天线和太阳能阵列，并将它们安装或组合到另一台在轨设备上。也许，最雄心勃勃的概念是使用模块化单元并重新组装它们，以制造更大、功能更强大的航天器。这样的组装或改装可以通过一系列任务来完成，因此需要花费数年的时间。这不仅涉及新型的“架构”，甚至涉及新的术语和概念。DARPA正基于凤凰计划开发有关如何重新部署所谓的Satlet的想法，以创建所谓的完全重构卫星系统。尽管该任务尚未启动，但由于其任务目标非常详尽，因此引发了最重要的国际法规和空间法问题［Henry，2015］。

14.3.4 机器人加注模块——NASA

NASA机器人加注模块（RRM）由亚特兰蒂斯号航天飞机于2011年安装在国际空间站（ISS）上，这是航天飞机发射系统退役前的最后一次正式任务。这个经过特殊设计的模块的质量约为250千克，并以大约1米长的近似立方体的形式配置。RRM包含多种用途广泛的工具，可用于进行许多实验，包括在轨道上对假设的航天器进行修复、改造和扩充。RRM实验的一部分依赖于国际空间站上提供的高度灵活的机器人系统，即Dextre，Dextre是被NASA称为专用敏捷机器人（SPDM）的灵巧机器人系统。RRM包含许多不同类型的工具，可根据需要提供这些工具，以切割保温层，打开盖子和阀门以及补充冷却液。最重要的实验证明，当液体不逸入太空时，可以将体积相当于2升的乙醇转移到缺少燃料的卫星上［NASA，“RRM”；NASA，“International”］。

14.3.5 太空拖船（ConeXpress 轨道回收系统）——轨道恢复公司

ConeXpress 轨道回收系统的概念是使用标准的 Ariane－5 锥形有效载荷适配器作为其主要结构，并将其自身附加到 GEO 上燃料不足的卫星上。轨道恢复公司的这个项目可能会将 GEO 卫星的寿命延长 12 年。这种方法将使其向 GEO 发射电推进系统，估计费用约为 3 500 万欧元（约合 4 000 万美元）。或者可以使用 ConeXpress 解除从 LEO 或 MEO 到 GEO 的失败的有效载荷发射。这也可以通过使用电推进来实现。ConeXpress 概念提出的技术采用了 ESA 为 SMART－1 月球任务开发的电推进技术。尽管方法和技术很简单，但没有商业客户寻求延长 GEO 卫星寿命或将失败的卫星发射升至适当的 GEO 的任务位置 [“ConeXpress－OLEV”]。

14.3.6 空间基础设施服务——MDA

太空基础设施服务（SIS）是由 MDA 在轨道航天器上自动控制的，它被设计有多种在轨能力。设计者宣称其具有加注、在轨维修和延长卫星寿命的能力。它的机器人功能源自完善的 Canadarm 和 Dextre 程序。该航天器可用于支持在轨维修、保养或其他任务，例如卡住或未完全部署的天线或太阳能电池板（见图 14－2）。除此之外，它还可用于将较小的空间物体拖曳到新的轨道位置或清除 GEO 上的空间碎片。2011 年，MDA 与 INTELSAT 达成了进行在轨维修的初步协议，该协议在 2012 年被取消。由于 MDA 寻求更好地建立该功能的业务案例，该计划仍处于暂停状态 [Foust，2013]。

图 14－2 MDA 的太空基础设施服务（SIS）在轨操作飞行器（图片由 MDA 提供）

14.3.7 任务扩展飞行器——ViviSat

ViviSat 的任务扩展飞行器（MEV）是为卫星加注和维修的一种手段，已被提出作为 MDA SIS 飞行器的直接替代品。由于它几乎可以与目前在轨或计划发射的大约 500 颗 GEO 应用卫星匹配，因此也被称为更加灵活的飞行器。ViviSat 指出，MEV 的主要功能是为接近最终寿命的卫星补充燃料，还可以进行主动碎片清除活动［Vivisat，“Satellite”］。

有建议认为，MDA 和 ViviSat 以及它们捕获在轨系统并与之配对的能力，可以启动一种新型的太空业务：收集和重新利用未使用的火箭燃料、太阳能电池阵列或卫星结构，并将它们发展为一种近地商业“太空采矿”作业。这似乎类似于科幻小说的推测，但是如上所述，DARPA 实际上一直在追求实验项目来精确地进行这种类型的空间资源维护。下面描述的 Phoenix 计划和 X－37B 轨道试验飞行器（X－37B OTV）计划所展示的功能甚至可能使这种回收和再利用的空间资源具有成本效益。

14.3.8 X－37B 轨道试验车——美国空军

1999 年，美国国家航空航天局（NASA）的 X－37 计划首次证明了航天器的轨道回收能力。该计划后来于 2004 年移交给了 DARPA。根据该计划，美国国家航空航天局设想了两架飞行器：接近和着陆测试飞行器（ALTV）和轨道飞行器。尽管 DARPA 在 2006 年 9 月完成了该计划的 ALTV 部分，但仍未制造出 NASA 的 X－37 轨道飞行器。尽管如此，该飞行器的设计仍是 X－37B OTV 计划的起点［U. S. Air Force，2015］。

X－37B OTV 是一种实验性、可重复使用的太空飞机，与航天飞机非常相似，但体积更小，全自动操控，并使用了更先进的技术。X－37B OTV 计划的主要目标有两个：掌握可重复使用的航天器技术，并应用于未来美国在太空与地球间的往返，以进行运输及实验［U. S. Air Force，2015］。

14.3.9 CleanSpace One－EPFL/eSpace

洛桑联邦理工学院（EPFL）的 CleanSpace One 项目类似于 DARPA/NASA 轨道快车计划和德国 DLR DEOS 的微型版本，该演示项目仅使用立方体卫星技术。该项目最初由瑞士航天中心发起，之后于 2014 年底移交给了 EPFL 航天工程中心（eSpace）。该项目旨在开发利用抓取机制清除空间碎片的技术，而 CleanSpace One 可能是清理空间碎片的第一批卫星［EPFL，“CleanSpace”］。

CleanSpace One 卫星的质量为 30 千克至 50 千克，采用嵌入式技术和硬件捕获以及脱轨重达 1 千克的无功能的瑞士小卫星 SwissCube。CleanSpace One 及其目标卫星都将向地球移动并在大气层中燃烧［EPFL，“ CleanSpace”］。尽管该项目侧重于演示技术，但本质上不是商业性项目，它可以构成未来商业项目的平台。因此，有必要在适当的法律框架内开发该技术。

14.3.10 其他重要的国际在轨服务试验

1997 年，日本航天局（当时称为日本国家航天发展局，简称 NASDA）根据 ETS－Ⅶ（工程试验卫星 7 号）任务执行了几次追赶和目标系统对接任务。

2005 年，美国空军 XSS－11 任务完成了对几颗卫星的近距离检查，尽管这次试飞并未尝试对接，但还是取得了普遍意义的成功。

2005 年，NASA DART（自主交会技术验证）航天器尝试与被称为 MUBLCOM（多路径视距通信）卫星的航天器进行自主交会。这架报废的航天器不再起作用或具有任何机动性。这次任务仅部分成功，因为在这次会合和近距作战活动测试期间发生了轻微碰撞。

2010 年，瑞典航天公司的 Prisma 项目成功展示了两个微小卫星以近距离编队飞行的能力。

14.4 当前在轨维修和主动清除碎片框架下的法律问题和政策关注

起草《联合国空间条约》时，联合国既没有预料到私营企业会作为外层空间的参与者而崛起，也没有预料到航天国家对清除能力的需求。几十年来，联合国太空条约总体上以为航天界更好服务为核心原则。但是，这些文件未能解决和填补由于空间活动的迅速发展而产生的许多新的法律问题和法律真空地带，尤其是与轨道空间碎片有关的关键问题。涉及空间应用、空间科学和太空探索的新技术、新系统和新问题将继续引起联合国空间条约未曾预料到的问题。我们这个时代的挑战是寻找与这些法律文书相一致的解决方案，同时也要为天基系统提供更好、更实际的解决方案。

在允许新的太空倡议的同时，寻求仍然符合联合国太空条约原则的解决方案，这对于轨道维修和主动清除轨道碎片都是一个挑战。空间法的一项基本原则是“全人类在探索和利用外层空间用于和平目的方面的共同利益”[Outer Space Treaty，preamble]。因此，在科学和法律方面开展广泛的国际合作范围内，任何对实现这一目标的危险都应被视为违反《外层空间条约》的原则。此外，《外层空间条约》第九条可以说是保护外层空间的主要规定，它要求缔约双方在空间活动中进行合作和相互协助，以保护空间环境并促进和平探索和利用外层空间 [Outer Space Treaty，art. Ⅸ]。各国有义务采取适当措施避免有害污染，并充分尊重所有其他缔约国的相应利益。第九条提到“有害干扰”，这本质上是一个相对主义术语，可能难以定义。问题通常是以公平的方式确定谁在造成干扰，对谁造成干扰。

国际空间法条约中没有明确提到空间碎片，但目前空间碎片对空间环境的破坏以及对探索和利用外层空间进行的活动的威胁正在日益增加。这可以通过《外层空间条约》起草者的历史背景和意图来解释。因此，有必要对法律框架进行解释和调整，使其能够适应当前和未来的需求。《维也纳条约法公约》第 31 条第 1 款规定，对条约的解释必须基于条约的目的和宗旨。确定条约的目的是什么，然后以最能实现该目的的含义解释文本，称为目的论方法。包括保护空间环境在内的解释可以最好地满足与探索和利用外层空间有关的活动的目的或宗旨。此外，可以通过采取适当措施来确保空间活动的可持续性，这些措施包括对空间碎片的补救，换句话说，就是扭转或制止外层空间碎片对环境的破坏。

在本章中，主动清除空间碎片和补救这两个术语是可以交替使用的，主动清除空间碎片是一项旨在减少空间碎片问题和保护空间环境的补救措施。在轨维修的目的是延长卫星的寿命并进行维修，以确保卫星的可持续性并保护空间环境免受额外的失效物体的伤害。

这些操作必须与法律规定保持一致，以便无阻碍地实现上述目标。除了目的论解释外，可能还希望起草新的语言以阐明在轨维修、清除空间碎片以及已接受和禁止的做法的法律地位。尽管仍将保留“发射国”的责任，但还是需要区分由私人实体和政府运营的维修和清除航天器。在这种情况下，仍然有必要澄清在什么全球论坛或通过什么机制可以同意或至少要讨论这种新的太空管理语言。

为了在全球范围内促进空间探索，国际社会需要达成特殊空间法（特别法）这种新颖工具，或根据一般国际公法和习惯（一般法）解决这一挑战，以造福全人类。接下来的问题表达了在轨卫星服务和主动清除碎片的法律挑战，以及有效执行国际空间法的必要性。

14.4.1　“空间碎片”是空间物体吗？

从法律角度出发，首先要回答的最基本问题是“空间碎片”的规范地位。修复空间碎片的法律框架将需要对“空间碎片”一词进行法律定义。目前缺乏关于什么是空间碎片的国家或国际法律定义，“空间物体”这个模糊的概念以及它是否包含轨道碎片，这些都是不明确的。现有空间法律根本没有提及空间碎片一词，它们仅仅提到了“空间物体”，这存在法律真空，这种模糊性对五项联合国空间条约的适用产生了影响。

《责任公约》第 I（d）条规定，“空间物体”一词包括“空间物体的组成部分以及其运载工具及其零件”[Liability Convention，art. I（d）]。这是“空间物体”一词的最完整定义，在其他空间法条约的案文中反复使用。除此之外，一些国家在其国家空间法中定义了“空间物体”：

1）澳大利亚：空间物体是指包含以下内容的物体：

a）运载工具；

b）运载火箭要载运进来或从平均海平面以上 100 km 以外的地方带回的有效载荷（如有）或此类物体的任何部分；

c）能以某种方式从高于平均海平面 100 km 的区域进入或返回的部分；

d）发射后从运载火箭中分离出的一种或多种有效载荷 [Space Act，s 8]。

2）奥地利：空间物体是“发射或打算发射到外层空间的物体，包括其组成部分”[Austrian Outer Space Act，§ 2（2）]。

3）比利时：空间物体是指：

向地球周围或到地球轨道上向其他目的地发射或打算发射的任何物体；

a）在环绕地球的轨道上向地球或地球轨道以外区域发射或准备发射的物体；

b）其目的是在 a）所述轨道上发射物体的任何装置，即使该装置在没有有效载荷的情况下仅出于其开发和验证阶段的目的而运行时；

c）a）、b）所述的物体的任何构成要素”[Law of 17 September 2005，art 3（1°）]。

4）韩国：空间物体“是指设计和制造用于外层空间的物体（包括飞机、卫星、宇宙飞船及其组件）”[Aerospace Act，art. 2（3）]。

5）西班牙：空间物体“包括空间物体的组成部分以及运载火箭及其零件”[Royal

Decree No 278/1995，art. 4]。

6）荷兰：空间物体是指“发射或注定要发射到外层空间的任何物体”[Dutch Space Activities Act，s 1（c）]。

7）英国：空间物体“包括空间物体的组成部分，其运载火箭及其组成部分”[Outer Space Act，s 13（1）]。

以上关于空间物体的大多数定义与《责任公约》规定的内容一致。从该定义清单可以看出，空间碎片的性质与确定空间垃圾的法律地位有关。根据上面的某些定义，是否可以将不是自造的而是源自空间物体的碎片视为物体的组成部分？这一定义清单表明，许多歧义无法解决，太空管理需要附加标准才能有一个清晰的定义。

为空间碎片提供定义的最新举措是功能性标准，如“软法律”所反映的那样。软法律旨在表明所涉文书或规定本身并非法律，但在国际法律发展的一般法律框架内具有非常重要的地位，以至于需要特别注意 [Shaw，2014，p. 83]。

功能性标准不是“硬法律”也没有在国际或国内法律文书中做专门的区分。因此，当前的空间法律不能在功能性空间物体和非功能性空间物体之间进行区分。相反，空间碎片协委会将空间碎片定义为地球轨道上或重新进入大气层的所有无功能的人造物体，包括其碎片和元素。联合国和平利用外层空间委员会的技术报告提供了更详细的定义：空间碎片都是人造物体，包括其碎片和部件，不论其所有者是否能被识别，它们在地球轨道上或重新进入稠密大气层，并且没有期望它们能够承担或恢复其预定的功能或它们所具有或可获授权的任何其他功能 [UN Doc. A/AC. 105/720，p. 2]。在这种情况下的问题在于，功能状态仅由空间对象的所有者决定 [Perek，2005，p. 43]。因此，功能性可能是一个有用的指示，但上述文书的非约束性并没有为受益于普遍共识的定义提供必要的法律确定性和效率。

上面的讨论使我们提出以下问题：是否需要一个普遍认可的定义？如果没有，我们如何在没有法律定义的情况下定义空间中的行为是否合法？回答这些问题至关重要。它们涉及发射国根据国际空间法对其空间物体造成的损害所承担的责任和赔偿责任，以及国际公法原则如何限制这种责任。

14.4.2 清除行为的合法性

清除或重新利用空间碎片的行为合法吗？这个问题与另一个重大问题密切相关：应该允许谁清除空间碎片？目前，对于此类行动的合法性尚无明确的答案，因此，解决这一问题非常重要。在没有明确和公认的空间碎片法律定义之前，很难将其有效地移出轨道。简而言之，所有适用于空间物体的国际空间法也将适用于空间碎片。除此之外，《外层空间条约》第八条规定：

> 载有向外层空间发射的物体的条约缔约国应……在外层空间或在天体上，对该物体具有管辖权和控制权。发射到外层空间的物体（包括降落或建造在天体上的物体以及它们的组成部分）的所有权不受其存在于外层空间、天体中或返回地球的影响。

有必要登记空间物体，以便查明参与发射一个空间物体的国家，确定行使管辖权、控制责任和“所有权”的主体，并在发生意外的情况下确定责任［Lafferranderie，2005，p. 231；Lyall & Larsen，2009，p. 84］。如果空间物体不满足登记要求，那么发射行为和物体的所有权似乎是国家行使管辖权和控制权的决定因素。因此，空间物体只能由发射该物体的登记国移除，或由国家许可的私营实体移走或仅在注册国批准的情况下由第三方进行。

即使认为一个空间物体已被遗弃，在寻求适用救助权方面也有困难。救助被定义为“在海上或其他通航水域发生迫近的危险时，由没有法律义务的人自愿提供的救助服务。”［Norris，1980，§ 2，at 1 - 4］。即使假定海事法将以某种方式适用于空间环境，与《联合国海洋法公约》相比，《月球协定》第十二条第（1）款显然也不会影响所有权［UNCLOS，art. 92（1）］。

该规定的含义并不妨碍这样的主动清除碎片任务，但需要获得对空间物体具有管辖权和控制权的国家或许可行为者的同意。这些法律问题及其解决方案是已宣布的与 DARPA Phoenix 项目相关的计划以及在太空中建造卫星概念的关键。

由此产生的问题是，在清除行为未得到批准或空间碎片状况不明确的情况下，面对必须清除的，特别是有威胁性的碎片，是否存在可能适用的特殊清除条件。在这种情况下，国际公法原则或国防权是否适用？能否为碎片登记国不能保护空间环境时而必须采取的手段以最大限度地减少对外层空间的威胁提供行动依据，特别是对于高价值卫星或 ISS 等资产的威胁。鉴于空间碎片可能重新进入地球大气层或与其他运行中的卫星碰撞造成损害，发射国有义务采取步骤，以维护空间环境并最大限度地减少对利用外层空间的威胁［Kim，1998，p. 322；Alby，1997］。

必要状态可以加强这一论点。根据国际法委员会关于国家责任条款的第 25 条，一国不得援引必要性作为排除某行为是不法行为的依据，除非该行为是该国维护基本利益免遭严重和迫在眉睫的危险的唯一途径。国际法院（ICJ）在 Gabčíkovo - Nagymaros 项目案中，提到必要性状态是习惯国际法为排除某项行为的不法性而承认的理由，只有在必须累积满足的严格定义的条件下，这种例外情况才能作为例外情况被接受。在满足这些情况后，为了保护空间环境并保护全人类的使用和探索，并保护在没有积极清除空间碎片的情况下可能被损害的重要国家利益，也许可以援引必要状态来证明清除空间碎片的合理性。这应为清除没有危险的空间碎片提供合理的依据，而该空间碎片未经其登记国的授权。但是，迄今为止，空间法中的这一推理方法尚未得到检验。在正式考虑实际案件之前，必要状态的论证仍然缺乏使它成为有约束力的习惯国际法原则的必要法律。

减少空间碎片准则和补救措施也可以这样说：尽管没有法律先例，但出于相同的原因，我们可以开始采取类似的做法，并最终就空间碎片清除达成法律意见。后者可以源自联合国大会第 60/99 号决议，该决议指出［GA Res. 60/99，para. 27］：

［大会认为］至关重要的是，会员国应更加注意空间物体——与空间碎片以及空间碎片的其他方面的碰撞问题，要求继续对此问题进行国家研究——并同意开展国际合作，以

扩大适当和可负担的战略，以最大限度地减少空间碎片对未来空间飞行的影响。

空间碎片的减缓指的是为减少额外碎片的产生而做出的努力，或者也许是在将来主动从轨道上清除碎片的努力，可将其定性为国际习惯法规定的一项义务，因为若干国家一直承诺要减少碎片［Diederiks - Verschoor & Kopal，2008，pp. 9 - 10；Lobban，2007，p. 274；Thirlway，1972］。这项承诺甚至已被纳入国内法规，例如法国［LOI no. 2008 - 518］。此外，通过大会决议过程中的表决行为具有双重含义。首先，这是一个国家采取的行动。第二，该决议文本“提供了一些证据，证明投票支持该决议的国家认为法律是什么”［Restatement (Third)，§ 103，comment C］。

14.4.3 在轨维修和主动清除碎片的责任和义务

空间碎片的定义缺乏清晰度——即空间碎片是否与空间物体不同——加上对空间物体的所有权和管辖权的绝对表达，使在轨维修和主动清除碎片的责任和义务问题变得更加复杂。

如果在轨维修或主动清除碎片过程中造成损坏，谁负责？如果访问了错误的空间物体或属于另一个国家的物体并将其从轨道上移走，后果将是什么？这些是法律问题，涉及在损坏第三方（即未参加补救任务的国家）利益的情况下的责任和赔偿责任问题。责任是指对行为和过失及其有益或有害的后果的解答。责任专门用于表示承担违反法律义务后果的义务［Cheng，1998，p. 7］。

《外层空间条约》第六条规定：“条约缔约国应对外层空间的国家活动承担国际责任”而第七条规定：“将物体发射或发射到外层空间的条约缔约国，以及从其领土或设施发射物体的每个缔约国，均应对该物体或其组成部分对条约另一缔约国或其自然人或法人的损害承担国际责任。”《责任公约》第三条规定了太空过失责任：

> 如果在地球表面以外的地方，一个发射国的空间物体或该空间物体上的人员或财产造成了另一发射国的空间物体的损害，则前者仅在以下情况下承担责任：损坏是由于它的过错或责任人的过错造成的。

由于目前认为空间碎片属于空间物体类别，因此可以说，对于主动清除碎片，将适用“过失”责任。通常，如果将空间碎片视为链接到注册国的空间对象，则发射国不仅应对空间物体造成的损害负责，而且应对空间物体停止运行或发生故障后因其行为造成的一切损害负责。这是因为发射国应始终对其拥有的空间物体行使管辖权和控制权。

为了加强上述论点，可以使用国际法院的国际公法原则和判例法。不论空间碎片的法律地位如何，都适用习惯国际法原则。登记国有义务采取一切必要步骤，以保护空间环境并最大限度地减少对外层空间的利用和对空间活动的可持续性的威胁，这符合习惯国际法的尽职调查原则。尽职调查是保护其他国家权利的义务，并且与非法不采取合理的预防措施以保护其他国家免受损害有关［Viikari，2008，p. 155］。换句话说，这是一种行为标准，要求各国考虑到其他国家的权利，并确保它们不受到侵犯。

尽职调查原则的核心是承认当对另一个国家的财产造成损害时可能会产生国家责任。

这在拉丁语中也称为 sic utere tuo ut alienum non laedas（一个人必须以不伤害他人的方式使用其财产）。这反映了所谓的国际法"一般规则"，根据通常理解，该规则表明，一个人必须避免以不合理的方式使用一个人的财产，从而从根本上避免通过不合理的方式对另一人的财产造成伤害。例如，这项原则是国际法院裁决科孚海峡案的核心。在该案中，国际法院裁定：阿尔巴尼亚不对英国军舰发出警告，导致英国船只受到来自阿尔巴尼亚领海的地雷攻击，对英国船只造成了伤害和损害。将领海的地雷与外层空间的碎片之间相联系可以帮助我们理解，尽管各国情况有所不同，各国的责任和义务也有所不同，但无论发生地点如何，都应相互发出警告，提示其财产可能造成的潜在损害。

因此，根据这些国际公法原则，损害责任和赔偿责任应由在处理其超过寿命期限的空间物体时，未表现出负责任行为的国家承担。因此，任何旨在纠正另一个国家不遵守公约的行为的行动时，例如在轨服务或主动清除碎片，如果发生损坏，不应将责任归于行动国，而应归于拥有、行使管辖权和控制权的国家，或已登记造成损害的空间物体的国家。

14.5　政策问题：私人运营商的额外障碍

根据上一节所述的现行法律框架，根据国际空间法和国际公法原则，各个发射国将承担法律责任。国际公法原则认为，如果任何商业航天系统具有在轨服务或主动清除碎片的能力，都会对航天器造成损害或产生轨道碎片，这些碎片随后会损坏航天器。除承担责任外，任何具有卫星服务或清除碎片能力的航天器——无论是私人的还是政府的——如一些国家的太空政策所描述的那样，可能会影响到用于国防的航天器的运行。

因此，更多的政策关注可能会限制商业任务的在轨服务和主动清除碎片。清除轨道碎片或提供在轨服务的有效性取决于操作员可获得的与碎片相关的技术和科学信息的数量。为了降低任务的失败率以及随后与其他正在运行的卫星发生碰撞的风险，需要获取与目标有关的最大信息量。由于此类信息的战略重要性，因此可能会受到知识产权法律、美国国际武器贸易法规（ITAR）或其他出口管制法规的限制。要克服的最严肃的政治考虑因素之一，以及最大的担忧，是主动清除碎片技术和规定可能会应用于反卫星（ASAT）操作的太空武器中。涉及国家安全问题的军事技术将导致不可避免的问题，即国家如何保护其利益。透明度和建立信任措施可能是在这些商业任务中建立信任的一步［U. N. Doc. A/AC. 105/C. 1/2012/CRP. 16］。

CleanSpace One 项目可能是对这些问题的回应，因为它很可能会通过《2012－2015年瑞士外交政策战略》缓解这些担忧，该战略包括三项基本原则：法治、普遍性和中立性。除此之外，还应在其中添加团结和责任的基本概念。瑞士长期以来反对使用武力，并一直支持在管理国际方面实行法治，这对空间活动中的国际合作至关重要。它与世界所有国家的关系一直稳定良好，它对太空相关问题的兴趣已由 2012 年至 2015 年欧空局瑞士联合主席表达。因此，瑞士可以被看作是最合适的国家之一——着手发展失效航天器修复项目，而不会给其他国家的利益带来任何风险，同时表现出强烈的团结感和责任感。这可能是在国家之间建立相互信任态度的适当政策的一个例子。关于此主题的更详细讨论可以在本书的第12章中找到，该章涉及空间安全。

14.6 应对航天系统在轨服务和主动清除碎片未来发展的可能监管行动

太空技术的飞速发展可能会促使在轨服务活动成本低、效益高且技术上可行。随着时间的推移，也可能会出现空间碎片主动脱离轨道的技术，以及许多其他基于空间的服务。这表明可能需要在该领域采取某种形式的谨慎监管行动，以促进该领域的发展。尽管目前有关在轨服务和主动清除碎片的措施基本上只能有利于现有航天国家，但它们最终也将使刚刚开始发射和运行航天器的国家受益。此外，它应有助于减少空间碎片，因为空间碎片的存在和增长会阻碍任何希望将来启动空间计划的参与者。

涵盖有关从事在轨服务和空间碎片清除的安全标准的国家法律可以通过多种方式为私人实体提供帮助。这些法律可以帮助从事这些活动的私人实体创造合理的期望，并确定保险和责任限额的程序。保险规定可以加快该领域的进展，并可能有助于达成国际监管协议。对新的空间碎片产生的控制以及积极清除空间碎片的激励措施，也可以通过支付发射保险以及建立"空间碎片保险基金"来处理。

制定限制新的空间碎片的国际准则的许多新进程来自IADC。机构间关于在轨服务和主动空间碎片清除准则的讨论可以帮助协调国家政府计划，并使可能适用于这些地区商业空间活动的任何准则标准化。

由于许多与在轨服务、避免碎片和清除有关的倡议是由与国防有关的空间计划发起，因此，联合国裁军事务厅（UNODA）发起的讨论可能会有用并可以帮助协调针对民用和国防相关太空计划而提出的任何行动指南。至于空间法的许多其他领域，简单的信息交流以及发展透明度和建立信任措施可以有助于避免误解。需要讨论的一个特定领域是，航天器的任何在轨服务或主动离轨都应在与国防监测或与国防有关的航天器"安全距离"内进行。各国家和机构应主动协调离轨，以确保保持与所有主动航天器、空间碎片，特别是与国防有关的航天器的安全距离。

上面的讨论指出了可以有效地应用透明度和建立信任措施的领域。有关措施、程序或标准将从这些问题的讨论中演变而来。显然需要在与国防有关的太空活动、国家或区域民用太空活动以及私人太空企业之间进行协调，以共享信息、做法和安全标准。

上述所有事项最终将在联合国和平利用外层空间委员会及其小组委员会和LTSOSA工作组内进行审议。此外，还有其他国际太空论坛，例如年度国际宇航大会、IAASS会议、SWF举办的会议、McGill大学航空航天法学院举办的会议，以及世界各地举行的许多其他会议。在此之前，可以就此主题的观点和信息进行有益的讨论，建议采取协调做法，或者在非正式情况下达成共识，然后再提交联合国和平利用外层空间委员会进行正式审议。

除了在该领域开发新的空间技术和操作控制的技术难度之外，对空间责任和事故风险的管理也是最被关注的问题之一。太空保险基金和责任限制（类似于适用于太空保险安排的基金和责任限制）的结构化过程非常重要。可以在国家立法或国际合作讨论与谈判中解决。

应该根据一项国际协议建立一个国际财团（某种国际公私伙伴关系），通过明确授权，指定实体进行在轨维修和主动清除碎片。这种方法可以最大限度地减少上述法律、军事、外交和政治问题 [U. N. Doc. A/AC. 105/C. 1/2012/CRP. 16]。

14.7　结论及汇总表

总之，空间科学家和工程师普遍认为，空间碎片对现有和新兴空间活动的可持续性构成越来越大的威胁。在轨服务技术的发展仍处于早期阶段，包括机器人遥控系统、星载电子设备和传感器，用于帮助航天器轨道定位及之后的对接。要实现经济高效、可靠和安全的在轨服务和碎片清除，则需要这些在轨服务功能。尽管它们在迅速发展，但还有很长的路要走。然而，该领域现在正处于经济上可行的边缘，并且短期内可能会有更多的活动。与在轨服务密切相关的是主动空间碎片清除的概念，该领域也在迅速发展。尽管有一些替代技术可以远距离操作，但在几乎所有情况下，该活动都将涉及交会对接或近距离操作 [Pelton，2015]。

国际社会必须达成共识，制定减少空间碎片和保护外层空间环境的机制（通过维修或提供其他服务），从而为全人类提供进入外层空间的程序，制定适当的法律框架。可以通过积极的立法来解决法律定义缺乏、碎片规范状态不清和政策障碍等挑战，这些立法旨在为未来的太空活动的发展提供法律确定性，让越来越多的私人行为者参与其中。航天工业需要一条明确的法律道路，以适当的动机为基础，开展兼具野心和充满挑战的外层空间活动，例如在轨服务和主动清除碎片。经过深思熟虑和合理管理的监管框架，再加上安全标准，风险最小化和保险安排，可以有助于将来开展此类活动。这种建立公平合理的监管框架的举措应从现在开始。

显然，这是空间活动的一个新领域，在这个领域中，合作和协议对于今天和明天的所有航天国家都是理想的和有益的。以下两个表格旨在总结该领域的一些关键问题和挑战，以及未来可能采取的措施。

表 14 - 1 讨论了挑战和关注点，表 14 - 2 概述了随着在轨服务和碎片清除技术的进步而可能会考虑实现的更大国际合作，建立新的安全标准和共同期望的可能举措。航天器在轨服务、回收失效航天器的部分器件、打捞空间碎片等，挑战很大。这不仅可以在表 14 - 1 中确定的问题中看到，而且可以预见在未来几十年中这些领域的实践经验将大大增加要解决的问题。这并不意味着现在就开始处理这些新的空间活动，不仅在技术和操作上，而且在监管方面所引起的问题还为时过早。表 14 - 2 列出了可以考虑采取新监管措施的可能领域。

表 14-1　在轨服务、主动清除碎片和相关的天基活动有关的关键问题和挑战

问题与挑战	技术挑战(自然和人造)	经济、商业和其他挑战	风险/缓解威胁/公平问题
维修航天器撞向拟维修的航天器或重新定位到不同轨道的航天器,或撞向其他空间物体,从而产生新的空间碎片	准确的机器人遥控指令和精密推进系统;LEO 作业和对接要比 GEO 轨道作业容易得多	在轨服务的好处可能少于这些业务带来的经济和商业风险;LEO 与 GEO 的相对风险和收益	需要有精确的合同条款,以便进行在轨服务并免于承担任何损害赔偿责任
在轨服务飞行器可能被用于有意或无意地使另一艘航天器失效或将其置于危险或危险轨道	除非航天器是专门为在轨服务而设计的,否则在捕获和维修过程中损坏的风险要高得多	在轨服务的好处可能少于这些业务带来的经济和商业风险;LEO 相对于 GEO 的相对风险和收益如果证明了这种意图,那么经济处罚将是巨大的;如果没有事先达成协议,处罚仍然是严厉的	谨慎的做法是只为自己的航天器和为服务而设计的航天器提供服务;服务风险很高时除非获得大量经验,否则可能无法获得保险
实际使用的在轨服务航天器会禁用或削弱用于国防或军事目的的卫星的功能	除非有防御机制,否则使军事卫星失效将不会有任何具体的技术挑战;束状能量系统可以使航天器失效而无需配合	使军事卫星失效将被视为战争行为,并会带来严重的经济和政治后果	使用地面设备损害军事系统的风险可能较小,但在太空或地面上出现军事反应的风险可能很高
维修航天器尝试修理、加注、更新或按轨道重新定位,但其执行任务失败或部分失败	多点故障,尤其是在轨 GEO 维修和在轨重新定位方面;电推进也许更可靠	如果没有允许在轨操作责任豁免的合同,则业务风险很高;责任公约可能仍然适用	与 GEO 相比,LEO 的风险最小化更容易实现;在 GEO 维修和加注的航天器要考虑很多风险;跨国 GEO 服务工具可降低风险
维修飞行器试图更新已失效的空间物体中的零件,即不再起作用的航天器,并且与发射国或航天器运营者未达成协议	"收获"活动中许多潜在的技术失败模式;因此,从技术上讲,一个人只能在有详细技术图纸的情况下使用自己的卫星	出于类似的原因,对自己航天器以外的卫星进行"捕获"或"脱轨"也存在更大的商业风险	进行此类操作的风险很高;最好先证明其他功能;海洋法中的救助概念大概不适用于太空
主动清除轨道碎片	GEO 停车轨道,MEO 脱离轨道,300 km 以上的 LEO 和 300 km 以下的 LEO 面临的技术挑战大不相同	如果不更改《责任公约》的规定和"发射国"的责任,这种抢救行动将仍然非常困难	在太空很容易产生误会;即使一国明确同意允许救助失效的卫星,责任问题仍然存在

表 14-2　政策和法规改革的可能行动议程

可能的监管改革或行动类型	相关可能的论坛
建议提出适用于在轨服务的规定,以便在轨进行加注、维修、修理或更新,并明确在发生事故或不幸的情况下,进行此类活动的当事方"不承担责任";只有在发射国或多个发射国明确同意的情况下,此类行动才被视为合法	有关空间活动国际行为守则的讨论; 机构间交流中的讨论; UNCOPUOS 及其小组委员会内的讨论; 国家空间法中可能包括处理轨道空间碎片的适当规定
在上述建议条款的基础上发展"自愿准则"; 就如何将在轨服务和主动清除碎片视为安全,并避免国际误解的问题寻求广泛的国际协调和国际共识	在空间碎片协委会、联合国空间组织内部进行的讨论,以及联合国外层空间事务司和联合国裁军事务厅之间就在轨服务和主动清除碎片的新国际准则进行的磋商

续表

可能的监管改革或行动类型	相关可能的论坛
国家空间立法制定准则，以获取该领域活动的发射国许可和安全标准；这样的立法可以为从事在轨服务的国家私人实体提供某种中等水平的保险；这项立法行动可能会鼓励航天发射提供某种形式的保险保护	国家立法机关和商业空间发射，以及 SWF、IAASS 或空间法研究所等国际论坛可以帮助制定示范立法草案
建立与该领域活动有关的沟通和协调渠道	UNOOSA（与联合国裁军事务厅合作）和商业机制，例如空间数据协会；可以存在一些机制，以共享在这些领域可能采取的措施的信息

参考文献

[1] Agreement Governing the Activities of States on the Moon and Other Celestial Bodies, 18 December 1979, 1363 UNTS 3 [Moon Agreement].

[2] Convention on International Liability for Damage Caused by Space Objects, 29 March 1972, 961 UNTS 187 [Liability Convention].

[3] Convention on Registration of Objects Launched into Outer Space, 14 January 1975, 1023 UNTS 15 [Registration Convention].

[4] International Cooperation in the Peaceful Uses of Outer Space, GA Res 60/99, UNGAOR, 60th Sess, UN Doc A/RES/60/99 (2006).

[5] Treaty on Principles Governing the Activities of States in the Exploration and Use of Outer Space, including the Moon and Other Celestial Bodies, 27 January 1967, 610 UNTS 205 [Outer Space Treaty].

[6] United Nations Convention on the Law of the Sea, 10 December 1982, 1833 UNTS 3 (entered into force 16 November 1994) [UNCLOS].

[7] Vienna Convention on the Law of Treaties, 23 May 1969, 1155 UNTS 331 (entered into force 27 January 1980).

[8] Active Debris Removal - An Essential Mechanism for Ensuring the Safety and Sustainability of Outer Space: A Report of the International Interdisciplinary Congress on Space Debris Remediation and On - Orbit Satellite Servicing, UNCOPUOS Scientific and Technical Subcommittee OR, 49th Sess, UN Doc A/AC. 105/C. 1/2012/CRP. 16 (2012).

[9] "Draft articles on responsibility of States for internationally wrongful acts" in "Report of the Commission to the General Assembly on the work of its fifty - third session" (UN Doc A/56/10) in Yearbook of the International Law Commission 2001, vol 2, part 2 (New York: UN, 2007) (UNDOC. A/CN. 4/SER. A/2001/Add. 1 (Part 2)) 26 [Articles on State Responsibility].

[10] UNCOPUOS, Scientific and Technical Subcommittee, Technical Report on Space Debris, UNCOPUOSOR, 1999, UN Doc A/AC. 105/720.

[11] Austrian Federal Law on the Authorisation of Space Activities and the Establishment of a National Space Registry (Austrian Outer Space Act, adopted by the National Council on 6 December 2011, entered into force on 28 December 2011), online: UNOOSA 〈www. unoosa. org/documents/pdf/spacelaw/national/austria/austrian - outer - space - actE. pdf〉 (last accessed 30 December 2016) [Austrian Outer Space Act].

[12] Law of 17 September 2005 on the Activities of Launching, Flight Operation or Guidance of Space Objects (Belgium), online: Belgian Science Policy Office 〈 www. belspo. be/belspo/space/doc/beLaw/Loi _ en. pdf〉 (last accessed 30 December 2016) [Law of 17 September 2005].

[13] LOI n° 2008 - 518 du 3 juin 2008 relative aux opérations spatiales, NOR: ESRX0700048L.

[14] Netherlands, Rules Concerning Space Activities and the Establishment of a Registry of Space Objects (Space Activities Act), BILL (13.06.06), online: UNOOSA 〈www.unoosa.org/oosa/en/ourwork/spacelaw/nationalspacelaw/netherlands/space_activities_actE.html〉 (last accessed30 December 2016) [Dutch Space Activities Act].

[15] Outer Space Act 1986 (UK), 1986, c 38 [Outer Space Act].

[16] Restatement (Third) of the Foreign Relations Law of the United States (1987) [Restatement (Third)].

[17] Space Activities Act 1998 (Cth) [Space Act].

[18] Spain, Prime Minister's Chancellery, Royal Decree No 278/1995 of 24 February 1995, online: UNOOSA 〈www.unoosa.org/oosa/en/ourwork/spacelaw/nationalspacelaw/spain/royal_decree_278_1995E.html〉 (last accessed 30 December 2016) [Royal Decree No 278/1995].

[19] Swiss Foreign Policy Strategy 2012 - 2015: Federal Council report to Parliament on the strategic axes of foreign policy, March 2012, online: Eidgen sisches Departement für ausw tigeAngelegenheiten EDA 〈www.eda.admin.ch/content/dam/mission - eubrussels/en/documents/Aussenpolitische_Strategie_EN.pdf〉 (last accessed 30 December 2016) [Swiss ForeignPolicy Strategy 2012 - 2015].

[20] The Aerospace Development Promotion Act (Republic of Korea), Act No 9440, 6 February 2009, online: Republic of Korea: Ministry of Government Legislation 〈www.moleg.go.kr/english/korLawEng? pstSeq=52217〉 (last accessed 30 December 2016) [Aerospace Act].

[21] Case concerning the Gabčíkovo - Nagymaros Project (Hungary v Slovakia), [1997] ICJ Rep 7 [Gabčíkovo - Nagymaros Project Case].

[22] The Corfu Channel Case, [1949] ICJ Rep 4 [Corfu Channel Case].

[23] Alby, F. "CNES Operational Practices for Space Debris Risk Limitation and Protection" (1997) 40: 2 - 8 Acta Astronautica 283.

[24] Cheng, Bin. "Article Ⅵ of the 1967 Space Treaty Revisited: "International Responsibility", "National Activities", and "The Appropriate State" " (1998) 26: 1 J Space L 7.

[25] Courtland, Rachel. "DARPA Prepares to Launch "Satlets" ", IEEE Spectrum (10 December 2014), online: IEEE Spectrum 〈spectrum.ieee.org/tech - talk/aerospace/satellites/darpas - satelliterevival - program - gears - up - for - first - launch〉 (last accessed 30 December 2016).

[26] Diederiks - Verschoor, IHPh & V Kopal. An Introduction to Space Law, 3rd rev ed (Alphen aan den Rijn, the Netherlands: Kluwer Law International, 2008).

[27] Foust, Jeff. "Satellite Servicing Efforts Grapple with the Business Case", Space News (8 April 2013), online: Space News 〈spacenews.com/34747satellite - servicing - efforts - grapple - withthe - business - case/〉 (last accessed 30 December 2016).

[28] Harland, David M & Ralph D Lorenz. Space Systems Failures: Disasters and Rescues of Satellites, Rockets and Space Probes (New York: Springer, 2006).

[29] Harris, Glenn. "Space debris from satellite explosion increases collision risk for space craft", Phys. org (6 May 2015), online: Phys.org 〈phys.org/news/2015 - 05 - space - debris - satellite - explosioncollision.html〉 (last accessed 30 December 2016).

[30] Henry, Caleb. "DARPA Revamps Phoenix In - Orbit Servicing Program", Via Satellite (2 June 2015), online: Via Satellite 〈www.satellitetoday.com/regional/2015/06/02/darpa - revamps -

phoenix - in - orbit - servicing - program/〉(last accessed 30 December 2016).

[31] Kim, Doo Hwan. "Liability for Compensation for Damage Caused by Space Debris" in Chia - Jui Chen, ed, The Use of Air and Outer Space Cooperation and Competition: Proceedings of the International Conference on Air and Outer Space at the Service of World Peace and Prosperity held in Beijing from 21 - 23 August 1995 (The Hague: Kluwer Law International, 1998) 305.

[32] Lafferranderie, Gabriel. "Jurisdiction and Control of Space Objects and the Case of an International Intergovernmental Organisation (ESA) " (2005) 54: 2 ZLW 228.

[33] Liou, J - C & NL Johnson. "Instability of the Present LEO Satellite Populations" (2008) 41: 7 Advances in Space Research 1046.

[34] Lobban, Michael. "Custom, Common Law Reasoning and the Law of Nations in the Nineteenth Century" in Amanda Perreau - Saussine & James Bernard Murphy, eds, The Nature of Customary Law: Legal, Historical and Philosophical Perspectives (Cambridge: Cambridge University Press, 2007) 256.

[35] Lyall, Francis & Paul B Larsen. Space Law: A Treatise (Surrey: Ashgate, 2009).

[36] Norris, Martin J. Benedict on Admiralty: 3A, The Law of Salvage, 7th ed (New York: Matthew Bender, 1980).

[37] Pelton, Joseph N. New Solutions for the Space Debris Problem (New York: Springer, 2015).

[38] Perek, Luboš. "Ex Facto Sequitur Lex: Facts Which Merit Reflection in Space Law in Particular with Regard to Registration and Space Debris Mitigation" in Marietta Benk? & Kai - Uwe Schrogl, eds, Space Law: Current Problems and Perspectives for Future Regulation in Marietta Benk?, ed, Essential Air and Space Law, vol 2 (Utrecht, the Netherlands: Eleven International Publishing, 2005) 29.

[39] Shaw, Malcolm N. International Law, 7th ed (Cambridge: Cambridge University Press, 2014).

[40] Sommer, Bernd et al, "DEOS: Deutsche Orbitale Servicing Misssion: The In - flight Technology Demonstration of Germany's Robotics Approach to Service Satellites" (Presentation delivered at the Second International Workshop on On - Orbit Satellite Servicing, NASA's Goddard Space Flight Center, Greenbelt, Maryland, US, 30 - 31 May 2012), online: NASA 〈ssco. gsfc. nasa. gov/ workshop _ 2012/Landzettel _ DEOS _ final _ presentation _ 2012 _ workshop. pdf〉(last accessed 30 December 2016).

[41] Thirlway, HWA. International Customary Law and Codification: An Examination of the Continuing Role of Custom in the Present Period of Codification of International Law (Leiden: AW Sijthoff, 1972).

[42] Viikari, Lotta. The Environmental Element in Space Law: Assessing the Present and Charting the Future in Frans G von der Dunk, ed, Studies in Space Law, vol 3 (Leiden: Martinus Nijhoff, 2008).

[43] White, Adam E & Hugh G Lewis. "The Many Futures of Active Debris Removal" (2014) 95 Acta Astronautica 189.

[44] École Polytechnique Fédérale de Lausanne (EPFL): Space Engineering Center eSpace, "CleanSpace One", online: EPFL 〈espace. epfl. ch/site/eSpace/CleanSpaceOne _ 1% 20〉(last accessed 30 December 2016) [EPFL, "CleanSpace"].

[45] Gunter's Space Page, "ConeXpress - OLEV (CX - OLEV) ", online: Gunter's Space Page 〈space. skyrocket. de/doc _ sdat/conexpress - ors. htm〉 (last accessed 30 December 2016) ["ConeXpress - OLEV"].

[46] NASA, "International Space Station: Robotic Refueling Mission (RRM) - 11. 22. 16", online: NASA 〈 www. nasa. gov/mission _ pages/station/research/experiments/778. html 〉 (last accessed 30 December 2016) [NASA, "International"].

[47] NASA, "RRM: Robotic Refueling Mission", online: NASA 〈sspd. gsfc. nasa. gov/robotic _ refueling _ mission. html〉 (last accessed 30 December 2016) [NASA, "RRM"].

[48] US Air Force, "X - 37B Orbital Test Vehicle" (17 April 2015), online: US Air Force 〈www. af. mil/AboutUs/FactSheets/Display/tabid/224/Article/104539/x - 37b - orbital - test - vehicle. aspx〉 (last accessed 30 December 2016).

[49] US, Defense Advanced Research Projects Agency: Tactical Technology Office, "Orbital Express Space Operations Architecture", online: US DARPA 〈 archive. darpa. mil/orbitalexpress/index. html〉 (last accessed 30 December 2016) ["Orbital Express"].

[50] Vivisat, "Satellite Life Extension Services", online: Vivisat 〈www. vivisat. com/? page _ id=10〉 (last accessed 30 December 2016) [Vivi sat, "Satellite"].

拓展阅读

[1] Palmer, Jeremy. "Phoenix", online: US DARPA 〈 www. darpa. mil/program/phoenix〉 (last accessed30 December 2016).

[2] Caswell, Doug et al, ConcXpress Orbital Life Extension Vehicle: A Commercial Service forCommunications Satellites", ESA Bulletin 127 (August 2006) 54, online: ESA 〈www. esa. int/ esapub/bulletin/bulletin127/bul127h _ caswell. pdf〉 (last accessed 30 December 2016).

[3] Hacket, George T. Space Debris and the Corpus Iuris Spatialis (Gif - sur - yvette: Editions Frontières, 1994).

第 15 章　小卫星和巨型商业卫星星座

解决的关键问题

• 涉及小卫星和商业小卫星星座的发展演变、现状和未来的主要趋势；

• 审查小卫星，特别是商业小卫星星座在多大程度上代表了一种影响卫星制造商和服务的“颠覆性技术”；

• 审议小卫星的发射、部署、运行和离轨所引起的特殊问题，需要新的或经修订的全球太空管理系统，以及可积极采取相关行动确保其成功引入和可持续地用于和平目的并造福全人类的组织。

15.1　引言

“小卫星”的概念是空间法中一个应用非常广泛的术语。在今天的理解中，它涵盖了卫星的尺寸、轨道特性和操作能力。从法律角度来看，小卫星属于《登记公约》所界定的空间物体类别。国际电信联盟的《无线电规则》没有区分不同大小的卫星。这些条例为卫星提供了一个单一的定义，即“围绕另一质量占优势的物体旋转的物体，其运动主要由另一物体的吸引力永久决定”[ITU Radio Regulations，2012，para. 1179]。

所谓的“小卫星”在质量、体积、轨道高度、位置保持和脱轨能力方面差别很大。这些卫星可以有许多不同类型的应用。例如，它们的使用范围可以是一种类型的学生实验，通常是立方体卫星（微小卫星）；或质量相对较大的 250～500 千克的卫星部署在相当大的星座内。在这两个极端之间，还有用于业余无线电中继的小卫星、用于捕获来自地球传感器中继数据的卫星、企业对企业的数据中继卫星以及复杂但相对小型的科学实验携带卫星。迄今为止，在这些小卫星部署中，发射巨型商业星座、利用具有高度功能的小型航天器以支持地球遥感、通信、大气和科学研究等应用，涉及数量最多的小卫星部署。表 15 - 1 显示了其中一些不同的应用，以及有时列入“小卫星”通用术语的各种大小的卫星。虽然这些类型的小卫星数量为数百颗，但计划发射的商业小卫星星座数量为数千颗（Jakhu & Pelton，2014）。

一些小卫星甚至是微小卫星目前正在设计、发射到轨道上并用于提供新的卫星应用服务。尽管这些卫星的规格很小，但其中许多卫星已经提供了相对复杂的服务，可以预期这些微小卫星将取得新的进展，今后将发挥巨大的作用。除了学生、实验和商业应用以及科学和民用政府用途外，小卫星还可以有军事应用（Jakhu & Pelton，2014）。

表 15－1　小卫星类型

功能类型/尺寸	通信卫星星座	消息传递/数据中继	业余无线电	遥感星座	地面中继系统	气象	科学实验	学生实验
小卫星 100～500 kg	典型(例如,Oneweb)	典型(例如 Orbcomm)	—	典型,一些商业星座	典型(例如 Orbcomm)	典型	典型	很少见
微小卫星 20～99 kg	偶尔	典型	典型	偶尔	经常	—	经常	经常
1u～6u 立方体卫星 1～20 kg	—	很少见	偶尔	现在更常见的是行星实验室和 TerraBella	偶尔	—	很少见	典型
微纳卫星①	—	—	—	—	—	偶尔	——	典型

注①定义可以有所不同,但纳卫星通常在 1～10 kg 范围内(这也可以是立方体卫星)。一颗皮卫星在 100 g～1 kg范围内,一颗飞星在 10～100 g 范围内。

(改编自 Jakhu 和 Pelton 的小卫星及其监管表 1－1,纽约:斯普林格,2014 年)

发射越来越多的小卫星的趋势始于 1990 年代初，并且这个模式似乎注定要继续下去。根据 SpaceWorks 公司网站的数据，运行中的小卫星数量从 2009 年到 2013 年增长了 37.2%，预计在未来几年（2014 年至 2020 年）将继续增长 25% [Buchen，2014]。欧洲咨询公司 2016 年在一篇题目为《小卫星市场前景》的报告中预计 2016 年至 2025 年期间将实现 3 600 颗小卫星的制造和发射，这项活动预计将产生 220 亿美元的收入 [Euroconsult，2016]。如果该预计得以实现，将使空间卫星相关收入同比 2006—2015 年期间增加 76%。这种预测的部分前提是小卫星星座相对于替代方案，如高通量卫星或高空平台系统（HAPS）的成本更具竞争力。如果事实证明并非如此，那么小卫星星座可能不会以如此快的速度部署。

本章讨论的问题之一是计划部署用于通信、遥感和其他一些科学应用的巨型小卫星星座。这种部署，特别是如果许多国家和许多商业企业大规模进行部署，可能会对这些商业卫星今后提供的服务造成若干法律和管理问题。

关于卫星登记、责任问题和轨道碎片问题的分析和讨论涉及所有类型的小卫星。

就空间的长期可持续性而言未来使用这些卫星的重要性以及为不同目的部署小卫星的范围和程度是令人关切的问题。因此，小卫星的设计和部署在经济意义上不仅是一种“颠覆性技术”，而且从空间碎片的扩散以及它们的使用和存在可能造成的潜在有害干扰等方面来说，它们可能具有破坏性。

另一个复杂的问题是，目前正在同时开发其他“颠覆性”空间技术，形成新的经济竞争力。地球静止轨道上所谓的高通量卫星、赤道地区上空中地球轨道上的光学环和 HAPS 只是目前正在研究或实际部署的其他一些新技术。小卫星在卫星应用方面的破坏性并不完全符合为其他工业部门开发和应用的现有模式。然而，研究如何以及在何处可以证明这些模式与空间法中的使用有关，是有益的。

本章论述以下四个问题：

为商业卫星服务部署小卫星网络是否会导致现有运营商经济模式过时？

为了确保现在和将来所有空间作业的安全，是否需要采取特别行动，防止轨道碎片的产生，特别是在低地球轨道？

是否有必要制定特殊频率和轨道位置分配条例、登记或赔偿责任规定，以应对大规模低地球轨道星座的部署，特别是保护现有的地球静止轨道卫星网络？

从新的空间卫星服务进入者和已建立的卫星运载工具的角度来看，这方面是否涉及公平和服务保护问题？

从本质上讲，本章旨在解决的主要问题包括部署新的巨型小卫星星座，以及这些巨型星座在空间安全、防止新的空间碎片、公平获得有限的空间频率和轨道位置资源等方面是否对未来至关重要。由于只有有限数量的此类巨型星座可以安全地部署，特别是在低地球轨道上，那么部署的顺序是否是以最合适的方式进行？

这种考虑导致了这样一个问题，即对于大规模低地球轨道星座的频率和轨道分配，一个简单的先到先得的批准程序是否代表了一个合理的经济、监管和安全评估模式。还有一个与私营实体有关的问题，即这些希望为另一个巨型低轨系统获得空间的私营实体是否可能向“便利政府”进行“监管购买”。政府在这一问题上将是一个“灵活的政府”，愿意为另一个大规模的星座向国际电联提出申请，即使这样的新系统存在未来可能发生轨道碎片事故的风险。

15.2 小卫星和新型商业卫星星座的历史背景和趋势

小卫星从一开始就成为世界空间系统的一部分。1957 年 10 月发射的斯普特尼克 1 号是世界上第一颗人造卫星，是小卫星的一个典范。小卫星的另一个例子是世界上第一颗用于通信的商业卫星——“晨鸟”，于 1965 年发射，重量在 50 千克以下，功率不到 100 瓦。随着时间的推移以及运载火箭性能的提高，商用卫星的尺寸变得更大，传感器、高增益天线、太阳能阵列和电池的尺寸和性能也随之提升。因此，从 1970 年代到现在，主要趋势是用于电信、移动通信、广播、遥感和监视的商业卫星的规模和性能迅速增长。在这将近 50 年的时间里，小卫星的使用仅限于业余无线电中继、不需要大型传感器或高功率的科学实验、数据中继和学生实验。然而，专门研究小卫星的中心诞生了，这些中心协助开发小型实验卫星，并为发展中国家提供了可能正在寻求建造和发射其第一颗卫星的必要工具，以帮助实现其目标［Jakhu & Pelton，2014］。

这一普遍趋势的一个例外是在低地球轨道部署小卫星星座的新努力，以支持基于小型手持收发器的移动通信。这些系统的设计者，特别是铱星和全球星系统的设计者，关注卫星延迟或传输延迟，以及地球同步轨道卫星所经历的非常大的路径损失。部署在地球同步轨道上的卫星在离地球表面极大的传输距离上（即至少 35 870 千米）运行。新的商用移动卫星通信网络作为低轨星座部署，涉及 50～70 颗卫星以及备份。然而，由于缺乏市场需求和卫星本身的一些技术问题，铱星和全球星公司都破产了。出于同样的原因，另一位提议设计这些新卫星系统的公司国际通信（控股）有限公司（ICO Global Communications）

破产。另一个用于企业对企业数据中继的 LEO 卫星星座即 Orbcomm，也被启动，同样破产。铱星、Globalstar 和 Orbcomm 系统在财务上进行了重组，并最终能够随着市场对这些服务的需求增加而在经济上变得可行。

在过去的几年里，一些卫星服务公司已经变得更具竞争力。这些公司打算在其卫星和地面系统中使用新技术和创新设计。一些国家正在部署新型地球同步轨道卫星（称为高通量卫星），而另一些国家则打算在非地球同步轨道系统中使用小卫星，即巨型小卫星星座。

例如，Intelsat、Via Sat 和 Hughes 网络系统已经部署了高通量卫星，其容量是其他卫星的 10～40 倍，使这些卫星具有极强的成本竞争力。它们将受到非地球同步轨道系统的挑战，例如 O3b 网络和 OneWeb。提供遥感服务的国家也是如此。Spot Image、Geo Eye 等大型精密遥感卫星正受到诸如 Planet Labs 和 Terra Bella 等小卫星星座的挑战，这些正在部署的卫星相对较小但是性能很好，并且各公司对小卫星星座的热情似乎越来越高，如表 15－2 所示［de Selding，2015］。

表 15－2　拟议或正在审议的新型通信卫星星座

国家	星座	卫星数量	无线电频率波段
加拿大	坎波－2	72	甚高频、超高频、X 波段和 Ka 波段的近地轨道和大椭圆轨道
加拿大	COMSTELLATION	794	在 Ka 波段的近地轨道
法国	泰勒斯集团的 MCSAT	800～4 000 个	在 Ku 波段和 Ka 波段近地轨道，MEO 和大椭圆轨道
列支敦士登	3ECOM－1	264	Ku 波段和 Ka 波段
挪威	ASK－1	10	在 X 波段、Ku 波段和 Ka 波段，大椭圆轨道
挪威	STEAM	4 257	Ku 波段和 Ka 波段
英国	L5（OneWeb）	650	Ku 波段和 Ka 波段
美国	SpaceX	多达 4 000 个	尚未归档
美国	LeoSat	最初大约 80 个	Ka 波段

资料来源：Peter B de Selding，“卫星互联网淘金热的迹象在国际电联拍摄的爆发”，《太空新闻》(2015 年 1 月 23 日)，网络版：SpaceNews〈spacenews. com/signs－of－satellite－internet－gold－rush/〉. 最后一次访问是 2017 年 1 月 6 日。

一些人认为，这些具有现代低成本技术和更好架构的“新太空”企业可能会以“颠覆的方式”挑战已经建立的空间服务提供商，这将改变现有商业空间服务的经济模式。与此相反，另一些人认为，地球静止轨道卫星服务提供商正在部署的新技术，特别是高通量卫星，将使天基交付成本至少降低一个数量级。新的空间企业给了航天工业一个全新的视角，并将成为一个更大的市场改变者，至少在空间通信市场，这是迄今为止最大的空间相关市场。

许多新的卫星星座的独特之处不仅在于它们的设计是基于使用相对廉价的小卫星；还因为这些网络通常部署在近地轨道上，具有较低的延迟，对基于互联网的服务有更强的响应能力，并基于为全球网络接入提供新的选择——特别是在发展中国家。这种低地球轨道小卫星星座使其运营商能够在许多方面提供与传统上向大型跨国公司、公共部门行业、政府机构甚至军队提供天基服务的公司相同的服务。显然，这是商业空间应用市场出现一些市场和技术动荡的时期。这些新系统的成功或失败将影响到今后可能需要在以下方面进行监管改革：频率和轨道位置的分配、地球静止轨道和非地球静止轨道系统对低地球轨道和MEO星座的干扰最小化、责任规定、登记要求以及建立处理轨道碎片问题的应对机制。由于这些原因，这些类型星座的经济、市场和技术影响值得考虑和分析。

这些新进入者已开始在与现有运营商的竞争中占据重要的市场份额，至少空间应用市场的电信和遥感部门感觉得到竞争压力。这已显示在铱星/Globalstar与Inmarsat、Terra Bella/Planet实验室与Spot Image/Geo Eye竞争当中。当然，这种竞争特征一直是依赖其在空间工业市场上的持续技术创新，这促进了新的竞争者进入小卫星星座市场以及选择新的发射装置。

用于遥感星座的低成本、低延迟和高频率的时间覆盖只是颠覆性卫星技术的最新形式。下面将详细分析这一概念。需要指出的是，这种技术发展有其自身的问题，所有其他技术的进步都是如此，都会出现新的问题。因此，随着小卫星技术的进步，特别是巨型星座技术的进步，轨道碎片和轨道拥挤再次受到关注和特别关切。正是轨道碎片问题和频率干扰的威胁使小卫星星座的部署比以往这一领域的技术革新更具挑战性。

15.3　小卫星是一种颠覆性的创新，还是一种对不断变化和创新的空间产业现象的展示？

当一项新技术迅速改变现状并允许创造一个新的市场或价值网络时，创新就会被认为是颠覆性的。如果技术真正具有变革性，颠覆性技术可能会迅速改变或转化已建立的市场。因此，根据经济学家约瑟夫·熊彼特的理论，这些颠覆性技术可以被设想为导致新的全球经济周期的颠覆性创新过程的一部分。

颠覆性创新不同于持续创新，正如Christensen所指出的。可持续技术是那些提高产品性能的技术，并通常由大型和老牌公司维持市场地位。大多数大公司擅长将持续的技术挑战转化为成就，但对颠覆性技术的反应能力却要低得多［Christensen，1997］（见图15-1）。

颠覆性创新有三个鲜明特征：

·它最初提供的性能低于在现有的市场上的产品或服务，因为它是第一次推出；

·目前服务不足或根本得不到服务的一些市场要素采用了这种做法；

·新产品开始占领更多的现有市场，因为它的质量高，其较低的成本削弱了现有的技术或服务［Rapp，Paulino & Martin，2015，p. 4］。

如上所述，在过去30年中，几家新公司进入了空间工业市场。航天工业观察家们普遍注意到美国发射运营商SpaceX的成功，它威胁到阿丽亚娜航天公司的市场主导地位，促使欧洲运营商加速敲定新的阿丽亚娜6号发射系统。然而，自新世纪开始以来，在SpaxceX公司之后出现了几个重要的运营商。这一例子表明，颠覆性技术很难进入市场，因为市场上存在垄断或至少主导整个技术因素的成熟竞争对手。

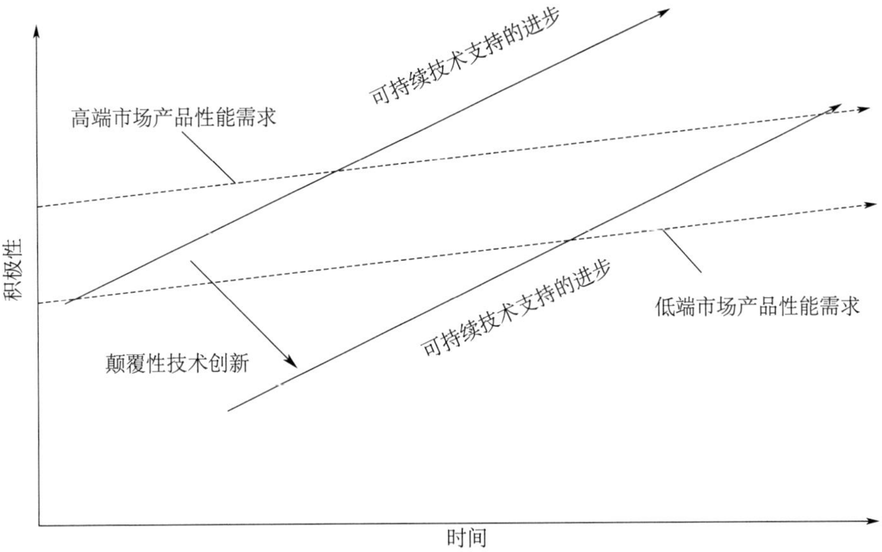

图 15－1　可持续技术和颠覆性技术的影响

（资料来源：Clayton M Christensen，《创新者的困境：当新技术导致大公司倒闭时》，波士顿，马萨诸塞州，哈佛商学院出版社，1997 年）

为此，首先要问的问题是，航天工业是否真正有许多新进入者。这一问题的答案可参考表 15－3 的内容，其中显示了小卫星产业的增长情况。

表 15－3　1985 年以来向太空发射的卫星清单

机构	地点/总部	成立时间/年	主要产品	主要用途
SSTL	英国	1985	小卫星	地球观测，导航，电信，科学研究
Satrec Initiative	韩国	1999	小卫星	地球观测
Deimos Space	西班牙	2001	小卫星	地球观测
GeoOptics	加州（美国）	2006	24 个小卫星星座	环境，天气监测
GomSpace	丹麦	2007	纳米立方体卫星	科学研究，低成本的科学
Clyde Space	苏格兰	2008	纳米立方体卫星	科学研究
Skybox Imaging（2016 年更名为 TerraBella）	加州（美国）	2009	24 个卫星星座	地球观测
NovaNano（2015 年成为 4skies 公司）	法国	2009	纳卫星	地球观测
Planet Labs	加州（美国）	2010	100 个立方体卫星星座	地球观测
Tyvak Nano－Satellite System（纳卫星系统）	加州（美国）	2011	纳米立方体卫星	科学研究
NovaWurks	加州（美国）	2011	超级集成卫星	太空探索
Dauria Aerospace	德国，俄罗斯	2011	小卫星	地球观测，通信，导航

续表

机构	地点/总部	成立时间/年	主要产品	主要用途
PlanetiQ	马里兰州(美国)	2012	12～24 小卫星星座	天气监测
OmniEarth	弗吉尼亚(美国)	2013	18 颗小卫星	地球观测

资料来源：Lucien Rapp，Victor Dos Santos Paulino 和 Adriana Martin，《卫星微型化：新的空间进入者即将威胁现有的空间工业》，该论文在麦吉尔大学航空和空间法研究所第三届曼弗雷德·拉克斯新空间商业化和法律国际会议上发表，2015 年 3 月 16 日至 17 日，加拿大蒙特利尔；SIRIUS〈chaire - sirius. eu/wp - content/uploads/2015/07/Note - SIRIUS - Satellite - Miniaturization. pdf〉。最后一次访问是 2017 年 1 月 6 日。

如表 15 - 3 所示，确实有一些新的小卫星公司。应当指出，表中所列公司显然没有代表一个详尽的清单。然而，这份清单仍然显示了这一领域新参与者的大致范围。

这份清单没有表明，也有一些新的竞争对手正在使用其他类型的新技术。例如，Via Sat、Laser Light Communications 等公司和许多其他新公司已经以可能被认为具有颠覆性的新技术进入这一领域。因此，我们应该问的问题是，与典型技术模式不同的小卫星公司是代表着颠覆性的变化，还是仅仅是广泛市场转型的一部分［Rapp，Paulino & Martin，2015］。

如果新进入者能够产生颠覆性的创新，那么新进入者迟早会对现有公司的利润构成威胁。应该指出，这种经济现实也普遍存在于其他行业，在这些行业中，有新的进入者在上述市场上提出了新的技术。因此，问题就变成了小卫星产业对已建立的服务提供商有多大的破坏力。

小卫星为空间应用提供了另一种思路，即在优化基于互联网的服务的同时以更低的成本利用空间。小卫星公司，特别是新进入者一般从零开始，或者从一个以前没有被现有公司使用过的新概念开始起步，或者通过使用现有公司建立的技术起步。例如，小卫星领域使用者表明，在许多情况下，对短期飞行任务而言，高度可靠的部件是不必要的。其他行业，例如手机和计算机行业，正在研究可用于小卫星的微型技术［Rapp，Paulino & Martin，2015］。

与传统航天器相比，小卫星可小一至两个数量级，因为体积小，从而大大降低了发射成本。这种小卫星在建造或设计上也可以更简单和更快速，并使用更简单和更便宜的部件。这些因素加在一起意味着小卫星的设计、制造和发射可以控制在 2 年内，任务的总费用也大大降低。小卫星也比大卫星更加模块化。模块化是通过接受和使用的标准来实现的。换句话说，小卫星是标准化的。小卫星可以快速开发和部署，这是与传统大卫星相比的关键竞争优势所在［Rapp，Paulino & Martin，2015］。

一种颠覆性的创新往往开始于为以前不存在的市场部分提供服务。小卫星飞行任务遵循这一模式，解决了一个不同的、服务不足的、仍然边缘的市场。因此，它首先为寻求更简单和更低成本市场需求的客户服务。这些新的和得不到充分服务的市场目前包括非航天国家、大学、研究机构、寻求测试复杂有效载荷的小型或初创公司，以及以前无法使用天基系统的商业部门。

刚刚开始利用空间的国家需要简单的有效载荷来进行技术演示、互联网回程以及完成基本的地球观测任务和科学实验。研究机构需要了解如何利用这么小的卫星星座来执行复杂的任务或补充先进的任务目标。商业工业已经开始看到小卫星在地球观测、互联网接入和电信的商业市场产生革命性变化的潜力。

因此，市场正在从机构领域向更多商业领域过渡。例如，最近谷歌收购了Skybox Imaging（重命名为Terra Bella）。对谷歌来说，这很有意义，因为他们在商业应用中使用了大量的卫星图像。他们还认为，未来的卫星图像可以成为人们日常决策的组成部分［Rapp，Paulino & Martin，2015］。

小卫星可能比大型传统卫星便宜得多，这是有助于实现颠覆性创新的一个重要特征——价格较低和能够以较低的利润率运作。另一方面，小卫星也可能变得更不可靠；尽管这可以通过更大的星座内的冗余来补偿。在电信和网络等可靠性处于较高水平的情况下，这可能是一项重大责任。因此，现有的空间公司目前往往忽视这些市场，因为它们的利润率很低，这意味着新进入者能够以其在空间领域中不寻常的商业模式来获得这一新业务。对现有公司来说，小卫星业务只会分散精力，通常很难在大型公司内部找到一个赞助商，为开发公司主要产品的低能力和廉价版本提供支持。这不仅适用于航天工业，也适用于其他行业，如交通和信息技术行业。这正是新进入者和经营者能够利用的差距。

考虑到上述迹象，最近的小卫星活动似乎显示了空间部门潜在颠覆性创新的大多数主要特征：性能低下、服务不足和成本较低。根据这些标准，可以合理地得出这样的结论：小卫星星座是空间工业的一种颠覆性创新。需要注意的是，其他卫星应用技术似乎至少符合这些标准之一，因此，小卫星在改变卫星服务市场方面似乎并不唯一［Rapp，Paulino & Martin，2015］。

15.4　小卫星和新商业发射服务提供商

大多数突破性创新并不是孤立地成功的，它们需要互补的创新才能成功。就小卫星而言，这种互补技术是能够以较低的成本将小卫星送入太空的发射系统。目前只有大约十几个国家拥有发射能力，其中只有7个国家拥有面向国际市场的运行发射系统［经合组织，2011］。将卫星送入轨道仍然是一项重大和昂贵的火箭发射任务，其可靠性和其他商业与贸易上的考虑也在为这项突破性创新的发展发挥作用。

尽管越来越具有挑战性的技术任务似乎已经为小卫星做好了准备，但这一行业仍处于初级阶段，这是因为缺少一个重要的组成部分——一个现场专用的小型发射器。小卫星能否成功地实现其任务目标取决于运载火箭的可用性和成本。卫星体积和质量变得越来越小、成本越来越低，运载火箭的发展趋势也应该如此；否则，发射成本将变得不成比例地高，并损害小卫星企业所享有的经济和商业优势。多年来，小卫星开发人员渴望获得一切进入太空的机会，即便是作为次级有效载荷前往不理想的轨道。次级有效载荷有一个重要的缺点，它不能提供许多小卫星所需的特性，这些卫星具有独特的轨道和发射时间要求，必须适应主要有效载荷的发射窗口。随着小卫星越来越强大和先进，它们的轨道要求和任务表要求也在增加。更有效的运载火箭推进器可以为小型有效载荷的发射提供竞争优势，特别是如果它们具备可重复使用的发射能力。目前的趋势表明，未来发射行业可能比今天更具竞争力，在发射能力小得多、费用低得多的情况下，也可能降低进入门槛。所有这些创新加在一起最有可能带来一个比我们今天所知道的更开放、创新和更具竞争力的空间产业［Rapp，Paulino & Martin，2015］（见表 15 - 4）。

表 15 - 4　现有的一些小卫星发射系统

运载火箭	公司(国家)	低地球轨道运载能力/kg
金牛座	Orbital ATK(美国)	860～945
帕伽索斯	Orbital ATK(美国)	450
米诺陶	Orbital ATK(美国)	1 700
极地卫星运载火箭(PSLV)	印度空间研究组织(印度空间研究组织)	1 300
沙维特	以色列航空航天工业(IAI,以色列)	340
德内普	Yuzhnoye/Yuzhmash(乌克兰)	3 600
Epsilon(尚未投入使用)	日本宇宙航空研究开发机构(JAXA,日本)	1 200
旋风(尚未投入使用)	Yuzhnoye/Yuzhmash(乌克兰)	4 000

资料来源：Lucien Rapp，Victor Dos Santos Paulino 和 Adriana Martin，《卫星微型化：新的空间进入者即将威胁现有的空间工业》，在麦吉尔大学航空和空间法研究所第三届曼弗雷德·拉克斯新空间商业化和法律国际会议上发表的论文，加拿大蒙特利尔，2015 年 3 月 16 日至 17 日；SIRIUS〈chaire - sirius. eu/wp - content/uploads/2015/07/Note - SIRIUS - Satellite - Miniaturization.〉。最后一次访问是 2017 年 1 月 6 日。

表 15 - 4 列出了可供小卫星前往低地球轨道的一些运载火箭清单。请注意，这只是一个部分清单，一些最新的商业发射器也可能提供非常具有成本效益优势的选择。然而，它仍然是一个竞争非常激烈和非常不稳定的市场。当一家重要的风险投资公司退出该项目时，看起来相当有希望的新型萤火虫阿尔法火箭也随之倒闭，其中一些发射器也不适用于商业市场。来自 Orbital ATK 的运载火箭主要用于美国政府和机构卫星。印度的 PSLV 也被优先用于印度的国内市场，几乎没有出口商业市场的能力。来自乌克兰的第聂伯，一种基于导弹转换的发射器，已经接近退役，因为 SS - 18 导弹已经停产了大约 25 年。

目前的发射供应商似乎忽视了小卫星产业的这种潜在增长。例如，SpaceX 公司已经放弃了猎鹰 1 号的研制，它本来可以作为小卫星发射器使用。这个市场的结构成本导致一些运载火箭供应商认为这个市场没有吸引力。这种观点确实使那些想要颠覆这个市场的新进入者对现有的发射器供应商产生潜在的干扰，这激励了一些新进入者寻求发展小卫星发射装置。例如，美国公司 Garvey Spacecraft Corporation 目前专注于开发一种专用的纳卫星运载火箭，其目的是向近地轨道发射 10 千克的有效载荷［Garvey Spacecraft Corporation，“NLV”］。一家名为“维珍银河（Virgin Galactic）”的英国商业航天公司，正在开发 Launcher One 发射器，计划向近地轨道发射重达 200 千克的小卫星［Virgin Galactic，“Satellite”］。另一个新进入者 S3 于 2012 年在瑞士创建，计划提供 250 千克以下小卫星的轨道发射［S3，“Mission & Goals”］。此外，一些已建立的发射装置组织正在开发配置，以适应多个卫星发射。例如，欧洲新型的 Vega 发射器和俄罗斯安加拉可以配置为一次发射 5 颗或更多的小卫星［Serra，Ars & Solanilla，2013 年；Rapp，Paulino & Martin，2015］。

15.5　小卫星和星座趋势评估

由于小卫星的明显优势，特别是制造和发射费用低以及其服务的多功能性，预计这些卫星的数量可能会增加。然而，有证据表明，小卫星的性能较差，目前还不可靠。例如，行星实验室的小卫星只在太空中工作了几个月，2014 年 2 月发射的 28 颗小卫星中，只有 9 颗存活下来。然而，每一代行星实验室卫星都更可靠，寿命更长，性能更好。目前，行星实验室正专注于三单元立方体卫星的研制，工作人员称之为可爱的“鸽子”。危险在于，大型和成熟的卫星制造公司可能不会预期到，随着时间的推移，小卫星公司可以大大提高其可靠性。这可能是在短时间内通过迭代设计和组件工程来实现的［Rapp，Paulino & Martin，2015］。

就小卫星星座而言，至少就通信卫星而言，出现的关键问题是，20 世纪 90 年代末和 2000 年代初发生的公司破产事件是否会再次发生。20 世纪 90 年代，微软公司的比尔·盖茨和风险投资家埃德·塔克（EdTuck）提供了早期资金创建了“空中因特网”系统。它是为商业宽带卫星星座设计的，该公司 2002 年破产。铱星公司在摩托罗拉和世界各地其他电信公司的支持下，于 1991 年成立，经营一个拥有 66 颗卫星的星座及全球移动通信备件。该系统于 1998 年部署，但是仅一年后即破产。Globalstar（在 Loral 和 Qualcomm 公司的支持下）和 Orbcomm（在轨道科学公司的支持下）也不得不通过破产程序并利用新的所有权进行公司重组［Pelton，2006］。

传统上来说，空间部分的设计、制造、测试和部署是相当资本密集型的且对企业活动是有要求的。因此，空间部门是一个相当封闭的部门，在航空航天和国防之外几乎没有自然交流［Summerer，2011］。已建立的公司需要同意在低地球轨道卫星中，将越来越多地使用成熟商品部件，因为在一个大星座中失去一颗卫星的服务比在地球同步轨道卫星网络中失去一个卫星的服务要容易得多，因为地球同步轨道卫星网络每个区域可能只有一颗卫星［Rapp，Paulino & Martin，2015］。

小卫星目前不太可靠。立方体纳卫星的寿命较短，一些学生制作的实验性立方体卫星，寿命可能是几个星期，商业系统制定的立方体卫星寿命通常是 3 到 5 年。这可以与地球同步轨道中传统的大卫星进行比较，这种卫星具有长达 15 年的使用时间。事实上，许多立方体卫星从一开始就不起作用。一些设计师不知道技术细节的特点，例如使用传统的布线和使用不会迅速升温且被设计成在空间环境中应用的布线。总的来说，即使考虑到负面因素，小卫星系统也可以以较低的成本部署［Rapp，Paulino & Martin，2015］。然而，就整体经济性而言，最后的结论取决于一组复杂的变量，并在很大程度上根据服务是为可靠的通信链路，还是为不需要实时连续性服务的遥感数据而有很大差异。

然而，现在预测大量新的小卫星和商业卫星星座市场进入者是否会完全成功，以及它们是否会在很大程度上具备市场颠覆性，可能还为时过早。就这一情况而言，其产生的许可证发放、发射物体登记、轨道空间碎片、成本较高的地面系统、无线电频率短缺和尽量减少对卫星系统的干扰等问题对需求标准和管制行动构成了重大挑战和风险。正是在这些领域，目前需要国际论坛采取行动［Jakhu & Pelton，2014］。

空间行业一般的行为是将工程实现视为第一步，将潜在的商业市场、经济后果和监管后果视为第二步。制造由更多小卫星组成的更大的巨型低轨系统的竞赛是最令人担忧的。利用可能数千颗的新卫星建立低地球轨道星座不仅引起了对星座碰撞要素的关切，而且也引起了对惰性空间物体碰撞的相关问题的关切。正如唐纳德·凯斯勒博士所预测的那样，这种系统数量的增加导致一连串的轨道碎片失控的严重问题。其他需要解决的问题来自巨型近地轨道星座，如对其他巨型近地轨道星座的频率干扰、对高轨系统的干扰以及排除了其他希望提供并行或类似服务的卫星。还有一个问题是，为积极清除空间物体的结构化技术和金融系统提供资金支持，会构成碎片数量大幅增加的风险。这些事项都强烈要求适用《责任公约》所规定的赔偿责任条款，这样一来，可能会抑制那些主动清除最危险的空间物体碎片的行为，从而导致低地球轨道出现新的一连串的太空碎片。

《登记公约》规定，“空间物体”一词包括空间物体及其运载工具的组成部分，与常规卫星和小卫星没有任何区别。这意味着在制定新的法律框架之前，对传统卫星的要求和规定同样适用于小卫星。然而，在部署一颗小卫星或一组小卫星时应考虑的关键问题包括具体实施机构在国家和国际层面登记卫星的问题、环境问题（更具体地说是空间碎片缓减）以及责任和义务问题。

根据《外层空间条约》第六条，一国对本国在外层空间的活动负有国际责任，无论这些活动是由政府组织还是非政府组织进行的。根据《外层空间条约》和《责任公约》，发射国即发射或促成发射空间物体或从其领土或设施发射物体的国家［Liability Convention，art. Ⅰ］，对其空间物体造成的损害负有国际责任［Outer Space Treaty，art. Ⅶ；Liability Convention，arts. Ⅱ，Ⅲ］。因此，各国必须批准（许可）其国家空间活动，并确保持续监督和控制［Outer Space Treaty，art. Ⅵ］。这一授权要求适用于小卫星，可能包括根据国内条例、内部标准和机构间空间碎片协调委员会，以及和平利用外层空间委员会的《空间碎片缓减准则》实施空间碎片缓减措施的要求。当空间物体被发射到外层空间时，一国必须根据《登记公约》在国内和国际上向联合国登记（如果该国遵守公约）。根据小卫星的定向应用情况，也可能需要获得更多来自特定当局的许可证和授权。

尽管管理传统卫星和小卫星运作的法律框架几乎相同，而且这两个市场部门之间没有区别，但承认不同规模卫星的独特性将有助于促进小卫星运作的法律制度。主要由国际电联和联合国外层空间事务司牵头（UNOOSA），解决若干问题，包括与这类卫星的性质相关的登记和射频问题，以及空间碎片缓减的要求。所有有关各方应共同努力处理任何经修订的程序。在任何此类谈判进程中，似乎应将空间碎片协委会包括在内，可征求联合国外空会议外层空间活动长期可持续性工作组的意见。

毫无疑问，现有的国际太空管理制度对促进小卫星的快速引进以及对其负面影响的管理是不够的，不充分的和不适当的。在过去几年里，已经采取了三项主要举措来管理新兴的小卫星市场。它们是：1）国际电联第 757 号决议（WRC－12）；2）《2015 年布拉格宣言》；3）联合国外层空间事务司和国际电联《2015 年关于小卫星和微小卫星空间物体登记和频率管理的指南》。国际电联第 757 号决议（2012 年世界无线电通信会议，WRC－12）承认小卫星的物理特性与大卫星的物理特性不同。该决议指出，纳卫星和微小卫星的开发时间通常很短（1 至 2 年），而且根据飞行任务的不同，其运行寿命从几周到几年不等。由于小卫星用于各种各样的任务和应用，它们在各种无线电通信服务下运作。此外，由于轨道控制能力相对有限，它们的轨道特性相当独特。因此，本决议制定相关监管程序，旨在促进小卫星成功且及时的部署和运行。有人明确指出，在为卫星协调和通告而修订国际电联无线电条例的现行规定时，应考虑这类卫星的性质［ITU Res 757（WRC－12）］。WRC－15 讨论了小卫星在“短期飞行任务”方面的问题，“短期飞行任务”指的是运行期通常不超过三年的卫星。会议没有对国际电联的无线电条例做出任何修改，但通过了第 659 号决议，授权国际电联无线电研究空间业务服务中对越来越多的非全球卫星组织短时间飞行任务的遥测、跟踪和指挥的频谱要求［Final Acts WRC－15］。

《2015 年布拉格宣言》的内容侧重于小卫星作业问题。为了促进与小卫星管理框架有关的发展，宣言承认小卫星界需要遵守关于射入外层空间物体登记、射频协调、卫星网络频率分配登记和空间碎片缓减准则的国际法规定。这被视为保证小卫星项目长期可持续性、避免有害干扰和适当管理空间碎片的一个不可或缺的先决条件。

最近的一份文件，即《2015 年联合国外层空间事务司和国际电联指南》，内容包括小卫星和超常小卫星的登记授权、碎片缓减和频率管理有关的问题，已提供给小卫星开发商和运营商。

这里需要指出的是，这些飞行任务往往涉及空间活动的新参与者，由于缺乏经验或不熟悉相关法律框架，它们并不总是完全按照其国际义务和条例执行飞行任务。

这些举措可以被视为能力增长的一个良好起点，换言之，是朝着建立一个专门针对小卫星及其星座的更有区别和更详细的管理框架而采取的步骤。从监管的角度来看，在设想未来巨型星座的全球太空管理时，需要重点关注以下两个问题：1）星座的广播频率与已在轨道上的卫星更好地协调；2）以一致的方式登记同类诸多卫星为一个星座卫星。

各国正在对建立一个专门针对小卫星及其星座的管理框架做出努力，美国公平竞争委员会发布了“关于获得小卫星许可证的指南”，这一声明涉及公平竞争委员会为非联邦小卫星使用的频谱发放许可证，包括属于皮卫星、纳卫星和立方体卫星类别的卫星［FCC，“Guidance”］。美国目前也注意到小卫星组成的巨型星座的登记。OneWeb 公司向公平竞争委员会提交了一份申请，要求在低轨运行 720 颗卫星，以提供全球宽带互联网接入。波音公司采取了同样的步骤，打算发射和运行多达 2 956 颗 V 波段卫星。2015 年，SpaceX 公司提出了一项开始测试卫星因特网服务的申请，目的是部署多达 4 000 颗小卫星的巨型星座，以便提供低延迟、全球覆盖、大容量的因特网服务。

15.6 结论及汇总表

本节概述了在小卫星发射和运营以及巨型商业卫星星座的部署和使用方面应考虑的关键技术、经济、公平性和风险问题以及可能的监管改革。本章还简要讨论了轨道碎片清除和赔偿责任问题。正如所讨论的，其中一些问题可以通过以下方式加以解决：首先简单地界定小卫星，然后对其性质、大小、用途、轨道进行分类（包括部署在低地球轨道，以便在没有主动推进或被动脱轨装置的情况下自然满足 25 年脱轨规则），在寿命结束时具有脱轨能力。这些特点应成为发射前向联合国和有关国家当局提出申报要求的一部分。表 15-5 和表 15-6 概述了一些问题和拟议步骤。

表 15-5 与小卫星和巨型小卫星星座有关的问题

问题和挑战	技术挑战（自然和人为的）	经济、商业、人口、健康和其他挑战	风险/威胁缓解/平衡问题
缺乏对小卫星在大小、轨道、使用和离轨能力等方面全球统一规划的定义；其目的是将自然符合 25 年脱轨规则极低轨道上的学生卫星和需要寿命结束主动清除碎片的商业系统区分开来	小卫星的离轨或操纵能力有限或没有	商用飞行器可以满足负责任运行、无干扰和脱轨责任等更多条件	拥挤的低轨上的小卫星机动能力有限，碰撞风险较高，因此引发对产生新的轨道碎片关注
缺乏针对不同类型小卫星的空间区域	在具有机动能力和脱轨能力的小卫星与没有这种能力的小卫星之间建立保护区可能是有益的	预计不同区域的商业卫星运行方式将有所不同，并遵循不同的脱轨手段	大规模低地球轨道星座一旦部署，往往会排除新的竞争系统；首先，在这里先到先得是一个公平的原则吗？
轨道碎片的增加，特别是低地球轨道碎片的增加，以及凯斯勒综合征成为现实的风险	目前在低轨上正在追踪大约 22 000 个主要碎片；S 波段雷达太空篱笆将可追踪大约 250 000 个能够损坏卫星和航天器的空间物体；随着发射的空间物体越来越多，甚至陨石也成了一个问题	如果确实发生失控的碎片事件，经济后果可能是巨大的，甚至危及进入空间的安全；对主动清除轨道上最危险的非控制物体进行投资，将来可能节省数十亿美元	只有少数国家对今天的空间碎片负有责任，尽管它危及所有当前和渴望有航天前景的国家
有时人们错误地认为，小卫星只是发射或从空间站释放出来行动的“微不足道的一部分”，不必正式登记，也不必为“发射国”承担责任；许多小卫星仍未按照《登记公约》的要求正式登记	没有特别的技术挑战	登记费时，使发射国可能面临相当大的不需要证明“过失”的风险	没有主动或被动脱轨能力的小卫星产生空间碎片的风险更大；在空间站上进行小卫星实验并将其脱轨，或在多单元系统上进行一些小卫星实验，这些实验可以主动脱轨，这将最大限度地减少风险，使更多国家能够安全地“进入”空间

表 15-6　与小卫星和巨型小卫星星座有关的可能行动

拟议的行动	采取拟议行动的实体
具体界定小卫星的类别及其轨道部署位置，以避免干扰和潜在碰撞；这项工作将特别侧重于区分极低轨道的学生项目，即符合 25 年离轨规则的项目，和要求主动离轨能力达到或超过 25 年规则的较高轨道的较大商业系统	国际电联、联合国气候变化框架公约、外空委和空间碎片协委会
努力改进低地球轨道的空间交通管理，并优先努力使低地球轨道中的大型失效物体主动脱离轨道	民航组织、联合国和平利用外层空间委员会和该委员会负责空间交通管理问题的一个专门工作组提出的建议（该工作组应尽快成立，给予具体的报告日期和建议，并与空间碎片协委会合作）
制定关于非地球同步轨道商业卫星星座的新准则，将包括发射前尽职调查和协调发射、轨道位置、进入的优先次序、离轨能力、频率分配、登记和与大型商业网络有关的赔偿责任条款等问题；包括想要部署巨型低轨系统的公司的“规则购买”问题，以便利用不遵守空间碎片准则的国家的“灵活规则”	国际电联秘书处、国际电联无线电规章委员会、联合国气候变化框架公约、外层空间秘书处和联合国气候变化框架公约的两个小组委员会，空间数据协会和空间碎片协委会
提高低地球轨道和临近空间的空间状况意识，以避免在地球轨道和临近空间/平流层运行的空间物体和运载器或其他物体发生碰撞	根据外空委和外空会议的授权，联合国外层空间事务司所做的 50 项努力（与联合国裁军事务厅（UNODA）就军事问题开展合作）、裁军事务部、外空委以及主要空间态势感知系统的运营者

参 考 文 献

[1] Convention on International Liability for Damage Caused by Space Objects，29 March 1972，961 UNTS 187 [Liability Convention].

[2] Convention on Registration of Objects Launched into Outer Space，14 January 1975，1023 UNTS15 [Registration Convention].

[3] International Telecommunication Union Radio Regulations，2012，online：ITU 〈www. itu. int/pub/R - REG - RR - 2012〉 (last accessed 6 January 2017) [ITU Radio Regulations，2012].

[4] Treaty on Principles Governing the Activities of States in the Exploration and Use of Outer Space，including the Moon and Other Celestial Bodies，27 January 1967，610 UNTS 205 [Outer Space Treaty].

[5] Guidance on Space Object Registration and Frequency Management for Small and Very Small Satellites，UNCOPUOS Legal Subcommittee OR，54th Sess，UN Doc A/AC. 105/C. 2/2015/CRP. 17 (2015) [UNOOSA and ITU Guidance 2015].

[6] Prague Declaration on Small Satellite Regulation and Communication Systems，3 March 2015，online：ITU 〈www. itu. int/en/ITU - R/space/workshops/2015 - prague - small - sat/Documents/Prague%20Declaration. pdf〉 (last accessed 6 January 2017) [Prague Declaration 2015].

[7] Regulatory aspects for nanosatellites and picosatellites，ITU Res 757 (WRC - 12)，ITUOR (2012).

[8] Buchen，Elizabeth. "SpaceWorks' 2014 Nano/Microsatellite Market Assessment"，SSC14 - I - 3 (Paper delivered at the 28th Annual AIAA/USU Conference on Small Satellites，Logan，Utah，US，4 - 7 August 2014)，online：SpaceWorks 〈www. sei. aero/eng/papers/uploads/archive/Small%20Sat%20Paper _ SSC14 - I - 3. pdf〉 (last accessed 6 January 2017).

[9] Christensen，Clayton M. The Innovator's Dilemma：When New Technologies Cause Great Firms to Fail (Boston，Mass：Harvard Business School Press，1997).

[10] de Selding，Peter B. "Signs of a Satellite Internet Gold Rush in Burst of ITU Filings"，SpaceNews (23 January 2015)，online：SpaceNews 〈spacenews. com/signs - of - satellite - internet - gold - rush/〉 (last accessed 6 January 2017).

[11] Euroconsult，Press Release，"$22 Billion Market Value for Small Satellites over Next Ten Years" (7 July 2016)，online：Euroconsult 〈www. euroconsult - ec. com/7 _ July _ 2016〉 (last accessed 6January 2017) [Euroconsult，2016].

[12] Jakhu，Ram S & Joseph N Pelton. Small Satellites and Their Regulation (New York：Springer，2014).

[13] OECD. The Space Economy at a Glance 2011 (OECD Publishing，2011)，DOI： 〈10. 1787/9789264111790 - en〉 (last accessed 6 January 2017).

[14] Pelton，Joseph N. The Basics of Satellite Communications，2nd ed (Chicago：International Engineering Consortium，2006).

[15] Rapp, Lucien; Victor Dos Santos Paulino & Adriana Martin. "Satellite Miniaturization: Are New Space Entrants about to Threaten Existing Space Industry?" (Paper delivered at the 3rd Manfred Lachs International Conference on New Space Commercialization and the Law, Institute of Airand Space Law, McGill University, Montreal, Canada, 16 - 17 March 2015), online: SIRIUS 〈chaire - sirius. eu/wp - content/uploads/2015/07/Note - SIRIUS - Satellite - Miniaturization. pdf〉 (last accessed 6 January 2017).

[16] Serra, Lluc Palerm; Jordi Barrera Ars & Jorge Salas Solanilla. "Microsatellites and Microlaunchers: The Tandem that Will Disrupt the Satellite Industry", IAC - 13 - E6. 1. 9 (Paper delivered at the 64th International Astronautical Congress, Beijing, China, 23 - 27 September 2013).

[17] Summerer, Leopold. "Signs of Potentially Disruptive Innovation in the Space Sector" (2011) 3: 3Intl J Innovation Science 127.

[18] US, Federal Communications Commission, Public Notice, DA: 13 - 445, "Guidance on Obtaining Licenses for Small Satellites" (15 March 2013), online: US FCC 〈apps. fcc. gov/edocs _ public/attachmatch/DA - 13 - 445A1. pdf〉 (last accessed 6 January 2017) [FCC, "Guidance"].

[19] Garvey Spacecraft Corporation, "Nanosat Launch Vehicle (NLV) ", online: Garvey Spacecraft Corporation 〈www. garvspace. com/NLV. htm〉 (last accessed 6 January 2017) [Garvey Spacecraft Corporation, "NLV"].

[20] S3: Swiss Space Systems, "Mission & Goals", online: S3 〈www. s - 3. ch/en/mission - goals〉 (lastaccessed 6 January 2017) [S3, "Mission & Goals"].

[21] Virgin Galactic, "Satellite Launch", online: Virgin Galactic 〈www. virgingalactic. com/satellitelaunch/〉 (last accessed 6 January 2017) [Virgin Galactic, "Satellite"].

拓展阅读

[1] Adner, Ron. "Match Your Innovation Strategy to Your Innovation Ecosystem" (2006) 84: 4 Harvard Business Rev 98.

[2] Anderson, Philip & Michael L Tushman. "Technological Discontinuities and Dominant Designs: A Cyclical Model of Technological Change" (1990) 35: 4 Administrative Science Q 604.

[3] Arthur, W Brian. "Competing Technologies, Increasing Returns, and Lock - In by Historical Events" (1989) 99: 394 Economic J 116.

[4] Assink, Marnix. "Inhibitors of Disruptive Innovation Capability: A Conceptual Model" (2006) 9: 2 European J Innovation Management 215.

[5] Bower, Joseph L & Clayton M Christensen. "Disruptive Technologies: Catching the Wave" (1995) 73: 1 Harvard Business Rev 43.

[6] Bruggeman, David. "NASA: A Path Dependent Organization" (2002) 24: 4 Technology in Society415.

[7] Carayannis, Elias G & Robie I Samanta Roy. "Davids vs Goliaths in the Small Satellite Industry:

The Role of Technological Innovation Dynamics in Firm Competitiveness" (2000) 20: 6 Technovation 287.

[8] Chandy, Rajesh K & Gerard J Tellis. "Organizing for Radical Product Innovation: The Overlooked Role of Willingness to Cannibalize" (1998) 35: 4 J Marketing Research 474.

[9] Chapman, Lizette. "Private Space Co. Dauria Aerospace Will Use Smartphone Tech To Launch Russian Satellites", The Wall Street Journal (21 October 2013), online: The Wall Street Journal 〈blogs. wsj. com/venturecapital/2013/10/21/private - space - co - dauria - aerospace - will - use - smartphone - tech - to - launch - russian - satellites/〉 (last accessed 6 January 2017).

[10] Chesbrough, Henry W. Open Innovation: The New Imperative for Creating and Profiting from Technology (Boston, Mass: Harvard Business School Press, 2003).

[11] David, Leonard. "Big Promises from Small Satellites", Space. com (23 August 2004), online: Space. com 〈www. space. com/274 - big - promises - small - satellites. html〉 (last accessed 6 January2017).

[12] de Selding, Peter B. "Surrey Founder Credits Consumer Electronics for Fomenting Small - satellite Revolution", SpaceNews (28 March 2014), online: SpaceNews 〈www. spacenews. com/article/features/40019surrey - founder - credits - consumer - electronics - for - fomenting - small - satellite〉 (last accessed 6 January 2017).

[13] Euroconsult, Prospects for the Small Satellite Market (July 2016).

[14] Euroconsult, Satellite - Based Earth Observation: Market Prospects to 2025, 2016 ed (September 2016).

[15] Final Acts WRC - 15, World Radiocommunication Conference, Geneva, ITU, 2015. [Final Acts, WRC - 1].

[16] Finkelstein, Sydney & Shade H Sanford. "Learning from Corporate Mistakes: The Rise and Fall of Iridium" (2000) 29: 2 Organizational Dynamics 138.

[17] Foust, Jeff. "Smallsat Constellations: The Killer App?", The Space Review (1 July 2013), online: The Space Review 〈www. thespacereview. com/article/2322/1〉 (last accessed 6 January 2017).

[18] Freedman, Andrew. "The Space Race Is On for Climate, Weather Privatization", Climate Central (15 July 2013), online: Climate Central 〈www. climatecentral. org/news/the - space - race - is - onfor - climate - weather - privatization - 16243〉 (last accessed 6 January 2017).

[19] Freeland, Steven. "A Delicate Balance: Regulating Micro Satellite Technology in a Big Satellite World" (2014 - 2015) 18: 1 U Western Sydney L Rev 1.

[20] Krasny, Jill. "Skybox: The Bold Startup Indexing Every Inch of Planet Earth", Inc. (23 April 2014), online: Inc. 〈www. inc. com/audacious - companies/jill - krasny/skybox - imaging. html〉 (last accessed 6 January 2017).

[21] Meyer, Robinson. "Silicon Valley's New Spy Satellites", The Atlantic (7 January 2014), online: The Atlantic 〈www. theatlantic. com/technology/archive/2014/01/silicon - valleys - new - spy - satellites/282580/〉 (last accessed 6 January 2017).

[22] Mortara, Letizia & Tim Minshall. "How Do Large Multinational Companies Implement Open Innovation?" (2011) 31: 10 - 11 Technovation 586.

[23] Petroni, Giorgio & Stefano Santini. "Innovation and Change?: The Evolution of Europe's Small Satellite Manufacturers" (2012) 28: 1 Space Pol'y 25.

[24] SIA: Satellite Industry Association, Press Release, "SIA Report Shows Higher Satellite Industry Growth in 2012" (17 June 2013), online: SIA 〈www. sia. org/wp - content/uploads/2013/06/SIA _ Press _ Release _ 2013 _ SSIR _ 2013 _ 06 _ 17. pdf〉 (last accessed 6 January 2017).

[25] Sull, Donald N. "Why Good Companies Go Bad" (1999) 77: 4 Harvard Business Rev 42.

[26] The Tauri Group, "State of the Satellite Industry Report", Satellite Industry Association Report (June 2016), online: SIA: Satellite Industry Association 〈www. sia. org/wp - content/uploads/2016/06/SSIR16 - Pdf - Copy - for - Website - Compressed. pdf〉 (last accessed 11 November 2016).

[27] Yu, Dan & Chang Chieh Hang. "A reflective Review of Disruptive Innovation Theory" (2010) 12: 4 Intl J Management Reviews 435.

[28] "Dauria, Elecnor to Offer New Earth Imagery Provider Constellation", SpaceNews (19 May 2014), online: SpaceNews 〈www. spacenews. com/article/civil - space/40611dauria - elecnor - to - offer - new - earth - imagery - provider - constellation〉 (last accessed 6 January 2017).

[29] "Wireless is way forward for Internet", The Japan Times (28 April 2014), online: The Japan Times 〈www. japantimes. co. jp/news/2014/04/28/business/tech/wireless - is - way - forward - for - internet/〉 (last accessed 6 January 2017).

第16章　空间开采和空间自然资源利用

解决的关键问题

• 与空间自然资源开采（俗称空间采矿）有关的空间活动发展的演变、现状和关键未来趋势；

• 分析目前全球太空管理制度在管制空间采矿和开发利用空间自然资源的新商业努力方面的充分性和不足；

• 就全球治理行动提出具体和适当的建议，以改善空间采矿活动的当前和未来条件，并在论坛上提出积极行动，以符合实际、技术、业务和财政需要以及国际公平考虑，确保以和平和造福全人类为目的可持续利用空间。

16.1　引言

世界上许多航天国家都表示愿意从外层空间开采自然资源。除这些国家外，还成立了至少四家公司从事空间采矿业务。这些公司是：行星资源公司、深空工业公司、沙克尔顿能源公司和月球快车公司［Jakhu，Pelton & Nyampong，2017］。

尽管有上述兴趣，但从技术、金融、环境和法律等多个角度来看，空间回收和利用资源的努力——在本研究中被称为“空间采矿”——是一个巨大的挑战。

幸运的是，空间采矿技术的实际应用可能还需要等待几年时间，这给了国际监管机构一些解决与这些活动相关法律问题的时间［Jakhu，Pelton & Nyampong，2017］。

由于空间采矿技术的发展仍处于初期阶段，因此这里对这些问题进行了广泛的讨论。必须指出的是，与空间采矿相关的遥感和通信系统、人工智能和机器人系统、空间处理和空间运输系统方面已经取得了重大的技术发展。然而，仍需要大力发展这些新技术，使空间资源的开采在技术和操作上可行。

总之，未来的空间采矿作业带来了巨大的挑战和实现途径问题。存在着投资问题，很可能涉及数十亿美元的启动成本，以及把空间采矿业务打造成可行的企业所涉及的复杂技术问题。这些实际的、技术的和财政的考虑只是监管发展进程和合理的国际考虑中的一部分，即什么是规范、控制和分配空间采矿衍生资产的公平、公正的解决办法。事实上，关于实现可行的未来空间采矿企业的技术、操作、实际和监管挑战的文献越来越多，这些企业更详细地解决了有待克服的困难［Jakhu，Pelton & Nyampong，2017］。

在空间采矿成为现实之前，我们必须通过开发新的技术和操作能力来填补现有的空白。此外，必须克服这一领域面临的经济、金融、商业、环境、安全和法律挑战。因此，本章的目的不是为这些问题提供明确的解决办法。相反，目标是：1）提供对从外层空间开采资源的技术、操作、财务和法律方面初步的了解；2）就现有的与空间相关的在外层空间提取资源的国际协定的不同解释提供见解；3）审查国际法中可能相关的先例，并提供有关美国最新法律中的空间资源开采的信息；4）分析能产生这类新型空间活动公平的和商业可行的管理方法。

为了解决这些问题，第一项任务是界定极为宽泛的“空间采矿”一词以及“加工”空间材料一词。

空间采矿的应用范围和规模是广泛的。小规模行动将利用当地资源支持特定的空间任务（载人或更可能是机器人），即所谓的原位资源利用。这种操作可包括使用未经处理的风化土作为热屏蔽层或辐射屏蔽层，或者使用提取的氧气或水来增强或延长生命支持系统。这种资源使用的规模——至少在一开始——将会很小，而且它的使用范围将是登陆点附近。

中型操作包括提取待加工材料然后用作推进剂的可能性。虽然这种操作的应用范围可能会随着时间的推移而扩大，但其最初的应用是试图提取和加工推进剂，并将其输送到其他地点。来自 Shackleton 能源空间采矿倡议的一项建议旨在从月球两极收集月球冰，并将水输送到 GEO 或 LEO，用于液氢和液氧推进系统［Jakhu，Pelton & Nyampong，2017］。

当涉及全面空间资源利用业务时，它们可能涉及空间全面加工和制造的更耗资耗时的要素。这类方案需要利用广泛的空间资源向空间客户提供服务或建造大型空间结构。或者，可能需要有一个运输系统，将空间衍生材料转移到地球或近地设施的加工和制造地点。虽然从月球、小行星和彗星返回地球的任务已经证明了这种小规模活动的可行性，但空间资源大规模返回地球在经济方面可能极其困难，而且对与空间任务毫无关系的地面人员的安全和环境后果方面也存在问题［Creighton，2016］。

现今，技术挑战至少包括以下方面：1）具有成本效益的发射和推进能力；2）通过高光谱遥感系统调查和评估遥感天体化学成分含量的能力；3）在天文距离上进行空间通信和控制远程机器人的能力；4）可靠、具有成本效益和可持续性的远程能源；5）地外处理能力；6）相关的环境和安全问题。

金融和商业挑战包括可能需要长时间（可能跨越几十年）的可达数十亿美元的巨额金融投资。在有可能从空间偏远地区回收资源以产生利润之前，必须耗费大量的准备时间研究并投入大量的开发费用。此外，将理论技术转化为应用系统也是非常昂贵的。然而，现实地说，从事空间采矿所需的许多技术具有有益的附加应用，包括在地球上的应用［Pelton，2017］。

最后，与空间开采有关的法律和体制要求——无论是支持政府空间机构或私营空间企业所开展的项目——都是复杂和苛刻的。现有的国际协定无论是从有利的条件来解释，还是从新的角度来解释，或是完全新起草的协定，法律和监管要求都是具有挑战性的。《外层空间条约》和《月球协定》的规定、联合国空间合作组织及其外层空间活动长期可持续性工作组等机构的努力，以及从海洋法和南极条约体系中汲取的国际法先例，可能是确定空间采矿及其管理的法律结构的有用来源。

合理的预测表明，空间采矿、外层空间商业定居点、创新的空间运输系统等将成为未来全球经济的主要组成部分，前提是本章确定的许多技术、金融、体制和监管挑战能够得到解决。

16.2 空间采矿的演变、现状和发展趋势

16.2.1 从外层空间提取空间资源

空间中的矿物资源（和地球上一样）在开采后经历一个称为“选矿”的过程，以提取感兴趣的材料。每种矿物的吸引力或可取性是由经济和技术因素确定的，而不论它是陆地采矿的产物，还是收集在空间中进行原位利用或商业销售。例如，一些矿物可以在其自然状态下使用，也可以在选矿后作为一种原料在一系列应用中使用。矿物的物理和化学成分将决定该材料的选矿技术。这表明需要进行更多的研究，将技术进步作为优先事项，以描述天体中的矿物成分特征［Burbine et al.，2002］。

近几年的科学任务和分析查明了各种可能的天体和空间资源。目前和预计的能力将月球、火星和可接近的小行星和彗星的资源置于我们潜在的掌握范围内［Burbine et al.，2002］。尽管就目前的技术来说，仍缺乏月球以外的太阳系天体的矿物学数据，目前将太阳系近地天体分成了三类：更容易接近的小行星和彗星通常被归类为近地天体，美国国家航空航天局称，近地天体的轨道使其与太阳的距离在 1.3 天文单位以内；距离地球小于 0.05AU，直径超过 150 米的天体通常被称为近地小行星（NEAS）；还有第三类，即潜在危险小行星（PHAS）。

16.2.2 遥感的意义

虽然大多数太阳系天体的起源尚不清楚，但来自空间或地球的遥感可以为可能的感测源矿物学的研究结果提供重要数据，并提供有关其化学物质构成的信息。

人们已做出努力，以确定小行星表面反射阳光的可见和近红外光谱是否可用于识别表面矿物［Chapman，2004］。然而，正如人们预期的那样，这一过程并不是一种完全可靠的表征方法，因为它没有提供对太阳系天体的同质描述。虽然它可以用来确定表面成分，但不能用来确定天体的内部成分。特别是小行星体受小型陨石和太阳风颗粒（空间风化）的撞击；因此，这些天体的反射光谱将随着时间的推移而变化，导致对小行星反射光谱的潜在混淆解释［Chapman，2004］。

16.2.3 空间处理技术

现在和一百年前的材料加工技术往往都利用地球的标准条件：温度、压力、水力、引

力、辐射、紫外线等。为空间提出的每一种处理技术都必须根据所使用的特定空间环境进行评估。这些技术在月球、小行星、火星等的不同环境和条件下，会有不同的技术处理方法。一些需要考虑的因素包括：真空、低重力、高温和低温、辐射照射、电场和磁场、太阳风、自转长度（日/夜循环）、轨道、太阳压力、流星体和空间碎片可能产生的影响和干扰。然而，本章的重点主要是月球和近地天体，因为这些天体的空间资源易于获取，很可能成为空间采矿活动的首要目标。

16.2.4　空间资源提取、运回和处理系统

除了设计适用的材料处理技术的挑战外，所提出的空间资源获取过程还必须考虑整个端对端的系统。这意味着必须考虑从资源提取和运回到交付所产生的问题，包括发现和评估具体目标及了解现场具体材料和特性。为了运回空间资源，需考虑的关键参数将包括：目标的质量和距离、到达和返回所需的时间以及能量和速度增量的计算。这些方面将是确定空间采矿可行性的关键，特别当考虑到提取材料、确定人类或机器人操作的效率、选择提取和提炼的地点、规划所使用的工艺以及确定使用能源（太阳能或其他能源）的成本和所需的努力。大多数针对空间采矿的商业努力目前集中于机器人任务和先进人工智能的应用。

在空间资源处理方面需要考虑的其他问题是这种采矿和材料处理活动的当地影响。不同的空间开采和资源处理活动预计会在不同的轨道上产生灰尘、尾气或不受控制的空间碎片。即使假定没有生物环境系统可能受到影响，但空间环境确实允许空间活动产生潜在的大规模或长期影响。多年的空间活动表明，由于空间真空和缺乏摩擦，绕地球或其他天体运行的物体如果不主动移除，将在轨道上停留极长时间。

因此，在进行空间采矿作业时，必须考虑到与附近活动有关的影响。例如，产生气体和尘埃的光学望远镜和采冰作业，如果彼此靠近，将构成互不相容的活动，因此应谨慎地将这种相互冲突活动的地点分开。阿波罗 12 号在离勘探者 3 号 180 米的月球上着陆证明了这种不相容，因为灰尘被推进了数百米，同样，勘探者 3 号开采一颗小行星可能会在小行星周围产生一团碎片云，这些碎片云将持续很长时间，进而阻止该小行星上的其他一些活动。因此产生的问题是，这种活动是否会对空间中的“无害干扰”原则产生法律影响。

16.2.5　样本取回任务和现场分析

样品取回任务和现场分析对空间采矿和利用外层空间自然资源仍然至关重要。例如，美国国家航空航天局执行的阿波罗系列任务通过研究从月球上提取的样品来了解空间风化过程。他们还从正在进行的项目中了解到，如美国国家航空航天局肯尼迪航天中心的表面系统实验室，对这些项目通过进行月壤研究进行原位选矿，将继续扩大这一知识。一些机器人飞行任务促进了特定小行星数据的获取，其中包括：1）1991 年，美国国家航空航天局的伽利略飞行任务访问了主带内缘的小行星 951 和小行星 243；2）近地小行星会合（NEAR）——舒梅克飞行任务执行了针对小行星 253 Mathilde 的飞行，并于 2001 年降落

在近地天体小行星433 Eros上；3）欧空局的Rosetta航天器分别于2008年9月和2010年7月飞过小行星2867Steins和21Lutetia飞行；4）日本宇宙航空开发机构（JAXA）发射的小行星探测器隼鸟号（Hayabusa）于2005年成功降落在小行星Itokawa的表面上，并于2010年返回地球［Alotaibi et al.，2010］。从这些类型的飞行任务中汲取的经验教训和收集的数据可以为未来空间开采和利用方面的发展提供极为重要的参考，因为这些技术用于提取燃料、建筑所需的原材料，并用于建设未来空间基础设施等各种其他用途。

16.3 月球资源

月球上的资源包括表岩屑（月壤）和嵌入材料。月壤没有经过处理，是有效的防辐射和热屏蔽的物质。然而，经过加工可以提取各种矿物质，包括氧气、硅、铁、钙、镁、铝和其他元素。大多数传统的地面处理技术需要材料，如水（在月球表面的大部分地区并不常见），因此需要不断进行研究，以确定潜在可行的化学处理技术。

月球两极水冰的发现激发了人们从那里提取资源的兴趣，因为水可以用来维持生命或作为火箭推进剂（水分解成氢和氧）。虽然水冰的存在得到了证实，但冰的确切状况（如与月壤的比例、在月壤中的深度、其在月壤中的分布模式等）还没有得到确认。关于这点，正在制定一些计划，将登月者送到两极；然而，目前的信息表明，冰主要存在于极低温度下永久阴影的陨石坑中。缺乏太阳能，这样的环境对月球着陆器、探测器和资源开采机械具有特殊的技术挑战，这些机械等必须保持运行温度。认识到这些困难，人们对嵌在月球表面的小行星的开采潜力产生了一些兴趣，这些小行星位于两极以外的其他地方。

月球可以提供上述资源以外的资源。例如，由于太阳风而嵌入其表面的元素可能是月球给我们带来的额外的一部分好处。最近的研究表明，在月球表面的几厘米处可能存在有价值的元素。可以提取的一种资源是氦的同位素氦-3，它在聚变反应堆中有潜在的用途。尽管有氦-3存在，但其供应很少（约为十亿分之2至15），需要对表面进行大规模加工，以便在不同的时间点收集大量氦-3。美国、俄罗斯、印度和中国提出了审查此类行动可行性的建议。洛克希德·马丁公司最近在“紧凑型聚变”方面的发展努力表明，地球上现成的同位素（如氘和氚）可以用作其聚变反应堆［ESA，“Helium-3”］。

16.4 近地天体

目前已查明的近地天体有13500多个（主要是小行星和一些短周期彗星），其数量平均每天增加两个。据估计，已发现直径超过1千米的近地天体超过90%，而大多数不到100米的近地天体（可能有100多万个）仍未被发现。如前所述，有潜在危害的小行星的特点是直径为30～35米，速度约为每小时10万千米，而且由于其在撞击地球时具备摧毁城市地区的能力，因此被准确地称为“城市杀手”。

虽然地基望远镜的观测不断发现新的近地天体，但这些望远镜本身不能够发现大部分小行星。空间红外望远镜，如哨兵项目，在金星轨道附近运行，远离太阳，似乎是发现大多数近地天体的最快方法。使用这些望远镜的目的有几个，包括探知小行星撞击的威胁、科学研究、探索潜在的人类探索目标和潜在的空间资源来源。正如人们可能预期的那样，并非所有近地天体都是空间资源的目标。除了并非所有近地天体都携带有价值资源这一事实外，还有其他重要的考虑因素，如到达近地天体所需的能量（通常表示为往返近地天体所需的速度变化）以及往返所需的时间。

小行星、火流星和流星体有各种各样的形状和大小。众所周知，它们的组成范围很广，与许多通往地球的流星体的类型相匹配。一些小行星似乎几乎由纯金属（M 型）镍和铁组成，而另一些小行星则由更有价值的金属组成，如铂族。这些小行星是作为一个更大的天体内核的一部分而形成的，这个天体后来因撞击而破碎。

虽然作为潜在的金属来源很有趣，但人们也认识到，这些金属小行星可能是提取材料最困难的来源。大部分小行星被归类为石质，包括石质铁和普通球粒陨石（S 型）。这些小行星经常来自一个更大的星体，它们的成分确实很有趣，可以用来开采资源。

然而，对于近期的空间资源提取，最好的小行星类型似乎是碳质球粒陨石组（C 型）。这些小行星是在太阳系早期形成的，不属于更大天体内部的一部分，更多地代表了构成太阳系元素的混合物。通常，这些小行星的颜色是非常暗的（一般为黑色），材料强度低且易碎。它们在落到地球后在雨中会破碎或溶解，因此它们在陨石收集中的代表性不足，但是这一群体似乎占近地天体的大多数。C 型小行星由大部分金属、碳和其他有用材料组成，是最容易加工的。例如，仅仅粉碎 C 型小行星的碎片和用磁铁在上面过一下就能揭示其金属成分。重要的是，一些 C 型小行星可能含有高达 10%的水或其他挥发物［NASA Jet Propulsion Laboratory，2016］。

16.5　未来成功进行空间采矿的挑战

参与近地天体或月球开采的单位似乎最有可能是一些国家空间机构或私营空间公司。虽然与空间采矿有关的上述挑战是重大的，但从技术和业务角度来看，这种私人活动的前景不会超过 20 年。因此，国际社会必须及早、全面地处理这个问题。

16.5.1　商业和金融挑战

对必要的空间基础设施和运输系统的财政投资可能以数十亿美元计算，还需要对新技术和空间操作系统进行研究和开发投资。例如，需要在以下方面进行这种投资：开发低成本和新型空间运输系统；能够在外层空间低成本运行的可靠的机器人系统；能够为空间机器人和材料处理系统提供动力的能源系统；能够确定适合采矿作业的候选小行星的遥感系统和空间探测器；以及宽带通信和信息系统的技术进步。商业计划必须确定在空间开采的材料的价值流，这将最终证明并收回空间开采的资本投资和运营成本。当然，如果缺乏开发新空间系统的成本、系统的运行寿命、可回收的实际资源及其最终市场价值的可靠数据，这是很难做到的。同样重要的是税收考虑、共同财务或保险安排。如果税收或金融计划的目的是支持“全人类共同利益”，经营者应在冒险从事这类活动之前了解这一问题。

最近的发现已经确定，某些小行星稀有金属的含量价值数千亿美元。然而，如果实际获得这样一颗小行星，而且其资源能安全地运回地球，那么新的大量供应将有助于降低资源的实际市场价值。因此，目前与空间开采有关的金融和商业规划模式具有高度的随机性和不确定性。由于这些原因，必须承认，传统的估值可能无法说明准确的信息，空间开采的价值应从全新的角度加以理解。正如没有人可能预测到发现“新世界”（北美和南美）对于欧洲的价值，或者美国购买路易斯安那的价值一样，空间采矿改变世界的方式也无法预测。空间开采的价值或盈利能力必须被视为一种长期投资，在传统商业模式中是独一无二的。

16.5.2　空间采矿新技术的关键发展目标

一项重要的任务将是确定以空间采矿为目的需要开发的新型空间技术，然后确定其多样化的替代应用，这会超越其设计的简单用途。以下简要分析将显示这种技术的“附加利益”用途的重大经济价值。在这方面，考虑了一些正在开发和改进的新空间技术［Jakhu，Pelton & Nyampong，2017］。

低成本空间运输系统：成本较低并提供更可靠推进系统的新型空间运输系统将具有广泛的应用。因此，大幅度降低空间运输成本和提高发射装置的可靠性将是其他新的空间产业的关键，例如太阳能卫星和较低成本的通信和遥感卫星服务，甚至帮助了创造高超声速的空中运输。未来可能需要更强能力的低成本空间运输系统，以抵御包括小行星、彗星和极端空间天气在内的宇宙灾害。

机器人采矿和加工能力：鉴于在空间中发现的极端情况，需要开发和改进机器人采矿和加工系统，以便长期有效和可靠地运作。基于为空间使用而开发的人工智能和自动化技术，这些类似的系统也可以在地球上使用，特别是在极深的矿里、水下系统或偏远地区等危险环境中。

宽带空间通信和信息技术系统：同样，与载人和机器人行动进行长距离通信也需要开发新的高性能宽带空间通信和信息技术系统。这些技术还可用于改善地球上农村和偏远地区目前尚未获得的网络服务。

远程和可持续能源/发电系统：空间业务将需要新的太阳能电池、量子点、小型核聚变和其他类型的能源系统，未来在陆地上使用这些系统，能够提供清洁和低成本的能源。

遥感和资源化验能力：可以利用人工智能开发新的超光谱、远程采样和分析能力，用于预处理和分析，以改善陆地采矿作业。

在外太空进行可靠和具有成本效益的远程采矿所需的新技术将立即在地面得到应用。这些新技术可以降低成本，提高安全性，提高调查和资源检测能力。正如我们所看到的，利用3D打印技术正在降低初期空间采矿公司开发空间探测器的成本，地球上的卫星制造商正在复制这类过程，以降低其自身空间作业的成本。

16.6　空间采矿与国际空间法、太空管理和相关先例

国际空间法的基础由五项国际空间条约以及有关决议和宣言组成。此外，国际电联等与空间有关的国际机构确立了一些有启发性的先例和决定。这些内容已经在本书的第2章中讨论过了。与空间采矿相关的最权威的文书是《外层空间条约》和《月球协定》。但是，还有其他重要的先例、国际惯例和可能的准则或行为守则，这些准则或守则可以从海洋法、处理南极问题的做法和国际电联的条例中得到有益的借鉴，这些准则或守则也可以而且也应该被考虑。

《月球协定》概述了开发月球和天体自然资源的具体条件。然而，该协定只被有限的几个国家批准，其中没有一个国家可以被视为活跃的航天国家。

然而，根据国际法，《月球协定》是一个“国际法的来源”，对已批准该条约的国家具有约束力。与该协定有关的最有争议的问题是，该协定关于开发和使用空间资源的原则是否已成为习惯国际法，因此对所有国家都具有约束力，无论它们是否批准了该协定。国际习惯法存在于有普遍和一致的惯例（国家惯例）的情况下，遵循这种惯例是基于相信该法律义务（法律意见）的存在［Treves，“Customary”］。虽然《外层空间条约》中的一些原则，如关于不挪用原则的第2条，可能被认为已成为惯例，但更难争辩的是，《月球协定》的批准国数量很少，却与其他与空间有关的国际协定具有相同的地位和影响力。美国等主要航天国家一贯承认它们支持除《月球协定》以外的联合国空间条约，它们明确地排除了对《月球协定》的任何提及［Listner，2011］。

要解决的关键问题是国际空间法在多大程度上允许、禁止或规定了空间采矿的条件。下面的讨论旨在提出目前对这一主题的不同意见。显然，解决空间采矿的国际法现状和合理进行空间采矿的条件的相互矛盾的观点是一个关键而当前悬而未决的问题。这对于那些打算开采近地天体、月球或其他天体的主体来说，这尤其是一个重要的考虑因素。

自《外层空间条约》和《月球协定》通过以来，对其中某些条款的解释和适用一直存在模棱两可的情况。《外层空间条约》规定，“探索和利用外层空间，包括月球和其他天体，应为所有国家的利益而进行，不论其经济或科学发展程度如何，而且应该是全人类的领地”［Outer Space Treaty，art. Ⅰ］。该条约还规定，“外层空间，包括月球和其他天体，不受国家以主权要求、使用或占领手段或任何其他手段侵占的限制”［Outer Space Treaty，art. Ⅱ］。《月球协定》第11（5）条似乎限制性更强：本协定缔约国在此承诺建立一个包括适当程序的国际制度，以管理月球自然资源的开发，因为这种开发即将具备可行性。这单一的分条隐含着许多未解决的问题，例如对空间物体的开采是否等同于某种形式的“占有”或对天体的“主权”主张。

除此之外，还有一个问题，即天体的确切含义是什么，因为《月球协定》实际上明确适用于月球和“其他天体”，在目前阶段，不仅有涉及《月球协定》第11（5）条对各国施加的确切限制的问题，而且还有涉及其作为“既定法律”的地位问题。外空条约已经被

104 个国家批准并有额外的 25 个国家签署，因此明显是一个既定法律。与之形成对比的是，《月球协定》只有 17 个国家批准了该协定，其中没有一个国家是主要的航天国家。然而，在五个国家批准后，它确实开始生效。

有些人狭隘地认为上述条款非常简单，这就导致对这些条款的理解有限。另一些人则认为，“任何声张主权的国家占有”与“使用权”之间有很大区别，并认为空间资源的开采与地球海洋中的深海捕捞非常相似。关于“天体”定义，也有同样的观点，即如果它可以从一个轨道移动到另一个轨道，它就不是天体。显然，这个观点存在一些关键的争议问题。

最大的危险可能来自这些解释上的差异，不仅是类似于边界争端的国家间的明确争端，而且也是全球太空管理边缘政策的演变，空间采矿成为一种“零和游戏”，其中一些国家是赢家，另一些国家是输家。这样的未来道路可能是危险的，而且对所有有关方面来说都没有好处 [Jakhu，Pelton & Nyampong，2017]。

16.6.1 《外层空间条约》和《月球协定》的解释

《外层空间条约》作为规范外层空间活动的第一个制度，被广泛认为是最重要的空间法条约。它以具有约束力的形式编纂了国际法的若干原则，例如和平利用外层空间、航天国家之间的合作以及一般国际法延伸至外部空间。这些原则被视为随后四项协定的来源和实质内容 [Berkley，1996 - 1997]。

通过批准《外层空间条约》，各国一致认为，探索和利用外层空间将是“全人类的领地”，所有国家都有“利用”和“探索”外层空间的自由，空间活动必须为“所有国家的利益”实行，“全人类的领地”原则从未得到具体界定，从而允许超级大国追求其利益 [Jasentuliyana，1992]。这种广泛的原则是《外层空间条约》的特点，因为《条约》的创始者最初侧重于巩固广泛的术语，目的是在以后制定更具体的法律规定。当委员会起草了更具体和更详细的救援协议、责任公约和登记公约时，联合国外空委员会实现了这一目标 [Griffin，1981]。在这些条约通过后，谈判试图以《月球协定》的形式建立与探索和利用月球和其他天体有关的其他法律规范（此前为开放状态）[Bini，2010]。

《月球协定》更详细地界定“全人类的领地”概念，并指明参与探索和开发月球和所有其他天体的各方责任。《月球协定》以一种几乎革命性的方式明确指定月球及其自然资源，以及其他天体和在这些天体上发现的自然资源为“人类共同遗产” [Moon Agreement，art. 11 (1)]。然而，由于《月球协定》尚未得到主要航天国家的批准，一些人认为该条约影响力有限 [Wiles，1998]。

16.6.2 外层空间的私营部门

《外层空间条约》第六条承认私营部门开展空间活动的权利。然而，这些空间活动只有在有关国家的授权和持续监督下才允许进行，这些国家基本上被确定为与有关私营公司有真正联系的“发射国”。国内法律和许可证制度以此为基础，共同提供了一个框架，可据此对空间资源的商业规则和原则进行管理。

美国政府通过联邦航空管理局（FAA）首次允许月球快车（Moon Express）公司对月球表面进行私人飞行任务。显然，深空私人商业业务的地位和性质问题将成为今后几年继续讨论和关注的问题。一些支持者认为，应该在新的空间法中直接解决这一问题。然而，迄今为止，无论是在外空委员会内部还是在联合国大会上，都没有就这一问题提出正式建议。

16.6.3　主权/不占有与天体的“使用”

这一框架的核心是《外层空间条约》第二条所述的不占有原则。赞成空间商业的人认为，不占有条款阻碍了空间资源产业的发展，因为它不允许主张地外财产权。相反，它们一般建议承认外层空间某种形式的不动产权。

然而，这些批评人士没有认识到，至少一些法律学者认为，不占有是建立一种可以自由进行地外资源商业利用的环境所必不可少的条件。这些批评者认为，任何对空间“财产权”的关注（从传统不动产法的意义上说）都是试图通过简单所有权的概念，使本来明显违反不占有原则的行为合理化［White Jr.，1998］。简单所有权（在地球上或在空间上）的唯一相关性来自从土地上附属利益的转让中获得利润的能力。对国际空间法的这种解释违背了普遍接受的观点，即探索和利用外层空间是为了造福所有人［Weidaw，Ⅲ，2005］。

因此，出于上述原因，一些法律学者认为尽管美国、俄罗斯或其他主要航天国家尚未签署，但《月球协定》构成了空间法典的一部分。然而，它是受其条款约束的十几个国家之间的条约，其中一些国家包括欧空局的成员国。虽然欧空局不是《月球协定》本身的缔约方，但欧空局的一些成员国必须确保它们直接或间接参与的任何飞行任务都符合该协定。

虽然历史上有过各国将新发现的土地作为自己的主权领土的先例，但这一进程在外层空间法领域遭到拒绝。苏联作为第一个向地球轨道发射卫星并在月球上着陆的国家，有机会主张对近地轨道、地月空间和月球的主权。然而，这种主权主张很可能会受到其他国家的挑战，并会危及国际和平与安全。各国均意识到第二次世界大战所造成的前所未有的破坏（同时也意识到核武器迅速增长的隐患），各国发现自己所处的环境是前所未有的。因此，1961 年，即俄罗斯人造卫星发射仅仅四年之后，各国通过了联合国大会第 1721 号决议，宣布“所有国家依照国际法均可自由探索和使用外层空间和天体，不受国家占领的限制”［GA Res，1721（XVI）］。

1967 年《外层空间条约》生效时，不占有原则被重申为实在国际法。如上文所述，第二条规定禁止各国在外层空间，包括在月球和其他天体上主张国家主权［Outer Space Treaty，art. Ⅱ］。该法案没有明确包含私人活动，但第六条的规定表明，国家活动包括政府实体和非政府实体开展的所有活动［Outer Space Treaty art. Ⅵ］。因此，任何私人空间占有都将被视为国家授权和监督的国家活动，因此违反了不占有原则。由于国家本身无法主张对外层空间的所有权，因此国家无权授予进行这种活动或监督这种活动的许可证［Jenks，1965］。此外，不占有原则通过防止任何单一实体建立对资源的垄断来增强和促进商业利益，从而提高了利用空间资源的机会［Sterns & Tennen，2003］。

如上所述，此款意味着有权行使专属控制权和使用权并非拒绝他人使用该部分空间。“国家占有”一词的本意是全面的，因此必须理解为包括所有形式的占有（无论是政府、公共、私人或其他）［Jakhu & Buzdugan，2008；Hobe，2007］。第二条中没有明确私人占有，这仅仅表明没有提及一般个别当事人［Hobe，2007；Contra Gorove，1968—1969］。

国际空间法学会于2004年发表了一项声明，论述了与月球和其他天体有关的财产权主张的有效性。根据《外层空间条约》第二条和第六条，国际空间法学会的结论是，禁止国家占有包括非政府实体（即个人或公司等私人实体的占有）。因此，此类私人实体的占有将构成空间法领域中的一项国家活动［IISL，“Statement”，2004］。

《月球协定》第11条第2款重申了《外层空间条约》第二条的规定。然而，《月球协定》第11条第3款规定，月球（和其他天体）表面、地下及其任何部分或在其位置上的自然资源不能成为任何国家、组织或自然人的财产［Moon Agreement，art. 11（3）］。强调“在位”一词似乎很重要，其含义可能是，一旦这些资源被移除——从而不再“在位”——它们可能被视为将它们移走的实体的专有财产［Jakhu & Buzdugan，2008］。如果一个人接受这一论点的有效性，就必须记住，这项权利只适用于《月球协定》缔约国，而不适用于其他国家［Jakhu & Buzdugan，2008］。根据该协定第6条第2款，公共和私营实体均有权为科学调查和勘探目的收集和移除月球矿物和其他物质，并将这些矿物和物质用于支持空间飞行任务［Moon Agreement，art. 6（2）］。同样，注意到这些解释的目的是说明这些问题目前尚未得到解决，而且对于《月球协定》的各项规定的真正含义，不同的意见显然尤为突出。

根据《外层空间条约》第四条，月球和其他天体将完全用于和平目的，禁止各国建立军事基地、军事设施和防御工事，试验任何武器，或在天体上进行军事演习［Outer Space Treaty，art. Ⅳ］。因此，《外层空间条约》禁止通过军事手段执行任何国家主权主张。此外，空间法保护外层空间用于和平目的，防止天体军事化。制定和平利用和勘探自由的规定是国际空间法的一项实际利益［Sterns & Tennen，1999］，让私营实体能够在不担心其他政府和非政府实体的武装干涉的情况下运行并开展商业活动。国际空间法的这一方面显然有利于促进私人和商业空间活动。

上述讨论表明了《月球协定》相较于《外层空间条约》对商业空间采矿作业的价值。现在将把注意力转向未来的条例如何能够最好地解决空间资源的提取和使用问题。

16.7 外层空间资源与未来监管需求

了解使用空间资源的技术能力、管理和监管框架只是寻求提取和使用空间资源的开始。在发展这一对人类成长发展具有巨大潜力的新兴产业时，陆地类比可能有助于查明冲突的原因，并寻求新的协议作为解决此类冲突的办法。然而，菲利普·德曼在质疑使用类比来理解和发展国际空间法时警告说，"轻率地将其与地球上的制度进行比较，虽然这些做法本身可能很有价值，但最终会阻碍而不是进一步实际阐明国际空间法原则的确切含义"[de Man，2016]。

虽然类比永远不能完美地正确理解特定国际条约规定的含义，但在一定程度上，一些类比可能对进一步发展法律制度是有用的。例如，长期以来的海洋法传统可能使人们对有关打捞的法律有一些了解（包括占有废弃船只或者遥控船只的设备）；从公海海底提取资源（只要有现行条例）的实例可以提供处理任何国家领土主权以外的资源开采问题的思路；《南极条约》可指导各国就勘探和使用无法控制且不属于特定国家主权的领土达成某种形式的相互合作和协议。还有一些人认为，提及国际电联制度也可能有一些有用的类比。

16.7.1　潜在监管行动的考虑

对于国际空间法是有助于还是阻碍空间企业和产业的发展，仍存疑虑。然而，有充分的证据表明，当前的国际制度在很大程度上促进了目前的空间工业（包括私人空间运输、卫星通信、遥感和空间导航）以及即将来临的空间工业（如在轨服务、卫星改装和太阳能卫星）。空间采矿——无论是政府活动还是商业活动——很可能是人类/机器人活动的一个新领域，其法律秩序尚不明确。

为了维护国际法的完整性，要记住的重要一点是，为了换取空间大国的保证，非空间国家默认了美国和苏联关于将外层空间视为全球公域而不属于任何特定国家的建议。然而，这一全球公域概念和其他类似概念从未在国际法中得到准确界定［Hertzfeld，Weeden & Johnson，2015］。如本章所述，影响到在外层空间开展广泛潜在活动的国际空间法受到了不同程度的批评。一些批评者接受《外层空间条约》，但拒绝接受《月球协定》。这导致了目前对国家及其私人行为者所采取的批准的和未批准的行动存在很多模糊［Hager，1970］。到目前为止，在空间采矿领域还没有真正的实例，也没有任何判例可以阐明本章迄今所概述的含糊不清之处，但人们越来越多地认识到国家空间法的重要性和通过空间法将有助于确定各种空间法条约中条款的解释和相关性。

随着空间工业的发展，各国特别是以美国为首的国家，已开始通过国家空间立法，处理与开发和利用外层空间和空间自然资源有关的各种问题。应当仔细研究此类国家空间立法对商业空间企业，特别是空间采矿的积极贡献以及潜在的有害影响。

16.7.2　采用国家空间法范本

"示范法"的概念意味着法律的内容反映了国际社会对法律状况及其目标和宗旨的共识。这可能是各国之间或者在有关国际论坛上进行协商的结果，这些协商导致了对该法所含原则达成一致支持，因此可以作为国家一级立法行动的"模式"。"示范法"的假定目标是制定合理的条款和条件，其规定考虑到整个国际社会的利益。

这已经在美国2004年的商业空间修正法案中得到了一定程度的验证。这项法律在一个商业实体表示打算将商业客户送入太空并安全送回之后不久生效。自那时起，私营航天工业对这项立法的结果表示满意。它为亚轨道旅游业提供了许多激励措施（如放宽实验许可证的获取），暂停联邦法规，并确立了责任和财务责任的法律确定性。在制定该法期间，联邦航空管理局与后来通过类似立法举措的其他国家进行了密切协商。在这方面美国法律协商有助于制定一项受到其他一些国家欢迎的“示范法”。这方面的关键点是，经过充分的协商，其他国家对美国法律的看法是积极的，这使得各国在各自的司法系统中采纳类似的法律。允许亚轨道旅游的这一“示范法”的出现和成功的一个主要原因是，该法的内容大体上反映了对有关国际条约规定的普遍共识。

16.7.3 国家空间法的单方面解释

国家空间立法的通过，特别是为了促进特定的国家自身利益的立法，也可能损害规范空间活动的国际法律框架适用的统一性。关于不占用问题，如果一个政府或私营实体依据“使用”条款从事空间采矿作业，如果不能对其经营的天体提出所有权要求，该实体如何保护其投资或防范竞争对手使用该天体？《外层空间条约》第八条和第九条似乎提供了这种保护。第八条规定：

在登记处登记射入外层空间的物体的国家，应在外层空间或天体上对该物体及其任何人员保留管辖权和控制权。射入外层空间的物体，包括在天体上着陆或建造的物体及其组成部分的所有权不受其在外层空间、在天体上或返回地球的位置影响。

第九条规定，一国如果有理由认为另外一国的活动会对其利用月球或其他天体的活动造成潜在的有害干扰，可请求就该活动进行磋商［Outer Space Treaty，art. Ⅸ］。因此，《外层空间条约》似乎考虑了发送到空间或在空间建造的结构的所有权问题。因此，“物体”将包括为采矿、冶炼、建造和制造过程以及（工人）居住和掩蔽结构（设备、机器人、用品、库存等）而设计的全部设施。因此，类似于“财产权”（以及责任和其他特征）的东西将附着在这些物体上，并防止对这些物体的所有权或使用提出相互竞争的主张。

除了空间目标和结构外，《外层空间条约》似乎还通过第十二条规定明确了“准领土”管辖权，其内容如下：

月球和其他天体上的所有站点、装置、设备和空间飞行器均应在互惠基础上向条约其他缔约国的代表开放。这些代表应合理地提前通知访问计划，以避免干扰访问设施计划的正常运作［Outer Space Treaty，art. Ⅻ］。

虽然第十二条重申，任何实体都不能单独提出任何地点的要求，但似乎仍然给予缔约方相当大的控制权，因为该缔约方可以为另一实体的代表设定出入条件（其本身仅限于视察场址，以确保和平利用外层空间）。第十二条和第九条提到“有害干扰”，将在今后几年随着空间开采和其他空间活动的实际发生而更准确地加以解释。

因此，有些人可能会争辩说，在不修改、重新谈判或制定新条约的情况下，已经存在一种法律制度，允许政府或私营实体根据国际空间法从事外层空间的采矿活动。没有一家在太空经营的公司需要完全拥有月球上的土地，就像他们通常不需要地球上的土地一样［Hertzfeld & vonderDunk，2005—2006］。

然而，一些国家空间立法以单方面的形式解释现有条约条款，这可能违背原条约起草者的目标和意图，从而引起一国可能违反国际义务的担忧。例如，2015 年《空间资源勘探和利用法》（简称《空间资源法》）宣布，在外层空间获得的任何资源，都是属于获得该资源的实体的财产，并明确授予美国公司对从任何天体提取资源的“所有财产权”。［Commercial Space Launch Competitiveness Act of 2015，§402］。虽然该法案指出，任何权利的授予必须“符合现有的国际义务”，但从国际社会许多人的角度来看，单方面给予资源“所有财产权”是违反《外层空间条约》第二条和《月球协定》第 11 条的。

当然，由于“国内法”一词意味着这种立法仅在一国管辖范围内适用，在这种情况下，仅适用于美国和该国商业空间资源利用实体。然而，未来可能出现的一种情况可能是与其他航天国家谈判达成互惠协议，根据对国际条约条款的这种特别自由的解读，给予此类财产权。此外，鉴于私营航天工业普遍支持《空间资源法》，美国法律很可能鼓励其他国家颁布类似的国家法律，而不论这种法律是否可能违反既定的条约义务。

关于载有《空间资源法》条款的 2015 年《商业空间发射竞争法》，美国没有与其他国家协商，就像 2004 年通过《商业空间修正法》时一样通过了该法。事实上，2015 年的《商业空间竞争发射法》已经引起了关注，美国的立法行动正在促使其他国家效仿，主张对空间自然资源的单方面产权主张。事实上，截至 2016 年年底，卢森堡和阿联酋都表示打算效仿美国的做法，并通过类似的国家立法来刺激空间采矿企业。与各国广泛商定和赞同的有效的“示范法”不同的是，对国际法和未经事先国际协调和协商而通过的单方面解释可能会产生有害的国际影响。本章后面将讨论《空间资源法》的具体规定及其作为未来空间采矿监管模式的适用性。

16.7.4　空间采矿管理方面需要国际共识

许多人认为，与空间采矿有关的任何适当和可持续的法律制度都必须是国际法律制度，其基础是在联合国外空会议和任何相关国际论坛内达成的广泛全球共识。从这个意义上说，新太空界现在关注的是，目前的国际空间法制度是阻碍私营部门更多地参与空间采矿和相关行业的一个关键障碍，甚至是抑制因素［Jakhu & Buzdugan，2008］。需要更大的空间活动监管清晰度，以确保空间采矿等新兴空间产业的进一步增长［Jakhu & Buzdugan，2008；Tronchetti，2009］。

因此，一些人建议，克服目前法律不确定性的最佳解决办法是航天国家批准 1979 年的《月球协定》［Jakhu & Buzdugan，2008］。如前所述，虽然《月球协定》似乎为发展提供了一个更好的制度，但根据《外层空间条约》，该制度严格和全面禁止不动产权利，尽管这种做法/解决办法缺乏任何广泛的政治共识［Jakhu & Buzdugan，2008；Hobe，

2007]。

《月球协定》第 11 条第 5 款规定，各国承诺在月球自然资源开发即将可行时，建立一种国际制度。第 11 条第 7 款规定了这一制度的标准：

月球自然资源的有序安全开发；

合理管理这些资源；

扩大利用这些资源的机会；

所有缔约国公平分享这些资源带来的利益，从而满足发展中国家的利益和需求，那些直接或间接促进月球探索的国家做出的努力应得到特殊考虑 [Moon Agreement，art. 11 (7)]。

根据《月球协定》第 11 条第 5 款的要求建立一个国际制度，可以作为一个机会，就第 11 条第 7 款项公平分享条款的解释进行谈判，并澄清其预期立场。国际制度框架/规定可以适合于空间采矿业的发展。在设想的国际制度谈判期间，“人类共同遗产”原则 [Moon Agreement，art. 11 (1)] 和《外层空间条约》的规定，特别是第二条关于任何国家都不能宣布对天体拥有主权的规定，都需要加以考虑。

另一个可能有用的模式是国际电联制度，该制度目前管理和分配空间资源（即通信服务的无线电频谱），多年权威管理全球频谱资源被广泛接受并取得了成功 [Henri，2004]。截至 2016 年年底，国际电联的成员包括 193 个国家以及 800 多个私营部门和学术机构的参与者，该组织负责在全球公平的基础上分配频率和地球静止轨道卫星的位置。如果以这种方式看待自然存在的空间资源，就可以根据公共制度和利益对其进行国际管制。

然而，值得注意的是，无线电频率是“可再生资源”，因为它们可以在不损失价值的情况下重新分配（与物理空间资源不同），因此似乎需要一个不同的法律框架来解决这一差异。有一点令人感兴趣的是，主张空间采矿的人把这种活动比作在海洋中捕鱼，新的鱼类不断被再供应，有几乎无限供应的小行星、流星体和其他空间材料。

在西方的法律传统中，有许多方法可以概念化公共资源。这是因为有几种可能的法律制度可以使公众以不同的方式获得资源。这些将不属于任何特定国家主权的公共资源概念化的方法，对于设想一个有效和公平的空间资源使用和共享模式可能具有指导意义。

一种方法是将一种资源定性为不受任何人占有的资源（罗马法术语中的 Res Communis）。从历史上或者在今天的某种程度上，这一制度可能适用于国家法律中的海洋、海岸和通航河流的河床。或者，在资源被占用之前，资源可以被定性为不属于任何人，直到其被占有，就属于占有该资源的人/实体（res nullius）。这在传统上应用于废弃的东西，但也适用于野生动物等不稳定资源。然而，在现代世界，人们现如今的理解是，有必要限制这种有限资源的开发。这一条例可以通过配额、许可或其他方式开展。无论选择何种监管手段来监管此类资源开采，含蓄地说，总是需要一个独立的机构负责授权和监督开采过程。

其他公开资源的方式包括指定资源属于国家（或政府）。由于国家持有的所有资产都是为了公共利益，这至少在某种意义上总是使这些资源成为公共财产；但这并不一定意味着这些资源总是容易获得或公众可以利用。因此，政府建筑和设备可以被视为公共财产，但公众并不总是能够使用它们。或者，被指定为属于国家的资源很可能向公众开放，无论是免费或是收费。公园可以免费开放，也可以收取使用费；无线电频率通常需要申请和收费，现在通常通过拍卖分配。

然而，依赖国家所有权的公共财产模式不直接适用于空间和空间自然资源，因为它们不在任何国家的领土内。如前所述，类比可能是有用的，并为未来管理系统的形成提供了实际指导。因此，关于全球太空管理问题的讨论最好能从与公海有关的管理制度中得到一些启发：在任何国家领土之外都有一个物理空间，其中包含资源（如海底矿物资源、鱼类和鲸鱼），在现代世界，这些资源并非取之不尽，为了共同利益，这一共有的“全球公域”需要为每个人的利益独立管理。《海洋法公约》和国际组织（如国际海底管理局和国际捕鲸委员会），目的是执行关于开发和使用来自海洋或位于海洋的资源的专门制度规定，这些组织似乎与空间开采相关。类似的分析似乎适用于空间上可用于开采的有形资源，例如外层空间天体上的矿物。如果可以说，在这些资源被开采之前，这些资源不属于任何人，那么人们很可能设想建立一个国际监管制度和相应的机构来管理空间自然资源的获取和开采，尤其是当这些资源是在商业基础上开采的情形，事实上，《月球协定》第 11 条所设想的国际制度（可能还有一个监督和执行该制度的相关国际机构）似乎是为了避免相互冲突，确保公平分享和使用全球公域中的这种资源。

16.8　环境与公共健康风险、危害和对空间采矿的关切

从历史上看，不受管制的商业冒险主义并不总是与环境管理或公共卫生警惕相一致。认识到我们过去所做努力的目光短浅，随着各行业开始进行空间采矿作业，许多人目前正在倡导严格的法律保护。一些人认为，现行空间条约制度未能对空间环境提供令人满意的保护。

外层空间发展的第一阶段是将卫星送入轨道。虽然这些活动已被证明是相对成功和安全的，但它们仍然以制造空间碎片的形式构成危险。发射失败和脱轨过程失败对人类、财产和自然资源造成健康和环境损害。虽然空间活动中有毒化学品产生的危险废物尚未引起问题，但 1978 年的宇宙 954 号解体事件，确实导致加拿大北部出现了核材料。由于空间活动，涉及空间碎片和各种其他影响的事件已经发生并将继续发生。

国际社会一直关注空间活动的环境影响，包括空间碎片、放射性废物、电磁废物、危险和有毒化学品造成的环境污染，以及破坏地球和月球生态平衡的风险。然而，在《月球协定》之前，对空间商业造成危害的环境保护“只是表面上的考虑”，许多人认为需要环境保护的技术标准［Manson，1991］。《外层空间条约》第九条的范围仅限于非常笼统和模糊的用语（“避免其有害污染”），并没有执行机制。由于一些事件的发生，国际社会认识到，现有的环境保护规定是不够的，因此它们寻求解决《月球协定》中的差距。因此，《月球协定》第 7 条规定如下：

1）在探索和利用月球时，缔约国应采取措施，防止破坏其现有的环境平衡，无论是通过对该环境进行不利的改变，还是通过引入环境外物质或以其他方式造成有害污染。缔约国还应采取措施，避免通过引入外星物质或其他方式对地球环境造成有害影响。

2）缔约国应将其根据本条第 1 款采取的措施通知联合国秘书长，并应在最大可行限度内，将其在月球上放置的放射性材料及其放置目的事先通知秘书长。[Moon Agreement, art.7（1），（2）]。

由于《月球协定》只有少数几个国家批准，大部分的航天国家可以说它们没有义务履行这些责任，因为它不是公认的国际法。在空间采矿成为现实之前，各国最好缔结一项适当的协定，至少规定简单的环境保护措施。

16.9 创新和适当的管理解决方案

联合国《海洋法公约》（UNCLOS）是国际空间采矿框架下的一个潜在参考模式，其原因有三。第一，其中包含关于任何国家管辖范围以外的地理位置，即公海。此外，人们普遍接受《海洋法公约》编纂的一些现有习惯国际法原则，就像《外层空间条约》一样，该条约编纂了条约通过之前存在的空间法一般原则。

第二，《海洋法公约》第十一部分附件三和四以及 1994 年的《海洋法公约执行协定》（称为“采矿守则”）提供了关于开发海底资源的具体制度和执行协定。1994 年《海洋法公约执行协定》可能是建立开发空间自然资源框架时可以考虑的一个有趣的模式。事实上，《海洋法公约执行协定》提到“国际海底管理局为规范国际海底区域（定义为国家管辖范围以外的海床和底土）海洋矿物的勘探、勘察和开采而颁布的一整套规则、规章和程序。”这一制度的关键是，国际海底管理局执行的规则与《海洋法公约》建立的一般法律框架密切相关，从而使海底采矿资源具有可预测性和确定性。

第三，《海洋法公约》考虑了发生争端的可能性，并确立了解决争端的程序。国际海洋法法庭（ITLOS）是《海洋法公约》第十五部分设立的一般争端解决机构，海洋法法庭海底争端分庭是第十一部分下由专家组成的更具体的分机构。这一制度的一个独特要素是，争端的当事方不仅限于国家，而且也可能是非政府企业和自然人或法人[UNCLOS, art.187]。这一条款起着至关重要的作用，因为在概述空间采矿的法律框架时，必须考虑到外层空间日益增长的作用和越来越多的私人行为者，以便能够建立一个有效的平台。

《海洋法公约》被视为一项成功的立法，而且从缔约国的数目来看（截至 2017 年 1 月为 168 个），它也是成功的。尽管美国尚未批准该公约，但它在谈判中发挥了重要作用，并在某种程度上承认《海洋法公约》的很大一部分已经是它所受约束的习惯国际法。在考虑今后可能建立的外层空间自然资源开发制度时，《海洋法公约》中使用的架构可能是有用的。它提供了一项全面协定，其中包括关于资源开发的一般原则和具体的习惯法、议定书和附件，以及关于解决争端的具体规定。这种形式的监管框架只需通过新的议定书或附件，而不试图修改旧的条约或起草新的条约，这种监管框架也将提供必要的灵活性，以充分处理影响外层空间人类活动的现有技术进步。

因此，每一个航天国家——事实上，每一个国家——的参与，对于起草和建立将成为国际制度的条约规则至关重要。为了确保《外层空间条约》第一条所包含的原则（即空间活动的开展是为了所有国家的利益）得到维护，必须努力促使所有国家参与指导空间采矿的国际制度的谈判和发展。

如上所述，《外层空间条约》第六条和基本原则默示承认私营部门实体开展空间活动的权利，空间条约阐明了空间资源商业利用的基础要素。这一基础的核心是《外层空间条约》第二条的不占用原则。然而，拥有一个天体的物理区域并不一定是商业利用和开采该天体上的资源的先决条件。太空企业家应受到保护的利益，而不是天体的所有权利益。相反，真正的利益是能够合法地使用和开发外层空间区域和材料以获取商业利益。这些权利有时被称为“企业权利”，而不是某些人所主张的对空间资源的产权主张。在这方面，国际电联通过制度和程序分配使用无线电频率，但使用频谱并不意味着拥有“所有权”，这也可被认为与空间采矿方面对《外层空间条约》第六条的解释有关。

这一论点的问题是，非航天国家希望且需要保证它们分享外层空间利益的权利也得到保护。这些国家在“人类共同遗产”原则的基础上主张，大概希望通过某种形式的税收、收入分享或其他手段，分享未来的收入流和域外资源。根据《海洋法公约》制度，有一个令人感兴趣的先例要求沿海国在开发 200 海里以外大陆架的非生物资源方面支付或提供实物捐助。然后，根据公平分享标准，并考虑到发展中国家的利益和需要，将所收集的资金分配给《海洋法公约》缔约国（UNCLOS，art. 82）。在利用外层空间资源的情况下，对非航天国家来说，将“国家占有”与“企业权利”分开似乎是没有实际的不同。一些人认为，一个简单的税收过程，将收入流向非航天国家，可能会解决这一困境。在这一问题得到明确解决之前，围绕空间采矿的法律和监管以及政治问题可能会在未来一段时间内持续存在。

16.10　联合国和平利用外层空间委员会和其他论坛

如前所述，随着空间采矿的技术和商业可行性即将到来，某些国家已开始通过国家空间立法，允许甚至刺激此类私营空间企业开展此类业务。虽然其中一些国家规定仅适用于在有关国家监督和授权下的实体，但这似乎与国际空间法的基本原则不符。诚然，国际空间法的起源并没有预见，更不用说为日益重要的私人空间企业和空间自然资源开采提供监管框架了。然而，包括天体在内的外层空间是一个共同的全球公域——一个人的行动必然会对所有人产生影响。对探索和开发外层空间自然资源等问题采取协调一致的办法，比个别国家根据自身利益采取行动并单独为此颁布国家空间立法的情况要好得多。

在通过 2015 年《空间资源法》之后，在 2016 年联合国外空会议期间出现了严重的负面反应。例如，俄罗斯认为单方面授予国家对空间自然资源的私人财产权是“完全不尊重国际法秩序的表现”[Russian Federation，2016，Para. 7]。因此，外空委决定在随后举行的与空间采矿有关的会议上讨论这一问题。联合国外层空间事务司将讨论今后进行空间采矿是否能确保外层空间可持续利用等问题。在联合国保护范围内讨论可能达成的广泛协议都将有助于建立投资者对新兴产业的信心。尽管已经确定月球和其他天体不能通过声明来占有主权，但关于天体上的自然资源是否可在特定情况下使用，这是一个悬而未决的问题。自然资源的这种开发可以说是《外层空间条约》第一条允许对“使用”的简单应用。

显然，根据国际空间法，私营实体似乎可以将外层空间用于任何“和平”性质的目的。月球上领土的完全所有权能给一个无法获取月球资源的私人实体带来什么优势？在时间上，需要澄清和商定的问题如下：

1）对某一特定地区的占用是否可以无限期？

2）其他实体，无论是政府间实体、政府实体还是私营实体，能否被排除在干扰目前资产使用的范围之外？

3）是否可以在开采活动中使用所需的尽可能多的领土？

4）建筑物和设备能否架设、使用和转让给后续用户？

5）外层空间资源是否可以不受限制地持续转移和使用？

6）是否可以创建一个国际合作企业，如最初的国际通信卫星组织或海事卫星组织，邀请所有国家及其各自的公共和私营实体共同参与（即国际公共-私营伙伴）以开发空间自然资源[Jakhu，Pelton & Nyampong，2017]。所有这些问题的基础是，在不要求对一块土地拥有所有权的情况下，如何合法地进行“使用”。

此外，联合国缔约方会议的讨论应力求确定哪些条款适用，哪些条款不适用，并试图弄清这些条款的明确含义。值得注意的是，在解释上文讨论的国际空间法条款和规定方面存在重大差异。其他有关机构，如国际空间法学会、国际法协会、国际宇航科学院和海牙空间资源管理工作组，也应进一步讨论这些问题。

16.11 挑战和选择

有些人争辩说，《外层空间条约》“明确或含蓄地只禁止取得公共或私人的领土财产权”；根本没有提到“开采自然资源”，这可能意味着《外层空间条约》允许这种使用[Hobe，2007]。根据《外层空间条约》第一条，如何划分太空使用利益的问题也未得到解决。某些声明，例如在外层空间领土上的声明（例如月球大使馆和轨道开发公司提出的声明），已被国际空间法学会董事会等国际权威组织视为“非法”，[IISL，“Statement”，2004；IISL，“Statemat，”2009]。尽管存在这些法律禁令和不确定性，但国际空间法迄今对商业航天领域中的商业和私营航天工业产生了令人鼓舞的影响。国际空间法有着丰富的通过和创造新的框架的历史，新的空间产业在此框架下蓬勃发展。特别是，国际空间法在面对包括空间采矿在内的新企业时，通常选择接受他们。

16.11.1　商业空间活动征税或“全球共享”财务安排

最近，小行星采矿和收集外星资源的可能性已经从科幻小说的内容变成了未来商业的可行行业。从空间采矿活动中获取利润的机会提出了一个问题，即政府是否应对这些活动征税，如果是，哪个政府或实体有权这样做。为了谁的利益征税？征多少？《月球协定》中有关分享外层空间利益的规定，一种办法可能是对“利润”征税，以便空间资源收益的某些部分可以进入国际发展基金或类似的金融机构。关于这一主题的一种变化是制定一项与各类商业空间活动有关的金融或保险条款，这些活动将再投资于未来的项目或特殊的空间环境活动，例如为清除空间碎片提供资金。

16.11.2　《美国空间资源勘探和利用法》是否为空间采矿监管的良好模式

如上文已经讨论过的，2015 年，美国通过了 2015 年《商业空间发射竞争法》，将关于空间采矿的辩论提高到一个新的水平，该法的第四部分包含了《美国空间资源勘探和利用法》（简称《空间资源法》），这一国家法律是外层空间法和投资法的一个里程碑。特别是《空间资源法》包含了承认美国公民在来自天体的“空间资源”中的公民财产权的条款。虽然尚不清楚这一行为是否将被视为符合国际法，但其条款确实为空间采矿制度的轮廓提供了独特的思路。如前所述，卢森堡和阿联酋正在实施平行立法，其他国家也可能遵循国内立法。

2015 年《商业空间发射竞争法》的全部目的是通过鼓励私营部门投资和创造更加稳定和可预测的监管条件，为发展中的商业空间工业创造有利的增长环境。就对外层空间的国际法律框架产生的影响来说，《商业空间竞争法》的大部分内容很大程度上没有产生结果。但是，该法的第四章有所不同，因为其中包含与获取和使用空间资源有关的空间活动的具体规定。它提出了一些问题，如获取和加工空间材料的权利、以这种方式获得的材料的所有权，以及可能与《外层空间条约》或其他国际协定的文字和精神相抵触的其他问题。

首先，《空间资源法》将“空间资源”定义为外层空间的非生物当地资源，包括“小行星资源”（与在单个小行星上发现的资源相同）[Commercial Space Launch Competitiveness Act of 2015，§402（a）]。根据这些定义，该法不包括任何“生物的”或存活的有机体。例如，美国公民不能声称对提取的矿物或冰中含有的生物体的所有权。几乎可以肯定的是，任何未来的监管制度都将要求在发现空间中的生命后立即停止商业活动，以便进行科学调查。

《空间资源法》规定了美国总统在商业探索和恢复空间资源方面的义务。它特别指出，总统通过适当的联邦机构行事，必须做到 [Commercial Space Launch Competitiveness Act of 2015，§402（a）]：

1）促进美国公民对空间资源的商业探索和商业回收；

2）消除障碍以保证美国政府以符合美国国际义务的方式发展经济上可行、安全和稳定的工业从而勘探和商业回收空间资源；

3）促进美国公民根据美国的国际义务，在联邦政府的授权和持续监督下，从事空间资源的商业勘探和商业回收，不受有害干扰。

《空间资源法》明确指示总统不仅允许私人行为者收回空间资源，而且应积极“劝阻”政府设置障碍，保障美国公民收回空间资源的权利。虽然不清楚这在实践中可能意味着什么，但很清楚这些义务伴随着警告，这些活动必须符合美国的国际义务。这既带来了机遇，也带来了陷阱，因为目前尚不清楚这些义务究竟是什么，因为尚未有任何政府或私人公民试图认真开展空间采矿活动。

在国际空间法对话中引入的最有争议的语言也许包含在《空间资源法》的最后条款中[Commercial Space Launch Competitiveness Act of 2015，§402（a）]：

根据本法从事小行星资源或空间资源商业回收的美国公民，有权获得任何小行星资源或空间资源，依据包括美国的国际义务在内的适用法律，有权占有、拥有、运输、使用和出售所获得的小行星资源或空间资源。

根据这项规定，美国政府似乎明确规定了美国公民或公司所获空间资源的私人所有权。自一个公民能够控制与天体分离的资源（例如来自月球或其他天体的矿物）的那一刻起，他们就似乎得到了法律的授权，可以持有、使用、将其带回地球，最重要的是出售它。资源的占用也必须是有形的，因为一方不能简单地调查月球的地块后，就声称有以后开采该地块的权利。这表明，该实体必须实际获得适用这一规定的资源。然而，这些国内法赋予的权利仍然受制于美国的“适用法律，包括国际义务”。因此，虽然《空间资源法》似乎赋予从事空间采矿的公民某些权利，但它仍然缺少一个连贯的框架——包括美国本身是否会对这一行动征税和实施安全标准。

为了评估《空间资源法》是否符合国际法的要求，必须首先考虑现有的国际空间法是否合法，其次确定是否需要在国际层面进行任何额外授权。美国可能会发现后一个障碍更难克服，因为这将取决于国际社会是否愿意接受美国对空间法的解释。2015年12月，国际空间法学会表达了其对《空间资源法》的立场，指出“鉴于《外层空间条约》没有明确禁止占有资源，可以得出允许使用空间资源的结论。从这一角度来看，美国新法案是对《外层空间条约》的可能解释”[IISL Statement，2015]。然而，国际空间法学会不确定其他国家是否能够且在多大程度上同意这种解释。如上所述，联合国外空委2016年会议对《空间资源法》做出了严重的负面反应。美国仅仅通过了2015年法案的第一步，其适当性将在国内和国际上进行长期测试，以向空间采矿活动的投资者提供明确的法律确定性。

16.12 结论及汇总表

显然，国际空间法禁止对外层空间的天体（“领土和土地”）声称财产权。尚不清楚的是，空间采矿作业和获取空间自然资源产权的许可程度，如果允许，是基于何种法律、环境、财政和技术安排。

与这一新兴空间产业有关的其他关键问题如何处理，将对空间资源开发、获取和使用的未来和可持续性产生巨大影响。哪些条约、协定、国际法律先例和机构将控制空间采矿活动的未来？税收政策或其他财政安排是促进全人类的可行手段吗？从海洋法中得出的先例和实例能否被用作制定商业空间活动法律的模式？与探索和利用外层空间有关的现行多边协定，特别是《外层空间条约》和《月球协定》，将如何提供一个切实可行的框架，以促进和维持愿意投资于昂贵的私营空间采矿业，同时也履行分享外层空间活动利益的道义承诺？

人们希望，在某种全球接受和监督的结构或制度下，开采空间资源最终可以被视为一种可持续分享的资产，这种结构或制度考虑到这样一个产业将带来的所有成本、复杂性、利益和权益。采取的最审慎的做法可能既涉及理性论述，也涉及对国际法律先例的审议。人们可以希望，今后将会就目前存在的这些问题达成一项切实可行的决议。

表 16－1 和表 16－2 概述了仍有待解决的技术、金融、环境和风险管理问题的类型，以及为协助解决国际法律和监管问题可能采取的许多国际行动。这些表格还告诉我们哪些实体可以采取必要的积极行动，以解决这一法律领域仍然存在的关键问题。

表 16－1　与空间开采和利用空间自然资源有关的关键要素和问题

问题和挑战	技术挑战(自然和人造的)	经济、商业、人口、健康和其他挑战	风险/风险缓解/公平问题
如何提取、运输和处理外层空间资源	为不同地点和不同类型的天体确定最安全、最高效和最有效的外层空间运输和资源提取方法	高成本技术开发、过去的环境和公共健康灾害以及轨道碎片，并确立了这些技术的知识产权	缺乏足够的资本来开发所需的技术，系统安全，灾难性故障的可能性
能够开发其他关键空间技术，如远程宽带通信、远程电源和远程机器人能力	开发可靠、远程定位的自动化空间能力	支持这种发展的资本投资；建立对这些技术的知识产权	知识产权保护足以产生收入流来资助空间采矿；以公正和平等的方式在地球上使用这些技术
对国际空间法条约的解释存在混淆，需要对提供“为所有国家的利益和兴趣”以及环境关切的要求做出回应	设计安全、可靠、成本低效益高、不会造成环境危险或产生碎片的系统	与建设安全无害的空间采矿基础设施有关的巨大费用；缺乏公共资金以及潜在的私人投资者	有毒化学品的危险废物、空间碎片、空间垃圾和放射性废物，以及破坏地球和月球生态平衡的可能性

表 16－2　与空间开采和利用空间自然资源有关的拟议国际行动

拟议的行动	采取拟议行动的实体
所有感兴趣的国家、专业空间组织、大学、有直接兴趣的公司和其他各种机构参加的国际讨论，以便创造一种新的全球公共对话机制，在某种程度上准确地描述合法从事空间资源开发活动的条件和这些活动的好处，并确定全球合作的机制	联合国和平利用外层空间委员会、国际空间法学会、国际宇航科学院、海牙空间资源管理工作组与主要空间机构和具有相关技术与法律知识的有关国家的代表合作，担任顾问

续表

拟议的行动	采取拟议行动的实体
设立一个蓝带研究委员会，审议新的国际协定或监管机制，以超越那些寻求从事空间采矿(需要开发新技术和大量费用)的国家和那些根据相关国际协定寻求分享空间惠益的国家的相互冲突的利益，目的是考虑到空间采矿企业的技术、业务和财务成本的情况，并根据“所有缔约国公平分享这些资源的利益”的原则建立一个国际制度	联合国和平利用外层空间委员会及其法律小组委员会、国际空间法学会、国际法协会、宇航科学院
探讨是否可以制定一项新的建立信任或不具约束力的协定，作为一项涉及空间采矿的新议定书，处理环境、公共卫生和产权问题，并建立一个新的国际制度，以便开展一个分享外层空间惠益的进程；这一进程将寻求制定具体的措辞，以涵盖造成空间企业家群体与国际空间法群体之间以及国际空间法群体内部意见分歧的模棱两可的条款和规定	联合国和平利用外层空间委员会，国际空间法学会，国际法协会
确定并正式通过“国家空间示范法”，就空间采矿提供法律指导(这类示范法可涉及空间安全、环境影响和保护方面与利用外层空间自然资源有关的程序，以及实现在全球分享外层空间惠益的实际或隐含承诺的手段或方式；这也可在拟议的外层空间“行为守则”中处理)	联合国和平利用外层空间委员会、联合国大会、国际空间法学会、国际法协会以及国家或区域立法机构
建立一个有所有有关国家参加的国际研究进程，看能否商定一个国际征税或国家间利益分享进程(这种安排需要考虑收回主要投资费用的问题)	如上所述，作为“蓝带委员会”的一部分的国际研究小组的集合

参考文献

[1] Agreement Governing the Activities of States on the Moon and Other Celestial Bodies, 18 December 1979, 1363 UNTS 3 [Moon Agreement].

[2] Agreement on the Rescue of Astronauts, the Return of Astronauts and the Return of Objects Launched into Outer Space, 22 April 1968, 672 UNTS 119 [Rescue Agreement].

[3] Agreement relating to the Implementation of Part Ⅺ of the United Nations Convention on the Law of the Sea of 10 December 1982 (with annex), 28 July 1994, 1836 UNTS 3 [UNCLOS Implementation Agreement].

[4] Alotaibi, Ghanim et al, ASTRA: Asteroid mining, Technologies Roadmap, and Applications, Final Report, International Space University Space Studies Program 2010 (International Space University, 2010), online: International Space University 〈isulibrary. isunet. edu/opac/doc _ num. php? explnum _ id=73〉 (last accessed 11 January 2017).

[5] Berkley, Richard. "Space Law Versus Space Utilization: The Inhibition of Private Industry in Outer Space" (1996 - 1997) 15: 2 Wis Intl LJ 421.

[6] Bini, Antonella. "The Moon Agreement in the 21st century" (2010) 67: 3 - 4 Acta Astronautica 496.

[7] Burbine, Thomas H et al, "Meteoritic Parent Bodies: Their Number and Identification" in WilliamF Bottke Jr et al, eds, Asteroids Ⅲ (Tucson, Ariz: University of Arizona Press, 2002) 653.

[8] Chapman, Clark R. "Space Weathering of Asteroid Surfaces" (2004) 32 Annual Rev Earth & Planetary Sciences 539.

[9] Commercial Space Launch Amendments Act of 2004, Pub L No 108 - 492 [Commercial Space Amendment Act of 2004].

[10] Convention on International Liability for Damage Caused by Space Objects, 29 March 1972, 961 UNTS 187 [Liability Convention].

[11] Convention on Registration of Objects Launched into Outer Space, 14 January 1975, 1023 UNTS15 [Registration Convention].

[12] Creighton, Jolene. "Why asteroid mining could dictate our entire future in space", Science Alert (1 July 2016), online: Science Alert 〈www. sciencealert. com/how - asteroid - mining - might - dictateour - future - in - space〉 (last accessed 11 January 2017).

[13] De Man, Philip, Exclusive Use in an Inclusive Environment: The Meaning of the Non - Appropriation Principle for Space Resource Exploitation, (Springer, 2016), [De Man, 2016].

[14] European Space Agency, "Helium - 3 Mining on the Lunar Surface", online: ESA 〈www. esa. int/ Our _ Activities/Preparing _ for _ the _ Future/Space _ for _ Earth/Energy/Helium - 3 _ mining _ on _ the _ lunar _ surface〉 (last accessed 11 January 2017) [ESA, "Helium - 3"].

[15] Gorove, Stephen. "Interpreting Article Ⅱ of the Outer Space Treaty" (1968 - 1969) 37: 3 Fordham L Rev 349.

[16] Griffin, Nancy L. "Americans and the Moon Treaty" (1981) 46: 3 J Air L & Com 729.

[17] Hager, David Russell. Space Law, the United Nations, and the Superpowers: A Study of International Legal Development and Codification, 1957 — 1969 (PhD Thesis, University ofVirginia, 1970).

[18] Henri, Yvon. "Orbit/Spectrum Allocation Procedures - Registration Mechanism", ITU - RSEM. RAD01 Other document 7 (Paper delivered at the ITU Biennial Seminar of the Radiocommunication Bureau, Geneva, Switzerland, 15 - 19 November 2004).

[19] Hertzfeld, Henry R & Frans G von der Dunk, "Bringing Space Law into the Commercial World: Property Rights without Sovereignty" (2005 - 2006) 6: 1 Chicago J Intl L 81.

[20] Hertzfeld, Henry R; Brian Weeden & Christopher D Johnson. "How Simple Terms Mislead Us: The Pitfalls of Thinking about Outer Space as a Commons", IAC - 15 - E7. 5. 2 x 29369 (Paperdelivered at the 66th International Astronautical Congress, Jerusalem, Israel, 12 - 16 October 2015).

[21] Hobe, Stephan. "Adequacy of the Current Legal and Regulatory Framework Relating to the Extraction and Appropriation of Natural Resources in Outer Space" (2007) XXXII Ann Air & Sp L 115.

[22] International cooperation in the peaceful uses of outer space, GA Res 1721 (XVI), UNGAOR, 16th Sess (1961).

[23] International Institute of Space Law, "Statement by the Board of Directors of the International Institute of Space Law (IISL) on Claims to Property Rights regarding the Moon and other Celestial Bodies" (2004), online: International Institute of Space Law 〈www. iislweb. org/docs/IISL _ Outer _ Space _ Treaty _ Statement. pdf〉 (last accessed 11 January 2017) [IISL, "Statement", 2009].

[24] International Institute of Space Law, "Statement of the Board of Directors of the International Institute of Space Law (IISL) " (22 March 2009), online: International Institute of Space Law 〈www. iislweb. org/docs/Statement% 20BoD. pdf〉 (last accessed 11 January 2017) [IISL, "Statement", 2009].

[25] International Institute of Space Law, "Position Paper on Space Resource Mining", adopted by the Board of Directors on 20 December 2015, online: 〈http: //www. iislweb. org/docs/SpaceResource Mining. pdf〉 [IISL Statement, 2015].

[26] International Seabed Authority, "The Mining Code", online: International Seabed Authority 〈www. isa. org. jm/mining - code〉 (last accessed 11 January 2017) [International Seabed Authority, "Mining"].

[27] Jakhu, Ram & Maria Buzdugan. "Development of the Natural Resources of the Moon and Other Celestial Bodies: Economic and Legal Aspects" (2008) 6: 3 Astropolitics 201. [Jakhu & Buzdugan, 2008].

[28] Jakhu, Ram S; Joseph N Pelton & Yaw Otu Mankata Nyampong. Space Mining and Its Regulation (Springer, 2017) . [Jakhu, Pelton & Nyampong, 2016].

[29] Jasentuliyana, Nandasiri. Space Law: Development and Scope (Westport, Conn: Praeger, 1992).

[30] Jenks, C Wilfred. Space Law (New York: Frederick A Praegar, 1965).

[31] Listner, Michael. "The Moon Treaty: failed international law or waiting in the shadows?", The

Space Review (24 October 2011), online: The Space Review 〈www. thespacereview. com/article/1954/1〉 (last accessed 11 January 2017).

[32] Manson, Harold Craig. "The Impact of International Outer Space Commerce on the Environment" (1991) 26: 3 Tex Intl LJ 541.

[33] NASA Jet Propulsion Laboratory, News, "NASA Office to Coordinate Asteroid Detection, Hazard Mitigation" (7 January 2016), online: NASA 〈www. jpl. nasa. gov/news/news. php? feature = 4816〉 (last accessed 11 January 2017).

[34] NASA, News, "NASA's Asteroid Initiative Benefits From Rich History" (10 April 2013), online: NASA 〈www. nasa. gov/mission _ pages/asteroids/news/asteroid _ initiative. html〉 (last accessed11 January 2017) [NASA, "NASA's Asteroid"].

[35] Pelton, Joseph N. The New Gold Rush: The Riches of Space Beckon! (Springer, 2017).

[36] Russian Federation, Reviewing opportunities for achieving the Vienna Consensus on Space Security encompassing several regulatory domains, UN Doc A/AC. 105/C. 1/2016/CRP. 15 (2016). [Russian Federation, 2016].

[37] Sterns, PM & LI Tennen. "Institutional Approaches to Managing Space Resources: Managing Space Resources and Revitalizing Space Treaties" in International Institute of Space Law, Proceedings of the 41st Colloquium on the Law of Outer Space (Reston, Va: American Instituteof Aeronautics and Astronautics, 1999) 33.

[38] Sterns, PM & LI Tennen. "Privateering and Profiteering on the Moon and Other Celestial Bodies: Debunking the Myth of Property Rights in Space" (2003) 31: 11 Advances in Space Research 2433.

[39] The Antarctic Treaty, 1 December 1959, 402 UNTS 71 [Antarctic Treaty].

[40] Treaty on Principles Governing the Activities of States in the Exploration and Use of Outer Space, including the Moon and Other Celestial Bodies, 27 January 1967, 610 UNTS 205 [Outer Space Treaty].

[41] Treves, Tullio. "Customary International Law" in Max Planck Encyclopedia of Public International Law, online: Oxford Public International Law 〈opil. ouplaw. com/view/10. 1093/law: epil/9780199231690/law - 9780199231690 - e1393〉 (last accessed 11 January 2017) [Treves, "Customary"].

[42] Tronchetti, Fabio. The Exploitation of Natural Resources of the Moon and Other Celestial Bodies: A Proposal for a Legal Regime (Leiden: Martinus Nijhoff, 2009).

[43] U. S. Commercial Space Launch Competitiveness Act, Pub L No 114 - 90 [Commercial Space Launch Act of 2015].

[44] United Nations Convention on the Law of the Sea, 10 December 1982, 1833 UNTS 3 (entered intoforce 16 November 1994) [UNCLOS].

[45] Weidaw Ⅲ, KM. "A General Convention on Space Law: Legal Issues Encountered in Establishing Lunar and Martian Bases" in International Institute of Space Law, Proceedings of the 47th Colloquium on the Law of Outer Space (Reston, Va: American Institute of Aeronautics andAstronautics, 2005) 272.

[46] White Jr, Wayne N. "Real Property Rights in Outer Space" in International Institute of Space Law, Proceedings of the 40th Colloquium on the Law of Outer Space (Reston, Va: American Instituteof Aeronautics and Astronautics, 1998) 370.

[47] Wiles, Gladys E. "The Man on the Moon Makes Room for Neighbors: An Analysis of the Existence of Property Rights on the Moon Under a Condominium - type Ownership Theory" (1998) 12: 3Intl Rev L Comp & Tech 513.

拓展阅读

[1] Buxton, Carol R. "Property in Outer Space: The Common Heritage of Mankind Principle vs. the "First in Time, First in Right" Rule of Property Law" (2004) 69: 4 J Air L & Com 689.

[2] Fountain, Lynn M. "Creating Momentum in Space: Ending the Paralysis Produced by the "Common Heritage of Mankind" Doctrine" (2002 - 2003) 35: 4 Conn L Rev 1753.

[3] Ryabinkin, Charity Trelease. "Let There Be Flight: It's Time to Reform the Regulation of Commercial Space Travel" (2004) 69: 1 J Air L & Com 101.

[4] Schafer, Bernard K. "Solid, Hazardous, and Radioactive Wastes in Outer Space: Present Controlsand Suggested Changes" (1988 - 1989) 19: 1 Cal W Int' LJ 1.

[5] Schwind, Mary E. "Open Stars: An Examination of the United States Push to Privatize International Telecommunications Satellites" (1986) 10: 1 Suffolk Transnat'l L Rev 87.

第五部分

面向未来

第17章　宇宙灾害和行星防御

解决的关键问题

• 审查宇宙"黑天鹅"事件的全球风险模式，如严重的空间天气和小行星撞击；

• 考虑新的国际协调的努力以及保护人类免受宇宙灾害（即行星防御）的法律和体制机制。

17.1　引言

最近，分布在世界各地的空间探测器、地面观测站和电子传感器表明，宇宙灾害对人类的威胁比以往更大。特别是鉴于特大城市（即人口超过1 000万的城市）数量不断增加，以及城市社区地理分布的不断扩大，人类居住区的格局不断变化和增长，增加了各种宇宙灾害对人类的威胁。今天的现代经济和就业模式创造了一个越来越依赖电网、卫星和其他易受宇宙灾害影响的重要基础设施的世界。如果一颗相对较大的小行星或彗星撞击地球，或者地球遭受到一场极端的太阳风暴，破坏了很大一部分的现有基础设施，那么经济将受到严重破坏，伤亡人数也会非常高。

大约6 600万年前，所谓的K-T大规模灭绝事件至少摧毁了当时70%的动植物物种，并被广泛认为是恐龙灭绝的原因。如今，现在世界还没有在预防、警告、缓解或系统恢复方面准备好应对一颗与K-T事件相似的小行星撞击，或一个类似于1859年卡灵顿事件的非常大的日冕物质抛射。本章概述了这些宇宙威胁的性质、可能采取的技术和行动缓解措施的类型，以及降低死亡率和大规模经济损失的风险，给出为保护人类免受可能的灾难和灭绝（行星防御）而可以采取的各种措施。分析并提出了国际法律和监管当局、国家政府、空间机构、商业组织和研究机构可能采取的具体行动，以减轻这种有可能威胁现代社会的所谓"黑天鹅"事件[Pelton & Alahdadi，2015]。

17.2　减轻宇宙灾害的相关步骤

已经采取了一些有效步骤，目前正在考虑其他方法，用以减少宇宙灾害的威胁。首先，联合国大会和联合国和平利用外层空间委员会（UNCOPUOS）正努力解决宇宙灾害和小行星撞击的行星防御问题。2013年12月，联合国大会批准设立国际小行星预警网，这是一个政府间组织，其任务是为探测有威胁的小行星和彗星的相关机构之间建立更有效的互联。联合国大会还支持设立空间飞行任务计划咨询小组，其任务是在可能需要行星防御的有威胁性的小行星或彗星撞击事件中，交流信息和制定方案。这些新的实体是作为独立的政府间组织与联合国机构分开组织的，但其目的是与联合国和平利用外层空间委员会密切合作［Simpson，2015］。

其他相关活动包括 B612 基金会关于建造和发射哨兵红外空间望远镜的建议，该望远镜可以更系统地探测有潜在威胁的最小到 35 米的小行星［Reitema & Lu，2015］。B612 基金会和鲍尔航空机构之间拟议的联合项目将以估计 4.5 亿美元的费用建造哨兵望远镜，有可能提供关于小行星威胁的无与伦比的数据。该项目仍在寻求私人来源的资金，其目标是利用 SpaceX 猎鹰 9 号运载火箭在 2018 年或 2019 年进行发射，并将其定位在金星轨道附近，以便能够有足够广泛的视场［Leone，2013］。

美国国家航空航天局（NASA）的一项拟议任务，即近地天体照相机（NEOCam），也计划发射一台红外望远镜，旨在以更精确的方式探测有潜在危险的小行星。近地天体照相机任务将部署一个 50 厘米的红外望远镜，其目标是在 4 年的飞行任务中找到大约三分之二的有潜在危险的小行星，这些小行星的尺寸为 140 米或更大［NASA，“NEOCam”］。这一近地天体照相机任务仅获得用于技术开发的资金，而没有用于方案实施的资金。近地天体照相机与哨兵一样，没有获得足够的资金，而且在整个期间内，它很可能识别出并不十分危险的小行星，因为它的设计是为了识别和跟踪那些 140 米或更大的小行星。1908 年 6 月 17 日的通古斯卡小行星撞击俄罗斯波德卡门纳亚·通古斯卡河附近的地区，在一个面积相当于一个大城市的地区造成了广泛的破坏，焚烧了 8 000 万棵树，据估计该行星直径只有 30～40 米［NASA，2008］。因此，这种规模甚至更小的物体也有可能造成严重的城市破坏。

这两种或其中一种新的太空望远镜肯定有助于响应 1988 年美国国会对美国国家航空航天局提出的最初的小行星搜索要求。最初的目标是找到 90%的直径 1 千米或以上大小的小行星。根据所谓的乔治·布朗法，这一规定已被修改为美国国家航空航天局目前的要求，即到 2020 年发现约 90%的直径为 140 米或更大的潜在危险小行星。NEOCAM 将无法探测到大小在 30 到 40 米范围内的小行星，这些小行星有足够的动能来摧毁一个大城市。值得注意的是，估计有 50 万至 100 万颗这种大小的潜在危险小行星，美国国家航空航天局喷气推进实验室天体物理学家艾伦·哈里斯预测，可能有多达 2 亿颗直径 6 米及以上的小行星［Eicher，2015］。这种近地物体（NEOs），视速度和组成而定，可能具有相当大的动能，并有可能对北京、纽约或东京这样的大城市造成巨大破坏。一颗潜在危险的小行星，取决于其大小、速度、角度和入射位置，可能引发大规模海啸，产生巨大的电磁脉冲，甚至被误认为是核攻击。鉴于这些观测结果和外层空间潜在威胁的严重性，迄今为止应对潜在危险小行星而采取的措施显然是不够的。

除小行星外，空间的另一个重大灾难的潜在来源是严重的太阳风暴，其发生概率甚至更高，而且几乎没有制定对策。联合国和平利用外层空间委员会的外层空间活动长期可持续性工作组正在研究严重的太阳天气和轨道空间碎片问题。美国国家航空航天局、欧洲空间局（ESA）、日本宇宙航空研究开发机构（JAXA）、中国国家航天局（CNSA）和俄罗斯联邦航天局以及其他空间机构都在运行一些空间探测器，监测和调查太阳耀斑的性质、日冕物质抛射、地球动态磁层和地球保护大气层的变化。这些空间飞行任务以及一个由地面传感器组成的综合国际网络正在帮助人们更深入地了解这些复杂的太阳现象及其与地球环境发生碰撞时的潜在影响。这些飞行任务还有助于模拟极端空间气象事件对地面基础设施的潜在影响。

目前，以积极主动的方式转移小行星和彗星的能力有限。因为涉及巨大的能量，这些物体对地球的潜在影响是一个巨大的且存在潜在风险的问题。然而，同样具有挑战性的事实是，人类几乎没有能力保护地球免受猛烈的太阳风暴。因此，在监管或法律领域采取任何有意义的行动之前，需要发展新的技术和概念。

最近关于宇宙灾害的技术研究表明，需要开展更多的工作来开发针对近地天体撞击和极端太阳天气事件的预警系统。当前可以做的是发展一个更加系统和协调的全球预警和恢复系统，并建立各种机制，以便最终能够通过国际协调的方法来应对这些危险。今天，可以看到全球在小行星探测方面的能力日益增强，而且随着时间的推移，这可能成为防止威胁近地天体的可行防御战略。然而，对于移动速度更快的彗星，防御策略远不那么确定。最大危险的领域是近期可能发生的太阳天气事件，这类事件估计对重要人类基础设施的威胁为每十年 12％［Phillips，2014］。不幸的是，目前还没有有效或合理的防御策略来对抗一场重大的太阳风暴，而且预计近期内也没有。对极端太阳风暴的严重关切包括：

1）削弱了地球的磁场，从而削弱了它的保护性屏蔽（最近几年下降了 15％）；

2）关键基础设施的脆弱性，如 1989 年魁北克事件和 2003 年 10 月影响斯堪的纳维亚的万圣节太阳风暴的情况。当日冕物质抛射事件中的质子和离子袭击地球时，它们会破坏、瘫痪或削弱电网系统、管道、水、下水道和运输系统的电子控制系统以及卫星应用（即通信、遥感、导航和空中交通控制系统）。足够强的日冕物质抛射事件，会产生足够强大的粒子爆炸，成为对所有类型的电气系统和电子处理器的潜在威胁；

3）极端的太阳辐射（特别是在周期性“臭氧层空洞”下的地区）会加大正常太阳辐射下已经具备的风险，如皮肤癌和基因突变概率的升高。

面对这些严重和相当可能的高风险事件，目前没有可行的科学或工程战略来保护地球，只有一些次要的预防措施，如更高耐受性的断路器和在脆弱的基础设施周围建立昂贵的法拉第笼。

下文讨论了宇宙灾害带来的技术挑战，以及可能改善全人类和所有生命形式赖以生存的地球的行星防御方法和系统。

在此之后，将讨论和分析法律、监管和政策框架（国际、区域和国家），以提出行星防御战略来抵御宇宙灾害。

17.3　行星防御面临的宇宙灾害和技术挑战

本章在宇宙灾害标题下讨论了三个分专题。它们是：1）潜在危险的小行星和彗星；

2）太阳耀斑和日冕物质抛射；3）间接和干扰效应，导致防御宇宙灾害的脆弱性大大增加。有些人认为，轨道碎片也是一种宇宙灾害，在第 14 章详细讨论这一主题。

17.3.1　有潜在危害的小行星和彗星

与潜在危险的小行星和彗星有关的技术挑战可分为以下两个领域：1）探测和轨道危险评估；2）通过轨道改变或摧毁减少撞击威胁的技术能力。在探测领域，美国国家航空航天局的新智彗星项目，连同世界各地的地面观测，提供了一个相当准确的数据库，包含了超过 90%的直径 1 千米以上的潜在危险小行星。然而，据估计，直径在 30 米或以上的潜在危险小行星约为 50 万至 100 万颗，其中绝大多数尚未探测到，也未能确定其轨道。最重要的方案是下述的空间探测器，这些方案可以帮助提供较小但可能致命的小行星的更好的数据库。首先，如上所述，有哨兵红外望远镜和 NEOCam 红外望远镜。这两个方案可以建立近地天体清单，预测 100 年内绝大多数直径 35 米及以上的小行星的潜在影响。虽然这些项目的设计、建造、发射和运营都是昂贵的，但它们对美国来说，一笔 5 亿至 6 亿美元订单的投资只相当于半个 B－1 轰炸机的价格或建造几个城市高速公路枢纽的费用。

还有其他的科学和数学方面的挑战，包括对陆地和水的撞击建模、了解天体的组成，这些都是应对小行星和彗星撞击威胁的关键。在理解小行星轨道的异常方面也存在计算机建模的挑战，如所谓的“锁孔效应”和“雅科夫斯基效应”，即太阳的引力场和辐射可以改变小行星的轨道。然而，从科学上来说，这些现象是比较清楚的。也许当前最大的挑战是来自太阳系边缘的奥尔特云的彗星。它们很难被发现，而且由于它们的速度和巨大的动能，很难被转移。幸运的是，太阳、木星和土星的更大引力场倾向于转移大多数彗星使其不会撞击地球。

在技术和制度上仍然难以弄清的重大挑战是如何应对来自小行星或彗星的已确定性威胁，可以为此目的使用各种技术（例如核爆炸、“激光蜜蜂”、引力吸引器、粒子束或定向能系统）。存在的问题是，这些方法尚未得到证实和发展，下文将详细阐述这些方法和手段，特别是在与《外层空间条约》和其他国际条约相抵触时，阻止宇宙威胁的合法性仍不清楚［Lubin & Hughes，2015］。

17.3.2　行星防御与对近地天体使用核武器的法律问题

当然，正如美国国家研究委员会关于这一主题的报告［National Research Council，2010］所承认的那样，使用核武器将被视为减少近地天体威胁的最后手段。另一方面，在外层空间部署这种能力得到详细技术研究的支持，因为它被认为是缓解短时间内警告的威胁的一项重要措施，例如高速运动的长周期彗星［Packer，Kurr & Abelkop，2013］。然而，核武器的部署，即使是作为一种防御宇宙灾害的措施，也引出了若干国际法问题。

在行星防御中使用核武器将违反《部分禁止核试验条约》第一条，该条款禁止在外层空间进行任何核爆炸［Particial Test Ban Treaty，art. Ⅰ］。此外，《外层空间条约》第四条还禁止在外层空间放置核武器。

然而，国际法承认，在某些特殊情况下，任何国家不遵守其国际义务的不法性可以排除，但须符合两个条件。首先，该行为必须是“国家保护基本利益免受严重和迫在眉睫的危险的唯一途径”［Articles On State Responsibility，art. 25（1）（a）］。能否满足这一条件，除其他因素外，将取决于近地天体的质量、发生撞击的可能性、预警时间的长短以及其他可利用的手段。第二，该行为不得“严重损害国家、负有义务的国家或整个国际社会的基本利益”［Articles On State Responsibility，art. 25（1）（b）］。例如，行星减缓行动失败会损害在“不采取行动”的情况下本可逃避这种损害的国家，这种情况不能解除行动的不法性。尽管如此，新成立的国际小行星预警网和太空任务计划咨询小组不仅可以在规划针对重大小行星撞击的防御战略方面发挥建设性作用，而且还可以在解决可能需要的新国际法措施等问题方面发挥建设性作用。

在缓减近地天体威胁方面另一种消除因不遵守国际军备控制义务而产生的国际不法性的方法是寻求联合国安全理事会的授权。根据《联合国宪章》第一百零三条，在联合国会员国根据《宪章》所承担的义务与任何其他国际协定所承担的义务发生冲突时，应以《宪章》所规定的义务为准［UN Charter，art. 103］。在发生紧迫的宇宙威胁时，希望安全理事会能够达成共识，通过一项关于在极短时间内联合减缓近地天体的决议。该决议规定的义务可能凌驾于《外层空间条约》或与部署和使用核武器有关的任何其他国际协定规定的义务之上。可用于应对近地天体威胁的其他行星防御技术，如定向能系统或将近地天体置于月球或地球轨道上作为宇宙灾害防御系统，可能违反禁止放置空间武器的规定或导致外层空间军备竞赛。同样，这种防御战略可以通过新设立的联合国程序授权，也可以由安全理事会以协商一致的方式授权。如果安全理事会不能或不愿采取行动，联合国大会可随时考虑通过“团结谋和平”决议［GA Res 377（V）］等措施来传达合法性。

其他减缓近地物体的常规措施，无论是天基武器系统还是地面武器系统，目的是摧毁外层空间的物体，本身并不受现行国际法的禁止，而且可能被任何寻求免受宇宙威胁的国家或国家集团所采用。在这方面，目前关于空间军备控制的建议，如《防止在外层空间放置武器条约草案》（PPWT）和《国际行为守则》草案（ICoC），力求解决外层空间武器扩散问题。然而，迄今尚未就这些事项达成共识。诸如核武器、定向能系统等用于行星防御的技术，或将近地天体转移到月球或地球轨道，这些技术可以转化或甚至直接用作空间武器，这一事实引起了人们对以行星防御为幌子实际是将外层空间武器化的担忧。而进退两难的情况是，这些行星防御系统中的任何一个都需要复杂的先进规划、融资和提早实施，而且不能保证有足够预先的警告能够应对当前的或迫近的威胁。

军备控制是国家间安全问题，而减少近地天体则是全球安全问题。国际社会应继续通过军备控制解决国家间安全问题，并应通过上文讨论的国际合作手段解决全球安全问题。通过国际合作而不是单方面行动减少近地天体威胁将有助于各国建立对和平利用外层空间的信任，并有助于空间军备控制。建立国际小行星预警网和太空任务计划咨询小组是建立一个负责减缓近地天体的国际机构的起点。关于国际行为守则的新协议或关于条约草案语言的共识也将非常有效果。

17.3.3 近地天体挑战和潜在对策

应对已查明的近地天体挑战的可能对策是：1）改进小行星和彗星的跟踪和探测系统，提高这些系统的全球融资，以及通过国际小行星预警网更好地共享数据；2）开发将潜在危险近地天体从轨道转移的系统。这涉及创建各种进程，以便在探索和开发各种已确定的技术的同时，采用一个系统的进程，共享有关这些技术测试的数据。目前这一技术的开发和测试过程将包括：a）定向能或粒子束系统；b）"激光蜜蜂"系统，如行星协会提议测试的系统；c）核武器；d）引力牵引机；e）镜面反射器和其他烧蚀系统；f）可将火箭推进器连接到潜在危险小行星上的机器人系统；g）其他行星防御系统仍有待开发。这些类型的技术的开发大概将通过空间机构资助、国家研究实验室方案或通过诸如行星协会等国际专业团体来促进。

似乎应该设立一个国际机构，记录和分享有关技术类型和各种试验的信息，以便证实每种技术的可行性，并提供这类业务的费用估算。为小行星采矿而开发的技术可能不仅作为一种商业空间探索，而且作为行星防御的一种手段。然而，在这种情况下，专有信息的传播可能较少。

值得注意的是，可以在新成立的小行星防御技术监测和协调小组的框架内，或通过上文讨论的联合国安理会的适当行动，建立此类负责监视和协调小行星防御技术的国际机构。太空任务计划咨询小组还可能负责提出国际进程，最终允许利用这种系统进行行星防御。在这方面要处理和解决的首要国际问题是设法消除公开或秘密发展潜在的"空间武器"，以实现减缓小行星或彗星撞击威胁的目标。

与所有这些技术发展问题完全不同的是遭受宇宙灾难影响后的恢复进程问题，这可能需要采取全球范围的行动。这里的一个关键问题是，在发生涉及小行星撞击或极端太阳天气事件的全球灾难性事件时，联合国维持和平行动或类似的国际救援行动的开展程度。会有额外的技术能力相关的问题，如全球救援队伍需要哪些额外的技术能力，以及在多大程度上可以预期并提供短期激活的技术和医疗能力。最近地震、飓风、洪水和海啸造成的严重自然灾害，即使在相对发达的国家，救援和救济小组的效力和效率方面也没有给予很大程度的缓解。我们应当记住，就近地天体威胁而言，我们所说的潜在全球事件将更加广泛且具有更大的破坏性。

17.3.4 极端空间天气危害

从探测危险现象应用的科学方法、危险的性质、预警能力和行星防御战略的性质来看，极端空间天气事件产生的宇宙灾害与近地天体威胁有很大不同。太阳辐射在全方位不断地从太阳流出。起源于太阳表面的极端太阳辐射事件，称为太阳耀斑，是由于复杂的磁现象和释放高能量辐射（以离子、紫外线、X 射线和伽马射线的形式）产生的。这些危险的有害影响通过地球磁场、范艾伦带和上层大气到达地球表面。特别是平流层的臭氧层吸收了大部分最有害的太阳紫外线辐射。最极端的耀斑对皮肤癌和基因突变的威胁最大，虽然说正常的太阳辐射（尤其是在所谓的季节性臭氧洞以下）也始终会造成这些健康危险。这些耀斑释放的辐射也会损害轨道上的卫星，并严重损害或破坏无保护的生命形式。例如，这些影响现在可以从两极地区的两栖动物身上看到，它们正在显示出基因突变。

因为这种辐射以接近光速的速度传播，所以不能有较早的预警。日冕物质抛射通常与太阳耀斑有关，代表电磁辐射和高能粒子的大量释放，主要是电子和质子。在这两种情况下，这些电磁辐射和巨大粒子云在太阳上集中爆发，以每小时数百万千米的速度传播，会对其传播方向上敏感的系统（包括生命），产生严重的干扰。太阳耀斑和日冕物质抛射通常遵循太阳最小值和最大值之间的 11 年周期，这些强大的活动在太阳能量最高的阶段发生的可能性高达 15 倍。2014 年 2 月，预测科学公司的彼得·莱利（Peter Riley）计算出，在地球上发生日冕物质抛射的概率每十年有 12%。因此这一评估表明，可能严重损害电网、卫星网络、信息网络和其他关键基础设施的日冕物质抛射事件发生的概率要远高于小行星撞击事件。

记录的最剧烈的日冕物质抛射发生在 1859 年 10 月，即所谓的卡灵顿事件使“北极光”到达古巴和夏威夷，而且有报告说，电报办公室因电报线的电流激增而着火［Klein，2012］。上文提过的 1989 年魁北克事件是另一次最近的日冕物质抛射的结果，摧毁了一些电力变压器，并在整个加拿大和美国东北部地区造成了大规模的电力中断［Odenwald，2009］。根据美国国家航空航天局科学家的计算，2012 年 7 月发生了一次与卡灵顿事件相当的日冕物质抛射。这次日冕物质抛射事件险些击中地球，击中了美国国家航空航天局的一颗提供了对该事件能量进行估算的立体卫星。在 2013 年 12 月版《空间天气杂志》上发表并随后在《保险期刊》［Kemp，2014］上报告的一篇文章中估计，如果这一事件直接影响到地球，可能会造成超过 2 万亿美元的经济损失，相当于美国历史上最严重的卡特里娜飓风造成的损失的 20 倍。

也许更令人担忧的是，保护地球免受极端太阳天气影响的自然防御系统发生了明显的不利变化。欧空局测量地球磁场详细变化的“Swarm”飞行任务表明，地球磁层的某些部分减少了 15%左右［ESA，2014］。现代社会和全球经济对电网、卫星通信、授时和导航系统的依赖程度通常被低估。然而，据估计，自 1960 年代以来，这种依赖性每十年增加一倍。城市人口继续呈指数增长，就业和重要基础设施依赖电网和卫星，这表明，我们对这些系统的依赖可能比半个世纪前增加一百倍，而且在自然保护系统正在削弱的当前，这种依赖仍继续增加。

因此，当今地球防御的重要步骤之一将是全面、定量地评估极端空间天气对全球基础设施、世界经济和人类生存构成的威胁的性质和影响。诸如波音公司、英国广播公司或世界经济论坛等组织将这些情景合而为一称为“无卫星日”，表明失去重要的卫星应用将在很短的时间内对全球社会产生破坏性影响。电网和计算机控制设备的损失无疑会对生命、重要基础设施（水、污水、交通管制等）以及服务类工作造成更大的损失和破坏。

如前文所述，世界各地广泛分享的一般公众假设是，宇宙灾害所构成的风险随着时间的推移保持不变［Pelton，Jakhu & Madry，2016］。不幸的是，宇宙灾害没有发生改变，且不会发生改变的这个假设并非事实。有必要对城市化、不断扩大的服务经济以及对重要电力、信息技术、通信和空间基础设施以及其他方面的依赖进行认真的全球支持的国际研究，而且大气和地球磁层的变化，大大增加了宇宙风险造成的危害。美国国家航空航天局、美国国家科学院和其他空间机构和部委进行的研究已经探讨了这些问题，并得出结论认为，虽然这些担忧的严重性尚未成为主流，但极端太阳天气造成的威胁已经显著增加。可能只有发生全球灾难事件才会促使世界各国的政治领导人采取行动。也许没有必要指出，这些宇宙灾害本质上只是全球气候变化辩论的一个额外方面，因为极端的太阳事件、人类工业活动带来的大气变化和太阳能加热带来的全球温度上升确实都是我们目前对空间和大气科学不完全理解的一部分。

值得注意的是，2016 年 1 月，美国国家航空航天局设立了行星防御协调办公室（PDCO）。该办公室的任务是确保早期发现和跟踪危险小行星和彗星，发出关于其可能撞击的警告，并领导协调美国政府对实际撞击的威胁做出反应［NASA Planetary Defense］。2016 年 10 月 13 日，奥巴马总统发布了一项行政命令，首次规定了美国政府处理太阳天气、宇宙辐射和地磁圈转移相关问题的责任，并将具体职责分配给美国国家航空航天局、国防部、国家科学基金会和国土安全部［The White House，2016］。其他国家的政府可能也会审查这份文件，考虑指定类似的责任分工。

17.3.5 挑战和潜在对策

对上述威胁的可能的对策包括：

1）建立一个“全球空间气象研究所”评估风险和创立一个与太阳耀斑、太阳高能粒子和日冕物质抛射威胁相关的更有效的国际预警系统，并改进预测和预警程序；

2）建立一个联合国系统和一个机构间委员会，以评估地球磁层和大气层/平流层在行星防御方面的变化。此外，设立一个联合国系统和机构间委员会，以制定太阳耀斑、太阳高能粒子和日冕物质抛射的相关保护程序，并探讨这种行星防御能力的融资机制；

3）与全球空间保险行业探讨是否可与各国政府合作开发新的机制，以建立应对极端空间天气事件造成万亿美元损失的保险系统；

4）探讨在发生小行星撞击或极端太阳天气的全球灾难时，联合国维持和平行动可以在多大程度上开展恢复工作。

17.4 考虑政策、法律、标准或其他问题相关的可能行动

与宇宙灾害有关的最大挑战涉及一些技术问题，如理解和探测宇宙灾害，以及制定有效手段，减轻、消除或改变宇宙灾害对人类以及其他生物和有机体的影响。与这些问题有关的科学技术仍处于早期发展阶段。这表明，在更好地理解这些现象、更清楚地发现威胁以及在全球制定有效可靠的手段减轻这些威胁之前，法律和监管领域可能采取的行动依然有限。不过，可以考虑采取合理步骤。前几章节在一定程度上指出了这些问题。各国政

府、空间机构、研究机构和大学、专业科学组织和国际科学机构应明确确定将宇宙灾害视为实在的威胁并投入资源，以更好地应对这些威胁，将此作为优先事项之一。

基于这些原因，建议各国政府、空间机构和其他相关机构制定明确的目标，研究宇宙灾害的性质，制定更好的手段，以更系统的方式发现这些威胁，并制定消除这些威胁和尽量减少其最不利影响的手段。这些目标应作为主要目标明确反映在战略计划中。迄今为止，世界空间机构和国家政府还未这样实行。这样一个战略目标制定进程的结果将是成立一个与宇宙灾害有关的机构间协调委员会。

此外，应委托国家和国际科学研究机构在三年的时间内进行研究，以便对现代基础设施在小行星/彗星撞击和极端太阳风暴中的脆弱性进行更详细的评估。这些评估还应详细说明在以下方面可采取哪些保护行动：各种重要基础设施，如电网、管道、水和污水系统、运输系统和卫星应用；估算的行动费用；以及在尽量减少风险方面的优先目标。最后，这一评估应明确包括考虑地球保护性磁层的变化以及地球大气层和平流层在防止极端太阳风暴方面的变化。这一评估应特别考虑以下问题：皮肤癌发病率上升、基因突变、极地臭氧洞增加，这些问题可能受到空间相关活动、亚轨道空间飞行和临近空间高超声速运输活动以及平流层污染的积极或消极影响。

这种国家和国际宇宙灾害审查的另一个方面是从财务风险和法律责任方面审查小行星撞击和极端太阳风暴（例如，大型自然电磁脉冲）。这里的问题是，是否有可能扩大空间发射责任险安排，以建立一种由多层政府责任支持的私人保险基金或灾难恢复保险，这种保险可为灾难性宇宙灾难造成的损害提供 1 万亿美元的赔偿。

这些解决办法也可在联合国和平利用外空委员会、外层空间活动长期可持续性工作组或其他有关团体内探讨。其他可能的贡献者可能是国际大气网、空间任务计划咨询小组、国际天文学联盟（IAU）、空间研究委员会和国际宇航科学院（IAA）。此外，应将宇宙灾害作为讨论的一个主要议题，并作为可能的全球行动列入各种空间相关国际论坛的议程，特别是在计划于 2018 年 6 月在奥地利维也纳举行的外空会议＋50 会议上，需引起足够的关注。

17.5　结论及汇总表

越来越多的证据表明，事实上在现代社会，地球上的所有生命都可能面临宇宙灾害造成的严重风险，特别是小行星或彗星撞击和极端太阳风暴。这样在陆地、海洋或空中小行星撞击地球会引发大规模海啸，摧毁超大城市，造成大气电磁脉冲，甚至被误认为是热核导弹袭击并在无意中引发国际冲突。需要进一步更好地了解这些风险的程度和性质，以及为什么人类目前的发展模式正在增加城市、现代基础设施和全球供应链的风险。表 17－1 和表 17－2 力求总结这些风险并概述潜在的缓解行动。仍需要进行更多的技术和科学研究，对各种类型的风险进行更多的评估，尽量减少和缓解威胁，并在技术、金融、保险、责任和监管领域开展形式更丰富的全球合作，以应对并更好地理解宇宙风险的性质。

表 17－1 和表 17－2 概述了一些问题和拟议步骤。

表 17－1　与宇宙灾害和行星防御有关的关键问题和挑战

问题和挑战	技术挑战（自然和人为）	经济、商业、人口、健康和其他挑战	风险/缓解/公平问题
可能存在威胁的小行星和彗星	削弱地球磁层	高成本的跟踪和探测系统（天基和地面）	1）城市基础设施的极端潜在破坏和大量生命损失； 2）小行星防御系统和技术可视为空间武器； 3）不成功的防卫行动可能使国家承担责任； 4）目前为抵御宇宙灾害而签订的国际协定普遍不足； 5）目前的任何协定都不允许使用联合国维和部队或国际资源来对重大小行星撞击事件进行恢复； 6）没有大量的保险基金（数万亿美元）用于应对重大小行星袭击
太阳耀斑，太阳高能粒子和日冕物质抛射	地球磁层效应减弱，极地地区季节性臭氧洞	皮肤癌、基因突变的发病率增加；研究太阳现象的空间系统成本高；开发抵御极端太阳天气的保护系统成本更高	1）没有任何已知的手段来阻止或准确预测极端太阳天气事件或预测地球磁层变化的影响； 2）防止极端太阳事件和气候变化的技术将是昂贵的，没有全球商定的融资或实施系统； 3）行星防御可能需要严苛的时间反应； 4）目前没有任何协定允许使用联合国维和部队或国际资源从重大太阳耀斑事件中恢复； 5）没有大量的保险基金（数万亿美元）用于应对重大太阳耀斑事件
地球对这些宇宙灾害的脆弱性的变化	地球磁层最终可能会降低到当前范艾伦辐射带对抗太阳风暴的偏转强度的 15%	城市发展的蔓延；人口增长和重要基础设施的暴露（卫星、电网、电子和计算机芯片）	1）如果地球的磁极发生移动，它的偏转强度可能会大大降低，也许移动时间会持续数百年； 2）易受自然电磁脉冲影响的现代经济体每年都在增加，特别是卫星和电网

表 17－2　与宇宙灾害和行星防御有关的拟议国际行动

拟议的行动	采取拟议行动的实体
空间机构都应明确将行星防御作为首要战略目标	所有空间机构和国家立法机构
设立空间机构间委员会，处理各种形式的宇宙灾害，包括轨道空间碎片	机构间空间碎片协调委员会（IADC）应着手设立一个关于所有空间灾害和行星防御的类似委员会，或扩大空间碎片协委会的职权范围
空间飞行任务计划咨询小组（SMPAG）和国际小行星预警网（IAWN）制定更有力的程序	空间飞行任务计划咨询小组、国际小行星预警网、联合国和平利用外层空间委员会及其小组委员会
制定《国际行为守则》的新内容或修订条约草案的措辞	在和平利用外层空间委员会和裁谈会、裁审会、联合国大会第一和第四委员会内进行讨论； 联合国外层空间事务司和联合国裁军事务厅协调
两台改进的小行星探测红外望远镜（哨兵和 NEOCam）应尽快建成和发射	B612 基金会和美国政府/美国国家航空航天局

续表

拟议的行动	采取拟议行动的实体
协调关于宇宙灾害和行星防御的国家和国际研究项目(涉及潜在危险的小行星和彗星探测、极端太阳天气、地球保护系统变化研究以及新的自然和人类保护战略和系统,用于防止宇宙灾害)	所有国家政府通过立法和预算行动; 世界各地所有相关研究所和实验室; 联合国大会和和平利用外层空间委员会、空间飞行任务计划咨询小组、国际小行星预警网、天文学联盟、国际空间研究委员会以及国际空间安全促进协会、宇航科学院和国际空间大学等专业机构
在开展和协调关于宇宙灾害威胁的各种研究和评估之后,以及在发展了应对近地天体和极端太阳风暴的进一步能力之后,外空会议+50 除其他事项外应考虑如何减轻与宇宙灾害有关的风险——近地天体、轨道空间碎片、太阳风暴和地球磁层的削弱	外空会议+50 可能会审议一些新的安排、目标和对象以及尽量减少和减轻对太阳危害的风险,这些安排、目标和对象可能遵循联合国和平利用外层空间委员会第 14 行动小组处理近地物体危害的模式的先例,该模式现已由空间气象小组和国际大气观测网机制接管(和平利用外层空间委员会在其 2016 年大会上建议设立一个“空间气象服务国际框架”,供联合国大会通过,作为外空会议+50 进程开展的七个专题优先事项之一)

参考文献

[1] Charter of the United Nations, 26 June 1945, Can TS 1945 No 7 [UN Charter].

[2] "Draft articles on responsibility of States for internationally wrongful acts" in "Report of the Commission to the General Assembly on the work of its fifty - third session" (UN Doc A/56/10) in Yearbook of the International Law Commission 2001, vol 2, part 2 (New York: UN, 2007) (UNDOC. A/CN. 4/SER. A/2001/Add. 1 (Part 2)) 26 [Articles on State Responsibility].

[3] Draft International Code of Conduct for Outer Space Activities, version 31 March 2014, online: European External Action Service ⟨eeas. europa. eu/sites/eeas/files/space _ code _ conduct _ draft _ vers _ 31 - march - 2014 _ en. pdf⟩ (last accessed 18 January 2017) [ICoC].

[4] Draft Treaty on the Prevention of the Placement of Weapons in Outer Space, the Threat or Use of Force against Outer Space Objects, online: UN Office at Geneva ⟨www. unog. ch/80256EDD006B8954/ (httpAssets) /C4CD83AD4A8B4797C1257CF3003AC425/ $ file/1319+Russian+Federation+Draft +Updated+PPWT+. pdf⟩ (last accessed 18 January 2017) [PPWT].

[5] Eicher, David J. "Why the asteroid threat should be taken seriously", Astronomy (2015), online: Astronomy ⟨www. astronomy. com/bonus/asteroidday⟩ (last accessed 18 January 2017).

[6] ESA, "Swarm Reveals Earth's Changing Magnetism" (19 June 2014), online: ESA ⟨www. esa. int/ Our _ Activities/Observing _ the _ Earth/Swarm/Swarm _ reveals _ Earth _ s _ changing _ magnetism⟩ (last accessed 18 January 2017).

[7] Kemp, John. "Time to Be Afraid - Preparing For Next Big Solar Storm", Insurance Journal West 92: 15 (4 August 2014), online: Insurance Journal ⟨ www. insurancejournal. com/magazines/ features/2014/08/04/336115. htm⟩ (last accessed 18 January 2017).

[8] Klein, Christopher. "A Perfect Solar Superstorm: The 1859 Carrington Event", History (14 March 2012), online: History ⟨history. com/news/a - perfect - solar - superstorm - the - 1859 - carringtonevent⟩ (last accessed 18 January 2017).

[9] Leone, Dan. "B612 Foundation Puts a Price on Asteroid Mission", Space News (16 April 2013), online: Space News ⟨spacenews. com/34885b612 - foundation - puts - a - price - on - asteroid - mission/⟩ (last accessed 18 January 2017).

[10] Lubin, Philip & Gary B Hughes. "Directed Energy for Planetary Defense" in Joseph N Pelton & Firooz Allahdadi, eds, Handbook of Cosmic Hazards and Planetary Defense (New York: Springer, 2015) 941.

[11] NASA, "The Tunguska Impact - 100 Years Later" (30 June 2008), online: NASA Science ⟨science. nasa. gov/science - news/science - at - nasa/2008/30jun _ tunguska/⟩ (last accessed 18January 2017).

[12] NASA, Jet Propulsion Laboratory, "NEOCam: Instrument", online: California Institute of Technology ⟨neocam. ipac. caltech. edu/page/Instrument⟩ (last accessed 18 January 2017) [NASA, "NEOCam"].

[13] NASA, Planetary Defense Coordination Office, online : ⟨ https: //www. nasa. gov/planetarydefense/

overview〉(last accessed 21 January 2017) [NASA Planetary Defense].

[14] National Research Council, Defending Planet Earth: Near - Earth - Object Surveys and Hazard Mitigation Strategies (Washington, DC: The National Academies Press, 2010).

[15] Odenwald, Sten. "The Day the Sun Brought Darkness", NASA (13 March 2009), online: NASA 〈www. nasa. gov/topics/earth/features/sun _ darkness. html〉 (last accessed 18 January 2017).

[16] Packer, Joseph; Jeffrey A Kurr & Adam Abelkop. "The Policy Trajectory of United States Asteroid Deflection Planning" (2013) 1: 1 Timely Interventions 2.

[17] Pelton, Joseph N & Firooz Allahdadi. "Introduction to the Handbook of Cosmic Hazards and Planetary Defense" in Joseph N Pelton & Firooz Allahdadi, eds, Handbook of Cosmic Hazardsand Planetary Defense (New York: Springer, 2015) 3.

[18] Pelton, Joseph N; Ram Jakhu & Scott Madry. "Defending Earth against cosmic hazards", Room6 (January 2016), online: Room: The Space Journal 〈room. eu. com/article/defending - earthagainst - cosmic - hazards〉 (last accessed 18 January 2017).

[19] Phillips, Tony. "Near Miss: The Solar Superstorm of July 2012" (23 July 2014), online: NASA 〈science. nasa. gov/science - news/science - at - nasa/2014/23jul _ superstorm/〉 (last accessed 18 January 2017).

[20] Reitsema, Harold J & Edward T Lu. "Sentinel: A Space Telescope Program to Create a 100 - Year Asteroid Impact Warning" in Joseph N Pelton & Firooz Allahdadi, eds, Handbook of Cosmic Hazards and Planetary Defense (New York: Springer, 2015) 569.

[21] Simpson, Michael K. "Planetary Defense, Global Cooperation and World Peace" in Joseph NPelton & Firooz Allahdadi, eds, Handbook of Cosmic Hazards and Planetary Defense (NewYork: Springer, 2015) 1055.

[22] The White House: Office of the Press Secretary, Executive Order — Coordinating Efforts to Prepare the Nation for Space Weather Events, 13 October 2016, online: The White House 〈www. whitehouse. gov/the - press - office/2016/10/13/executive - order - coordinating - efforts - prepare - nation - space - weather - events〉 (last accessed 18 January 2017).

[23] Treaty Banning Nuclear Weapon Tests in the Atmosphere, in Outer Space and Under Water, 5 August 1963, 14 UST 1313, TIAS No 5433, 480 UNTS 43 (entered into force 10 October1963) [Partial Test Ban Treaty].

[24] Treaty on Principles Governing the Activities of States in the Exploration and Use of Outer Space, including the Moon and Other Celestial Bodies, 27 January 1967, 610 UNTS 205 [Outer Space Treaty].

[25] Uniting for peace, GA Res 377 (V), UNGAOR, 5th Sess (1950).

拓展阅读

[1] Sandia, News Release, "Sandia supercomputers offer new explanation of Tunguska disaster: Smaller

asteroids may pose greater danger than previously believed" (17 December 2007), online: Sandia 〈share. sandia. gov/news/resources/releases/2007/asteroid. html〉 (last accessedJanuary 2017).

[2] NASA, "K - T Event", online: NASA 〈www2. jpl. nasa. gov/sl9/back3. html〉 (last accessed 18 January 2017).

[3] NASA: Jet Propulsion Laboratory, "NEOCam: Mission", online: California Institute of Technology 〈neocam. ipac. caltech. edu/page/mission〉 (last accessed 18 January 2017).

第 18 章　空间环境问题

解决的关键问题

- 威胁可持续性地探索和利用空间的空间环境问题是什么？
- 小卫星（如立方体卫星、微小卫星、纳卫星、皮卫星、飞卫星等）和小卫星组成的大型（巨型）卫星星座的扩散对全球太空管理构成了哪些挑战？
- 现有的全球太空管理制度是否充分解决了探索和利用外层空间的环境问题，包括与外星生命的接触。
- 关于空间碎片、在轨服务和空间活动可持续性的新规则和准则的结合是否为空间环境问题提供了适当的解决办法？

18.1　引言

18.1.1　空间环境问题的产生

本章的“空间环境问题”包括外层空间环境的改变，即深空、行星轨道、行星表面和行星表面以下环境的改变。“行星”一词同样适用于太阳系的八个行星、矮行星（包括冥王星）、自然卫星、小行星、彗星等，在未来几十年的时间内大概率不会考虑太阳系以外的情况。这些环境问题包括人类探索和利用外层空间可能产生的生物、电磁光谱、辐射、化学和物质污染，以及行星外观等外层空间环境的物理变化等。自然危害，如太阳耀斑、日冕物质抛射、小行星、彗星和银河宇宙辐射不在考虑范围内，这些已在本书第 17 章中讨论过了。

本章中的“有害污染”一词包括各种类型和程度的危害。其中包括对人类的伤害（健康、文化损害等）；对未来勘探工作的损害（科学、技术、物质和经济）；对地球动植物的生理和物质损害；以及对其他“星球”或天体的损害，影响其当前和未来可能的状况（就实际和道德层面而言）。有害污染也可以用来描述空间环境问题，例如轨道碎片的扩散或某些火箭推进剂的使用明显增加，这可能影响地球大气层甚至会影响平流层。简而言之，这个术语的含义与使用它的情况是要结合语境的。关于空间环境问题的太空管理应关注所有这些可能性。

应特别注意两种有害污染：1）空间碎片；2）生物和有机污染物。空间碎片，特别是在近地空间发现的大量卫星和运载火箭碎片，对地球轨道空间的使用构成重大威胁，须遵守机构间空间碎片协调委员会（空间碎片协委会）和联合国和平利用外层空间委员会（外空委）的《碎片缓减准则》中的具体（自愿）准则［IADC Debris Guideliness; UNCOPUOS Debris Guideliness］。另一种污染，即生物和有机污染，在1957年发射人造卫星之前就被认为是一个问题，通常被认为是《外层空间条约》第九条所指的主要有害污染形式之一［Outer Space Treaty，art. Ⅸ］。国际科学联合会理事会（科联理事会）空间研究委员会（空间研委会）维持了一项国际共识标准，在“行星保护”这一术语指导下确立了避免进一步造成污染的方法，供航天国家使用［COSPAR Policy］。

18.1.2　评估环境问题的方法

目前，有必要对空间环境问题采取全面的国际管理办法。这一需要是基于对本书第5章所讨论的将非政府商业活动范围扩大到深空的期望，以及国家、商业企业或个人行为已采用空间技术和扩大了人类活动的范围。预计未来商业空间活动将继续增加，空间活动的范围也将不断扩大，对外层空间进行全面管理的必要性继续增加。出于必要，似乎需要一个相当于《联合国海洋法公约》（UNCLOS）的全面工具来处理空间环境保护问题，以保护特殊的历史地点、结构，保护在空间中发现的自然和独特的条件，以及地球上的所有生命形式。许多人认为，考虑到进入太空的次数不断增加，无论是在地球上，还是未来在其他星球进行太空移民和殖民，国际标准和条例对于能够可持续利用外层空间以及确保人类持续健康和安全都至关重要。

空间环境问题可以通过对两个因素的审查来分类：被送入空间的物体的性质（或试图送入空间）；以及被送入空间的物体的环境性质。例如，在美国直接经由美国政府或受到政府许可而发射和回收特定有效载荷时，应根据美国国家环境政策法案（NEPA）对其进行分析，所需的分析只扩展到地球生物圈的范围。这种分析可包括地面或大气污染，以及被带离或带回地球的任何放射源污染的可能性。对于联邦航空管理局（FAA）监管的私人发射，一旦涉及外层空间，美国（作为《外层空间条约》的缔约国）将受到由美国国务院进行评估的国际条约义务的约束。然而，目前还没有确定地球生物圈以外的空间环境影响的固定结构。

美国国家航空航天局有相关条例用来处理轨道碎片、航天器和可能（带入和带出）出现有机污染的飞行任务。尽管如此，这些条例只影响美国国家航空航天局或美国国家航空航天局签订的任务。对目前美国非政府的发射来说，《国家环境行动计划》对有机或生物污染适用的法规不太严格，对轨道碎片也没有有效的法规。其他航天国家对飞往其他地外地点或携带生物制剂进入太空进行实验的飞行任务采取了某种形式的环境控制。然而，这些规定基本上与美国的相似。

从国际法的角度来看，环境污染由若干国际法规直接或间接管辖，这些法规根据《外层空间条约》第三条适用于外层空间。被认为具有普遍适用性的第三条规定：

> 《条约》缔约国应根据包括《联合国宪章》在内的国际法，为维护国际和平与安全，促进国际合作与理解，开展探索和利用包括月球和其他天体的外层空间的活动［Outer Space Treaty，art. Ⅲ］。

1972年《斯德哥尔摩宣言》第二十一条原则规定：

根据《联合国宪章》和国际法原则，各国拥有根据本国环境政策开发本国资源的主权权利，并有责任确保在其管辖或控制下的活动不对其他国家或其国家管辖范围以外地区的环境造成损害［Stockholm Declaration，Principle 21］。

因此，作为国家管辖范围以外区域，外层空间的环境直接受到这一原则的保护。联合国大会第2996（XXⅦ）号决议声明，《斯德哥尔摩宣言》第21，22条原则规定了各国对环境保护的国际责任问题的“基本规则”［GA Res. 2996（XXⅦ）］。1992年《里约宣言》第2条原则和1992年《生物多样性公约》第3条转载了《斯德哥尔摩宣言》第21条原则［Rio Declaration，Principle 2；Biodiversity Convention，art. 3］。在“以核武器进行威胁或使用核武器的合法性”咨询意见中，国际法院依据著名的“特雷尔冶炼厂仲裁”确认：

各国普遍有义务确保在其管辖和控制下的活动尊重其他国家的环境或国家控制范围以外的地区的环境，这一义务现已成为有关环境的国际法的一部分［ICJ Advisory Opinion in the Legality of the Treat Cast，pp. 241－242］。

因此，现在很明显，《斯德哥尔摩宣言》第21条原则是对所有国家具有约束力的习惯国际法原则［Ahmad，2016，pp. 143－145，237－238］。围绕任务批准、设计、发射、操作、使用和处置的监管结构明显需要进行扩大和阐明，以确保有效解决地球轨道以外的环境问题。未来前往火星和其他地外空间的飞行任务可能会导致轨道碎片条例（“尽快离开轨道”）与行星保护做法（“尽可能在轨道上停留”）之间的冲突，这些问题应事先加以解决。空间环境受到有害污染的可能性取决于操作的地点和航天器该环境的应对措施。机器人着陆器或探测器可能被送到其他可能有生命体的行星上，或者至少被送到一个条件与地球生物生长相容的地方。然而，在这种情况下，必须清除掉着陆器或探测器本身的生物或有机污染物，这些生物和污染物可能会影响未来对该地点的研究，或变成原本并不存在的外来生命形式的证据。一项主要的关注是一次飞行任务可能会改变空间环境，从而对下一次飞行任务完成其目标的能力产生不利影响，空间环境本身的性质可能会在不经意间（且永远地）改变。

因此，本章采取的方法是从近地表面开始向地外空间进行研究，对空间环境问题进行评估，特别区分行星和其他富含挥发性物质的太阳系环境，在这些环境中，感知价值，探测环境的过程和结果会出现显著的差异。作为一项全面的考虑，本章最后讨论了（根据《外层空间条约》第九条）引入“外星物质”造成损害的可能性，尤其是存在活的外星生物的情况。

18.2　地球和近地环境

运载火箭和航天器着陆的影响包括纯粹的暂时物理影响（例如音爆和火箭发动机运行产生的有害环境的噪声、化学品和材料），或者在航天器运行期间产生的高速和高能导致的灾难性爆炸和碰撞，以及对环境产生的更长期影响。一些航天器的操作可以产生所有这些影响。此外，可以理解的是，就大气影响而言，平流层可能比海平面的大气污染高100～1 000倍，这是因为临近空间的大气十分稀薄。

在正常操作下，运载火箭和空间探测器可能会对地球环境产生有害影响，因为它们消耗的化学推进剂产生了副产品。即使是最有效的火箭发动机也会存在火箭燃料和燃烧产物的化学污染的可能。在液体燃料火箭中，液氢可以作为以液氧为氧化剂的燃料，就空气环境破坏程度而言，两者都是较好的选择（因为它们的燃烧产物是水）。或者，火箭中也可能有大量碳氢化合物燃料（例如煤油或 RP－1），通常与液氧配对。甚至还有毒性更强的燃料，如四氧化二氮和各种肼衍生物，这些燃料很少作为火箭主要燃料。

固体燃料火箭也包含各种各样的燃料——最成功的燃料之一（在美国国家航空航天局航天飞机上使用的）包括高氯酸铵氧化剂（按重量计 69.6％）、作为燃料的铝（16％）、作为催化剂的氧化铁（0.4％）和作为二次燃料并用于将混合物粘合在一起的粘合剂聚合物，（12.04％），再加上一点环氧树脂（1.96％）。使用这种配方的固体火箭发动机会释放铝、氮氧化物和氯化氢，破坏上层大气的臭氧层。

其他制剂也有类似的污染后果。包含氧化亚氮作为氧化剂和其他燃料的混合体系是一个特殊的问题，如固体羟基聚丁二烯燃料（俗称氯丁橡胶）。这种“固体燃料”燃烧具有“节流阀”的优点，因此在紧急情况下可以关闭火箭。然而，这种固体燃料比液体燃料燃烧要脏得多。内华达山脉公司的追梦者飞船已在飞船设计中增加了安全性考虑，可以“关闭”燃烧。然而，由于火箭穿过高层大气，在大气稀薄得多的地方释放微粒，因此燃烧产生的污染要严重得多。在太空飞船二号中使用的推进系统已经将太空飞船一号中使用的氯丁橡胶燃料改变成原来的太空开发公司使用的混合燃料系统，使用的燃料从聚丁二烯变成铝聚酰胺。从这种燃料配置中释放的微粒数量尚未确定，但也存在类似的环境污染。虽然这些例子来自美国的发射器，但污染物的问题在全球范围内都是一样的。

底线是，固体燃料系统通常在敏感的平流层中造成更高水平的污染，并且通常情况下可以释放比液体燃料系统更多的微粒和环境污染气体。液氢和液氧系统通常是最清洁的。

在考虑非名义操作的潜在影响时，包括灾难性的航天器故障，它们对环境的有害影响可能主要是由于来自释放的化学污染物（主要在发射阶段，但也在空间和返回地球时）。在比较火箭发射和飞机飞行的污染效应时，存在着复杂的权衡。显然，飞机飞行次数比火箭发射次数多得多，比例高达 1 000∶1。然而，污染物尤其是平流层最高海拔的微粒，会产生更大的危害。这是因为地球平流层的分子密度——特别是 30 千米以上——可能是海平面的 100 到 1 000 分之一。简而言之，火箭发射可能比飞机产生更多的环境影响，特别是在释放固体微粒方面。

还有其他环境问题。其中包括飞行器在大气层爆炸或在地球撞击时可能释放化学品的物理后果，甚至是“清洁”的飞行器在高速撞击地球时可能对人员、财产或重要基础设施造成损害。此外，含有高酚、有毒爆炸物或钚电源的航天器对环境的有害影响也非常明显。

其他燃料的快速释放也可能是有害的，这取决于航天器爆炸、碰撞或其他类型灾难的地点和时间。从哥伦比亚号航天飞机（STS-107）重返大气层的灾难中可以看出，高速航天器的解体和从航天器上脱落的部件可在一个较大范围的地理区域造成危险。联邦航空局商业空间运输办公室估计，一架空中客机受到哥伦比亚碎片影响的可能性约为1%。

鉴于STS-107上的一些实验生物在航天飞机飞行任务的解体中幸存下来，并在新墨西哥州被发现存活，人们可以估计，由于引进入侵物种而造成的相对普遍（但严重）的潜在环境损害可能与地球大气层中的航天器破坏有关，这取决于再入路径。如果在敏感环境附近或在大规模人类居住地区，空间飞行器坠毁造成的环境影响的忧虑显然会更大。无论航天器是否处于名义或非名义性的运行状态，避免航天器之间和航天器与地球自然或人类居住区域之间的物理（甚至化学和生物）相互作用，是空间交通管理和交通管制当局的一项重要而艰巨的任务。目前对所有这些与发射有关的问题的国际监管控制在环境保护方面似乎普遍不足。

18.2.1　近地空间使用的物理危害

在1957年空间时代开始时，利用近地空间的相关工程能力刚刚起步，人们努力使人造地球轨道卫星发射成功。在可预见的未来，以下的几个事件都存在一个不为零的概率，包括任何一次发射失败，航天器将无法到达其适当轨道甚至无法返回地球。许多航天器被送入各种轨道，在完成飞行任务后被留在这些轨道上。失败的航天器，甚至就连成功的运载火箭也经常被留在轨道上，当电池罐阀门失效时这些火箭会发生爆炸。有时推进剂贮箱阀被命令打开或自身失效，使推进剂的化学物质以高能的方式结合在一起。这种爆炸可以将单个航天器转化为无数的轨道组件、部件、碎片和液珠物质，如油漆屑、燃料和冷却剂的冷冻液滴，它们都可能继续相互碰撞或与其他航天器碰撞，从而大大增加留在轨道上的碎片数量。

载人飞船在混合物中加入了航天员的身体排泄物。例如，在美国航天飞机计划中，有多余的水（偶尔也有人类排泄物）的排放，这些水可能会在轨道上冻结成固体。在轨道空间站的历史上，有更多的物质被抛射或排放到轨道（尽管由于大气阻力的存在，其寿命相对较短且位于低轨），这增加了轨道碎片。目前，最大的碎片问题涉及火箭的上面级，这一部分存在撞击另一个轨道物体的重大风险。本书第14章也讨论了与空间碎片有关的若干问题。

令人不安的是，留在较高地球轨道上的航天器相关材料的寿命可能非常长。空间碎片协委会和联合国和平利用外空委员会碎片缓减准则明确指出，几十年来，在太阳活动最大的条件下，与地球上层大气的相互作用达到约600千米的高度。这种大气阻力可以使这种材料减速，从而使其重返地球较低的大气层，通常符合空间碎片协委会所规定的25年寿命结束后离轨的要求准则。然而，在较高的轨道上，离开轨道需要更长的时间。大气阻力、潮汐扰动和太阳风可能会逐渐将碎片带到较低的高度，在那里它们的轨道进一步衰减。然而，在非常高的高度，这一过程可能需要数千年的时间，而对于在地球同步轨道以上的卫星，它们可以在那里停留数百万年。在比较受欢迎的地球同步轨道上，通信卫星大约停留在地球表面的同一点上，空间碎片的长寿命加剧了轨道的过度拥挤。因此，卫星与碎片的相互作用是一个新出现的问题，而由于地球旋转轴的规则进动导致航天器被控制进入首选的轨道平面，会使问题进一步复杂化。

目前的重点是针对地球静止轨道上的通信卫星，或者具有良好的稳定性的大型轨道航天器，在这方面可以采取有效措施减少碎片问题并切实地加以管理。特别是，运载火箭的助推器或卫星在进入合适的“停泊轨道”或“墓地轨道”上或完全脱离轨道之后可以被认为是任务完成。航天器运营商的这种考虑与正在使用的轨道（特别是地球静止轨道）的价值以及它们（对公司股东/公民和同行）关于保持所有地球轨道的可操作性的总体关切紧密相连。对于某些倾斜的轨道，已经达到了这样的一点，即在新的航天器能够在同一基本轨道上运行之前，必须移除该轨道当前运行的航天器。

从在所有地球轨道上保持运行能力的角度来看，拟议中的多个卫星星座，特别是多个小卫星星座的扩散，可能成为未来极具挑战性的空间交通管理问题。一些公司已经认识到利用相对廉价的小卫星提供基于互联网的数据通信的潜力，其中包括“OneWeb”，该星座提议利用大约 700 颗小卫星（每颗小卫星质量约 150 千克）提供全球互联网宽带服务。Leo Sat 计划最终为企业数据服务部署可能超过 100 颗卫星。最重要的是，有报告说，SpaceX 正在研究一个类似用途的巨型低地球轨道星座，可能需要 4000 多颗小卫星。

除了用于在低轨上使用小卫星的通信和基于互联网服务的星座外，还有其他建议部署巨型星座的空间应用。例如，Skybox Imaging（现为 Terra Bella）发射了 24 颗小卫星，用于遥感并提供快速数据更新。此外，行星实验室还从低轨国际空间站发射了数十颗立方体卫星，以开展遥感活动，但并不总是精确地控制部署模式。

对于这些星座中的绝大多数来说，计划的轨道远高于 400 千米的近地点，许多是计划运行在 600 到 900 千米的高度上。这意味着这些卫星将在地球轨道上停留多年，这取决于轨道的实际高度，除非专门设计了在其寿命结束时使其脱离轨道的系统。这种系统受限于质量、体积和成本。而这些因素可能限制主动脱轨能力。在建造过程中遇到技术或财政压力时，可能会通过减少星载燃料或其他方式努力降低主动脱轨能力。巨型低地球轨道星座如“One Web”和 SpaceX 正在研究的系统，在成功运行、避免对地球静止轨道卫星的干扰和成功脱轨方面的管理仍然具有挑战性，特别是存在与不受主动控制的且越来越多的空间碎片碰撞的可能性。铱星网络有 66 颗运行的卫星和备份（均具有主动脱轨能力），但是根据实际运行记录，成功脱轨的记录很少。其中许多卫星仍在运行，甚至超过了其最初预期寿命十年。因此，在巨型低地球轨道系统中，所有这些卫星能够并成功地脱离轨道的可能性似乎不大。

谁应该控制和监督部署在低地球轨道上的卫星数量的问题——特别是所谓的巨型低轨系统——还十分不清楚。国际电信联盟（国际电联）在地球同步轨道卫星间隔和频率分配方面有明确的程序。然而，目前没有公认的关于系统控制低轨卫星星座的国际条例，也没有按照 25 年规则确保卫星脱离轨道的执行程序。事实上，没有确定卫星寿命何时结束的无偏差的具体程序，因为操作者倾向于使用尽可能多的燃料延长寿命，即使这可能会削减主动脱轨所需的燃料。法国空间法，即 2008 年 6 月 3 日关于空间行动的第 2008-518 号法律，是最具体的国内法。该法律要求遵守 25 年规则，对不遵守规定的行为予以明确处罚。

今天，令人关切的是，地球轨道上有成千上万的空间碎片，凯斯勒综合征可能造成致命的不断扩大的空间碎片“雪崩”。明天，我们可能还会关注其他行星体。这是因为我们将越来越多的航天器送入月球、火星、金星和其他没有适当关注行星碎片的行星轨道。有人可能会说，这还为时过早，不值得关注。然而，也有人会说，这是对地球轨道碎片的平行思考，引发了当前对凯斯勒综合征的关切。如果没有关于空间碎片的前瞻性条例，我们可以预见，在未来的某个时刻，太阳系的其他地方也将出现空间碎片问题。

18.2.2　非物质性环境恶化

空间碎片和各种航天器可能造成的撞击损害并不是自由使用地球轨道空间的唯一限制。虽然人造卫星 1 号航天器仅在两个频率（20.005 和 40.002 兆赫）上发射简单、短促的“哔声”，且只有一个 1W 发射机，但现代航天器使用数千瓦功率的发射机在各种固定或可变频率上传输高度复杂的数据包、模拟信号和载波。

20 世纪 60 年代初，人们认识到地球同步轨道的效用，并采取具体行动保护卫星在这些轨道上的传输，指定专门用于空间飞行的各种频带，进而建立了国际电联。国际电联开始规定现有的无线电频谱资源的分配、运行，并防止从卫星或地球发出的无线电对地球和地球轨道环境造成潜在的有害电磁干扰。这些是空间飞行所关注的主要非物质环境恶化问题，目前国际电联根据历次世界无线电通信会议规定的原则处理这些问题。与频谱有关的问题已在本书第 6 章进行了更详细的讨论。

根据国际电联的无线电条例，联盟作用是执行以下条例：

1）促进公平获取和合理利用无线电频谱，以及包括地球同步轨道在内的任何相关轨道的自然资源；

2）确保为遇险和安全目的提供的频率的可用性和免受有害干扰；

3）协助防止和解决不同行政当局无线电部门之间有害干扰的情况；

4）促进所有无线电通信服务的高效和有效运作；

5）提供并在必要时规范无线电通信技术的新应用［ITU Radio Regulations Preamble］。

目前面临的挑战是制定这些条例和做出适当的监管决定，以确定是否修改公告卫星网络的监管程序，从而促进以单个部署或星座部署的方式运行纳卫星和皮卫星。成千上万颗可能在轨道上运行数千年的“幽灵般”的小卫星，在相互干扰或干扰世界上其他航天器的同时，这些卫星的低成本和快速进入空间可能产生的负面后果，必定引起人们的关注。

18.3 行星和小天体环境：利用外层空间的潜在影响

在地球轨道以外，人们会看到一系列的不同行星体和恒星太阳。太阳不仅对地球上的生命和地球系统的许多特定方面产生普遍影响，而且对所有其他太阳系天体的环境以及人类和机器人前往它们的能力都有至关重要的影响。如上所述，空间作业对地球环境可能造成的危险之一是对地球臭氧层的破坏，这将导致到达地球表面的太阳紫外线辐射增加。然而在本章，对太阳环境的进一步关注将先搁置一边。

对于其他太阳系天体来说，本章的内容与人类和地球轨道以外空间环境的持续关系的重大概念变化相吻合。例如，制定《欧空局公约》的目的包括空间科学和地球应用：

> 该机构的目的应是专门为和平目的提供和促进欧洲国家在空间研究、空间技术和空间应用方面的合作，以期将其用于科学目的和用于空间应用系统［ESA Convention，art. Ⅱ］。

然而，非政府组织在可能用于探索太阳系的空间发射方面的能力不断增强，表明了对太阳系天体进行商业开发的考虑迫在眉睫。这种发展突出了与外层空间不同“位置”相关的具体问题，包括有利的轨道和轨迹等问题，但主要是太阳系中各种固体（或几乎固体）天体的地表上下的环境问题。这些天体可能会受到从物理恶化到环境污染（包括有机和生物污染）、到环境破坏、再到完全破坏太阳系天体本身的影响。

关键的结论是，除了可能的《外层空间条约》《月球协定》和不具约束力的国际空间研究委员会政策之外，目前没有任何国际保护条例或法律机制为太阳系天体提供环境保护。这个时候，这些文书——特别是《月球协定》——可能提供的环境保护程度，显然是有争议的。当然，本章所讨论的外空委最近的行动，特别是其外层空间活动长期可持续性工作组的建议，和国际法委员会（ILC）的努力是密切相关的。然而，这显然是一个需要进一步审查和采取行动的全球太空管理领域。

18.3.1 对小天体和卫星的威胁

太阳系中的大多数行星（和一些矮行星）都有自己的一系列卫星（水星和金星是例外），这些天体被认为是我们理解太阳系形成的重要线索，虽然它们本身并不特别重要。鉴于伽利略号和卡西尼号/惠更斯号飞行任务（木卫二和木卫二、土卫六和土卫二）对这些卫星研究得到的大量发现结果，保护大多数行星卫星的环境可能被认为比当前任何商业发展愿景更有价值。因此，目前其他行星卫星的环境不太可能受到商业发展的威胁，只会受到科学探索的威胁。

然而，地球的卫星——月球与上述情况不太相同。月球与地球临近，而且人类探索月球的历史表明，人们对月球上的资源开发是同样有兴趣的。即便没有有意尝试开采利用月球资源，月球的科学价值在一定程度上也受到了破坏。人类挥发物引入月球脆弱的大气不仅导致大气退化，而且还可能导致这些挥发物沉积在月球极地区域永久阴影的陨石坑中。这些挥发物是否掩盖了彗星和小行星对月球的撞击（可能使有用的挥发物在极地陨石坑中沉积）记录，仍有待观察。

当然，该记录是可以提取的，例如将其补充到任何资源提取行动方案中。

月球的其他方面可能更容易被认为是必须保护的，其中有两项值得注意。首先，当然是月球绕地球运行时肉眼观察的文化价值。第二个方面几乎与第一个方面相反：月球背面作为射电静区的价值，可以从背面进行射电天文学和相关的通信研究。目前，地球在电磁频谱的微波区域比太阳更耀眼，而月球的背面是唯一真正受保护的微波安静观测地点。未来月球探测通信结构的选择需要考虑背面静区的价值和通信效率。

太阳系中有大量的小天体，特别是小行星和彗星，它们不能保存太阳系挥发物的独特记录，在可接近轨道或其他用途方面可能没有任何内在优势。这类天体的数量之多（数十亿）也被认为是它们的环境价值较低的原因，因此更适合商业用途。对这些天体的识别和定性将是任何合理的行星（小行星和彗星）防御计划的一部分。这表明，如果这些小天体含有的可利用资源能引入人类经济，那么它们可能被当作未来使用的可能选择，而没有保护其环境的具体要求。

即使在全球范围内商定了一种小型天体资源占用的办法，仍然需要有合理的规定来保护其邻近天体和地球的环境不受到无意伤害。这将包括以下规则：1）不将这些资源投放到我的领土；2）不产生额外的轨道碎片；3）不以其他方式干扰空间导航。对于非常有价值且较小的小行星，它们作为一个独立星体完全被摧毁或从太阳系中移除肯定是一个有待决定的问题。如果一颗小行星或一颗彗星可能会在未来撞击地球，如果有足够的时间，一种可行的方案是对其进行移除，因为如果无法改变这颗小行星或彗星的轨迹，那么它会对我们的文明和地球宜居性造成严重的后果。本书第 17 章更详细地讨论了这些问题。

18.3.2　对富含挥发性物质的天体的威胁

除了将地球的卫星月球视为一个潜在的富含挥发性物质的天体外，在柯伊伯带上的海王星轨道之外还有无数的富含挥发性物质的天体。这类天体由于距离遥远，在商业意义上的使用还需要相当长的时间。然而，柯伊伯带上有足够数量的天体，能合理地确保如果其中一些被移除，科学研究不会受到影响。也许，这类天体最大的环境问题是，它们可能以未记录的方式受到污染，以某种方式影响关于太阳系的科学结论。良好的记录保存和探索航天器的挥发物清单应该可以防止这种情况发生。

这类天体可能成为未来商业化的资源丰富的目标。如果有足够的能量把这些天体上的挥发物交付给有意愿的客户，它们可能是打开太阳系其余部分供人类探索和使用的关键。鉴于许多近地天体含有挥发物，这似乎是一个非常遥远的未来设想。因此，对地球附近挥发物的小行星的研究关乎更大的环境和空间研究。

18.3.3　全行星尺度上的环境威胁

曾经有一段时间，人们认为太阳系的天体需要有一个大气层（>700 帕斯卡），并且直径接近火星（～6 800 千米）或更大，才会受到物理和生物污染的威胁。存在大气和大小适中都被认为是保持维持生命的液态水所必需的条件。然而，在 20 世纪 90 年代初，木卫二的图像解除了大气限制，降低了“对”直径的要求（3 121 千米）。潮汐力显然在木卫二的冰面下维持着大量的液态海水。后来，卡西尼号发现，土卫二（直径约 510 千米）的南极附近有冷火山，向太空发射类似间歇喷泉的水汽、其他挥发物和固体物质，这些物质来自地下海洋，大约 10 千米厚，位于地表 30 至 40 千米以下。最近与冥王星有关的研究表明，冥王星在地表以下可能包含海洋。由于能够维持生命的环境规模已经缩小，因此，关于防止来自地球的生物污染的考虑也有所减少，在这些星体上寻找生命的工作在保护措施和执行方法上发生了变化。

此外，一个行星，比如火星（具有强烈的紫外线照射、寒冷温度、干燥和氧化的尘埃）的某些特定地点对污染可能很敏感，在将地球生物直接引入这些地点（特殊区域）的情况下会产生严重影响。有理由假定如果将适当的地球生物引入木卫二或土卫二冰下的任何海洋地方，整个环境都可能受到污染。因此，在这类冰冻卫星上保留自然保护区的想法不能有效保护它们免受来自地球的污染。

对诸如木卫二或土卫二等冰冻星球的探索的另一个方面与它们的表面（包括谷神星的表面）主要由水冰组成的事实有关。因此，为地表或地下勘探选择的电源可能对在该星球着陆所需的清洁条件产生直接后果。虽然冰表面本身可能太冷或太干燥（或木卫二的情况，有过多的电离辐射），无法支持地球生物，但人们可以迅速发展一种环境，使地球来源的生物能够通过用常年热源（例如钚基放射性同位素热电发电机）把冰融化并保存下来。

其中的一些地球生物可能是人类探险家。机器人探测器可以接受彻底的消毒程序，使他们能够探索温暖的、潮湿的火星，但人类探险家不能采用这些措施，而且几乎不可能完全将人类隔离在火星上。根据国际空间研究委员会关于火星上人类的政策，“只有在控制和了解人类相关污染的情况下，人类探险家的更大努力才能有助于火星的天体生物学探测”[Kminek & Rummel，2015]。然而，对于“进行地面行动的着陆任务，不可能让人类在完全封闭的系统内进行所有与人有关的进程和任务行动” [Kminek & Rummel，2015]。因此，保护火星环境以供未来探索的一个主要要求是预先了解火星环境能否支持地球微生物生存。无论人类是为矿物或水冰开采矿山、种植作物，还是仅仅在星球表面旅行，我们目前对火星环境和来自地球资源的生物能力的理解都需要进一步扩展。

进一步审视人类探索的道路，火星等行星上已知的挥发物储量向人们表明，该行星的表面可以被修改而提供“全球变暖”，从而提供一个扩大的、更高压的大气和星球表面范围更广的液态水环境。虽然火星上的平均大气压力（约 600 帕斯卡）目前低于水的三相点（因此液态水不可能存在），但大气压力的中值实际上高于水的三相点，如 Hellas Planitia（1 155 帕斯卡）等区域与低压区域如奥林巴斯蒙斯峰（30 帕斯卡）保持平衡。将大气的很大一部分提高到水的三相点以上将是大气变暖和融化北纬 30°地区的部分地下冰的结果之一。应该指出，在火星表面上的每一次成功着陆都是在大气压力超过水的三相点的地方。

不幸的是，形成火星这样一个星球的方法有很多与之相关的未知数。不仅不确定在大多数人类项目（例如几百年）的寿命内是否能够实现预期的升温和大气增稠，而且还不清楚能否调动足够的挥发物来支持地球生物，也不能保证现存的火星生物（如果存在的话）不会对这些变化做出反应。如果不对火星地下进行进一步广泛和侵入性的探索，就不能用任何严格的方法来计算火星成功地球化的潜力——这一尝试有太多的未知和潜在的负面后果。最新的想法是为火星创造一个电磁屏蔽，以阻止太阳风剥离火星大气，这使得环境保护问题变得更加复杂［Anderson，2016］。

18.4　地球保护

关于保护太阳系环境的最后一项考虑是保护地球生物圈不受引入的“地外物质”损害地球和人类社会。大量空间物体落到地球表面的可能性是一个明显的问题，尽管更敏感的问题涉及从空间引入生物材料。

随着我们对地球环境中生命限制的理解不断加深，我们认识到，在其他星球上确实存在着地球生物可以生存的自然环境，因此，地球外生物也可能在地球上存活下来。这些星球的样本在返回地球进行研究之前，需要经过严格的生物危害筛选程序。特别令人关注的是来自富含挥发性物质的星球的样本，如火星、木卫二或土卫二，人们可以想象引入这些星球上的生物污染可能对地球构成威胁。须注意的是这些关切首先延伸到为科学研究而引入的材料，但如果从这些星球提取的用来支持人类未来探索的物质引入激增，那么这些关切则在一定程度上将继续存在。

18.5　主要挑战、机会和威胁总结

显然，空间飞行产生的地球环境问题，主要是对进入空间的问题的技术解决方案不完善导致的后果——以及技术故障和对后果无知使得这个问题在历史上遗留下去。虽然人们对机器人和人类航天飞行的成就很满意，但地球和近地环境都反映了运载火箭的失败（和不完全成功）、非名义着陆以及以不受控制或无法控制的方式将材料引入近地轨道的影响。目前，人们对使用近地空间的物理危害的关切与对电磁频谱的潜在有害干扰的关切结合在一起，在这种情况下，拥有有限航天器的传统频率用户面临着与轨道上数以千计的小卫星和纳卫星星座的供应商争夺带宽的问题。随着空间产业的这种新的模式运行，物质和非物质的环境影响的可能性均会存在。

在其他方面，空间材料在太阳系的小天体上或者在未来的行星探索均有潜在的应用。如果不对这一变化做出重大规定，行星和小星体环境很容易受到威胁。当然，这类监管的时间框架——关于采矿和矿产权、地表选址和使用，以及从一个天体向另一个天体输出材料——要在这些活动实际发生之前建立。人们可以想象，有各种行星公园和保护区以保护有价值的空间环境，供今后使用和研究，同时也可以对其他行星和小星体环境的商业使用做出直接分配。对于那些关心人类未来太空生活的人来说，如何进行这种分配，以及基于

什么基础，都是一个有趣的谜题。事实上，如上所述，美国国家航空航天局建议为月球历史文物和月球遗址建立保护区，以防止它们受到未来空间活动的干扰或污染。

最后，随着所有这一切的进行，我们需要继续欣赏地球本身作为人类自然家园的宝贵性质。如果事实证明太空环境中存在着外星生命，那么我们将会学到很多关于生物学的知识。如果空间中的生命不能根据我们掌握的知识直接归属于生命，那么聪明的做法是，如果没有适当的保障措施来保护我们自己的家园，我们就不会把它带回家。

18.6 保护天体环境的现行管理制度

“全星，全时”这个简单的表达总结了国际行星保护政策（PPP）的目标，该政策由许多空间机构实施。这项政策的发展既有科学方面的内容，也有法律方面的内容，这些内容有许多重叠但不一定完全一致。因此，关于全球环境保护的管理已经有了分歧，产生了重大差异，并限制了政策的有效性。

18.6.1 科学行星检疫要求（PQR）/行星保护政策

行星保护政策的起源可部分追溯到1956年国际宇宙航行联合会罗马大会期间对保护自然天体环境的审议。1957年之后，美国国家科学院向国际科学理事会提出请求，希望协助开发防止污染天体环境的手段［Phillips，1974；Stabekis，2002］。人们认识到，任何前往天体的任务都有污染地外环境的风险，必须最大限度地减少这种风险［Werber，1975，p. 4］. 国际科学理事会做出了回应，成立了外空探索污染问题特设委员会，认为天体是科学保护区［Phillips，1974］。该委员会确定了四个主要目标：受行星检疫要求等限制的天体勘探自由；向国际空间研究委员会（Committee for Space Reserch，COSPAR）披露有关活动和实验的信息；只进行可能产生有用科学数据的实验；以及在天体表面附近不应发生核爆炸［“Development of International Efforts”，1958，p. 889；Atwood，1966］。

1959年，美国国家航空航天局采取了一项政策，即“可能撞击天体的有效载荷必须在发射前消毒”［Phillips，1974，p. 10］。美国国家航空航天局的政策是明确的：任何可能撞击天体的航天器都必须对有效载荷进行灭菌。国际社会通过国际空间研究委员会于1964年建立了行星检疫要求框架。国际空间研究委员会的行星检疫要求很严格，但没有美国国家航空航天局最初的政策那么严格。

根据国际空间研究委员会的行星检疫要求，需要采用消毒技术，将任何打算在行星着陆或穿透其大气层的航天器上的单个活陆地生物污染天体环境的概率降低到1×10^{-4}以下。国际空间研究委员会确定，未经消毒的飞越天体或绕天体飞行的航天器意外撞击行星的概率限制为3×10^{-5}乃至更低。污染的概率由一个数学公式来确定，该公式考虑了发射时行星探测器的微生物载量，并考虑到微生物在发射、过境、进入、释放和目标天体环境中生长存活的概率［Kminek & Rummel，2015］。

原来的国际空间研究委员会的行星检疫要求用于行星探索的最初十年。总体概率限制的具体部分分配给空间任务活跃的国家，而后又被接受国分配给各自的任务计划。美国将其大部分配额分配给派往火星的北欧海盗探测器，该项任务采用了有效的消毒技术来遵守行星检疫要求［Meltzer，2010］。

联合国和平利用外空委员会对国际空间研究委员会的行星检疫要求非常感兴趣，并在其正式报告中转载了该要求。委员会还注意到国际空间研究委员会协商小组的建议，“及早采取行动，宣布火星为生物保护区，以确保在探索这一星球时，生物研究的考虑优先于其他方面”［UNCOPUOS Report，1964］。委员会同时也认同空间探测灭菌标准小组的报告，其中指出，“对一颗被证明是无菌的行星的预先生物化学研究仍具有重大的生物学意义”［UNCOPUOS Report，1964］。

国际空间研究委员会的行星检疫要求需要不断修订和重新评价。1969 年该政策进行了第一次重大修改，当时国际空间研究委员会将污染限制的可能性降低了一个完整的数量级，使之不超过1×10^{-3}，并将行星检疫要求的应用限于“火星和其他被认为重要的行星”用以寻找外星生命。国际空间研究委员会还将这些订正标准的适用年限延长至 1988 年［Stabekis，2002］。下一次重大修订发生在 1978 年，当时美国国家研究委员会空间研究委员会的结论是，在太阳系许多行星体的恶劣环境中，陆地有机体生长的可能性很低，因此不需要采用任何主动的净化技术。然而，美国国家研究委员会空间研究委员会继续建议，打算用于此类天体的航天器应采用洁净室技术，其理由不是基于行星保护的考虑，而是基于使用洁净室技术将减少可能损害航天器或其有效载荷功能的生物体生长的可能性［National Academy of Science Space Science Board，1978］。

将可忽略值分配给生长因素的概率使行星保护政策发生了变化，采用了主动生物污染减少技术作为行星际航天器的标准规范。这一转变于 1984 年完成，当时确定使用净化技术的要求不是出于污染因素概率的计算，而是出于对任务性质和有待探索的目标星体的考虑［Tennen，2003］。某些目标星体，如月球，被认为不具备寻找生命的生物意义，因此该政策不要求使用任何行星保护技术，也不需要任何具体的文件。有效的消毒措施或文件需求是否适用于其他目标星体的任务，将逐案确定［Stabekis，2002］。

尽管国际空间研究委员会通过了与这种方法相一致的各种修订，但这种针对特定任务的行星保护要求有限的通用方法一直持续到现在。例如，1994 年修订了该政策，特别是在火星探测任务方面，并将消毒和清洁控制的使用与任务目标是否包含生命探测实验挂钩。根据这一政策，携带生命检测仪器的航天器要登陆火星，须接受维京级别的灭菌，而没有此类仪器的航天器着陆则要接受严格程度较低的消毒技术［office，1995，p. 49 NASA Exobiology Program］。

目前的行星保护政策结构将行星飞行任务分为五类，这取决于目标星体既定的“行星保护状态”和飞行任务计划。目标的类别包括从“对了解生物或化学进化过程没有直接兴趣”到涉及将外星样本带回地球的飞行任务。中间的类别包含了一些星体，人们有研究该星体生物或化学进化的兴趣，但可以被认定为“航天器携带的污染物只有很小的概率影响到未来调查的结果”［Kminek & Rummel，2015］。该政策允许在火星上可能有水的地方建立“特别区域”，并对该区域施行严格的消毒程序。对于火星的强调得到了补充，增加了须特别处理的天体，如木卫二和土卫二［Kminek & Rummel，2015］。国际空间研究委员会行星保护政策目前是这类文件中唯一一份概述了具有科学依据的行星保护全球管理框架的文件。然而，如下文所述，外空活动长期可持续性工作组的建议将为这一主题增加有用的额外补充。

18.6.2 国际条例

在伴侣号卫星发射之后，联合国大会创立了和平利用外层空间特设委员会，并指示该委员会明确人类进入空间引起的法律问题［GA Res. 1348（XIII）］。特设和平利用外层空间委员会在其 1959 年 7 月的报告中认识到，月球和行星探索可能导致生物、化学和辐射污染，可能破坏后续研究并危及可能存在的有机体［Report of the Ad Hoc Copuos］。

1962 年 3 月，赫鲁晓夫主席做出了保护自然天体环境的外交努力，他给肯尼迪总统写了一封详细的信，谈到他所说的“天大的问题”［Letter from Khrushcher］。赫鲁晓夫敦促：

> 各国正在进行的空间研究在不断扩大，因此我们必须同意在进行外层空间实验时，任何人都不应给其他国家以和平为目的进行的空间研究制造障碍。也许应该规定，那些可能使其他国家的空间研究复杂化的空间实验的实施，须在合适的国际范围内进行初步讨论并得到同意［Letter from Khrushcher］。

这封信阐述了保护天体环境与各国开展探索和利用空间活动的权利之间的联系。［Sterns & Tennen，“Consideration，” 2010a，p. 688］。

赫鲁晓夫关注的焦点是环境污染可能对其他国家的活动产生的影响，而不是这种污染可能对天体造成的有害影响［Tennen，2003］。因此，在 1959 年苏联似乎并不怀疑月球表面可能受到污染。为推动这一倡议，苏联提出了一项“关于各国探索和利用外层空间活动的基本原则宣言草案”，供联合国和平利用外层空间委员会审议［UNCOPUOS Report，1962，Annex III］。值得注意的是，联合国保护委员会当时已成为向联合国大会报告的常设委员会，并设立了法律小组委员会和科学与技术小组委员会［GA Res. 1472（XIV）］。同样重要的是，联合国和平利用外层空间委员会同意免除投票，并在协商一致的基础上开展活动［UNCOPUOS Report，1962］。

苏联的宣言草案包括：

> 6. 在探索利用外层空间方面的合作与互助是所有国家义不容辞的责任；只有在有关国家事先讨论并就这些措施达成协议后，才允许执行可能以任何方式阻碍其他国家出于和平目的探索或利用外层空间的措施［UNCOPUOS Report，1962，p. 8］。

这项建议的主要目的是使各国有能力拒绝达成协议，从而否决其他国家的活动。苏联草案中暗示了维护原始天体环境的完整性，但没有明确提及。在联合国和平利用外空委员会法律小组委员会讨论期间，有人注意到这一不足之处。然后建议应该进一步研究防止外层空间和天体受到污染和其带来的污染的问题 [UNCOPUOS Report，1962]。

1963 年 11 月 22 日，联合国和平利用外空委员会一致通过了原来苏联提案的修改版本，作为 1963 年《法律原则宣言》的一部分。[GA Res. 1962 (ⅩⅧ)；Sterns & Tennen，“Consideration”，2010a，p. 688]。1963 年宣言第 6 段规定：

在探索和利用外层空间时，各国应以合作和互助原则为指导，并应在适当顾及其他国家相应利益的情况下开展其在外层空间的所有活动。如果一国有理由认为其或其国民计划进行的外层空间活动或试验会对其他国家和平探索利用外层空间的活动造成潜在的有害干扰，该国应在开始这样的活动或实验之前进行适当的国际协商。一个国家若有理由认为另一国计划进行的外层空间活动或试验会对和平探索和利用外层空间的活动造成潜在的有害干扰，该国可要求就相关活动或试验进行磋商 [GA Res. 1962 (ⅩⅧ)]。

国际空间研究委员会的行星检疫要求是一种科学的自我调节，但是该要求是自愿的，并不具有法律效力。1963 年《法律原则宣言》作为大会决议，也不构成实证的国际法。因此，人们认识到为了人类在探索和利用外层空间方面的利益，有必要订立一项正式条约。1966 年 5 月 7 日，约翰逊总统发表了声明，声明中提出了一项特别适用于外层空间活动的条约草案，内容包括避免“有害污染”天体环境 [Christol，1982，p. 134]。

1966 年 6 月，美国和苏联都提出了关于探索外层空间、月球和其他天体的条约案文。两国的条约草案都大大超出了《法律原则宣言》的范围，并要求各国开展活动以避免有害的污染。苏联提案草案有防止运载器带出和带回的污染的内容。然而美国的草案没有规定对可能造成干扰的活动进行协商。[Sterns & Tennen，“Consideration” 2010a，p. 689]。

联合国和平利用外空委员会就案文达成共识，该案文成为了《外层空间条约》的第九条 [Sterns & Tennen，“Consideration” 2010a，p. 691]，内容如下：

在探索和利用包括月球和其他天体在内的外层空间时，《条约》缔约国应以合作和互助原则为指导，并应在适当顾及《条约》所有其他缔约国的相应利益的情况下，在外层空间，包括月球和其他天体开展其所有活动。《条约》缔约国应继续研究外层空间，包括月球和其他天体，并对其进行探索，以避免其有害的污染以及由于引入外星物质而对地球环境造成的不利变化，并应为此目的采取适当措施。如果条约缔约国有理由认为其或其国民计划在包括月球和其他天体在内的外层空间进行的活动或试验可能对其他缔约国和平探索和利用外层空间包括月球和其他天体的活动造成有害干扰，则应在进行任何此类活动或试验之前进行适当的国际磋商。条约缔约国如有理由认为另一缔约国计划在外层空间，包括月球和其他天体上进行的活动或试验可能对和平探索和利用外层空间，包括月球和其他天体的活动造成有害干扰，可请求就该活动或试验进行磋商 [Outer Space Treaty，art. Ⅸ]。

通过的案文大大修改了《法律原则宣言》第 6 段的范围。《外层空间条约》第九条包括环境保护政策的主要考虑因素：防止外太空环境遭到污染、从外太空引入污染和干扰各国的活动。值得注意的是，除第九条外，《外层空间条约》第三条规定禁止各国在天体上试验任何类型的武器或安装核武器以及其他大规模杀伤性武器 [Outer Space Treaty，art. Ⅲ]。

本着这一精神，还应提及 1963 年《部分禁止核试验条约》，该条约保护环境（尤其是外空环境）免受核武器试验破坏。

随着四家公司试图从天体中开采资源，以及美国（可能还有卢森堡和阿拉伯联合酋长国）通过了新的国家立法，这些法律似乎对国际法做出了不同的解释，可能被认为违反了《外层空间条约》和《月球协定》，这些空间条约的规定在未来几年可能会受到若干方面的挑战，包括适用的环境保护规定。

正如本研究报告中多次提到的，与《外层空间条约》不同，许多国家没有接受《月球协定》，该协定明确规定了天体环境保护。《月球协定》第 7 条明确在《外层空间条约》中争取增加环境保护内容，具体如下：

1）在探索和利用月球时，缔约国应采取措施，防止破坏其现有的环境平衡，无论是通过对该环境进行不利的改变，还是通过引入环境外物质或以其他方式造成有害污染。缔约国还应采取措施，避免通过引入外星物质或其他方式对地球环境造成有害影响。

2）缔约国应将其根据本条第 1 款采取的措施通知联合国秘书长，并应在可行的最大限度内，将其在月球上放置的所有放射性材料及其放置目的提前通知秘书长。

3）缔约国应就具有特殊科学利益的月球地区向其他缔约国和秘书长提出报告，以便在不损害其他缔约国权利的情况下，可考虑将这些地区指定为国际科学保护区，并与联合国主管机构协商特别保护安排［Moon Agreement，art. 7］。

然而，这一规定只适用于已批准《月球协定》的 17 个国家。可以说，这一规定也可适用于与《月球协定》17 个缔约国中的一个或多个合作开展任务的所有国家。此外，《月球协定》第 1 条声称，它既适用于月球，也适用于太阳系内的其他天体（这里指行星和其他天体，如小行星、流星体、彗星等)。然而，其他天体的定义并不清楚。最近为从小行星和其他空间物体获取资源所做的努力有望推动进一步发展，以更精确和更易理解的方式澄清各种空间物体和天体的含义。

《月球协定》第 7 条通过明确应遵循的具体标准，阐明了《外层空间条约》第九条规定的一般义务。例如，尽管《外层空间条约》规定，各国应开展相关活动以避免对天体环境造成有害污染［Outer Space Treaty，art. Ⅸ］。《月球协定》禁止各国破坏自然月球环境（以及太阳系中其他天体的自然环境）［Moon Agreement，art. 7（1）］。《外层空间条约》还规定，各国应采取步骤，避免“必要的”地外环境遭到“有害污染”［Outer Space Treaty，art. Ⅸ］。另一方面，《月球协定》规定，各国有积极义务采取措施防止破坏［Moon Agreement，art. 7（1）］。此外还明确指出，这种破坏可能是通过有害污染或其他未具体说明的手段对环境造成的不利变化。《月球协定》似乎将有害污染的概念限制在引入外环境物质，但明确规定有害污染只是环境破坏的一种形式。第 7 条第 1 款还涉及从外星返回带来的污染问题，规定各国有义务避免通过带回外星物质或者其他方式，对地球环境造成有害影响［Sterns & Tennen，1988，pp. 176－177］。

《月球协定》第 7（2）条规定各国有义务向联合国秘书长报告为遵守这项国际文书而采取的措施。这一义务意味着，各国必须对所有的空间任务采取预防措施，以防止破坏自然环境。然而，这项规定并不要求公开各国为保护环境而采取的措施。只有在月球或其他天体上放置放射性材料的情况下，才强制“在可行的最大限度内”预先通知［Sterns & Tennen，1988，pp. 176－177］。

《月球协定》第 7（3）条规定建立具有特殊科学利益的地区，作为“国际科学保护区”，但须遵守不同的环境保护标准。具体的保护标准将与联合国主管机构协商确定。然而，建立这些国际科学保护区不是强制性的，但须遵守未来的国际协定和联合国的内部机制［Sterns & Tennen，1988，p. 177］。

除《外层空间条约》第九条和《月球协定》第七条外，还有其他关于外层空间和天体污染问题的规定［Sterns & Tennen，1988，p. 177］。《外层空间条约》第五条要求各国在空间里（包括月球和其他天体）发现任何可能对航天员的生命或健康构成危险的现象时，立即通知联合国秘书长或条约的其他缔约国［Outer Space Treaty，art. Ⅴ］。《月球协定》第 5 条扩大了这一报告要求：

> 各缔约国在根据本协定开展活动时，应将其在外层空间，包括月球上发现的任何可能危及人类生命或健康的现象，以及有机生命的迹象，迅速通知秘书长、公众和国际科学界［Moon Agreement，art. 5（3）］。

这些条约规定的报告要求迫使各国披露其发现的可能危及人类生命的信息。在这一方面《月球协定》的范围不限于航天员的生命和健康，而是扩展到地球或其他地方的人类生命。此外，《月球协定》并未将消息披露限制在其他缔约国或联合国秘书长的范围内；它要求向公众和国际科学界传播信息。此外，《月球协定》中也包括披露发现任何有机生命迹象的义务［Sterns & Tennen，1988，p. 177］。

《外层空间条约》第八条也可适用于环境保护问题。这一条款规定，国家的空间物体或其组成部分对另一缔约国或其自然人或法人造成的损害，该国负有国际责任，不论这种损害发生在地球、大气空间或外层空间［Outer Space Treaty，art. Ⅷ］。1972 年《责任公约》规定了一个符合《外层空间条约》第八条的国际责任框架。在对自然环境，特别是对地球环境的污染或破坏负有责任的情况下，人们可能会质疑，在面对灾难性的损失和伤害时，任何条约或其他国际协定能否生效。在这种情况下，任何一个国家都没有相应的技术或经济资源来补救和赔偿对全人类造成的损害。《责任公约》并未明确适用于对天体环境的损害，但可适用于由于将外星物质引入地球环境而造成的损害，或由于外星物质本身造成的损害［Sterns & Tennen，1988，p. 177］。特别是《责任公约》第二十一条可能与返航污染问题有关：

> 如果空间物体造成的损害对人类生命构成大规模的危险，或严重干扰人类的生活条件或重要中心的运作，缔约国特别是发射国应在受害国提出请求时审查向其提供适当和迅速援助的可能性。但是，本条的任何规定不得影响缔约国根据本公约所享有的权利或承担的义务［Liability Convention，art. ⅩⅪ］。

令人遗憾的是，这一条款的措辞并不精确。这一规定含义的所有短语几乎都存在问题。确定损害是否造成“大规模危险”的标准是什么？什么程度的影响构成干扰“重要中心的运作”？“重要中心”一词是否包括军事设施，是否仅限于位于地球上的中心？但是，应当指出，这项规定并未对各国提供援助提出任何明确义务。而是，各国根据请求必须“审查”提供援助的可能性。这一请求可以向《公约》的任何缔约国提出，无论该缔约国是否参与导致损害或干扰的空间活动。此外，缔约国拒绝提供所要求的援助并不会受到任何具体的损害［Sterns & Tennen，1988，p. 178］。

《营救协定》可能对有关污染的问题具有一定的适用性，尽管这一特定条约并不是专门针对环境保护的。《营救协定》的总主题是向航天员提供援助，并解释了为什么这种援助可能是合适的，比如在发生事故或其他危难情况时。第 5（4）条可能与环境保护问题有关［Hofmann，2011，p. 64］：

……有理由认为在其管辖领土内发现或由其在其他地方复原的空间物体或其组成部分具有危险或有害性质的缔约方可通知发射一方当局，发射方应在该缔约国的指挥和控制下立即采取有效措施，消除可能发生的危害［Rescue Agreement，art. 5（4）］。

与《营救协定》一样，《登记公约》也不涉及环境保护的内容。然而，《登记公约》的第六条可能具有相关性［Hofmann，2011，p. 64］，其中规定，如果一缔约国无法确定一个“已对其本身或其任何的自然人或法人造成损害，或可能具有危险或有害性质”空间物体的登记国，其他缔约国应在提出请求时“在最大程度上”提供协助［Registration Convention，art. Ⅵ］。这意味着可以确定身份的登记国有责任提供一切援助和协助，包括由于引入危险的外星物质而引发的紧急情况。然而，缔约国在这种情况下提供援助义务的程度可能会受到质疑，在如果仅仅处理和运输受污染的物体或人员就会造成危险的情况下，将宇航员或受到有害污染的物体送回发射国的义务格外遭受质疑［Sterns & Tennen，1988，p. 178］。

空间条约的规定须作解释。例如，在《外层空间条约》第九条和《月球协定》第 7 条中使用的一些术语存在问题，如“有害污染”“有害改变”和“破坏”现有的环境平衡。任何影响原始天体环境的活动都可以被认为是“不利的”“有害的”或“破坏性的”。仅仅是撞击或航天器软着陆在月球上的行为，或者是探测器的轨迹和航天员的足迹就足以改变月球表面。出于所有的实际目的，这些变化都是永久性的。任何其他地质不活跃或休眠的天体也会出现同样的情况，而活跃天体（如火星）可能修正或承受轻微的表面破坏。这些短语全都表示损害的概念，因此不具备有害、不利或破坏性属性的活动似乎不会违反空间条约的意图和精神。所以，允许在火星上进行的活动的性质和范围可能不适用于月球表面或靠近月球表面的飞行任务［Sterns & Tennen，1988，pp. 179－180］。

《月球协定》第 7 条第（3）款的规定可视为与保护和保存月球和其他天体自然环境的目标相抵触。如前所述，本条规定指定具有“特殊科学利益”的地区为国际科学保护区。然而，至少在经过充分探索和科学研究之前，月球和其他天体上的所有区域都应该被认定为具有“特殊的科学利益”。在对某一地区进行彻底研究和分析之前，认为该地点不值得特别保护的判断为时过早。环境破坏的风险很大，足以证明在进行密集的科学研究之前实施严格的标准是合理的。这种做法的不利之处在于某些活动的开展可能会被推迟。但相比于低行为标准下对可能对自然环境造成的损害，这个缺点显得微不足道［Sterns & Tennen，1988，pp. 179－180］。一个新兴的概念是行星公司，其目的是为了保护天体区域，以达到科学探索和使用以外的目的，包括历史、美学价值以及子孙后代利益［Horneck & Cockell，2011］。同样，这一概念类似于上文讨论的 NASA 关于建立保护月球历史文物和月球遗址区域的建议。

报告可能危及人类生命的现象的要求也可以更加全面。《外层空间条约》和《月球协定》都要求各国报告空间或天体上可能构成危险的自然现象，而不要求报告可能构成危险的人类活动现象。此外，各国遵守现有报告要求的确切义务尚不明确。虽然《月球协定》要求向科学界以及公众披露信息，但并未说明披露信息必须采用的方式。此外，该协议没有具体说明对人类生命构成的危险达到何种程度才需要进行消息披露。是否应披露明确而直接的危险？或者，更小的伤害可能性是否足以被要求披露？［Sterns & Tennen，1988，pp. 179－180］如下文所述，这些概念最近已在外空委的建议中提出，特别是其中关于提升报告责任的建议。

在过去 15 年中，国际法委员会起草了几份有影响的文件，其中一份文件与空间活动的环境保护尤其相关，即国际法委员会关于防止危险活动造成跨界损害的条款［ILC Articles，2001］。正如国际法委员会条款评注所述，委员会从授权和管理构成重大跨界损害风险的危险活动的角度来审议预防的概念。预防对环境、人员和财产的跨界损害已被许多多边条约接受为一项重要原则，包括关于保护空间物体的条约。

在政府间一级，2016 年 9 月，外空委就 32 项外层空间活动长期可持续性准则中的 12 项达成共识，这些准则构成了以支持外层空间活动安全和长期可持续性的方式开展空间活动的最佳做法［UNCOPUOS Sustainability Guidelines］。这十二项商定准则中有三项（准则 12、13、28）涉及空间碎片问题，表 18－1 提供了整套拟议准则，目前仅部分通过。

表 18－1　联合国和平利用外空委员会外层空间活动长期可持续性准则

第一部分	议定的准则
A. 空间活动政策和监管框架	
准则 1	酌情通过、修改和修订国家外层空间活动监管框架
准则 2	在必要时制定、修改或修订国家外层空间活动监管框架时，需考虑到相关因素
准则 3	监督国家空间活动
准则 4	确保公平、合理和有效地使用无线电频谱和卫星使用的各种轨道区域
B. 空间行动安全	
准则 12	提高空间目标轨道数据的准确性，加强分享空间物体轨道信息的做法和效用
准则 13	促进空间碎片监测信息的收集、共享和传播
准则 16	共享活动空间天气数据和预报
准则 17	开发空间气象模型和工具，收集减缓空间气象影响的既定做法
C. 国际合作、能力建设和认识	

续表

准则 25	促进和支持能力建设
准则 26	提高对空间活动的认识
D. 科技研发	
准则 27	促进和支持可持续探索利用外空方法的研究和发展
准则 28	调查和考虑长期管理空间碎片数量的新措施
第二部分	商定中的准则
A. 空间活动政策和管理框架	
准则 6	加强空间目标登记
准则 7	在国家法律和政策框架中承诺仅为和平目的开展空间活动
准则 8	实施自我约束的行动和技术措施，防止外层空间的不利发展
准则 9	实施相应政策，旨在防止未经授权访问星载硬件和软件而干扰其他国家的空间物体运行
准则 10	避免对自然空间环境进行有意的修改
B. 空间行动安全	
准则 11	提供最新的联系信息，并分享关于空间目标和轨道事件的信息
准则 14	在受控飞行的所有轨道阶段进行综合评估
准则 15	制定实用办法，对新发射的空间目标与近地空间中已经存在的空间物体可能的交会进行发射前评估
准则 18	确保支持轨道系统运行的地面基础设施的安全，并尊重外国的空间相关地面设施和信息设施的安全
准则 19	确保支持轨道系统运行的地面基础设施安全
准则 20	制定执行标准和程序，以筹备和开展旨在积极移除轨道上空间物体的空间活动
准则 21	为安全开展破坏在轨空间目标的行动制定程序和要求
准则 22	制定积极清除空间目标和有意销毁空间目标的标准和程序，特别是适用于未登记目标的标准和程序
准则 30	处理小型空间物体设计和操作的方法
准则 31	[遵守减轻处罚的程序][减轻]空间目标不受控再入的相关风险
准则 32	使用穿过外层空间的激光束时，应遵守安全预防措施
C. 国际合作、能力建设和认识	
准则 23	促进和提升国际合作，支持外层空间活动的长期可持续性
准则 24	分享外层空间活动长期可持续性的相关经验，并酌情制定新的信息交流程序
D. 实施和更新	
准则 29	建立规范的组织框架，以确保准则及后续审查和完善的长期、有效实施

资料来源：外层空间活动长期可持续性准则，联合国科学和技术小组委员会，第 54 届会议，联合国文件 A/AC. 105/C. 1/L. 354/Rev. 1 (2016)，在线：UNOOSA。上次访问时间 2017 年 1 月 29 日。www. unoosa. org/res/oosadoc/data/documents/2017/aac_105c_1l/aac_105c_1l_354rev_1_0_html/V1609033. pdf

18.6.3 环境保护、道德和跨科学

防止污染地球和外层空间环境的利益超越了国界和政治哲学。此外，这些利益在时间上并不是固定的，因为环境不单属于现在，也属于未来。也就是说，确保原始环境存续所带来的利益是所有国家、人民和世代的共同利益。保护和保存空间的自然环境被适当地认

为是这些规定所固有的，并指出探索和利用外层空间和天体是“人类的领域”［Outer Space Treaty，art. Ⅰ］，月球和自然资源是“人类的共同遗产”［Moon Agreement，art. 11］。因此，保护空间环境是一种道德和伦理以及法律义务［Meltzer，2010；Viikari，2008；Sterns & Tennen，2008］。发现外星生命形式，尤其是有群体社会结构或显示具备智力的生命形式，会将问题延伸到伦理、道德和哲学领域。

轨道碎片的产生也可视为道德问题，特别是在有意产生碎片方面，包括通过反卫星试验和在轨道上使用其他破坏系统，或通过在轨道上放置广告牌等非功能性物品，或是人类遗留物体。如果有避免碎片产生的道德义务，那么在特定任务结束时，也有相应的义务清除无用的物体，并对轨道和其他地点进行补救，例如行星体的拉格朗日点［Sterns & Tennen，2008］。

关于行星保护政策的问题，有人质疑是否应采取任何行星保护措施，特别是对于地球生物源污染火星的问题，或是火星生物污染地球的问题。据称，地球和火星之间数千年来一直有陨石的交换，其中一些行星际间交换可能携带了存在于原始行星上的生命形式。因此，根据这一论点，地球和火星已经接触到另一方可能存在的生命形式，而这种交换和接触并没有造成任何灾难。一个不同但相关的论点是，许多前往火星和其他目标天体的机器人探测器，特别是在维京号之后的探测器，并没有经过消毒，因此，生物来源的污染已经发生了。

这些断言证明了行星保护固有的跨科学性质。也就是说，必须根据现在能获得的最先进的科学信息确定可接受风险的适当水平。替代办法从“无风险”的风险管理模式到以技术为基础的风险标准，以使风险在技术上尽可能低；或采用第三种方法，即在平衡成本和利益的基础上管理风险［Von Oehsen Ⅲ，1988］。政治价值观不可避免地成为决策过程的一部分，而且确定要应用的风险标准是一个跨科学的问题，而不是纯科学的问题［Yellin，1982—1983］。政治和经济价值观也渗透到行星保护政策的国际法律举措中，并从空间科学探索的角度削弱了与发展行星保护政策有关的努力［Sterns & Tennen，1995］。

18.6.4　行星保护的科学和法律方法之间的冲突

在外空法中，行星保护政策的发展始终遵循着“全星、全时”的目标。人们对 1963 年的《法律原则宣言》《外层空间条约》和《月球协定》的术语进行了修改，扩大了政策的范围，保护各国活动不受干涉，包括防止带出或带回污染等活动。国家的义务既体现在《外层空间条约》和《月球协定》的职责方面，也体现在具体命令和要求方面。法律监管的趋势一直是使行星保护政策更加全面。

行星保护的科学自我调节则采取了相反的方法。地外探索污染问题特设委员会最初的假设是天体是科学保护区，采用了行星检疫要求，其中使用主动消毒技术是所有任务的标准。行星保护政策已演变成一种选择性政策，其中到部分目标星体的一小部分任务才需要对有效载荷进行主动消毒。该政策在整个行星体（如火星）上的应用是不一致的，因为在行星的不同区域允许有不同程度的微生物，在登陆飞船的某些区域甚至某些部件上可以使用最小限度的消毒措施［Tennen，2003］。

行星保护政策源自政策的广泛表达，承认在缺乏明确的天文信息的情况下不应提出明确的建议。国际空间研究委员会行星检疫要求中所表述的行星保护的概率方法受到若干批评：1）污染概率的计算难以适用，要求对信息不完整的概率因素指定具体数值；2）为遵守行星检疫要求而采取的主动消毒方法、分析和必要的文件费用高昂，不可能做到完全无菌；3）进行的行星际研究没有发现外来生命形式的确凿证据；4）科学调查得出结论，地球生物在外星环境中生长的可能性非常小［IAA Cosmic Study，2010］。

对行星检疫要求概率方法的批评导致该政策的废除，转而采用目前的任务型/目标行星组合模型。一般来说，行星保护政策的演变降低了采用主动消毒技术的要求，即便是对火星的任务也是如此。而最初的行星检疫要求要求火星登陆飞船的单个有机体污染的概率小于 1×10^{-4}，该标准已被降低至允许发射前每平方米可以有 300 个孢子。对于飞越任务，污染限制的概率要小于 3×10^{-5} 的要求已被废弃。飞船已经送上了火星，采用了最低限度的消毒技术［IAA Cosmic Study，2010］。

从行星检疫要求到更宽松的行星保护政策的转变在很大程度上是合理的，因为很难对以污染概率公式表示的因素分配定量值。然而，任务类型/目标行星组合的分类是以这些非常相同的数量值为前提的，特别是就增长的概率而言。目前的行星保护政策对打算进行生命探测实验或在“特殊区域”着陆的行星际航天器提出了具体的减少生物负荷要求。而这两个因素不应成为是否采用严格的消毒技术的决定性因素。最近许多未消毒的着陆或飞越火星的航天器失败了，而其中一些在到达目标行星后失败了。这些丢失的航天器中可能有一个或多个，在未知地点（包括在特殊区域内）撞击地表并污染了该行星的未定区域。

俄罗斯“福布斯-格朗特”任务强调了现行政策允许的风险。这一任务的目的是降落在火星卫星火卫一上，并带回一小份样本土壤到地球。此外，该航天器还携带了一个被称为生命行星际飞行实验（LIFE）的小罐，该实验由行星协会提供，其中含有许多有机材料样本，包括一种特定的心脏细菌，用来测试生命形式在长期暴露于空间环境中的生存能力。即便是有效载荷携带活菌从地球到达火星附近，任务也不需要去消毒。这是因为目标星体火卫一不具备搜索生命的意义。不过任务对火星环境的风险可能被认为是巨大的。然而，当航天器无法从地球轨道过境并重返大气层时，任务以失败告终。

尽管在寻找生命的现场实验中很少或根本没有相关数据，人们还是修改了行星保护政策，降低了严格的消毒技术的适用性。此外，我们对“生命”定义的理解不断扩大，在以前被认为无法支持任何生命形式的地方也发现了生命。此外，正如在新的地方发现生命一样，我们在月球的陨石坑中也发现了水，在火星上也发现了雪。显然，我们必须认识并承认，无论我们是否能够探测到，生命或其残留物或前体细胞目前可能存在或已经存在于天体环境中。如果我们不在其他地方发现生命，就凸显了地球的独特性，甚至一个无菌的天体环境也将具有重要的生物学意义。我们刚刚开始行星际时代，还处于探索和发现的早期阶段。要获得确定的天文信息，必须等待未来的实验。出于谨慎，我们必须要求行星保护措施在此期间是稳健的，并保持外星的原始环境［Tennen，2003］。

目前行星保护政策的一个重大缺陷是依赖我们目前的知识状况来做出关键决定，确定某一特定天体是否具有生物意义。太阳系中的大多数天体尚未成为深入研究的对象，而且随着获得的信息不断增加，更多像木卫二和土卫二的天体，已被添加到具有生物学兴趣的目标天体名单中。即使人们对数量有限的太阳系天体进行了更广泛的调查，但迄今为止进行的科学调查完全有可能错过了外星上的生命形式或生物生长的证据。《外层空间条约》要求各国避免对天体环境造成有害污染，并不区分目标星体是否"被认为具有调查地外生命的重要意义"或是否具有研究生物或化学进化的意义。因为目前基于这种区别的行星保护政策未能充分保护火星免受可能的污染，所以相比国际条约承诺，该政策可能有缺陷[Tennen，2003]。

18.6.5　外层空间环境行为守则

外层空间和南极洲有几个共同特点，二者中一个的法律规章的发展可能影响到另一个的发展。在以下方面也有类似的政策：禁止主张国家主权；要求只能以和平为目的使用和勘探；规定有开展科学调查的自由；禁止放置核武器 [Antarctic Treaty]。然而，在对空间和南极洲自然环境的法律保护方面却存在着重大差异 [Sterns & Tennen，"Code of Conduct"，2010b，p. 270]。

与《外层空间条约》和《月球协定》不同的是，《南极条约》没有任何条款明确禁止有害污染或破坏南极环境的现有平衡 [Sterns & Tennen，"Code of Conduct"，2010b，p. 271]。作为《南极条约》体系组成部分的补充，《南极条约》的其他国际协定涉及保护南极环境，其中包括：

1）环境保护议定书；

2）《南极考察站活动行为守则》；

3）《南极矿物资源活动管制公约》；

4）南极保护区系统相关建议，涉及特别保护区、具有特殊科学意义的地点以及历史遗迹和纪念碑。

总之，《环境保护议定书》和《行为守则》为管理可能影响南极环境的活动提供了一个全面的框架。所涉主题包括废物处置和管理、引进外来物种、南极作业组织在规划重大项目时的准则、环境影响评估、动植物保护、海洋污染预防以及区域保护和管理。《行为守则》要求在南极条约规定地区开展行动的组织，对规划重大行动时提议的活动进行评估，确定其对环境的影响。该议定书将南极洲指定为"致力于和平与科学的自然保护区"，在不同时期，某些地区被列为有特殊意义的地区，须遵守特别管理制度。设立环境保护委员会是为了向缔约方提供咨询意见和提出建议。尤为重要的是，议定书规定了解决争端的程序，要求所有国家强制参与 [Sterns & Tennen，"Code of Conduct"，2010b，p. 272；Sterns & Tennen，2011，p. 71]。

南极条约体系的例子引出了是否应出台一项空间活动环境行为守则的问题，该守则可以作为对《外层空间条约》和《月球协定》中各项规定的重要补充。行为守则不具有条约的法律约束力，而是国际政策的一项重要声明，并确立可用来确定条约遵守情况的特定行为标准。而且，相较于更正式的条约义务，无约束力的准则和承诺更容易让各国达成协议。除此之外，行为守则的规定可能成为新条约或者习惯国际法标准的前身［Sterns & Tennen，“Code of Conduct”，2010b，p. 278］。

《外层空间条约》和任何其他有约束力的条约都未规定禁止放弃轨道上或天体上的空间物体。60 多年来，行星际和月球航天器有意或无意地撞击了外星“世界”，抛弃了不需要的硬件和设备，并将有效载荷留在了现场。地球轨道上存储了数万块空间碎片，其中包括因太小而无法跟踪的物体、主要部件以及整个卫星。虽然用目前的技术从月球和其他天体移走和处置不需要的硬件和设备是不可行或不切实际的，但地球轨道上的碎片则是不同的情况。虽然在地球轨道上运行的航天器和行星际航天器都应尽量减少和避免碎片的产生，但是从轨道上清除不需要的物体不仅是可行的，而且越来越有必要［Baker，1989；Williamson，2006］。目前正在进行一些关于积极清除碎片的研究，并计划实施几个试点项目。本书第 14 章详细论述了这一问题。

如前文所述，空间碎片协委会制定了在地球轨道卫星使用寿命结束时移除其轨道卫星的国际准则，并得到了联合国缔约方会议的支持［IADC Debris Guidelines；UNCOPUOS Debris Guidelines］。空间碎片协委会《碎片准则》规定应尽量减少发射和在轨期间产生碎片。此外，卫星在使用寿命结束时须脱离轨道，或机动到指定的“安全”轨道。空间碎片协委会的《碎片准则》是国家惯例，卫星应设计成在其使用寿命结束时脱轨或机动进入“处置”轨道。卫星、行星际航天器或其他航天器的设计应尽量减少碎片的产生，这一观念是可取的，任务规划者应当考虑航天器以及在各自空间或地外环境上产生任何碎片的后果［Liability Convention；Baker，1989］。

2008 年，欧盟（EU）提出了一项空间活动国际行为守则草案（ICoC），旨在加强空间活动的安全和可预测性［Williamson，2006］。空间活动国际行为守则最初是在裁军的背景下制定的，并不关注环境保护相关事宜［Sterns，2000］。2014 年，美国表示，它可以支持制定一项强化的国际行为守则。2015 年对《空间活动国际行为守则》进行了修订，强调尽量减少空间碎片的产生。此外，还要求各国采取措施，降低空间目标碰撞的风险。空间活动国际行为守则的一个主要功能是公开国家空间活动及其空间物体是否运行的信息。各国还需要考虑向国际航天界及时提供关于空间环境条件和预测的信息。然而，由于某些国家的强烈反对，谈判和建立共识进程暂时中止。

空间碎片协委会的《碎片准则》和《空间活动国际行为守则》可能会是一个外层空间综合环境行为守则的前身。如果拟订这样一项全面的守则，建议它以《南极条约》制度为范本，规定必须参与解决争端的程序。与《南极条约》制度一样，可以允许争端国决定解决问题的程序，如果当事各方不同意该程序，则可采用一种特定的应变程序，如提交国际法院或仲裁法庭。《外层空间条约》第九条规定，如果一国有理由相信本国或国民计划在天体上进行的活动会对另一国的活动造成潜在的有害干扰，则该国应进行适当的国际协商［Outer Space Treaty，art. Ⅸ］。相反，有理由认为另一国的活动可能对其活动造成潜在有害干扰的国家也可要求进行协商。虽然各国可以诉诸外交手段或其他程序，但这种外交手段或程序也可能被拒绝。应用强制性的争端解决程序将大大加强行为守则［Sterns & Tennen，1995］。

对碎片的控制不仅涉及尽量减少或防止碎片产生，还涉及故意制造碎片的情况。后一种情况特别针对空间中的反卫星试验，这些试验在低地球轨道上产生了数百万颗无法追踪的碎片。任何行为守则都应在此类活动扩散到更高轨道和天体之前制定，禁止在空间故意引爆武器系统［Sterns & Tennen，1995］。

18.6.6　地球同步轨道的污染和拥堵

由于其独特的属性，地球同步轨道被认为是一种有限的自然资源［Kodachi，2009］。由于轨道的某些部分比其他部分更受欢迎，所以卫星不是均匀分布在整个轨道环上，而是聚集在轨道弧的某些部分。轨道槽位的总数是有限的，而理想的位置就像一个聚集地，吸引着一群卫星，这些卫星都想要尽可能地接近最佳位置。随着有效载荷加入轨道，卫星群会不断扩张，往后的用户将被迫将其有效载荷放置在离最佳位置越来越远的地方，最终形成“轨道扩张”的态势［Filho，2009］。

轨道位置被分配给各国使用，无论这些位置是否在地球静止轨道上，使用国都不享有任何主权权利，因此禁止各国对空间位置声明主权。根据 1976 年《波哥大宣言》提出的主权要求几乎普遍被拒绝。《外层空间条约》第一条规定，所有国家无论目前的经济和技术发展水平如何，都有权在平等的基础上探索和利用空间［Outer Space Treaty，art. Ⅰ］。因此，所有国家都有权使用地球静止轨道。禁止国家干涉其他单位及其空间物体和空间活动，包括无功能的或被遗弃的航天器。在轨道上存在一颗没有功能的卫星会阻碍其他人利用该轨道，还有与另一航天器碰撞的危险。低地球轨道和地球同步轨道的这种问题尤为严重。

空间碎片协委会《碎片准则》规定，一颗在轨运行卫星在即将结束使用寿命时，应将其降低到能够在大气层内陨落的轨道上，或者将其推送到更高和卫星更稀少的“处置”轨道上，以减少发生碰撞的可能性。这些方法中的任何一种都能使轨道槽位实现再利用。然而，这两种方式都没有提供一个令人满意的防止空间自然环境污染的方法。卫星脱离轨道迫使再入大气层并解体有造成污染和损害的风险，因为空间物体碎片可能与另一个空间物体碰撞，或者在进入大气后没有完全分解，而对地球表面人员和财产、飞行中的飞机造成损害［Filho，2009］。

将卫星推进到处置轨道可能只是推迟这个问题，却会产生其他的问题。例如，一个无用的航天器被推进到地球静止轨道上方的处置轨道后，它还将在空间中停留数千年。虽然在今天算不上一个问题，但在这一“处置区”内不受控制的废弃航天器有可能有一天成为探测器和其他空间物体通过该区域执行任务的阻碍。此外还有一种可能性，在未来可能会发现处置区域具备科学或其他用途，但受到废弃卫星的阻碍。除可以清除已处置的空间物体外，未经发射方同意，不得移除任何轨道上的废弃卫星。

在通过从轨道上移除废弃物体的相关法律的同时，必须建立有效的遵守机制。一种潜在的机制是，如果发射当局未能在其使用寿命结束时通过其他一些适当的标准将该物体移除，则宣布该航天器被“遗弃”，从而受到第三方的救助。与完整但无功能的物体相比，碎片捕获带来了其他问题。如果可以识别出组件或者碎片为空间物体的组成部分，该空间物体的登记国将继续依据国际法对其拥有管辖权和控制权。这些权利可以成功地针对任何试图从轨道上捕获、移除碎片或组件的第三方提出。但如果这些部分无法识别或被认为是碎片而非部件，则必须确定其法律意义。然而，人们可能会质疑，移除无法识别或不可归属的碎片是否会侵犯到发射实体的权利［Filho，2009］。

在无用的卫星与空间中的另一物体碰撞的情况下，如果损害是过失造成的，则可追究责任。各国有权将物体放置在轨道上，尽管有空间碎片协委会《碎片准则》，但根据国际空间法，各国没有相应的义务在这些物体使用寿命结束时将其移除轨道。因此，不能仅仅因为卫星在使用寿命结束时失去功能，随后无意中与运行中的空间物体发生碰撞，就认定其有过错［Filho，2009］。

18.7 结论及汇总表

与空间碎片有关的环境问题的严重性，以及处置空间物体和捕获废弃物体有关的责任问题事项，在本书第14章中有更详细的论述。除了空间碎片外，外层空间（包括天体）环境问题的复杂性是巨大的。首先，解决这个问题不仅涉及标准、政策、法规和条约法，而且还涉及伦理和道德问题。此外，从广义上讲，环境问题包含了所有问题。因此，在某种程度上，本章可以与本研究的所有其他章节交叉引用，因为所有空间应用、空间探索冒险、空间安全问题、空间采矿的未来想法、太阳能卫星、空间移民、空间殖民等都涉及环境问题。当前和未来所有形式的空间方面的努力都必须考虑从地球环境保护到行星保护计划等问题。因此，表18－2和表18－3将尝试集中讨论当前环境保护、潜在责任和外层空间全球管理等方面最相关和最紧迫的问题。

表18－2　与空间环境有关的关键问题

问题和挑战	技术挑战（自然和人为）	经济、商业、人口、健康以及其他挑战	风险/缓解威胁/公平性问题
火箭和推进器的燃料在重返地球时污染大气或地球	一些燃料，如固体燃料会排放影响臭氧层的微粒或气体，或有毒燃料如自燃燃料，存在重要的环境问题	火箭燃料的类别和这些燃料对环境的影响之间总是存在经济和安全权衡	一些燃料存在安全和环境危险；使用污染和危险较少的燃料可以降低风险，而且可以在不受大额罚金惩罚的情况下实现
轨道碎片数量增加	从轨道上清除报废卫星或碎片元素的可靠手段，如从轨道上移除火箭的上面级	使用成本效益高、可靠和操作精确的清除轨道上空间碎片的系统是困难的，且目前花费昂贵	《赔偿责任公约》没有为清除碎片创造激励措施；避免碎片的操作手段本身包括误判的风险；这类技术的双重用途性质也存在问题

续表

问题和挑战	技术挑战(自然和人为)	经济、商业、人口、健康以及其他挑战	风险/缓解威胁/公平性问题
将具有入侵性的生物制剂从空间引入地球生物圈	有证据表明,能够在空间生存的生物和细菌制剂比以地球为基础的生物群毒性更强;对进入空间的人进行消毒是困难的	针对外部世界的隔离保护可能既昂贵又费时	存在对全人类致命的有毒细菌的风险很小,但可能造成的后果十分严重,因此必须采取一切合理的预防措施
将具有入侵性的生物制剂引入行星或卫星,特别是存在或可能存在外星生命的星体	空间探测器的消毒和航天器上搭载生物的隔离是困难的,必须普遍实施,并且可能十分昂贵	寻找其他行星上的生命有潜在健康危害,包括感染人类,同时也包括人类探测器释放生物群,感染其他行星或卫星	这种类型最大风险是对存在生命的外部环境造成无法弥补的伤害
(有时是跨国的)商业实体的数量增加,涉及所有权的转让,导致很难通过发射国建立和执行环境执法	要使私人空间企业了解各种类型的环境条例,并了解空间作业如何干扰科学证据,是一个挑战	商业运行可能更有效率,能够更快、更有效率地产生空间成果,但也可能造成更长期的环境问题	生物污染、关于太阳系形成的科学证据的缺失等风险,以及对发射国提出巨额责任索赔
地球轨道上的卫星过多,特别是所谓的巨型 LEO 星座,是公平进入地球轨道和新碎片形成风险增加的问题	面临的挑战是保持对巨型星座的有效控制,以避免射频干扰、星座内或与其他空间物体的碰撞,以及在使用寿命结束时有效和安全地脱轨	需要在不过分限制空间商业的情况下,对健康、环境和操纵性进行控制	风险在于,如果没有制定具有执法权力的控制措施,就会出现凯斯勒综合征(轨道上的空间碎片)
空间移民和殖民的关键伦理问题本质上是环境问题,如果人类不能创造一个具备可持续生存条件的地球,那么在地球显示具备可持续的生存条件之前,人类是否有权利进行空间移民/殖民	地球和地球轨道环境可持续性的挑战包括克服污染、资源枯竭、人口过剩、清洁能源等	虽然可持续世界经济和环境的成本很高,但一个没有这些能力的社会将无法生存	殖民化的风险是,另一个星球上的生命无法维持,另一个世界将受到污染

表 18－3　与空间环境有关的拟议行动

拟议的行动	采取拟议行动的实体
制定火箭燃料的国家环境标准,建议关于火箭燃料及其使用的国际标准,并公布火箭使用对环境影响的统计数据	国家环境机构与国家空间机构、联合国空间合作组织、机构间委员会、商业空间飞行联合会、空间安全促进国际协会
制定减少轨道碎片的国家方案和标准,以执行使用寿命终止清除规定、主动清除碎片的国际准则和避免在轨碰撞的准则	与国家空间机构和国家科学机构合作的国家立法机构;机构间空间碎片协调委员会、联合国外空委员会、国际空间研究委员会、国际宇航科学院(IAA)、空间安全促进国际协会
建立在《外层空间条约》《月球协定》和《责任公约》相关条款基础上的外星调查和空间飞行任务的国际行为守则	联合国外空委员会、国家空间机构、国际空间研究委员会、国际宇航科学院
严格要求商业空间实体执行环境保护政策并明确了解发射国的责任	与国家空间机构和国家科学机构以及新的空间公司合作的国家立法机构

续表

拟议的行动	采取拟议行动的实体
就较长期而言,空间环境保护法在许多方面等同于《海洋条约法》	联合国大会和协助大会的相关专门机构(国际电联、民航组织、环境署、世界卫生组织、联合国教科文组织、联合国外层空间事务司和联合国裁军事务厅)
对可在地球轨道上部署的卫星的数量、间距和类型实行某种形式的操作和部署限制;这将扩大国际电信联盟的监管程序,包括低轨巨型星座的规模和特点、离轨规定以及不遵守规定的处罚	联合国外层空间事务司、国家行政当局、国际电联、国际空间研究委员会、国际宇航科学院、国际空间安全促进协会和空间应用与发射行业

参考文献

[1] Agreement Governing the Activities of States on the Moon and Other Celestial Bodies, 18December 1979, 1363 UNTS 3 [Moon Agreement].

[2] Agreement on the Rescue of Astronauts, the Return of Astronauts and the Return of Objects Launched into Outer Space, 22 April 1968, 672 UNTS 119 [Rescue Agreement].

[3] Convention for the Establishment of a European Space Agency, 30 May 1975, 1297 UNTS 161, (entered into force 30 October 1980) [ESA Convention].

[4] Convention on Biological Diversity, 5 June 1992, 1760 UNTS 79 [Biodiversity Convention].

[5] Convention on International Liability for Damage Caused by Space Objects, 29 March 1972, 961 UNTS 187 [Liability Convention].

[6] Convention on Registration of Objects Launched into Outer Space, 14 January 1975, 1023 UNTS15 [Registration Convention].

[7] Convention on the Regulation of Antarctic Mineral Resource Activities, 2 June 1988 (not yet in force).

[8] Declaration of Legal Principles Governing the Activities of States in the Exploration and Use of Outer Space, GA Res 1962 (XVIII), UNGAOR, 18th Sess, UN Doc A/RES/18/1962 (1963).

[9] Declaration of the First Meeting of Equatorial Countries, 3 December 1976 [Bogota Declaration].

[10] Declaration of the United Nations Conference on the Human Environment, 16 June 1972, 11 ILM 1416, online: UNEP 〈www. unep. org/Documents. multilingual/Default. asp? DocumentID=97 & ArticleID=1503〉 (last accessed 29 January 2017) [Stockholm Declaration].

[11] "Draft articles on prevention of transboundary harm from hazardous activities" in "Report of the Commission to the General Assembly on the work of its fifty - third session" (UN Doc A/56/10) in Yearbook of the International Law Commission 2001, vol 2, part 2 (New York: UN, 2007) (UNDOC. A/CN. 4/SER. A/2001/Add. 1 (Part 2)) 146 [ILC Articles, 2001].

[12] Draft International Code of Conduct for Outer Space Activities, version 31 March 2014, online: European External Action Service 〈eeas. europa. eu/sites/eeas/files/space _ code _ conduct _ draft _ vers _ 31 - march - 2014 _ en. pdf〉 (last accessed 29 January 2017) [ICoC].

[13] International co - operation in the peaceful uses of outer space, GA Res 1472 (XIV), UNGAOR, 14th Sess (1959).

[14] International responsibility of States in regard to the environment, GA Res 2996 (XXVII), UNGAOR, 27th Sess (1972).

[15] International Telecommunication Union Radio Regulations, 2016, online: ITU 〈www. itu. int/pub/ R - REG - RR - 2016〉 (last accessed 8 November 2016) [ITU Radio Regulations, 2016].

[16] Protocol on Environmental Protection to the Antarctic Treaty, 4 October 1991, UN Doc A - 5778 [Protocol on Environmental Protection].

[17] Question of the peaceful use of outer space, GA Res 1348 (XIII), UNGAOR, 13th Sess (1958).

[18] Report of the Ad Hoc Committee on the Peaceful Uses of Outer Space, UNGAOR, 14th Sess, UNDoc A/4141 (1959) [Report of the Ad Hoc COPUOS].

[19] Report of the Committee on the Peaceful Uses of Outer Space, UNGAOR, 17th Sess, UN DocA/5181 (1962) [UNCOPUOS Report, 1962].

[20] Report of the Committee on the Peaceful Uses of Outer Space, UNGAOR, 19th Sess, UN DocA/5785 (1964) [UNCOPUOS Report, 1964].

[21] Rio Declaration on Environment and Development, UN Doc A/CONF. 151/5/Rev. 1 (1992), 31 ILM 874 [Rio Declaration].

[22] The Antarctic Treaty, 1 December 1959, 420 UNTS 71 [Antarctic Treaty].

[23] Treaty Banning Nuclear Weapon Tests in the Atmosphere, in Outer Space and Under Water, 5 August 1963, 14 UST 1313, TIAS No 5433, 480 UNTS 43 (entered into force 10 October1963) [Partial Test Ban Treaty].

[24] Treaty on Principles Governing the Activities of States in the Exploration and Use of Outer Space, including the Moon and Other Celestial Bodies, 27 January 1967, 610 UNTS 205 [Outer Space Treaty].

[25] United Nations Convention on the Law of the Sea, 10 December 1982, 1833 UNTS 3 (entered intoforce 16 November 1994) [UNCLOS].

[26] Guidelines for the long - term sustainability of outer space activities, UNCOPUOS Scientific and Technical Subcommittee, 54th Sess, UN Doc A/AC. 105/C. 1/L. 354/Rev. 1 (2016), online: UNOOSA 〈www. unoosa. org/res/oosadoc/data/documents/2017/aac _ 105c _ 1l/aac _ 105c _ 1l _ 354rev _ 1 _ 0 _ html/V1609033. pdf〉 (last accessed 29 January 2017) [UNCOPUOSSustainability Guidelines].

[27] Inter - Agency Space Debris Coordination Committee, IADC Space Debris Mitigation Guidelines, IADC - 02 - 01, Revision 1 (September 2007), online: IADC 〈www. iadc - online. org/index. cgi? item=docs _ pub〉 (last accessed 29 January 2017) [IADC Debris Guidelines].

[28] Legality of the Threat or Use of Nuclear Weapons Case, Advisory Opinion, [1996] ICJ Rep 226 [ICJ Advisory Opinion in the Legality of the Threat Case].

[29] LOI no 2008 - 518 du 3 juin 2008 relative aux operations spatiales, JO, 3 June 2008, NOR: ESRX0700048L, online: Legifrance 〈 www. legifrance. gouv. fr/affichTexte. do? cidTexte = LEGITEXT000018939303〉 (last accessed 29 January 2017).

[30] National Environmental Policy Act of 1969, 42 USC § § 4321 - 4370m - 12 [NEPA].

[31] Trail Smelter Arbitration (United States v Canada) (1938), 3 RIAA 1905, reprinted in 33 AJIL 182 (Arbitrators: Charles Warren, Robert AE Greenshields, Jan Frans Hostie).

[32] UN, Office for Outer Space Affairs, Space Debris Mitigation Guidelines of the Committee on the Peaceful Uses of Outer Space (Vienna: UN, 2010), online: UNOOSA 〈www. unoosa. org/pdf/publications/st _ space _ 49E. pdf 〉 (last accessed 29 January 2017) [UNCOPUOS Debris Guidelines].

[33] Committee on Space Research, COSPAR Planetary Protection Policy, 20 October 2002, online: University of California Berkeley Department of Astronomy 〈w. astro. berkeley. edu/～kalas/ethics/

documents/environment/COSPAR% 20Planetary% 20Protection% 20Policy. pdf〉（lastaccessed 29 January 2017）[COSPAR Policy].

[34] National Academy of Sciences Space Science Board：Committee on Planetary Biology and Chemical Evolution，Recommendations on Quarantine Policy for Mars，Jupiter，Saturn，Uranus，Neptune，and Titan（Washington，DC：National Academy of Sciences，1978）.

[35] Ahmad，Md Tanveer. Climate Change Governance in International Civil Aviation：Toward Regulating Emissions Relevant to Climate Change and Global Warming in Marietta Benkö，ed，Essential Air and Space Law，vol 17（The Hague：Eleven International Publishing，2016）.

[36] Anderson，Paul Scott. "Should We Terraform Mars?"，Universe Today（3 October 2016），online：Universe Today〈www. universetoday. com/91920/should - we - terraform - mars/〉（last accessed 29 January 2017）.

[37] Atwood，Kimball C. "Basis for the Sterility Requirement" in Spacecraft Sterilization Technology，NASA SP - 108（Washington，DC：NASA Office of Technology Utilization，1966）3，online：NASA〈ntrs. nasa. gov/archive/nasa/casi. ntrs. nasa. gov/19670005432. pdf〉（last accessed 29 January 2017）.

[38] Baker，Howard A. Space Debris：Legal and Policy Implications（Boston：Nijhoff，1989）.

[39] Christol，Carl Quimby. The Modern International Law of Outer Space（New York：Pergamon Press，1982）.

[40] "Development of International Efforts to Avoid Contamination by Extraterrestrial Exploration"（1958）128：3329 Science 887 ["Development of International Efforts"].

[41] Filho，José Monserrat. "Code of Conduct for Space Activities：Evolution or Regression?"（2009）52 Proceedings Intl Institute Space L 108.

[42] Hofmann，Mahulena. "V. 2 Planetary Protection from a Legal Perspective：Due Diligence and National Legislation" in Mahulena Hofmann，Petra Rettberg & Mark Williamson，eds，IAA Cosmic Study 2010：Protecting the Environment of Celestial Bodies：The Need for Policy and Guidelines（International Academy of Astronautics，2011）63，online：NASA〈planetaryprotection. nasa. gov/file _ download/57/PECB Report2010 _ IAA Protecting The Envmt of Celestial Bodies. pdf〉（last accessed 29 January 2017）.

[43] Hofmann，Mahulena；Petra Rettberg & Mark Williamson，eds，IAA Cosmic Study 2010：Protecting the Environment of Celestial Bodies：The Need for Policy and Guidelines（International Academy of Astronautics，2011），online：NASA〈planetaryprotection. nasa. gov/file _ download/57/PECBReport2010 _ IAA Protecting The Envmt of Celestial Bodies. pdf〉（last accessed 29 January 2017）[IAA Cosmic Study 2010].

[44] Horneck，Gerda & Charles S Cockell. "Ⅳ. 5 Planetary Parks - Suggestion for a Targeted Planetary Protection Approach" in Mahulena Hofmann，Petra Rettberg & Mark Williamson，eds，IAA Cosmic Study 2010：Protecting the Environment of Celestial Bodies：The Need for Policy and Guidelines（International Academy of Astronautics，2011）45，online：NASA〈planetaryprotection. nasa. gov/file _ download/57/PECBReport2010 _ IAA Protecting The Envmt of Celestial Bodies. pdf〉（last accessed 29 January 2017）.

[45] Jakhu，R，Pelton，JN & Nyampong，YOM，Space Mining and its Regulation（Springer，2016）.

[46] Kminek, G & JD Rummel. "COSPAR's Planetary Protection Policy" (2015) 193 Space Research Today, online: Committee on Space Research 〈cosparhq. cnes. fr/sites/default/files/ppp _ article _ linked _ to _ ppp _ webpage. pdf〉 (last accessed 29 January 2017).

[47] Kodachi, Yukiko. "Potential Contribution of Japan to the Code of Conduct for Outer Space Activities" (2009) 52 Proceedings Intl Institute Space L 15.

[48] "Letter from Chairman Khrushchev to President Kennedy" (20 March 1962) in Charles S Sampsonet al, eds, Foreign Relations of the United States, 1961 - 1963, vol Ⅵ (Washington, DC: United States Government Printing Office, 1996) Doc 43, online: US Department of State: Office of the Historian 〈history. state. gov/historicaldocuments/frus1961 - 63v06/d43〉 [Letter from Khrushchev].

[49] Meltzer, Michael. When Biospheres Collide: A History of NASA's Planetary Protection Programs, NASA SP - 2011 - 4234 (Washington, DC: NASA, 2010), online: NASA 〈www. nasa. gov/pdf/ 607072main _ WhenBiospheresCollide - ebook. pdf〉 (last accessed 29 January 2017).

[50] Moore, Amanda L & Jerry V Leaphart. "Manipulation and Modification of the Outer Space Environment: International Legal Considerations" in International Institute of Space Law, Proceedings of the Twenty - Fifth Colloquium on the Law of Outer Space (New York: American Institute of Aeronautics and Astronautics, 1983) 15.

[51] NASA Exobiology Program Office, An Exobiological Strategy for Mars Exploration, NASA SP - 530 (NASA, 1995), online: NASA 〈ntrs. nasa. gov/archive/nasa/casi. ntrs. nasa. gov/19960000318. pdf〉 (last accessed 29 January 2017).

[52] Phillips, Charles R. The Planetary Quarantine Program: Origins and Achievements: 1956 - 1973, NASA SP - 4902 (Washington, DC: NASA Scientific and Technical Information Office, 1974), online: NASA 〈ntrs. nasa. gov/archive/nasa/casi. ntrs. nasa. gov/19750006598. pdf〉 (lastaccessed 29 January 2017).

[53] Stabekis, Pericles. "COSPAR Policy and Background: History and Processing of Changes" in COSPAR Planetary Research Panel, Report: COSPAR/IAU Workshop on Planetary Protection: Williamsburg, Virginia, USA, 2 - 4 April 2002 (Paris: COSPAR, 2002) Appendix C.

[54] Sterns, Patricia M. "The Scientific/Legal Implications of Planetary Protection and Exobiology" in International Institute of Space Law, Proceedings of the Forty - Second Colloquium on the Law of Outer Space (Reston, Va: American Institute of Aeronautics and Astronautics, 2000) 483.

[55] Sterns, Patricia & Les Tennen. "V. 3 International Regime of Antarctica as a Model for Planetary Protection" in Mahulena Hofmann, Petra Rettberg & Mark Williamson, eds, IAA Cosmic Study 2010: Protecting the Environment of Celestial Bodies: The Need for Policy and Guidelines (International Academy of Astronautics, 2011) 68, online: NASA 〈planetaryprotection. nasa. gov/ file _ download/57/PECBReport2010 _ IAA Protecting The Envmt of Celestial Bodies. pdf〉 (last accessed 29 January 2017).

[56] Sterns, Patricia M & Leslie I Tennen. "Consideration of 'Heavenly Matters' and the Evolution of Article Ⅸ" (2010) 53 Proceedings Intl Institute Space L 687 [Sterns & Tennen, "Consideration", 2010].

[57] Sterns, Patricia M & Leslie I Tennen. "Ethics and the Conquest of Space: From Peenemundeto Mars and Beyond" in International Institute of Space Law, Proceedings of the Fiftieth Colloquium on

the Law of Outer Space (Washington, DC: American Institute of Aeronauticsand Astronautics, 2008) 456.

[58] Sterns, Patricia M & Leslie I Tennen. "Principles of Protection of the Outer Space Environment in the Corpus Juris Spatialis" in International Institute of Space Law, Proceedings of the Thirtieth Colloquium on the Law of Outer Space (Washington, DC: American Institute of Aeronauticsand Astronautics, 1988) 172.

[59] Sterns, Patricia M & Leslie I Tennen. "Regulation of Space Activities and Transscience: Public Perceptions and Policy Considerations" (1995) 11: 3 Space Pol'y 181.

[60] Sterns, Patricia M & Leslie I Tennen. "Should There Be an Environmental "Code of Conduct" for Activities in Outer Space?" (2010) 53 Proceedings Intl Institute Space L 268 [Sterns & Tennen, "Code of Conduct", 2010].

[61] Tennen, LI. "Evolution of the Planetary Protection Policy: Conflict of Science and Jurisprudence?" in International Institute of Space Law, Proceedings of the Forty - Fifth Colloquium on the Law of Outer Space (Reston, Va: American Institute of Aeronautics and Astronautics, 2003) 466.

[62] Viikari, Lotta. The Environmental Element in Space Law: Assessing the Present and Charting the Future in Frans G von der Dunk, ed, Studies in Space Law, vol 3 (Leiden: Martinus Nijhoff, 2008).

[63] von Oehsen Ⅲ, William H. "Regulating Genetic Engineering in an Era of Increased Judicial Deference: A Proper Balance of the Federal Powers" (1988) 40: 3 Admin L Rev 303.

[64] Werber, Morton. Objectives and Models of the Planetary Quarantine Program, NASA SP - 344 (Washington, DC: NASA Scientific and Technical Information Office, 1975), online: NASA 〈ntrs. nasa. gov/archive/nasa/casi. ntrs. nasa. gov/19750017532. pdf〉 (last accessed 29 January 2017).

[65] Williamson, Mark. Space: The Fragile Frontier (Reston, Va: American Institute of Aeronautics and Astronautics, 2006).

[66] Yellin, Joel. "Science, Technology, and Administrative Government: Institutional Designs for Environmental Decisionmaking" (1982 - 1983) 92: 7 Yale LJ 1300.

拓展阅读

[1] Roth, EA. "The Geostationary Ring Physical Properties and Collision Probability" in International Institute of Space Law, Proceedings of the Twenty - Seventh Colloquium on the Law of Outer Space (New York: American Institute of Aeronautics and Astronautics, 1985) 378.

[2] Bohlmann, Ulrike M. "Connecting the Principles of International Environmental Law to Space Activities" (2011) 54 Proceedings Intl Institute Space L 301.

[3] Sterns, Patricia M & Leslie I Tennen. "Orbital Sprawl, Space Debris and the Geostationary Ring" (1990) 6: 3 Space Pol'y 221.

[4] Sterns, Patricia M & Leslie I Tennen. "Protection of Celestial Environment through Planetary Quarantine Requirements" in International Institute of Space Law, Proceedings of the Twenty - Third Colloquium on the Law of Outer Space (New York: American Institute of Aeronauticsand Astronautics, 1981) 107.

[5] Sterns, Patricia M & Leslie I Tennen. "Recent Developments in the Planetary Protection Policy: Is the Outer Space Environment At Risk?" in International Institute of Space Law, Proceedings of the Thirty - Second Colloquium on the Law of Outer Space (Washington, DC: AmericanInstitute of Aeronautics and Astronautics, 1990) 163.

[6] Sterns, Patricia M & Leslie I Tennen. "The Autonomous Space Processor for Orbital Debris (ASPOD) Project and the Law of Outer Space: Preliminary Jurisprudential Observations" in International Institute of Space Law, Proceedings of the Thirty - Eighth Colloquium on the Law of Outer Space (Reston, Va: American Institute of Aeronautics and Astronautics, 1996) 107.

第 19 章　太空移民和殖民

解决的关键问题

- 构成太空移民和殖民主题的太空活动发展中的背景、演变、现状和今后的主要趋势；
- 分析目前适用的行星探测、可能的移民和殖民地、境外活动的管理制度是否充分和不足之处；
- 关于在外太空和天体上生活的全球太空管理规则和技术发展的具体而适当的建议，特别是与资源匮乏、在外太空生活的可接受行为有关的问题，外太空定居的独立性和可能遇到的外星生命形式。

19.1　引言

人类不会永远留在地球上，而是在追求光和太空的过程中，先是怯懦地走出大气层，然后继续前进，直到征服了整个太阳系周围的太空……地球是人类的摇篮，但人类不能永远待在摇篮里[康斯坦丁·齐奥尔科夫斯]。

19.1.1　人类的本质

在寻找生命起源的过程中，我们发现所有已知的生物活性都来自碳基生物化学。当然，这并不能阻止其他生命形式以非碳结构为基础的可能性（例如一些天体生物学家提出的潜在的硅基或硫基生命形式）。此外，似乎“高级”生命形式涉及结构化生物物理，包括推理和抽象感知的神经生理学。所有基于生物的决策的“意志”和“本质”似乎表现为推理能力提高的进化过程。如果这是真的，它微妙地反驳了一种流行的观点，即现代人类物种（及其所包含的单一和集体的本质）已经完成了人类生存所必需的生物移民和进化。然而，事实上，在这条推理路线上，无论是在生物学上，还是在感知/抽象推理方面，我们的物种并不在进化树的顶端。相反，人类是进化史上的一片叶子。我们物种和我们的“本质”（通常称为“人性”）的持续生存取决于持续的生物和生物技术进化。这种想法的后果是，我们既没有个人也没有集体达到进化的顶峰，我们的持续生存取决于我们的适应和生存。

我们这里所说的真正的太空移民，科学家和哲学家们一直在努力理解，从人类能够掌握意识和自由意志的概念开始，就认为移民是一种意识现象及其可量化和可预测的企图。

正是在这里，经验科学家们得出了令人不安和矛盾的结论，即突变的生化特征在意识方面意味着什么。

“本质”的定义假定了意识与存在之间的关系。更广泛地说，从历史的角度来看，哲学家们断言人类的本质可以区别于一个物种的神经生理学功能的结果或表现形式。神经生理学和行为学之间关系的代表性研究导致了神经学和心理学学科的重大融合，这反过来又导致了对人类认知的大量研究。在这种情况下，人类的认知可以被描述为感知复杂的思想或视觉，以及处理、收集或测量可量化数据的能力，以便从这些信息中得出科学有效的结论。

意识的本质仍然具有深刻的神秘性和重要性，具有存在主义、医学、精神、宗教和人文意义。在历史的大部分时间里，研究心灵只属于哲学家的范畴，他们中的一些人仍然相信意识本质上是不可知的。

然而，研究神经学的当代科学家指出，神经元活动是我们难以捉摸的“自我”和同样难以捉摸的“自由意志”的反映。尽管如此，解释意识的目的和目标是困难的，它仅仅是进化和生化生存吗？或者，它是不是更像我们所说的本质？如果是这样的话，智人的本质是真正的太空移民吗？我们要确保他们的生存？或者是某种形式的进化本质，如可能被称为“电子人类”“跨人类”或“未来人类”等，能够实现人类的终极潜能？

虽然我们可以把本质描述为人类太空移民和生存的最关键因素，但我们必须首先解决自由意志问题。一旦后者得到解决，在一定程度上有助于理解生命的历程，从而从经验上理解谁、什么和为什么存在，就会更好地理解人类本质的生化/生物物理基础的构成和目标及其在太空移民中的作用。到那时，与太空有关的法律的立法者和从业人员可能会开始满足、保护和以其他方式支持人类太空移民这一不断变化的目标。

试图将对自由意志的构成和表达的理解世俗化是困难重重的。如果自由意志存在，我们必须界定它的性质，描述它对本质的影响。越来越多的神经科学家在探讨自由意志的起源和特征时断言，所有物种的所有决定，无论多么短暂，都是由无意识的神经生理学过程预先决定的；即使是有意识的思考和最终的决定，也只是在先前已经选择了行动方案的神经生理学过程的基础上发生的。换言之，自由意志实际上是建立在许多决定因素的基础上的，如遗传、文化条件、宗教和哲学信仰以及情境环境。归根结底，当我们谈论人类或人类的本质及其生存时，人们对它的真正含义并不清楚。然而，只有在我们真正确定了人类的本质之后，我们才能开始讨论如何通过不断的进化和生存来确保对这种“迁徙本质”的保护。

19.1.2 移民

几万年来，人类以小规模、面对面的、游牧的、口头的、遗传的、语言上的和宇宙上同质的群体生活和进化。现在很少有人仍然这样生活，而且似乎很快，没有人会这样。

然而，在我们成为定居物种之前，我们是狩猎者和采集者，我们的生活方式需要不断地随地理而变化，这很大程度上取决于我们的环境。关于为什么在过去的 1 万年里，越来越多的人类逐渐生活在越来越庞大、人口众多、久坐不动、等级森严、官僚化以及遗传、语言和宇宙异质性的群体中，有许多理论和假设。变化的天气模式和我们控制周围环境的能力可能起到了一定的作用，新技术也发挥了作用，特别是在通信和交通方面，使人们能够表现出不同的行为方式，然后以不同的方式思考不同的事情。尽管社会群体在地理上存在着大规模的永久性，但个人仍在继续移民。

在地球上，移民的定义是有背景的：它可以包括移民到一个州、一个地区或一个大陆的一个新家；政府强迫大批人离开一个地区；一系列有重点的移民被一个特定的群体所接纳；包括自愿移民和非自愿移民。每一次移民都可能以各种不同的原因，以任何给定数量的因素为前提。

地球上的传统移民通常是因为找到一个比家园更理想的社会经济或环境位置。在某种程度上，地球上的迁徙活动可能是由一个物种的生存所推动的，或者至少部分是以某个物种的生存为导向的。例如，近年来，非洲萨赫勒地区的人口流动是由干旱和缺水造成的。总的来说，移民在住宿方面更容易感到不舒适，而且他们距出发点或家乡越远，个人生存能力就越差。

然而，群体和个人的迁徙往往是人口增加或食物和水等生命所必需的关键资源减少的直接结果。迄今为止，所有这些特征都以某种形式和在某种程度上被航天员所接受，而且可能反映在一些自愿参加正在展开的载人航天计划的普通民众身上——不管他们是否会返回。

随着人们的移民，熟悉的文化特征、原则和思想往往会在空间和时间上扩散开来。当移民追求的规模和频率趋于增加时，参与者开始采用新的极其非传统的生存和自治标准。当然，这些趋势倾向于太空社会创造自己的文化特征，以反映新的环境（物质和文化）要求。

19.1.3　移民作为持续进化的手段

所有涉及人类向临近太空和深空移民与定居的学科都必须承认和接受人类的生物化学/生物物理基础，以及这些基础影响我们寻求太空移民、调整、突变、再调整和生存机会的方式。历史告诉我们，不调整和分散将导致灭绝。

尽管人们普遍认为，智人还没有达到潜在的进化终点。相对而言，我们最近才意识到地球上维持生命所必需的物质特征正在减少这一令人烦恼的现实，我们也越来越意识到威胁所有生物生命形式生存的许多其他发展状况。

在过去的三个世纪里，人类的数量从 8 亿增加到超过 70 亿［WEF，“Seven”，2012］。此外，城市化程度已从约 3% 增加到今天的约 53%［U. N. Doc ESA/P/WP/205；U. N. Doc ST/ESA/SER. A/352］。到 21 世纪末，全球人口数量可能会增加到 120 亿，城市化水平可能会提高到 80%［Madsen，2014；U. N. Doc ST/ESA/SER. A/352］。与其认为我们生活在一个拥有无限资源的巨大星球上，不如更准确的描述为我们生活在一艘 6.6 吨重的太空船上，这艘飞船外面有着一个薄薄的保护层，它正在吸引越来越多的乘客，依赖越来越多的基础设施，而这些基础设施现在面临着越来越大的风险。

一些人认为，这些因素正在日益催化人类太空移民，使其愈发具有紧迫性（包括我们尚未进化的“跨人类”和“后人类”后代）。

在目前的讨论中，转基因可能被认为是生物技术改造人类的一种过渡形式，例如，由定向基因重组或某些随机突变引起。这些术语与人类应该努力克服和超越身心的物理局限性的信念无关（通过技术/药物手段，通过生物技术集成/分子纳米技术/在极端情况下人工智能实现人与机器的融合，技术增强和定向的认知能力等），最终将导致后人类智能的人与今天被称为智人的物种区分开来。

在评估和描述人类意识以及它如何继续进化的过程中，我们假设我们的定义性特征来自正常的进化过程（或者通过发展基因工程能力来设计期望的特征）。

有意识进化假设人类（现在处于所有已知进化的顶峰）将很快有能力设计一个“意识进化”，通过促进我们离开地球的移民来扩展我们本质的生存能力。事实上，意识的进化潜力表明，智人可以通过物种内、跨文化和文明间的合作，采用进化意识的高级特征。从经验主义的角度继续学习构成意识的进化基础以及最终的人类本质是至关重要的。

另一个需要考虑的因素是，随着人类移民到太空栖息地和更为永久性的定居，即使在我们“定居”之后，人类仍有继续移民的趋势。因为只要人类有认知能力，它就一直被一种想知道还有什么的欲望驱使着。从我们在平原上的位置上，那些有迁徙冲动的人询问远处起伏的山丘之外有什么；爬山之后，我们询问山外有什么；从山顶上，我们询问海以外的地方；征服了海洋后，我们把目光转向天空，探索星星。我们今天的太空旅行，从发射第一颗卫星开始，到我们在月球上着陆，以及现在我们在其他行星上定居的愿望，可以看作是这个物种寻求答案的简单延伸。因此，人类的第一个定居不会是我们的最后一个定居；只要我们仍然有可能寻求新的答案，我们将从一个定居移民到另一个定居。为了提高物种生存的可能性和进化后代的可能性，这些移民很可能是由地球上的“留守”人口或建立的定居点进行生物技术设计的，以提高被选择移民的人的生存和进化潜力。

此外，太空移民对人类文化的影响将是深远的。正如第一批发现和安置“新世界”的探险者设法简化难以想象的距离和架起世界的桥梁一样，太空飞行参与者也同样使世界显得渺小。在试图了解载人航天的真正效果时，德国航空航天中心发起了一个项目，要求太空科学家和哲学家研究载人航天的某些方面。

他们得出的结论是，载人航天有一个“文化层面”，这是一个与太空探索相关的传统成本和收益分离的方面。因此，从这个意义上讲，永久解决外太空问题的国际努力的价值之一，将是人类文明的进步，人类身份的统一，以及相应的新的人生观。

因此，我们向太空移民的努力（以及希望这将是一项统一人类的持续国际活动）似乎反映了人类的意识和本质。我们对生存的终极进化决定，导致了似乎无止境的、渐进的尝试，试图从经验上理解存在的所有因素。理解意识和本质需要依赖于对神经生理学功能的逐步理解，从而产生抽象推理/感知和自由意志的作用。正是智人的这一精髓，才是或者肯定应该是太空移民的焦点。

一般来说，人们认为意识是建立在看似无休止的复杂神经活动基础上的，这些活动涉及宿主神经系统的解剖学、生理学和病理学。许多研究者、科学家和哲学家都得出结论，对意识及其表现形式进行科学或经验上的定义是一项棘手的追求。但是，如果人类要在研究意识及其在太空移民中的作用方面取得进展，就必须用科学方法论来解决这个问题。

就我们的目的而言，本质通常被定义为生物存在的核心和持久（尽管不断进化）的组成部分，也包括物种（个体和集体）的核心及持久组成部分，而不仅仅是它们的存在。这才是太空运输系统中真正的乘客，而不仅仅是生物或生物技术集成的，或完全技术化的实体，其本质是嵌入其中并迁移到地球外的栖息地或定居点。

在某些方面，我们今天正处于一种新形式的大规模移民的准备阶段，这将使我们成为一个多行星物种。千百年来，人类一直凝视着天上的星星，怀着敬畏的心情想知道天上可能存在着什么，以及有朝一日我们将如何踏上外星世界。科幻小说描述了人类生活在不同的行星上、不同的太阳系、或不同的星系，有些甚至描绘了人类的后代与外星种族生活在一起。

在过去的 60 年里，我们已经开发出了不仅能描述外星世界的具体特征，而且能让我们接触到它们的能力。20 世纪 60 年代和 70 年代，美国阿波罗计划将人类送上月球，当时的主流观点是，我们将继续前往月球及更远的地方，在外太空定居、发展基地和创造文明。虽然这类活动的时间表没有跟上我们最初的预期，部分原因是冷战结束和美苏之间的太空竞赛结束，但最近的太空倡议给人们带来了新的前景，即人类将很快到达月球、火星和更远的地方。

19.1.4　现状

我们过去和现在的大部分太空行动都是以地球为中心的，因为它们的目的是满足地球上人类的需要。然而，慢慢地，我们开始明白，在航天员的帮助下，太空如何被用于非地球基础的目的，他们已经在太空待了很长一段时间，并研究了科学效应。当然，人类对太空的利用和开发永远都是以人为中心的，但太空所带来的益处的位置会随着时间的推移而改变，不必总是以地球为中心；我们目前对月球、火星等地的可居住性和永久性定居的调查就是这种变化的一个例子。

事实上，我们现在地球上有超过 70 亿人，这个数字将继续增长，同时营养物质和其他重要生命支持资源的可用性呈指数级减少，这一事实很可能会激励子孙后代，无论是直接的还是长期的，都会寻求离开他们的家园。尽管环境保护主义者付出了巨大的努力，但我们这个星球的支持能力却在不断下降，证明人类的可持续性越来越差。人类工业带来的气候变化被广泛报道，部分原因是人口有增无减，使我们的星球丧失了提供足够食物和水的能力。其他威胁包括极端的宇宙灾害（例如小行星撞击或太阳风暴，其大小足以造成大规模灭绝或对重要电力、通信或交通基础设施造成灾难性破坏——本书第 17 章详细讨论了这些问题），或是意外或有意制造出无法控制的超级病菌或病毒爆发。这些对地球上 80％以上集中在城市地区的全球人口构成了非常现实的威胁，在考虑迁移出地球的需要和动机时必须认真对待。

过去，周期性的自然灾害抑制了人口增长，其中包括一些非人类学，如陨石或小行星与地球相撞。大约6500万年前，所谓的K-T大灭绝事件摧毁了大约70%的动植物（通常称为杀死恐龙的小行星）[Solé & Newman，2002]。

随着越来越多的工具可供使用，科学家们已经开始绘制太空地图并确定近地天体(NEOs)的位置和轨道，目前近地天体数量已达数千个。尽管其中一个天体与地球发生碰撞的可能性是一个统计事件，但我们不应仅仅因为它们的可能性很低就将其排除在外：即使预测到一个大尺寸小行星在未来100年内发生碰撞的可能性为0.01%，但从统计上讲，碰撞很可能发生在一年之内[NASA，2015]。同样，据美国国家航空航天局估计，在未来十年内，一次大型日冕物质抛射撞击地球的可能性超过10%。在美国，截至2016年10月13日，美国国防部、美国国家航空航天局、国家安全基金会和国土安全部发布了一项新的总统行政命令，以协调美国对此类重大太阳活动的反应。

鉴于我们对严重宇宙灾害可能对我们星球造成严重打击的日益增长的认识，采取行动是必要的。为了防止我们物种的灭绝，或者至少为这样一个灾难性的宇宙事件做好准备，我们至少应该从两个方面做好准备。通过太空机构和其他相关实体之间的协调行动，开展行星防御计划，并探索未来建立外太空定居的可行性。同样，这些问题在本书的第17章，宇宙灾害和行星防御一章中得到了更详细的论述。

19.1.5 未来趋势

以个体、文化、社会和文明形式存在的所有生物群的唯一统一因素是其基因组的生存和进化。显然，对于智人、现代人类、当前生物本质顶峰的守护者及其进化后代来说，情况也是如此。有人会说，所有太空活动的主要目标是促进并逐步加强人类基因组的探索、移民、扩散、调整和离地定居，以确保其本质的生存和进化。全球公众的支持对这样一次太空迁徙的成功，以及最初选择的旅行者拯救人类基因组及其本质至关重要。今天，完全缺乏对这一目标的支持甚至广泛的认识。

当我们考虑人类移民的未来时，我们不仅要为下一个五十年或一百年做计划，而且要为未来的几代人做计划。对于大多数人来说，这是一个陌生的概念，他们的长期规划需要几个月或几年的时间；总的来说，我们离一个可以为未来几代人制定计划的世界还很远。然而，这样的长期规划是必要的，从这个意义上说，当我们谈到未来在外太空的人类永久性定居时，我们所说的不仅是在月球和火星上定居，还包括木星的卫星、邻近的太阳系，甚至是遥远的星系。这样的规划是很困难的，特别是当我们考虑到单程旅行、长时间/世代旅行、没有重力的身体/生理正常状态的缺乏、进化变化等影响时。尽管这些主题中的一些已经讨论过（其他的将在下文中讨论），但必须记住规划人类迁徙涉及的不仅仅是食物和氧气供应、确定目的地或选择参与者。从这个意义上说，长期规划是困难和不自然的。

一些公共和私营实体尽管从事长期规划的能力有限，但已开始探索解决太空定居问题的办法。美国国家航空航天局目前正在开发在21世纪30年代初将航天员送上火星的能力，尽管其预算根据美国国会的意愿而有所变动，但似乎正在实现其目标的轨道上。在私人方面，至少有两项举措。

火星一号希望在火星建立一个定居点，资金来源是一个真人秀的商业模式，并一直在积极宣传其倡议和招募潜在的参与者。在埃隆·马斯克（Elon Musk）提出的多行星社会构想的推动下，SpaceX公司还宣布了在21世纪20年代末定居火星的计划。为此，它一直在研发下一代发动机、火箭以及载人飞船，以实现将人类送上火星的单程旅程。这些不同的努力表明，一些人希望离开地球，在外太空建立永久性的定居点，要么为了金钱利益，要么为了人类的生存，要么为了威望。

19.2　现行管理体系

19.2.1　历史根源

在几乎所有的历史中，人类思维背后的宇宙学都是人类相互竞争和世界其他地方“导致”事情发生的宇宙学。大自然浩瀚无垠，而人类却寥寥无几，四散而渺小。即使有了文字和“文明”的发明，大多数人也不会读书写字，继续像以前那样思考和行为。然而，“精英统治”一词却日益盛行，成为为人类统治的“理性行为”的一种特殊的解释。

随着印刷机的发明、现代科学/技术的兴起以及最终国家制度的诞生，所谓理性的新形式成为教育、商业和管理的基础。

目前占主导地位的正式管理进程（国际体系内的所谓主权国家体系，赋予每个主权国家在自己的边界内追求自身利益的专属权利）是在1648年通过《威斯特伐利亚条约》采纳的。尽管这项条约解决了当时欧洲面临的某些具体问题，但随后欧洲的主导地位确保了这一制度的传播并发展成为一个被称为“国际法”的正式法律体系。

理性地“建立”一个新国家的思想可以追溯到古希腊和罗马，在近代早期的某些欧洲哲学家中重新出现。然而，直到西方人杀死并制服了北美的大部分居民，才有机会真正做到这一点。美国是第一个专门为其设计新政府的国家，新政府面临着具体的、往往是独特的挑战。考虑到当时的工具和宇宙观，这个设计非常有意义，欧洲其他国家也很快效仿。尽管统治了近四个世纪，但主权民族国家体系并不适合世界许多地区的治理偏好。

在此基础上，当太空飞行成为现实时，各国联合起来制定太空使用规则。在“人造卫星”发射后的十年里，作为所有受统治人民的代表，各国做了国际社会自然会做的事情，并签订了具有法律约束力的国际条约，这些条约将规定探索和利用太空的方式。在这种以国家为主体的国际法思维模式下，外太空一直是按照各国当时认为的适当规则来“管理”的。没有证据表明，参与讨论的国家质疑传统国际法对外太空的适用性——事实上，《外层空间条约》第三条的措辞明确提出外太空受国际法管辖。

当人类开始将其最初具有代表性的移民迁离地球并进入太空时，生物进化史上难得的机会就出现了，它有可能打破经济帝国主义、殖民主义、剥夺人类基本权利的持续威胁的无休止的循环，以及后来不可避免地发生在我们历史上直到现在的暴力对抗。虽然在太空飞行之后出现的一系列著名的太空条约承载了人类的情怀，鼓励和平利用，并概述了阻止帝国主义和殖民主义倾向向外太空蔓延的某些愿望，但这些哲学并没有基础，也没有得到扩展或应用。太空人及其永久性太空定居的继承居民缺乏深思熟虑和精心制定的固有基本权利。这一不断发展的太空法实证主义体系旨在明确认识到在一个太空环境生存或定居需要社会秩序和管理原则，但在这一不断演变的体系中，没有一个地方能够说明从自然法理论中衍生出来的基本法学。

19.2.2　充分性

目前外太空管理制度的充分性取决于人们所持的观点。如果有人认为，一个相对自由的环境就足够了，而且在获得足够的经验之后可以最好地制定规则，那么最少数量的条约和协定将是有利的。因为目前的太空条约仅限于民族国家，而不是商业企业，所以商业企业似乎有可能从事太空采矿、天基制造等非世界活动，这一事实增加了太空法规减少的可能性。

另一方面，也有人认为，根据国际条约和国家法律的执行，认真制定规则，对于人类活动有序地进入地球轨道以外的太空至关重要。

《外层空间条约》和《月球协定》确立了广泛的概念，例如任何国家或实体都不能声称对外太空、月球或天体拥有主权，但这些概念尚未得到充分体现。

最近，美国通过了《2015 年太空资源勘探和利用法》（2015 年《太空法》），宣布在外太空获得的任何资源都是获得该资源的实体的财产，并显然授予美国公司对从天体提取的资源的“所有产权”。

此外，美国还“许可”月球快车公司前往月球进行开采和清除月球表面材料的任务，这显然造成了新的太空监管和管理问题，需要在相对不远的将来加以解决。本书第 16 章详细讨论了这个问题。

这类问题的解决显然将为人类移民和太空定居的未来确定优先次序。今天展望世界外太空活动未来的人似乎分为三类：1）寻求最低限度的规则制定和监管监督，以及承认和尊重商业企业在太空中的权利；2）希望看到具体的规则和条约义务，详细阐明空间资源、权利和仅受国家法律管辖的义务；3）认为需要新的国际协定来反映太空应用、太空探索、空间使用和开发的最新情况，这些协定涉及航天国家、非航天国家和私营企业，以期最终证明有必要就这些问题通过谈判达成某种形式的妥协。目前很清楚的是，这些问题的最终解决和任何先例都将对长期的未来产生重大影响。第一个关键步骤将是对《外层空间条约》第二条做出适当的法律解释和适用，该条规定，外层空间不受国家以主权要求或任何其他手段的占有。下一个关键步骤将是最终更好地理解《外层空间条约》第三条的含义，该条规定太空法必须符合一般国际法。

正如许多学者所警告的那样，简单地将基于地球的法律（无论是航空法、海洋法、南极约定等）转移到外太空是一种懒散的做法，没有考虑到必然会带来法律影响的多重科学差异。国际法的幸运之处在于，即使人类在其他星球上的定居等于侵占，而且我们承认禁止侵占，各国也可以很容易地走到一起，同意这种法律不再适用。国际法的核心是国家间协定的体现，正如各国可以同意不再因侵犯人权而与某一国家进行贸易一样，各国也可以同意，在外太空的某种特定解决方式本身就是合法的，或符合一般国际法。

对于在其他行星定居的合法化议题，一个不可估量的问题是，这是否会与我们所不知道的、目前可能存在的任何“星际”或“星系际”法律相抵触。由于我们不知道在这些地区可能存在或不存在任何其他实体，也不知道它们是否有关于其他行星或天体定居的法律，我们必须把这些神秘的考虑放在未来的一天。然而，这些目前无法估量的问题确实强调了规划我们未来太空管理系统的重要性，至少要有一些远见，即有朝一日人类可能确实会与非人类有情生物互动。本书第 18 章更详细地讨论了太空活动对环境的影响，一个更密切相关的问题是，这种人类定居或移民是否扰乱了行星科学和我们理解行星和太阳系历史演变的能力。如果不仔细考虑，这些行为很可能会模糊我们对地球长期气候演变的理解。在对气候变化、地球大气层内的温室效应以及地磁随时间变化的科学理解的背景下，这种行星科学可能被证明是非常重要的。

19.2.3　不足之处

人们必须注意到，自 1979 年以来，对外层空间的现行最低限度的管制并没有得到新的重大协定的支持。尽管太空技术和系统取得了重大进展，太空商业活动也有了巨大的扩展。我们目前的管理体系应该以当前的太空范式为基础，而不是建立在太空时代初期的模式上。最近每一次正式建立新政府的机会（例如，第二次世界大战后殖民主义的崩溃，以及欧盟内部最近和潜在的变化）都无批判地依赖于“宪政”的旧机制原则和程序。

这些概念可能在 200 年前很合用；然而，今天，它们可能已经过时了，或者至少需要更新鲜、更适合 21 世纪的概念。

世界各国政府（现在都要求某些人聚集在建筑物和城市里发言，并在纸上发表言论，期望其他人按照这些话的意图行事）的设计并不是这样的，因为这被认为是现在实现善政的最佳途径。政府以这样的方式运作，是因为在 200 多年前，当主要的沟通方式是口头、书面和通过交通（作为一种通信技术）的时候，这是设计政府职能的一种合理的方式，它把人们聚集在一起，然后把他们分开，以确保口语和书面语都具有预期的力量。

现在我们有了更好、更多样化的交流方式，对激励人们行动的动机有了更好的理解，而不仅仅是语言。当然，我们会在这些新技术和更新知识的基础上设计管理，而不是仅仅因为旧方法是过去人类唯一可用的方法而继续或主要依赖旧方法。然而，值得注意的是，政府仍然是在旧技术和宇宙观的基础上设计的。

尽管达尔文进化论、弗洛伊德学说和其他心理学以及量子物理学现在主导了科学思维和实践（表明“理性主义”不能充分解释大多数人类的决策和行为），但可悲的是，理性主义假设仍然是当今世界法律和经济学这两个最强大的管理体系的基础。因此，当今占主导地位的宇宙学（达尔文进化论和量子物理学）与我们的管理和经济体系的基础之间存在

“滞后”——考虑到最近的科学技术进步，尤其是考虑到太空领域的发展，这种滞后更为明显。

因此，政府制度比任何地方的社会制度都更具有统治意义。有理由认为，太空界今天可能犯的最大错误之一是采用目前占主导地位的陆地形式和法律及政府程序，并利用它们建立太空管理系统。不幸的是，我们没有理由期望在短期内会出现任何关于管理的新想法，无论是在地球上还是在太空。当设计新的管理形式的机会出现时，大多数建议都坚持理性主义的假设和过程（所有这些仍然只考虑地理和地点，而不是功能和太空方面的管理），从而形成了传统的管理形式。

不能把太空仅仅看作是人类迁徙的另一个地点；它是人类和其他生物群不断进化的舞台。国际社会不足以确保承认和接受定居者是不断演化的人类的使者，他们将携带各种个人和社会价值观（例如言论自由、和平集会、向地球请愿以纠正任何不满的权利等）。在国内法或国际太空条约中，没有一个地方明确地包含了传统上所说的人权、人的自由等。这些原则不能单靠推论。它们必须被清楚地定义和理解，才能在人类定居太空的旅程中找到自己的位置。虽然《外层空间条约》中提到航天员是“人类特使”，但这种语言的含义并不明确，值得商榷。此外，还不清楚它是否适用于所有太空人，是只适用于与某些国家赞助活动有关的人，还是也适用于其他人。

当涉及人类控制的航天器（更不用说人类定居）、有关各方利益的多重性、适用于太空的庞大而复杂的法律体系以及航天员和其他太空人员不断扩大的职能和能力时，建立对航天器和航天器人员活动的管辖权成为一项非常复杂的任务。鉴于一项单一的太空活动可能为各种政府、军事实体、公共和私营国际组织以及私营企业家提供服务，存在着相互竞争和相互冲突的可能，使得现有法律体系的适用范围难以驾驭。人们常常建议研究公海法或国际航空法，以便在太空管理方面借鉴既定的原则或有用的类比。然而，这些不同的法律领域，包括条约、国内授权立法、法院判决、谈判解决和有记录的传统，都是经过谈判以及多年的演变而成的。不幸的是，这些努力只扩展了各国熟悉的基本国内法以及适用的公共及私人国际法和条约，所有这些都主要是为了满足地球上贫困国家和人口的需要。

提高永久性太空定居重要性的努力主要依赖于“和平”太空活动这一欺骗性背景，或者是科幻作品中反映的隐含管理系统，如《星球大战》《星际迷航》《星际飞船士兵》，或者“太空堡垒卡拉狄加”（在那里背景经常涉及外星世界的某种形式的冲突）。大多数期待和准备开发大型、有人力设施的人，都受到《外层空间条约》中“为所有人民造福”的“和平利用外层空间”的指导与限制。一些经济学家、政治科学家、工程师、文化人类学家、法学家以及各种社会和自然科学家都把太空设施和社会概念化，试图鼓励太空探索和占领，使人类的尊严和完整性达到比地球文明进化史更高的水平，将空间设施和社会作为地球上各种文明冲突的避难所。当然，我们必须继续为此努力。但是，我们决不能忽视帝国主义、军国主义、经济殖民主义的历史教训，以及它们很有可能成为人类在外太空的行为和文化的特征。作为一个种族，我们决不能忽视历史上明显对立的教训，这些教训强调殖民主义和军国主义的最终暴力是文化和经济帝国主义的主要工具。

事实上，只有少数几个国家在未使用空间条约中公认的、久经考验的语言的情况下，就自己对可接受的空间军事和经济用途的定义进行谈判。因此，军事政治史学家在规划太空栖息地及其长期/永久居民和社会的经济、政治、治理原则以及随后的法律制度时，可能会对太空栖息地治理进行更审慎的评估。事实上，应仔细审查为以前的经济/政治/宗教帝国主义和殖民主义时代设计的动机和实现结构/伙伴关系，以吸取有益的历史教训，避免扩大人类对空间的占领和不可持续的空间资源开发，而不考虑环境后果或子孙后代的需要。

例如，美国、卢森堡和阿拉伯联合酋长国在有关月球或小行星资源开采的国家立法方面的最新发展表明，经济激励和目标是促进勘探的重要因素。此外，从太空时代一开始，外空军事技术和愿望就一直处于许多国家在外太空努力的前沿。令人震惊的是，最近一段时间似乎太空武器及其相关系统方面的装备竞赛增多了，以便在太空或通过太空使用武力，同时越来越多的军事理论政策认为，太空是未来任何冲突的最终高地。

几十年前，一群被高度认可的跨学科专家（代表了许多不同的学科和子学科，包括工程学、生物医学、经济学、法学、心理学、生物伦理学和哲学）负责制定一项“宣言”，指导各国政府当局发挥载人航天和长期/永久性太空居住政策和计划的制定者的角色。该宣言力求确保太空社会居民的基本权利和自由。

随着时间的推移和太空居住经验的积累，《宣言》所体现的许多前提甚至原则可能需要修改甚至完全删除。然而，为人类、其不断发展的后代及其各自的本质确立明确的不可剥夺权利的总目标是值得努力的。

不管这些权利是以何种形式列举出来的，人类的未来都掌握在其祖辈手中。如果我们目前在巩固权利方面的不作为继续下去，人类在地球上或在太空定居中都可能没有未来或未来生存质量堪忧。对于目前存在的人类来说，关键的目标必须是为留在家里的人和我们的太空使节确立坚定的价值观，以避免生物进化和生存所必需的原则和价值观瓦解。当然，建立一个制度要考虑到不同星球上生命的困难、外星生命形式的潜在存在以及成功定居后无疑将带来的巨大商业化等等。我们要建立一个可持续的社区，使那些在外星定居点的人和那些留在地球上的人都有益，这一考虑是至关重要的。

19.3　对未来管理体系的建议

人类物种及其生物体、生物技术结合的后代的生存取决于这样一个事实，即其生存本质最终决定了物种迁徙。个人和国家的努力应该是达成一种可行的互动关系的协议，这种关系的共同目标是确保人的本质得以生存。要确保这一全球共同的前景，就需要谈判各方都满意的共同规则，其形式是共享空间法和实证法。智人成功的太空移民和定居，可能最终会导致跨人类和后人类后代的产生，这将需要不同的生命支持系统，可能会影响和改变其他人类的传统行为。因此，我们必须从一开始就审查是否需要不同的定居管理原则和框架，每个生活环境和定居点的原则与框架可能都是相对独特的。

鉴于太空的独特性，以及未来太空定居异常复杂的性质，应从头开始设计某些可识别的特征，同时考虑到这些定居的长期可持续性。这种开放和直接的太空定居发展必须考虑适用的管理结构，这种依赖于特定的管理设计。

管理设计包括一个特定规模的定居计划，在一个特定的“部分”太空中将准备在未来的特定时间居住。这种有益的管理设计不适用于最初的任务，这些任务可能是小型的、临时的、探索性的，或者通过类似军事的等级体系来管理的。这是一个永久的、成熟的定居设计，具有相当大的规模和复杂性。

例如，太空企业家埃隆·马斯克（Elon Musk）假设，一个可行的火星殖民地可能需要至少 100 万居民才能拥有一个完全可持续的社会［Drake，2016］。作为人类社会在太空的先驱，2016 年 10 月 12 日，国际航空航天研究中心（奥地利）的伊戈尔·阿舒贝里博士提议将发射的首个太空国家命名为阿斯加尔迪亚，在那里地球上各个国家的人民可以和平共处［Ashurbeyli，2016］。

没有共同设计经济，就无法设计管理。例如，当前机器人技术和人工智能的迅速发展以及它们的实用性的大量应用，可能会使我们对工作、薪酬和购买的传统理解变得过时。我们应该考虑一个完全失业的经济体（或只有一小部分人积极从事体力劳动或脑力劳动）如何运转。人们在没有当前意义上的“工作”的情况下，会做什么富有成效、和平和有意义的事情？人们如何准备好过这样一种愉快的生活呢？

相反，我们也应该为未来不那么乐观的现实做好准备，包括：伴随着全球人口增长的能源、水和粮食的严重短缺；不可控制的有害细菌和病毒的传播；或者，严重的环境和资源挑战的增加，如全球变暖和海平面上升。现有政府无力应对这些挑战可能意味着，如果我们设法到达火星，人类劳动将比现在更加重要。

有一些关键的管理设计概念需要解决，例如平衡自由和秩序；个人和群体；地方、行星和星际关系；经济效率与公平；参与和专业知识；创新与传统；“自然”合作与“自然”自私；生物学与环境的关系。此外，在下文中，我们将探讨每一个太空定居点应该解决的具体管理特征，以确保定居的可持续性。

19.3.1 定居的目的和功能

必须提前充分考虑定居的目的，以确保其管理结构具有合理性。无论定居点有具体的活动要进行（设计应促进）还是打算成为一个“万能”社区，都应该这样。例如，其目的可能是：将人类安置在外层空间或行星上，试图重建第二个地球；以最小的入侵代价探索行星；将行星地球化；开采行星并将矿物用于进一步的太空探索；作为旅游景点；在太空中创建一个新的国家，如阿斯加迪亚；成为国际空间大学的分支机构或其他类型的研究前哨站；发展成为一个精神社区；用于其他目的。每一个目的都需要在管理结构中考虑不同的因素，以确保定居点设计的目的是可行和可实现的。

然而，尽管任何事情都有可能，但并非所有事情都有可能。因此，许多设计规范应该事先确定并相应地实施。例如，一个重要的考虑因素（下文将更详细地描述）包括承认定居者给定居带来的不同类型的行为，并考虑到这种差异。

在任何管理设计计划中，一个重要的初步步骤是对定居将存在的世界进行预测。这需要对我们作为一个物种在未来的位置进行正式推断。虽然不可能预测未来，但可以预测替代性未来，然后设想、设计并朝着优先未来发展。这样的“未来研究”通常使用四个模板，从经验中得出未来的“通用”替代形态（增长、崩溃、纪律和变革），以了解管理设计应围绕的主要挑战和机遇。

这项未来预测研究的一个重要组成部分是指定和设计在定居时可用的技术（但现在不存在），以及在定居时目前或以前使用的任何技术。当我们实事求是地看待未来可能出现的东西时，我们应该避免使用技术或精神上的“魔法”。这就是说，在预计的定居时间，可能会出现某种基因工程（取决于定居的目的）、半人半机器生物、人工智能，甚至可能是现在看起来像魔法的外星人。对目前可用的技术进行现实的调查，并预测人们已经熟知的和尚处于萌芽阶段的领域可能取得的进展，应当能够证明技术在太空定居方面的放大作用。除此之外，我们还必须为遇到（或创造）外星生命体的可能性做好准备，这些外星生命体必然会改变我们的相互作用或运作。承认这种可能性，将使我们能够更适当地规划具有不同目的的各种太空定居点的发展。

对于维持和运行定居点所需履行的各种职能，也应做出类似的考虑，即解决需要做什么、由谁来做、什么样的程序才能实现定居任务等问题，仅从行政、立法、司法或政党和压力集团等现有政府机构的角度来考虑是不明智的。当然，这些实体在地球上执行的功能完全有可能需要在火星上完成；然而，更谨慎的做法是，考虑到需要做哪些工作，以便太空定居正常运作，而不是我们如何确保这些现有的政府机构发挥足够的作用？

当然，远离地球的定居点的目的很可能会随着时间的推移而演变和扩大。因此，关键问题变为：管理体系是否足以满足定居的初始功能或目的，然后无缝演变以满足扩大的任务和目的？适应扩大任务的能力也许是最大的挑战，也是最难预测的事情。

19.3.2　谁来解决？

在决定谁将前往某个定居点时，必须记住，虽然对参与者进行一些预选是有意义的，但详尽的预选本身并不能保证在前往定居途中或在定居点避免个人和社会问题。生物圈二号实验的经验证明，预先选择“好”的人并不能保证以后没有问题，这对于以后的任务仍然很有启发性。当然，在定居者的甄选过程中，确定并测试某些标准（同时注意到这些标准将随着时间的推移而不断演变，这是从以前的空间定居点获得的经验），这将有助于记录和确定哪些人最适合于定居太空，并在其中发挥哪些作用。

这就是说，定居点的设计应该在居住在那里的人们的大量投入下完成，因为它应该反映出他们的偏好，考虑到他们——而不是地球上的生物——将生活在定居点上，并确保定居点的成功。某些不会改变定居点成功的特征——例如定居点结构的某些布局、劳动/权力划分等——应由预定定居者提出，并由设计委员会采纳（考虑到其合理性），以确保创造一个社会可持续的定居点，为定居者提供一个公平和有效的管理结构和令人兴奋的移民机会。

此外，社会各阶层的代表（有不同的偏好和观点）必须公平和充分地参与制定管理设计。但值得注意的是，随着国际空间站的发展，负责国际空间站运行的主要是系统工程师和地面控制人员。在火星上可能不是这样，首先是因为我们的目标是建立独立、自主和可持续的太空定居点，其次是因为我们的技术目前不允许地球和火星之间的即时通信，这使得在时间紧迫的情况下很难执行外部命令。当然，如果将来我们的技术进步了，后一种考虑可能是没有意义的，但第一种考虑仍然适用。

我们必须永远记住，“管理设计”是极其宽泛的，在许多方面都是“文化设计”——换言之，管理设计涉及社会的方方面面，而不仅仅是现在狭义上的“治理”。

这种狭隘的管理构想是当前管理设计的一个特点和问题，许多应该而且实际上必须设计和纳入社会结构和运作的方面，例如教育、媒体、经济等最基本的领域以及环境和资源管理等没有被充分纳入。

19.3.3　行为

管理设计的一个重要考虑因素和结果是特定结构将促进/阻止/抑制/禁止的行为类型以及培养所需行为所需的结构类型。管理设计者必须根据人们定居所带来的现有行为的类型、他们习惯的社会和管理结构以及可用于实施的资源来做出这样的决定。

作为管理设计的一个问题，主要的研究围绕着如何可能引出人们所期望的人类行为，以及如何避免（或纠正/惩罚等）不受欢迎的行为。“坏行为”的问题不能通过驱逐“坏”人离开定居点，而把他们送回地球或其他定居点来解决。解决定居点上存在的“越轨”是一项中心设计任务，尽管我们应该努力实现一种设计，将最初被认为是不受欢迎的行为的存在最小化，但我们不能假装任何设计都会完全消除它。

在进行旨在激发期望和压制不良行为的管理设计时，需要解决的一个最基本的问题是确定更有效的方法：试图说服人们自愿地做出正确的行为（也许通过教育、同事压力、劝诫、惩罚，或者通过结构设计）。也就是说，实现良好行为的最佳方法是找到让人变得善良并让他们想表现得好的方法吗？或者是否可以通过创造物质、技术或制度结构，使其不可能或至少非常难做出糟糕的行为，从而塑造良好的行为和阻止（或缓冲）不良行为更为有效？实际上，通过管理设计，是否可以让人们按照自己的意愿行事，同时要让他们的行为产生良好或至少是中性的影响？

虽然良好的意愿非常重要，应该将其融入设计中，但结构特征更重要。许多人生活的环境使得无视法律比遵守法律容易得多，即使他们更愿意遵守法律。尽管如此，理解结构的重要性并进行适当的设计是很困难的。管理设计的一个常见陷阱是将信仰放在教育、宗教、文化、劝诫、善意等方面，当这种信仰证明不足时，再诉诸法律和惩罚。历史和社会经验表明，仅仅希望一套特定的管理结构能够产生预期的结果往往是不够的。

我们必须着眼于不仅仅是通过由警察、法官和狱卒来执行的法律。管理设计至少有八种方法可以用来塑造或改变行为，而传统法律可以说是最糟糕的方法，因为它们威胁或强迫每个人都以同样的方式行事，而这通常是不必要的。这八种不同的方式包括：规范和说服；法律或法令；市场；随机奖励；实验；调解；物理结构和建筑设计；技术（包括虚拟技术和社会制度）。当然，每一个管理体系都可能是这八种塑造社会行为方式的组合。一个基本的设计原则是，总的来说，与其通过或以其他方式执行严格的法律，不如让人们按自己的意愿行事，通过其他方法，使人们很难以不希望的方式行事，而且很容易按期望的方式行事。

19.3.4　环境因素

必须考虑到的一个极为重要的因素是太空定居点的生存环境。在整个人类历史中，任何管理概念都是以地球为中心的。在地球上，无论在什么地方，都可以预期到相对相同的环境条件。因此，当考虑新的管理结构（民主、君主立宪制、无政府主义、乌托邦等）时，它们似乎总是在一个相当一致和友好的环境背景下存在。地球管理系统是为地球而建立的。在火星或其他行星上根本不存在类似地球的环境，我们认为理所当然的环境因素和实现数量（无论是完全存在还是以同样的方式存在）令人震惊。定居点与地球的物理和时间距离，至少在最初将影响设计的许多方面，但这仅仅是一个开始。

与地球不同，外太空将考验人类的决心。不可呼吸的空气、稀缺的水、强烈的辐射和持续的黑暗只是外太空存在的一些特征，通常这些特征是结合在一起的。迄今为止，人类还没有发现任何其他行星、月球、小行星或天体携带着与地球相同的生命特征。以我们的近邻火星为例。它的直径大约是地球的一半（即 7 926 英里对 4 220 英里）。它的引力加速度是地球引力的 37.5%。地球上的大气密度是火星大气的 100 倍。落在火星上的太阳光比地球少很多，但它的大气层对宇宙射线和太阳射线的保护要少得多，因为它不再有磁场系统或类似于地球范艾伦带的任何东西。为火星或任何其他行星设计管理系统的一个更具挑战性的事情是，地球上发现的自然和环境条件很少发生在太空中，而其中有些地球条件可能在必要时被重新创造，设计一个适合火星的定居点，而不是试图在火星上建造一个微型地球并进行设计，这很可能是有意义的。建立管理体系的一种尝试就是作为本章附件提供的火星公约草案。

一些作家认为，人类要想在地球上生存，就必须学会如何“控制进化”，这无疑在火星和其他太空中更为必要。至少在今天，如果没有特别的努力，火星将无法维持植物或牲畜的生存，而长期维持那里的生命生存将异常困难。对于任何其他天体或大规模/长时间的运输系统，基本上也是如此。当然，新知识和新技术可能会改变这一点。例如，有可能建立一个磁系统和保护性的屏蔽层来屏蔽火星免受太阳风的影响，这样就可以随着时间的推移形成一个可持续的大气［Pelton，Madry & Felix，2016］。

因此，将需要做的事情逐项列出来，作为管理点定居设计的第一项任务，并不是一件小事。对于在外太空发生的任何事情，一些智能过程必须确定它应该发生，如何使它发生，它是否按预期发生，以及当它没有按预期发生时该怎么做。

这就是在火星和任何其他行星上（事实上，在地球上也越来越多）的管理所需要的，因为每一个环境都需要有其自己独特的管理体系，因为它们的特点各不相同。大自然已经宠爱地球上的人类太久了，现在我们要想在这里生存，就必须迅速成熟，采取负责任的行动。火星上的生命需要更加勤奋、更具创造力、逻辑力和意志力。

19.3.5 环境保护

为了维护人类定居点在太空上的长期生存能力和可持续性，我们决不能忽视在设计其管理结构时纳入明确的生态保障措施的重要性。生态保障措施将针对每个定居点，并可能取决于若干情况，但确保长期可持续性的原则才是重要的。很容易想象，在没有额外的压力，即确保我们的活动不会损害我们可能知之甚少的生态环境的情况下，在太空建立并维持一个人类定居点将面临许多技术和心理上的困难。尽管确保天体生态得到保护的短期后果可能会使成本增加、技术发展缓慢和生活条件更具挑战性，但更重要的长期利益——以及我们进行这一努力的原因——就是证明定居点对子孙后代是可行的。

我们在地球上的活动应该得到足够警惕。尽管不可否认的是，工业化所带来的益处使人类物种的发展远远超出当时的想象，但我们现在认识到，这种活动的后果将对后代产生难以言喻的影响。如果100年后，人类不可能在地球上生存，那么工业化所带来的所有累积利益都将一文不值。

在规划和发展管理结构时，我们必须将这一考虑放在我们的脑海中。我们未来定居点的生态可持续性，以及整个外太空的可持续性，必须在我们今天建造此类定居点的方式中发挥关键作用。正如本章将进一步阐明的那样，公司和私营实体极有可能在太空人类定居点的发展以及经济和环境可持续性方面发挥作用。不幸的是，历史已经证明，当经济和环境保护主义相左时，前者往往会获胜，而后者则只能寻求一种新的方法来适应不太有利的条件。私人实体的本质，即它通常有责任保持经济上的可行性和财政上的盈利能力，这就确保了除非有机制授权（或以其他方式激励）私营实体在环境问题和经济问题之间取得平衡，更不用说优先考虑环境问题了，没有理由乐观地认为，未来的太空活动（包括人类定居点）将比历史上的陆地活动更好。当前近地轨道（LEO）太空碎片问题就是一个完美例子，表明人类倾向于将重大关切和问题推迟到绝对必要时才解决。

19.3.6 适用论坛

要进行上述任何讨论并作出适当的决定，首先必须承认：1）人类本质的生存是值得的；2）人类离开地球并进入永久性的太空定居点将有助于人类本质的生存和扩散；3）为了使永久性太空定居点长期可持续，必须从头开始发展；4）为了使永久性太空定居点能够生存，它们必须得到广泛和全球的支持。前三个前提已经在上面进行了大量讨论，虽然它们本身就构成了困难，但最困难的障碍可能是第四个——真正的跨国合作和有效的全球支持。鉴于我们今天在接受一些最重要和科学合理的倡议（例如，消除化石燃料和使用可再生能源）或就我们人类所有个人的基本人权达成协议方面存在困难，我们必须使永久性太空定居成为一项国际和全球性的倡议，这一观点比乍看起来更有争议。

发展永久、可持续的太空定居的国际讨论，应当在极高的级别上进行，这是由于该计划的成功需要重要性、规模和献身精神。有三种途径可以使这些计划得以发展：通过完全由政府管理的项目，通过完全私营的运作，或者通过政府和私人的共同努力。应当在哪些论坛上进行这些讨论将取决于所选择的路线。

多年来，所有太空活动都是由各国通过负责探索和利用太空的国家太空机构或部门来运作和资助的。在这段时间里，各国根据国际法，就如何以和平和有效的方式在太空进行最佳运作进行了讨论。与大多数国际讨论一样，各国主要通过大会及其和平利用外太空委员会（外空委）在联合国召开会议。随着太空的效用被证明更为有用，太空业务能力不断增强，各国政府开始在本论坛上讨论越来越多的议题。

有鉴于此，如果要完全通过政府来发展和运作太空的永久人类定居，外空委似乎是一个可能的起点。当然，考虑到深空行星航行的极端复杂性，更不用说这些地外星球的定居了，一个专注于法律或政策问题的委员会将被证明是不够的；一旦国际舆论和国际方向联合起来，将需要引进其他专业人士来制定实现这些重大目标的具体方法。

当然，并非所有国家都是外空委的成员，鉴于永久人类定居与地球上所有人的关系，所有国家都有必要参与这种讨论；这是否需要将外空委的成员扩大到所有国家，还是建立一个包括所有国家在内的国际机构，还有待商榷。目前在大约 80 个联合国安理会成员国之间达成协商一致的困难（如果扩大成员数目，这将是一个更大的挑战），确实使人怀疑这条道路的可行性。

如果私营实体决定自行开发永久性定居点，那么这些论坛很可能与我们在国家赞助活动方面所习惯的情况大相径庭。鉴于私营实体相对于国家和公共机构的优先事项、责任、信托义务等，有关透明度、理由、方向等问题可能会浮出水面。与大型国际论坛特有的公开辩论和讨论相反，私营实体完全有可能在董事会会议室闭门审议一项全私人倡议。鉴于永久性的太空定居将直接影响人类物种的持续生存，这种潜在的秘密论坛得到的结论效果并不理想。

第三条道路似乎是最有希望的，因为它将政府举措所需的透明度与私营企业特有的强大动力和企业家精神结合起来，以实现预期的结果。如果选择这样一条路线，一个可以进行讨论和做出决定的论坛将是一个类似于国际电信联盟（国际电联）的系统。国际电联在国家代表平等的基础上运作，但也包括私营企业的代表，以表达他们的意见和提供他们的专业知识。虽然国际电联不是一个完美的机构，但就所有人看来，与其他国际机构相比，它是相当成功的。在处理在外太空建立永久性人类定居点的问题时，国际电联的模式将使各国作为所有人类的一个粗略代表，就此类定居点的基本原则和设计达成一致，并使私营企业有机会以成本效益高和及时的方式开发特定的组成部分。另一个重要的补充因素是，包括在非技术和非资金驱动领域具有能力的专家个人，如社会科学家、行为学家、医务人员等，因为在处理诸如永久性的微妙问题时，纯粹的法律/商业/商务推动力很可能证明是不够有效率的。因此，一项成功的国际努力必须集中于适当的信息交流、利用人力资本和利用组织知识，以便我们能够摆脱目前使用的缓慢和常常无效的国际“工作组”模式。

Ehrenfreund和Peter提出了另一种方法，重点放在信息交流、组织知识和人力资本上；他们的想法远远超出了当前国际工作组的方法，并且是当今所谓的高绩效组织（HPO）所采用的方法［Ehrenfreund & Peter，2009］。

相对而言，律师和立法者很少关注生活在一个合成的、外来的、通常是对生理有害的长期生命维持环境中个人的特殊需要，而且往往是独特的需要，其中生命维持环境可能是永久性或准永久性的。即使在目前，几乎没有考虑到长期太空社区的特别管理原则和法律需要/制度，而这些原则和制度目前正在被预期，并且肯定会出现。也许原因在于经济理论的萌芽和演变性质，这些理论将与建立各种类型的太空社区相联系。

一开始，正是这种规模庞大、成本高昂的企业的经济现实决定了对全球管理的重视。在早期，还可能有大量的军事参与、政府对所需资源和技术的支持，以及对各种关键支持系统的商业参与，这些系统包括技术、管理系统和企业创新。这些对军事、政府、商业和学术研究支持的各种需求很可能决定或至少决定了管理的形式和方向、军事或警务控制、经济制度、社会和文化互动，甚至是太空定居者的生活方式。

在大多数情况下，这些类型的栖息地基本上被视为技术成就，但迫切需要将创造性和建设性的注意力集中在长期或永久居住在太空住所或定居设施中的人的社会和管理要求上。一个非常庞大的太空社区建设初期预计有数千人，最终有几十万人，甚至数百万人，虽然这个想法目前看来似乎仍然属于科幻小说中的情节，但是实际上，我们已经朝着这个方向迈出了一小步。

19.3.7 管理结构

一项真正的全球协调行动对于永久性太空定居的成功将是至关重要的，这并不是所有人都能接受的。即使对于目前参与和太空移民相关活动的人来说，也未必都能接受。最近采取的一些措施，如联合国大会在2014年12月批准了国际小行星预警网（IAWN）和太空任务规划咨询小组（SMPAG），表明全球就宇宙相关议题达成一致是可能的。

由于缺乏严格的私营部门创业倡议，作为普遍指导的政府事业在相对较长或持续的一段时间内从未取得成功，因此，应该考虑建立真正的三方全球基础设施关系。

一个由政府组成的财团很可能会考虑使用种子资金来刺激并支持太空移民的方案和对项目进行必要的研究，例如，在移民计划之外开发具有商业潜力的项目，帮助创造成功的太空商业企业所需的技术等。如今，大多数国家的政府都不鼓励私营部门企业家参与太空开发和移民，这当然不平等。鼓励的目标充其量只是作为政府进一步控制一个国家或国家集团的太空项目的工具。

在目前的情况下，政府政策和执行条例的制定和实施传统上是为了让各国政府对其各自方案/项目的各个方面以及在太空开展实际商业活动的后果给予尽可能多的控制和指导。除某些不断变化的例外情况外，各国政府倾向于控制国家太空活动，不希望私人投资者在机构关系之外和没有严格政府管制的情况下从事太空活动。美国联邦航空管理局商业运输办公室（Office of Commercial Transportation）批准月球快车（Moon Express）公司向月球发射私人探测器，这似乎偏离了这一规定，而其他私人举措或许也会随之而来。然而，在当今大多数与太空有关的合同关系中，目前许多遵守政府监管或监督要求的行为与具体目标完全无关，对企业家的成功参与是没有必要的。

如果要有效和适当地利用太空及其资源，那么从逻辑上讲，可以采取由政府/军事机构、商业实体和学术/民间社会参与者组成的三方全球实体的形式。在建立这样一个实体的过程中，必须明确了解政府的作用，特别是在允许甚至帮助私营工业界和投资者界了解与太空移民有关的系统和服务方面。这种太空移民伙伴关系的三个参与者在其第一阶段如果不是完全全球性的，那么可能是国际性的。因此，同意参加的国家可以代表国际合作团体。在某种程度上，国际空间站所代表的合作关系可以被视为这种国际伙伴关系的第一阶段，这种伙伴关系利用了政府/军事机构、商业实体和学术/民间社会参与者。

然而，为了证明真正的成功，我们需要摆脱单纯的协调和增强条件，即各方在单一组织者的领导下独立参与，并共享信息。国际空间站关于相互依存的谅解备忘录和最后的一体化就是典型的例子，其中各方负责空间站的各个组成部分，但都对整体组织负责。在最后的一体化中，所有资金都集中起来，所有活动都由一体化团队领导。在像火星和其他天体这样严酷的环境中，一方机构/实体专注于收集和分配水，另一方专注于种植和供应粮食，另一方专注于建造庇护所，其中的每一方只负责自己的任务，这是没有意义的。更加复杂和综合的方法，是在星球上实现定居这一复杂任务能够成功的唯一途径。在这一方法中，整个团队决定实现目标的内容/地点/方式。

作为全球管理实体的成员，参与国政府、私营部门和学术界/民间社会都需要解决的一些问题包括：资本投资的潜力、投资回报、商业参与者在各种支持服务方面的成本、投资激励要求、广告效益等。各国政府和私营经济企业以及公立、私立高等教育实体，将要解决的关切问题和考虑事项包括但肯定不限于私营部门在空间开展的商业活动、稳定运营成本、营销机会、与商品生产和消费相关的风险、投资回报的不可预测性和长期性等。

其他问题和担忧可能与下述方面有关：全球实体的政策稳定性、投资回收期、初始投资的实际成本、管理定价政策的规则、缺乏创业活动以外的经验。私营商业部门与旨在关注促进空间迁徙的各种国家和教育/民间社会机构（它们是参与全球三方实体的政府和研究部门）的关系将对潜在私人投资者的决策过程产生非常重大的影响。

一个适当的政府角色很可能是协助创造和鼓励一种有利于私营部门进一步参与和促进空间移徙活动，并为整个社会分享利益的气氛。一个主要问题是找到适当的方法，根据国家和有限的国际关系和政策，将这些活动转变为真正激励的努力。学术/民间社会在三方全球管理背景下的主要作用是追求和管理应用研究、跨学科教育和培训，以及确定扩大和分享利益的政策。

19.3.8　资源稀缺性

资源问题很复杂，因为它包含两个组成部分：地球上的资源和永久性太空定居点可持续性所需的资源。第一个组成部分要求回答我们将如何处理地球上资源短缺的问题，以及鉴于这种短缺，我们将如何优先考虑为太空定居点提供援助的能力。目前正在采取各种举措，利用自然产生的太空资源改善地球上的人类生活，包括捕获小行星和开采有价值的矿物，提取水冰并将其用作推进剂、可呼吸氧气和饮用水，这些活动是否会发展到地球人类可以把从地球上获得的资源送到定居点的阶段，这完全是另一个问题。

第二个问题是我们如何处理太空定居点资源缺乏的问题。如上所述，目前发现的任何地点——以及在可预见的未来可能发现的任何地点——都不会像地球那样为人类及其后代提供适宜居住的环境。因此，任何太空定居点自然都需要输入资源，至少在最初相当长的一段时间内是这样。我们向这些定居点提供资源的方式将取决于开发定居点的性质（政府、私营企业、联合体等）以及赋予每个行为者的责任。

19.3.9 定居点的独立性

不管太空定居点是如何形成的，随着时间的推移，它们将发展出自己的特性，因此需要在某种程度日益独立。他们宣称独立的方式有望是和平的，在实现这一目标时，应当在最初的管理设计阶段加以考虑。一旦一个定居点在身份、运作等方面取得了一定程度的独立，就应当给予它机会，切断它与最初赋予它生命的任何实体的正式联系，并按照自己所希望的方向前进。管理设计阶段应该解决的一个有趣的问题是，我们如何描述独立性，以及如何确定何时实现独立性。独立性是不是因为满足了某些基本可持续性要求而自然产生的？是不是过了几年？是在定居点到达一定的人口数量之后吗？它是基于一个定居点抵御自然和人为威胁的能力吗？如果这些预先确定的指标中的任何一个是独立性的关键，但母实体或定居点在它们是否得到满足方面出现分歧，会发生什么？谁来调解这样的纠纷？

另一个重要的考虑是，如何提前为这样一个看似不可避免的事件做好计划，以确保从依赖到独立的平稳过渡。这种过渡很可能需要制定一部新宪法，用于通过完善的治理规则、举行选举、重新分配资产、签订新的资源供应合同、使出口目的地多样化等，这些都是专门为个人定居点而制定的。毋庸置疑，独立的后勤保障对定居点的长期可持续性具有重要意义。如果我们假设这种定居点将出现在当前的国际关系中，那么一个定居点独立于一个以地球为基础的主权国家，是否意味着这样的定居点将获得世界外“国家”的地位？如果是这样的话，这种新的地位将如何影响地球上的政治、国际关系、经济？

19.3.10 可能遇到外星生命体

如果对大多数人来说，永久性的人类太空定居属于科幻小说的范畴，那么外星人的存在以及我们与之的互动无疑更多地建立在幻想之中。然而，良好的管理设计和审慎的规划应该预见到人类、跨人类或后人与外星生命体互动的事件，这些事件的基于之前建立的规则，即如何基于某种形式的深思熟虑参与这种关系。

与大多数好莱坞的故事情节相反，如果人类要在太阳系的未来十几代中与外星生命体互动，外星生命体更可能是基本的生物生命形式（或它们的等价物），而不是完全功能的生物，更不用说有知觉的生物了。在这种情况下，人类和外星生命体之间的关系看起来更像是父权制意义上的皇室及其监护者，而不是平等的两个政党。在某些方面，这种关系已经以某些太空行为者在将物体发射到太空（特别是那些将要着陆或与天体密切互动的物体）和将这些物体送回地球之前提出的某些苛刻环境要求的形式存在。虽然后者是为了保护地球的生物圈，但前者是为了防止地球生物群对外星世界的污染。

当然，还必须注意的是，在某个地方，在某个时间点，有感知的外星生命体已经存在、当前存在或将要存在，这是完全可能的（事实上，很可能）。考虑到这样的情况，我们应当质疑人类对法律、法律理论、管理结构和生命意义的理解，并考虑这些因素如何影响外星生命。认识到有朝一日我们可能会与这些人互动，所以现在在我们还处于一个可以轻松将此类问题纳入我们的解决计划的阶段时，将外星生命体纳入我们的管理设计将是明智之举。

在考虑将其他生命形式纳入我们的管理设计系统时，必须提出的重要问题包括：外星生命体是否有权利？这些权利看起来像什么？我们/他们将如何实现这些权利？“我们/他们”是恰当的二分法吗？我们是否应该积极地与外星生命体交互？我们应该被动地与外星生命体交互吗？我们应该扮演父权制的角色吗？在他们足够先进之前，我们应该让他们单独待着吗？当然，我们可以想象在将外星生命体纳入任何外部管理结构之前，还应该仔细考虑许多其他问题。

最后，必须牢记，在决定如何管理外太空时，我们必须考虑到外星生命形式的问题，并考虑我们对这些生命形式应承担的道德义务，以及它们在未来任何一个非世界管理制度下将拥有的权利。表 19－1 和表 19－2 总结了一些问题和提议的步骤。

表 19－1　与太空移民和殖民有关的关键问题

问题和挑战	技术挑战(自然和人为)	经济、商业、人口、伦理、健康和其他挑战	风险/威胁缓解/股权问题
生成与应用规律	商定外太空解决规则和条例	确保适用的法律符合所有实体的利益，包括人类和外星生命的利益	商定的国际法随时可能改变
国际利益	凝聚不同国家和经常对立的国家之间的利益	发现可以引发国际努力的经济动机	如果一个国家决定退出/放弃该项目，是否会危及整个目标？
为私营企业参与国内市场创造兴趣	制定鼓励私人参与的经济激励措施	如何使私营企业受益，但保持“人人受益”	私人实体开始只把定居视为赚钱的途径，而忽视了科学/进化的重要性
变成多个行星，结果可能污染地球	离开地球，在外太空定居	人类在外太空的生存环境岌岌可危，但这涉及对地球的潜在风险	没有保险或金融机制可以有效地应对此类风险
处理潜在的外星生命形式	事先就规则和行为达成一致	提前考虑伦理问题，并将其作为任务规划的组成部分(如行星保护)	行星际污染风险和定居者风险
选择定居者	确定选择定居者的依据	决定谁能在外太空定居，以及他们将如何代表这个物种	选择错误的定居者类型可能会危及定居的任务或长期可持续性

续表

定居的可持续性	确保独立于再补给任务/原位资源获取	签订可终止的供应品合同，并在原位开采失败时确保冗余	如果最初的再补给合同被证明不经济，私人供应商留下未完成再补给的风险
在已知的地区缺乏可呼吸的空气或可耕种的土壤	寻找能够在其他太阳系天体或可行的水培系统上创造大气层的技术	考虑到用这种方法在健康和安全方面对火星进行地形形成是否合乎道德和可行标准	谁来操作和控制这些系统？基于什么样的经济或管理基础

表 19-2　与太空移民和殖民有关的拟议国际行动

提议的行动	拟采取行动的实体
制定与太空定居有关的法律或公约	一个考虑到所有国家利益的国际组织(可能是联合国和平利用外太空委员会通过工作组，也可能是教科文组织通过其太空委员会，同时考虑到它们各自的作用和任务)
减少或取消定居技术的进出口管制	参与解决的国家(如美国关于国际武器贸易条例)应消除技术合作开发的障碍
建立与太空探索和潜在太空移民有关的国际合资企业(公共和私营)	开发技术的国际集团或联合体(包括政府和私营实体)
对天体宜居性进行研究，探索在太空中为火星建设"太阳罩"的可行性，以创造可行的"火星大气"	能够积累有关特定天体知识的国际机构，如国际宇宙航行科学院(IAA)、太空研委会、天文学联盟、国际空间安全性推进组织协会和国际空间大学
维持生命所必需的生命维持系统的科学研究	一个或多个国际组织，其任务是建立技术，使不适宜居住的世界对定居者友好，如国际宇航局、太空研委会、天文学联盟、国际太空科学协会和国际太空应用联盟

19.4　其他需要回答的问题

以下是在制定一个三方全球实体和全球管理方法的过程中，需要审查、评估并最终接受或拒绝的一些问题，以开发和加强对地球外定居点的勘探、移民和维持。请记住，这些问题是由人类物种的生存和可持续性及其不断演变的本质所保证的太空移民的必要组成部分。

——在一项全球事业中，三个参与团体将如何构建，从而在追求集体目标的过程中作为主角而存在？这一点尤其棘手，因为利益相关者联盟将包括各种学术、政府和工业实验室、地球和太空的制造设施、各种科学家和工程师，以及其他学科的专家，他们都从事和开展必要的研究、产品或服务开发，以及在私营部门和公共部门销售服务或产品。

——根据法律规定，参与国政府是否需要被指定为旨在直接或通过收取使用费来赚取"利润"的共同冒险负责人，以便单独或集体收回所有运营费用？

——参与国政府是否应该与参与共同建立和运营的商业航天企业拥有平等的话语权或选择权？

——参与国政府是否应单独或集体负责及时提供可接受质量的服务或与太空有关的制

成品？

——政府是否应该单独或集体负责提供在短期或长期太空移民和居住要求下制造的服务或产品？参与国政府是否应承担未能及时生产合同规定的高质量产品或服务，或者未能提供用户所约定的操作或服务质量所造成的后果？

——是否应该期望参与国政府、私营企业成员以及参与的学术和其他研究和技术教育组织，对未能及时生产出高质量产品或服务的后果承担责任？

——这种法律责任是否会提高私营部门其他成员的信誉，包括航空航天行业以外的成员？

——如何在直接合作伙伴之间以及地球上的各个国家之间处理和分享“利润”？直接投资人力、物力和智力资源的人会分享利润吗？

——全球企业的成员是否会因全球集体负责担保的合同而失去单独提供服务和产品的身份？

——在适用于太空移民和殖民的管理制度下，伦理考虑/权利是什么？

附件：火星公约草案

作者：O. Ingold

序言

公约缔约国：

出于本着相互理解与合作的精神解决与人类探索和解决火星有关的所有问题的愿望，并意识到本公约作为对全人类现在和未来的重要贡献所具有的历史意义，

注意到自 1967 年《联合国外太空条约》以来的事态发展突出表明需要一项新的、普遍可接受的太空法公约，

认识到地球上自然资源枯竭、人口过剩和污染问题，

认识到宜通过这项公约建立一项法律秩序以有助于人类和平居住火星，并促进火星资源的公平和有效利用，对其可能的生物资源进行研究、保护和养护，

铭记实现这些目标将有助于实现公正和公平的行星际经济秩序，其中考虑到全人类的利益和需要，

相信本公约为人类在火星上的活动编纂的法律框架，将有助于按照正义和平等权利的原则，加强所有国家之间的和平、安全、合作和友好关系，

希望通过本公约促进人类在太阳系特别是火星上永久存在的原则，这意味着改变火星环境，使人类物种适应因此而设计的火星环境，

重申火星应符合全人类的利益继续用于和平目的，不应成为国际争端的场所或对象，

申明本公约未做规定的事项继续受一般国际太空法的规则和原则管辖，

协议如下：

第一部分：术语使用和范围

第 1 条：术语的使用

公约的目的：

a. “区域”是指本公约所指的火星地面。

b. “大气圈”是指火星（Ares）的固体（岩石圈）和液体（水圈）部分。

c. “特许权”是指控制机构授予的将土地或其他财产用于特定目的或在特定区域进行特定作业的权利。

d. “基因工程”是指通过操纵生物体的遗传物质来改造生物体

e. “火星原始生命形式”是指不受来自地球的有机体的任何影响而产生的生命，是火星特有的进化过程。

f. “资源”是指地球上所有的固态、液态或气态资源。

g. “地形形成”是指行星工程的过程，其目的是增强外星行星环境支持生命的能力。地球形成的终极目标是创造一个无约束的行星生物圈，模仿地球生物圈的所有功能。

第 2 条：范围

本公约的规定适用于从火星地形形成的角度在火星和太阳系进行的一切活动。这一过程将与生命适应这个新设计的星球并行发展。它不需要在地球上进行活动。

一切活动应依照国际法，特别是《联合国宪章》进行。

第二部分：火星现状

第 3 条：火星自由

火星对所有国家和其他实体开放。所有愿意的国家或组织有权参与这项工作。火星自由是在本公约和其他国际法规则规定的条件下行使的。它包括：

（a）出入自由

（b）行动自由

（c）飞越自由

（d）科学研究自由

（e）使用自由

各方在行使这些自由时，应适当顾及其他各方的利益，并适当顾及火星地形形成的整体工程。

第 4 条：科学研究

在火星上进行科学调查的自由和为此目的而进行的合作应继续遵守本公约的规定。

为促进科学调查方面的国际合作，缔约国同意在最大可能和切实可行的范围内：

1）应交换有关火星科学计划的信息，以最大限度地提高任务的经济性和效率。

2）科学观察和结果应免费交流和提供。

第 5 条：为和平目的保护火星

火星只能用于和平目的。应禁止实施任何军事性质的措施。

本公约不应阻止使用军事人员或设备进行科学研究。但是，禁止在火星上进行任何核爆炸。

第 6 条：“区域”的法律地位

“区域”及其资源是人类的遗产，应从在火星上建立永久人类机构的角度加以利用。

在本公约生效期间发生的任何行为或活动，均不构成主张或支持占用的依据。

任何国家不得对“区域”的任何部分或其资源主张或行使主权或主权权利，任何国家、自然人或法人也不得侵占“区域”的任何部分。

只要向管理局支付费用，就可以开采这些资源。费用须按福利的百分率计算，其款额由市政局厘定。

对“区域”或“区域”资源的一切权利属于人类，管理局应代表人类行事。

第三部分：国家的职责和义务

第 7 条：地形形成过程

关于本公约的其他规定，包括管理局的作用和特权，各缔约方应采取一切政策和使用一切必要的技术，使火星成为地球。火星环境的改变应得到授权并被认为是必要的。

必须把火星环境的变化作为一个整体来理解。

它涉及火星的大气层。在火星上引入地球类生命不应被视为有害污染。

双方应接受管理局对其长期项目的事先控制。

第 8 条：生活适应

为了在火星上建立永久的人类存在，缔约方可以在基因治疗和基因工程领域自由进行科学研究。

关于如何提高人类对火星生存条件的适应性的研究应在管理局的控制下授权进行。

在地形形成过程中，应鼓励对生物进行基因改造，以加速火星环境的变化。

第 9 条：保护火星生物资源的措施

所有缔约国应根据本公约就“区域”内的活动采取必要措施，以确保有效保护任何火星原始生命形式不受这种活动可能产生的有害影响。

这些措施应在整个火星管理局的控制下进行，且不得影响地形形成过程。

如果发现任何形式的火星原始生命，应适用国际环境法。

第 10 条：火星人的权利

生活在火星上的人民应享有国际法承认的所有人权。

火星上发明的知识产权也应受到尊重。

每项发现应根据发现者的国家法律进行登记。

第 11 条：管辖权

每一国家应有效地对本国国民，包括人员、材料或设施，在行政、技术或法律事项上行使管辖权和控制权。

第 12 条：救援义务

缔约国应采取一切切实可行的措施，保障火星人的生命和健康。为此目的，他们应在其设施和其他设施中为火星上遇险的人提供住所。

第 13 条：责任和责任

缔约国应承担责任，确保在“区域”内进行的国家活动符合本公约。

国际组织应负责确保其代表在“区域”内进行的活动符合本公约。

因一缔约国或另一实体不履行本公约规定的责任而造成的损害，应承担赔偿责任。任何其他损害赔偿应适用 1967 年《外层空间条约》和 1972 年《责任公约》。

第四部分：管理机构

第 14 条：管理局的设立

缔约国应设立一个国际机构（称为管理局）。在火星上进行的活动应由管理局代表人类组织和控制。所有缔约国都是管理局事实上的成员国。

管理局由两个机构组成：

1）缔约国大会会议每两年举行一次。大会有权修改本公约并向理事会提出建议。特别会议可根据所有成员的要求举行。各国为全权会员国，其他组织以观察员身份参加大会。

2）理事会是管理局的执行机关，确保《公约》的适用。它由 15 名大会会员国全权代表组成。

十个常任理事国席位给予参与和贡献最多的会员国，大会应以无记名投票方式选举其他五个常任理事国席位，获得简单多数的前五名为当选对象，任期六年。

理事会还应在当事双方之间发生无法解决的冲突时担任仲裁员，并应建议大会制裁拒绝遵守《公约》规定的当事方。

3）理事会应咨询顾问委员会，该委员会的 5 名成员代表参与地形形成项目的私营实体的利益。

第 15 条：管理局的作用

管理局的唯一目的是支持和帮助各国和其他组织从火星殖民的角度协调它们的努力。管理局应全面控制用于地形形成的各种技术和活动。

为确保《公约》得到遵守，火星所有区域，包括这些区域内的所有台站、装置和设备，应随时开放供管理局指定的观察员视察。

管理局应按照本公约采取措施，获取与地形形成活动或生物工程活动有关的技术和科学知识。

为鼓励活动，管理局应有权向任何国家、国际组织或个人做出让步，以便利用地形形成技术和辅助生活适应，形展建立永久人类殖民地所需的任何活动。

特许权协议的条款应根据具体情况确定。协定应包括一项终止条款，并应尊重本公约的规定，并注意到特许权的有效期不得超过 100 年。

第 16 条：财务原则

管理局的经费应来自《公约》缔约国的捐款。出资额应由缔约国根据各国国内生产总值的增长情况确定。

应管理局的预算要求而出资的每一方将收到资本偿还和对该资本的补偿。

第五部分：最后条款

第 17 条：争端的解决

在任何有关在火星上进行的活动的争端案件中，有关国家有责任在管理局的协调下共同协商，以期达成双方都能接受的解决办法。如果谈判失败，各国应通过仲裁解决冲突，由管理局理事会担任仲裁员。

第 18 条：公约的修改

经缔约国全体一致同意，本公约可随时修改或修正。

自本公约生效之日起每 15 年，缔约国应就本公约所确立的“区域”国际制度在实践中的运作方式进行一次全面和系统的概述。根据这项审查，缔约方应举行一次会议，并可以三分之二及以上票数决定修正《公约》。

第 19 条：开放供签署、批准和加入公约

本公约须经签署国批准。它应开放供任何联合国会员国签署和加入，并愿意参与和投资人类对火星的殖民。

第 20 条：生效

批准书应交存联合国秘书长指定的保存机构。

公约应在第二十个国家交存后一个月生效，并确认这二十个国家至少应包括五个可自主进入太空的国家。

本公约不可分割，不应包括排除条款或豁免条款。

第 21 条：撤回

撤回权应给予所有当事方。在这一过程中，管理局应促进各方之间的技术和科学知识的转让，以使企业不受影响。

退出公约的通知应发给保存机构。撤回自收到通知之日起一年后生效。

第 22 条：供词

本公约正本及其阿拉伯文、中文、英文、法文、俄文和西班牙文文本具有同等效力，应交存联合国档案馆，由联合国档案馆将经正式核证的副本送交加入国政府。

参考文献

[1] Ashurbeyli, Igor, "Igor Ashurbeyli's Address to Asgardians," (12 November 2016), online: 〈https://asgardia.space/en/page/chronicles/igor - ashurbeylis - address - to - asgardians〉 (lastaccessed 7 February 2017). [Ashurbeyli, 2016].

[2] Drake, Nadia. "Elon Musk: A Million Humans Could Live on Mars By the 2060s", National Geographic (27 September 2016), online: National Geographic 〈news.nationalgeographic.com/2016/09/elon - musk - spacex - exploring - mars - planets - space - science/〉 (last accessed 7 February 2017).

[3] Ehrenfreund, P & N Peter. "Toward a Paradigm Shift in Managing Future Global Space Exploration Endeavors" (2009) 25: 4 Space Pol'y 244.

[4] Madsen, Elizabeth Leahy. "UN Further Refines Population Projections: 80 Percent Probability of 10 - 12 Billion People by 2100", (16 October 2014), New Security Beat. (blog), online: New Security Beat 〈www.newsecuritybeat.org/2014/10/refines - population - projections - 80 - percent probability - 10 - 12 - billion - people - 2100/〉 (last accessed 7 February 2017).

[5] Pelton, Joseph; Scott Madry & Carmen Felix. "Institutional Risk Management and Cosmic Hazards", IAC - 16, E3, 6, 9, x33000 (Paper delivered at the 29th IAA Symposium on Space Policy, Regulations and Economics, Guadalajara, Mexico, 26 - 30 September 2016).

[6] Solé, Ricard V & Mark Newman. "Extinctions and Biodiversity in the Fossil Record" in Harold A Mooney & Josep G Canadell, eds, The Earth System: Biological and Ecological Dimensions of Global Environmental Change, vol 2, in Ted Munn, ed, Encyclopedia of Global Environmenta lChange (Chichester: John Wiley & Sons, 2002), online: Complex Systems Lab 〈complex.upf.es/~ricard/EGECfinal.pdf〉 (last accessed 7 February 2017).

[7] UN Department of Economic and Social Affairs: Population Division, World Urbanization Prospects: The 2007 Revision: Highlights, UN Doc ESA/P/WP/205 (New York: UN, 2008), online: UN. 〈www.un.org/esa/population/publications/wup2007/2007WUP _ Highlights _ web.pdf〉 (last accessed 7 February 2017).

[8] UN Department of Economic and Social Affairs: Population Division, World Urbanization Prospects: 2014 Revision: Highlights, UN Doc ST/ESA/SER.A/352 (New York: UN, 2014), online: UN 〈esa.un.org/unpd/wup/Publications/Files/WUP2014 - Highlights.pdf〉 (lastaccessed 7 February 2017).

[9] World Economic Forum Global Agenda Council on Population Growth, Seven Billion and Growing: A 21st Century Perspective on Population (Geneva: World Economic Forum, 2012), online: World Economic Forum 〈www3.weforum.org/docs/WEF _ GAC _ SevenBillionGrowing _ Report _ 2012.pdf〉 (last accessed 7 February 2017) [WEF, "Seven"].

[10] NASA, News, "NASA: There is No Asteroid Threatening Earth" (19 August 2015), online:

NASA Jet Propulsion Laboratory 〈jpl. nasa. gov/news/news. php? feature＝4692〉（last accessed 7 February 2017）.

[11] NASA，“Mars Facts”，online：NASA 〈mars. nasa. gov//allaboutmars/facts/＃〉（last accessed 7 February 2017）[NASA，“Mars”].

延伸阅读

[1] Anderson，Walt. All Connected Now：Life in the First Global Civilization（Boulder，Colo：Westview Press，2001）.

[2] Arnould，Jacques. Icarus' Second Chance：The Basis and Perspectives of Space Ethics（New York：Springer WienNewYork，2011）.

[3] Berger，Eric. “China's long march to the Moon began with a bang this weekend”，Ars Technica（28 June 2016），online：ArsTechnica 〈arstechnica. com/science/2016/06/china - enters - modern - eraof - rocket - technology - may - one - day - challenge - nasa/〉（last accessed 7 February 2017）. Further Reading 518.

[4] Bostrom，Nick & Milan MĆirković eds，Global Catastrophic Risks（Oxford：Oxford University Press，2008）.

[5] Frank，Adam. “Yes，There Have Been Aliens”，The New York Times（10 June 2016），online：The New York Times 〈www. nytimes. com/2016/06/12/opinion/sunday/yes - there - have - been - aliens. html? mwrsm＝Facebook & _ r=0〉（last accessed 7 February 2017）.

[6] Helvey，T Charles et al，“Applications of Satellite Technology to the System of Global Education”（1973）1：3 J Educational Technology Systems 159.

[7] International Space University，Astra Planeta：Final Reports（Strasbourg：ISU，2015），online：ISU 〈isulibrary. isunet. edu/opac/index. php? lvl＝notice _ display & id＝9454 ＃ docnum〉（last accessed 7 February 2017）.

[8] Lupisella，Mark. “The Rights of Martians”（1997）13：2 Space Pol'y 89.

[9] MacNiven，D. “Environmental Ethics and Planetary Engineering”（1995）48：10 J British Interplanetary Society 441.

[10] McKay，Christopher P & Margarita M Marinova. “The Physics Biology and Environmental Ethicsof Making Mars Habitable”（2001）1：1 Astrobiology，89.

[11] Newitz，Annalee. “Genome Liberation”，SALON（26 February 2002），online：SALON 〈www. salon. com/2002/02/26/biopunk/〉（last accessed 7 February 2017）.

[12] Peeters，Walter. “Space Science as a Cradle for Philosophers”（2012）10：1 Astropolitics 27.

[13] Pelton Joseph N & Firooz Allahdadi eds，Handbook of Cosmic Hazards and Planetary Defense（New York：Springer，2015）.

[14] Robinson，George S. “Astronauts and a Unique Jurisprudence：A Treaty for Spacekind”（1984）7：3 Hastings Intl & Comp L Rev 483.

[15] Robinson, George S. "Legal Problems of Sustaining Manned Space - Flights, Space Stations and Lunar Communities Through Private Initiative and Non - Public Funding" (1973) 7: 2 Intl Lawyer 455.

[16] Robinson, George S. "Metalaw" — Prolegomena to Quantification of Jus Naturale" (1971 - 1972) 40: 4 Geo Wash L Rev 709.

[17] Robinson, George S. "Must There Be Space 'Colonies'? A Jurisprudential Drift to Historicism" in James Everett Katz, ed People in Space: Policy Perspectives for a "Star Wars" Century (New Brunswick, NJ: Transaction Books, 1985) 207.

[18] Robinson, George S. "No Space Colonies: Creating a Space Civilization and the Need for a Defining Constitution" (2004) 30: 1 J Space L 169.

[19] Robinson, George S. "Private Management and Operation of the Space Shuttle: Some Legal Problems Related to Market Entry" (1980) 13: 4 Akron L Rev 601.

[20] Robinson, George S. "Re - Examining our Constitutional Heritage: A Declaration of First Principles for the Governance of Outer Space Societies" (1988) 3: 1 High Tech LJ 81.

[21] Robinson, George S. "Space Industrialization and the Legal Status of Astronauts: Start of a Jurisdictional Head - Scratcher" (1979) 2: 1 Hous J Intl L 77.

[22] Robinson, George S. "Space Law for Humankind, Transhumans, and Post Humans: Is There a Need for a Unique Theory of Natural Law Principles?" (2008) XXXIII Ann Air & Sp L 287.

[23] Robinson, George S. "The Biochemical Foundations of Evolving Metalaw: Moving at a Glance to the Biological Basis of Sentient Essence" (2013 - 2014) 39: 1 J Space L 181.

[24] Robinson, George S. "Transcending to a Space Civilization: The Next Three Steps Toward a Defining Constitution" (2006) 32: 1 J Space L 147.

[25] Robinson, George S & Jeanne J Hughes. "Space Law: The Impact of Synthetic Environments, Malnutrition and Allergies on Civil and Criminal Behavior of Astronauts" (1978 - 1979) 19: 1 Jurimetrics J 59.

[26] Russon, Mary - Ann. "Elon Musk: People will probably die on the first SpaceX missions to Mars", International Business Times (14 June 2016), online: International Business Times 〈www. ibtimes. co. uk/elon - musk - people - will - die - first - spacex - missions - mars - 1565387〉 (last accessed 7 February 2017).

[27] Savulescu, Julian & Nick Bostrom eds, Human Enhancement (Oxford: Oxford University Press, 2009).

[28] NASA, "Journey to Mars Overview", online: NASA 〈www. nasa. gov/content/journey - to - marsoverview〉 (last accessed 7 February 2017).

第20章　太空在地球长期经济发展中的作用

解决的关键问题

- 太空活动在地球的长期经济发展中发挥了什么作用？
- 太空在实现联合国可持续发展目标（SDG）方面扮演什么角色？
- 实现可持续发展目标的主要管理挑战是什么？在这方面可以推荐哪些潜在解决方案？

20.1　引言

自20世纪60年代太空竞赛开始以来，国际社会对太空活动及其利益的兴趣不断扩大，最初，太空活动被视为一种奢侈品，只有少数发达国家才能享受。然而，今天人们对太空活动的参与和兴趣大大增加。目前，联合国和平利用外太空委员会有83个成员国。此外，已有104个国家成为政府间地球观测小组的成员，约50个国家按照《登记公约》的要求向联合国秘书长登记了太空物体。这些不断增长的数字表明，太空活动并不是发达经济体的唯一活动场所；活跃的参与者现在包括许多发展中国家，而且这一数字正在迅速增加。然而，为了使发展中国家受到积极的影响，必须在这些国家的能力建设和教育方面进行更多的投资。

太空活动已经在我们当前的全球经济中发挥着重要作用。然而，随着我们在太空活动的增加，特别是随着商业部门的不断发展，其重要性和影响在未来几年将迅速增加。在写本章的时候，全球太空经济估计基本在美国。每年3300亿美元用于所有太空活动［Space Report 2016］。这包括增值业务、地面系统和所有相关市场，如电信、地球观测（EO）和定位、导航和授时（PNT）部门。然而，根据经济合作与发展组织（经合组织）的一份关于太空经济的报告，各国对太空活动的投资占20国集团国家总体国内生产总值的比例很小［OECD，2014］。因此，如果认可太空基金会的全球太空经济活动数据，那么它只占全球80万亿美元名义经济产品的0.40%［Space Report 2016］。

太空服务对全球一些收入最高的经济部门至关重要，如农业和采矿业、运输业、信息技术和网络服务业、银行业、保险业和金融业，甚至是世界上大多数服务业。因此，虽然与整个经济部门相比，太空活动仍然微不足道，但随着依赖太空服务的产业不断增长，太空活动有可能在世界经济中占据更大的份额。随着未来几年新的太空产业的出现，如太空旅游、太空采矿和太空太阳能发电，所有这些都在前几章中进行了更详细的论述，就业机会增加和对全球经济产生更大影响的可能性也将增加 [Pelton, 2017]。

航天工业已经是一个劳动力不断增加的主要部门。自 20 世纪 60 年代以来，已经创造了几个依赖太空部门的产业和数百万个就业机会。据美国商务部估计，美国与太空有关的劳动力大约有 35 万人，是世界上单个国家中就业人数最多的。根据同一份报告，从事间接相关工作的工人人数要多得多，甚至可能超过 200 万人 [U. S. DoC, 2014]。

仅欧盟太空制造部门就有 40 196 名员工，一项关于联合王国太空经济的研究报告称，仅在英国，太空直接支持了 37 000 个工作岗位和总共 115 000 个间接工作岗位。2014 年，日本的太空工作人员增加了 3.2%，共有 8 232 名员工 [U. S. DoC, 2014; ESA Space Economy Report 2016; London Economics, 2015]。此外，欧盟委员会报告说，欧盟数字化议程仅在欧盟就将创造约 200 万个就业机会，世界银行的报告指出，在四年内宽带本身使美国的就业率提高了 1.0%至 1.4%，这可能部分或实质上是基于太空资产。卫星广播和通信卫星刺激了全球经济并创造了就业机会。卫星服务业产生的经济价值保守估计约为 1043 亿美元 [Space Report 2016]。对 PNT 信号的开放接入为新兴行业注入了活力，如个人导航设备和金融服务业的精确交易记录。地球观测数据共享开创了数据分析、规划服务和资源管理的新市场，同时也保护了基础设施，促进了精准农业和建筑业的发展。

在深入研究联合国的可持续发展目标之前，最好先了解一下目前从太空活动中获得的一些益处。

20.2 太空资产和技术的益处

太空资产、技术及其衍生产品给世界带来的益处具有全球影响。自太空时代一开始，太空部门的研究和发展在几个方面给各国带来了益处，下文将对其中一些方面进行讨论。本章将讨论三种类型的卫星服务：通信、地球观测和 PNT。

20.2.1 天基信息通信技术的益处

通信卫星使现代通信服务得以扩展，而不必承担发展陆上线路基础设施的负担，而且具有显著的成本优势，特别是在没有光纤电缆服务的地区。该行业的贡献远远不止提供社会资本。卫星通信业填补了许多有助于可持续发展的经济机会。例如，地面站、通信端口、对远程医疗和远程教育的支持、加强问责制以及通过即时广播增加同情心，这些都可以发挥作用。

在 21 世纪，信息获取和通信技术在分配经济机会与财富方面发挥着至关重要的作用。尽管目前有一个大型的在线网络，但世界上三分之二的地区仍然没有连接起来 [Velivela, 2015]。联合国在各种场合都认识到有必要增加获得信息和通信技术的机会，并在发展中国家和最不发达国家推广负担得起的互联网 [Agenda 2030]。直到最近，仍有许多障碍阻碍了这些服务的可行获得。如今，太空资产越来越有能力提供这些技术的重要途径，并且只需要通常所需的地面投资的一小部分。使用卫星授时信号同步蜂窝塔有助于蜂窝电话技术在发展中国家的广泛扩展，并防止了昂贵的固定线路系统安装［Aker & Mbiti，2010］。韩国经常被认为是一个就业和经济增长与积极的宽带政策、发展经济和加强全球一体化相关联的国家。许多发展中国家，例如印度，已经意识到太空技术的优势。太空技术支持的无线通信技术没有建立昂贵和沉重的地面通信基础设施，而是接管了通信部门，使数以百万计的人能够通过利用较少的基础设施和资源而方便地进行通信。

如今，许多项目的目标都是通过太空技术来普及高速互联网。值得注意的是，谷歌支持的 O3b（“The Other 3 billion”）项目旨在为弱势群体提供“高速、低成本”的互联网；OneWeb 的目标是将 650 个单元的卫星星座放入近地轨道；挪威的 STEAM 网络旨在将大约 4 257 颗卫星送入轨道。许多其他公司，如 SpaceX、谷歌、Facebook、LeoSat LLC 和泰雷兹集团的 MC Sat 公司，旨在利用太空技术提供与上述公司类似的服务［Space Security Index 2016］。研究表明，互联网覆盖率从目前的 21%扩大到 60%，将为发展中国家的经济增加 22 万亿美元［Auriol & Fanfalone，2014］。此外，世界银行的研究表明，宽带互联网每增加 10%，发展中国家的人均国内生产总值就增加约 1.38%［Qiang，Rossotto & Kimura，2009］。利用太空资产和技术有助于经济的进一步增长和全球网络互联。

有效利用信息和通信技术至关重要，但某些太空技术只能加强而不能取代现有的地面技术。例如，考虑到卫星的几个缺点，卫星还没有完全取代光纤。卫星很难建造，它们要么依靠电池，要么依靠太阳能。在目前技术下，卫星产生的能量无法满足计算能力。

尽管如此，卫星在扩大现有的覆盖范围和扩大而不是取代地面网络方面仍然非常有用。目前，这也是一个切实可行的解决办法，因为许多发展中国家已经对基本的地面计算能力进行了大量投资。在解决“数据太多无法处理的问题”时，这一点可能尤其正确。目前的卫星、地面观测站和航天器产生了大量的数据，许多发展中国家可能会发现，它们在太空部门提供有价值的就业机会的最快途径将是，使用个人计算机和创新算法将这些数据转化为有用信息［Simpson，2010］。然而，这并不是说，太空似乎是最实惠和最实际的解决办法。即使在今天，在许多偏远地区，实际情况也不尽相同，有时地面网络是一种更经济、更实用的解决方案。然而，太空技术可以显著扩大和发挥支持系统的作用，以建立一个完全互联的世界。

在跟踪太空活动对可持续发展的影响方面有几个问题。一个关键的问题是，航天产业促进的经济活动范围比其收入所允许的范围要大得多。2016 年，Tauri 集团为卫星工业协会（SIA）提供的收入估算表明，其行业收入约为 2083 亿美元，约占全世界航天行业总收入的 62%［SIA Report 2016］。然而，Tauri 集团的数据未能观察到当前的现实，即移动通信是电信行业中增长最快的组成部分，并且依赖 PNT 卫星来同步基站。在评估太空能力对可持续发展的影响时，必须考虑卫星通过社会资本（如免费获取授时信号）对整体经济的宏观影响。

20.2.2　天基地球观测的益处

卫星地球观测系统通过生成宝贵的数据和信息在全球经济中发挥着重要作用，这些数据和信息对于监测、管理和规划自然资源利用、土地利用和环境变化至关重要［OECD，2014］。根据卫星工业协会2016年的报告，地球观测服务占全球卫星产业总收入1270亿美元的约20至25亿美元。报告还指出，2015年地球观测服务收入增长了10%［SIA Report 2016］。根据欧空局的太空经济报告，欧洲和加拿大的地球观测服务公司的年增长率为8.7%，盈利能力以每年7.6%的速度增长。欧空局的报告进一步指出，仅这一部门的就业率就以每年11%的速度增长［ESA Space Economy Report 2016］。

地球观测卫星目前协助各国开展广泛的活动，帮助发展可持续经济。地球观测系统向各国提供数据，使它们能够洞察土地利用和人口的变化。在这些数据的帮助下，记录植被、耕地、地下水和森林砍伐更加方便［Space Foundation，2009］。除了全球产业的经济收入外，大多数社会经济效益可分为两大类：通过地球观测卫星实现的环境监测和资源管理产生的效益，下文将简要讨论。

20.2.2.1 天基环境监测的益处

现代人类严重依赖地球观测卫星提供的数据，而这些信息被不同行业、政府和普通公民所依赖［Hertzfeld & Williamson，2007］。这些数据的应用和解释可以有效地规划各种活动，其中有些活动非常复杂，例如与民航或海运业有关的活动；有些活动可能像天气预报那样简单，帮助我们规划日常活动；还有其他重要的经济活动，如渔业。从更大的角度看，地球观测使各国能够预测和减轻许多自然或人为灾害，如旋风、地震、洪水、火山、火灾、滑坡、石油泄漏和海啸。人们普遍认为，精确的地球观测数据可以大大降低与天气有关的灾害造成的经济和社会损失。

尽管从地球观测中获得的大多数效益都是定性的，并且具有间接的定量影响，但一些经济学家已经试图得出地球观测系统对特定行业的经济影响。一项关于撤离墨西哥湾能源生产平台的成本的研究表明，准确的天气预报可以为能源生产商节省约2.25亿至2.75亿美元。而且，仅仅把预测误差降低到50%，每年就能为他们节省1 800万美元［Considine et al.，2004］。此外，我们最重要的活动对天气的依赖程度往往没有被注意到。例如，能源行业在很大程度上依赖于天气预报，因为它可以通过确定电网上应承载的负荷来进行有效的供应计划。天气直接影响电力基础设施，天气预报有助于电力行业应对所有此类不测事件。另一个这样的例子是民航，它依靠天气来优化飞行模式，安排起飞和降落，并时刻监视火山喷流［Hertzfeld & Williamson，2007］。缺乏准确的天气预报将阻碍全球空中交通的有效规划和执行。

此外，欧洲和法国太空机构以《太空与灾害问题国际宪章》的形式提出的倡议证明了地球观测的重要性，该宪章旨在为全球各地的救灾工作免费提供卫星图像。这一宪章受到欢迎和广泛接受。16个来自不同国家的组织现在参与进来并响应宪章的基本目标。根据现有官方数据，2002年至2016年10月期间，《宪章》已被激活约514次，在拯救生命和有效减轻自然威胁方面发挥了至关重要的作用。

此外，地球观测卫星对维持一个可持续的环境做出了重大贡献。它们提供与大气测量有关的技术数据，例如大气中气溶胶和温室气体的水平、臭氧层的调查和监测、温度、能量水平、云粒子以及任何给定点的云密度测量。地球观测系统还通过观测冰层或野火覆盖的陆地，帮助研究更大的气候变化现象，并为监测海洋提供必要数据［OECD，2014］。除气候观测外，地球观测系统还协助收集数据，从而建立了用于预测疟疾、霍乱、登革热等多种疾病暴发的模型［Space Foundation，2009］。

事实上，正是来自太空的地球观测数据，才有可能有效地观测到令人震惊的气候变化现象，研究人类活动对地球的影响。这反过来又有助于减轻和计划恢复我们受损星球的努力。许多国际环境协定都是由地球观测卫星数据支持的（1987 年《关于消耗臭氧层物质的蒙特利尔议定书》或 2015 年《关于气候变化的巴黎协定》）；因此，地球观测在使国际社会了解不断变化的气候条件方面发挥了至关重要的作用。因此，地球观测系统可以被视为推动这些国际法律文书带来长期利益的重要力量。

20.2.2.2　天基资源管理的益处

地球观测卫星使各国能够有效地绘制和规划自然资源。卫星不仅有助于通过卫星传感发现和管理珍贵资源，而且有助于持续观测、记录和管理土地、水和牲畜等基本自然资源。地理信息系统（GIS）数据本身正日益成为政府机构、商业组织和科学家的宝贵资源，这些资源用于为环境、农业、商业或研究目的分析土地覆盖信息。虽然通过太空进行资源管理的新应用层出不穷，而且不断增长，但下文将讨论与本研究相关的基本应用。

农业是很大程度上依赖于环境的关键产业之一。有关土壤、水和天气的信息对于该行业的可持续发展和盈利至关重要。地球观测系统有助于研究土壤类型（如水分），并据此预测土地的可用性。现代项目，如 SMELLS（由欧空局和一个财团进行的土壤湿度对沙漠蝗虫影响早期的调查项目），侧重于防止沙漠蝗虫，这种蝗虫的高密度种群会严重损害农作物。“精确农业”是通过美国国家航空航天局推广的一种受欢迎的农业应用。美国和加拿大的几十个农民已经在使用精确的作物管理。

精确农业使他们能够利用他们农场的地图数据来了解哪里的土壤比较潮湿，哪里是干燥的，农场里的哪些地方的土壤在冬天被侵蚀了，还有哪些因素限制了作物的生长，如杂草或害虫［Herring，2001］。在审查了这些数据之后，农民可以有效地控制和管理所需化肥和农药的使用，这不仅有助于农业资源的有效利用，而且有助于产出高质量的作物。此外，地球观测系统可以并正在用于管理放牧和牲畜活动的土地，帮助行政部门更有效地管理土地，避免农民和牧民之间的冲突。

地球观测系统的数据也有助于森林管理。由于 20 世纪严重的森林砍伐，监测森林覆盖率并通过可持续的管理和实践恢复损失的森林是很有意义的。这些数据有助于追踪过去和现在的森林覆盖情况，并使人们很容易观察到森林地区，特别是保护区内的人类入侵。因此，从地球观测系统获得的信息对于森林规划和管理实施环境政策至关重要。

学者们认为，来自地球观测系统的数据（该数据来自美国国家航空航天局的陆地卫星）“可能是我们拥有的最有价值的环境数据记录”。

1972 年发射的陆地卫星在其早期阶段证明是有效的，它向美国政府提供的数据被证明对支持农业和林业等经济部门非常有用。最初，人们希望通过商业销售陆地卫星图像来支持该计划的成本。然而，不幸的是，只下载了一小部分。在一次大胆的行动中，他们的政策改变了，数据于 2008 年 9 月免费提供。从那时起，已经下载了超过 2 000 万张图像，最近一项关于陆地卫星经济价值的研究发现，仅仅一年的陆地卫星数据价值就可以达到 4.36 亿美元，远远超过建造、发射和运行该系统的总成本［Campbel，2015］。在分析本报告数字的影响时，最重要的是要承认该报告只讨论了美国的经济影响。地球资源卫星数据可供世界各地的任何人使用，因此，潜在的乘数效应甚至更大。通过这一免费发布陆地卫星数据的政治决定，在全世界开展增值活动的潜力变得巨大。因此，可以形成一个强有力的案例，表明 17 个可持续发展目标中的每一个都可以在这一个经济引擎的基础上推进。预计欧盟同行哥白尼号卫星也会带来类似的广泛利益。据估计，哥白尼号卫星将创造 20 亿美元的价值［ESA Space Economy Report 2016］。这种环境监测数据有助于各国遵守有关环境排放的国际条约。

如上所述，地球观测系统的数据可用于确定土壤中的养分含量，并可确定一段时间内质量的任何不利变化，这有助于确定土地退化以及大面积土地是否受到类似沙漠的侵蚀。监测土地退化和防治荒漠化也是一项通过天基资产进行土地管理值得注意的应用。此外，生物多样性管理是一个日益增长的应用，它利用地球观测系统，通过在一段时间内观察特定区域来帮助监测动植物，并帮助分析移动、人类入侵和任何不利影响，以保护生物多样性，以及监测濒危物种和控制此类动植物的限制贸易［Oisebe，2012］。

地球观测系统也有助于水资源管理。虽然水是覆盖地球大部分地区的丰富自然资源，但实际可用和清洁的淡水是一种稀缺资源，在许多发展中国家和最不发达国家构成了持续的危机。清洁的水不仅对支持可持续的生活、社会和经济至关重要，而且对于避免过去严重影响人力资源的水传播的致命疾病也至关重要。据说地球上只有 3%的水是淡水，这就是为什么水越来越难以获得、管理和规划［Hertzfeld & Williamson，2007］。地球观测系统提供水体的三维地图，如湖泊、河流、水坝和其他水库，这反过来又有助于上述水体的可持续管理。

地球观测系统广泛应用于地表水、地下水、水质和水资源的观测。观察地表水可以洞察水的数量、流量和可用性，从而有助于规划水的分布，并在水体水位上升的情况下降低风险。地下水评估提供了对地下水和地下水流水位的洞察，需要保护地下水和地下水流免受不利侵蚀。对水质和用水的进一步评估有助于政府机构和企业以可持续的方式用水。2013 年，在肯尼亚最干旱的地区之一的图尔卡纳县发现了 66 万亿加仑的地下水［NASA，“Water Mapping”］。

20.2.2.3 定位、导航和授时（PNT）带来的益处

全球导航卫星系统（GNSS）是一种基础设施，使用户能够通过卫星信号确定其位置、速度和时间。这些卫星信号通过为 PNT 目的而设计的不同卫星星座进行传输，其中最常见的是美国国防部提供的全球定位系统（GPS）和俄罗斯空天军提供的全球卫星导航系统（GLONASS）。最近进入 PNT 领域的是中国和印度的区域 PNT 系统。中国通过北斗获得区域 PNT，印度则通过最近发射的印度区域导航卫星系统（IRNSS）实现。中国的北斗

二号计划用一个由 35 颗卫星组成的全球系统取代区域系统。同样，目前正在开发中的伽利略卫星系统将由欧盟管理和拥有［EU GNSS Report 2015］。

PNT 技术是太空资产和技术对可持续发展的贡献所依赖的支柱。美国将其作为一种具有全球价值的太空资源，并决定免费提供其全球定位系统卫星的民用信号，目前，全球导航卫星系统、北斗和伽利略的信号正在增强这项服务的市场。

根据欧盟的全球导航卫星系统市场报告，2014 年全球导航卫星系统有 36 亿台设备接入。该报告估计，到 2019 年全球导航卫星系统的使用量将增长到 70 亿台。有趣的是，根据人口估计，我们星球上平均每人拥有一台设备。预计亚太地区将以每年 11％的速度增长，从 2014 年的 17 亿台设备增长到 2023 年的 42 亿台，而中东和非洲的年增长率预计将达到 19％［EU GNSS Report 2015］。

据估计，2016 年全球导航卫星系统目前的核心市场规模或收入将接近 800 亿美元，预计 2013 年至 2019 年将以每年 8.3％的速度增长。到 2021—2022 年，核心市场收入预计将超过 1 000 亿美元。核心市场仅指全球导航卫星系统功能的价值，而不是直接归因于全球导航卫星系统功能的服务（使能市场）收入的价值，如智能手机下载数据［EU GNSS Report 2015］。

全球导航卫星系统的应用如此多样化，以至于无法计算其实际经济效益。广泛提供导航信号，以促进航空、军事、航天、铁路和其他车辆和飞行器的移动；为测绘、环境预测、搜索和救援行动以及农业和卫生行业提供定位数据；以及为同步移动电话网络提供精确的授时。全球导航卫星系统还可以支持民用、测量、测绘和地理信息系统，并为整个太空、科学、军事、自主和其他应用提供支柱［Ganeshan，2015］。每一个这样的应用在很大程度上都有助于全球经济和可持续发展。

与其详细介绍第 8 章已经讨论过的全球导航卫星系统应用，不如强调全球导航卫星系统给世界带来的社会经济长期利益。全球导航卫星系统（GNSS）以其高精度的特点在工业界掀起了一场革命，出现了各种新的应用。例如，全球导航卫星系统促进了“智慧城市”的出现，在这种城市管理中，主要是利用技术和天基数据，协助提供多样化联运物流的分析工具和有效的规划机制。在物联网领域，电子设备通过互联网相互通信，帮助建立智能和可持续的经济［EU GNSS Report 2015］。全球导航卫星系统所带来益处的另一个例子是，家庭生态系统与车主汽车的位置相结合，一旦汽车驶出车库，必要的电力设备就会关闭，从而减少电力和能源消耗。

全球定位系统、全球导航卫星系统、北斗和伽利略可以提供全球范围的覆盖。当这些系统一起使用时，它们有可能在定位方面达到非常高的精度，这可能在经济上产生重要影响。这又一次顺应了使用可自由访问信号的地面应用产生巨大经济影响的趋势。

由于信号的许多用途需要少量的资本投资，因此它们构成发展中国家经济活动基础的潜力很大。同样重要的是，发展中国家人民获得这些技术的可能性将刺激与这些国家特别相关的创新。事实上，联合国早在 1999 年就认识到 PNT 技术作为可持续发展资产的巨大潜力，当时联合国大会通过了《维也纳太空与发展宣言》，该宣言呼吁“促进、增强天基导航和定位系统”[Vienna Declaration; GA Res 54/68]。到2001年，联合国海洋观测卫星系统已经成立了一个专门负责全球导航卫星系统的行动小组（AT－10）。AT－10最终建议设立一个全球导航卫星系统国际委员会，该委员会是作为一个自愿机构设立的，以支持合作和数据共享。

尽管全球导航卫星系统国际委员会的成员不多，但它在促进越来越多的现有系统之间的合作和互操作性方面取得了积极成果。国际导航卫星系统国际委员会的进展和信号的免费提供提高了这些系统对发展中世界的效用。在发展中国家，在许多情况下没有天基PNT技术的合理替代品。这些多边努力得到了提供这些系统的国家之间的若干双边协定的补充。

20.3 可持续性、空间活动和可持续发展目标

太空在地球长期经济发展中的作用在很大程度上取决于太空活动的可持续性。此外，太空活动是人类全面社会经济发展和国际和平与安全的手段。

为了实现地球的可持续经济、社会和环境发展，世界各国领导人于2000年在纽约举行会议，制定了八项有时限的量化目标，以减少世界范围内的极端贫困和实现世界经济发展。这些千年发展目标属于国际社会发起的规模最大的运动之一，既涉及筹资，也涉及政策和伙伴关系。2015年，千年发展目标在预定完成日期结束时，许多目标没有实现。因此，联合国通过了可持续发展目标，以继续开展这项工作，并制定了新的协调中心和目标，目标是到2030年实现这些目标。这些考虑旨在维持国家间的和平合作和执行可持续性原则。

然而，出现了以下问题：可持续发展究竟意味着什么？它与太空活动、外太空的利用和全球太空管理有何关系？在布伦特兰委员会的报告中，可持续发展被经典地定义为“在不损害子孙后代满足自身需要的能力的前提下，满足当前需要的发展”［Brundtland Commission Report］。一方面，这一术语指的是发展的方式，这种发展方式不会对任何一种环境造成根本性的改变，而是以某种形式的平衡来保护这种环境供所有人在未来使用。另一方面，这意味着每个国家都可以自由决定如何满足自己的需要和获得自己的利益，只要这不损害后代人这样做的能力。就太空活动而言，人们关注的焦点是，今天利用外太空是否有利于今天的发达国家，从而阻止或减少发展中国家今后的参与。因此，问题往往归结为公平与平衡。本书第21章详细讨论了这个问题。

联合国尚未明确将太空可持续性目标与地球可持续性目标联系起来，如何确保太空活动的可持续性以及如何利用外太空实现这些既定目标和原则，仍然是一项挑战。有效利用太空系统适用于与这些目标有关的许多方面。目前正在共同努力为地球创造一个可持续的环境，而且从逻辑上讲，这一努力应该是创造一个可持续的太空环境，包括临近空间、低地球轨道、近地轨道和地球同步轨道（GEO）。此外，可持续性涉及利用太空系统来支持环境和改善地球上的条件，必须考虑这一过程是如何实现的。

虽然太空应用和活动并不是专门在可持续发展目标中解决的，但如果不利用太空资产和技术，这些雄心勃勃的目标就不可能完全成功。在我们探讨太空管理的优势和缺陷时，必须认真考虑太空技术和太空便利服务如何能够缓解地球上可持续经济发展方面的长期挑战。

共有 17 项可持续发展目标和 169 项目标对人类和地球至关重要，它们将在未来 15 年内实现［Agenda 2030；United Nations，"Open Working Group"］。这 17 项可持续发展目标的许多目标目前都体现在太空资产和技术中。可持续发展目标的成功部分取决于将这些太空资产和技术纳入可持续发展所需的战略和政策。可持续发展目标是衡量太空便利服务在社会经济生活的各个方面相互交织程度的指标。它们在全球太空管理中的重要性不应低估。

为了简要概述太空活动在实现可持续发展目标方面的作用，表 20－1 整理了几大类太空活动，并指出了每一类活动对可持续发展目标的贡献，以及在全球太空管理演变过程中可能出现的改进和挑战（见表 20－1）［Space Technologies and SDGs］。

表 20－1　可持续发展目标

可持续发展目标	说明	天基贡献
1	消除世界各地各种形式的贫困	向银行和金融机构提供通信支持，以便更多地与金融机构联系； 监测、评估并向国际开发银行提供卫星数据，这些银行投资于最不发达的地方； 地球观测用于绘制农业和畜牧业地图，使土地可持续地用于农作物、放牧和供水
2	消除饥饿，实现粮食安全和改善营养，促进可持续农业	遥感数据加强了对农业和牲畜健康的全球监测。这与天气预报相结合，有助于获得可靠、准确、及时和持续的作物监测信息和产量预测，从而大大有助于全球粮食安全
3	确保健康的生活，促进所有年龄段的人的福祉	远程医疗有助于利用偏远地区的卫星通信进行远程诊断、绘制地图和评估有流行病的地区。健康研究有助于开发促进健康生活和福祉的创新解决方案； PNT 有助于跟踪和监测患者。例如，老年人可以携带检测坠落或倒地的装置，并能立即将事故发生的地点通知紧急服务部门
4	确保包容性和公平的优质教育，促进所有人的终身学习机会	与建立全面的基础设施和为农村地区带来专业知识相比，远程教育有助于农村地区，并以更经济的方式提供教育机会； 在轨道上飞行的实验会带来特殊的环境条件（零重力或微重力），这些条件在地球上很难创造，有助于研究它们的影响
5	实现两性平等并赋予所有妇女和女孩权力	随着劳动力的增加，太空工业为妇女提供了就业机会。此外，更多地获得全球层面的信息可提高对两性平等和权利的认识。同样，关于妇女卫生、医疗和产妇的信息和更多的机会有助于降低妇女的死亡率
6	确保为所有人提供可持续的洁净水和卫生设施	地球观测方法如数字高程建模（DEM），可以显示地形表面的高程值。这有助于为水文学建立水流模型，这项研究侧重于地球上水的运动、分布和质量
7	确保所有人都能获得负担得起、可靠、可持续的现代能源	太空工业能源研究项目的副产品； 太空太阳能发电旨在收集太空中的太阳能并将其传输回地球

续表

可持续发展目标	说明	天基贡献
8	促进持续、包容和可持续的经济增长、充分的生产性就业和人人有体面的工作	太空技术有助于创收和可持续经济。像欧空局的哥白尼卫星这样的计划，每投资 1 欧元，就可获得 10 欧元的回报。同样，美国国家航空航天局项目的可接受的估算是每花费 1 美元，需要回报达到 7～10 美元； 随着太空利用率和投资的不断增长，劳动力可能会出现多元化增长。这不仅包括科学家、创新者和高技术工人，还包括各种其他职业，如地面站工作人员、卫星操作员、卫星数据解译员、卫星数据分析员、管理工作等
9	建设富有弹性的基础设施，促进包容性和可持续的工业化，促进创新	由于地球观测系统提供有关环境影响、气候变化和天气模式的数据，因此很容易以可持续的方式规划和管理工业活动。太空工业的研究和发展有助于促进太空探索的创新，其附带利益也给全球社会带来巨大利益
10	减少国家内部和国家间的不平等	越来越多的国家以商业和合作方式协助发射活动，减少了不平等现象，促进了对太空的无障碍性。特别是，小卫星的使用和有效载荷的搭载可以成为太空民主化的重要手段
11	使城市和人类定居具有包容性、安全性、弹性和可持续性	借助 PNT 和 EO 数据进行城市制图可以帮助规划和管理高效的可持续城市发展。通过手持 PNT 设备和卫星监视，可以实现更大的安全性
12	确保可持续的消费和生产模式	在卫星的帮助下，可以更有效地预测生产模式，并利用大数据对消费进行高精度的监测。特别是在农业行业，农民可以得到需求、供应和费率以及用于作物管理的极其重要的土地利用数据
13	采取紧急行动应对气候变化及其影响	地球观测系统有助于监测土地利用数据，通过这些数据可以实现森林砍伐、荒漠化和流域管理的高精度和高效率。在一段时间内监测地球上任何地区的天气模式、气候变化和碳排放有助于应对气候变化
14	保护和可持续利用海洋，促进海洋资源发展	PNEO 和海洋资源监测系统也有助于更精确地监测海洋和海洋资源。海洋生物多样性也可以通过卫星数据进行跟踪和监测
15	保护、恢复和促进陆地生态系统的可持续利用，可持续地管理森林，防治荒漠化，制止和扭转土地退化，制止生物多样性丧失	地球观测系统有助于监测土地利用数据，通过这些数据，生物多样性管理、防止毁林、防治荒漠化和流域管理可以实现高精度和高效率
16	促进和平与包容的社会，促进可持续发展，为所有人提供诉诸司法的机会，并在各级建立有效、负责和包容各方的机构	有了地球观测系统和 PNT 系统，任何政治、经济或社会系统都能获得高度的透明度。提高透明度有助于建立公正、公平和更具包容性的机构
17	为实现可持续发展而振兴全球伙伴关系	太空活动自开展以来，在全球科学和经济合作方面作出了一些最大的努力。这将继续增长，可持续发展全球伙伴关系的数目不断增加，将加强太空探索和利用

虽然可持续发展的概念在一段时间内被认为是纯粹的“软”法律，但这已不再是事实。今天，这一概念在条约、宣言和国际文书中已得到充分承认，再加上可持续发展的充分国际实践，应被视为一个既定的法律概念，并日益演变成为“硬”法律的一个明确组成部分。这一概念的重要性也体现在 UNCOPUOS 外层空间活动长期可持续性工作组的工作中，作为科学和技术小组委员会的一个分组成立，“以确定外层空间活动长期可持续性的关切领域，提出加强可持续性的措施，并制定自愿准则，以减少外太空活动长期可持续性

面临的风险”[UNOOSA，“Working Groups”]。该工作组的目的是审议广泛的领域，如支持地球可持续发展的可持续太空利用；太空碎片、太空作业和支持协同太空态势感知的工具；太空天气；以及太空领域行动者的管理制度和指导。2016 年 6 月，该工作组通过了一套准则，第二套准则将于 2018 年通过，目的是涵盖工作组讨论的所有主题。然而，第一套准则的性质非常广泛和模糊。其中只有四项以协商一致方式商定，即：

1）必要时通过和修订国家外太空活动管理框架；

2）在制定或修订外太空活动的国家管理框架时，必要时考虑若干要素；

3）监督国家太空活动；

4）确保公平、合理、高效地利用卫星所使用的无线电频谱和各种轨道区域。

其余四项涉及太空安全问题，未能以协商一致方式商定，如太空碎片数据共享和开发太空天气跟踪工具。尽管如此，对 2016 年通过的所有八项准则的评注深入了解了目前围绕这些问题的政治意愿，并为各国在铭记可持续性和公平性问题的同时制定本国太空法奠定了基础。

此外，由联合国外层空间事务司（UNOOSA）和阿拉伯联合酋长国组织的一次高级别论坛通过了一项关于太空作为社会经济可持续发展驱动力的宣言，标志着太空 2030 可持续发展议程的出台［Dubai Declaration］。论坛宣布了构成《2030 年全球太空议程》的四大支柱，即探索、创新、激励加强合作和外太空管理。公认的四大支柱是：经济、社会、无障碍和外交。它进一步申明了社会经济效益的重要性，需要通过增加其成员数目和作为政府间平台的中心地位来加强外空中心，以及通过外空处促进更强有力的国际伙伴关系与合作以及扩大太空准入的重要性。《宣言》还承认并强调了太空创新、太空教育的重要性及其对应对气候变化的重大贡献。它强调必须通过灵活的许可证制度和建立一个开放的搜索引擎，全面和开放地获取天基数据。此外，《宣言》鼓励在国家层面制定新的规章制度，使私营和商业活动在每个国家特别是航天国家和新兴太空国家发挥越来越大的作用。《宣言》强烈认识到，需要在法律和技术方面付诸能力建设、外联和提高认识的努力，使联合国外层空间事务司的任务现代化并得到加强，以便为发展中国家提供广泛的机会和实现可持续发展目标［Dubai Declaration］。

20.4　管理挑战和潜在解决方案

太空可持续性的目标的实现已经证明是困难的，特别是在控制和减轻轨道太空碎片方面。在国家层面，特别是在商业层面，对外太空的利用在社会结构和相互冲突的目标方面产生了几种不同的做法。

地球正变得越来越相互依存和全球化，因为许多社会、环境和经济挑战都是由各国共同承担的。因此，有必要考虑建立一个全球太空管理体系，促进国际合作，造福人类及其长期经济发展。21 世纪，在不考虑未来利益相关者的情况下考虑长期经济发展是一项挑战。太空管理不再局限于几十年来主导太空部门的发达国家，特别是考虑到发展中国家越来越多的参与。跨国公司和全球供应链的出现也促成了经济格局的变化。了解 21 世纪经济的复杂性是必要的，以便掌握航天工业发展的背景以及实现其目标和任务所需面对的挑战。

航天工业的总体情况正在经历一场革命。它不再是以国家为中心的活动，而是越来越多地由私人行为者组成，他们正忙于寻找突破现有管理机制的途径，以保护商业利益，服务于更大的市场。

评估太空投资的长期经济效益具有挑战性，因为公共太空计划的资金越来越少。几十年来，政府对太空的投资一直是太空探索、进步和经济发展的主要推动力。然而，随着公共投资的减少，越来越难以证明太空计划所需的高财政投资是合理的，因为这些项目既费时又昂贵。因此，迫切需要审查评估太空投资经济效益的工具，以确保有效管理公共资金。不可否认，太空对于人类的繁荣和人类社会各方面的发展至关重要。剩下的问题是，如何以切实的结果维持这种局面。

一些尚未提及的太空活动（本研究的前几章已经讨论过），如太空资源开采、私人太空旅行、纯研究、供应链参与和探索，也有望发挥重要作用。然而，与本章讨论的特定应用程序相比，这些角色当前的影响更具推测性。此外，私营部门越来越多地参与太空活动，以应对竞争和盈利的压力。在这方面，私营部门的主要目标可能不是以社会和长期经济发展为目标。这个新兴行业无疑是推动创新、短期利润和经济增长的关键因素。然而，仅仅依靠私营部门推动长期经济发展并不一定与可持续经济发展相关联。有必要在各种利益相关者之间找到平衡，以确保经济发展不仅有利于商业部门，而且有利于社会和环境。也许，在考虑短期财政利益的情况下，可能并不总是评估长期经济发展，但隐性资产如教育和人力资源投资，将大大有利于我们社会的发展和繁荣。

新闻太空、初创企业和最近加入太空工业的经济体都出现了许多新的机会，可以更充分地促进长期经济发展。创造就业机会，利用太空技术解决重大社会和经济问题，促进全球人类社会的发展。企业家之间的良性竞争可以通过降低成本和为重大问题提供创新的解决方案来解决社会和经济问题。这些机会有助于加强多边合作，解决更多涉及和影响所有人的全球问题。因此，评估太空在地球长期经济发展中的作用需要了解太空部门将面临的挑战，以及新世纪的机遇。只有一个涉及所有潜在利益攸关方的全球太空系统，才能为以最有效的方式解决全球经济问题做出充分贡献。世界已经改变了，理解这个新概念是解决问题的第一步。

联合国大会第 69/85 号决议规定，在和平利用外太空方面应当开展国际合作。第 14 章确定，优先考虑如何为和平目的维持太空，促进区域发展和区域间合作，并利用太空技术实现可持续发展目标［GA Res 69/85］。在一个以已确立的商业太空应用以及即将从空间中获得的有希望的利益为基础的现代世界中，有关分享和利用太空应用惠益的规则和条例现在似乎比以往任何时候都更加明确。作为一个国际社会，必须探索各种手段和方法，确保从太空应用和技术中获得的重大利益能够得到公平分享。无论是使用增强的卫星通信、太空教育和卫生服务系统、改进的地球观测和导航系统、改进的灾害和应急响应系统，还是改善运输安全，都必须考虑太空如何不断改善周围所有人的社会经济福祉，特别是那些生活在偏远地区的人。在所有这些努力中，有可能设计出分享太空技术惠益和实现可持续发展目标的方法。尽管自千年发展目标开始以来，已经取得了许多改善，生活在贫困中的人数显著减少，而且随着最近的可持续发展目标的出台，发达国家和发展中国家之间加强合作政策显然是进一步改善的关键。经合组织同样通过其发展中心确定了各国之间开展包容性深入对话的必要性，以确定需求和解决办法。

20.5　结论及汇总表

太空技术和太空行动在各国经济发展中发挥着重要作用。人们充分认识到太空活动对整个人类社会经济福祉做出重大贡献的潜力。然而，这些活动应该以可持续的方式进行，特别是在联合国可持续发展目标的范围内。由于主要太空大国缺乏政治意愿，对这些目标的性质和实现的精确确定仍然存在派系。为了长期提高太空活动的社会经济价值，有必要建立若干全球太空管理机制和对国际合作的坚定承诺。表 20－2 和表 20－3 概述了一些问题和拟议步骤。

表 20－2　与地球长期经济发展有关的关键要素和问题

问题和挑战	技术挑战(自然和人为)	经济、商业、人口、健康和其他挑战	风险/威胁缓解/股权问题
增加发展中国家积极和直接参与的困难	获得太空技术和与太空有关的培训以及赋予经济权力	发展中国家并不把太空活动视为优先事项，因为它们在卫生、粮食、住房、安全和资源管理方面有着迫切的需要	大多数发展中国家没有充分准备好利用太空系统促进经济发展
改善并允许发达国家和发展中国家广泛参与和受益于太空项目	增加获得原始和经处理/分析的卫星数据的机会，使发展中国家能够为自己的利益分析这些数据	数据的敏感性、定价和低效的技术共享计划	受影响的发展中国家缺乏太空机构或技术转让机构
私人行为者的作用越来越大	重新审查和修订现有法律，使之更具包容性，并直接就有关私营行为者在外太空的作用的问题发言	“共同遗产”的含义不明确，也没有分享外太空资源的实际方法	航天国家、企业和发展中国家的不同观点和优先事项

表 20－3　与地球长期经济发展有关的建议

提议的行动	拟采取行动的实体
旨在增加进入太空的机会及其真正意义上的“所有人的利益”的决议和条例，包括新的或扩大的与太空有关的培训、教育和通信方案	联合国大会、联合国外层空间事务司、长期可持续性外太空活动体、国际电信联盟
旨在传播太空资源的知识及利益的行动	联合国大会、联合国外层空间事务司、长期可持续性外太空活动体

续表

提议的行动	拟采取行动的实体
旨在增加航天国家和发展中经济体之间太空技术和经济资产分享的行动	联合国外层空间事务司、长期可持续性外太空活动体、国际电信联盟、新的与太空有关的经济联合体，主要从事太空服务
旨在使私人行为者参与太空和天体的探索与开发的行动	联合国大会、联合国太空事务处、后勤和社会事务局、国际电联、新的与太空有关的经济联合体

参考文献

[1] Charter on Cooperation to Achieve the Coordinated Use of Space Facilities in the Event of Natural or Technological Disasters, 20 June 2000, Rev. 3 (25/4/2000) . 2, online: International Charter Space & Major Disasters 〈www. disasterscharter. org/web/guest/text - of - the - charter〉 (lastaccessed 12 February 2017) [International Charter on Space and Disasters].

[2] Dubai Declaration, 24 November 2016 (adopted at the first High Level Forum: Space as a driver for socio - economic sustainable development, Dubai, United Arab Emirates), online: UNOOSA 〈www. unoosa. org/documents/pdf/hlf/1st _ hlf _ Dubai/Dubai _ Declaration. pdf〉 (last accessed12 February 2017) [Dubai Declaration].

[3] International cooperation in the peaceful uses of outer space, GA Res 69/85, UNGAOR, 69th Sess, U. N. Doc A/RES/69/85 (2014).

[4] Montreal Protocol on Substances that Deplete the Ozone Layer, 16 September 1987, 1522 UNTS3 [Montreal Protocol].

[5] Paris Agreement, 12 December 2015, U. N. Reg No I - 54113 (entered into force 4 November 2016) [Paris Agreement].

[6] The Space Millennium: Vienna Declaration on Space and Human Development, Res 1, UNISPACEIII (1999) in Report of the Third United Nations Conference on the Exploration and Peaceful Uses of Outer Space (Vienna, 19 - 30 July 1999), UNGAOR, 1999, U. N. Doc A/CONF. 184/6 [Vienna Declaration].

[7] Third United Nations Conference on the Exploration and Peaceful Uses of Outer Space, GA Res54/68, UNGAOR, 54th Sess, U. N. Doc A/RES/54/68 (2000).

[8] Transforming our world: the 2030 Agenda for Sustainable Development, GA Res 70/1, UNGAOR, 70th Sess, U. N. Doc A/RES/70/1 (2015) [Agenda 2030].

[9] Aker, Jenny C & Isaac M Mbiti. "Mobile Phones and Economic Development in Africa", Center for Global Development Working Paper 211 (June 2010), online: Center for Global Development 〈www. cgdev. org/files/1424175 _ file _ Aker _ Mobile _ wp211 _ FINAL. pdf〉 (last accessed 12February 2017).

[10] Auriol, Emmanuelle & Alexia Lee González Fanfalone. "Benefits and Costs of the Infrastructure Targets for the Post - 2015 Development Agenda: Post - 2015 Consensus", Copenhagen Consensus Center Infrastructure Broadband Assessment Paper (4 December 2014), online: Copenhagen Consensus Center 〈www. copenhagenconsensus. com/sites/default/files/infrastructure - assessment _ - _ auriol _ fanfalone. pdf〉 (last accessed 12 February 2017).

[11] Campbel, Jon. "Landsat Seen as Stunning Return on Public Investment", U. S. Geological Survey (14 January 2015), online: U. S. Geological Survey 〈www. usgs. gov/blogs/features/usgs _ top _ story/business - experts - see - landsat - as - stunning - return - on - public - investment/〉 (last

accessed12 February 2017).

[12] Considine, Timothy J et al, "The Value of Hurricane Forecasts to Oil and Gas Producers in the Gulf of Mexico" (2004) 43: 9 J Applied Meteorology 1270.

[13] European Global Navigation Satellite Systems Agency, GNSS Market Report, Issue 4 (Luxembourg: Publications Office of the European Union, 2015), online: European GNSS Agency ⟨www. gsa. europa. eu/system/files/reports/GNSS - Market - Report - 2015 - issue4 _ 0. pdf⟩ (last accessed12 February 2017) [EU GNSS Report 2015].

[14] European Space Agency, "Final Report on the Space Economy 2016 - Executive Summary" (September 2016), online: European Space Agency ⟨ esamultimedia. esa. int/docs/business _ with _ esa/ Executive _ Summary _ Report _ on _ Space _ Economy _ 2016 - final. pdf⟩ (last accessed12 February 2017) [ESA Space Economy Report 2016].

[15] European Space Agency, "Herding from Space" (7 October 2013), online: European Space Agency ⟨www. esa. int/Our _ Activities/Observing _ the _ Earth/Herding _ from _ space⟩ (last accessed 12February 2017) [ESA, "Herding"].

[16] Ganeshan, AS. "Socio Economic Impacts of Satellite Based Navigation System" (Paper deliveredat the Knowledge Forum 10th Annual Conference on "Technology, Growth and Sustainability", Bangalore, 27 - 28 November 2015), online: Kf: Knowledge Forum ⟨fgks. in/images/pdf/conf/ 2015/L2. pdf⟩ (last accessed 12 February 2017).

[17] Herring, David. "Precision Farming", NASA Earth Observatory (29 January 2001), online: NASA ⟨earthobservatory. nasa. gov/Features/PrecisionFarming/⟩ (last accessed 12 February 2017).

[18] Hertzfeld, Henry R & Ray A Williamson. "Chapter 13: The Social and Economic Impact of Earth Observing Satellites" in Steven J Dick & Roger D Launius, eds, Societal Impact of Spaceflight (Washington, DC: National Aeronautics and Space Administration, 2007) 237, online: NASA ⟨history. nasa. gov/sp4801 - chapter13. pdf⟩.

[19] London Economics, "The Case for Space 2015: . The Impact for Space on the UK Economy: Full Report" (July 2015), online: UKspace ⟨www. ukspace. org/wp - content/uploads/2015/07/LE - Case - for - Space - 2015 - Full - Report. pdf⟩ (last accessed 12 February 2017).

[20] OECD, The Space Economy at a Glance 2014 (OECD Publishing, 2014), DOI: ⟨10. 1787/ 9789264217294 - en⟩.

[21] Oisebe, Peter Rodericks. "GIS and Natural Resource Management", GIS Lounge (15 October 2012), online: GIS Lounge ⟨www. gislounge. com/gis - and - natural - resource - management/⟩ (last accessed 12 February 2017).

[22] Pelton, Joseph. The New Gold Rush: The Riches of Space Beckon! (Cham, Switzerland: Springer, 2017).

[23] Qiang, Christine Zhen - Wei; Carlo M Rossotto & Kaoru Kimura. "Chapter 3: Economic Impacts of Broadband" in The World Bank, 2009 Information and Communications for Development: Extending Reach and Increasing Impact (Washington, DC: The World Bank, 2009) 35, online: The World Bank ⟨siteresources. worldbank. org/EXTIC4D/Resources/IC4D _ Broadband _ 35 _ 50. pdf⟩.

[24] Simpson, Michael. "Spin - Out and Spin - In in the Newest Space Age" in Langdon Morris &

Kenneth J Cox，eds，Space Commerce：The Inside Story by the People Who Are Making It Happen（Aerospace Technology Working Group，2010）75，online：International Institute of Space Commerce 〈iisc. im/wp - content/uploads/2016/07/Spin - Out - and - Spin - In - Simpson. pdf〉（last accessed 12 February 2017）.

[25] Space Foundation.，"Solutions from Space：Space Applications for International Development"，White Paper（2009），online：Space Foundation 〈www. spacefoundation. org/sites/default/files/downloads/Space _ Apps _ for _ Intl _ Development _ 0. pdf〉（last accessed 12 February 2017）.

[26] Space Foundation，The Space Report 2016：The Authoritative Guide to Global Space Activity（Space Foundation，2016），online：Space Foundation 〈www. spacefoundation. org/sites/default/files/downloads/The _ Space _ Report _ 2016 _ OVERVIEW. pdf〉（last accessed 12 February 2017）[Space Report 2016].

[27] Space Security Index 2016，13th ed（Waterloo，Ont：SPACESECURITYINDEX. ORG，2016）.

[28] Space Technologies and SDGs，based on published information on how space related activities contribute to SDG implementation；e. g. ESA：（http：//www. esa. int/Our _ Activities/Preparing _ for _ the _ Future/Space _ for _ Earth/ESA _ and _ the _ Sustainable _ Development _ Goals），GEO：（https：//www. earthobservations. org/geo _ sdgs. php and https：//www. earthobservations. org/activity. php? id = 52），GGIM：（http：//ggim. un. org/knowledgebase/Knowledgebase Category 40. aspx），etc. [Space Technologies and SDGs].

[29] The Tauri Group，"State of the Satellite Industry Report"，Satellite Industry Association Report（October 2013），online：SIA：Satellite Industry Association 〈www. sia. org/wp - content/uploads/2014/09/2013 - State - of - the - Satellite - Industry - Report - Oct - Update - Final _ low - res. pdf〉（last accessed 12 February 2017）[SIA Report 2013].

[30] The Tauri Group，"State of the Satellite Industry Report"，Satellite Industry Association Report（June 2016），online：SIA：Satellite Industry Association 〈www. sia. org/wp - content/uploads/2016/06/SSIR16 - Pdf - Copy - for - Website - Compressed. pdf〉（last accessed 12 February2017）[SIA Report 2016].

[31] U. S. Department of Commerce：Bureau of Industry and Security，"U. S. Space Industry "Deep Dive" Assessment：Employment in the U. S. Space Industrial Base"（September 2014），online：Department of Commerce 〈www. bis. doc. gov/index. php/forms - documents/technology - evaluation/1081 - employment - report - final - 100714/file〉（last accessed 12 February 2017）[U. S. DoC，2014].

[32] Velivela，Vignan. "Small Satellite Constellations：The Promise of 'Internet for All' "，Observer Research Foundation Issue Brief No 107（September 2015），online：ORF：Observer Research Foundation 〈www. orfonline. org/wp - content/uploads/2015/12/IBrief1071. pdf〉（last accessed 12 February 2017）.

[33] World Commission on Environment and Development，Our Common Future（Oxford：Oxford University Press，1987）[Brundtland Commission Report].

[34] European Space Agency，"SMELLS：Soil Moisture for desert Locust early Survey"，online：European Space Agency 〈smells. isardsat. com/〉（last accessed 12 February 2017）[ESA，SMELLS].

[35] International Charter Space & Major Disasters，"Activating the Charter"，online：International

Charter Space & Major Disasters 〈www. disasterscharter. org/web/guest/activating – the – charter〉 (last accessed 12 February 2017) ["Activating the Charter"].

[36] NASA Landsat Science, "Landsat's Critical Role Forest Management", online: NASA. 〈landsat. gsfc. nasa. gov/how _ landsat _ helps/forest – management/〉 (last accessed 12 February 2017).

[37] NASA, Spinoff: Technology Transfer Program, "Water Mapping Technology Rebuilds Lives in Arid Regions", online: NASA 〈spinoff. nasa. gov/Spinoff2015/ps _ 1. html〉 (last accessed 12 February 2017) [NASA, "Water Mapping"].

[38] United Nations, "Open Working Group proposal for Sustainable Development Goals", online: U. N. Department of Economic and Social Affairs: Sustainable Development Knowledge Platform 〈sustainabledevelopment. un. org/focussdgs. html〉 (last accessed 12 February 2017) [United Nations, "Open Working Group"].

[39] UNOOSA, "Working Groups of the Committee and its Subcommittees", online: UNOOSA 〈www. unoosa. org/oosa/en/ourwork/copuos/working – groups. html〉 (last accessed 12 February 2017) [UNOOSA, "Working Groups"].

延伸阅读

[1] Extance, Andy. "UAE fires up space agency with Mars mission", Physics World 27: 11 (2014) 11.

[2] Gardner, W David. "Google – Backed 'O3b' Satellites Promise High – Speed Internet Access", Information Week (9 September 2008), online: InformationWeek www. informationweek. com/services/google – backed – o3b – satellites – promise – high – speed – internet – access/d/d – id/1071796 (last accessed 12 February 2017).

[3] Henry, Caleb. "Earth Observation Satellite Product Revenues to Exceed $5 Billion by 2023", Via Satellite (22 October 2014), online: Via Satellite www. satellitetoday. com/technology/2014/10/22/earth – observation – satellite – product – revenues – to – exceed – 5 – billion – by – 2023/ (last accessed 12 February 2017).

第21章 将外层空间的利益和用途扩大到全人类

解决的关键问题

- 审查联合国和平利用外太空委员会的努力以及为使全人类、特别是发展中国家扩大外太空的惠益和利用所作的其他努力；
- 探索新的创新方式，使正在开始利用太空系统和技术的航天国家和非航天国家能够促进可持续太空发展方面的合作和协同；
- 为确保在全世界公平地获得、利用和分享外太空的惠益，特别是为了保护和加强发展中国家的特殊需要而需要采取的具体步骤。

21.1 引言

将外太空的益处和用途扩大到全人类，这是一项原则。自太空时代一开始，就一直是全球讨论和努力的一部分。这一进程在概念上始于《外层空间条约》所采用的语言，并在《月球协定》的谈判中继续延用。《外层空间条约》是与外太空有关的最重要的国际协定，其中包括下列广泛但具有约束力的原则声明：

1）“探索和利用外太空……应为所有国家的利益……并应是全人类的领域”[Outer Space Treaty，art. I]；

2）“外太空……应由所有国家自由探索和使用”[Outer Space Treaty，art. I]；

3）“外太空……不受国家以主权主张、使用、占领或任何其他手段侵占”[Outer Space Treaty，art. Ⅱ]。

问题是这些宽泛的原则不容易转化为实践。确保经济上的发展中国家能够受益于公平和平衡地利用太空设施，这可能与其他问题和利益，包括其他发达国家的问题和利益发生冲突。世界各地在太空技术和基础设施投资方面存在明显的差距。同样，投资新的太空事业的机会也不平等。此外，人们还关切轨道太空碎片的扩散和与大规模部署小卫星星座有关的问题，以及对频率和轨道位置现有主张的范围和性质。在开发未来任何可行的太空交通管理和控制系统时，必须确保太空任务系统的安全，并适当考虑到参与太空活动的所有行为者所面临的实际成本和技术问题。

目前，在全世界分享太空利益方面影响最大的两个联合国机构是联合国和平利用外太空委员会和国际电信联盟（国际电联）。国际电联有193个成员国，联合国宇宙航行观测组织的成员国已增至84个国家，这一事实表明，人们确实强烈希望尽可能广泛地收获和公平分享从太空获得的惠益。除了国际电联和联合国太空探索组织之外，联合国的框架还包括许多关注太空应用、太空科学和太空探索的利益如何被广泛分享的组织机构。其中包括1982年第一次外空会议之后设立的六个太空科学和技术教育区域中心，其总部设在非洲、亚洲和太平洋、欧洲、拉丁美洲和加勒比以及西亚。同样，联合国各区域经济社会委员会，如亚洲及太平洋经济社会委员会、拉丁美洲经济委员会、非洲经济委员会和联合国西亚经济社会委员会，在确保从太空和太空活动中获得的利益可以广泛和公平地分享。

关心分享太空利益的实体远远超出了联合国。有关机构包括国际宇宙航行联合会、国际宇宙航行科学院、国际太空法研究所、太空研究委员会、国际宇宙航行联盟、国际空间大学以及国际空间安全促进会，所有这些都在本研究的第2章中简要介绍。此外，还有许多国家政府援助组织和私人国际基金会提供赠款和贷款，支持发展中国家开展涉及卫星通信、遥感和其他太空应用的项目。最后，国际复兴开发银行、国际货币基金组织和各区域开发银行正在以关键贷款支持太空应用项目。尽管必须注意到这些能力和倡议的存在，但本章的重点不是这些机构的运作，而是与公平分享探索和开发太空的利益有关的最紧迫和最重要的问题。因此，本章侧重于与太空发展最密切相关的太空政策问题和当前的目标。

在这方面，必须指出的是，这项分析认为“外太空”不仅包括地球的轨道太空，而且包括轨道之下和商业航空之上的区域，在本研究中被称为“临近空间”。这一点很重要，因为这一领域有几个潜在的应用，可能对寻求成为“太空环境”最初用户的发展中国家有利。临近空间未来可能用于发展高空平台系统、高超声速运输、货运机器人、黑暗天空站（指临近空间飞行器可以保持静止）等。在这方面，如果经济发达的发展中国家能够找到正确的监管机制、安全控制与管理的最佳做法，它们可能会实现互利。

因此，太空管理面临的挑战之一可能是找到一种平衡的方式，为经济上的发展中国家保留将来从太空应用中获益的机会，同时不剥夺那些今天想有效利用太空的人的机会。在真正困难的地区，“平衡”的解决办法并不总是可能的。在这方面，满足未来的需要有时比满足今天的愿望更重要。

然而，拒绝批准经济发达国家或航空航天财团为保留未来可能的太空利益而提出的新的太空系统或项目并不是万能药，可能会导致机会减少而不是更多。如果用于电信、互联网服务、气象服务或遥感的太空系统在任何方面受到损害，那么情况更是如此。这些系统旨在向经济发展中国家提供有价值的服务，或旨在满足教育、医疗、通信或经济发展方面未得到满足的需要。

特别需要指出的是，尽可能广泛地扩大外太空的益处是一个复杂的问题。首先，公平利用太空和公平享受外太空活动的“益处”之间有一个微妙但重要的区别。不同的发展中国家重视不同的领域。有抱负的或新兴的太空国家把重点放在前者上，而其他国家则只是想从太空活动中获益，以满足国家的迫切需要。在这方面，发展中国家最关心的是，目前正在广泛制定的关于未来进入太空的“道路规则”，既能享受太空的益处，又能在现在和将来公平地利用太空［Martinez，2010］。

《外层空间条约》和《月球协定》（尽管没有得到许多国家的批准）都制定了以条约为

基础的原则，即太空技术和系统的早期用户（通常是发达经济体）需要允许并帮助那些希望在未来利用外层空间全球公域的人保持平衡和公平的机会。关于分享太空利益的最新实际问题最近出现在太空采矿和临近空间的使用方面。同样，这是一个平衡和公平的问题。投资于技术和太空基础设施的人的利益在于推动“先到先得”的优先权，而不是那些希望自己未来的权利得到保护、在全球公域中所占份额得到长期保护的人。尽管有人认为，我们需要对国际太空法进行重大改写，但下文的分析表明，通过国际电联的频率管理和轨道位置方面的先例，以及通过一个公私伙伴关系（以国际通信卫星组织和国际海事卫星组织为模式的政府间组织）可以在不改变国际法或不需要新的太空条约的情况下提供有用的答案。

21.2　分享外太空利益概念的演变

关于分享外太空利益的讨论起源于联合国大会。这些讨论始于第二次世界大战后，当时正是第一次成功发射进入外太空。它们也发生在美国和苏联冷战的背景下。这些关于太空的讨论最终导致了《外层空间条约》的通过，该条约确立了确保外太空完全用于和平目的和促进人类进步的关键原则。自 1950 年代和 1960 年代这些早期表达以来，联合国通过联合国大会决议，经常重申利用外太空必须符合所有国家的利益的原则。随着太空探索和开发的发展和持续增长，许多软硬太空法律文书都出现了这种表述。

从全球太空管理的角度来看，出现的问题是如何理解上述措辞的实际意义和法律意义。在一个发达国家通过拥有先进技术、投资能力和太空管理专门知识在外太空领域占主导地位的世界上，人们常常看到，技术转让等现象导致发展中国家和技术能力较弱的国家依赖这些国家的技术实力和财务能力。因此，前殖民地国家面临着一个两难的问题，即它们是应该放弃使用太空技术，还是依靠其他国家有效地利用太空的益处。有些国家可能会选择依赖其他国家，直到他们自己在太空系统中发展出技术独立性。

因此，就产生了“为所有国家的利益……探索和利用外太空”[Outer Space Treaty, art. I] 这一短语的实际意义的问题。实现外太空的“公平分享利益”[Moon Agreement, art. 11 (7) (d)]。也有人质疑以非歧视方式自由进入和利用外太空的含义。从操作和实际意义上讲，这一问题已经出现在许多太空应用的背景下，这些应用现在已经通过各种组织发展起来。在私有化之前，国际通信卫星组织、国际海事卫星组织、欧洲通信卫星组织和阿拉伯卫星组织（尽管它仍然是一个政府间组织）已经允许世界各地的国家、政府、商业组织和个人用户根据商业原则使用太空系统。在国际和区域卫星通信组织成立之后，在气象观测和预报、遥感、卫星导航以及军事观测和通信方面，出现了许多其他太空应用系统。

据观察，政府和私营实体都为许多不同的应用建立了卫星系统。对这些系统的投资已在许多方面进行。如本书第 2 章所述，有国际财团、区域和国内卫星系统，以及严格的私营企业。有些系统，如气象和卫星导航系统，往往是作为国家系统部署的，但其结构基础是自由分享参与，数据获取和参与普遍开放。另一些则是私人和商业性质的，但总体上仍对使用、参与和投资开放，尽管是以商业使用费为基础提供的。

联合国专门组织，如国际电联、联合国教育科学及文化组织（UNESCO）、世界气象组织（WMO）和粮农组织（FAO）等，力求在公平和开放的基础上最大限度地利用这些卫星系统。此外，通过各种活动和第一、第二和第三次外空会议，外空委还设法在全球范围内扩大对外太空的准入和实际利用。总的来说，世界各国共享外太空和利用外太空的努力是相当成功的，尽管还有改进的余地。

21.3 发展中国家如何分享太空利益

“全球南方”的定义多种多样，尽管南北之间的区别在历史上是一个经济发展问题。20 世纪 50 年代，阿根廷经济学家劳尔·普雷比什（Raul Prebisch）普及了经济发展差异，认为许多发展中国家，即“南方”是北方的前殖民地。还有一种观点认为，南半球的利益与作为世界贸易体制改革而发展起来的工业化国家的利益相冲突［U. N.，Economic Commission for Latin America，1950］。社会学家如 Aníbal Quijano 将“权力的殖民性”定性，这表明殖民主义的历史如何继续影响现代文化和政治［Quijano，2000］。重要的是要认识到，在发展“全球南方”一词时，社会学家不仅指不发达，而且还指殖民主义、新帝国主义的集体历史，以及通常影响全球南方国家的不同生活水平、预期寿命和获得资源的机会。

在考虑公平利用外太空时，这种获得资源的概念很重要。自 1990 年代中期以来，“南方”或“全球南方”一词一直被用来指发展中国家、欠发达或不发达国家（以前称为第三世界）。所谓的 77 国集团在由发展中国家组成的联合国（G－77）进行的集体谈判影响了国际电联世界无线电通信会议的频率分配、国际复兴开发银行（或世界银行）内发放贷款和信贷。最近，在涉及环境保护和可持续性的国际讨论中，这个全球南方集团现在有 134 个会员国，因此是参与联合国和其他全球论坛内国际讨论的最大国际集团［G－77，“Member”］。第二个组织是所谓的不结盟运动（NAM），它具有不同的相辅相成作用。不结盟运动由 120 个成员国组成，每 3 年举行一次会议，其基础是不结盟美国或俄罗斯联邦。这两个群体在很大程度上拥有相同的成员资格，而且他们在很大程度上是前殖民地。

过去 50 年的历史表明，对于发展中国家如何在经济上有效地利用外太空，既没有一个简单的答案，也没有任何分享外太空惠益的最佳方案。只有极少数的南方国家有涉及卫星和发射系统制造的太空计划。然而，这些国家中的许多国家确实参与了全球卫星通信系统，如国际通信卫星组织（INTELSAT）、全球卫星通信系统（SES global）和阿拉伯卫星通信系统（Arabsat），甚至部署了国内或区域卫星系统以获得实际服务。同样，这些国家经常使用卫星进行遥感、气象和气候变化预测以及全球导航卫星服务。在许多情况下，已经发现了共享太空系统和服务的公平方式。这并不是说有时没有争端，也不是说没有进行和完成艰难的谈判。关键是，如果避免了抽象原则，并就如何公平分享和使用太空应用系统提出了实际问题，那么就可以而且已经找到了解决办法和合作机制。

21.3.1　全球空间活动与联合国可持续发展目标

太空活动的可持续发展与太空探索和利用的惠益公平分享问题是相互竞争的利益的平衡。它们也代表着环境保护和发展概念之间的平衡。因此，在考虑如何扩大太空的效益和利用时，首要考虑的是遵守本书第 20 章所讨论的可持续发展原则。

平衡与合作的关系问题是复杂的，因为先进的太空系统能够而且今天确实能够在已经提到的领域为发展中经济体提供至关重要的服务：电信、广播、遥感、气象预报和风暴警报，以及各种导航、授时、绘图、跟踪服务。

在联合国大会第 69/85 号决议中可以看到平衡利益冲突、坚持环境保护和可持续发展的目标。当考虑如何扩大全人类的太空利益时，值得注意的是，环境保护是各种人类权益的重要基础，包括生命权、适当的生活水准权、健康权和清洁的环境。

如果外太空的开发涉及商业安排，即服务和业务是付费的，那么成本和衍生收益的计算就很简单了。然而，当成本或衍生利益的分摊具有抽象价值时，经济学和分摊安排往往会崩溃。新的《2015 年美国商业太空发射竞争力法案》（尤其是该法案第 4 条）倾向于严格界定从国家和商业角度获得的利益。这项立法很可能进一步巩固太空采矿等活动的经济基础，但也进一步混淆了如何在全球范围内分享从太空获得的利益。那些提议从事太空采矿的人表示，这种活动与在国际水域捕鱼的概念非常相似。然而，美国法律的批评者（以及卢森堡和阿拉伯联合酋长国（UAE）提出的相应立法）持不同意见，认为这种严格商业化的太空采矿作业违反了《外层空间条约》和《月球协定》。本书第 16 章进一步讨论了这些问题。

本书第 20 章审查了太空应用的主要潜力，如通信、地球观测、定位、导航和授时，以对可持续发展做出重大贡献，并提出了影响这一潜力的各种管理问题。有人认为，对开发天体原材料来源的兴趣正在增加，这对可持续发展具有重要影响。

私人太空旅行将需要太空港，几个发展中国家已经表示有兴趣参与建设。随着小卫星和模块化系统（如国际空间站（ISS）上的纳米支架）降低进入太空的成本，定性研究更容易获得。欧洲空间局的欧洲合作国家方案等已经证明，即使这些国家正处于发展其与太空有关的技术的初步阶段，各国也可以为太空任务提供重要的组成部分。此外，勘探任务不仅挑战人类的才能，使其超越国界，而且已被证明对那些肩负着改善国家经济的沉重负担的民众具有鼓舞作用。一个主要的例子是印度从单纯以地球为中心的太空活动发展到现在还包括雄心勃勃的太空探索领域。另一个例子是阿联酋的无人探测器计划，希望在 2021 年前到达火星。

以下是太空面临挑战的少数几个领域，在这些领域，更好的管理机制有助于促进和允许天基效益成倍增长。

21.3.2 人口增长

虽然如果公平分配，太空活动有可能成为一个强大的经济引擎，但如果人类人口如预测的那样在21世纪末增长到100亿，则太空活动不足以削弱贫困的影响［Borlaug & Dowswell，2005］。为了保持其在经济发展中的作用，太空技术必须增加价值，而不仅仅是在销售方面。太空资产和技术将需要保证就业增长，同时，防止对已经因人类活动增加而负担沉重的环境造成额外压力。人口的快速增长同时鼓励了太空的开发，也引起了人们的关注。

21.3.3 射频竞争

无线电频谱的经济竞争有可能成为决策者的一个严重分歧问题。这不仅会影响竞争性商业应用的目标，而且可能会使可持续发展领域的不同部分相互对立。C、S和L波段等无线电频段已被证明对太空部门非常有用。从4到8 GHz的C波段对于卫星通信和广播业来说特别有价值，因为它可以传输大量的数据，并且非常有效地穿透雨水而不受干扰。不幸的是，这些相同的特性使得它对地面移动通信用户非常有吸引力。随着发展中经济体寻求最大限度地为其公民提供移动数据访问，一些国家很可能会倾向于地面解决方案，而不是为卫星提供便利的解决方案。这里的挑战是，由于功率限制和大气衰减，卫星可供选择的范围将更加有限。决策者将需要在分配方面做出艰难的决定，在某些情况下，分配的影响可能远远超出使用移动电话、点对点通信和卫星广播服务的范围。本书第6章讨论了与无线电频率共享有关的一些问题。

21.3.4 地球观测和免费数据

由于难以找到一个可靠的定价模式，卫星对地观测和遥感并没有产生与卫星电信部门几乎相同的收入。商业收入估计没有揭示出对可持续发展产生有利影响的巨大潜力。对于寻求增长机会的国家政府和寻求提供有价值服务的商业企业家来说，免费公共数据的可用性是真正的经济驱动力。

21.3.5 数据共享的可持续性

数据共享几乎肯定是实现可持续发展的一个主要因素。鼓励在国家和国际层面共享数据。由于担心共享数据会降低国家安全、权力和经济优势，这些政策将面临巨大的阻力。在国家层面上，在地球观测界的会议上经常听到关于数据共享障碍的报告，这种障碍在国际层面上更为明显。虽然《太空与重大灾害问题国际宪章》（《国际灾害宪章》）是自然灾害后国际共享遥感数据的一个重要里程碑，但国际社会迄今仍未进一步分享旨在可能减轻或防备灾害的数据。美国国家地理太空咨询委员会（U. S. National Geospatial Advisory Committee）提出的见解表明，免费获取的数据在经济上的优势足以让数据更广泛地分布，而在未来几年里所做的决定将有可能找到资源丰富的方法来标准化数据共享。将来，这可能会产生国际协议，允许从天体收集资源，而不必担心挑战地球的市场。

各种类型的地球观测，如天气监测、灾害应对和复原应用，也将同样作出重大贡献。联合国可持续发展目标 6、9、11、13、14、15 和 16 都得益于现成的图像。为了使这些图像随时可用，需要做出重要决定。与关于电信的讨论类似，关于无线电频谱的竞争及其对地面用途的潜力，例如干扰卫星的使用，将是一项具有挑战性的决定。L 波段和 C 波段是无线电频谱的范围，对卫星支持天气预报和气候监测非常重要。找到一种调和竞争的方法，对于确保我们宝贵和依赖的卫星图像不受阻碍至关重要。

21.3.6　私营行为

随着政府免费发布数据，私营企业在未来十年内将预期收入翻一番，还有什么市场可供选择？随着高精度观测和创新处理软件的价值得到广泛认可，专业市场不仅将继续存在，而且可能迅速增长。没有理由相信，在数据共享的帮助下，可持续发展的进展可能会结束产品生命周期。新的和创新的地球观测应用将需要额外的价格，直到新的创新使其成为商品。如果那些有能力为专业服务支付溢价的人的数量和地理分布有所增加，这一程序可能会产生巨大的影响。

同样，鉴于新兴的发射活动、太空旅游和太空资源的开发，私营行为者希望并需要一个更利于商业的管理机制。特别是由于目前的太空管理状况对公平分享探索、利用和开发外太空所产生的惠益提出了许多障碍。

21.3.7　太空应用和共享太空惠益

外太空应用和外太空对全球南方的益处所面临的技术和业务挑战分为以下几类：遥感，通信和广播，定位、导航和授时，军事/安全用途，商业用途，科学/技术/研究。

遥感应用是和平利用外太空的一部分，可以通过各种技术改善地球生活的质量。这方面的两个例子涉及将遥感应用于粮食管理和灾害监测，这两个应用都是对人类福祉的重大帮助。具体而言，遥感应用可以监测降雨量，提供土壤和作物发育的数据，并协助检测树木和植物病害。在临近空间，HAP 和无人驾驶飞行器也可以在这些方面提供帮助。

2012 年，联合国粮农组织提供了外太空活动机构间会议关于在联合国系统内利用太空技术促进农业发展和粮食安全的特别报告。联合国大会在第 67/113 号决议中指出，太空科学、技术及其应用可用于在与粮食安全有关的领域实施可持续发展目标 [GA Res 67/113；Agenda 2030]。联合国太空数据中心就加强天基地理数据的使用以支持可持续发展政策的“方式和方法”提出了一套建议。这些建议包括建立可持续的国家特殊数据基础设施，扩大天基地理数据领域的国际合作，提高对现有举措和数据来源的认识。2012 年举行的联合国可持续发展大会（Rio＋20）承认，粮食安全和营养是紧迫的全球性挑战，需要通过促进更可持续的农业发展、同时保护生物多样性和生态系统、增强对气候变化和自然灾害的抵御能力来应对这些挑战。

亚洲哨兵组织是亚太区域太空局论坛（亚太太空局论坛）领导的一项自愿倡议，通过应用网络地理信息系统（地理信息系统）和天基技术，如地球观测卫星数据，支持亚太区域的灾害管理活动，这是遥感应用造福人类的又一种方式。统计数据显示，过去 30 年来，亚洲遭受了严重的自然灾害破坏［Asian Disaster Reduction Center，2013］。该地区遭受了全球 48%的自然灾害死亡人数和 89%的此类灾害受害者［Asian Disaster Reduction Center，2013］。

然而，由于灾害管理不仅是一个区域问题，需要国际合作，因此，鉴于寻求一个适当的全球太空管理模式，观察其他区域和国家发生的情况同样重要。实践表明，国际社会对自然灾害的反应需要在减灾的各个阶段进行协作、合作和集体反应。这些包括准备、反应和恢复阶段。

实际上，现在人们普遍认为，在平流层或临近空间使用空间应用以及遥感，在所有阶段都是有用的。在第一阶段，地球观测卫星通过监测人口分布或协调应对工作，协助预防即将到来的灾害。在第二阶段，遥感可提供地区脆弱性的关键信息，以避免在其上开发住房和建筑物。在第三阶段，它有助于为救灾提供指引。它可以识别出运输路线受阻的地方或是破坏最严重的地区。

上述《国际灾害宪章》体现了遥感数据对减灾各个阶段至关重要的一个例子，该宪章提供了一种合作模式，也可被视为管理模式。这包括反应性管理和应急管理。这种管理源于通过利用太空技术应对紧急情况的需要。在这种情况下，生命是首先要保护的。《国际灾害宪章》现已多次被唤起，并在世界各地的灾后恢复方面发挥了有效作用，本书关于遥感的第 7 章对此做了阐述。在电信方面，通过国际电联主持通过的《坦佩雷公约》，制定了另一种管理模式，以便利地面和卫星电信资源用于减灾和救灾行动。

这些众所周知的模式往往掩盖了许多通常在双边基础上进行的太空利益分享机制。例如，加拿大为支持其非洲伙伴利用太空技术采取了各种举措。其中包括参与欧空局领导的 TIGER 倡议，以寻找和有效管理水资源；组织加拿大航天局（CSA）前往布基纳法索和塞内加尔的贸易代表团；实施加拿大太空局科学和业务应用研究（SOAR Africa）项目，该项目把对地观测雷达卫星数据提供给非洲研究人员；加拿大外交部的一个项目，旨在提高北非政府各部门使用卫星图像的能力（卫星警报和监视项目，简称 SASS 项目）；以及加拿大 Telesat 公司为尼日利亚卫星公司的 RASCOM（非洲区域卫星通信组织）、Arabsat 和 Yahsat 项目提供咨询服务。个别国家所做的这些努力突出表明，需要采取一种办法，考虑到所有行动者在利益分享目标中的作用，包括在双边、多边和区域基础上的公共、私营、公私、国家和多国行为者。

21.4 法律观点："公平利用"和"公平分享"外层空间

国际太空法规定各国有义务以尊重其他国家权利的方式开展太空活动。这些义务和权利在《外层空间条约》第九条中得到明确保护，该条规定了各国应有的义务。如果侵犯了各国目前或未来获得太空的权利，则违反了国际法（即《外层空间条约》第一条和第九条)。《外层空间条约》的历史表明了这一关切。在外太空条约草案达成一致后，美国出席联合国裁军谈判委员会的代表明确表示，“太空大国和其他大国表现出的妥协精神产生了一项条约，在包括尚未开展太空活动的国家［U. N. Doc A/C. 1/SR. 1492，pp. 427 - 428］在内的所有有关各方的利益和义务之间建立了一个公平的平衡”。

考虑到所有国家利益的要求也包括子孙后代。平等进入权原则保证国际社会所有成员都应能够从外太空获得利益，而不论新旧太空参与者之间在增长和发展方面存在的差距。因此，不应将不同程度的经济和技术发展视为任何希望从外太空获益的国家不可逾越的障碍。因此，最早在太空活动的国家和实体必须在考虑到后来者的情况下探索和利用外太空。这不仅包括避免独占使用有限的自然资源，例如无线电频率和地球静止轨道位置，而且还包括避免产生太空碎片或对和平利用外太空造成其他威胁。简言之，各国有义务采取行动，不应制造障碍，提升其他国家今后利用外太空的能力。外太空利益应被理解为一个广泛的概念，包括从探索、利用和开发太空中获得的利益。

在这方面，《月球协定》是唯一一项旨在明确规定分享外太空开发惠益的国际条约。根据《月球协定》，开发外太空自然资源所产生的利益应由所有缔约国公平分享，同时考虑到发展中国家的利益和需要，并特别注意直接或间接为月球探索作出贡献的国家所作的努力。这将包括公平分享利益的概念。它并不意味着平等分享；相反，它是一种公平的分享，在那些投资的人中，谁应该得到更多的利益，以及其他人谁没有贡献，但仍然应该得到一些利益。正如《外层空间条约》所规定的那样，利用和探索太空必须有利于所有国家的利益，利用和探索太空是包括当今及以后在内的人类的职责。《月球协定》要求有一个具体的全球倡议或制度，所有国家都将决定它们是否以及在多大程度上分享从月球和其他天体开采自然资源所产生的利益。

然而，只有极少数国家批准了《月球协定》，但几乎所有航天国家都没有签署。这是一个非常严重的问题，因为从技术角度来看，开发外太空的自然资源越来越有可行性。缺乏一个得到广泛接受并适用的国际制度，可能会对外太空的可持续与和平利用构成威胁，因为各国可能决定单方面制定国家立法来管理国际性质的事项，从而增加发生法律和政治冲突的机会。最近通过的《2015 年美国太空资源法》除其他外，涉及小行星自然资源的开发，但没有提出这种共享的要求，只是说该法是根据美国的国际条约义务颁布的。然而，美国不是《月球协定》的缔约国。因此，在可预见的未来，这一问题仍将是太空采矿的核心问题之一。这是本书第 16 章讨论的关键问题之一，涉及太空采矿。

21.5　国际社会的看法

今天，在许多不同的服务中越来越依赖卫星技术，这表明了太空应用的广泛性。然而，发展中国家在太空应用方面的特殊需要应单独考虑。例如，在发达国家提供通信的卫星可以为经济欠发达地区、边远地区、缺乏常规通信或互联网服务的发展中国家提供基本的重要服务。在这方面，这些卫星可能是一些地区之间积极通信的唯一来源。远程医疗服务可以促进向无法接触到合格医生的病人提供基本医疗服务。此外，通过使用卫星，这些国家也将在合理的时间内更多地获得人道主义救济。

因此，发展中国家的特殊需要是一个开放的概念，应根据具体情况进行分析。目前，合理生活条件的发展超出了人类的基本需求，包括获得技术手段来促进自己的航天事业和发展独立的太空计划。这将是发展中国家不依赖其他国家援助和合作意愿的唯一途径。因此，这些技术手段也应被视为一种特殊需要。然而，由于外太空也是非常具有战略意义的，因此也是竞争的根源，很难平衡所有国家的利益和发展中国家的特殊需要。

近年来，新技术使人们能够更广泛地进入外太空。例如，小卫星的设计和制造就简单得多，成本也更低。因此，它们正在通过促进发展中国家的能力建设，以及在大学和研究机构的帮助下，将这些国家转变为太空行动者，从而使外太空探索发生革命性的变化。另一方面，如果这些卫星不遵守适当的管理制度，随着时间的推移，这些卫星可能会对其他任务构成威胁。由于其中许多特殊任务的预算较低，在实践中可能很难如本书第 2 章所述，在满足和遵守《登记公约》规定的所有法律要求方面拥有必要的专门知识。

更令人担忧的是，许多小卫星没有主动脱离轨道的能力，因此可能会在轨道上停留很长时间。部署在近地轨道（LEO）的小卫星，由于引力和大气阻力，可能会自然脱离轨道，特别是在太阳活动最高峰时期。然而，一颗没有控制系统、以与国际空间站或其他低轨道系统相当大的相对速度飞行的小卫星可能造成重大危害，并产生新的重大碎片问题。这些问题有可能的解决办法，比如在国际空间站上进行“小卫星实验”，将小卫星有效载荷整合到具有主动脱轨能力的“运载卫星”上，或者至少为小卫星配备被动脱轨系统，如充气气球、太阳帆等，这些卫星的扩散正在迅速增加，事实上呈指数级增长。最后，计划在 600 千米至 900 千米的轨道上部署数千颗小卫星。有人担心，这种巨型星座可能对外太空资源造成灾难性的竞争。

小卫星有些甚至是用 3D 打印方法制造的小卫星，也正在变得能够执行更加专业化和高科技的任务。公平准入原则比以往任何时候都更加重要，因为小卫星最初是进入新成员的来源，可能成为大公司或发达国家推动的控制和支配外太空的工具。

这些涉及小卫星的趋势涉及几个关键问题，其中包括：

1）小卫星现在是否加重了轨道碎片问题，如果是，可以采取哪些措施来缓解碎片问题，而不剥夺新来者公平进入外太空的机会或使进入太空的费用大大增加?

2）是否计划在低地球轨道和中地球轨道（MEO）部署巨型小卫星星座（即所谓的巨型低轨星座），或平流层气球系统的部署是否会对后来的进入者公平地进入外太空（或临近空间）造成问题?如果是这样，可以采取什么措施来缓解这个问题?

关于巨型星座的问题更为复杂，因为在某些新的星座中，它们的设计目的是以较低的成本向缺乏这些服务的发展中国家提供电信和互联网接入服务。

在一个理想的世界中，将有一个公平和公正的机制，以避免轨道碎片的增加，并与太空交通管理相结合，以避免碰撞或过度拥挤。这一机制将为所有人创造平衡和互利的协定，并避免不必要地使用有限的资源和财政手段的支出。不幸的是，还不可能建立这样一个公平和平衡的机制。国际电联的程序设法防止了重大干扰，国际电联对轨道星座和地球观测系统的协调也设法避免了重大碰撞。尽管如此，现状还是让拥堵和潜在的干扰问题随着时间的推移而恶化。在本书涉及太空交通管理（第 13 章）、小卫星（第 15 章）、通信卫星（第 6 章）和轨道碎片（第 14 和 18 章）的章节中，这些问题都被提出和讨论过，不幸的是，没有神奇的解决办法。这些问题仍然是太空安全监管的中心，迫切需要解决。

公平使用并不意味着在外太空挤满各种卫星。太空越拥挤，有害干扰的情况就越容易发生，轨道碰撞形式的事故就越容易发生。然而，在分析外太空的拥挤时，必须考虑到最先进入者的责任，他们对解决问题的贡献要大得多。或许有一种方法可以“解决问题”，例如，建立一种与卫星发射规模相适应的太空碎片缓减基金，以协助解决这一问题。在平衡公平利用外太空方面，这是另一个发展中国家的特殊需要可以发挥关键作用的领域，同时还要处理拥挤和资源有限等问题。在《联合国太空碎片公约》中，提出了设立太空碎片修复自愿基金的设想，目前已列入准则草案，但尚未正式通过。当然，无论是否得到联合国的正式认可，都可以设立这样一个基金。

一个主要挑战是一些发展中国家由于普遍与能力建设有关的内部问题而面临障碍，这些问题包括善政、国家优先事项、内部冲突和腐败。例如，非洲的带宽容量特别大（就电信转发器容量而言），可能超过任何其他大陆。但即使如此，由于非洲国家内部的不稳定因素，互联网的连通性并不是很好。同样，所有非洲国家都可以免费获得环境和气象数据。许多国家甚至获得了免费的气象地面站，工作人员经过几十年的培训。然而，非洲人民似乎没有从这些数据中获益。由此产生的问题是，较发达国家如何能够在基础设施、培训以及政治和科学层面的能力建设方面提供进一步的支持。

21.6　为实现预期的公平性而提出的措施

发展中国家的特殊需要可以通过几种方式得到保护和加强。在资源严重缺乏以致人类的基本需求被忽视的关键区域，发达国家可以提供援助，免费或有补贴地获得一些卫星资源，以便提供基本服务。已经出台的《国际灾害宪章》规定了救灾和灾后恢复的免费准入规定。国际通信卫星组织（INTELSAT）等卫星组织为远程教育和远程医疗服务的演示提供了免费时间（即项目共享）。此外，高通量卫星能力的大幅度增加，可能会使基础社会、卫生和教育服务更有可能以较低的补贴成本甚至免费获得。这可能来自国家或区域援助机构，也可能来自国际电联、国际复兴开发银行、教科文组织、粮农组织和气象组织等国际机构。

然而，这些援助努力大多针对有限的人道主义、教育或医疗服务需求。如果允许发展中国家建立自己的计划，太空系统和服务可以成为发展中国家真正的赋权来源。为了使发展中国家这样做，它们需要在从太空政策和法律到地面技术、培训、资金和管理等多个领域进行能力建设。他们必须制定自己的太空政策和适用的法律制度。它们需要通过国家法律来履行其国际义务，并监督和控制其国家活动。它们还需要能够发展自己的太空技术。在这方面，它们需要支持，航天国家不应为非航天行为者发展自己的工业设置不必要的障碍。与老牌太空国家的国际合作是关键。虽然很难平衡太空中的许多利益，但这并非不可能，全球管理可能代表着这一意义上的前进道路。

21.7 太空、发展中国家和获得有限自然资源

发展中国家的特殊需要还包括保护有限自然资源的使用，以便这些国家一旦有了技术和财政手段就可以利用这些资源。国际电联的这种制度就是一个很好的例子。根据国际电联章程，无线电频率和轨道位置，特别是在地球静止轨道上，是有限的自然资源，成员国应根据发展中国家的特殊需要和特定国家的地理情况，以合理、高效、经济和公平的方式加以利用。国际电联提供的登记制度、事先规划机制和国际保护不受有害干扰，其目的是保留一部分资源供将来使用。在实践中，这是困难的，国际电联三个区域为规划未来需要而采用的不同方法取得了不同程度的成功。

虽然国际电联在执行其管理制度方面面临许多限制，但不可否认的是，国际法可以成为满足这些需要的重要工具。可以拟订其他国际协定，为实现这一重要目标作出贡献。此外，国际电联等国际组织也在外太空管理方面发挥着关键作用，但它们在充分应对当前和未来利用和探索外太空的复杂需求方面面临着一些局限。通过全球管理原则和准则对其中许多机构进行改革，可以帮助它们促进全球公众对外太空的兴趣。整个联合国系统可以进行改革，更好地作为促进公平使用的来源加以利用。

国家太空立法负责执行国际太空条约和制定规则，以界定对国家太空活动的监督和控制，并应以此为基础加以利用。然而，几十年来缺乏新的具有约束力的国际太空法律，以及不具约束力的太空倡议书，导致许多国家歪曲或创造性地解释未来通过国内立法获得太空资源的概念。因此，拥有活跃太空计划的国家通常会就国际性问题颁布立法，这可能会造成对国际协议的解释出现冲突。2015 年的《美国太空资源法》以及卢森堡和阿联酋关于希望在太空开采的公司的财产权的拟议法律就是这一事实的例证。这也会在落实外太空的公平准入和惠益分享方面造成困难。

这一问题的关键在于先到先得的原则，这一原则至少到目前为止在太空资源的分配和使用中仍然普遍存在，但反过来又可能违反要求公平利用和分享太空利益的原则。因此，发展中国家仅仅制定本国法律是不够的，因为它们还可能受到其他国家国内法规的影响。这是太空全球性质的一个后果，因此，应当作为全球公域之一加以处理。也许值得注意的是，一方面，国际电联关于无线电频率和轨道位置的条例和分配程序已在先到先得原则和为那些尚未能够利用这些资源的人保留资源之间取得了平衡。

21.8 国际空间法的统一事实适用性

1976 年，八个赤道国家通过了一项宣言，准许它们在其领土上拥有对地观测组织的一部分权益 [Bogota Declaration]，这对《外层空间条约》规定的不占用外太空和“平等、非歧视性”分享外太空惠益的问题提出了严重挑战。地球静止轨道位于赤道上方约 36 000 千米处，已被宣布为有限的自然资源，应为全人类造福。换言之，所有国家都应该公平地获得它。可以说，赤道国家哥伦比亚、刚果、厄瓜多尔、印度尼西亚、肯尼亚、乌干达和扎伊尔呼吁“公平”分享，挑战了公认的传统观点，即国家主权不延伸到地缘政治。在《外层空间条约》第二条之下具体化的习惯国际法在当时还排除了以任何方式占用太空的行为，《波哥大宣言》也存在问题，因为它试图将地球观测作为位于赤道上的赤道国家的主权自然资源。

这些主要由发展中国家提出的建议失败了，直到 1980 年代，发展中国家才试图再次挑战法律制度，设法确保太空惠益充分符合《外层空间条约》第一条的规定。联合国大会第五十一届会议以协商一致方式通过了第 51/122 号决议，其中载有《太空利益宣言》[GA Res 51/122]。该宣言被认为结束了关于塑造太空活动国际秩序问题的南北辩论，尽管其主要成就是巩固工业化国家的观点，即所有国家都应自由决定其国际合作的所有方面，而不是公布公平制度的组成。

21.9 当前管理分析和潜在行动考虑

人类进入外太空活动的高级阶段将是我们这个时代最伟大的成就之一。确保人类从外太空开发中受益，有助于解决全球挑战，包括联合国可持续发展目标中列举的挑战。通过全球教育，我们可以增加更多人在外太空模式发展过程中能够为自己抓住机会的可能性。这可以使人们有必要的手段、想法和观念为自己创造经济机会。总的来说，全球民众似乎并不关心外太空的发展。但是，它们应该受到关注，因为它们一直是外太空开发研究和开发阶段的主要投资者和使用者。目前，只有少数太空专家、决策者、企业家和其他少数人能够解释最近有关外太空发展的事件。然而，许多人确实关心工作、教育和投资机会，以及确保有意义的未来。人们正在寻找为自己和家人创造繁荣未来的途径，而太空带来的益处是未来不容错过的一部分。

目前的管理体系有哪些不足之处？目前生效的关于全球分享利益的国际法律条款基本上被视为足以在外太空发展时提供一个确保和平的结构。尽管有些发展中国家提出了两个主要挑战，即公平分享太空惠益和平等利用太空资源。随着新问题和新挑战的出现，这些问题和挑战可能并不需要一项新的条约来取代外太空条约或其他太空法补充协定。然而，它们确实表明需要澄清可能从太空和近太空（即临近空间）获得的新机会和益处，这可能是避免争端或误解的必要条件。从 1957 年至 1966 年的准备工作文件以及导致《外层空间条约》和其他条约的相关文件中可以清楚地看到，政治领导人和谈判者认识到与不平等有关的冲突、看法和情绪之间的直接联系。在十年的谈判中，有远见的人和太空法的杰出人物负责将全人类的利益条款纳入条约。在这样做的时候，他们可能想起了过去的殖民和发展情景，在经济繁荣方面，许多国家和人民被抛在后面。时间证明，创造平等机会的行动支持和平共处的目标。在开发最后的边界时，我们应该设计一个适合和平的模式。否则，未来将会产生冲突。

21.10 具体、潜在、创新和适当的管理解决方案

太空技术的一些主要益处是，它们提供了独特的全球观点，能够在广泛的领域传播信息，提供经济回报，获取新知识，开发满足全球需要的应用程序，并起到激励作用。重要的是，根据国际太空法的主要目标，太空技术进一步为全球合作提供了机会。

联合国大会希望促进外太空的探索和利用是为了所有国家的利益，而不论其经济或科学发展程度如何，通过了《太空利益宣言》。它规定，国际合作在特别考虑到发展中国家的需要及其对技术援助的需要以及合理和有效地分配财政和技术资源的同时，应旨在实现以下目标：

1）促进太空科学技术及其应用的发展；

2）促进有关国家发展相关和适当的太空能力；

3）促进各国在相互接受的基础上交流专业知识和技术 [GA Res. 51/122]。

然而，《宣言》没有为实现这三重目标规定一个框架。但是，可以通过制定一种合作飞行任务的方法来实现这些目标，这种方法在考虑到既定太空行为者的目标的同时，有助于发展中国家为有效参与全球飞行任务做好准备，例如欧空局提议的月球前哨站、拟议中的中国空间站，以及太空研委会勘探小组（PEX）提出的全球勘探战略。

太空研委会勘探小组阐述了一种逐步实现太空合作新水平的方法，有助于发展全球太空科学和探索能力。这些阶梯“旨在超越跨文化障碍，导致技术接口和共享法律框架的发展，并促进广泛领域的协调与合作”[Ehrenfreund et al，2012，p. 2]。“阶梯石”的目标是使人们对太空探索和太空应用产生更广泛的兴趣，并确保可持续性。这包括在更广泛的国家范围内建设基本的太空技术能力，要求所有行为者都采取负责任的行为，并提高公众的认识和参与，以加强太空合作。包括发展中国家在内的新兴国家在未来太空探索和应用的持续性将有助于维持一个国际太空体系的持续性。垫脚石（steppingstone）方法试图回答的主要问题是，既有的太空界如何在真正的国际层面上进行合作，同时以有意义的方式吸引新兴的航天国家。回答这一问题是建立全球管理制度的关键，这一制度将对最大数量的行动者产生影响。

在太空研委会勘探小组平台的基础上，以下步骤有助于实现增加太空效益的目标：提高太空数据利用率、建立国际地球研究基地、利用太空站、开发国际立方体卫星（CubeSat）任务、参与小型探索和应用任务，以及机器人样本返回任务，并就天体资源开

发制度进行谈判。

1）利用太空数据——第一步是鼓励增加对太空数据的利用，促进可持续发展。这将需要能力建设的一个组成部分。能力建设涉及“边做边学”。示范项目可用于确定和了解发展中国家需要进一步发展的具体能力。这是《太空与重大灾害问题国际宪章》中缺失的一个组成部分。发展中国家能力建设的最初需要范围和领域应根据预防灾害和获得危机后管理信息的需要而定，而不仅仅是在灾害期间提供数据。洪水是最频繁发生的自然现象之一，需要使用特许数据，尽管大多数实体在理解洪水情况下所需的合成孔径雷达（SAR）数据的能力方面有限。显然，《宪章》数据的使用正在不断发展，这是一种鼓励，可以制定倡议，认真履行能力建设义务。2014年，该宪章在马航370航班失踪后首次为搜寻飞机残骸做出贡献，并为国际应急小组提供了抗击埃博拉病毒传播的图像。在后一种情况下，利用光学卫星图像提供城市蔓延和基础设施的地理编码产品，并帮助五个非洲国家（几内亚、利比里亚、塞拉利昂、尼日利亚和塞内加尔）规划疏散路线和埃博拉康复医院。

2）切实利用太空实现联合国可持续发展目标——这可能导致建立一个项目，鼓励企业发展太空应用，以满足教育、医疗、农业等各个领域的可持续发展目标，它还可能涉及发达国家和发展中国家之间的合资企业以及商业财团，以促进这方面的国际合作。

3）建立国际地球研究基地——地球模拟活动的国际合作是实施国际星际飞行任务的合乎逻辑的第一步，可以包括各种不同的参与者。同时，这可能包括促进国际空间站（和据报道对发展中国家开放的未来中国空间站）的更多利用。

4）国际CubeSat任务的开发——遵循以大学为基础的模式，加强全球新兴航天国家与太空有关的能力建设和人力资源开发，一个国际CubeSat任务是一个很好的合作机会，大多数感兴趣的参与者在价格和操作点方面可以满足合作条件。在联合国框架下，联合国基础太空技术倡议（UNBSTI）是卫星技术能力建设的典范。该倡议充当了对早期卫星技术能力发展感兴趣的利益攸关方之间的信息中介和接口。能力建设应协助发展中国家建设、发展、加强和提高其能力，以实现并享受太空探索和使用的好处。可持续能力建设（利用太空）所需的基本要素是：有长期承诺的长期计划；传播技能的机制；使人们成为技术实践者的实践培训；以及从学术界转移知识以深入了解技术［Jason et al，2010］。必须认真解决对高质量工程师的需求，以支持项目需求，并在能力建设项目之后为核心团队发挥有意义的作用。如果这项计划可以调整到450千米左右的最高高度，这可以将轨道碎片堆积的问题降到最低。

5）参与小型探索任务和机器人样本返回任务——随着参与者探索能力的发展及规划勘探任务能力的提升，如果所有感兴趣的参与者都有机会参与信息交流和集体构思，则对制定可信的全球勘探战略至关重要。

6）制定一个法律和政策制度——为了鼓励更多不同国家参与，随着开采变得可行，需要制定一个开采资源的法律和政策制度。可能需要一个多国财团同意经营一个前哨站，以确定所有有关行动者如何分享利益。

7）全球太空管理的广泛能力建设——最后，也是最重要的是，必须在发展中国家扩大太空管理方面的广泛能力建设。

拟议的阶梯式办法考虑到更多地参与太空探索，确保为所有国家的利益而探索和利用太空的基本原则得到满足。这项计划可能涉及国家层面的国际合作、商业创业层面的国际合作，或涉及政府、商业和企业参与的各种类型的合作机构。表 21-1 和表 21-2 概述了一些问题和拟议步骤。

21.11 结论及汇总表

表 21-1 为与将外太空惠益扩大到全人类有关的关键问题。

表 21-1 与将外太空惠益扩大到全人类有关的关键问题

问题和挑战	技术挑战(自然和人为)	经济、商业、人口、健康和其他挑战	风险/威胁缓解/股权问题
太空技术的早期采用者与尚未从外太空获得重大利益的国家(即发展中国家)之间的观点差异(从经济、政治和法律角度)	太空开发需要大量的研究、开发,投资昂贵的基础设施和实验室	“发展中国家”和“发达国家”有着不同的发展重点和从太空中获益的不同机会	在“先到先得”的早期开采者与尚未开发太空技术和应用的国家之间存在着一个公平和平衡的问题
需要完善对国家和全球外太空管理的支持和执行机制	缺乏与外太空管理有关的技术、法律和政策知识、培训和教育	相互竞争的经济和商业利益会破坏一项强有力的支持外太空有效管理的计划	缺乏对《外层空间条约》和全球公域资源共享原则的支持,可能导致全球对未来有效利用外太空的共识破裂
无线电频率分配和使用	技术可以使频率的使用更有效,尽管目前的用户有更多的机会使用无线电频率和轨道位置;最高频率是最昂贵和最难使用的	虽然在卫星上利用无线电频率促进健康、教育、粮食和经济发展很关键,但发展中国家没有技术或资源来充分利用卫星,而且成本可能很高	国际电联的进程寻求保留频率和轨道位置,但只是在某种程度上,以便将来更有效地使用
平流层或临近空间的新用途	利用平流层(临近空间)的障碍不如发展中国家利用外太空的障碍高;其中一些技术可能最适合于较小的发展中国家	管理平流层的使用可能需要新的技术和大量的开支	平流层的某些用途可能用于军事或国防相关目的;有些用途,如高超声速飞行器可能对平流层造成空气污染风险
使用小卫星和增加轨道碎片的问题	许多小卫星,如立方卫星,没有用于脱离轨道的控制系统,会加剧轨道拥挤	小卫星是发展中国家参与外太空的一种方式,尽管有必要对其进行控制,以减少轨道拥挤;发达国家对发射的小卫星组建的大规模星座现在更令人关切	被动脱离轨道系统或合并小卫星试验可以减少风险;部署大型星座的发达国家可能会减少全球南方国家未来利用外太空的机会,但可能在近期内提供新的机会
太空采矿	太空采矿技术现在集中在发达国家	发达国家对矿业资本的投资也集中在对太空的支持上	利用太空补充地球稀缺资源的风险推迟了可持续世界的建立

续表

问题和挑战	技术挑战(自然和人为)	经济、商业、人口、健康和其他挑战	风险/威胁缓解/股权问题
要实现太空效益,需要高投资成本和大量的技术开发	太空系统技术需要实验室、许多训练有素的研究人员、试验设施和安全标准,而这些在许多发展中国家通常是没有的	许多天基系统的经济回报需要许多年才能实现;许多服务需要成熟的客户,而这在许多发展中国家是缺乏的	许多太空事业在经济上和技术上都有风险,许多从事太空事业的公司已经破产
太空交通管制与管理	临近空间和地球轨道区域太空运输和太空旅游的日益增加,将可能导致对太空交通管理的需要	这种制度在国家和国际层面的费用将很昂贵,需要新的国际安排	建立一个全球太空风险系统对所有国家实现新太空计划是必要的

表 21-2　行动议程

提议的行动	拟采取行动的实体
提供新的开放机会,利用太空通信系统向发展中国家提供更多的教育和医疗服务	联合国和平利用外太空委员会、联合国大会、教科文组织、世界卫生组织、大型国际卫星通信系统
在太空可持续性的范畴内,就各国分享太空惠益展开一系列新的国际讨论,以期在目前和未来的外太空使用者之间建立一种新的合作"平衡",并建立可能的新机制,以实现共享	外空事务委员会及其外太空可持续性小组委员会
支持普遍通过和合理解释《外层空间条约》	联合国和平利用外太空委员会、联合国外层空间事务司、联合国大会、国际空间研究委员会、国际宇宙航行大会和国际宇航科学院
阐明安全使用和自由通过临近空间的含义、规则和控制程序	联合国大会、联合国和平利用外太空委员会、国际民用航空组织、国际电联和各国空中交通管制机构
采用有关小卫星发射、登记和离轨要求的新机制,包括25 年的脱轨规则以及小卫星巨型星座的地位和地位	联合国和平利用外太空委员会、机构间太空碎片协调委员会(太空碎片协委会)和太空数据协会
澄清天体的定义,以及它是否可以由大小、质量或其他标准来确定(这项工作可能有助于确定条款和条件,从而使太空采矿作业可以从月球或小行星上清除物质,并解释共有原则)	联合国大会、联合国宇宙航行研究所、太空任务规划咨询小组

参考文献

[1] Agreement Governing the Activities of States on the Moon and Other Celestial Bodies, 18 December 1979, 1363 UNTS 3 [Moon Agreement].

[2] Charter on Cooperation to Achieve the Coordinated Use of Space Facilities in the Event of Natural or Technological Disasters, 20 June 2000, Rev. 3 (25/4/2000) .2, online: International Charter Space & Major Disasters ⟨www. disasterscharter. org/web/guest/text - of - the - charter⟩ (lastaccessed 22 February 2017) [International Disasters Charter].

[3] Constitution of the International Telecommunication Union, 22 December 1992, 1825 UNTS 331, online: ITU ⟨www. itu. int/en/history/History Digital Collection Doc Library/constitutions Conventions/5. 21. 61. en. 100. pdf⟩ (last accessed 22 February 2017) [ITU Constitution].

[4] Convention on Registration of Objects Launched into Outer Space, 14 January 1975, 1023 UNTS15 [Registration Convention].

[5] Declaration of the First Meeting of Equatorial Countries, 3 December 1976 [Bogota Declaration].

[6] Declaration on International Cooperation in the Exploration and Use of Outer Space for the Benefit and in the Interest of All States, Taking into Particular Account the Needs of Developing Countries, GA Res 51/122, UNGAOR, 51st Sess, UN Doc A/RES/51/122 (1997).

[7] International Cooperation in the Peaceful Uses of Outer Space, GA Res 67/113, UNGAOR, 67th Sess, UN Doc A/RES/67/113 (2013).

[8] International Cooperation in the Peaceful Uses of Outer space, GA Res 69/85, UNGAOR, 69th Sess, UN Doc A/RES/69/85 (2014).

[9] Tampere Convention on the Provision of Telecommunication Resources for Disaster Mitigationand Relief Operations, 18 June 1998, 2296 UNTS 5 [Tampere Convention].

[10] Transforming our world: the 2030 Agenda for Sustainable Development, GA Res 70/1, UNGAOR, 70th Sess, UN Doc A/RES/70/1 (2015) [Agenda 2030].

[11] Treaty on Principles Governing the Activities of States in the Exploration and Use of Outer Space, including the Moon and Other Celestial Bodies, 27 January 1967, 610 UNTS 205 [Outer Space Treaty].

[12] UNGA C1OR, 21st Sess, 1492nd Mtg, UN Doc A/C. 1/SR. 1492 (1966).

[13] U. S. Commercial Space Launch Competitiveness Act, Pub L No 114 - 90 [Commercial Space Launch Act of 2015].

[14] Asian Disaster Reduction Center, Natural Disasters Data Book 2013: An Analytical Overview. (2013), online: Asian Disaster Reduction Center ⟨www. adrc. asia/publications/databook/ORG/databook _ 2013/pdf/DataBook2013 _ e. pdf⟩ (last accessed 22 February 2017).

[15] Borlaug, Norman E & Christopher R Dowswell. "Feeding a world of ten billion people: a 21st century challenge" in Roberto Tuberosa, Ronald L Phillips & Mike Gale, eds, In the Wake of the

Double Helix: From the Green Revolution to the Gene Revolution: Proceedings of an International Congress, University of Bologna, Italy, May 27 to 31, 2003 (Bologna: Avenue Media, 2005).

[16] Ehrenfreund, Pascale et al, "Toward a Global Space Exploration Program: A Stepping Stone Approach" (2012) 49: 1 Advances in Space Research 2.

[17] Extance, Andy. "UAE Fires Up Space Agency with Mars Mission", Physics World 27: 11 (November 2014) 11.

[18] Henry, Caleb. "Earth Observation Satellite Product Revenues to Exceed $5 Billion by 2023", Via Satellite. (22 October 2014), online: Via Satellite 〈www.satellitetoday.com/technology/2014/10/22/earth-observation-satellite-product-revenues-to-exceed-5-billion-by-2023/〉 (last accessed 22 February 2017).

[19] Jason, Susan et al, "Capacity Building in Emerging Space Nations: Experiences, Challenges and Benefits" (2010) 46: 5 Advances in Space Research 571.

[20] Martinez, Peter. "Fair and Responsible Uses of Space: A Perspective from an Emerging Space Country" in Wolfgang Rathgeber, Kai-Uwe Schrogl & Ray A Williamson, eds, The Fair and Responsible Use of Space: An International Perspective (New York: Springer Wien, 2010) 29.

[21] Quijano, Aníbal. "Coloniality of Power and Eurocentrism in Latin America" (2000) 15: 2 Intl Sociology 215.

[22] UN, Economic Commission for Latin America, The Economic Development of Latin America andits Principal Problems (New York: UN Department of Economic Affairs, 1950).

[23] G-77, "The Member States of the Group of 77", online: G-77 〈www.g77.org/doc/members.html〉 (last accessed 22 February 2017) [G-77, "Member"].

延伸阅读

[1] Bini, Antonella. "The Moon Agreement in the 21st century" (2010) 67: 3-4 Acta Astronautica 496.

[2] Belitsky, Boris. International Space Law (Honolulu: University Press of the Pacific, 2000).

[3] Fawcett, JES. International Law and Uses of Outer Space (Manchester: Manchester University Press, 1968).

[4] Jasentuliyana, Nandasiri. International Space Law and the United Nations (The Hague: Kluwer Law International, 1999).

[5] World Commission on Environment and Development, Our Common Future (Oxford: Oxford University Press, 1987).

第 22 章　全球太空管理能力建设

解决的关键问题

• 太空技术、教育、培训和研究在太空可持续发展和确保和平利用外太空方面可发挥什么作用?

• 全球太空管理需要在太空教育、培训、研究、领导和体制安排方面进行何种能力建设，以实现可持续发展和和平利用外太空造福全人类的目标?

22.1　引言

随着 21 世纪的发展，太空探索和太空关系在政府事务、私营企业和公民社会中越来越重要。简言之，需要有适当的条约、协定、国家法律和条例、知识产权协定、技术标准和财政安排，更坚定地迎接新的太空活动机会，改善全球可持续性，以及增加与太空活动有关的教育和培训机会。此外，还需要提供体制基础设施，以加强教育和专业知识培训，从而获得管理这一新环境所需的领导能力。这种全球改革是建立和实施真正有效的全球太空管理所必需的。为了在发展中国家和发达国家的有效参与下建立一个强有力的全球太空管理体系，国际社会需要齐心协力，为能力建设做出具体努力。

能力建设是一个宽泛的术语，可以而且实际上以许多不同的方式使用。在本章中，能力建设主要指各国（特别是发展中国家）为全人类长期可持续利用太空而提高探索、利用外太空和创造广泛机会的能力。这种能力建设包括许多方面，例如，新的太空管理教育和培训方案；领导、商业和企业发展方案；促进两性平等的努力；开发新的太空应用，特别是适合发展中国家需要的技术和系统发展方案以及外太空的长期可持续利用。这些努力需要加强对实现这些发展目标的障碍的认识，并发展新的能力，以消除所有国家在可持续发展道路上的障碍。目前，联合国在《2030 年可持续发展议程》概述的可持续发展目标（SDG）中对可持续发展的需求进行了部分界定。对这些目标的研究表明，太空应用对实现这些可持续性目标至关重要，而且将越来越重要，而可持续发展目标又取决于适当的全球太空管理。本书第 20 章和第 21 章讨论了与可持续发展目标有关的问题。

管理挑战的根源可以追溯到全球化，罗伯逊将全球化定义为“世界的压缩和整个世界意识的增强”，也可以说是“与……具体的全球相互依存日益加速”相一致 [Robertson，1992，p. 8]。在过去 20 年里，这一相当近期的现象引起了相当大的关注 [Ritzer，2012]。

虽然全球化的种子可以追溯到几个世纪以前，但到了 20 世纪中叶，殖民主义的经济遗产和新的、相互竞争的政治经济意识形态的出现，导致了世界的分裂。第一世界、第二世界和第三世界作为投票集团出现在新成立的联合国，联合国是真正的全球性组织之一。贸易和商业发展、贫穷国家的廉价工资吸引了富裕国家的投资者，经济和政治力量的作用导致了大规模的移民，在20世纪后期，人口、产品和思想出现了跨国界的空前融合。

尽管如此，最近的全球困难和2010年至2016年期间地区政治和宗教冲突引发了对全球化的质疑。出现了全球化对国家经济、就业和社会认同的潜在负面影响的政治辩论。在美国、欧洲和世界其他地区，对全球化利益的怀疑已经在普选和政治转变中表现出来。这表明，可持续发展能力建设倡议，今天还必须设法减轻对全球化的关切，并展示一个和平相处、因共同利益和关切而团结在一起的、在地球上和外太空人类活动的可持续发展中看到具有普遍益处的世界和国际社会的积极方面。

20世纪中叶以后，由于对地球在行星和恒星中的位置的理解和技术的进步，太空探索成为可能。20世纪50年代的超级大国，特别是美国和苏联，是第一批进行太空探索的国家。目前，约有58个国家参与太空技术开发，太空技术开发投资每年超过1 000万美元[Euroconsult，2015]。现在有60多个国家有能力拥有和运行用于各种用途的卫星。这些国家包括：尼日利亚、阿根廷、巴西、哥伦比亚、墨西哥、泰国、巴基斯坦、韩国、马来西亚、乌克兰和保加利亚。

能力建设的根本重要性已在全球范围内得到重视。联合国外层空间事务司（UNOOSA）已经确定了某些主题的优先事项，这些优先事项将成为外空会议50周年的重点。除了需要加强太空管理和确保太空活动的长期可持续性外，还承诺进一步加强太空领域的全面能力建设，这被视为全球太空总体管理的一个基本支柱[U. N. Doc A/AC. 105/2016/CRP. 3，p. 21]。能力建设工作的一个核心部分是协助各国建立和向各国政府提供技术、科学、法律和政策能力，并了解如何将太空技术和应用结合起来实现2030年可持续发展议程。

正如本书前几章所示，我们正进入一个管理的新时代。目前，只有有资源的人才可以从事太空的商业化和探索。然而，与外太空的成功和安全有利害关系的并非只有这些有资源的人。每个人都有利害关系。现在不是一组有限的实体通过单独的手段来探讨太空管理问题的时候。相反，必须促进包容性发展政策，使所有国家、各种信仰、不同性别以及不同经济和政治制度的人民参与进来。这包括土著和残疾人在内的所有少数群体的参与。在促进社会性别平等和可持续发展的前沿需要发挥作用。尽管外太空探索提供了在其发展过程中吸收各种人才的可能性，但如果没有一个跨行业、政府和学术界的高素质人才网络，谁来协商这条普遍的途径，以造福所有人？

眼下最关键的问题也许是从哪里开始。通常，答案在于知识的发展和培训，特别是领导能力的培训。然而，我们距离实现这一目标还有很长的距离。

22.2 太空教育的传统轮廓

全球的太空教育主要集中在传统的科学和工程研究上。在某些方面，这是完全可以理解的，因为到目前为止，与太空探索有关的主要挑战都是技术性的，其目标包括但不限于太空飞行器的设计、航天员支持系统、遥测和通信技术。对航空航天工程类学校的分析清楚地反映了这一趋势。航空航天工程类学校通常是求职者在公共或私营部门从事航天领域职业的切入点。

近年来，外空处将在各国开展和促进太空法律和政策方面的能力建设活动列为优先事项，目的是促进国家太空活动。在更广泛的能力建设计划中，还值得承认的是，外空处努力通过加强太空活动领域的区域和国际协调与合作，协助各国发展太空能力［U. N. Doc A/AC. 105/2016/CRP. 4］。在预计于 2018 年举行的外空会议 50 周年之前，外空事务处将通过其各种方案调整其能力建设活动，这些方案旨在强调太空法和政策对加强国家太空活动的重要性，以及如何将太空科学、太空技术和太空应用纳入其中，以实现预防、打击和管理灾害方面的发展目标，以及促进各国可持续的社会经济福利［U. N. Doc A/AC. 105/2016/CRP. 3］。太空教育倡议也归功于联合国在非洲、欧洲、亚洲和大洋洲、西亚、拉丁美洲和加勒比建立六个太空科学和技术教育区域中心的倡议，根据联合国大会决议，认识到全球教育和其他以研究为导向的机构的必要性［GA Res. 45/72］。

目前，在全世界现有的数千所高等教育机构中，有近 500 个专业课程提供航空航天工程的学习，这些课程要么是以航空航天工程的名义开设的，要么是通过机械工程等其他部门提供的。这些机构提供学士、硕士和博士学位，或者三者的结合，每年总共培养出数以万计的毕业生。这些机构的地理分布很有启发性：在加拿大和美国，有 89 个航空航天工程项目在运行，另外 135 个在欧洲。亚洲有 218 个航空航天工程项目在运行，现在它的竞争对手是北美和欧洲。目前在拉丁美洲有 37 所太空工程学校，另有 16 所在非洲。然而，在太空探索方面最活跃的国家——美国和俄罗斯——也拥有最多的太空教育机构。全球航空航天工程教育市场的这种扩张显然反映了过去几十年来航天项目和航天工业供应商分布更广的情况［Hewitt & Edmonds，2015］。就规模和范围而言，这一范围意义重大。许多世界领先的大专院校都活跃在航空航天领域。

然而，无论大小和形状如何，这些机构在很大程度上保持着一个单一的重点：太空活动科学和技术方面的研究和培训。尽管学生们可能有机会学习管理、法律或政治科学的课程，但这些课程实际上是作为现有课程的附加课程提供的，就像大多数工程课程一样。在为人类太空活动所有领域的下一代参与者做好准备方面，目前的太空教育轮廓过于有限，而且过于条块分割。现在需要的是一种跨学科的方法，即大学各院、系、专业相互联系，建立国家太空研究项目，包括法学、政治学和国际关系、商业、管理、企业家和领导力发展、航空航天工程、天文学、机械工程、环境以及与可持续发展相关的太空创新应用。

22.3　迈向 21 世纪的太空教育模式

随着世界的全球化，高等教育也越发多样化以满足这一新进程不断变化的需要。第一次世界大战的结束开创了教授职位、系和机构，在学士、硕士、博士和博士后级别教授国际事务，为各种政府、非政府和教育职位做准备。

尽管大多数大型研究机构和规模不等的大学都设有国际事务或国际研究系，但很少有机构提供任何类型的太空研究专业。正如 Daveri 和 Thiele 所解释的，“太空探索活动不再被视为纯粹的技术企业，因为它们对我们日常生活的社会、文化和经济影响越来越明显”[Daveri & Thiele，2011，p. 2]。

目前，为数不多的课程为 21 世纪的太空政策教育提供了一种适当的途径，即开设太空研究、太空政策和法律、与新的太空业务和应用有关的创业发展以及其他相关主题的课程、学位或专业。这些机构大多以西方为基地，它们的服务和目标千差万别。学术界缺少太空政策和法律教育、商业或领导培训可能有几个原因。第一个假设是，由于太空仍然是一个非常专业和相对新颖的领域，国际关系系还没有调整课程以反映新的模式。这种姗姗来迟的课程改革也与第二个可能的原因有关。缺乏专门用于太空管理和发展领域的奖学金、研究金和教授职位的资金。这反映了太空政策教育的现状，并阻碍了各机构制定新的计划或发展现有的计划。最后一个猜想是，无论是学生还是院校，都看不到航天政策培训与毕业后就业之间的明显过渡。

22.3.1　现有机构

太空政策和法律教育反映了对太空利用感兴趣的各方。尽管在这一领域有一些军事机构，但大多数机构都是文职机构。以下简要介绍一些在太空法律和政策方面提供教育和开展研究的知名机构。

22.3.1.1　北美洲

美国空军学院的艾森豪威尔太空与国防研究中心是以第三十四任美国总统的名字命名的，他制定了美国的军事太空政策。该学院为空军军官提供防御与和平太空任务的培训，但也希望通过设立高等教育中太空政策研究课程来影响其他机构。该中心的几项活动进一步推动了这一目标的实现，包括 2009 年出版的专家编写的教科书《太空与国防政策》[Coletta & Pilch，2009]、与麻省理工学院和乔治·华盛顿大学学生举行的年度研讨会、一年两次的太空与国防杂志。

美国空军学院还与乔治华盛顿大学（George Washington University）合作，后者在埃利奥特国际事务学院（Elliot School of International Affairs）内设立了太空政策研究所。该学院成立于 1987 年，专注于“美国与其他国家在太空领域的合作和竞争互动”[About Space Policy Institute]。埃利奥特学院为研究生提供太空研究这一集中的领域。最近开设的相关课程包括“美国太空政策”“美国太空政策中的问题：工具和情景”“太空与国家安全”“太空法”“航空航天中的人类健康概论”和“地理太空法律和政策”。通过这些课程，学生们将接触到广泛的现代太空时代问题 [Space Policy Institute]。

北达科他大学太空研究系内的约翰奥加德加（John D. Odegard）航空航天科学学院提供各种太空相关学科的理学硕士和哲学博士学位，包括“太空政策与法律”和“太空史”。这也是美国唯一一个提供太空研究的本科辅修课程。约翰奥德加德学院的位置很关键，因为北达科他大学有两个美国国家航空航天局的项目，包括北达科他州太空拨款联盟团，该联盟为STEM（科学、技术、工程和数学）和太空教育、奖学金和实习提供资金。

还有其他几个机构提供较小的项目。例如，莱斯大学自2012年起提供太空研究硕士学位。它是威斯自然科学学院五个专业硕士课程之一，与George R. Brown工程学院合作开设。该课程是跨学科的，除了“科学政策和伦理”[Rice]等更标准的主题外，还需要管理学等领域的课程，包括“公司管理”。韦伯斯特大学（Webster University）在其沃克商学院（Walker School of Business and Technology）创建了太空系统运行管理的理学硕士学位，显示出商业领域对太空的兴趣与日俱增。马里兰大学和科罗拉多大学在科罗拉多斯普林斯分校开设太空政策课程，作为普遍课程的一部分。最后，美国公立大学提供了一个太空研究的在线科学硕士学位，它将其描述为“一个跨学科学位，研究构成这一复杂和迅速变化的学科的历史、政治、经济、法律、商业、科学和技术挑战”[APU Space]。

还有两个美国机构教授太空法。内布拉斯加州林肯大学为希望进行太空法研究的学生提供太空法法学博士学位，以及太空、网络和电信法法学硕士学位[Nebraska College of Law]。密西西比大学法学院的国家遥感、航空和太空法中心成立于1999年。法学硕士学位课程可以在校园或网上进行。该中心的网站指出，该法学院是“美国第一个也是唯一一个在美国律师协会认可的法学院，同时提供航空和太空法研究生法律学位的法学硕士课程”[University of Mississippi School of Law]。该中心出版《太空法杂志》，其图书馆拥有世界上最大的航空和太空法律资料收藏。

在加拿大，选择更加有限。麦吉尔大学航空和空间法研究中心（IASL）是该国唯一一个主办太空法项目的机构。该学院成立于1951年，是该领域历史最悠久的学院，有来自120多个地区的1000多名校友。麦吉尔大学航空和空间法研究中心提供硕士、博士和研究生课程。航空和太空法研究中心是国际太空法协会的研究机构，出版《航空和太空法年鉴》。主要得益于Erin J. C. Arsenault信托基金对国际太空法委员会的资助，它提供了世界上最全面和最先进的太空法方案，并提供了数量最多的硕士、博士和博士后太空法研究奖学金。该中心是《适用于外太空军事用途的麦吉尔国际法手册》（MILAMOS或McGill手册）的先驱，预计将于2019年完成。与加拿大犁铧计划等几个国际合作伙伴合作，该研究所出版了年度太空安全指数，讨论了前一年的外太空安全问题。该指数的目标是“提高太空活动的透明度，并提供一个共同的、全面的知识库，以支持制定有助于太空安全的国家和国际政策。”该指数涵盖了广泛的主题，包括“民用太空”“国际安全与太空”“太空碎片”和“太空法”[Space Security Index 2016]。研究所和该中心还主办了麦吉尔国际航空责任和保险年度会议以及曼弗雷德·拉克斯国际会议，讨论与外太空活动有关的法律和政策的各种专题问题。2014年曼弗雷德·拉克斯国际会议为全面审查当前和未来外太空的活动和发展以及全球太空管理的核心议题注入了活力，成为全球太空管理研究的支柱[McGill IASL]。国际太空法学会和太空法研究所的独特之处在于，它们在太空法教育、研究和推广活动方面采取了多学科的做法。

22.3.1.2　欧洲

在欧洲，荷兰莱顿大学为本科生开设航空航天法选修课、航空航天高级法律硕士和博士学位课程。学士课程要求学生对国际法有基本的了解。莱顿国际航空和太空法学院的所有课程都是用英语教学［Leiden IIASL］。

在德国，科隆航空和太空法研究所由科隆大学法学院创建，该研究所最初成立于1925年，是航空法的研究部门。课程在研究生阶段开设，有些课程以英语授课，大部分课程以德语授课。科隆航空和太空法研究所出版了《科隆太空法评论》，该书迅速成为太空法条约的权威解读。

另一个提供太空法方案的欧洲研究所是芬兰拉普兰大学的航空和太空法研究所。该研究所成立于1997年，其主要目标是“促进航空和太空法领域的研究和教学，包括本科生和研究生”［University of Lapland，“Welcome”］。学院提供的最高学位是法学博士［University of Lapland，“Teaching”］。

22.3.1.3　亚洲

在亚洲，中国在空间教育方面处于领先地位，拥有大量提供空间法律和政策课程的机构。中国在以下几所大学设有空间法研究所和空间相关教育研究中心，包括北京航空航天大学、中国政法大学、北京理工大学、深圳大学、哈尔滨工业大学，以及独立的中国空间法学会。

目前，印度通过国家法律大学（国家法律研究院）的航空和太空法中心提供太空法法学硕士学位，并通过西孟加拉邦国立司法科学大学开设航空和太空法研究生文凭课程。在许多大学的本科法律课程中，太空法也作为一门选修课提供，印度各大学参加曼弗雷德·拉克斯国际空间法模拟法庭竞赛的表现令人瞩目。

日本庆应大学设有一个研究所和一个太空法中心，重点开展与太空法和政策问题有关的研究。韩国航空航天大学提供航空和太空法的课程。

22.3.1.4　其他地区

如上所述，俄罗斯拥有大量的航空航天工程学位和教育机构，并且在创建跨学科太空项目方面也非常积极。自1993年以来，建立了利用遥感管理自然资源的地面和太空联合项目。这些计划是独一无二的，因为它们涉及航天员、医生、地质学家、气象学家以及相关地区管理部门成员的专业知识［Zhdanovich & Pieson，2000］的培训。此外，航天员培训中心和莫斯科大地测量与制图大学之间还开发了一个联合学位课程。此外，在1990年代末，俄罗斯国家太空教育计划由俄罗斯航天局和莫斯科航空学院国际高级研究中心（COSMOS）制定。该方案将太空研究纳入国家小学、中学和高等教育的课程，以及远程教育和建立火箭和太空技术的国际伙伴关系。该计划涵盖了科学参与和政策相关的问题［Zhdanovich & Pieson，2000］。

在世界范围内，其他类似的项目设在开普敦大学（南非）、鲁汶天主教大学（比利时）、根特大学（比利时）和巴黎南部大学太空和电信法研究所（法国）。在澳大利亚国立大学、西悉尼大学帕拉马塔校区、纽卡斯尔大学和阿德莱德大学的赞助下，澳大利亚各机构还开设太空法和政策课程。阿根廷国家航空航天研究所（INDAE）和贝尔格拉诺大学也有类似的项目。阿拉伯联合酋长国（阿联酋）的沙迦大学正计划开设航空法和太空法方面的研究生课程。

应当指出的是，这些机构大多将太空政策和法律课程作为其普通课程的一部分，而不是作为主要课程。尽管它们都有助于在教育未来的政策制定者和立法者了解他们所关注领域的关键问题方面取得重要进展，但缺乏真正的跨学科方法，也没有认识到本章讨论的整体趋势。在这方面，国际太空大学（ISU）在所有研究所中脱颖而出。

单元化教育模式的一个例外是位于法国斯特拉斯堡的国际太空大学，它是太空教育领域最受欢迎的大学之一。该大学成立于1987年，拥有来自100多个国家的大约3900名校友。国际太空大学的课程基于“三个‘I’”：跨学科（Interdisciplinary）、国际化（International）和跨文化（Intercultural）。太空研究计划（SSP）每年都会更换地点，并接待来自其他研究生级别机构的学生进行为期9周的跨学科强化学习。同时，两年制硕士课程在斯特拉斯堡校区举办。现任ISU主席沃尔特·皮特斯（Walter Peeters）解释说，“我们的课程涵盖一切，包括科学的、技术的内容。我们还研究了发展太空的社会学方面的影响——太空能给社会带来什么？我们甚至敢于涉足太空与伦理、太空与宗教、太空与艺术等方面。我们不怕深入了解我们的学生在以太空为主要重点的职业生活中将面临的最广泛的意义”[Euronews，2009]。大学的重点是相信跨文化教育在太空领域是必要的，这是因为这门学科的国际性质决定的［Euronews，2009］。在当今全球化的世界中，这种跨学科的模式是非常需要的，以应对本书前面章节中概述的多种管理挑战。

22.3.2 正规高等教育以外的教育和研究项目

除了更正式的计划外，世界各地的许多研究所和组织还举办了天文学和行星科学方面的研究项目，这些项目对政策有重大影响。其中一些与通信有关的工作大大早于目前的实际太空发展水平，但随着行星探测和开发的继续，这些工作将是必要的。一个很好的例子就是谷歌的Vinton G. Cerf正在进行的下一代星际互联网的研究。

尽管上述的一些研究和专门培训有助于推动技术进步，但所有这些活动都对经济政策和监管产生了广泛的影响，这就需要一个更广泛的高等教育方法，并对当前的决策者进行教育。正如本书其他章节所概述的，公司越来越多地参与并准备进入下一阶段的行星探索和开发。其中包括一系列飞机和航天器生产商和材料先驱，如波音公司和洛克希德·马丁公司，以及更专业化的高科技公司，如美国航天飞机著名的“卡纳达姆”制造商MDA和卫星制造商Teledyne Technologies。同时，一批全新的公司正在进行超越传统的太空活动，寻求新的机遇，比如太空太阳能。合作研究中心（Cooperative Research Center）是一个联合体，它与美国和澳大利亚的大学、航天机构和公司的合作伙伴一起，正在开发一个项目，帮助减少环绕地球的卫星混乱状态和其他碎片［Space junk］。

不可忘记的是国际空间站，它本身就是太空研发的关键平台。在美国、加拿大、俄罗斯、日本等 15 个伙伴国和欧洲空间局几个成员国的支持下，太空站的航天员和参观者几乎在每个学科领域进行了各种零重力实验 [NASA，“ISS”]。

随着这一活动的增加，越来越多的组织支持商业企业，从而被牵扯到政策制定中。这种能力建设对于那些已经在政策领域工作的人很重要，他们需要更好地了解与太空和太空努力有关的更广泛的问题。例如，对于寻求投资的公司，有太空天使网络；对于正在运营的公司，有 SATEC，它为航空航天部门提供国际保险。这一领域发展迅速，代表性协会开始出现。其中一个组织，加拿大太空商业协会（CSCA）的使命是“为加拿大专注于太空的公司改善经济、法律和政治环境”，在监管环境、设备和设施以及获得投资资本等领域拥有广泛的利益。同样，围绕太空企业开展了年度会议，例如国际太空商务首脑会议，该会议于 2013 年举办，由意大利航天局、太空安全杂志和加拿大商业协会等一系列参与者赞助。

其他不太正式的承诺也存在。例如，1997 年，一个由来自世界各地的一百名专家组成了六个工作组。这个名为 2001 年项目的项目审查了私有化、发射和相关服务、遥感、电信、太空站和国内太空立法的一般影响。研究表明，很少有国家对私人太空活动有明确的国内法规，因此建议各国制定此类法律 [Weeks，2012，p. 88]。

航天新一代咨询理事会是一个非政府组织，由航天工业的青年和年轻专业人员组成。它是在 20 世纪 90 年代末，应联合国外层空间事务司（UNOOSA）的要求，由 ISU 创建的。理事会的任务是让“大学生和太空部门的年轻专业人员……就国际太空政策的方向注入他们的想法、观点和意见” [SGAC]。SGAC 是联合国和平利用外层空间委员会（UNCOPOOS）的常驻观察员，并与 UNOSA 和联合国经济及社会理事会（U. N. Economic and Social Council）积极合作。成员国参加世界各地的太空会议，理事会与国际宇宙航行大会合作主办年度太空新一代大会。

在制定一个更加健全的太空法课程方面，值得注意的行动可以在内罗毕办事处的太空法教育课程中看到，它基本上概述了最基本的领域，并作为“在有益利用外太空及其适用法律方面进行全球能力建设的有效和灵活的工具”[U. N. Office for Outer Space Affairs，2014]。内罗毕办事处的一项同样重要的活动是组织了十次太空法国际讲习班，最后一次讲习班于 2016 年 9 月在维也纳举行 [UNOOSA，“Workshops”]。

位于美国华盛顿特区的外太空教育联盟正试图对太空政策教育做出一些改变。该联盟提供讲习班，向教育工作者介绍非基于 STEM 的外太空学习，如太空法和发展。它希望传达外太空发展的重要性，并教育公众这一领域的相关性。

还有一些非政府组织在太空领域广泛开展研究工作，例如，国际太空法研究所（太空法研究所），该研究所成立于 1960 年，目的是促进太空法的发展。国际太空法研究所的目标是 [IISL，“Introduction”]：

促进太空法的进一步发展，并扩大为和平目的探索和利用外太空的法治。为此目的，太空法委员会举行关于太空活动的司法和社会科学方面的会议、座谈会和竞赛，编写研究报告，出版书籍、会议记录、报告和立场文件，并与太空法领域的有关国际组织和国家机构合作。

同样，欧洲太空法中心举办了许多太空法和政策领域的研究活动、竞赛和短期课程。国际法协会通过拟订条约和议定书草案，对国际太空法的逐步发展做出了突出贡献。国际法协会向国际社会提供了一份太空碎片公约草案，受到学术界和国际社会的广泛赞扬。此外，国际宇宙航行科学院（宇航科学院）和国际宇宙航行联合会（宇航联合会）为主办与太空法有关的大型会议和讲习班做出了重大贡献。

另一个这样的组织，阿拉斯加行动组织是一个跨学科的研究团体，拥有一个国际外太空法图书馆，并提出了若干条约草案，其中包括：

1）关于外太空和领空划界的议定书草案；

2）关于各国在太阳系天体上活动的条约草案；

3）《关于各国在太阳系天体上活动的条约》关于解决争端的议定书草案；

4）《关于各国在太阳系天体上活动的条约》关于管辖权和财产权的议定书草案；

5）保护太阳系文化遗产公约草案。

上面的大部分草稿都有英文、西班牙文、法文和俄文版本，使这些文件得以广泛使用［OPS Alaska，“International”］。不幸的是，这些文件没有被翻译成中文，因为不可否认，中国将在太空探索中扮演重要角色。

安全世界基金会（SWF）是一个私人基金会，研究政策和促进政策落地，以维持和平和可持续发展的太空。它的使命是“与各国政府、工业界、国际组织和民间社会合作，制定和促进各种想法和行动，以实现安全、可持续、和平利用外太空，造福地球及其所有人民”［SWF，“About”］。该基金会在联合国和平利用外太空委员会中拥有观察员地位，积极地致力于涵盖范围广泛的项目和研究，包括民用太空、国际安全与太空、太空碎片和太空法。这些活动有助于有关政策的讨论，并提供一些（也许有限的）培训机会。因此，它们往往是对现有教育的补充。然而，挑战是在正规研究教育与这些更广泛的事业之间架起一座桥梁。从全球太空管理的角度来看，该基金会最重要的贡献是联合国/UAE空间高层论坛作为社会经济可持续发展注入了推动力，该会议于2016年11月20日至24日在迪拜举行，并编写了《太空法术语指南》［Hertzfeld，2012］。

22.4 分析和建议

与国际关系领域不同的是，世界大战等一系列引人注目的事件并没有引起更广泛公众的警觉和刺激太空管理发展的需要。相反，这是一场无声的革命，发生在代表世界安全、安保和可持续发展广泛利益的一小部分行动者之间。在参与的少数国家中，人们越来越认识到这一新外交领域的重要性，其中一些人赞成干涉主义，而另一些人则不赞成。例如，许多商业部门的人宁愿不采取行动。虽然明确界定的产权有利于私营企业，但人们担心过多的政府干预或监管会阻碍太空资源的开发。其他人认为太空管理的挑战是艰巨的，充满了复杂的问题，这些问题可能难以解决。而且，该领域的一些领导人可能希望将政策制定控制在少数权力掮客的范围内。另一方面，一些政策制定者和立法者希望支持创新，探索如何创造机会，同时在富有成效的国际外交环境中维护地球的可持续性。

人们越来越认识到，目前存在的世界管理可能不适用于通过技术连接的一个世界知识经济背景下的全球管理。我们必须寻求一种新的太空和全球管理方法，这种方法以学术界、智囊团和政策组织中存在的大量专门知识为基础。学校和学者为太空管理领域带来了一个巨大的知识库和反思、分析与发展的能力，有助于在全球化背景下重新构想管理。然而，迄今为止，几乎没有对话，也没有开发出其他模式来提供前进的道路。除了少数主要机构外，在一个学者和教育工作者的小网络中，这一领域的学术研究基本上被忽视，只关注外太空探索的技术层面，而较少关注管理。

在当今的外交中，太空管理基本上被忽视了，但随着商业和通信活动的增加，越来越多的国家参与进来，在太空领域争权夺利，太空管理的规模与日俱增。这是一个值得关注的领域。想想看，在管理太空碎片方面缺乏领导能力及其影响，无所作为的风险太大了。此外，这并没有考虑到潜在的冲突所代表的大问题。世界最不希望发生的就是太空战争，因为战争的结果将是决定性的。太空不仅是下一个边界，也是最后一个边界。必须不惜一切代价防止这种可能性。通过国际合作实现适当的全球太空管理是唯一可行的办法，这需要包容性发展。

随着 21 世纪全球化的不断扩大，如何使下一代做好准备在这一领域发挥领导作用的问题仍然存在。地球上所有的人都受到影响，所有人都需要参与。需要研究、发展和广泛的交流战略，包括太空关系；如何使全球认识到太空前沿及其可能性和风险；以包容性发展的视角管理宇宙中世界的模式；以及在冲突否定中形成合作谈判的技巧，以共享人才和资源。这一切都是建设世界而不是建设国家，这是地球和人类可持续与和平发展所必需的范式转变。

尽管有一系列的选择，但在政策制定和培训领域，由于涉及太空教育和学术，仍然存在重大差距。朝着建立广泛有效的机制的方向前进，以提高研究、政策制定和最重要的培训能力，需要多个利益攸关方共同努力。

其中一个小组于 2015 年 5 月 22 日在加拿大多伦多举行的 2015 年国际太空发展会议上举行了会议。他们的目标是讨论太空管理、政策制定和培训的现状。专家组就一些具体问题提供了见解，其中包括：管理太空碎片的挑战；太空公共利益和私人利益的交叉；太空安全，特别是军事化背景下的太空安全；太空法跨越国界的复杂性；以及太空管理研究和培训的现状。然而，所有与会者普遍认识到，这些不同的进程在很大程度上是在不断变化的全球环境中发挥作用的，这将需要进行巨大的结构和全球范围的调整。此外，专家组认识到，太空研究方案的制定和创建将受益于国际关系和国际发展研究方面的经验教训和学术机构。这类学术研究的主要例子包括开发理念、通用设计、建模和战略决策的博弈论。在几十年甚至几百年的全球化过程中形成的发展原则和国际外交原则为如何制定太空政策，特别是影响地球管理的政策提供了宝贵的见解。学术界重新定位，接受这一新的变数是及时的。另一方面，由于太空管理结构的学术研究尚处于起步阶段，学术界对采用这种变化有自己的时间表，因此实现这种规模的变革面临着许多挑战。

现在有机会积极主动地发展这一新的世界秩序，特别是太空关系方面的培训和研究的发展。这是一个独特的机会，可以引入新的思维方式，在更大的背景下作为一个小实体管理太空和世界。为此，有必要通过培训、奖学金和经验学习，推动关于政策制定和能力建设的讨论。更重要的是，正如在内罗毕办事处举办的各种讲习班和会议上所指出的那样，有必要考虑“综合教育和培训”，这将是一项更加有力和有效的能力建设行动，有助于在未来逐步和可持续的施政。

现有机构将为制定新的太空政策和培训提供基础。正是基于这一点，提出以下主题作为今后行动的建议：

1）建立一个关于太空管理领域当前领导人的信息交流中心：继续审查在这项研究基础上开展的太空管理领域研究和培训的当前发展情况，这为这项努力提供了重要的开端。

2）注重两性平等和包容性发展：推动一项两性平等政策和包容性发展战略，促进太空商业化、探索和发展，使世界各地的所有利益攸关方都参与其中。

3）开展战略公众认识运动：通过有针对性的公共论坛和更广泛的公共和高级决策者之间对前景的战略交流，提高对太空的认识。这将有助于说明公共和私营部门行为者参与和投资的必要性，以及政府在教育和政策制定中组织和研究的作用。

4）建立对话学术论坛：组织一系列学术论坛，讨论太空探索和管理对世界的影响，使世界各部门、各学科广泛利益攸关方特别是学生参与进来。

5）投资奖学金：政府、机构和捐助者必须在跨学科的基础上投资于政策和研究：

a）协助制定新的管理模式，以指导全球活动，以国际关系、区域研究、全球问题管理和国际关系研究所汲取的理论方面的现有专门知识、经验教训和最佳做法为基础；

b）为满足政府和私营部门以及更广泛公共部门最迫切需要的短期政策和发展做出贡献。例如，有助于管理太空碎片的法律结构、安全方面的合作，或为商业目的开发太空的努力（采矿、旅游等）。

6）对教育机构进行投资：必须为先进的太空管理教育设立高等学习机构，在研究、培训和网络能力方面，促进所有利益相关者的国际性，跨学科和包容性参与。扩大对太空管理的关注可以通过以下方式进行：

a）国际太空大学进一步制定其政策和管理方案，并考虑将其定义为一个利基领域；

b）多边机构，在太空管理、政策和学术规划方面投入更多，如联合国系统（包括联合国大学本身）；

c）国际关系学校、部门和研究所以及各部门在现有高等教育机构之间建立新的国际参与模式和理论，将太空管理纳入课程，并引入新的课程；

d）创建虚拟的教育和研究机构；

e）在太空上构想高等教育园，可能与国际太空研究站类似。

7）投资于学生的创新和体验：为学术奖学金争取公共和私人资金，以学习和开展这一领域的研究，并为从幼儿园到中学的每个年龄段的学生提供竞赛、实习、奖学金、模拟、夏令营、导师制和其他非传统的学习方法。

22.5　结论及汇总表

这些措施只会为成功地获得太空关系和管理领域的关注以及能力建设的漫长进程提供一个开端。在这方面，20 世纪的历史和人类发展科学技术工具的能力具有指导意义。事实上，这一能力是推动我们进入太空的第一步。如果没有私营和公共部门的大量投资，以及对教育系统进行几乎彻底的改革，这种进步是不可能实现的。

在 21 世纪，一个类似的过程即将到来，这是一个确实需要变革的过程，但其本质可能不那么戏剧化。如果我们要像本书其他章节所概述的那样，在未来几十年里就我们将面临的问题而言，那么我们需要以一种未来主义的心态来对待它，并为未来的科学家、决策者、律师和领导人做好准备。我们现在所说的并不是对高等教育的彻底反思。相反，我们所说的是在其内部发展重要的能力，以确保在太空科学和技术产品的全球和最终的普遍管理方面实现研究和培训的关键目标，一个包容性的发展议程可以引领人类在地球上和外太空的活动的管理变革。学习过去的发展实践，以促进创新和繁荣为目标，同时对太空安全、稳定、安保和可持续性作出持久承诺，符合每个人的最大利益。表 22-1 和表 22-2 概述了一些问题和拟议步骤。

表 22-1　与全球太空管理能力建设有关的关键要素和问题

问题和挑战	技术挑战(自然和人为)	经济、商业、人口、健康和其他挑战	风险/威胁缓解/股权问题
航天工业正在迅速发展	现有的管理公共和私人太空事业的法律不多，而那些确实存在的法律的规定对当前的太空问题不涉及或不够详细	私营公司需要明确的规章制度；这种规章制度可能界定财产权，设法防止持续的太空污染，并提供资源的开发，同时还将采取合理的努力来保护外太空的“全球公域”	如果没有能力建设，那么各国就没有能力公平分享太空和太空活动所产生的惠益
关于全球化或普遍主义在当今充满争议的世界中的益处的问题	如果没有在全世界分享太空技术和知识产权的手段，太空系统的发展将减缓	高等教育机构对学生的教学不足以解决这些问题	如果对我们所面临的问题没有充分的了解，我们将无法在今后几十年积极主动地解决这些问题
目前的政策制定者和立法者对我们对太空的依赖和未来的关切问题缺乏充分的了解，包括分享国际太空技术和系统的必要性	太空应用和技术主要面向发达经济体的社会、经济和商业需要，而不是发展中国家的社会、经济和商业需要	对发展中国家太空技术、商业应用和太空管理方面的新人培训没有财政奖励或政府支持	除了高等教育，目前的专业人员、决策者、立法者、专业人员和高管培训缺乏能力建设
并非所有国家都有同样的机会获得资源、知识和与太空有关的培训	太空技术发展和相关培训不适合发展中国家的特殊需要	发展中国家可能无法优先重视太空教育；发达国家的机构可能无法为资助者或预算管理者提供所需的新太空研究经费	如果没有包容性教育，特别是资源共享和在线教育，少数富裕国家将主导管理政治

续表

问题和挑战	技术挑战(自然和人为)	经济、商业、人口、健康和其他挑战	风险/威胁缓解/股权问题
目前的高等教育倾向于条块分割(航空航天科学家不与政治科学家或律师接触,反之亦然)	与知识产权、教育和培训激励有关的必要政策尚未制定	高中和大学在其预算中没有优先考虑太空研究;学院和学校之间不相互接触,无论是在一个机构内,还是在各机构之间	对这些问题缺乏跨学科的理解意味着解决方案将永远是片面的

表 22-2　与全球太空管理能力建设有关的拟议行动

提议的行动	拟采取行动的实体
与太空管理和新太空开发领域当前及未来领导人有关的全球信息交流中心和发展中心	设有航空航天政策和法律项目的高等教育机构、联合国宇宙航行研究所、联合国太空应用组织通过联合国外空会议+50 的 21 世纪能力建设主题优先事项、联合国附属太空科学和技术教育区域中心
在奖学金、学生创新和经验方面的新投资,包括侧重于发展中国家太空发展的竞赛	各国政府、高等教育机构、智囊团、联合国(特别是与会员国政府和机构合作的内罗毕办事处)和适当的全球基金会,如安全世界基金会(SWF)
全球范围的战略性公众宣传运动,重点是发展中国家的政治领导人认识到新兴经济体在与太空有关的活动方面的能力建设的必要性	各国政府、高等教育机构、智囊团、联合国(特别是与会员国政府和机构合作的内罗毕办事处),以及相关的公私实体和非政府组织,如主权财富基金会

参 考 文 献

[1] International cooperation in the peaceful uses of outer space, GA Res 45/72, UNGAOR, 45thSess (1990).

[2] UNISPACE+50: Thematic priorities and the way ahead towards 2018, U. N. Doc A/AC. 105/2016/CRP. 3 (2016).

[3] Fiftieth anniversary of the United Nations Conference on the Exploration and Peaceful Uses of Outer Space: the Committee on the Peaceful Uses of Outer Space and global space governance, U. N. Doc A/AC. 105/2016/CRP. 4 (2016) Coletta, Damon V & Frances T Pilch eds, Space and Defense Policy (New York: Routledge, 2009).

[4] Daveri, Roberta & Gerhard Thiele. "Social Sciences and Humanities in Research on Space Exploration: Results of a Bibliometric Analysis", European Space Policy Institute Perspectives 45 (March 2011), online: European Space Policy Institute 〈www. espi. or. at/images/stories/dokumente/Perspectives/ESPI _ Perspectives _ 45. pdf〉 (last accessed 25 February 2017).

[5] Edmonds, Lorna Jean & WE (Ted) Hewitt. "The 21st Century and the Advent of "Universalisation" " in Ram Jakhu, Kuan - Wei Chen & Yaw Nyampong, eds, Monograph Series Ⅲ: Global Space Governance (Montreal: McGill Centre for Research in Air and Space Law, 2015) 119.

[6] Euroconsult, Profiles of Government Space Programs: Analysis of Over 80 Countries & Agencies, 2015 ed (Paris: Euroconsult, 2015), online: Euroconsult 〈www. euroconsult - ec. com/shop/government - space/50 - profiles - of - government - space - programs. html〉 (last accessed 25 February2017).

[7] Hertzfeld, Henry R, ed, A Guide to Space Law Terms: Space Policy Institute (SPI), George Washington University and Secure World Foundation (SWF) (December 2012), online: Secure World Foundation 〈swfound. org/media/99172/guide _ to _ space _ law _ terms. pdf〉 (last accessed25 February 2017).

[8] Hobe, Stephan et al, eds, Cologne Commentary on Space Law (Köln: Carl Heymanns, 2009 - 2015) [CoCoSI].

[9] Ritzer, George. The Wiley - Blackwell Encyclopedia of Globalization (West Sussex: Wiley - Blackwell, 2012).

[10] Robertson, Roland. Globalization: Social Theory and Global Culture (London, UK: Sage Publications, 1992).

[11] Space Generation Advisory Council, "Brochure", online: Space Generation Advisory Council 〈spacegeneration. org/images/stories/documents/120109 _ SGACBrochure. pdf〉 (last accessed25 February 2017) [SGAC].

[12] "Space junk - zapping lasers under development", CBC News (10 March 2014), online: CBC

〈www. cbc. ca/news/technology/space - junk - zapping - lasers - under - development - 1. 2566600〉 (last accessed 25 February 2017) ["Space junk"].

[13] Space Security Index 2016, 13th ed (Waterloo, Ont: SPACESECURITYINDEX. ORG, 2016).

[14] U. N. Office for Outer Space Affairs, "Education Curriculum on Space Law", ST/SPACE/64 (2014), online: UNOOSA 〈www. unoosa. org/res/oosadoc/data/documents/2014/stspace/stspace 64 _ 0 _ html/st _ space _ 064E. pdf〉 (last accessed 25 February 2017).

[15] Weeks, Edythe E. Outer Space Development, International Relations and Space Law: A Method for Elucidating Seeds (Newcastle upon Tyne: Cambridge Scholars Publishing, 2012).

[16] Zhdanovich, O & D Pieson. "Space Education and Space - Based Education: The Russian Experience" in G Haskell & M Rycroft, eds, International Space Station: The Next Space Market place (Dordrecht, The Netherlands: Springer Science+Business Media, 2000) 131.

[17] American Public University, "Space Studies: Master of Science", online: American Public University 〈www. apu. apus. edu/academic/schools/science - technology - engineering - and - math/masters/ space - studies. html〉 (last accessed 25 February 2017) [APU Space].

[18] Canadian Space Commerce Association, "About", online: Canadian Space Commerce Association 〈spacecommerce. ca/〉 (last accessed 25 February 2017) [CSCA].

[19] Euronews, "Interdisciplinary International Intercultural Studies" (19 April 2009), online: YouTube 〈www. youtube. com/watch? v=tv7tDrzlxCo〉 (last accessed 25 February 2017) [Euronews, 2009].

[20] George Washington University Elliott School of International Affairs, "About the Space Policy Institute", online: George Washington University 〈spi. elliott. gwu. edu/about - space - policy - institute〉 (last accessed 25 February 2017) [About Space Policy Institute].

[21] George Washington University Elliott School of International Affairs, "Space Policy Institute", online: George Washington University 〈spi. elliott. gwu. edu/〉 (last accessed 25 February 2017) [Space Policy Institute].

[22] International Institute of Space Law, "About the IISL: Introduction", online: International Institute of Space Law 〈iislweb. org/? page _ id = 100〉 (last accessed 25 February 2017) [IISL, "Introduction"].

[23] McGill University, "Institute of Air & Space Law", online: McGill University 〈www. mcgill. ca/ iasl/〉 (last accessed 25 February 2017) [McGill IASL].

[24] National Aeronautics and Space Administration, "International Space Station", online: NASA 〈www. nasa. gov/mission _ pages/station/cooperation/index. html〉 (last accessed 25 February2017) [NASA, "ISS"].

[25] Nebraska College of Law, "Prospective LL. M. Students", online: University of Nebraska - Lincoln 〈law. unl. edu/prospective - students/〉 (last accessed 25 February 2017) [Nebraska College of Law].

[26] OPS - Alaska, "International Outer Space Law", online: OPS - Alaska 〈ops - alaska. com/projects/ Space _ Law. html〉 (last accessed 25 February 2017) [OPS - Alaska, "International"].

[27] Rice University, "Professional Science Master's Program", online: Rice University 〈profms. rice. edu/home〉 (last accessed 25 February 2017) [Rice University].

[28] Secure World Foundation, "About Us: Who We Are", online: Secure World Foundation 〈swfound. org/about - us/〉 (last accessed 25 February 2017) [SWF, "About"].

[29] The University of Mississippi School of Law, "Curriculum - Master of Laws (LL. M) Program in Air and Space Law", online: University of Mississippi 〈law. olemiss. edu/academics - programs/llm/curriculum/〉 (last accessed 25 February 2017) [University of Mississippi School of Law].

[30] Leiden University, "International Institute of Air and Space Law", online: Leiden University 〈www. universiteitleiden. nl/en/law/institute - of - public - law/institute - for - air - space - law〉 (lastaccessed 25 February 2017) [Leiden IIASL].

[31] University of Lapland, "Teaching & Research", online: University of Lapland 〈www. ulapland. fi/InEnglish/Units/Faculty - of - Law/Institutes/Institute - of - Air - and - Space - Law/Teaching - Research〉 (last accessed 25 February 2017) [University of Lapland, "Teaching"].

[32] University of Lapland, "Welcome", online: University of Lapland 〈www. ulapland. fi/InEnglish/Units/Faculty - of - Law/Institutes/Institute - of - Air - and - Space - Law〉 (last accessed 25 February 2017) [University of Lapland, "Welcome"].

[33] University of North Dakota John D Odegard School of Aerospace Sciences, "UND Aerospace", online: University of North Dakota 〈www. aero. und. edu/Home/〉 (last accessed 25 February 2017) [UND Aerospace].

[34] U. N. Office for Outer Space Affairs, "United Nations Workshops on Space Law", online: UNOOSA 〈www. unoosa. org/oosa/en/ourwork/spacelaw/workshops/index. html〉 (lastaccessed 25 February 2017) [UNOOSA, "Workshops"].

[35] Webster University, "Space Systems Operations Management", online: Webster University 〈www. webster. edu/masters/space - systems - operations - management. html〉 (last accessed 25 February2017) [Webster University].

第六部分

结论与未来之路

第 23 章　结论、综合调查结果和一般性建议

解决的关键问题

• 全球社会如何应对越来越多的行动者参与空间探索和利用，特别是在若干空间活动、技术和系统迅速发展的情况下？

• 今后 20 至 30 年，全球太空管理在形式和实质上应采取何种形式？

• 新的全球太空管理形式是否可能是正式国际协定、非正式行为守则、透明度和建立信任措施、技术标准、最佳做法以及国家或区域法律或条例的结合，如果是这样，在这方面，哪些组织或论坛应带头确保为和平目的并为全人类的利益有效和可持续地利用外层空间？

• 在实现有效和可接受的全球太空管理方面有哪些主要挑战，如何才能最好地应对这些挑战？

没有人是可能的，没有制度是永久的。[……] 这是一种制度，是一种建设，是一种世世代代的积累和转化。

(没有人什么都不可能，没有制度什么都不可能持久。[……] 制度如果建设得好，可以积累和传递后代的智慧。)

——让·蒙内

子曰："君子喻于义，小人喻于利"。

(孔子说："君子重视道义，普通人重视利益。")

——孔子

23.1　引言

鉴于与空间有关的技术和系统的迅速发展，以及私人空间活动的作用日益增强，全球太空管理创新的需求日益明显。然而，尽管在 1960 年代和 1970 年代通过了全面的空间条约、国际协定和公约，但这些文书的修正案经过艰苦的谈判和起草，以应对空间活动中新出现的趋势，并反映过去时代的利益和关切，似乎不太可能。因此，需要为外层空间的全球管理开发一个新的工具。

这本书试图探索新的机制、程序以及监管和法律实践，这些都有助于建立和加强一个连贯和全面的全球太空管理体系。所审查的管理办法和法律措施不仅包括现有的国际条

约，还包括国家空间法、透明度和建立信任措施、行为守则、安全和技术标准以及国际会议的贡献。联合国专门机构的作用和可能扩大的责任，如国际电信联盟（ITU）、世界气象组织（WMO）和联合国环境规划署（UNEP），世界贸易组织和国际复兴开发银行等国际经济机构被强调为确保外层空间活动可持续和安全发展所需体制框架的关键贡献者。此外，研究机构、私营财团和非政府机构，如国际宇航科学院、国际宇航联合会和安全世界基金会所进行的工作和研究以及丰富的专业知识在审查和建设一个综合性和包容性的管理体系时也被视为重要的考虑因素。考虑到所有人的利益，这项研究试图探索法律和监管标准、准则和最佳做法，这些标准、准则和最佳做法可应用于迅速发展的空间相关活动，包括外层空间正下方的临近空间的新应用，以应对不断变化的空间技术、系统、技术和活动［Pelton，2014］。

这项特别研究的独特之处不仅在于全世界贡献者和参与者具有的广泛专业知识，还在于分析跨学科方面的因素时考虑到当前和未来的技术和科学创新、创新的空间能力和机构，并采用现成的方法考虑并建议法律、监管以及所谓的“软法律”解决方案，以应对空间带来的众多机遇和挑战。在人类的命运与空间活动的利益、潜力以及威胁错综复杂地联系在一起的时代，前面的每一章都论述了不同的问题、关切和解决紧迫挑战的可能办法。这项研究作为一个整体提供了一个总的指南、一个路线图，其中载有建议和可设想的解决办法，指明如何以更协调、更系统的方式继续空间活动和开创人类在太空的未来。因此，希望在与空间有关的国际论坛（特别是第50次外空会议）上，致力于改善和加强全球太空管理的世界各国领导人、利益攸关方和普通公众能把本书研究的问题和建议作为展望未来时需要考虑的关键因素。

全球太空管理力求探讨在外层空间领域全球关注的国际法律管理体系设计的基本要素。需要确定、澄清和广泛接受可接受和适当行为的共同规范和标准。正如第二次世界大战的结束所证明的那样，国际机构在克服经济帝国主义和殖民主义的痛苦、尽量减少对自然资源的贪得无厌的开发和掠夺方面，基本上是不可依赖的，是不曾考虑环境和对后代的影响的。可以利用多边机构来应对由于外层空间的全球活动和行为者范围日益复杂，以及未来技术和发展往往不可预测的影响而产生的日益严峻的挑战。现在，比以往任何时候都更加重要的是，全球太空管理的概念以及支撑这一概念的多边机构的努力对我们大家都至关重要。在任何全球管理体系中，机构的生存能力和力量对于确保建立一个以规则为基础的秩序至关重要，这种秩序优先考虑人类未来繁荣、安全乃至生存等更崇高的关切，而不考虑私利和权力等狭隘的关切。

最后，应当指出，迫切需要采取行动巩固全球太空管理。这尤其受到空间技术和应用领域创新和变革速度的推动。太阳能卫星、空间采矿和资源开采、在轨服务等新的空间企业，加上新的军事和空间相关能力以及空间方面可能发生的冲突，都表明需要更快地实现更好的全球太空管理机制。新的空间应用，例如小卫星星座（可能在一个网络中涉及一千多颗卫星），以及对轨道空间碎片、城市化世界中现代基础设施受到的宇宙威胁、轨道拥挤、频率干扰等问题的新关切都表明，为确保空间活动的长期可持续性，必须尽早采取具体而协调的行动。

23.2 全球太空管理的传统和新机制

23.2.1 全球太空管理的跨部门问题

全球性问题需要全球性的解决办法，而空间作为一个全球公地，是人类活动领域的具体体现，必须时刻牢记这一概念。很明显，存在这样一些问题，对于一个或少数国家，不论其地缘政治或经济实力多么强大，无法仅用国家法律和管理解决方案进行适当管理或监管。第二次世界大战后，全球管理制度的建立，不仅涉及国家共同体，也有广泛的非政府机构和利益相关者。这些跨部门、跨组织的团体和机构是为解决各种问题而成立的，例如，气候变化的影响、防止宇宙灾害的行星防御、世界贫困、避免和尽量减少冲突的破坏性人道主义影响、全球公共资源的利用和可持续性以及最近在网络空间的发展等问题。这些制度中的每一个目前都处于不同的演变阶段，毫无疑问，每一个制度都将不断发展，以便更好地适用于它们打算解决的问题。虽然肯定不是完全有效，但每一个制度都是专门设计的，以更全面的方式处理特定问题，同时理想的情况是，也保留对其重大现实的有根据的看法。几乎所有这些“全球挑战领域”都可以与空间的未来利用和开发相联系，因此，改善全球太空管理机制无疑是人类未来发展和生存的核心。

这一发展和建立全球管理制度的趋势正在持续，并将成为全球化世界中国际法律框架日益突出的特点。此外，随着未来人类活动的技术基础变得更加一体化，这些制度之间将有重叠，因此需要更加全面和完善的监管结构。

23.2.2 过去的先例和全球太空管理的新来源

虽然空间法的设计和加强能够借鉴过去为空域建立的法律先例、海洋管理法律和南极洲的管理程序等，但从司法、技术、商业、社会、文化和安全相关的角度理解网络空间监管的复杂性，对全球太空管理的未来发展至关重要。在未来，外层空间和网络空间这两种制度很可能有明显的相似之处，不仅考虑到影响最终边界的立法，而且由于技术和应用的不可预见的发展，使得这两个人类活动领域的活动变得更加相互交织和相互依赖。在制定全球太空管理制度时，这些考虑显然非常切合实际。

在这方面，本研究特别探讨在为当前和未来空间活动设计、实施和运作适当的全球管理模式时应考虑的各种复杂性。空间法律和规章已经面临着重大挑战，尽管迄今为止取得了“成功”，但越来越明显的是，在有些情况下，现有的太空管理制度并没有特别有效地发挥作用。

涉及外层空间的人类活动变得更加复杂，特别是鉴于自《外层空间条约》和其他与空间有关的国际协定谈判通过以来，过去几十年来与空间有关的技术发展迅速。在评估未来外层太空管理可能采取何种形式时，有无数因素需要考虑。这有许多原因，其中一个重要原因是外层空间是一个高度活跃的技术领域，由于不断升级的创新而不断变化。实际上，对空间的梦想，以及人类日益渴望与空间接触的愿望，推动了与空间有关的技术的发展，其速度要快得多，而且以不同的方式，这在几年前似乎是不可想象的。与许多科学发展领域的情况一样，推动空间活动的技术进步远远快于规范空间活动的具体法律。尽管空间技术、系统和能力得到了迅速发展，但有关空间活动的基本国际法律文书在相当长的一段时间内保持相对不变。许多新的活动甚至不可能在联合国空间条约起草者的考虑范围之内。因此，我们需要建立适当的模式，以便更有效地利用一般国际法原则来填补这些空白。

例如，在《外层空间条约》出台 30 周年之际，重温 1997 年出版的一本重要的论文集[Lafferanderie & Crowther，1999]，可以看出空间性质的变化以及这种变化对现有法律秩序构成的挑战。在未来的半个世纪里，有些创新几乎已经成为现实，但这并不是一个有趣的话题。

另一个有趣的发现是——同样毫不奇怪——20 年前出版的那本书的大部分章节都围绕着联合国外层空间条约和参与空间活动的传统行动者。尽管目前的条约和现有的国家空间实体参与方在未来的太空管理中将继续发挥非常重要的作用，但并不表示它们将包含空间面临的所有问题和活动。相反，国际社会有责任从“整体”的角度来看待空间与生活的方方面面之间的相互关系，以及这对今后构建最适当的法律和监管框架意味着什么。在某些情况下，例如当面临环境问题、宇宙灾害和行星防御、外层空间和临近空间的军事与防御行动的安全条例时，这些问题确实代表着一个生死攸关的问题，甚至可能是人类生存的问题。这直接表明需要一个经过仔细考虑的全球太空管理制度。

23.2.3 新太空举措对全球太空管理构成的挑战

除了设计一个有效的、与当今和近期空间活动相关的管理制度的挑战之外，还有一个更为复杂的问题，即外层空间曾经主要是国家的领域（即使在那时，也只有少数国家）现在是众多行动者的所在地，每一个行动者都有着不同的目标、能力、议程和期望。直接参与空间活动的国家数目如雨后春笋般增加，目前已有 80 多个国家成为联合国外空事务高级专员办事处的成员，几乎每个国家都有某种形式的空间计划。越来越多的有空间能力的国家仍然是关键的参与者——在可预见的未来，这些国家很可能仍然是主要的空间参与者——但是，正如本研究所概述的那样，各国现在得到了一系列对空间感兴趣的替代实体的补充，包括政府间组织、公营和私营公司、大学和科学家，甚至个人航天企业家和商业航天企业。这使得全球太空管理和达成世界共识的任务日益艰巨。在可预见的未来，纳入不同的空间观点、议程和利益，同时平衡自由进入空间和分享空间惠益等概念，将而且必须继续在议程上占据重要位置。

作为这种日益私人化和商业化的空间任务爆炸式增长的自然延伸，我们看到了商业空间活动的巨大演变，以及几乎难以想象的商业机会的扩大，主要是大型和资金雄厚的公司以及新空间初创公司在空间技术方面进行了大量投资。这在很多情况下导致了利益的分化。一方面，有一些高科技的新空间商业企业寻求从天基活动中获得商业回报，在发展新空间技术和系统时需要大量的资本投资、大量的劳动力成本和风险。这种人力、技术和资本投资是以投资回报为前提的，鉴于尚未开发的自然空间资源的潜力和丰富性，其中一些投资回报可能相当可观。另一方面，全球社会将海洋、南极洲和外层空间视为全球公地，全人类应在其中享受积极回报。弥合这两个相互冲突的立场之间的差距，在一定程度上是《全球太空管理：一项国际研究》力求分析和确定的，从而提供有帮助的新途径，实现新的全球协同作用和共识。

关于空间商业化和私有化的趋势，以及非政府行动者所发挥的日益重要的作用，已经有许多文章涉及，这些作用不仅是为了满足民用和商业最终用户的需要和要求，而且也是为了满足各国甚至军事用户的需要。这些趋势如果有任何影响的话，将继续以越来越大的规模发展，对源于空间法的全球公域空间的法律定性提出相当多的额外挑战。诸如纳卫星和小卫星技术以及商业载人航天飞行等创新活动，最终将通过直接参与者和创业团队，以切实的方式为更多人带来“空间”。不可否认，太空对我们地球上生命的未来至关重要。任何国家都不能在空间发展的重要方面落后于邻国。因此，所有利益相关者都有兴趣参与设计、建立和实施与这一关键领域相关的、适当的、实际的和有形的全球管理体系，以及进行中的评估和演变。

事实上，我们正站在空间活动新时代的黎明之际，这将需要非常深入的思考究竟如何调整和采取什么适当的法律和管理框架以及标准和最佳做法，才能够在相互竞争的利益之间取得最适当平衡。迫切需要全面评估这些挑战，制定和设计这些框架的结构和内容。为了具有相关性、创新性和足够的前瞻性，以及适当推进空间法、法规和标准领域进步，需要逐步发展这些框架。这种进步和前瞻性的行动有助于迎接 21 世纪的挑战，并有希望迎接更大的挑战。为了实现这一目标，人们必须采用一种全面的方法，不仅考虑管理改革，而且考虑新出现的经济、技术和科学需求。事实上，发展科学和现代化的监管框架，从本质上说，是应对经济和法律挑战的当务之急。在一个日益全球化和相互联系的世界中，这种变化将继续加速发生。因此，全球太空管理需要跨越现代变革引擎，而不是总是落后。本研究的实质是一种国际一体化的管理办法，以跟上迅速变化的空间和技术世界。

事实上，这本书鼓励全世界所有有关各方在新空间现象对全球太空管理的影响方面发挥更大的作用。要做到这一点，就必须更积极地与空间领域的新参与者接触，从而倡导适当平衡的法律和管理制度，以便在考虑和平衡所有人的利益的同时，找到最佳的前进道路。现在不是制定超然和过于学术化的政策和法律的时候。相反，任何未来的全球太空管理制度都必须与空间技术对人类的可持续性、繁荣和生存所产生并将继续产生的广泛影响密切结合，并与之保持一致。

23.2.4　未来挑战

本书侧重于空间法面临的挑战的重要实例，并就解决这些挑战的适当全球管理机制提出了建议。这首先需要阐明有关问题。为了系统地应对这些挑战，我们必须首先了解这些挑战所引起的问题；只有这样，我们才能通过合作和多学科的办法，制定法律和标准，使人类能够最大限度地从探索和利用外层空间中获得惠益。考虑到创新和技术发展的速度，这一立场是如此快速和多变，以至于完全依赖于 20 世纪 60 年代和 70 年代的联合国空间法条约中阐明的传统原则既不可能也不适当。

我们也不能依靠对地球国际法原则的简单"剪贴式"换位，以某种方式填补对地外活动的管理方面的空白，这些空白显然超出了半个世纪前空间条约最初起草者的设想。我们反对那些大跃进到"尤里卡"时刻的人，并假设地球上为陆地活动制定的法律可以神奇地适应外层空间独特的环境。这是一个诱人的解决方案，但过于简单化，无法充分满足今天的现实，更不用说明天了。这并不是否定陆地法和海洋法的一些先例可能是合适的，有些先例可能很适用，但从陆地法到天体法的每一个转变都必须仔细地检查和审查。

以空间军事化和空间武器化的长期性和可持续性为例。现有的陆地环境原则可能与解决可持续性问题有关［Boyle，2013；Bohlman and Freeland，2013］，而国际人道主义法［Freeland，2015］将与缓解涉及外层空间冲突的后果有关，但单凭这些先例就肯定是可行的，不足以完全满足这些问题在外层空间和目前相关的临近空间所存在的复杂性。这两项紧迫的挑战都需要在一个更全面的全球管理制度内确定和澄清独特的法律规则，即使借鉴地面法进行一些启发或比较，这些规则的具体设计也是为了满足外层空间和临近空间法律特征所产生的特殊性，以及影响和塑造广泛空间活动的复杂的非法律因素。

迄今为止，应对空间可持续性挑战、武器化潜力和空间冲突的努力基本上是探索性的、普遍化的，而且是在无约束力和自愿的基础上进行的。尽管人们已经充分认识到软法律文书在塑造空间管理制度方面的重要性，但是我们对这种做法是否在长期内对我们有利持保留态度，特别是在未来利用外层空间的背景下以及在许多方面对人类未来生存的重要问题上。

关于这类软法律文书的法律地位存在很多争议［Freeland，2011；Marboe，2012；Jakhu，2016］。当然，一些不具约束力的空间文书似乎比其他文书具有更高的法律"价值"。软法律在某些情况下可能有用，例如，鉴于迅速发展的技术和活动，需要某种形式的直接理解。然而，软法律文书的核心仅仅是指导方针或建议，不一定具有法律效力，也不一定具有塑造有关行为者行为的确定性，而这些行为是吸引巨额金融投资和避免冲突所必需的。除非软法律文书被广泛认为反映了习惯国际法的规则（例如，在国际法院没有做出这方面裁决的情况下，这本身就是一个非常困难的论断［ICJ，North Sea Continental Shelf Cases，1969］），否则决不能将其视为硬法律的替代品。

鉴于我们在一系列与空间有关的问题上越来越依赖这种不具约束力的措施，我们是否冒着这样的风险，即这些措施只会在不起作用之前发挥作用？在传统的国际法原则得以商定和适用之前，软法律是否应始终仅被视为临时措施？更为根本的是，考虑到与空间有关的武器技术的持续发展相关的众多问题以及这些问题所带来的环境（和其他）风险，这种做法是否可行？事实上，建立新的和改进的全球太空管理体系的部分困难在于复杂性。从这项研究可以看出，空间活动和空间发展不是在真空中发生的。一个参与者进行的一种活动、技术或应用将对其他参与者的活动产生影响。同样，一个空间活动领域的空间法律和规章与另一个或若干其他领域的法律和规章有关，并相互交叉。这就是为什么在本研究的各个章节中可以找到许多交叉引用。

理想的情况是，有约束力的条约规范应作为任何未来全球太空管理制度的一部分进行谈判，所有有关国家都应真诚地遵守。当然，如果特别是主要航天大国之间的做法没有改变，新的条约规则不太可能很快实现。对于所有了解法律在促进未来和平与可持续利用外层空间方面的作用的人来说，这是一项重大挑战。然而，这一目标仍然是我们大家必须努力实现的一个重要目标。我们还没有这样一个条约制度，这并不意味着今后就不能这样做。希望这项研究以及即将举行的与空间有关的国际会议，包括第 50 次外空会议，将在形成想法、促进共识和采取行动方面取得一些进展，以建立更加连贯、具体和具有约束力的规则，指导未来的空间活动。

23.3　研究中出现的主题

一些问题和关切事项，例如界定法律、规章和交通管理/控制的需要以及临近空间的地位，是外层空间和与空间有关的活动领域中某一特定主题所特有的。还日益需要确定与在轨服务和天基加工与制造有关的外层空间活动。对于许多新空间应用和技术来说，也存在着广泛的关注点。因此，这项研究不得不反复处理一些问题，尽管这些问题可能看起来是重复的，但实际上强调了采取一种全面、协调和连贯的方法来审查和处理与外层空间和空间应用有关的问题的重要性。以下仅回顾了需要考虑、解决和最终解决的一些挑战和问题：

1）我们如何在一方面涉及国家政府活动的空间活动与另一方面涉及私营商业空间企业的空间活动之间实现公平、公正和实际的平衡？如何在国际监管机构和执法机制下实现和管理这种平衡？

为了平衡某一特定国家的利益与私营企业的需求以及资金和技术需求，需要哪些法律和监管管理框架？这是目前空间法律和条例没有明确答案的几个关键问题之一。现有的空间行动者将如何应对新的一系列潜在的商业空间活动和新发展的空间任务，特别是那些超越地球轨道的任务？管辖法律制度是否应鼓励或阻止这种向涉及军事、国家或私人商业活动的众多空间行为者的演变？法律在促进低成本卫星或新的、更有效的天基能力、技术和系统所提供的商业可能性方面发挥了什么作用，或者应该发挥什么作用？商业行为体及其各种法律和监管角色与地位是否应因其在地球轨道上部署卫星、提供发射服务、操作载人航天器或参与支持军事或国防任务而有所不同？

2）我们如何着手澄清“全球公域”的概念，将其应用于外层空间？

全球公域的概念在适用于南极洲公海方面相当有效，在一定程度上与确保国际空域的安全通行密切相关。由于外层空间与上述领域之间的一些差异，将这些原则和概念重新应用于外层空间，甚至仅仅应用于临近空间，提出了一些新的和独特的问题。其中一个不同点是外层空间的辽阔。事实上，在距地球 0.05 天文单位的范围内，有数百万颗具有潜在危险的小行星，实际上，太阳系内存在着数十亿个具有潜在威胁的天体，使天体使用的行政控制和管理极为困难。这里不仅涉及法律和监管问题，还涉及实际和技术问题。

3）什么样的国际法原则和规则可以从逻辑和实践上从地球上的活动扩展到外层空间领域？

从根本上说，问题归根结底是什么样的法律、原则、概念、技术或安全标准或行为守则可以从逻辑上和实际上从基于地球的做法转变为目前和未来对外层空间的广泛和无数的利用？这个问题对近期和长期的未来都有意义，特别是当人类甚至是机器人人工智能，冒险探索并可能定居在外星世界时。同样，外层空间的广阔性、不可预测性和未知性提出了许多问题，例如执法的实用性、发现法律或道德违规行为的能力，以及理解和监测的技术限制，并强制执行发生在离地球数百万千米（如果不是数十亿千米）之外的空间活动的合规性。如果提取、加工外层空间资源并将其用于制造产品，例如只用在外层空间的卫星或航天器，则可能难以进行管制。

4）对于军事行动、民间政府活动和私人商业空间活动，我们是否需要单独的监管程序、做法和执行程序？

一个学派认为，不同类型的活动可能需要不同级别的监督、保护或监管准则，以提供不同级别的保护和监管。将不同的规则分别适用于军事、民间政府或私人活动可能是谨慎和实际的。另一些人可能建议，环境保护与公共卫生有关的事项，甚至与人类生存有关的事项，以及针对宇宙灾害的行星防御等问题，都需要比在外层空间的正常商业活动或探索任务有最终的优先考虑。

按照所涉任务的性质，将各类空间活动分为不同的类型，以此来管理各类空间活动，所面临的问题是如何充分而明确地区分一类活动与另一类活动。这将极为困难，因为商业卫星在军事和商业活动中的双重用途已经非常普遍，而且由于空间活动的私人和公共性质日益模糊。然而，任何直接影响人类继续存在的活动，都可能被归入一个特殊的类别，在这个类别中，可能涉及全球范围的限制或极端惩罚。

5）在管制外层空间活动方面，又带来了什么新的重大技术趋势和法律问题？

例如，最近一段时间，空间系统和关键的空间服务似乎迅速数字化，从而产生了公平、获得技术及其知识保护的问题。目前，外层空间的活动与网络空间的活动迅速交叉，有时被称为“GAFTA 现象”（继谷歌、亚马逊、脸书、推特、苹果之后）。近期各大运营商对数字空间和社交平台应如何监管？数字内容和航天工业之间是否会有重大的融合？法律可以或应该如何应对这种与新商业空间相关的数字化和颠覆性新技术的热潮？是需要新形式的监管和保护，还是仅仅是允许公开市场竞争的问题？

6）联合国各专门机构是否需要加强任务规定，以应对空间商业化和扩大的世界外工业和商业的新时代？

另一个挑战是航空航天技术的发展和对载人航天的法律管制。最近的联合国外层空间事务司和国际民航组织联合研讨会的主题是“新兴空间活动和民用航空——挑战和机遇”［Di Pippo & Hedman，2015］。这是一次重要的机构间初步讨论，讨论了未来的管理制度，以处理临近空间、地球轨道和外层空间以外日益增加的活动，同样重要的是，哪个机构将负责这些不同领域的空间交通管理和控制以及总体公共安全。有人质疑，最终是否有必要审查此类提案的范围和法律监管影响，例如，将空域和外层空间进行重新定义，根据不同的技术用途划分不同的区域，如无人机、气球、空中旅行、航天飞行、亚轨道飞行、轨道飞行、空间站、人类永久居住区等。这是一个特别困难和复杂的问题，因为任何此类界定或界定这一领域活动的尝试都将涉及空间碎片、态势感知和战略防御系统的问题。至于需要什么样的管理结构，以及最终需要什么样的监督和国际执法权力，目前还很不清楚。同样的问题也出现在国际电信联盟及其处理频率干扰和在地球轨道与临近空间的新应用等问题的能力方面。与外层空间活动有关的国际执法权仍然是一个困难的领域，有时甚至是一个模糊不清的领域。

7）涉及主要空间大国的军事和战略考虑是否会成为制定外层空间活动国际管制秩序的决定性因素？

随着地球上日益加剧的地缘政治紧张局势，部分原因是领土争端和争夺对有限资源的控制权，有时似乎世界正在走向现有超级大国之间的对抗——这种对抗即使不直接在外层空间展开，无疑也将影响到外层空间。因此，提高透明度和建立信任措施以及确定适用于空间战略利用的明确规则的努力至关重要。如果不能保证或维持空间安全，那么从空间和空间应用及技术中获得的商业和人道主义利益的承诺都可能受到损害。

事实上，监管方面的担忧和问题涉及越来越多的新的拥有航天技术的空间行为体，如印度、日本，甚至包括越来越多的国家，如伊朗、巴基斯坦和朝鲜。空间活动的未来注定要由争夺军事主导权的战略竞争所驱动吗？享有普遍的进入和使用空间的权利与令人担忧的弹道导弹技术扩散之间的界限在哪里？空间是否注定会被一个“有对抗、拥挤和竞争”的领域所塑造？或者，未来的全球太空管理制度是否还需要有另一个主题指导？监管框架如何减轻涉及各国和新兴商业部门的空间野心和利益的冲突威胁？这些领域可能由战略和军事系统及目标的力量塑造和推动。

23.4 结论和展望

很明显，这项研究似乎提出了更多的问题和困境，而不是提供直接的答案和解决办法。然而，正如第一章所确定的那样，这项综合研究的目标之一是促使决策者和利益攸关方考虑与今天有关的问题和挑战，这些问题和挑战将在今后几十年继续探讨。我们希望，这项研究及其对各种问题和关切的列举，以及总结、建议和行动的附表，将是朝着确保人类在外层空间的可持续未来迈出的积极的第一步。特别是，我们希望将在包括第 50 次外空会议在内的联合国外空事务高级专员办事处会议上进行的关于外层空间全球管理的讨论将考虑到一些，如果不是全部的话，在这个多方面的国际和跨学科的研究，是无数小时的结果和几十个来自世界各地的专家共同努力提出的想法和倡议。

适用于外层空间的现行制度在很大程度上为世界和人类服务，并在某些方面取得了显著的成功。然而，由于在过去五年左右的时间里，在这一令人困惑的技术漩涡的推动下，“空间”正在迅速变化，这一管理制度的不足正变得越来越明显，因为它由无数可能是过时的条约、不具约束力的规则以及众多的行为者、利益相关者和既得利益机构组成（当然在可预见的未来），已经无法适应自1957年发射“斯普特尼克1号”（Sputnik I）以来已经迅速发展的空间相关技术［Jakhu，2016］。

因此，我们发现自己处在一个有趣的时代。需要一个更全面和详细的外层空间法律/管理框架，这是我们和子孙后代面临的最政治化和最复杂的挑战之一。所有利益相关者都需要共同努力，找到一条前进的道路，以应对这些挑战。现有的国际监管框架虽然很重要，但无法独自承受日益扩大的空间活动范围以及摆在我们面前的各种可能性所带来的压力。

必须认识到，建立一个专门从事空间事务的国际组织对于建立一个平稳全面的全球太空管理体系至关重要，这一体系将有助于满足所有公共和私人利益攸关方的需要，实现为和平目的和造福全人类而可持续利用空间的目标［Jakhu，2016］。

这就引出了我们应该问的最重要的问题。我们不可阻挡地进入太空，对社会、社区和人类的影响应该如何衡量？为什么迄今为止在探索和利用外层空间的人类权益方面所做的工作如此之少？什么样的法律和监管制度能够最好地保护人类和全球社会的更广泛利益，而不会不适当地限制未来适当空间活动的发展——特别是在新空间商业活动领域？事实上，我们确定优先事项的标准是什么，即什么是“适当的”未来空间活动？你认为法律扮演什么角色？在形成这些选择的过程中，政府和机构扮演着怎样的角色？

在处理这些问题时，我们必须始终意识到并遵守支撑全球太空管理制度的核心即人类原则，以避免出现可能无法设想的情况。全球探索必须是包括人类在内的所有外层空间利用的法律制度的基石。

在这方面，鉴于法律和机构促进的行为具有确定性和可预测性，它们将继续在塑造和指导空间活动的未来方面发挥关键作用。然而，仅仅依靠现有的法律原则过于简单。在与空间有关的全球管理制度的未来发展中，需要认真考虑所有相关变量和因素，并评估它们的相对权重。这项关于全球太空管理的国际和跨学科研究试图解决这些问题和许多其他问题。我们相信，这项研究将是所有利益相关者寻求一个整体监管框架的重要和有用的资源，其内容将在全球的各种学术、非政府和政府论坛上讨论、引用和进一步阐述。

这项研究的跨学科和国际性是它将产生巨大影响的原因之一，我们坚信，在某些方面，这项研究将成为加强和形成一个有效和显著改进的外层空间全球管理制度的典范。人们希望，为了长期可持续性和人类的利益，这项研究将成为正在进行的讨论和审议问题的基础，这些问题最终将决定今世后代在地球和外层空间的未来方向。

参考文献

[1] Bohlmann, Ulrike and Freeland, Steven 'The Regulation of Space Activities and the Space Environemnt' in Shawkat Alam etal, eds, Routledge Handbook of International Environmental Law (Routledge, 2013) at 375.

[2] Boyle, Alan. "Outer Space and International Environmental Law" in Stephen Hobe & Steven Freeland, eds, In Heaven as on Earth? The Interaction of Public International Law on the Legal Regulation of Outer Space (Institute of Air and Space Law of the University of Cologne, 2013) 51.

[3] Di Pippo, Simonetta and Hedman, Niklas, 'ICAO/UNOOSA Aerospace Symposium An Interagency Effort on Space Traffic Management' (13 April 2015) online: UNOOSA 〈http://www.unoosa.org/pdf/pres/lsc2015/symp-06.pdf〉 last accessed 20 November 2016.

[4] Freeland, Steven, 'For Better or for Worse? The Use of 'Soft Law' within the International Legal Regulation of Outer Space' (2011) XXXVI Annals of Air and Space Law 409.

[5] Freeland, Steven, 'The Laws of War in Outer Space' in Kai-Uwe Schrogl et al, eds, Handbook of Space Security (Springer, 2015) at 81.

[6] Jakhu, Ram S., "Sixty Years of Development of International Space Law," in Hobe, Stephan (ed.), Air Law, Space Law, Cyber Law - the Institute - of Air and Space Law at Age 90, Studies in Airand Space Law, Vol. 37, (Carl Heymanns Verlag 2016), pp. 75-108 [Jakhu, 2016].

[7] Lafferanderie, Gabriel & Crowther, Daphne (editors), Outlook on Space Law over the Next 30 Years (Kluwer, 1997).

[8] Marboe, Irmgard ed, Soft Law in Outer Space: The Function of Non-Binding Norms in International Space Law (Boehlau Verlag, 2012).

[9] North Sea Continental Shelf Cases (Federal Republic of Germany v. Denmark and Federal Republic of Germany v. The Netherlands) (Judgment) [1969] ICJ Rep 3.

[10] Pelton, Joseph, "The Case for Air and Space Traffic Management: The Critical Case of the Protozone" 4th Manfred Lachs Conference, May 2014, Institute of Air and Space Law, McGill University.

附录A　撰稿人传记

（按姓氏字母顺序排列）

Timiebi Aganaba Jeanty

Timiebi Aganaba Jeanty是国际管理创新中心（CIGI）国际法研究项目的博士后研究人员。在CIGI，她研究监测和核查气候变化协议的法律和政策工具。她以卫星技术和气候工程解决方案为重点，分析了在应对气候变化的斗争中规范使用新兴技术和高技术所需的不断演变的法律原则。

在加入CIGI之前，Timiebi是世界空间周协会的执行主任，负责协调联合国主导的于每年10月4日至10日举行的世界空间周的全球庆祝活动。她还是蒙特利尔咨询公司的空间政策顾问、尼日利亚空间研究和发展局的法律和国际合作官员。她被安排去尼日利亚法律协会。

Timiebi拥有麦吉尔大学航空和空间法博士和法学硕士学位。她的博士研究重点是“共同利益”的概念以及国际空间法制度对新兴国家空间计划发展的影响。她拥有法国斯特拉斯堡国际空间大学太空管理硕士学位和英国莱斯特大学法学学士学位。

Tanveer Ahmad 博士

Tanveer Ahmad博士目前是麦吉尔大学航空和空间法研究中心（CRSL）的执行主任，麦吉尔大学航空航天法研究所（IASL）的Erin J. C. Arsenault博士后研究人员，也是CRSL出版的同行评审期刊《航空航天法年鉴》的编辑。他还以课程讲师的身份在麦吉尔法学院教授《空间活动的政府管理》课程，并在孟加拉国南北大学法律系担任助理教授。他分别于2016年和2010年获得了国际会计准则理事会颁发的民法博士（DCL）和法学硕士（LLM）学位。在攻读博士学位期间，他曾获得联合国国际民用航空组织阿萨德·科泰特奖学金和波音航空航天法奖学金。他写了一本书，在各种同行评审的法律期刊上发表了几篇文章，写了几本书的部分章节、政策文件和工作论文。他在各种会议（包括联合国会议）上发表了论文，并协助编辑了麦吉尔大学航空和空间法研究中心第一、第二和第三系列专著和《劳特利奇空间法手册》等。

Ntorina Antoni

Ntorina Antoni拥有莱顿大学国际航空航天法研究所（IIASL）的航空航天法高级法学硕士学位（2014—2015年），以及荷兰蒂尔堡大学的国际和欧洲公法法学硕士学位

(2012—2013年)。2012年，她获得了希腊雅典国立和卡波迪斯特里大学的法学学位，而在2011年参加欧洲空间法中心/国际空间法学会曼弗雷德·拉克斯模拟法庭竞赛和欧洲空间法中心空间法与政策暑期班期间，她对空间法的兴趣有所提高。她是一名律师，2016年1月被雅典律师协会录取。目前，她是瑞士航天系统控股公司SA-S3的内部法律顾问，该公司计划在全球范围内进行抛物线飞行，并正在开发一种创新的空中发射的亚轨道航天飞机——可重复使用的亚轨道飞机（SOAR），该飞机可将小卫星送入近地轨道，并用于卫星的亚轨道飞行。Ntorina对这两个主题都极为感兴趣，参与了在航空法和空间法范围内建立这些飞行任务运作框架的工作。

Natalia Archinard

Natalia Archinard博士于2005年被日内瓦州借调到世界气象组织（WMO）空间方案办公室。2006年，她加入了位于伯尔尼的瑞士联邦外交部，负责科学和空间政策研究，重点是国际关系。她的职责包括率领瑞士代表团出席联合国和平利用外层空间委员会会议，并代表瑞士参加由欧洲联盟（欧盟）领导的关于空间活动国际行为守则提案的进程。作为瑞士驻欧洲空间局（欧空局）和前欧空局-欧盟高级别空间政策小组的代表，她对欧洲和全球空间政策以及空间安全问题形成了系统的看法。她参与了瑞士的空间政策的制定，并在裁军论坛上为各国关于外层空间的立场做出了贡献。Archinard博士曾在日内瓦大学和苏黎世瑞士联邦理工学院接受数学教育，并于2000年获得博士学位。2001年至2002年，她在蒙特利尔麦吉尔大学担任博士后研究员。

Werner Balogh

Werner Balogh博士是奥地利维也纳联合国外层空间事务司的一名项目主任。在担任这一职务时，他为和平利用外层空间委员会的会议提供服务，目前正在联合国空间应用方案下协调和组织空间科学、技术及其应用方面的能力建设活动。他于1997年首次以空间应用助理专家的身份加入联合国相关机构组织，并参与了1999年举行的第三次联合国探索及和平利用外层空间会议（第三次外空会议）的规划和组织工作。在2006年返回联合国相关机构组织之前，Balogh博士在奥地利航天局和欧洲气象卫星应用组织（EUMETSAT）工作。他拥有维也纳理工大学技术物理学博士学位、国际空间大学空间研究硕士学位、弗莱彻法律与外交学院国际关系硕士学位。

Sandy Belle Habchi

Sandy Belle Habchi女士在塞浦路斯尼科西亚大学获得法律学士学位，之后她在塞浦路斯帕潘托尼奥有限责任公司担任公司管理人员，负责与希望在塞浦路斯扩大业务和办事处的国际客户打交道。随后，她在加拿大麦吉尔大学航空和空间法研究中心攻读法律硕士学位，论文的重点是“事故/事件后的航空刑事诉讼及其对调查过程的影响”。在麦吉尔大学入学后，她被授予Masao Sekiguchi教授航空和空间法奖学金。Habchi女士在该研究中心担任研究助理，负责编辑和修订 Paul Stephen Dempsey 教授即将出版的《国际公共航空法》一书中的章节。她还是《航空和空间法年鉴》的助理编辑，研究生课程《比较航空法》的助教以及《适用于外层空间军事用途的国际法手册》项目的研究和行政助理。

Duncan Blake

在过去 22 年里 Duncan Blake 一直是澳大利亚皇家空军的一名法律官员，从事国内和海外的战术、作战和战略层面工作。他也当过军事检察官。他曾担任澳大利亚国防部行动和国际法副主任，为国防部和整个政府的最高级别提供行动和国际法咨询和支持。最近，Duncan 担任国防空间协调办公室的法律顾问，并主持战略空间法方面的部门间和国际工作组。

Duncan 在国防部内对军事空间政策和战略的法律方面做出了广泛贡献，并在这方面撰写了多篇文章（其中一篇获得了 2011 年利伯学会军事奖）。Duncan 最近调离了空军，以便更充分地致力于 milamos 项目（www. mcgill. ca/milamos）和他的博士学位，但他继续作为预备役法律官员为澳大利亚国防部做贡献。他还开始为航空航天服务提供法律和战略方面的咨询，以创造一个更好的互联世界。Duncan 拥有西澳大学法律与经济学学士学位、墨尔本大学法律硕士学位和麦吉尔大学法律硕士学位。

P. J. Blount

P. J. Blount 博士（罗格斯大学全球事务博士，2016 年；罗格斯大学全球事务硕士，2015 年；伦敦国王学院国际公法法学硕士，2007 年；密西西比大学法学院法学博士，2006 年；乔治亚大学工商管理学学士/工商管理学硕士，2002 年）是密西西比大学法学院航空航天法专业的兼职教授。他还任教于蒙特克莱尔州立大学和新泽西城市大学。此前，他曾担任密西西比大学法学院国家遥感、航空和空间法中心的研究顾问。他教授空间安全法、国际电信法、网络法、人权法、知识产权和美国外交政策。

Blount 的主要研究领域是与空间安全和网络太空管理有关的法律问题。他出版并广泛介绍了空间安全法专题，并在众议院空间小组委员会就空间交通管理问题发表了专家意见。Blount 担任国际空间法学会会议录的联合主编、《空间法杂志》的主编、《天体社会学杂志》的编委会成员。此外，他还担任国际空间法学会董事会成员，并作为法官参加了曼弗雷德·拉克斯空间法模拟法庭竞赛。他是乔治亚州律师协会的成员。

Ulrike M. Bohlmann

Ulrike M. Bohlmann 博士是 2002 年以来为欧洲空间局工作的德国律师。

她于 2015 年加入欧空局战略部，参与了许多重要文件的编写工作，包括筹备部长级理事会会议。此外，她还为一些成员国提供了切入点，建立系统的交流和支持有效的关系。从 2002 年到 2015 年，她在欧空局法律部任职，就执行空间计划的法律解决方案向该局提供咨询。她编写、谈判并向欧空局代表机构提交了国际合作协定和内部政策文件。

Ulrike 代表欧空局出席了 UNCOPUOS 法律小组委员会和其他几次国际会议。在机构领域，她处理法律纠纷，并代表欧空局参与诉讼。她负责提出欧空局的知识产权政策，并就《欧空局公约》的解释和适用提供法律咨询。

她出版了一本关于商业空间活动和知识产权的书，编写了空间法和一般国际公法领域的若干章节，以及在法律和政策期刊上发表了许多会议论文和文章。在加入欧空局之前，Ulrike 在科隆大学航空航天法研究所担任全职高级研究助理，并以优异成绩获得博士学位。她继续为学术研究项目做出贡献，在大学定期举办空间法和政策讲座，并继续定期发表论文。

Tare Brisibe

Brisibe 博士是一名独立的法律顾问，目前从事私人业务。他是尼日利亚律师协会成员，曾任联合国和平利用外层空间委员会法律小组委员会 2012—2014 两年期主席。1991 年，他开始从事民事诉讼、一般商法、合并和收购等业务，并在尼日利亚两家著名律师事务所任职。他曾担任尼日利亚国家空间研究与发展局的法律顾问，曾在移动通信卫星运营商 Inmarsat Global 以及航空通信联合体 SITA 担任监管事务干事，期间担任 SITA 子公司 SITAOnAir 的监管事务主任。他曾在卢森堡一家专注于空间和通信的律师事务所任职。

他参与了多个专家工作组的工作，如：《外层空间军事利用国际法手册》法律专家（国际空间法小组）；海牙空间资源管理工作组成员；北约合作网络防御卓越中心（CCD、COE）塔林手册（2.0 版）中适用网络战的国际法的同行评审员；常设仲裁法院的外层空间活动争端仲裁任择规则咨询小组成员；国际统一私法协会政府专家委员会成员（参与编写 2000 年开普敦公约的空间议定书）以及国际电信联盟发展部门发展中国家卫星管制问题研究组副特派调查员。曾任：日内瓦国际与发展研究生院客座研究员（2011 年）。在太平洋电信理事会研究论文大赛中获一等奖（1999 年）。他还获得了斯特拉斯堡国际空间大学空间研究硕士学位和莱顿大学国际法博士学位。

Julio Carbajal Smith

Julio Carbajal Smith 在墨西哥国立自治大学法学院获得法律专业和国际法研究生学位。

Carbajal Smith 教授曾在联邦调解和仲裁庭担任英语翻译法律专家；在联邦税务和行政司法法院担任国际法和英语翻译法律专家；并在社会发展秘书处担任副经理，负责管理一项美洲开发银行的国际合同。最近，他被列为经济产业省咨询委员会成员。

Carbajal Smith 教授曾在墨西哥国立大学法学院教授国际法，目前在国家政治学院贸易与管理高级学院教授国际法。

Michael Chatzipanagiotis

Michael Chatzipanagiotis 博士是塞浦路斯的法律顾问和塞浦路斯大学的兼职讲师。他的专业领域包括航空和航天法、消费者保护法、知识产权、不正当竞争、国际法和银行法，在这些领域他拥有丰富的咨询和诉讼经验。他是国际航空运输协会（IATA）航空法的外部讲师，同时就其专业领域的专门问题举办研讨会、演讲和客座讲座。他在雅典国立大学法学院获得法学学士学位，在德国科隆大学法学院获得法学硕士学位和博士学位。他会说英语、德语和法语。

Kuan - Wei Chen

Kuan - Wei Chen 先生是麦吉尔大学航空和空间法研究中心《适用于军事利用外层空间的国际法手册》项目的副项目经理，也是该中心法律系的课程讲师。此前，Kuan - Wei Chen 曾担任《航空航天法年鉴》的编辑，并与人合编了专著《第一辑：新兴航空运输方式的监管》《第二辑：航空航天应用的新兴趋势——法律、安全和政策问题》《第三辑：全球太空管理》，均由该中心出版。在加入麦吉尔大学之前，他是莱顿大学范·沃伦霍芬法律、管理和发展研究所的教学和研究助理，以及格罗修斯国际法律研究中心特尔德斯国际法模拟法庭协调员。Kuan - Wei Chen 拥有伦敦大学东方和非洲研究学院（SOAS）法律和政治学士学位，莱顿大学国际公法法学硕士学位（优等），麦吉尔大学航空和空间法研究中心航空和空间法法学硕士学位，他也是波音航空航天法研究员。他获得奖学金参加国际空间大学空间研究方案（SSP08）和欧洲空间法中心（ECSL）空间法和政策暑期班（2007 年）。

Allison Christians

Allison Christians 教授是麦吉尔大学法学院税法专业的 H. Heward Stikeman 负责人，她在这里教授和撰写关于国家、比较和国际等方面的税法与政策的文章。她特别侧重于税收与经济发展之间的关系；政府和非政府机构及行动者在制定税收政策规范方面的作用；税收与人权的交叉。她写过许多学术文章、论文和书籍章节，以及社论、专栏和专业期刊上的文章，涉及广泛的主题。最近的研究侧重于激进主义在改革跨国公司披露规则方面的作用；国际税收合作与竞争准则的演变；税收与贸易的关系；纳税人权利观念的演变。Christians 教授还通过社交媒体与她的税务、社会和文化博客以及 twitter@taxpolblog 探讨税法和政策的话题。

Maria D'Amico

Maria D'Amico 女士于 1978 年加入麦吉尔大学法学院，现任高级行政协调员。

自 2009 年以来，Maria 一直在麦吉尔大学航空和空间法研究中心的领导下全职工作，担任财务主管和营销/会议活动经理。Maria 在 2006—2007 年被授予行政和辅助人员校长奖，最近在学院 65 周年庆典上被授予“终身奉献服务奖”。

Eric Dahlstrom

Eric Dahlstrom 博士是国际空间顾问公司的总裁，为涉及航天器设计、空间科学和空间商业的项目提供咨询。他是一名太空工程师和天文学家，从事太空项目已有 30 年。他是国际空间大学的教员。

他在美国国家航空航天局兰利研究中心从事国际空间站的设计工作 8 年，分析了涉及所有工程系统的设计问题，以及与俄罗斯系统接口的初步设计。在美国国家航空航天局总部，他是《美国国家航空航天局从挑战者号报告中吸取的教训》的合著者，并计算了另一次航天飞机事故的风险。在美国国家航空航天局对人类探索月球、火星和小行星的研究中，他帮助协调了美国国家航空航天局五个中心的交通体系结构研究。

Dahlstrom 先生曾为太空探险、星座服务、TGV 火箭、Odyssey Moon Ventures、国际月球观测协会、Moon Express 和 Hypercubes 等创业型航天公司提供支持。他在奇点大学（Singularity University）管理团队项目，其中包括太空制造和其他太空初创公司。最近，他担任美国国家航空航天局前沿发展实验室的顾问，应用机器学习来降低小行星撞击的风险。

James Allen Dator

James Allen Dator 是夏威夷大学马诺阿分校政治学系夏威夷未来研究中心名誉教授和前主任，建筑学院兼职教授；法国斯特拉斯堡国际空间大学空间人文学科联合主席和核心讲师；韩国高级科学技术研究所未来战略研究生院兼职教授，韩国大田，世界未来研究联合会前会长。他是《世界未来评论》的主编。他曾任教于日本理工大学（东京）、马里兰大学、弗吉尼亚理工大学、多伦多大学和南斯拉夫杜布罗夫尼克大学间研究生联合会。

他在斯泰森大学获得古代和中世纪历史和哲学学位，在宾夕法尼亚大学获得政治学硕士学位，在美利坚大学获得政治学博士学位。他曾在弗吉尼亚神学院（伦理学和教会史）、耶鲁大学（日语）、密歇根大学（语言学和定量方法）和南卫理公会大学（政治学中的数学应用）从事研究生工作。

Philip De Man

Philip De Man 是比利时鲁汶全球管理研究中心国际、国家和欧洲空间法高级研究员。他还针对鲁汶大学空间研究硕士课程中的空间法、政策、商业和管理课程以及空间法、政策、商业和管理等方面的高级话题进行了演讲。他于 2015 年获得博士学位，发表了一篇关于外层空间自然资源开发的论文，将国际电联的卫星登记制度与联合国的资源开发制度进行了比较。

Philip 出版了大量关于国际和欧洲空间法、国际组织法、国际人道主义法、国际刑法和其他学科的著作。他是 YouSpace 的佛兰芒语协调员，YouSpace 是比利时的一个平台，旨在让对航天感兴趣的学生和年轻专业人士与航天行业接触。以前的专业工作包括担任前南斯拉夫问题国际刑事法庭案件主管职位和欧盟地平线 2020 项目项目经理。

Frank De Winne

Frank De Winne 是一名航天员，他在比利时根特为欧洲空间局工作。他目前担任联合国儿童基金会驻比利时亲善大使、空间和教育论坛主席以及塞萨尔科学委员会成员。他是第一个获得乔比尔德莱顿森珀蝰蛇奖的非美国飞行员，在飞行中表现出非凡的技能。他被俄罗斯联邦授予友谊勋章，还被荷兰女王贝娅特丽克丝授予奥伦治-拿骚勋章，以表彰他在“盟军行动”中发挥的领导作用。

Frank 毕业于比利时利尔皇家军校，并获得比利时布鲁塞尔皇家军事学院硕士学位；完成了布鲁塞尔国防学院的参谋课程，获得了最高荣誉；获得了布鲁塞尔皇家军事学院颁发的最佳论文奖，拿到了电信和土木工程硕士学位。他还毕业于英国博斯科姆贝的帝国试飞员学校，在那里他获得了麦肯纳奖杯。

1986 年，Frank 在比利时空军完成飞行员训练后，驾驶了幻影 V 型飞机。1989 年，他被派往法国巴黎的萨基姆，在那里他从事海市蜃楼安全改进计划。他负责编制操作和技术规范。他后来被选为欧洲空间局的航天员。

George Dietrich

George 是迪特里希法律专业公司的总裁。他 1989 年毕业于温莎大学法学院。他还拥有理科学士学位（物理和数学）和艺术学士学位（政治学）。2002 年，他获得了麦吉尔大学航空和空间法研究中心的法学硕士学位。他自 1991 年起专攻人身伤害法、残疾法和保险法，并自 1999 年起专门为原告行事。George 是加拿大航天局的主席，这是一个非营利性组织，致力于通过教育、研究和商业化来支持、鼓励和促进国际对话，从而在空间推广太阳能。George 曾任安大略省审判律师协会主任，加拿大养老金计划审查法庭主席。George 住在安大略省的基奇纳。

Karl Doetsch

Karl 曾在航空航天领域担任领导职务，涉及加拿大所有主要的载人航天项目、国际合作、教育和推广。他是加拿大航天局的高级领导人，担任副总裁和代理总裁，对加拿大主要国际航天计划、航天飞机加拿大项目、国际空间站和加拿大宇航员计划做出了贡献。他以法国斯特拉斯堡国际空间大学校长的身份，继续从事国际空间教育。作为联合国和平利用外层空间委员会科学和技术小组委员会的主席，他领导执行了关于空间活动造福全人类的建议。他在国家和国际空间组织、大会和讲习班中发挥了持续的领导作用。

Karl 在许多场合为促进空间活动所做的贡献获得了荣誉表彰，包括在国际空间大学以他的名字命名一个剧院、金斯敦大学荣誉工程学博士学位、加拿大皇家学会 Thomas Eadie 勋章、CASI CD Howe 奖、国际宇航联合会 Alan D Emil 纪念奖以及美国国家航空航天局公共服务奖。

Stephen Earle

Stephen Earle 目前是美国联邦航空局商业空间运输办公室的空间交通管理负责人和轨道碎片问题专家。在这一职位上，他负责监督促进和确保轨道安全的各种活动，包括建设民用空间交通能力的项目和倡议。他还支持制定国家空间政策，并提出运载火箭和在轨安全问题。

Stephen 拥有美国空军学院、北达科他大学和空军理工学院的学位。在他的空军生涯中，他曾担任“民兵”洲际弹道导弹的导弹战斗组指挥官，在一个空间监视雷达设施执行空间监视和跟踪弹道导弹、空间发射以及所有中低地球轨道卫星，并在卡纳维拉尔角空间站担任空军发射主控官，组织多次发射火箭，包括火星任务和全球定位卫星。除了一些总部任务外，Stephen 最后一次现役任务是担任联合参谋部空间政策处处长，在那里他处理了无数国家一级的空间问题，包括国家战略、政策和问题。

Lorna Jean Edmonds

Lorna Jean Edmonds 博士是俄亥俄大学负责全球事务和国际研究的副教务长。她还担任健康科学和专业教授。2013 年在俄亥俄州的四所大学工作。她曾担任多伦多大学国际关系副校长助理、渥太华大学研究执行顾问、韦士敦大学国际研究与发展执行主任、研究服务主任、女王大学国际社区康复促进中心主任。

Edmonds 博士在高等教育战略、研究绩效和全球化方面的专业知识是基于他在学术界、政府关系和国际发展方面 20 多年的经验。她拥有丰富的国际经验，在亚洲、美洲、欧洲和非洲的 60 多个国家的大学、政府、工业和研究资助与发展机构以及银行工作。她在英国东安格利亚大学获得博士学位；在渥太华大学获得硕士学位；在女王大学获得理学学士学位。

Edmonds 博士服务于多个国际委员会，包括国家科学院、工程和医学国际研究合作工作组。

Kim Ellis

Kim Ellis，地球空间技术有限公司董事，是一名合格的资源行业科学家、律师，于 2015 年被任命为国际空间大学（ISU）的兼职教员。

Kim 的金属和矿物加工研究生涯始于必和必拓（BHP Billiton），随后她被澳大利亚力拓（riotinto Australia）招聘到位于拉特罗布大学科技园（Latrobe University Technology Park）的墨尔本研究中心。Kim 回到位于新南威尔士州的必和必拓 Shortland 研究实验室工作后，几乎只在奥林匹克大坝试验工厂工艺开发的铀技术团队工作。当必和必拓技术团队重组时，她的工作被转移到澳大利亚卢卡斯高地核科学技术组织（Australian Nuclear Science and technology organization at Lucas Heights）的 ANSTO Minerals 研究团队。她在小行星采矿、路线图和应用方面的国际研究项目已于 2010 年在国际宇航大会上发表并提交，此后，继续为国际空间大学工作，发表了一系列法律和技术论文。

她定期为美国广播公司电台以及国内外许多电视和广播节目介绍空间科学和技术。她正在 iHeartMedia 网络上推出自己的国际科学、技术和法律谈话广播节目。

David Finkleman

David Finkleman 教授是国际宇航科学院和国际空间法学会的院士。他是美国航空航天研究所终身名誉研究员，也是美国科学促进协会、美国宇航学会、国际空间科学促进协会和国际扶轮社的研究员。他是 SkySentry 的总工程师，该公司为飞机、浮空器、飞艇和卫星之间的协作提供分析和服务。他是一位退休的美国空军上校，一位退休的联邦高级管理人员，以及分析图形公司的退休高级科学家。Finkleman 博士是国际标准化组织空间运行工作组的前任主席。他获得了麻省理工学院博士学位。Finkleman 博士在几个领域都很出色：天体动力学、空气动力学、激光技术、计算物理和运筹学。他发表了一百多篇学术论文。他的荣誉包括美国国防杰出服务奖章和 AIAA 航空航天标准化杰出铜奖。

Donald Flournoy

Donald Flournoy，是俄亥俄大学斯克里普斯通信学院电信领域的教授，也是《在线空间通信》杂志的创始编辑（2002 年至今），著有 8 本书，包括太阳能卫星（Springer Science and Business Media，2012）。

他早期对太空的兴趣是在 T. Keith Glennan 手下工作的四年中激发出来的。T. Keith Glennan 是 NASA 的创始人，后来成为凯斯理工学院（Case Institute of Technology）的院长。1965—1969 年，Donald Flournoy 是克利夫兰凯斯理工学院的助理院长。后来，1969—1971 年任纽约州立大学布法罗分校副院长，1971—1981 年任俄亥俄大学学院院长。2002—2008 年，Flournoy 教授任国际卫星专业协会董事会教育副总裁，目前担任国家空间学会顾问。他和他的学生管理了国际 Sunsat 设计竞赛：可视化空间太阳能，2013—2016 年。他负责美国国家科学院（NSS）期间，将俄亥俄大学（Ohio University）指定为太空太阳能发电和动力光束传输的卓越中心。

他的教育背景包括 1964、1965 年得克萨斯大学的博士和硕士学位；1962 年伦敦大学的研究生协会；1959 年南卫理公会大学的学士学位。

Melissa Kemper Force

Melissa Kemper Force 是美国太空港的总法律顾问。在获得国际航空和空间法法学硕士学位后，她在美国国家海洋和大气管理局（NOAA）空间商务办公室工作，并在加利福尼亚州洛杉矶经营了一家成功的咨询公司，就复杂的国际政策和法律问题向商业航空领域的客户提供法律咨询，在洛约拉法学院和韦伯斯特大学担任兼职教授，教授航空和空间法。她是国际空间法学会的当选成员及其曼弗雷德·拉克斯国际空间法模拟法庭委员会的联合主席。在担任顾问之前，她是 HOK，Inc. 的副总裁兼副总法律顾问，负责国际和国内索赔，同时也是 Carroll，Burdick & McDonough LLP 洛杉矶办事处的合伙人。Force 女士曾担任航空法研究所航空和空间法专题讨论会、美国律师协会航空和空间法论坛以及国际空间法学会外层空间法学术讨论会的主持人、小组成员，并就一系列广泛的问题撰写、发表论文，包括空间交通管理、空间碎片、地外资源开采、月球协定和亚轨道空间飞行等问题，在国际航空大会、IAASS 空间安全会议、加拿大空间商业协会全国会议、国际空间发展会议和全球空间探索会议等撰写和发表了一系列论文，内容涉及空间与交通管理、空间碎片、地外资源开采、月球协定和亚轨道空间飞行等。

Steven Freeland

Steven Freeland 是澳大利亚西悉尼大学国际法教授，教授国际刑法、空间法的商业方面、国际公法和人权法。他还是维也纳大学客座教授、丹麦国际法院卓越中心永久客座教授、图卢兹 1 号国会大厦大学客座教授、伦敦空间政策和法律研究所教员。他曾在 2013—2014 年担任玛丽·居里研究员。他曾是澳大利亚、加拿大、荷兰、南非和中国香港的研究委员会专家，并在 20 多个国家和地区的大学任教。

他还曾是国际刑事法院上诉分庭的客座专业人员，以及丹麦外交部有关国际刑事法院事务的特别顾问。他曾代表澳大利亚政府出席联合国会议和委员会会议，并被任命为澳大利亚联邦工业、创新和科学部以及新西兰政府的顾问，就与空间活动管理有关的问题提供咨询意见。除此之外，他还是国际空间法研究所所长和国际法协会空间法委员会成员。他撰写了大约 300 份关于国际法各个方面的出版物。他经常在国家/国际会议上发言，应邀在 30 多个国家发表会议论文和主旨演讲。

Danielle Fultz

Danielle Fultz 毕业于俄亥俄大学荣誉辅导学院，拥有法语语言文学和历史学位。她目前在国际教育管理部门工作。

Peter Garretson

Peter Garretson 中校是空军大学空军指挥与参谋学院（ACSC）联合作战的讲师，也是空军大学空间创新中心（AU/CSI）太空地平线计划的负责人，该计划旨在“重新想象小行星采矿时代的太空力量”。Garretson 中校曾参加过许多 OSD 和 USAF 战争游戏，侧重于未来战争和空间在未来冲突中的作用。他曾任美国空军未来技术局局长，曾在国防高级项目局（DARPA）担任军种首席研究员，并在洛斯阿拉莫斯国家实验室担任学院研究助理。他一直是美国空军参谋长关于亚洲太空和大国冲突的战略和政策顾问。他是亚洲首屈一指的智库印度新德里国防部资助的国防研究与分析研究所（IDSA）的访问研究员，是第一位被详细列为访问研究员的现役军官，在那里他与印度总统 Kalam 博士就美印在太空领域的长期合作进行了讨论。Garretson 中校有超过 50 种出版物，包括太空管理、空间政策、天基太阳能、小行星采矿、行星防御、战略文化以及美国在亚洲的军事战略和安全合作。

Francesco Gaspari

Francesco Gaspari 博士是意大利的律师、罗马 G. Marconi 大学的研究员和欧盟法律副教授，2011 年获得法学博士学位。Gaspari 博士是位于罗马的德米特拉研究中心的高级研究员（前研究员）。此外，2012 年至 2013 年间，他获得了意大利航天局（ASI）的奖学金。2009 年至 2010 年间，Gaspari 博士是麦吉尔大学航空和空间法研究中心的研究实习生。2010 年，他在国际民用航空组织（ICAO）的 ATB 实习。Gaspari 博士在意大利和国际知名期刊上发表了 40 多篇论文，他是很多国际协会和组织的成员。

Gaspari 博士于 2004 年毕业于罗马萨皮恩扎大学法律专业，并于 2007 年获得该大学法律硕士学位。

Bayar Goswami

Bayar Goswami 是麦吉尔大学航空和空间法研究中心（IASL）法学硕士研究生。2015 年，他获得了印度尼尔玛大学法学院商法专业的荣誉，获得了第一个法律学位。目前，他是麦吉尔大学的 Erin J. C. Arsenault 研究员，撰写了题为《宇宙环境法理论化》的国际空间法论文，涉及宇宙学，研究人类应负的国际责任。目前，他是 Ram Jakhu 教授的研究助理，与国际会计准则理事会的研究密切相关。他曾参与重大研究项目，如《适用于外层空间军事用途的国际法手册》和《2016 年空间安全指数》。

Martin Griffin

Martin Griffin 是 GriffinAssist 的赞助商，为非洲的航空导航服务提供非盈利支持。在此之前，他在布鲁塞尔欧洲管制局工作了 22 年，包括在国际民航组织（ICAO）蒙特利尔航空局工作，并担任国际民航组织（ICAO）萨拉热窝波斯尼亚和赫特泽戈维纳航空服务总监。在欧洲管制局的职业生涯中，他是负责未来空中交通管制系统开发的空中交通管制业务和系统部门的负责人。在加入欧洲管制局之前，他是一名空中交通管制员、培训官和考官。

Andrea Harrington

Andrea Harrington 任职于密西西比大学法学院，担任航空和航天法讲师/研究顾问，是马萨诸塞州的执业律师。她还是《空间法杂志》的执行主编。Andrea 获得了艾琳 J. C. 阿森诺特太空管理研究奖金，并在麦吉尔大学航空与空间法研中心担任研究员，在这里她的博士研究集中于商业航天的保险和责任问题。她拥有麦吉尔大学法学硕士学位，以及康涅狄格大学法学博士学位、伦敦经济学院理学硕士学位和波士顿大学文学学士学位。在麦吉尔大学期间，Andrea 获得了许多奖项，包括：P. E. O. 学者奖、IAWA 奖学金、SWF 青年专业人士 IAC 奖学金和 Setsuko Ushioda Aoki 奖。Andrea 曾担任《航空航天法年鉴》助理编辑，世界安全基金会项目经理，美国联邦航空局商业航天运输卓越中心、国际空间安全促进协会、国际民航组织和空间安全指数项目研究员。在过渡到航空航天法之前，Andrea 在保险和金融合规领域获得了 5 年以上的经验。

Niklas Hedman

Niklas Hedman是联合国外层空间事务司政策和法律事务科委员会主任。他担任联合国和平利用外层空间委员会及其科学和技术小组委员会和法律小组委员会的秘书。他还是联合国外层空间活动机构间会议（联合国空间会议）的秘书，该会议是联合国系统与空间有关活动的中央协调机制。他负责联合国和平利用外层空间委员会在空间法律和政策方面的能力建设活动。在2006年加入联合国相关机构组织之前，他在瑞典外交部工作，主要从事海洋事务和海洋法、空间法和空间政策以及裁军和不扩散领域的工作，包括防止外空军备竞赛和防止弹道导弹扩散海牙行为守则。他代表瑞典参加外空委10年，并担任过各种职务，包括担任第三次外空会议五周年报告A/59/174分会场的主席。Hedman先生代表瑞典参加了关于国际空间站政府间协定的最后几轮谈判，并担任瑞典和美利坚合众国空间合作政府框架协定的首席谈判代表。他是国际法协会国际空间法委员会、国际空间法学会和国际宇航科学院的成员。

Victoria Jane Hipkin

Victoria Jane Hipkin博士目前是加拿大航天局行星探索项目的高级科学家，自2005年以来一直受雇于该机构。她在爱丁堡大学获得物理学学士学位和遥感与图像处理硕士学位，在利兹大学和英国南极考察队获得南极大气科学博士学位。她在项目和科学团队中有丰富的空间任务经验。特别是，她因在美国国家航空航天局火星凤凰号着陆器任务中担任加拿大气象仪器调查任务科学家而获得了美国国家航空航天局杰出公共服务奖章，在该任务取消之前，曾短暂担任火星大气痕量分子掩星光谱仪的联合首席研究员，该光谱仪被选择用于欧空局外火星生物学痕量气体轨道飞行器上。最近她的工作集中在太空探索的规划和项目开发上。她是国际空间研究委员会行星保护小组的副主席，也是国际空间探索协调小组科学工作组的成员。

Ram S. Jakhu

Ram S. Jakhu是加拿大蒙特利尔麦吉尔大学航空和空间法研究中心所长和终身副教授。他在国际空间法、空间应用法、空间商业化法、空间安全、国家空间活动管制、电信法和国际公法等领域进行教学和研究。Jakhu博士负责一个数百万美元的空间法律和政策研究和推广项目。1999年至2004年期间，他担任麦吉尔大学管制产业研究中心主任。1995年至1998年期间，他还担任法国斯特拉斯堡国际空间大学空间研究硕士课程的第一任主任。

Jakhu教授是麦吉尔《适用于外层空间军事用途的国际法手册》项目管理委员会主席、世界经济论坛全球空间安全议程理事会成员、国际空间安全促进协会研究员、空间规章图书馆系列的总编辑、《航空航天法年鉴》和《德国航空航天法杂志》的编辑委员会成员。2016年，他获得国际空间安全促进协会颁发的“达·芬奇终身成就奖”，2007年获得国际空间法学会颁发的“杰出服务奖”，表彰他为空间法的发展做出的重大贡献。曾合著著作 3 部，发表论文 80 余篇，发表研究报告 20 篇，主编著作 9 部。

他拥有加拿大麦吉尔大学的民法博士和法学硕士学位，以及印度旁遮普大学的法学硕士、法学学士和文学学士学位。

Bhupendra Jasani

Bhupendra Jasani 拥有伦敦大学核物理硕士学位和核物理与核医学博士学位。1958 年至 1972 年，他在英国医学研究委员会工作，1972 年 2 月加入瑞典斯德哥尔摩国际和平研究所（SIPRI）。他的主要兴趣是核不扩散和外空军事化。1984 年，他构想了欧盟卫星中心，这是欧盟理事会的一个机构，是欧盟安全和国防政策的关键机构之一。

1990 年，他加入伦敦大学伦敦国王学院战争研究系，在那里他研究了利用商业遥感卫星监测多边军备控制条约（核武器、化学武器和常规武器）的应用。

他是 2011—2014 年世界经济论坛空间安全理事会成员，也是印度班加罗尔国家高级研究所国际战略与安全研究计划领域的兼职教授。最近，他被任命为国际空间大学（ISU）的兼职教授。

他是《空间政策》的编辑委员会成员，该杂志专门处理外层空间活动的各个方面。除了 25 份科学出版物外，他还发表了 200 多篇关于核武器和空间军备控制问题的论文。他撰写、编辑和合编了 21 本关于这些课题的书籍和专著。

Nandasiri Jasentuliayna

Nandasiri Jasentuliayna 博士，斯里兰卡国民，国际空间法学会名誉主席。他拥有锡兰（斯里兰卡）大学、伦敦大学和麦吉尔大学的法律和国际关系高级学位，是一名律师。他持有加拿大蒙特利尔国际航空航天法研究所的航空航天法研究生学位，曾在国际民用航空组织（ICAO）实习。他曾任联合国维也纳办事处副总干事兼外层空间事务司司长。他是《空间法手册》（Oceana（1979 年））、《国际空间法和联合国》（Kluwer Law（1999 年））、《国际空间方案和政策》（North Holland（1984 年））和《空间法：发展和范围》（Prager（1991 年））以及《国际法展望》（Kluwer（1995 年））的编辑。他曾是普林斯顿大学、斯坦福大学、哥伦比亚大学和麦吉尔大学的客座讲师。他是国际宇航科学院的公司受托人，国际空间大学董事会成员，国际宇航联合会主席团成员，并担任《空间政策杂志》和《空间法杂志》编辑咨询委员会成员。他是 1982 年国际宇航联合会纪念奖和 1989 年国际宇航科学院领导奖的获得者，该奖每年颁发一次，以表彰他对空间法律和政策的重要贡献（IAA）。他被美国国家空间协会选入“100 位对我们生活影响最大的太空人”。

Sanat Kaul

Sanat Kaul 博士在印度担任公务员已有 36 年。他专攻航空、航天和旅游业。他曾任民航部联合秘书、印度航空公司和印度机场管理局董事会成员。他曾率领印度代表团参加了大量双边航空服务谈判，并在成立绿地机场以及租赁机场的初期发挥了重要作用。他还是印度常驻加拿大蒙特利尔国际民航组织理事会的代表。

在蒙特利尔担任印度驻国际民航组织理事会代表期间，他还创办了一个名为国际航空与发展基金会（IFFAAD）的非营利组织，并担任其创始主席。回到印度后，他开创了同一基金会，但作为一个独立法律实体运作。他目前是国际航空、航天和发展基金会（印度分会）主席。协会持续举办研讨会和会议，详情见 www.iffaadindia.org。2005 年至 2007 年，他还是德里旅游与交通发展公司（DTTDC）的董事长兼总经理。

Kaul 博士定期在印度主要报纸上就航空问题撰文，并在有关航空和太空管理的会议上发表论文。他在民航组织发起了关于亚轨道飞行和空间旅游的讨论。他的文章已在报纸和书籍上发表。

Kaul 博士拥有伦敦经济学院硕士学位、伦敦大学博士学位和加拿大蒙特利尔麦吉尔大学航空和空间法研究中心研究生学位。

Icho Kealotswe

Icho Kealotswe 是南非比勒陀利亚 Kealotswe 法律咨询公司的法律顾问。她是一名法律研究员、政策分析师，也是空间法的倡导者。她能够处理公司和政府有关航空、航天和电信法律的法定、法律和合规事宜。

在目前的咨询公司，她的主要工作是法律研究、起草诉状、为律师和律师事务所提供意见。她还负责制定空间政策，并向政府部门和机构提供建议和监管审查。

Icho Kealotswe 拥有博茨瓦纳大学的法学学士学位、南非比勒陀利亚大学的法学硕士学位。她是博茨瓦纳高等法院的辩护律师。

David Kendall

2016—2017 年，Kendall 博士任联合国和平利用外层空间委员会主席。在其职业生涯中，他曾在加拿大航天局担任高级职务，包括空间科学与技术总干事。他还是法国斯特拉斯堡国际空间大学的教员。

在卡尔加里大学获得大气物理学博士学位。在获得博士学位后，他在私营企业担任研发科学家，然后为加拿大联邦政府工作，先是在加拿大国家研究委员会工作，后来又在新成立的加拿大航天局工作。

Kendall 博士是国际宇航科学院的院士，在其职业生涯中，曾以各种身份在一些国家和国际机构任职，包括国际空间大学、国际宇航联合会、空间研究委员会（空间研委会）、联合国外层空间委员会、欧洲航天中心原子能机构、空间碎片协委会和地球观测小组。

2002 年，Kendall 博士被授予伊丽莎白二世女王金禧奖章，以表彰他对加拿大的重大贡献和成就。

Aram Daniel Kerkonian

Aram Daniel Kerkonian 目前是麦吉尔大学法学院航空和空间法研究中心的法学硕士候选人。Aram 是国际会计准则委员会的研究助理。他以这一身份为加拿大政府起草了与空间有关的政策报告，编辑了关于航空法和空间法的书籍章节，并正在组织即将举行的 2017 年曼弗雷德·拉克斯空间法会议。Aram 还是《航空航天法年鉴》的助理编辑，目前被任命为美国联邦航空管理局商业航天运输卓越中心的 IASL 代表。

在加入 IASL 之前，Aram 于 2011 年在女王大学获得荣誉文学学士学位，并于 2014 年在温莎大学获得法学博士学位。在学习期间，Aram 在哈佛大学度过了一个学期，并被选为国际和平与安全研究所在荷兰海牙举行的关于冲突后过渡和国际正义首届研讨会的成员。2015 年被任命为安大略省法院的高级律师。

Aram 获得了许多学术奖项，最近一项是约瑟夫·A·庞巴迪奖学金，以支持他通过加拿大政府社会科学和人文研究理事会支持的关于外层空间天体永久人类居住区相关法律问题的研究。在学习期间，Aram 还参加了几次模拟法庭比赛，通过这些比赛，他两次被选为最佳模拟法庭选手，还赢得了北美回合的冠军，并在曼弗雷德·拉克斯空间法模拟法庭比赛世界总决赛中获得了最佳纪念奖。

Ivan Kosenkov

2008 年，Ivan 毕业于新西伯利亚州立大学法学院。2009 年在法国巴黎南十一大学获得空间活动和电信法硕士学位。从 2010 年到 2013 年，他在俄罗斯航天局的主要研究所——茨尼马什工作。

自 2011 年起，他成为莫斯科国家国际关系学院（MGIMO）的博士研究生。他的研究课题为空间碎片整治的国际法律框架。2013 年以来，他在俄罗斯联邦主要发展机构之一的斯科尔科沃空间技术和电信联盟工作，推动私人空间活动的发展。

他感兴趣的主要领域包括空间法、空间经济和不断变化的空间活动技术以及体制环境中的空间政策。

George D. Kyriakopoulos

George D. Kyriakopoulos 生于希腊雅典。雅典大学法学院法学学士。法国巴黎第二大学国际法系，政治学系硕士。巴黎第二大学国际法博士（国际公共航空民事法学院），获法国航空和空间法学会大奖。

George 职业为律师，是雅典律师协会会员。1998—2002 年，军事航空学院国际法和航空法教授。2005—2006 年，国防部长（希腊政府）航空法和国际法事务法律顾问。2008—2010 年，希腊空难调查和航空安全委员会成员。2009 年至今，运输部航空法（希腊）法典修正委员会专家。2009 年，雅典大学国际法讲师（教学和研究领域：国际公法、航空法、空间法、海洋法、电信法、国际机构法）。2010—2014 年，希腊塞萨洛尼基亚里士多德大学法学院和马其顿大学国际和欧洲研究系国际法、国际机构法、航空法、空间法客座讲师。2011 年至今，希腊国际法和国际关系学会董事会成员。2014 年至今，希腊雅典潘泰昂大学航空与空间法客座教授、法国尼斯索菲亚-安提波利斯大学法学院空间法客座教授。他是欧洲空间法中心联络员（希腊）、国际空间法学会成员、麦吉尔大学航空和空间法研究中心目前进行的全球太空管理国际研究的成员。

Tyson Lange

Lange 先生是澳大利亚一家大型律师事务所的高级律师，负责政府和商业事务。他于 2014 年毕业于澳大利亚国立大学，获得法学博士（荣誉）学位和法律实践研究生学位。Lange 先生写了一篇关于如何在外层空间条约中重新定义“人类的领域”的荣誉论文。Lange 先生在空间法主题辩论赛中获得了 2012 年汤姆森路透国际辩论、倡导和程序奖。自 2008 年以来，他在多个英联邦政府部门工作，专门研究国防、贸易和国际政策问题。Lange 先生于 2007 年毕业于墨尔本大学，获文学学士学位。

Paul B. Larsen

Larsen 教授是法律兼职教授和私人执业律师。他在辛辛那提大学获得法学学士学位，在纽约大学和蒙特利尔麦吉尔大学航空和空间法研究中心获得法学硕士学位。Larsen 教授在美国交通部从事法律工作（1970—1998 年），并为美国行政会议和城市研究所提供法律顾问。Larsen 教授是科隆大学亚历山大·亨博尔特基金会和汉堡马克斯·普朗克国际私法研究所的研究学者（1997—1998 年）。Larsen 教授曾任美国驻联合国国际贸易法委员会（UNCITRAL）、国际海事组织、国际民航组织、美洲组织（OAS）和双边谈判代表。自 1973 年以来，他在华盛顿特区乔治敦大学法律中心担任兼职教授，除空间法外，还教授比较法、冲突法、国际法和财产法。Larsen 教授曾于 1966 年至 1969 年任南卫理公会大学法学院助理教授，1978 年任乔治敦大学中心客座教授。

Donna Lawler

Donna Lawler 是澳大利亚卫星运营商 Optus Satellite 的助理总法律顾问，也是国际空间律师协会的成员。在卫星行业的 17 年时间里，她代表 Optus 及其母公司 SingTel 参与了六颗卫星的建造和发射项目。其中包括 Optus C1 卫星，这是一种军民两用航天器，由 Optus 和澳大利亚国防军共同拥有。如今，她为 Optus 卫星业务的所有法律方面提供咨询，包括确保轨道资源的使用，就空间相关项目的风险、责任和保险问题提供咨询，并就民用和军用卫星相关合同进行谈判。她在国际上发表了关于空间法专题的联合论文，并在澳大利亚（包括国际空间大学的南半球空间方案）、欧洲、南非、加拿大和美国担任商业空间法专题的主持人。

李居迁

博士，中国政法大学教授，中国政法大学国际法学院副院长，中国政法大学国际法中心副主任，中国空间法学会常务理事。世界经济论坛空间安全理事会前成员。

李教授在国际法和国际经济法方面出版了专著15部，发表了论文20篇，包括《空间法概要》《国际法述评》(合著)《合法性、合理性与后续问题——反卫星实验的法律问题》《迈向新的国家空间法：中国空间法的法律现状和最新发展及其与环太平洋空间法和活动的相关性》《防空识别区：剩余权利原则对天空自由的限制》《WTO争端解决机制》(专著)、《WTO贸易与环境法问题》(专著)。他还担任了由商务部、中国政法大学和西南政法大学支持的首届中国WTO模拟法庭辩论赛的执行组织者。他用中文、英文为中国学生和外国学生讲授许多国际法课程，如世贸组织案例精选、国际法、国际贸易法、国际空间法辩论赛等。他于2004—2005年在韩国和2006年在冰岛作为客座教授讲授中国贸易法。他经常在许多国际会议和讲习班上发言，包括日内瓦办事处的空间安全会议。

李教授于1999年毕业于中国政法大学，获国际法法学博士学位。他的研究领域包括国际公法，特别是外层空间法和世贸组织法。1991年获中国政法大学法学学士学位，1996年获中国政法大学国际经济法硕士学位。

李寿平

李寿平教授是国际宇航科学院的通讯院士、国际法教授、北京理工大学法学院院长、北京理工大学空间法研究所所长。他是《中国空间法年刊》的主编。中国空间法学会常务理事、中国欧盟法研究会副会长、北京国际法学会理事。

李教授在中国发表了一系列有关空间法的出版物和论文。由于在空间法方面的杰出贡献，入选教育部"新世纪人才计划"，入选北京市社会科学理论人才"百人工程"。

Li Siqing

Li Siqing 目前在 Slaughter and May 律师事务所北京办事处工作，毕业于牛津大学法学博士班，获中国政法大学法学学士学位。她在2012年参加曼弗雷德·拉克斯空间法模拟法庭竞赛时开始了空间法研究，后来参加了一些国际会议，包括 IAASS 和 IAC。她在空间方面的兴趣是空间碎片整治、空间法规定的责任和商业空间活动。她的论文《非合作卫星移除的合法性》讨论了主动拆除卫星的性质以及国际法规定的拆除理由。

Gil Lotan

Gil Lotan 是 Spacecom 的总法律顾问，领导 Spacecom 的法律和监管团队。Lotan 于2002年从以色列领先的律师事务所之一 I. Gornitzky & Co. 加入 Spacecom，担任高级律师。Lotan 先生在商法和交易（国内和国际）以及诉讼方面拥有丰富的经验。Lotan 先生与人合著了《集体诉讼》一书，并因在该领域发表学术论文而获得学术优秀奖。Lotan 先生拥有特拉维夫大学法学院法学学士学位、管理学院商学院工商管理硕士学位和纽约城市大学巴鲁克学院金融学硕士学位。

Scott Madry

Scott Madry 博士是全球空间研究所的执行主任，是国际空间大学和北卡罗来纳大学教堂山分校的教员。他在卫星应用方面有 30 年的经验，包括自然和文化资源管理与灾害应用，将卫星遥感、地理信息系统和全球导航卫星系统与地面和辅助数据相结合。他著有两本书和超过 75 种出版物，是施普林格出版社出版的《卫星应用手册》（1200 页）的联合编辑，在世界 30 多个国家举办了 150 多个课程和讲座。

Maria Manoli

Maria Manoli 是麦吉尔大学航空和空间法研究中心的博士生，她还曾在该校攻读航空和空间法法学硕士学位（2015—2016 年），在此期间，她是艾琳 JC 阿瑟诺太空管理方面的研究人员（2014 年），并获得 Nicolas M Matte 奖（2015 年）。目前，她还是艾琳 JC 阿瑟诺博士研究人员以及 Robert E. Morrow 研究人员。在进入麦吉尔大学之前，她在雅典国立和卡波迪斯特里安大学获得了国际公法法学硕士学位（2012 年）和民法法学硕士学位（2013 年），并于 2012 年获得了法律学士学位。Maria Manoli 是雅典律师协会的注册律师，曾在雅典上诉法院（2012—2013 年）、希腊法律顾问和希腊竞争委员会（2014 年）等多个政府和非政府组织工作。2015 年夏天，她在安全世界基金会（美国科罗拉多州）实习，担任初级项目经理，并对空间自然资源开发的法律问题进行了研究。在攻读博士的同时，她还在麦吉尔大学航空和空间法研究中心担任研究助理，她的主要研究兴趣围绕空间活动商业化的法律方面。

Peter Martinez

Peter Martinez 为南非国家空间计划的发展、国家政策和监管发展及能力建设做出了重要贡献。2009 年至 2015 年，他担任南非空间事务理事会主席。他担任联合国外层空间委员会外层空间活动长期可持续性工作组主席。2012 年和 2013 年，他在联合国外层空间活动透明度和建立信任措施政府专家组任职。他是开普敦大学空间研究领域的副教授和《空间研究进展》的编辑，国际宇航科学院和国际空间法学会成员。他是 215 种出版物的作者、合著者或编辑。

Kadriye Merve Bilgic

Kadriye Merve Bilgic 在麦吉尔大学法学院获得了民事和普通法联合学位（BCL/LLB）。在进入法学院之前，她在卡尔顿大学获得了经济学和政治学的文学学士学位，并获得了院长荣誉称号。在法学院期间，Merve 是加拿大国家银行的法律实习生，也是麦吉尔争议解决杂志的高级编辑。作为当地法学院的一名积极的学生和倡导者，Merve 自愿加入麦吉尔的法律信息诊所，并与迈尔端法律诊所合作。目前，Merve 是《航空航天法年鉴》杂志的助理编辑。

Elina Morozova

Elina Morozova 是国际空间通信组织国际和法律服务处的负责人。她专攻国际空间和电信法领域，重点研究与无线电频谱、卫星轨道使用、地球同步和非同步卫星运行、提供卫星能力和卫星电信服务有关的问题。Elina Morozova 在俄罗斯联邦经济发展和贸易部下属的全俄对外贸易学院获得了法律和经济学学士学位，并在曼彻斯特大学获得了国际商法法学硕士学位。她是俄罗斯国际法协会成员，负责联邦区域通信领域的监管与修订工作组，并担任国际空间法学会理事会主任。

Sa'id Mosteshar

Sa'id Mosteshar 是伦敦空间政策和法律研究所（ISPL）国际空间政策和法律领域的主任兼教授，英国空间领导委员会成员（2010—2016 年），联合国和平利用外层空间委员会英国代表团顾问。他是国际空间安全促进协会（IAASS）、国际空间法学会（IISL）和皇家航空学会（FRAeS）的成员。

他是一名执业律师和加利福尼亚州律师，同时拥有物理学和计量经济学学位，为政府、国际机构和主要航天公司提供法律和政策方面的咨询服务已有 30 年之久。

他是 2016 年国际空间法学会杰出服务奖的获得者，“以表彰他作为学者和实践者为国际社会、为空间法领域的发展所做的杰出贡献”。

K. R. Sridhara Murthi

Murthi 教授目前是印度贾因大学国际航空航天工程与管理研究所所长，印度班加罗尔国家高等研究所兼职教员。他是 IISL 的副总裁，也是火星一号计划的顾问。早些时候，他曾担任印度公共信息基础设施和创新项目总理顾问办公室的高级专家。他在印度航天计划方面拥有 35 年的丰富经验，推动了航天商业化、航天政策和国际合作。

Kiran Krishnan Nair

联队指挥官 Kiran Krishnan Nair 自 2004 年起担任新德里空军总部的联合主任（太空行动）。此外，他还受命在新德里空军研究中心承担有关外层空间安全和发展问题的研究任务。过去 15 年来，他一直在处理空间问题，还曾在印度政府的各种空间委员会和国家/国际空间项目中任职。在学术上，他获得了 WB 国立法律科学大学的理学学士（物理学）、理学硕士（地理信息学）以及航空和空间法法学学士和博士学位。

Peter D. Nesgos

Peter D. Nesgos 是纽约 Milbank，Tweed，Hadley & McCloy LLP 公司的合伙人，在航空航天和通信行业以及金融和保险界从事商业空间和卫星项目的构建工作，目前已经有 30 多年的经验。

他曾代表金融机构、航天制造商和卫星运营商参与多项融资活动，涉及资产融资和项目融资、税收租赁、制造商支持、公开发行和私募。

他毕业于麦吉尔大学航空和空间法研究中心（他在该研究中心获得空间法硕士和博士学位），是麦吉尔法律学院的兼职教授。

他是各种空间和通信会议的主席和发言人，也是 Matthew Bender & Company 出版的《设备租赁》一书中题为“卫星和转发器”一章的作者。

Yaw Nyampong

Yaw Nyampong 博士目前是加拿大蒙特利尔国际民用航空组织法律事务和对外关系局的法律干事。他曾担任：埃塞俄比亚亚的斯亚贝巴非洲联盟委员会泛非大学高级法律干事；蒙特利尔麦吉尔大学航空和空间法研究中心执行主任（学术助理）；麦吉尔大学法学院博士后。他拥有麦吉尔大学航空和空间法研究中心的民法博士学位和航空航天法硕士学位。他还持有加纳法学院的职业法资格证书（2000 年），以及加纳莱贡大学法学院的法律学士学位（1998 年）。他是加纳律师协会和上加拿大（安大略省）法律协会的资深会员。Nyampong 博士先是在学生时期从事法律工作，后来在 G. a. Sarpong and Co. 的加纳律师事务所担任助理律师。他撰写了一本书，与他人合著并共同编辑了几本书的章节和手稿，并在专业同行评议期刊上发表了几篇文章。

Alessandra Oliva

Alessandra Oliva 于 2013 年毕业于罗马大学国际关系专业，在 Sergio Marchisio 教授的指导下撰写了空间法的学位论文。随后，她在罗马和那不勒斯的意大利国际组织（SIOI）参加了外交研究硕士课程。2012 年至 2013 年间，她被选为意大利外交部部际人权委员会的 6 个月实习生，并获得了罗马德米特拉研究中心的奖学金。此前，2008 年至 2010 年，Oliva 女士与意大利经济发展部合作，担任世界能源理事会意大利国家委员会执行助理，负责组织 2009 年八国集团能源部长会议（2009 年 5 月 24 日至 25 日，罗马）。她还与人合著了空间法领域的一些论文，其中一些正在《会议记录》中发表，例如在蒙特利尔举行的曼弗雷德·拉克斯国际会议第二版（2014 年）和第三十八届拉丁美洲航空会议。

Deganit Paikowsky

Deganit Paikowsky 博士拥有特拉维夫大学政治学博士学位。Paikowsky 博士是特拉维夫大学 Yuval Neeman 科学、技术和安全研讨会的高级研究员。她还是乔治华盛顿大学空间政策研究所的研究助理。自 2012 年起，她担任以色列国家研究与发展理事会空间委员会的顾问。在这个职位上，她负责国家层面上的与空间政策、研发和监管有关的战略规划。她的研究考察了技术与国际关系之间的相互联系，特别侧重于空间政策和安全。

Neta Palkovitz

Neta Palkovitz 是一名律师，以色列律师协会成员。自 2011 年以来，她一直担任 ISIS

航天创新解决方案有限公司（ISIS - Innovative Solutions in Space B. V.）的法律顾问。ISIS 是一家荷兰公司，专门从事小卫星技术研发和发射服务。她还是莱顿大学国际航空航天法研究所的博士生。

Dhananga Pathirana

Dhananga Pathirana 是斯里兰卡律师，目前在麦吉尔大学航空和空间法研究中心攻读航空航天法法学硕士学位。2013 年，她从斯里兰卡法学院毕业后被召入律师事务所。在麦吉尔开始学习之前，她从事私人业务，专注于公司事务、保险和航空。她是麦吉尔大学航空和空间法研究中心的研究助理，并为《2017 年空间安全指数》的出版做出了贡献。

Dmitry Payson

Dmitry Payson 博士自 2014 年起担任联合火箭航天公司（URSC）信息与研究中心主任。他的职责包括作为国家空间活动改革的一部分进行分析和研究。URSC 是 2014 年成立的一个“保护伞”控股结构，旨在管理俄罗斯政府拥有的航天资产，并领导航天行业改革。此前，他曾担任斯科尔科沃基金会空间技术和电信联盟研究总监，为 100 多家航天和电信初创公司建立支持结构，作为国家级创新努力的一部分，以及参与一些公共/政府的航天产业重组和战略规划工作。Dmitry 的其他经验包括在俄罗斯航天工业的主要研究机构任职。

Dmitry 的研究和实践活动为俄罗斯航天工业目前的重组进程以及空间领域的公私伙伴关系发展提供了基础性的重要作用。

Dmitry 拥有莫斯科航空学院航天器设计工程师和博士学位，俄罗斯科学院中央经济与数学研究所经济学博士学位。他是宇宙科学技术委员会的正式成员。

Walter Peeters

Walter Peeters 的职业生涯始于建筑和石化行业的管理职位。1983 年，他加入了欧洲空间局的一些项目，从事控制和管理工作，其中包括在法国图卢兹的 HERMES 项目。1990 年起，他作为科隆欧洲航天员中心协调办公室主任参与航天员活动。Walter 于 2000 年加入国际空间大学（ISU），担任空间商业和管理教授，2005 年被提名为国际空间大学院长，自 2011 年起担任国际空间大学校长。

Walter 自 2009 年起担任马恩岛的智囊团 IISC（国际空间商务研究所）主任、国际宇航科学院通讯院士、《新空间杂志》和《天体政治》编委会成员。他著有关于激励合同、项目管理和空间商业化的文章，也是《空间营销》（Kluwer，2000）一书的作者。沃尔特斯最近的研究重点是新空间、太空旅游和商业太空飞行。

Walter 拥有工程和应用经济学学士学位（卢万天主教大学）、工商管理硕士学位（康奈尔大学卢万分校）和航空航天系工业组织方向的博士学位（荷兰代尔夫特理工大学）。

Joseph N. Pelton

Joseph N. Pelton 博士是国际空间大学的前院长和董事会主席，该大学的主校区位于法国斯特拉斯堡。他还是乔治华盛顿大学空间和高级通信研究所名誉所长。他目前是国际空间安全促进协会执行理事会成员，也是该协会国际学术委员会主席。他在太空、卫星通信系统、未来技术和城市规划领域有近 50 本书和 300 多篇文章获奖，并担任编辑。Pelton 博士还担任科罗拉多大学博尔德分校跨学科电信项目主任。在其职业生涯早期，他还曾在国际通信卫星组织（Intelsat）和通信卫星公司（Comsat Corporation）担任多个执行职务，包括担任国际通信卫星组织（Intelsat）的战略政策总监和项目份额总监。他目前是总部位于弗吉尼亚州阿灵顿的 Pelton Consulting International 的负责人。他是《全球太空管理：国际研究》的协调员。

他目前参与的主要项目是美国国家电子博物馆（National Electronics Museum）卫星画廊，并将于 2017 年春末开放。他的最新著作包括：《新淘金热：太空的财富召唤》《宇宙灾害与行星防御手册》《卫星应用手册》（第二版）《太空采矿及其管制》《小卫星及其管制》以及《发射到商业太空》。他的著作《环球谈话》获普利策奖提名，并获得国际航空协会文学奖。2013 年 7 月，他在英国获得了被称为“Arthur”的星际协会奖，设立这一奖项是用于纪念 Arthur C. Clarke。2001 年，他还获得了 Arthur C. Clarke 基金会的终身成就奖。他是卫星专业人员协会 Arthur C. Clarke 基金会的创始人，并在国际空间大学的创建过程中发挥了关键作用。1983 年，他在白宫宣布成立克拉克基金会，当时他正在担任美国总统任命的世界通信年国家委员会常务理事。

Reuben Pessah

Reuben Pessah 先生在波士顿大学获得经济学硕士学位，在特拉维夫大学获得经济学学士和硕士学位。他的研究重点是产业组织、劳动和博弈论。Pessah 先生目前是以色列经济部和经济司的研究员。此前，他曾担任美国国内贸易部首席经济学家和贸易税专员。Pessah 先生还担任世贸组织争端解决小组成员，处理美国和巴西之间的贸易争端。

Serge Plattard

Serge Plattard 自 2012 年起担任奥地利维也纳欧洲空间政策研究所（ESPI）高级常驻研究员，致力于太空管理、太阳系探索动力学和空间安全研究。自 2013 年起，他还是伦敦大学学院（UCL）的名誉教授，教授两门硕士课程。

在获得核物理博士学位（1973 年，奥赛大学）后，他在法国原子能委员会（CEA）和两个美国国家实验室从事低能核物理工作。随后，他在法国外交部政策规划处（1981—1983 年）从事科技政策事务，并返回 CEA（1983—1987 年，规划和方案司）。1987 年至 1998 年从事科学外交工作，分别在法国驻印度、日本和美国大使馆任副参赞/科技参赞，1990 年任法国外交部科技合作司助理司长一年。随后他成为国家空间研究中心国际关系主任（1998—2003 年），国家空间研究中心规划、战略、方案和国际关系副主任（2003—2004 年）。Plattard 曾担任欧洲空间研究所第一任秘书长/首席执行官（2004—2007 年），并被任命为法国驻伦敦大使馆科技参赞（2008—2012 年）。他曾任欧洲南方天文台理事会法国代表（1990—1991 年）、欧空局国际关系委员会副主席（2003—2004 年），自 2015 年 10 月起担任宇航联合会空间安全委员会主席。

Plattard 博士还是美国物理学会终身会员、欧洲科学创始会员、国际宇航科学院院士。他是超过 50 种出版物/通信的作者/合著者，还出版了一本书 *Nucléaire，merveille ou menace?*（1984 年）。

他是法国高等国防研究所（IHEDN）的校友，毕业于 2003—2004 年第 56 届。他在奥赛大学讲授核物理（1976—1986 年），在巴黎多芬大学讲授研究与创新经济（1984—1985 年），在法国埃塞克商学院讲授技术管理和工业创新（1999—2002 年）。

Plattard 持有神圣宝藏（1994 年日本荣誉勋章）的金光勋章，是 Légion d'Honneur 荣誉勋章（1998 年）爵士。

Daniel Porras

Daniel Porras 目前是 LMI Advisors（华盛顿特区）的助理，就与空间活动有关的一系列国际法律问题为客户提供咨询，特别是在电信和实验设备领域。此前，Porras 是联合国裁军研究所（日内瓦）的项目经理，主要研究外层空间安全和法律。他还是统法社（罗马）的协理干事，在那里他从事空间议定书的工作，这是一项资助空间资产的国际文书。他曾在观察者研究基金会（新德里）获得访问奖学金，刚刚在乔治敦大学法律中心获得国际商业和经济法法学硕士学位。

Maria A. Pozza

Maria A. Pozza 博士是新西兰的一名律师，她是 Lane Neave 公司团队的成员。Pozza 博士被公认为澳大拉西亚地区空间法领域的优秀律师，还提供航空法、无人机法和技术法方面的专业法律服务。她定期在媒体上发表专业评论，是一位积极的主持人和出版作家，她的法律专业知识受到许多国际和国家机构的赞赏。

Pozza 博士的声誉和工作得到了许多著名奖项的认可，其中包括：和平与裁军教育信托奖；新西兰外交和贸易部历史研究基金以及在英国剑桥大学劳特帕克特国际法中心获得劳特帕克特奖学金。Pozza 博士是新西兰皇家天文学会空间法顾问。

Andy Quinn

Andy Quinn 博士在民用航空领域有 30 多年的工作经验。他是英国土星安全管理系统有限公司的总经理。他的公司专门为航空航天工业以及新兴的亚轨道和轨道商业航天工业提供系统安全工程和安全管理服务。Andy 获得了亚轨道航天硕士学位，然后在伦敦城市大学获得了博士学位。Andy 目前正在与 Reaction Engines Ltd（英国）签订合同，担任协同吸气火箭发动机开发的临时产品保证经理，还进行了系统安全分析以及认证和监管工作。他还完成了英国民航局的太空港风险评估和监管框架方面的工作，并致力于从英国运行的垂直发射器的安全和监管方面的工作。Andy 是 IAASS 商业载人航天安全技术委员会（CHSS TC）的主席，该委员会旨在通过提供合理化的指导方针来解决新兴商业航天行业的新问题。CHSS TC 迄今已编制了一份亚轨道指导手册，并继续提供有关当前空间主题的行动报告。

Lucien Rapp

Rapp 教授于 1988 年在图卢兹大学法学院任教，教授国际商法和竞争法。他目前担任 SIRIUS（卫星创新应用空间研究所）的科学主任，该研究所是由三家赞助商（CNES、空客国防和航天公司（ADS）和泰雷兹·阿莱尼亚航天公司（TAS））于 2013 年创立的学术联盟。

Rapp 教授是若干国际科学协会（包括国际空间法学会）的成员，迄今为止，他撰写了 10 本关于空间通信的各种法律方面的书籍和 100 份科学通信。

作为与空间事项有关的法律问题专家，他被任命为：

—高级别专家组成员，负责修订法国法律，使法国电信市场活动于 1998 年 1 月 1 日开放竞争（互联费用、普遍服务资金、本地网络管理）；

—海牙国际法学院全球电信暑期研究中心主任；

—欧盟伽利略项目委员会召集的高级别专家组成员；

—空间电信工作组主席，该工作组由负责制定法国空间法的空间部设立；

—在法国国务委员会主持下成立的“空间法”工作组成员，负责起草空间作业法（Act No. 2008 - 518 of 3 June 2008）。

Lucien Rapp 曾担任包括国际电信联盟在内的多个国际组织的专家顾问。Lucien Rapp 被授予学术棕榈勋章（Officer，2009），是著名的荣誉勋章爵士（2011 年起）。

Jana Robinson

Jana Robinson 博士目前是布拉格安全研究所（PSSI）的空间安全项目主任。她曾担任布鲁塞尔欧洲对外行动局（EEAS）的空间政策官员，以及捷克共和国外交部的空间安全顾问。2009 年至 2013 年，Robinson 女士从欧洲空间局（欧空局）借调到欧洲空间政策研究所担任驻地研究员，领导研究所的空间安全研究项目。

在加入 ESPI 之前，Robinson 博士于 2005 年至 2009 年担任 PSSI 的发展总监，并管理其在华盛顿特区的附属机构 PSSI Washington。Robinson 女士是国际空间法学会和国际宇航科学院的成员。她还是华盛顿战略与国际研究中心（CSIS）乔治·C. 马歇尔导弹防御项目顾问委员会成员。

Robinson 女士拥有查尔斯大学社会科学学院政治研究所空间安全领域的博士学位。她还拥有乔治华盛顿大学的埃利奥特国际事务学院和奥洛穆克的帕拉基大学的硕士学位。

她获得了多项奖学金，参加了国际空间大学（ISU）2009 年空间研究计划（SSP09）、2008 年在中国台湾省的台湾师范大学的暑期培训班以及 1999—2000 年上海大学的一年课程。

George S. Robinson

George S. Robinson 毕业于缅因州的鲍登学院，主修生物和化学。他拥有弗吉尼亚大学法学院的法学学士学位，以及加拿大蒙特利尔麦吉尔大学的法学硕士和民法博士学位。

25 年来，Robinson 博士在华盛顿特区的史密森学会担任法律顾问，在世界范围内从事广泛的法律实践，主要涉及国内外科学和商业相关的研究活动。在此之前，他曾在美国国家航空航天局担任国际关系专家，也曾在美国运输部联邦航空局/管理局担任法律顾问。

Robinson 博士撰写了许多文章（一百多篇）和书籍，包括与空间活动、空间商业和国际航空有关的国际公法和国际私法。Robinson 博士曾在美国和国外许多大学教授和讲授与空间商务有关的法律。

Robinson 博士目前是《空间哲学杂志》和《空间与进化杂志》的顾问编委会成员。他在宇宙俱乐部主办了由密西西比大学和国际宇航联合会国际空间法学会共同主办的年度 Eilene Galloway 国际空间法专题讨论会。由于 Robinson 博士对国内和国际空间法的发展做出了独特贡献，麦吉尔大学航空和空间法研究中心每年颁发 AnnK. George S. Robinson 空间法奖。

John Rummel

John Rummel 博士是加利福尼亚州山景城 SETI 研究所的高级科学家，也是蒙特利尔麦吉尔大学航空和空间法研究中心的访问学者。他退休后是北卡罗来纳州格林维尔的东卡罗来纳大学生物学教授。Rummel 博士是 COSPAR 行星保护小组的前主席和创始主席，也是 NASA 顾问委员会行星保护小组委员会的前成员。鉴于这一经验，他作为空间研委会观察员参加了海牙空间资源管理工作组。他还曾担任火星一号行星保护和 EVA 系统的顾问。

此前，Rummel 曾在 NASA 总部工作（1986 年至 1993 年，1998 年至 2008 年），担任 NASA 天体生物学高级科学家和 NASA 行星保护官员（PPO）。在 NASA 的工作期间，他是马萨诸塞州伍兹霍尔海洋生物实验室的研究管理和教育主任。他于 1986 年开始担任 NASA 生命科学处的外空生物学项目经理和研究项目处处长，并负责美苏空间生物学和医学联合工作组下的生命支持和外空生物学实施小组。他是 NASA 科学进步奖的获得者（1990 年），也是国际宇航科学院生命科学奖获得者（2005 年），表彰他对推进宇宙航行科学做出的重大而持久的贡献。他获得了斯坦福大学社区生态学和进化博士学位、科罗拉多大学环境生物学学士学位。

Daniel Sagath

Daniel Sagath，1986 年出生于斯洛伐克，现为阿姆斯特丹大学经济与工商管理学院全日制研究博士生。他的博士项目是与荷兰航天局（NSO）和欧洲空间局（ESA）合作进行的。2012 年 1 月，他在捷克共和国奥洛穆克的帕拉基大学获得政治学和欧洲研究硕士学位。大学毕业后，他在联合国外层空间事务司委员会服务和研究科以及欧洲空间政策研究所完成了几次培训。

在开始攻读博士学位之前，他在欧空局总部的总干事内阁进行了为期 18 个月的国际研究。此外，在过去几年中，他积极参加了国际宇航联合会和联合国组织的几次会议（例如教科文组织、联合国和平利用外层空间委员会）。在过去的几年中，他致力于欧洲和全球空间政策研究和小卫星项目管理、商业发展以及考虑航天部门创业精神的研究。在他的学术生涯中，他发表或合著了一些关于欧洲空间政策和创业发展或欧空局成员国的报告、学术论文和书籍。这些研究发表在同行评议或专业期刊（如《宇航学报》）上，或由 Routledge 或 Brill Nijhoff 出版的编辑书籍卷上。此外，他还是联合创始人，目前担任斯洛伐克空间政策协会副主席。自 2016 年以来，他被任命为联合国外层空间委员会法律小组委员会斯洛伐克代表团团长。

Lisa Saloukvadze

Lisa Saloukvadze 正在阿德莱德大学攻读法律学士和商业学士学位。2015 年，Lisa 参加了耶路撒冷希伯来大学的暑期强化课程（获得了奖学金），重点是国际法和人道主义法，特别是阿拉伯/以色列冲突。Lisa 最近在蒙特利尔大学完成了一个学期的全球商业法海外学习。在魁北克期间，她成为空间咨询委员会的积极成员，该委员会致力于将年轻人与空间工业和联合国联系起来。

Bruno Savoie

在麦吉尔大学法学院攻读 BCL－LLB 法学本科学位之前，Bruno Savoie 在多伦多大学学习文学。他目前是《航空和空间法年鉴》的助理编辑，曾任《麦吉尔国际可持续发展法律和政策杂志》的副主编。他还是麦吉尔法学院 René 教务长教授的研究助理。Bruno Savoie 曾在新加坡一家国际精品律师事务所工作，曾在纽约一家国际刑法非政府组织实习。他目前是蒙特利尔 Generation Centraide 的董事会成员。毕业后，他将在加拿大 Borden Ladner Gervais LLP 律师事务所多伦多办事处工作。

Juliana Scavuzzi dos Santos

Juliana 是加拿大空间协会空间政策和法律分会的主席，也是 ACI World 的航空环境专家，她是 ACI 在国际民用航空组织（ICAO）航空环境保护委员会（CAEP）的观察员和 ACI 世界环境常设委员会（WESC）的秘书。Juliana 还曾在国际民航组织环境处工作，并与巴西国家民用航空局（ANAC）代表一起参加国际民航组织巴西代表团，包括代表巴西参加 2014 年由年轻专业人士组成的第一届国际民航组织示范理事会。Juliana 还曾于 2013 年在日内瓦的国际电信联盟（ITU）进行研究。

自 2013 年以来，Scavuzzi 女士一直是巴西航空和空间法协会（SBDA）的成员，她在该协会担任了多个项目的法律专家，并作为联合国和平利用外层空间委员会法律小组委员会的观察员顾问加入了巴西代表团。

Juliana 拥有巴西 UNICAP 大学的法学学士学位，自 2010 年起成为巴西律师协会的成员，她还拥有巴西 UNIVALI 大学的法学硕士学位和麦吉尔大学航空和空间法研究中心航空航天法硕士学位，自 2011 年以来，她一直积极参与研究。Juliana 还是国际空间法学会的成员，出版了几本关于空间政策和法律、航空和环境问题以及人权的出版物。

Francis Schubert

Francis Schubert 博士是瑞士日内瓦的瑞士航空导航服务有限公司 Skyguide 的首席企业官和副首席执行官。Francis Schubert 是民航服务组织（CANSO）的总法律顾问，欧洲民航设备组织（EUROCAE Organization for Civil Aviation Equipment）主席，瑞士航空航天法协会（Swiss Air & Space Law Association）前任主席。Francis Schubert 从空中交通管制员开始他的职业生涯，有了几年的空中交通管制实践经验后转行到其他职位。他目前的职责包括 Skyguide 的国际关系、公司战略和法律事务。

他还是加拿大蒙特利尔麦吉尔大学航空和空间法研究中心兼职教授，瑞士洛桑大学法学院讲师。

Schubert 博士拥有日内瓦大学国际航空法博士学位和日内瓦国际问题研究所国际关系高级研究学位证书。

Christian Schwarz

Christian Schwarz 是欧洲空间局的仪器工程师。之前曾在德国宇航中心、慕尼黑地区和纽约州北部半导体行业工作。他在新墨西哥大学获得光学科学博士学位，在德国慕尼黑大学获得物理学学位。

Clair Seid

Claire Seid 是俄亥俄大学荣誉辅导学院社会学专业的大四学生，获得了多种研究证书，教授英语作为第二语言。她是玛格丽特·博伊德学者、多元文化领导大使、Embody Consent 的领导。在空闲时间，她喜欢做饭、游泳和参加乐队演奏。

Alexandra Seneta

Alexandra Seneta 在澳大利亚堪培拉工业、创新和科学部工作，负责民用空间问题，包括 1998 年《空间活动法》的应用和审查。她的工作包括了解澳大利亚在太空中的“故事”以及思考发展前进的道路。

此前，她在澳大利亚通信和媒体管理局工作，主要从事卫星通信监管工作。她参加了国际电信联盟世界无线电通信会议；代表澳大利亚参加了关于通信频率的条约层面的谈判；并努力将这些条约层面的安排落实到国内法律和政策中。她参加了有关卫星通信的双边和多边谈判。

她曾是 SBS 电视台的电视新闻和时事记者，毕业于新南威尔士大学法学院，是一名合格的律师。她是国际空间大学（ISU）的教员，曾参与过空间研究计划、南半球空间研究计划；此前曾在法国斯特拉斯堡的国际空间大学工作。

Tommaso Sgobba

Tommaso Sgobba 是 IAASS 执行董事和董事会秘书。Tommaso Sgobba 在 2005—2013 年间担任 IAASS 联合创始人和第一任总裁。直到 2013 年 6 月，Tommaso Sgobba 一直在欧空局负责飞行安全。他在航空业工作了 13 年后，于 1989 年加入欧洲空间局。

在欧空局，Tommaso Sgobba 从事阿丽亚娜 5 号发射装置、若干应用卫星的研制工作，以及欧洲 Hermes 航天飞机的早期阶段工作。后来，他成为所有欧洲载人航天飞机、和平号空间站和国际空间站（ISS）欧洲研究设施的产品保证和安全经理。他担任欧空局国际空间站有效载荷安全审查小组主席 10 年。Tommaso Sgobba 是 R-DBAS（再入大气层直接广播警报系统）的欧空局发明者，用于提醒空中交通中坠落的太空碎片。

Tommaso Sgobba 拥有都灵理工学院（意大利）航空工程硕士学位，同时也是空间系统安全教授（1999—2001 年）。他发表了许多关于空间安全的文章和论文，共同编辑了 2009 年出版的《空间系统安全设计》一书，并担任 2013 年出版的《空间运行安全设计》一书的主编。他是《空间安全工程杂志》的总编辑和《空间安全》杂志编辑部成员。Tommaso Sgobba 在 2004 年因对国际空间站的杰出贡献获得了美国国家航空航天局的表彰，并在 2007 年获得了著名的美国国家航空航天局太空飞行意识（SFA）奖。

Venkatasubbiah Siddhartha

2007—2009 年，应联合国秘书长邀请，Venkatasubbiah Siddhartha 博士担任联合国安全理事会第 1540 号决议委员会纽约专家组成员。回国后，Siddhartha 于 2009—2010 年担任印度政府首席科学顾问。他是印度国防研究与发展组织（Defence Research and Development organization）的荣誉科学家，在与印度国防部长的四位科学顾问直接合作近 20 年后，于 2004 年退休。

Siddhartha 博士曾两次担任印度政府外交部国际安全出口管制和科技问题以及 2005 年《印度大规模杀伤性武器法》的顾问。Siddhartha 博士曾担任印度总理科学咨询委员会秘书一段时间。他还曾在印度科技系统的不同部门任职，包括印度空间研究组织（ISRO）、科学与工业研究理事会（CSIR）、国防研究与发展组织（DRDO）以及科学技术部（DST）。

Siddhartha 博士是班加罗尔社会和经济变革研究所的创始成员。他是印度航空学会和印度联合服务机构的成员，也是一些技术协会和机构的成员。他是英国萨塞克斯大学科学政策研究室的研究员。他曾在印度科学院《当代科学》杂志的编辑部任职。

Siddhartha 博士拥有伦敦帝国理工学院（Imperial College of Science & Technology, London）的博士学位和马德拉斯印度理工学院（Indian Institute of Technology, Madras）的机械工程学士学位。

Michael K. Simpson

Michael K. Simpson 博士是安全世界基金会的执行主任和国际空间大学的前校长。他还曾任尤蒂卡学院（Utica College）和巴黎美国大学（American University of Paris）校长，总共有 22 年的学术首席执行官经验。他目前被任命为国际空间大学空间政策和国际法教授。Simpson 从福特汉姆大学毕业后，接受了美国海军军官的委任，1993 年从海军预备役退役，军衔为指挥官。他的海军经历包括在德国斯图加特的美欧司令部担任政治军事行动官。

他是众多学术论文、演讲、文章和书籍的作者。他的实际经验包括担任联合国和平利用外层空间委员会观察员代表、参加宇航联合会商业航天安全和空间安保委员会、参加地球观测小组的组织代表及其部长级工作组成员理事会、参加世界空间周协会理事会和国家空间协会理事会。他还担任海牙空间资源管理工作组副主席。

他在塔夫茨大学弗莱彻法律与外交学院获得博士学位，拥有锡拉丘兹大学工商管理硕士学位，弗莱彻学院两个文学硕士学位。他还在欧洲完成了两门为期一年的课程：法国高级国防学院和伦敦经济学院的普通课程。他是国际宇航科学院院士、国际空间法学会成员和国际空间商业研究所高级研究员。

Jai Singh

Jai Singh 在开发、实施和管理高级卫星通信系统（固定、广播、移动和导航）和相关无线业务方面拥有 40 多年的经验。他在印度、欧洲和美国的专业经验包括工程、采购、项目管理、轨道频谱管理事务、业务发展和主要卫星项目的筹资。他现在从高级管理层全职退休，兼职为公司和投资者提供战略咨询服务、开发新的卫星通信系统和联合企业，并参与相关收购。他过去的职业任务包括：INSAT 成立 11 年来的印度项目总监、Inmarsat 的第一任导航和应用经理、第一任陆地移动服务总经理，然后是执行副总裁、ICO 最初几年的执行副总裁和项目总监，以及 2007 年印度 ASC 的总裁兼首席执行官。1995 年，他被选为国际宇航科学院工程科学组的成员。

Lauren Small Pennefather

Lauren Small Pennefather 于 1997 年 1 月加入加拿大公共服务部门，并在科学和国际投资领域中任职。她目前是加拿大航天局（CSA）空间利用总干事的高级顾问。

Small Pennefather 女士拥有科学和人类事务学士学位、社区和公共事务学院（1995 年）以及康科迪亚大学公共政策和公共管理硕士学位（1997 年）。她最近在麦吉尔大学航空和空间法研究中心获得了航空航天法研究生证书（2014 年）。

在加入加拿大航天局之前，Small Pennefather 女士曾在加拿大环境部、加拿大外交和国际贸易部工作。在她 18 年的职业生涯中，在三个主要的立法项目中发挥了重要作用，包括加拿大环境保护法、濒危物种法和遥感空间系统法。

2015 年 5 月，Small Pennefather 女士因其杰出的专业和个人成就获得了康科迪亚大学颁发的年度校友奖，并被评为 2016 年康科迪亚大学五名在世界上有所作为的毕业生之一。Small Pennefather 女士是国际空间法学会和加拿大航空航天研究所的成员。

Lionel Smith

Lionel Smith 是麦吉尔大学法学院的 William C. Macdonald 主席。他对基本比较私法的各个方面都感兴趣。他是众多文章、书籍章节、注释和评论的作者，包括《追踪法》（Oxford University Press，1997）；《加拿大沃特斯信托法》第 4 版（Carswell，2012）（合著）；《加拿大公司法：案例、注释和材料》第 4 版（Butterworths，2010）；Oosterhoff on Trusts：Text，评论与材料，第 7 版（Carswell，2009）。他还是三部比较信托法著作的编辑。Lionel Smith 是保罗·安德烈·克雷·皮乌私法和比较法中心的正式成员。他还是美国法律学会、欧洲法律学会、国际比较法学会和国际财产与信托法学会的成员。他是阿尔伯塔省律师协会的非执业会员。2014 年 3 月，他获得了加拿大艺术委员会 Killam 奖学金。他拥有以下学位：蒙特利尔大学法学学士学位、牛津林肯学院哲学博士学位、剑桥冈维尔和凯斯学院法学硕士学位、西安大略大学法学院法学学士学位、多伦多大学三一学院文理学院理学学士学位。

Cassandra Steer

Cassandra Steer 是加拿大国际安全妇女组织（WIIS）的执行主任，也是麦吉尔法学院温赖特分校的初级研究员。她以前是 Erin J. C. Arsenault 博士后研究员，也是麦吉尔大学航空和空间法研究中心的执行主任。她目前的主要研究兴趣是武装冲突法在外层空间军事用途中的应用。在 2015 年初来到加拿大之前，Cassandra 曾在荷兰阿姆斯特丹大学担任初级教授 8 年，教授刑法、国际刑法、国际公法和法律研究方法。她拥有新南威尔士大学哲学学士学位、阿姆斯特丹大学荷兰法律和国际法学士和法学硕士学位以及国际刑法博士学位。2004 年，她在纳维·皮莱法官的领导下在国际刑事法院实习，并在阿根廷、加拿大、德国和美国的大学担任访问研究员，同时也是富布莱特学者。目前，她是加拿大国际法协会空间法委员会成员，宇航联合会空间安全委员会秘书，国际空间法学会、国际和平与安全研究中心、加拿大北约协会和国际空间安全学会、军事法和战争法学会成员。

Olga Stelmakh

Olga Stelmakh 博士是麦吉尔航空和空间法研究中心太空管理博士后研究员，负责协调全球太空管理的国际研究，并从事空间可持续性和安全研究。她还担任世界空间周协会的全球伙伴关系经理。在此之前，她曾任职于乔治华盛顿大学空间政策研究所、乌克兰议会、德国宇航中心、乌克兰航天局和欧洲空间局。Olga 在空间部门工作超过 13 年，其中 7 年是公职人员（包括政府和议员经验）。

2013 年，Olga 获得了国际宇航联合会新兴空间领袖表彰奖，是国际空间法学会、航空航天妇女研究中心、全球外交实验室和世界经济论坛全球未来理事会的成员。2015 年和 2016 年，她担任曼弗雷德·拉克斯模拟法庭竞赛各区域轮次的评委，目前担任国际空间法学会选举委员会主任。

她是空间和电信法研究所（巴黎）和国际空间大学（斯特拉斯堡）的校友，在国内和国际上工作，将公共服务与学术工作和法律实践相结合。她拥有 2 个法学硕士学位、2 个商学硕士学位和国际法博士学位，专注于空间安全。她的主要科学兴趣在于空间安全、太空管理、空间外交、国际空间合作和商业空间等领域。

Ruth Stilwell

Stilwell 博士是 Aerospace Policy Solutions，LLC 的执行董事。她在 2010—2015 年间，作为国际空中交通管制协会联合会的代表，担任国际民航组织空中导航委员会空中交通管制员。空中导航委员会是为国际民航组织理事会服务的技术机构。她在空中交通管制方面的经验包括在迈阿密航线交通管制中心工作 25 年，在联邦航空局需求服务处担任联络员两年，以及担任国家空中交通管制员协会执行副主席 6 年。此外，她还担任国际运输工人联合会空中交通服务委员会的创始主席，这一职位她担任了四年。她是国际空间安全促进会亚轨道载人航天技术委员会的现任成员。她的学术背景包括多个主题的研究和出版，包括民用空域商业空间运行的整合、管制员退休计划和人员配备要求、空中交通管制设施整合的风险成本和空中交通管制融资。她在国家劳工学院获得了劳工研究学士学位，在巴尔的摩大学获得了 MPA 和 DPA 学位。

Charles Stotler

Charles Stotler 是 Aviation Advocation 的合伙人，Aviation Advocation 是一家专业咨询公司，为航空、航天和电信利益相关者提供市场洞察、监管咨询和商业咨询。Stotler 先生曾是美国国家科学院科学、技术和法律委员会的项目官员和 Mirzayan 科技政策研究员；联合国外层空间事务司和联合国反恐执行局的法律实习生；航空工业协会的政策实习生，协助行业利益相关者在国际民航组织空间学习小组中的代表。他是 2015 年空间安全指数的特约研究员，也是同行评议和其他出版物的作者。Stotler 先生是加利福尼亚和纽约律师协会以及国际空间法学会的成员。他曾担任《美国国际法学会贡献者传记》空间法兴趣小组 2015—2017 年联席主席。他拥有麦吉尔大学航空和空间法研究中心硕士学位和路易斯安那州新奥尔良洛约拉大学法学院国际法律法学博士学位。

苏金远

苏金远现任中国西安交通大学法学院教授。他的研究方向是外层空间法、海洋法和国际航空法。苏博士拥有西安交通大学国际法博士学位。他曾任麦吉尔大学航空和空间法研究中心 Erin J. C. Arsenault 研究员（2014—2015 年）、剑桥大学劳特帕克特国际法中心访问研究员（2009—2010 年）和伦敦国王学院法学院访问学者（2008—2009 年）。苏博士是空间安全指数（SSI）管理小组成员、《外层空间军事用途国际法手册》项目国际空间法小组核心专家、世界经济论坛（WEF）全球未来空间技术理事会成员（2016—2018 年）。

Kalev Tamm

Kalev Tamm 在麦吉尔大学获得 BCL/LLB 学位，拥有不列颠哥伦比亚大学的法学硕士学位。他的学术兴趣集中在国际税收法律和政策。Tamm 曾与经合组织（OECD）合作 BEPS 项目的税收政策和管理部分，并将在加拿大税务法院做职员。

Tan Suyin

Tan Suyin 博士是加拿大滑铁卢大学应用地理信息学研究实验室的高级讲师和主任。她是国际空间大学（ISU）的教员和学术委员会主席。在国际空间大学，她曾担任空间研究计划（SSP）的联合主席和空间应用部主席，并在空间研究硕士（MSS）计划中担任授课老师。Tan Suyin 的专业是地理信息系统、遥感和空间数据分析。她是一位杰出的盖茨学者，获得了剑桥大学（英国）的博士学位、牛津大学（英国）和波士顿大学（美国）的两个硕士学位以及圭尔夫大学（加拿大）的理学学士学位（Env）。她曾是剑桥大学客座研究员、牛津大学（英国）环境变化研究所客座研究员、基督教堂学院成员。Tan Suyin 具有地理空间技术的跨学科背景，在气候变化、生态系统建模和环境健康方面有研究。在过去的十年中，Tan Suyin 获得了超过 16 个奖项，包括著名的总统大学研究生奖学金和海外研究奖学金。Tan Suyin 因在教学方面的杰出贡献获得了 2014 年著名的杰出表现奖，该奖表彰了滑铁卢大学的顶尖教授。她来自巴布亚新几内亚，具有多元的国际背景，在北美、澳大利亚、亚洲、南美和欧洲都有卓越的教学和研究记录。

Leslie I. Tennen

Leslie I. Tennen 是亚利桑那州凤凰城的一名私人律师，30 多年来一直专注于空间法事务。他是 Sterns and Tennen 律师事务所的合伙人，这是第一家被选为国际宇航联合会会员的律师事务所。Tennen 先生在亚利桑那大学获得法学博士学位，并在耶路撒冷斯科普斯山希伯来大学学习国际法和比较法。他是亚利桑那州律师协会的成员，1977 年 2 月在亚利桑那州律师考试中获得最高分数。他获准在美国地区法院、美国第九巡回上诉法院和美国最高法院执业。Tennen 先生于 1994 年至 2000 年被亚利桑那州州长任命为亚利桑那州航天委员会委员，并经常在航空航天会议和学术讨论会上担任讲师。Tennen 先生是国家和国际各级公共和私营组织的空间事务顾问，并参加了世界各地的讲习班和大会。他撰写和合著了几十篇文章，并在主要的法律和科学期刊上发表。他是国际空间法学会和国际宇航科学院的成员。1998 年，Tennen 先生与 Patricia Margaret Sterns 共同获得了国际空间法学会奖。Tennen 先生于 2006 年获得国际空间法学会杰出服务奖。

Eytan Tepper

Tepper 博士在特拉维夫大学获得法律和经济学双学士学位，在耶路撒冷希伯来大学获得法律硕士学位。Tepper 博士在以色列从事法律工作，主要为以色列银行和经济部（外贸管理）工作，并担任以色列律师协会经济论坛副主席。最近获得中国政法大学国际法博士学位。

Jean - Jacques Tortora

自 2016 年 6 月 1 日起，Jean - Jacques Tortora 一直担任欧洲空间政策研究所所长。2007 年至 2016 年，他担任欧洲航天行业贸易协会 ASD Eurospace 的秘书长。2004 年至 2007 年，他曾任法国空间研究中心北美办事处主任和法国驻华盛顿大使馆航天航空专员。此前，他是法国空间研究中心负责战略和项目的副主任，负责工业战略。1998 年至 2000 年，Tortora 先生担任法国产业政策基金管理研究部顾问。1996 年至 1998 年，他在法国埃弗里的阿丽亚娜空间公司工作。1990 年至 1996 年，Tortora 先生在法属圭亚那库鲁担任阿里安空间运营质量部主管。1984 年，Tortora 在法国军事采购局（DGA）开始了他的职业生涯，他是一名海军武器集成和测试工程师、信号处理和军舰声学专家。

Branislav Turcina

Branislav Turcina 是麦吉尔大学航空和空间法研究中心的法学硕士，也是 Erin J. C. Arsenault 太空管理硕士。他拥有英国剑桥大学的法学硕士学位和荷兰海牙应用科学大学的法学学士学位。他在欧洲公法委员会和欧洲公法领域获得了丰富的专业经验。

Brian Weeden

Brian Weeden 博士是安全世界基金会的技术顾问，在空间行动和政策方面有 16 年的专业经验。他丰富的技术知识和专门知识使他能够进行批判性分析，为制定空间政策提供支持。

Weeden 博士目前担任技术顾问，负责研究空间碎片、全球空间态势感知、空间交通管理、空间资产保护和太空管理。他还组织了国家和国际讲习班，以提高对空间安全、稳定和可持续性问题的认识并促进对话。他是世界经济论坛全球空间议程理事会的成员和前任主席。Weeden 博士还是美国国家海洋和大气管理局（NOAA）商业遥感咨询委员会的成员。

在加入主权财富基金会之前，Weeden 博士曾在美国空军服役九年，从事空间和洲际弹道导弹行动。作为美国战略司令部联合空间作战中心（JSpOC）的一部分，Weeden 博士指导了轨道分析员培训计划，并制定了提高空间态势感知的战术、技术和程序。

Weeden 博士作为一位受人尊敬和认可的国际专家，其研究和分析成果曾发表或引用在《纽约时报》《华盛顿邮报》、美国国家公共广播电台、《今日美国》、英国广播公司、福克斯新闻台、中国国际广播电台、《经济学人》、达沃斯世界经济论坛年会、学术期刊以及联合国报告、美国国会讨论中。

Weeden 博士拥有克拉克森大学电气工程理学学士学位、北达科他大学空间研究理学硕士学位，同时也是国际空间大学空间研究项目（2007 年，北京）的毕业生。他拥有乔治华盛顿大学科技政策研究领域的公共政策和公共管理博士学位。

Edythe E. Weeks

Weeks 是教授、国际学者，著有《外层空间发展、国际关系和空间法》（剑桥学者出版社，2012 年）。她的主要研究着眼于国际法和国际政治之间的交叉点，因为它适用于国际空间法和政策以及政治权力的行使。她于 2004 年当选为国际空间法学会成员，并在各种国际学术期刊上发表了论文，包括《宇航学报》《国际科学外交政策法评论》和《国际空间法学会学术讨论会论文集》。

Weeks 参加了许多国家的国际空间委员会大会，最近作为富布莱特专家前往墨西哥参加了国际空间委员会 2016 年大会，以提高对空间法、政策和全球重大活动的认识和知识水平。Weeks 与国际教育研究所的国际学者交流理事会保持着密切的工作关系，专门研究机构联系战略，以扩大全球影响。相对于通过远程技术维护学术项目，Weeks 在亲自开发和教授在线课程方面拥有更高的专业水平。她就职于三所美国大学、一所俄罗斯大学和两所墨西哥大学。Weeks 是富布莱特专家项目的毕业生，在西伯利亚的鄂木斯克 F. M. 陀思妥耶夫斯基州立大学（2015 年）和韦拉克鲁萨纳大学（Universidad Veracruzana）、北美研究项目（North American Studies Program）、墨西哥哈拉帕的 Escuela para Estudiantes Extranjcros 和瓜达拉哈拉大学太平洋研究部、墨西哥瓜达拉哈拉贾利斯科社会科学和人文校园（2016 年）顺利完成教学任务。教学经验包括教授儿童空间法的各种项目。她致力于帮助人们充分发挥作为学者的潜力。Weeks 目前担任副教授，在韦伯斯特大学国际关系专业为硕士学生开发和教授空间主题课程，并将在华盛顿大学开发和教授一门关于美国种族和种族关系的新课程——从最初的 13 个殖民地进入外层空间。Weeks 在韦伯斯特大学和华盛顿大学担任联合教员已经超过八年了。Weeks 目前正在研究国际空间法如何帮助制定和扩大极地法，以便在北极地区融化时制定和平解决方案。

Weeks 博士拥有北亚利桑那大学弗拉格斯塔夫分校政治与国际事务系政治学/国际关系博士学位；密苏里哥伦比亚大学法学院法学博士学位，以及密苏里哥伦比亚大学经济学学士学位。

Chris Welch

Chris Welch 是法国斯特拉斯堡国际空间大学的空间工程教授。他的职业生涯开始于在肯特大学作为乔托和尤利西斯任务的空间科学家，但后来他将重点转向空间活动的技术方面，特别是非化学空间推进及其应用。在 2011 年加入国际空间大学之前，Welch 教授曾在伦敦金斯顿大学工作多年，负责航天和空间技术活动。在此期间，他还担任了两项有关英国空间政策的政府调查的专家顾问。

Welch 教授是英国行星际学会副会长、理事会成员和研究员，英国皇家天文学会研究员，美国航空航天研究所副研究员，工程技术研究所和物理研究所成员。此外，Welch 教授还是国际宇航联合会的副主席，与该联合会有 20 多年的联系，曾两次担任宇航联合会的空间、教育和外联委员会主席，也是空间大学委员会和空间文化利用委员会的成员。2015 年，他获得国际宇航联合会杰出服务奖。Welch 教授是世界空间周协会、太空链接学习基金会和太空新一代咨询委员会的顾问委员会成员。2009 年，他被授予 Arthur Clarke 爵士太空教育奖。他还是 Arts Catalyst 委员会成员和 Initiative for Interstellar Studies 委员会成员。

Welch 教授拥有卡迪夫大学物理学学士学位（荣誉）、莱斯特大学空间物理学硕士学位和克兰菲尔德大学航天器工程博士学位。

附录B 术语表

ABM (Anti - ballistic Missile)：反弹道导弹。

ABM treaty：1972年《反弹道导弹条约》。美国和苏联签署的旨在减少使用反弹道导弹系统的条约。该条约于1972年签署，作为对使用反弹道系统对付弹道导弹核武器的回应。2002年美国退出《反弹道导弹条约》，该条约终止。

Absolute liability：《责任公约》。当损害仅仅是由受其管辖和控制的国家行为或企业行为造成时，不论是否存在过错或过错的程度，绝对责任归于国家。第二条规定了对一国空间物体造成的损害承担绝对责任的条件。见第三条定义的有限责任。

Access without discrimination：《外层空间条约》。第一条确立了以非歧视方式自由使用和探索外层空间的原则。第一条"不论其经济和科学发展程度如何"的具体措辞赋予所有国家进入和利用外层空间的同等权利。

Active debris removal：主动清除碎片。包括通过改变轨道或以某种方式附着在废弃空间物体上并直接将其从轨道上清除的各种技术。例如，这种技术可以包括抓取碎片并将其转移到其他轨道，或者通过使用地面激光技术改变其轨道。

Airspace：空域。没有国际商定的高度来界定外层空间的高度以及大气空间和外层空间之间的分界线。商业空域从地面延伸至20千米。冯·卡门线是有翼飞行器无法自行维持的高度（即距地球表面100千米）。在160千米的高度上，卫星没有足够的速度维持在轨道上。根据《芝加哥公约》第1条，各国对其领土上方的领空拥有"完全和专属主权"。关于高度，这一点的含义并不完全清楚，但很明显，它涵盖了20千米以下的商用航空空间，以及可能用于军用飞机和超声速、高超声速飞机的更高区域。

ALC：非洲领导人空间科学和技术促进可持续发展会议。

ANC：空中导航委员会。

ANSI：美国国家标准协会。

ANSP：空中导航服务提供商。

APRSAF：亚太区域空间机构论坛。1993年在亚太区域间设立的一个论坛，目的是加强该区域的空间活动。APRSAF的成员包括私营公司和组织、政府机构、国际组织以及独立实体。它支持与空间有关的项目，并举行年度会议和讲习班。

APSCO：亚太空间合作组织。本组织扩大到亚太地区，其目标是各组织成员国在空间技术和空间应用方面的相互合作。1992年成立的亚太空间合作组织有16个成员国，10年后，即2002年签署了《亚太合作组织公约》，8个国家成为该组织的正式成员国。

ARMS：非洲资源和环境监测卫星星座。

ASATs：反卫星武器。利用技术摧毁或停止主要用于军事目的的卫星功能的地面、空中或海上系统。

ASETA：安第斯电信企业协会。

ASTRO：自主太空运输机器人操作。

ATC：空中交通管制。为避免碰撞和空域交通管理，通过使用具有指挥飞机能力的地面系统来控制空域的服务。

ATM：空中交通管理系统。在飞机起飞、着陆和飞行期间协助飞机的一系列系统，包括气象系统和空中交通管制（ATC）服务。

ATS：南极条约体系。

BeiDou Navigation Satellite System：北斗导航卫星系统。这是提供全球导航卫星系统服务的中国卫星网络。

BMD：弹道导弹防御。

Bogota Declaration of 1976：《1976 年波哥大宣言》。1976 年由巴西、哥伦比亚、刚果、厄瓜多尔、印度尼西亚、肯尼亚、乌干达、扎伊尔签署，这些国家通过该协定声称对其领土上方的地球静止轨道拥有主权，并将其视为其领空的一部分。该宣言没有得到国际社会的积极响应。

BR：国际电信联盟无线电通信局。

BRICS：金砖国家。一个缩写词，包括巴西、俄罗斯、印度、中国和南非。

CASIS：空间科学促进中心。

CAST：中国空间技术研究院。

C - Band：卫星通信用 C 波段频谱。

CCA：加拿大商业协会。

CCP：商业航天员计划。

CCSDS：空间数据系统协商委员会。

CD：裁军谈判会议。该会议成立于 1979 年，目的是谈判《生物武器公约》。最初它有 40 个成员国，到目前为止这个数字已经上升到 65 个。它是“1978 年举行的联合国大会第一届裁军特别会议的成果”，目前的目标是军备控制和裁军努力。虽然不被视为联合国组织，但联合国秘书长的一名代表也为会议做出贡献。

CEA：美洲空间会议。

CGSIC：民用全球定位系统服务接口委员会。

Chicago Convention：国际民用航空公约，芝加哥，1944 年 12 月 7 日。《芝加哥公约》于 1944 年在芝加哥签署，目前已有 191 个缔约国。它成立了国际民用航空组织（民航组织），除此之外，引进了与民用航空安全保障、环境问题、空中导航和机场运作的国际协调有关的规则和程序。

CIGS：铜铟镓硒化物。

CME：日冕物质抛射。

CNES：法国国家空间研究中心。

CNSA：中国国家航天局。

CoCoSL：科隆空间法评注。

"Common heritage of mankind"："人类共同财产"。国际法中的这一概念是指地球上某些特定国家或私人实体不能开发或利用的地区，除非这些地区造福于全人类。这一概念体现在《月球协定》第 11（1）条中，以确定天体及其自然资源的性质，以及《联合国海洋法公约》（UNCLOS）关于海底及其自然资源的第 136 条。

COSMOS：莫斯科航空学院国际高级研究中心。

COSPAR：空间研究委员会。该委员会成立于 1958 年，其主要目标是促进与利用外层空间有关的科学研究方面的国际合作，其主要目标是实现有关信息在国际层面上的有效传播。它是由国际科学理事会设立的，主办年度会议、研讨会和大会。

COSPAR PEX study：空间研究委员会的研究报告，探索小组

COSTIND：中国国防科学技术工业委员会。

COTS：商业轨道运输服务。

CSA：加拿大航天局。

CSLAA：2004 年商业空间发射修正法案。

Customary law：习惯法。习惯是国际法的渊源之一（根据《国际法院规约》第 38 条），并包含在国家实践和法律意见中。习惯法可以被定义为从各国所遵循的实践中产生的一系列规则，这些规则被认为是具有约束力的，但不涉及习惯法的形式。

Cyberattack：网络攻击。利用计算机和任何其他类型的 IT 网络造成部分或全部功能失常或摧毁这些网络（可能是卫星）的一切努力（成功或失败）。

DARPA：国防高级研究计划局。

DEM：数字高程模型。

DEW：定向能武器。

Disaster Charter：《灾害宪章》。关于在发生自然或技术灾害时协调使用空间设施的合作宪章。由于在第三次外空会议上进行的讨论和提出的建议而于 2000 年制定的宪章，该宪章及时、免费提供数据，已援引近 90 次。地球观测组织（GEO）、全球环境与安全监测组织（GMES）和美国空间技术灾害管理组织（STDM）等实体对该宪章做出了贡献。

DLR：德国宇航中心。

DoC：美国商务部。

DoT：美国运输部。

Dual - use satellites/payloads：可同时或交替用于民用（主要是商业）和军事目的的卫星及有效载荷。

Due diligence：尽职调查。尽职调查是国际法的一个概念，根据这一概念，各国在开展活动之前应考虑其活动的后果，如果预见到这些活动将对其他国家的活动造成损害或阻碍，则应予以放弃；或者他们应该确保采取一切必要的措施来避免这种后果。《外层空间条约》中的同一概念描述了开展空间活动的方式。

Due regard：适当顾及。指国家有义务以不损害其他国家的方式开展活动。适当顾及与尽职调查不同的是，前者指的是经营阶段，后者指的是准备阶段。在空间法中，《外层空间条约》第九条提到了这一术语。

EC：欧盟委员会。

EEO：大偏心率地球轨道或闪电轨道。

EGNOS：欧洲地球静止导航覆盖服务。

EMI：电磁干扰。

EMP：电磁脉冲。

ENAC：意大利民航局。

ENMOD：1977 年《禁止为军事或任何其他敌对目的使用改造环境的技术的公约》。

EPFL：洛桑联邦理工学院。

Equal non - discriminatory sharing/uses of outer space：平等无歧视地分享/利用外层空间。这一概念在《外层空间条约》中提出，后来在《月球协定》中重申，并要求各国“不论其经济和科学发展程度如何”平等参与分享和利用外层空间。

Equitable sharing/uses of outer space：公平分享/利用外层空间。与“平等分享”不同，“公平分享”利用外层空间所产生的惠益是指根据各国的需要均衡分享，而不是盲目地在所有国家之间平等。《月球协定》确立了这一概念，惠益指的是利用天体自然资源所带来的好处。

Erga omnes obligations：普遍适用义务。指国际法的特权规范，这不能被不尊重、无视，也不能被其他国际法规范替代。这种规范可以是习惯法的一部分，可能包含自决权等国际法的主要概念。

ESA：欧洲空间局。

ETLFs：外星人生命形式。

ETSI：欧洲技术标准协会。

EU Draft Code：2008 年欧盟行为准则草案。

Eumetsat：欧洲气象卫星应用组织。

EUTELSAT：欧洲通信卫星组织。

FAA：联邦航空管理局。负责“民用航空的发展、安全和管理”的美国国家航空管理局。在其管辖范围内还包括空中交通管制（ATC）活动。联邦航空局下属的商业空间运输办公室负责美国私人空间发射的安全监督和商业许可，另一个部门负责促进美国商业空间运输业。

“Fair return” principle：合理回报。欧空局在资助其空间活动时所采用的原则，这与“最佳性价比原则”的概念相矛盾，它要求欧空局成员所获经济利益应等同于其各自对空间活动的贡献。

FAO：粮农组织。

Fault - based liability：基于过错的责任。与《责任公约》第二条所确立的绝对责任不同，基于过错的责任要求国家存在过错，以便将责任归于国家。《责任公约》第三条规定了这种责任。

FCC：美国联邦通信委员会。

FIA：瑞士国际汽车展。

FIR：飞行情报区。

FOSA：法国空间行动法。

GA resolutions：大会决议。

GAGAN：GPS 辅助地理增强导航系统。

Galileo：伽利略。这是欧洲卫星网络，正在部署中，提供全球导航卫星系统服务。

GATT：关贸总协定。

GEO：地球静止轨道，也指地球同步轨道。参见 GSO，也用于表示地球静止轨道。

GGE：政府专家组。

GLONASS：全球导航系统。这是用于全球导航卫星系统服务的俄罗斯卫星系统。

GMDSS：全球海上遇险与安全系统。

GNSS：全球导航卫星系统。这些系统根据地球轨道上的卫星星座提供精确的定位、导航和授时（PNT）。

GPS：全球定位系统。这是美国用来提供全球导航卫星系统服务的 MEO 卫星星座。

GSO：地球同步轨道。

HAND：高空核爆。

HAPS：高空平台系统。

HPOs：高绩效组织。

IAASS：国际空间安全促进协会。IAASS 成立于 2004 年，是一个非营利性组织，其目标是实现广泛的国际合作，以促进空间系统安全领域的发展。IAASS 被授予联合国和平利用外层空间委员会观察员地位。

IAC：国际宇航大会，每年举行一次。

IADC：机构间空间碎片委员会。在国际层面协调与空间人造和自然碎片有关问题的国际政府论坛。它成立于 1993 年。

IAF：国际宇航联合会。

IATA：国际航空运输协会。

IAU：国际天文学联合会，每三年一次。

IAWN：国际小行星预警网。成立于 2013 年，获得联合国教科文组织大会第 68/75 号决议的认可。其目的是管理关于应对近地天体和小行星风险的建议。

IBRD：国际复兴开发银行。

IC：基础设施委员会。

ICAO：国际民用航空组织。1944 年成立的联合国专门机构，目的是“执行《芝加哥公约》的行政和管理工作”。国际民航组织《芝加哥公约》的成员国通过采用 SARP（标准和推荐做法)，以实现安全、可靠、经济的目标，以及航空环境的可持续。它由 191 个公约缔约国组成。

ICC：国际商会。

ICC：国际刑事法院。

ICDs：接口控制文件。

ICJ：国际法院。

ICOC：国际外层空间活动行为守则。

ICSID：国际投资争端解决中心。

ICSU：国际科学联盟理事会。

ICT：信息和通信技术。

IEC：国际电工委员会。

IEEE：电气与电子工程师协会。

IEFT：互联网工程特别工作组。

IGC：全球导航卫星系统国际委员会。

IGS：国际全球导航卫星系统服务。

IHL：国际人道主义法。

IISL：国际空间法学会。成立于 1969 年，目的是促进合作，通过与有关国际组织的合作促进空间法的发展。

ILC：国际法委员会。1948 年由联合国大会设立，自那时起每年在日内瓦举行会议，主要目标是有效地编纂和发展国际法。

ILC Articles：国际法委员会条款。国际法委员会关于国家对国际不法行为的责任的条款。国际法委员会起草的关于国际责任的条款是 1948 年成立的 14 个专题之一。1998 年至 2000 年期间，委员会正在编写关于国家责任的条款草案，后来大会于 2001 年通过了该条款草案，并将其作为第 56/83 号决议的附件。尽管这些条款尚未变成条约，不具约束力，但它们受到各国和国际法庭的高度尊重，因为国际法委员会条款的许多规定编纂了习惯国际法。

IMCO：政府间海事协商组织。

IMF：国际货币基金组织。

IMO：国际海事组织或国际气象组织。

INMARSAT：国际海事卫星组织。

INTELSAT：国际通信卫星组织。

International Charter on Space and Major Disasters：《空间和重大灾害国际宪章》。与自然或人为灾害有关的空间数据。宪章中包含的数据来源于 Sentinel - 1A、RADARSAT、ALOS、Landsat、Quickbird 等卫星，由 ESA、CNES、CSA、ISRO、NOAA、JAXA 等机构管理，以便有需要的国家使用。

IOAG：机构间行动咨询小组。

IRNSS：印度区域导航卫星系统。

ISO：国际标准组织。

ISRO：印度空间研究组织。

ISRU：原位资源利用。

ISS：国际空间站。

ISS IGA：国际空间站政府间协议。1998 年签署的条约，目的是建立在真正伙伴关系基础上的长期国际合作框架，以便为和平目的详细设计、开发、运行和利用永久居住的民用空间站。随后，美国国家航空航天局和参与国际空间站的每个空间机构签署了 4 份谅解备忘录。国际空间站政府间协议构成了围绕国际空间站的主要法律框架。

ISS MoUs：国际空间站谅解备忘录。

ISSF：国际空间安全基金会。

ISU：国际空间大学。成立于 1987 年，是一个教育组织，每年提供与空间有关的课程，包括空间法律和政策。它位于法国斯特拉斯堡。

ITARs：《国际武器贸易条例》。管制与国防目的有关的物品和服务的运输（进出口）的条例。它们实质上是美国国务院颁布的《武器出口管制法》22USC2778 条款的实施。

ITLOS：国际海洋法法庭。

ITSO：国际通信卫星组织。

ITU：国际电信联盟。联合国信息和通信技术专门机构。它是最古老的联合国机构，成立于 1865 年。它位于瑞士日内瓦，其法律框架包括《国际电联公约》《国际电联章程》和《国际电联无线电条例》

ITU Convention：国际电信联盟公约。

JAXA：日本宇宙航空研究开发机构。

JPEG：联合摄影专家组。

J - SSOD：JEM 小卫星轨道部署器。

Ka - Band：卫星通信用 Ka 波段频谱。

KEW：动能武器。

Ku - Band：卫星通信用 Ku 波段频谱。

Launching authority：授权将空间物体发射到外层空间的实体。与“发射国”不同的概念，通常与许可证发放实体有关。

Launching State：发射或促成发射空间物体的国家，或从其领土或设施发射空间物体的国家。（《责任公约》和《登记公约》第一条）。

LEO：低地球轨道

Liability Convention：《关于空间物体造成损害的国际责任公约》，1972 年 3 月 29 日。经过十年的谈判，联合国和平利用外层空间委员会法律小组委员会于 1971 年通过了第 2777（XXVI）号决议，其中介绍了《责任公约》。该公约于 1972 年生效，通过区分绝对责任和过失责任，涵盖了空间活动产生的责任问题。这是一项面向受害者的条约，它规定了对在地球表面造成的损害的绝对责任和对在外层空间发生的损害的基于过错的责任。

LTSOSA：外层空间活动的长期可持续性。

MCTR：导弹技术控制制度。

MDG：联合国千年发展目标及 2015 年后项目。

MENA：中东和北非地区。

MEO：中地球轨道。

MILAMOS：适用于军事利用外层空间的国际法麦吉尔手册。

MIRACL：中红外先进化学激光器。

MOCs：合作备忘录。

Moon Agreement：《关于各国在月球和其他天体上活动的协定》，1979 年 12 月 5 日，纽约。该协定于 1979 年由大会第 34/68 号决议通过，重申了《外层空间条约》的许多规定。它还介绍了“人类共同财产”的概念，以及天体及其自然资源的关系。

MPEG：动态图像专家组。

NAM：不结盟运动。

NASA：美国国家航空航天局。美国国家航空航天局是美国联邦政府行政部门的一个独立机构，负责民用航天计划，并进行航空航天研究。

Near - space：指商业航空空间上方和外层空间下方的平流层区域。亚空间和临近空间这两个术语也用来指航空空间的上部区域，在这些区域中，新的活动和运输范围正在扩大。

NEO Wise：近地天体。

NEOs：近地天体。NEAs 是近地小行星。这些是“彗星和小行星，它们被附近行星的引力推到轨道上，使它们能够进入地球的附近”（美国国家航空航天局）。

NEPA：《1970 年美国国家环境政策法》。

New Space Activities and Commercialization：新太空活动和商业化。外层空间和新空间活动的商业化不仅促进了新的空间技术，而且在设计、使用商用现货（COTS）组件以及以较低成本的方式完成航天器和运载火箭的空间活动方面也有许多创新。这类新的商业空间活动的范围被称为“新太空”，旨在寻找新的更快、更便宜和更好的方式来执行空间任务。

NFIRE：近场红外实验。

NGOs：非政府组织。

NIAC：NASA 创新先进概念。

NMD：国家导弹防御系统。

NOAA：国家海洋和大气管理局。美国国家海洋和大气管理局是美国商务部的一个科学机构，最初成立于 1807 年，1970 年重建，其宗旨是对环境和海洋的危险变化发出警告，并告知潜在的危险。

“No First Placement”：不首先放置。这个词来自联合国大会第 69/32 号决议，该决议于 2014 年以 126 票赞成、4 票反对、46 票弃权获得通过。该决议敦促各国单方面宣布“不首先放置”空间武器。

NPT：1970 年《核不扩散条约》。

NTIA：国家电信和信息管理局。

NTM：国家技术核查手段。

NTP：核热力推进。

OATS：安第斯卫星通信组织。

OECD：经济合作与发展组织。

On-orbit servicing：在轨服务指为延长在轨物体的寿命或增强其能力而对在轨物体（如卫星、空间站或航天器）进行的安装、维护和修理活动。在轨服务可包括有人或无人任务。

OOSA：外层空间事务司。作为联合国秘书处的一部分，执行联合国大会和联合国和平利用外层空间委员会的决定。它成立于 1962 年，位于维也纳。

Opinio juris：构成习惯的两大要素之一。它指的是对状态的感知，即某一行为对它们具有约束力，尽管不具有常规约束力。它与“国家惯例”一起构成习惯要素。

Outer space：外层空间。对外层空间的组成没有普遍接受的定义，主要原因是对大气空间和外层空间的划分缺乏一致意见。尽管许多理论提出了不同的看法（例如，空间主义方法、功能主义方法、气动升力理论等），但最普遍接受的外层空间起点是地球表面以上 100 千米处（冯·卡门线）。因此，外层空间可以定义为从地球表面以上大约 100 千米开始的大气空间以上的区域。

Outer Space Treaty：《关于各国探索和利用包括月球和其他天体在内的外层空间活动的原则条约》。莫斯科、伦敦、华盛顿，1967 年 1 月 27 日；《外层空间条约》于 1967 年 1 月开放供签署，并于 1967 年 10 月生效。OST 通过核心原则确立了国际空间法的基本框架。目前已有 104 个缔约国。

P3：公私合作联盟。

PAROS：联合国大会关于防止外空军备竞赛的决议。

Peaceful uses：和平利用。空间法从一开始就侧重于为和平目的利用外层空间。虽然没有禁止将空间用于军事目的的具体规定，但在《外层空间条约》的谈判中普遍同意，只要外层空间不是以侵略性的方式，就可以将其用于军事目的。因此，和平利用可能涉及军事目的。

PECS：欧洲合作国家计划。

PHAs：潜在危险小行星。

Planetary defense：行星防御。用于描述为保护地球免受来自外层空间的风险和危险而使用或计划使用的所有技术、预防措施和技术能力的术语。

PNT：定位、导航和授时服务。也被称为精确导航和授时服务。这种能力是由世界各地的几个全球导航卫星系统提供的。另见：美国 GPS、俄罗斯 GLONASS、欧洲伽利略、日本准天顶卫星系统、中国北斗卫星导航系统和印度 IRNSS。

PPP：行星保护政策。

PPWT：2008 年防止在外层空间放置武器、对外层空间物体使用或威胁使用武力条约草案。

"Province of mankind"：这一概念是指在《外层空间条约》中出现的外层空间，后来在《月球协定》中得到重申。这个词表示所有国家都可以利用外层空间，为所有国家自由利用外层空间奠定基础。

PQR：科学行星隔离要求。

Protozone：临近空间。可以被描述为低于卫星可维持轨道的高度（即 160 千米）和高于商业空域（即 21 千米）的区域。尽管在平流层区域的使用方面出现了一些新的应用，但该区域目前不在任何有组织的国际管制之下。

PTBT：1963 年的《部分禁止核试验条约》。《部分禁止核试验条约》是《禁止在大气层、外层空间和水下进行核武器试验条约》（1963 年）的简称。该条约禁止在地球、大气层和外层空间（除非在地下进行）进行核武器的所有试爆。《部分禁止核试验条约》是第一份引入与外层空间有关的具有约束力的国际文书。

Quasi - Zenith satellites：准天顶卫星系统。这是一个由日本部署的系统，也被称为 8 度或 45 度移动的地球同步轨道。该系统的设计目的是为日本提供导航和移动通信。

Radio frequencies：无线电频率是 3 kHz 至 300 GHz 范围内的电磁波频率。例如，它们包括用于通信或雷达信号的频率。

Registration Convention：《关于登记射入外层空间物体的公约》，1974 年 11 月 12 日，纽约。《登记公约》于 1975 年由联合国大会通过，并于 1976 年 9 月 15 日生效。它主要解决缔约国在其空间物体方面的责任以及向联合国外层空间事务司登记射入空间的航天器方面可能出现的问题。

Res Communis：共有物。它是罗马法中使用的拉丁语术语，现在指的是公共领域，通常与"人类共同财产"的概念联系在一起。

RF：射频。

RFI：射频干扰。

Right to self - defense：自卫权是指个人以合理的或防卫性的武力保卫自己或他人生命的权利，是《联合国宪章》（第五十一条）所载的最基本的权利之一。

RLV：可重复使用的运载火箭。RLV 是一种能够重复（不止一次）向太空发射有效载荷的运载工具。

ROCOSMOS：俄罗斯航天局。

RPAS：遥控航空器系统。

RPO：交会和近距离操控。

RR：《国际电信联盟无线电条例》。

RRB：国际电信联盟无线电管理委员会。

S & MA：工程、安全和任务保证。

SARPs：标准和推荐做法是国际民用航空组织（ICAO）在协调国际航空安全和管理程序时使用的一个术语。

S - Band：S 波段雷达。

SBSP：天基太阳能。

SBSPS：天基太阳能卫星。

SDA：空间数据协会。它的总部设在马恩岛，向卫星运营商提供有关卫星轨道位置的信息，特别是提供有关卫星可能交会的警报。

SDGs：联合国可持续发展目标。这是联合国大会批准的旨在改善和改变世界的 17 个 2030 年目标。

SGAC：空间新一代咨询委员会。

SMPAG：联合国空间任务规划咨询小组。SMPAG 在 2013 年 6 月的联合国和平利用外层空间委员会第五十六届会议和 2013 年 12 月的联合国大会第六十八届会议上获得正式批准。SMPAG 的主要目的是准备对近地天体威胁做出国际反应。

SOAR：可重复使用的亚轨道飞行器。这是瑞士航天系统公司（S - 3）的一个项目，该项目涉及一个小型有效载荷在 S - 3 航天飞机释放后被送入轨道的能力，S - 3 航天飞机利用运载飞机飞到高空。

SOEs：国有企业。

Soft law：软法律。软法律可以与硬法律相比较。与后者相反，软法律没有约束力。它可以说是一种准法律文书。

Solar flares/storms：太阳耀斑或风暴。由太阳表面附近观测到的一道闪光组成，它将电子、离子和原子云喷射到太空中。空间耀斑通常伴随着日冕物质抛射。

SOLAS：海上生命安全公约。

Space/orbital debris：空间/轨道碎片。它是指空间中已报废的人造物体和碎片本身。也被称为太空垃圾、废物，由旧卫星、废弃上面级、解体、侵蚀或碰撞产生的碎片组成。

Space object：空间物体。空间法中没有关于“空间物体”的具体定义，只是在《责任公约》第一条中澄清了“空间物体”一词包括空间物体的组成部分及其运载火箭和部件。然而，学术界普遍认为，空间物体可以是从地球发射到外层空间的任何物体，包括其所有组成部分。

Spacefaring nations/Non - spacefaring nations：航天国家/非航天国家。航天国家是指能够通过航天器或航天飞机的运行在空间旅行或运输领域发挥积极作用的国家。非航天国家没有能力进行这种活动。

SPDM：专用灵巧机械手。

SPS - ALPHA：任意大型相控阵太阳能发电卫星。

SRCEU：《2015 年空间资源勘探与利用法》。

SRTM - 2：航天飞机雷达地形任务。

SSA：空间态势感知。这个术语指的是所有现存的系统和程序，目的是提高人们对存在于地球附近的人造和自然物体的确切功能的认识。例如，欧洲空间局的 SAA 计划旨在支持欧洲独立利用和进入太空。2008 年 11 月部长级会议授权，2009 年 1 月 1 日正式启动，并延长至 2019 年。

SSB：空间研究委员会。

SSI：空间安全指数。

SSTO：单级进入轨道。

STM：空间交通管理。是指促进安全进入外层空间和在外层空间作业以及从外层空间返回地球而不受射频或物理干扰的一套规定。

STSC：科学和技术小组委员会。

Suborbital spaceflight：亚轨道飞行。轨道与大气层或中心天体表面相交的太空飞行。因此，当宇宙飞船到达太空时，亚轨道飞行不会完成一个轨道周期。

SWF：安全世界基金会。

TCBM：透明度和建立信任措施。

TCP/IP：传输控制协议/网络协议。

TFR：临时飞行限制。

TSTO：两级进入轨道。

TT&C：遥测、跟踪和控制。

TVRO：仅接收电视。

UAS：无人自动站。

UAVs：无人驾驶飞行器。在无人驾驶的情况下运行的飞机。随着无人驾驶飞机的飞行可以由操作员或机载计算机（完全或间歇性地自主）进行远程控制，自主性的程度可能会有所不同。它们通常被称为无人机或无人驾驶飞机系统。

UNCLOS：1982 年《联合国海洋法公约》。

UNCOPUOS：联合国和平利用外层空间委员会。联合国和平利用外层空间委员会由联合国大会于 1959 年创立，其宗旨是审查和平利用外层空间的国际合作，鼓励研究，并研究因探索外层空间和联合国可开展的与空间有关的活动而产生的法律问题。

UNCOPUOS Space Debris Mitigation Guidelines：《空间碎片缓减准则》。联合国和平利用外层空间委员会在就空间碎片问题和外层空间构成的风险进行多年讨论之后，于 2010 年发布的一系列不具约束力的规则和建议。尽管它们敦促各国限制其空间任务所造成的碎片，并尽量减少各自对外层空间环境的风险。但它们以准则/建议的形式呈现，因此不能强制要求各国遵守这些准则/建议。

UNCOSA：联合国协调外层空间活动。负责协调联合国空间活动的项目。

UND：北达科他航空航天大学。

UNECLAC：联合国拉丁美洲经济委员会。

UNEP：联合国环境规划署。

UNESCAU：联合国亚太经济社会委员会。

UNESCO：联合国教育、科学及文化组织。

UNESCWA：联合国西亚经济社会委员会。

UNIDIR：联合国裁军研究所（裁研所）。裁研所是联合国内一个自愿资助的自治机构，协助国际社会寻找和执行解决裁军和安全挑战的办法。

UNIDROIT：联合国统一私法协会（统法社）。统法社是一个独立的政府间组织，研究国家和国家集团之间私法和商法的现代化、协调一致化的需求与方法。在这方面，它制定了统一的法律和文书，也制定了统一的规则。它最初创建于 1926 年（作为国际联盟的一个机构），并在 1940 年（国际联盟解体后）重新成立。它目前有 63 个会员国。

UNISPACE：联合国探索与和平利用外层空间会议（外空会议）。外空会议旨在提供一个就空间探索与利用相关问题进行全球对话的平台。它们是由联合国组织的，目的是促进各国和国际组织在和平利用外层空间方面的合作。下一个活动是 2018 年举行的第 50 次外空会议。

UNODA：联合国裁军事务厅。最初于 1982 年以另一个名称成立，2007 年更名为联合国裁军事务厅。其宗旨包括促进核裁军和不扩散，加强有关大规模毁灭性武器、化学武器和生物武器的裁军制度，特别是在当代冲突中使用的地雷和小型武器等常规武器的裁军努力。

UNOOSA：联合国外层空间事务司。它是联合国秘书处的一部分。它加强了大会以及联合国裁军谈判组织的决定。它成立于 1962 年，目前位于维也纳。

UN-SPIDER：联合国灾害管理和应急天基信息平台。天基信息平台是由联合国外层空间事务司（外空事务厅）实施的，其主要目的是使所有国家和有关组织都能普遍获得关于灾害管理的空间信息和服务。

USAF：美国空军。

USSTRACOM：美国战略司令部。它是美国国防部九个统一作战司令部之一，负责空间作战、信息作战、导弹防御、全球指挥与控制、监视、情报、侦察、全球打击和战略威慑以及打击大规模毁灭性武器。

Van Allen Belts：范艾伦带。它是地球的高能带电粒子层。这些层（或“传送带”）被磁化行星的磁场固定在其周围。

VCLT：1969 年《维也纳条约法公约》。1969 年 5 月 22 日通过，1969 年 5 月 23 日开放供签署，1980 年 1 月 27 日生效。截至 2014 年 4 月，已有 114 个国家批准了该条约，并对国家间条约的国际法做出了规定。

WAAS：北美广域增强服务。

WEF：世界经济论坛的使命（瑞士非营利的公私合作基金会）包括通过吸引各种不同的世界参与者，如商业、政治、学术和社会领袖来改善世界状况，以形成全球、地区和产业议程。

WHO：世界卫生组织。

WIPO：世界知识产权组织。

WMDs：大规模毁灭性武器。

WMO：世界气象组织。

World Bank：世界银行。它是一家国际金融机构，隶属于世界银行集团，该集团还包括国际复兴开发银行（IBRD)。世界银行的官方目标是减少贫困。

WPTs：无线电力传输。

WRC：世界无线电通信会议。世界无线电通信会议的目标是审查和修订（如有必要）《无线电条例》(关于无线电频谱和地球静止卫星及非地球静止卫星轨道使用的国际条约)。

WTDC：世界电信发展会议。

WTO：世界贸易组织。

附录 C 关键文档的案文

1963 年：《联合国大会关于各国探索和利用外层空间活动的法律原则宣言》的决议

1967 年：《外层空间条约》（104 个缔约国，25 个签字）

1968 年：《营救协定》（94 个缔约国，24 个签字，2 个接受权利和义务）

1972 年：《责任公约》（92 个缔约国，21 个签字，3 个接受权利和义务）

1975 年：《登记公约》（62 个缔约国，4 个签字，3 个接受权利和义务）

1979 年：《月球协定》（16 个缔约国，4 个签字）

1982 年：联合国大会关于卫星电视广播原则的决议

1986 年：联合国大会关于卫星遥感原则的决议

1992 年：联合国大会关于核动力源原则的决议

1996 年：联合国大会关于空间共同利益原则的决议

2004 年：联合国大会关于“发射国”概念的决议

2007 年：联合国大会关于空间碎片缓减准则的决议

2013 年：联合国关于外层空间活动透明度和建立信任措施

2016 年：联合国大会关于不首先在外层空间放置武器的决议（130 票赞成，4 票反对，48 票弃权）

2016 年：联合国大会关于防止外层空间军备竞赛的决议（赞成 182 票，弃权 4 票）

1963 年：《联合国大会关于各国探索和利用外层空间活动的法律原则宣言》的决议

http：//www. unoosa. org/oosa/en/ourwork/spacelaw/principles/legal - principles. html

大会通过的第 1962（XⅧ）号决议

关于各国探索和利用外层空间活动的法律原则的宣言

大会

受到人类进入外层空间所带来的广阔前景的鼓舞，

认识到全人类在和平探索和利用外层空间的进展中的共同利益，

认为无论人类的经济或科学发展程度如何，都应对外层空间进行探索和利用以造福于人类，并使国家受益，

希望对为和平目的探索和利用外层空间的科学和法律方面的广泛国际合作做出贡献，

相信这种合作将有助于增进相互了解并有助于加强各国之间和各民族之间的友好关系，

回顾其 1947 年 11 月 3 日第 110（Ⅱ）号决议，该决议谴责可能挑起或鼓励任何威胁和平、破坏和平或侵略行为的宣传，并认为上述决议适用于外层空间，

考虑到联合国会员国一致通过的 1961 年 12 月 20 日第 1721（XⅥ）号决议和 1962 年 12 月 14 日第 1802（XⅦ）号决议，

庄严宣布，各国在探索和利用外层空间时应以下列原则为指导：

1. 对外层空间的探索和利用应造福并符合全人类的利益。

2. 所有国家可在平等的基础上，根据国际法自由探索和利用外层空间和天体。

3. 国家不得以主权要求、使用以及占领或任何其他方式占有外层空间和天体。

4. 各国探索和利用外层空间的活动应遵守包括《联合国宪章》在内的国际法的规定，以维护国际和平与安全，促进国际合作与了解。

5. 各国对本国（不管是政府部门还是非政府实体）进行的外层空间活动，以及对确保本国的活动遵守本宣言所载原则，均负有国际责任。非政府实体在外层空间的活动应得到有关国家的授权和后续监督。国际组织在外层空间进行活动时，应遵守本宣言所载各项原则，由此产生的责任应由该国际组织和参加该宣言的国家承担。

6. 各国在探索和利用外层空间时应遵守合作与互助原则，并应在充分考虑其他国家的相应利益的前提下开展在外层空间的所有活动。如果一国有理由认为该国（或该国的国民）计划进行的外层空间活动或试验会对其他国家和平发展和利用外层空间的活动造成潜在有害的干扰，则在进行任何前期活动之前，应对此类活动或试验进行适当的国际磋商。

7. 在其登记册上载有向外层空间发射物体的国家应对在外层空间中的该物体及其上的任何人员保持管辖权和控制权。发射到外层空间的物体及其组成部分的所有权不受其通过外层空间或返回地球的影响。超出登记国空间范围的物件或组成部分应退还该国，该国应在返回前根据要求提供证明资料。

8. 将物体发射或促使将物体发射到外层空间的国家，以及从其领土或设施发射物体的国家，对发射的物体或组成部分在地球、大气空间或外层空间对外国或其自然人或法人造成的损害承担国际责任。

9. 各国应把航天员视为人类在外层空间的使者，当他们在外国领土或公海上发生意外、遇险或紧急着陆时，应向航天员提供一切可能的援助。进行着陆的航天员应安全、迅速地返回其航天器的登记处。

第1280次全体会议
1963年12月13日

1967 年：《外层空间条约》（104 个缔约国，25 个签字）

http：//www. unoosa. org/oosa/en/ourwork/spacelaw/treaties/outerspacetreaty. html

大会第 2222（XXI）号决议

关于各国探索和利用包括月球和其他天体在内的外层空间活动的原则的条约

大会，

审议了和平利用外层空间委员会关于其 1966 年的工作报告，特别是法律小组委员会 7 月 12 日至 8 月 4 日在日内瓦和 9 月 12～16 日在纽约举行的第五届会议上完成的工作，

进一步注意到联合国会员国之间随后进行的磋商取得的进展，

重申在和平探索和利用包括月球和其他天体在内的外层空间的活动领域进行国际合作的重要性，并重申在这一人类新领域发展法治的重要性，

1. 赞扬载于本决议附件的《关于各国探索和利用包括月球和其他天体在内的外层空间活动的原则的条约》；

2. 请保存国政府尽早开放条约供签署和批准；

3. 表示希望尽可能广泛地加入该条约；

4. 请和平利用外层空间委员会：

（a）继续努力拟定委员会议程上的关于将物体射入外层空间所造成的损害的赔偿协定以及关于协助和返回航天员、航天器的协定；

（b）同时开始研究与外层空间的定义以及外层空间和天体的利用有关的问题，包括空间通信的各种影响；

（c）向大会第二十二届会议报告其工作进度。

第 1499 次全体会议

1966 年 12 月 19 日

附件 关于各国探索和利用包括月球和其他天体在内的外层空间活动的原则的条约

本条约缔约国，

受到人类进入外层空间所带来的广阔前景的鼓舞，

认识到全人类在为和平目的探索和利用外层空间的进展中的共同利益，

相信探索和利用外层空间应为所有民族谋福利，无论其经济或科学发展的程度如何，

希望为和平探索和利用外层空间活动在科学和法律方面促进广泛的国际合作，

相信这种合作将有助于增进相互了解并有助于加强各国和各民族之间的友好关系，

回顾联合国大会于1963年12月13日一致通过的题为《关于各国探索和利用外层空间活动的法律原则的宣言》的第1962（XⅧ）号决议，

回顾联合国大会于1963年10月17日一致通过的第1884（XⅧ）号决议，呼吁各国不要将任何携带核武器或任何其他种类的大规模毁灭性武器的物体送入地球轨道，或将此类武器安装在天体上，

考虑到联合国大会1947年11月3日第110（Ⅱ）号决议，谴责旨在煽动或鼓励任何威胁和平、破坏和平或侵略行为的宣传，并认为上述决议适用于外层空间，

深信缔结《关于各国探索和利用包括月球和其他天体在内的外层空间活动的原则的条约》将进一步推动《联合国宪章》的宗旨和原则的发展，

兹议定条款如下：

第一条

探索和利用包括月球和其他天体在内的外层空间，应造福和符合所有国家的利益，而不论其经济或科学发展程度如何，外层空间应属于全人类。

所有国家可在平等的基础上，根据国际法不受任何歧视地自由探索和使用外层空间（包括月球和其他天体），以及自由地进入天体的所有区域。

应有对外层空间（包括月球和其他天体）科学调查的自由，各国要促进并鼓励这种调查的国际合作。

第二条

各国不得通过主权要求、使用或占领等方法，以及其他任何方式把外层空间（包括月球和其他天体）据为己有。

第三条

各缔约国在探索和利用外层空间（包括月球和其他天体）的各种活动方面，应遵守包括《联合国宪章》在内的国际法，以维护国际和平和安全，促进国际合作和相互了解。

第四条

各缔约国承诺不将任何携带核武器或任何其他种类的大规模毁灭性武器的物体放置在地球轨道上，不将此类武器安装在天体上或以任何其他方式将其部署在外层空间。

各缔约国必须将月球和其他天体绝对用于和平目的。禁止建立军事基地、设施和防御工事，禁止在天体试验任何类型的武器以及进行军事演习。不禁止将军事人员用于科学研究或者其他和平目的。也不禁止使用和平探索月球和其他天体所必需的任何设备或设施。

第五条

各缔约国应将航天员视为人类在外层空间的使者，当他们在另一缔约国领土或公海上发生事故、遇险或紧急降落时，应向航天员提供一切可能的援助。航天员在着陆时，应安全、迅速地将他们送回其航天器的登记处。

各缔约国的航天员在外层空间和天体上进行活动时，应向其他缔约国的航天员提供一切可能的协助。条约缔约国应立即将其在外层空间（包括月球和其他天体）中发现的任何可能对航天员的生命或健康构成危险的现象通知其他缔约国或联合国秘书长。

第六条

各缔约国应对其在包括月球和其他天体在内的外层空间中进行的活动承担国际责任，不论这些活动是由政府机构还是由非政府实体进行的，并应确保其活动符合本条约的规定。非政府实体在包括月球和其他天体在内的外层空间的活动，应由该条约的有关缔约国授权和持续监督。当国际组织在包括月球和其他天体在内的外层空间进行活动时，本条约规定的责任应由国际组织和参加该组织的本条约的缔约国共同承担。

第七条

发射或促使将物体发射到包括月球和其他天体在内的外层空间的各缔约国，以及从其领土或设施发射物体的缔约国，应对该物体或其组成部分在地球、大气中或外层空间（包括月球和其他天体）中，对另一缔约国或其自然人或法人造成的损害承担国际责任。

第八条

凡登记把物体发射到外层空间的条约缔约国，对其在外层空间或在天体上的物体及其任何人员具有管辖权和控制权。发射到外层空间的物体（包括降落或建造在天体上的物体以及它们的组成部分）的所有权不受其在外层空间或天体中的存在或返回地球的影响。若该物体或组成部分在其登记的条约缔约国范围以外发现，应交还该缔约国，该缔约国应根据要求在返回之前提供证明材料。

第九条

在探索和使用包括月球和其他天体在内的外层空间时，条约缔约国应以合作与互助原则为指导，应在适当顾及所有其他缔约国相应利益的情况下，开展其在包括月球和其他天体在内的外层空间的一切活动。条约缔约国在研究和探索包括月球和其他天体在内的外层空间时应避免由于引入外星物质而造成的有害污染以及对地球环境的不利变化，并应在必要时采取适当措施。如果条约缔约国有理由认为，该国或该国民计划在外层空间（包括月球和其他天体中）进行的活动或试验可能会对其他缔约国的和平探索和生产活动造成潜在的有害干扰，则应在进行任何此类活动或试验之前进行适当的国际协商。条约的缔约国有理由相信，另一缔约国计划在包括月球和其他天体在内的外层空间进行的活动或试验，可能对和平探索和利用包括月球和其他天体在内的外层空间的活动造成潜在的有害干扰，则可要求就活动或试验进行磋商。

第十条

为了促进根据本条约的宗旨在包括月球和其他天体在内的外层空间的探索和利用中进行国际合作，条约缔约国应在平等的基础上考虑条约其他缔约国关于有机会观察这些国家发射空间物体的请求。观察机会的性质和可提供的条件应由有关国家之间的协议确定。

第十一条

为了促进和平探索和利用外层空间方面的国际合作，在包括月球和其他天体在内的外层空间开展活动的各缔约国，同意在最大可行的范围内将此类活动的性质、行为、地点和结果通知联合国秘书长以及公众和国际科学界。联合国秘书长在收到上述信息后，应立即和有效地散发该信息。

第十二条

月球和其他天体上的所有台站、设备和航天器等设施应在平等的基础上向条约其他缔约国的到访航天员开放。此类缔约国应就计划进行的访问提前并在合理时间内通知设施所有权国，以便进行适当的协商，并采取最大限度的预防措施以确保安全并避免干扰要访问的设施的正常运行。

第十三条

本条约的各项规定应适用于各缔约国在探索和利用包括月球和其他天体在内的外层空间中的活动，而不论这些活动是由该条约的一个缔约国还是由该条约多个缔约国进行的，包括在国际政府间组织框架内进行的活动。

与国际政府间组织在探索和利用外层空间（包括月球和其他天体）中进行的活动有关的任何实际问题，应由条约缔约国与有关国际组织或其他一个或多个缔约国共同解决。

第十四条

1. 本条约应开放给所有国家签字。根据本条约第3款，在本条约生效前未签署的任何国家均可随时加入本条约。

2. 本条约应经签署国批准。批准书和加入书应交存大不列颠及北爱尔兰联合王国、苏维埃社会主义共和国联盟和美利坚合众国政府，他们在此被指定为保存国政府。

3. 本条约应在包括根据本条约被指定为保存国在内的五国政府出具的交存批准书后生效。

4. 对于其批准书或加入书在本条约生效后交存的国家，条约应自其交存批准书或加入书之日起生效。

5. 保存国政府应立即将每次签字的日期、每份批准和加入本条约的文书的交存日期、其生效日期和其他通知书告知所有签署国和加入国。

6. 本条约应由保存国政府根据《联合国宪章》第一百零二条进行登记。

第十五条

该条约的任何缔约国均可对本条约提出修正案。修正案经条约缔约国过半数接受后，对接受修正案的每一缔约国生效，此后，对于剩余的条约缔约国，自其接受条约之日起适用。

第十六条

任何条约缔约国可在其生效一年后以书面形式通知保存国政府，将其退出条约的通知发出。该撤回自收到本通知书之日起一年后生效。

第十七条

该条约的英文、俄文、法文、西班牙文和中文文本具有同等效力，应存放在保存国政府的档案中。保存国政府应将本条约经适当认证的副本转送签署国和加入国政府。

下列签署人经正式授权已签署本条约，以昭信守。

一式三份，于1967年1月27日在伦敦、莫斯科和华盛顿签署。

1968:《营救协定》(94个缔约国，24个签字，2个接受权利和义务)

http://www.unoosa.org/oosa/en/ourwork/spacelaw/treaties/rescueagreement.html

大会通过的第2345(XXII)号决议

关于营救航天员、送回航天员和归还发射到外层空间的物体的协定

大会，

铭记其1967年11月3日第2260(XXII)号决议，其中呼吁和平利用外层空间委员会以紧迫感继续其工作，以拟定一项关于发射物体进入外层空间造成的损害的赔偿责任的协定，以及一项有关协助和返还航天员和太空飞行器的协议，

提到增编和平利用外层空间委员会报告，

希望进一步具体体现《关于各国在探索和利用包括月球和其他天体在内的外层空间活动的原则的条约》中所载的权利和义务，

1. 赞扬《关于营救航天员、送回航天员和归还发射到外层空间的物体的协定》，其案文附于本决议之后；

2. 请保存国政府尽快开放该协定供签署和批准；

3. 表示希望尽可能广泛地遵守本协定；

4. 呼吁和平利用外层空间委员会紧急完成关于由于物体发射到外层空间而造成的损害赔偿责任的协定草案的拟定，无论如何不得迟于大会第二十三届会议开始之时，并将其提交大会该届会议。

第1640次全体会议

1967年12月19日

附件　关于营救航天员、送回航天员和归还发射到外层空间的物体的协定

缔约方，

注意到《关于各国在探索和利用包括月球和其他天体在内的外层空间活动的原则的条约》的重要性，该条约呼吁在发生事故、灾难或紧急降落时向航天员和发射到外层空间的物体安全返回提供一切可能的援助。

希望发展并进一步具体体现这些职责，

希望促进和平探索和利用外层空间方面的国际合作，

在人性的感召下，

兹议定条款如下：

第1条

每一缔约国在收到信息或发现航天器或航天员在其管辖范围内或公海或不属于管辖范围内的其他地方发生事故、或正处于困境、或已紧急或意外降落时，应立即：

(a) 通知发射机构；如果不能识别发射机构并不能立即与发射机构通信，则应立即通过其所能使用的所有适当通信手段予以公告；

(b) 通知联合国秘书长，秘书长应立即利用其掌握的所有适当通信手段传播信息。

第2条

如果航天员由于事故、遇险、紧急情况或意外着陆而降落在某缔约国管辖的领土内，该缔约国应立即采取一切可能的措施进行营救并向他们提供所有必要的协助，还应将其正在采取的措施及其进展情况通知发射机构和联合国秘书长。如果发射机构的协助将有助于迅速进行营救或对搜救行动的有效性做出实质性贡献，发射机构应与缔约国合作，以期有效地进行搜查和救援。这项工作应在缔约国的指示和控制下进行，同时缔约国应与发射机构密切和持续地协商。

第3条

如果收到信息或发现航天员已经在公海或不属于任何国家管辖范围内的任何其他地方降落，则有能力这样做的缔约国应在必要时扩大在此类人员的搜索和救援行动中提供的帮助，以确保他们能迅速获救。他们应将其正在采取的措施及进展情况通知发射机构和联合国秘书长。

第4条

如果由于事故、遇险、紧急情况或意外着陆而使航天员降落在缔约国管辖范围内的土地上，或者在公海或不属于任何国家管辖范围内的任何其他地方被发现，则他们应被安全迅速地返回给发射机构的代表。

第5条

1. 当任何缔约国收到信息或发现空间物体或其组成部分返回地球，并落在其管辖范围内、或在公海、或在不属于任何国家管辖范围内的地方时，均应通知发射机构和联合国秘书长。

2. 每个缔约国若在其管辖的区域内发现了空间物体或其组成部分，应在发射机构的要求和协助下（如要求）采取其认为可行的措施，来保护空间物体或其组成部分。

3. 应发射机构的要求，在超出发射机构的领土范围发现的发射到外层空间的物体或其组成部分，应被归还发射机构或交给发射机构的代表。该代表根据要求，应在归还前提供证明资料。

4. 尽管有本条约第2款和第3款的规定，但如果缔约国有理由相信在其管辖范围内发现或在其他地方回收的空间物体或其组成部分具有危险或有害性质，可将此情况通知给发射机构。而发射机构应在上述缔约国的指导和控制下，采取有效措施，消除可能造成损害的危险。

5. 为履行本条约第2款和第3款规定的收回和归还空间物体或其组成部分的义务而发生的费用，应由发射机构承担。

第6条

就本协定而言，“发射机构”一词系指负责发射的国家或负责发射的国际政府间组织。但条件是该组织宣布接受其权利和义务，且该组织的大多数成员国是本协定和《关于各国在探索和利用包括月球和其他天体在内的外层空间活动的原则的条约》的缔约国。

第7条

1. 本协定应向所有国家开放签署。尚未根据本条约第3款在本协定生效前签署本协定的任何国家均可随时加入本协定。

2. 本协定应经签字国批准。批准书和加入书应交存大不列颠及北爱尔兰联合王国、苏维埃社会主义共和国联盟和美利坚合众国政府，他们在此被指定为保存国政府。

3. 本协定应在包括根据本协定被指定为保存国在内的五国政府出具的交存批准书后生效。

4. 对于本协定生效后交存其批准书或加入书的国家，本协定应自其交存批准书或加入书之日起生效。

5. 保存国政府应立即将每次签字的日期、每份批准和加入本协定的文书的交存日期、生效日期和其他通知书告知所有签署国和加入国。

6. 本协定应由保存国政府根据《联合国宪章》第一百零二条进行登记。

第8条

该协定的任何缔约国均可对本协定提出修正案。修正案应在接受本修正案的每个缔约国中大多数同意后，对接受修正案的《协定》的每个缔约国生效，其后未接受修正案的缔约国在其接受之日起生效。

第 9 条

该协定的任何缔约国可在协定生效一年后以书面形式通知保存国政府，告知其退出协定。该撤回自收到本通知之日起一年后生效。

第 10 条

该协定的英文、俄文、法文、西班牙文和中文文本具有同等效力，应存放在保存国政府的档案中。保存国政府应将本协定的正式核准副本送交签字国和加入国政府。

下列签字人经正式授权已签字，以昭信守。

一式三份，于 1968 年 4 月 22 日在伦敦、莫斯科和华盛顿签署。

1972年：《责任公约》（92个缔约国，21个签字，3个接受权利和义务）

http：//www.unoosa.org/oosa/en/ourwork/spacelaw/treaties/liability-convention.html

大会通过的第2777（XXVI）号决议

关于空间物体造成损害的国际责任公约

大会，

重申在和平探索和利用包括月球和其他天体在内的外层空间的活动领域进行国际合作的重要性，并重申在这一人类新领域发展法治的重要性，

希望应在单独的国际文书中详细阐述《关于各国在探索和利用包括月球和其他天体在内的外层空间活动的原则的条约》所规定的与损害赔偿责任有关的权利和义务，

回顾其1963年12月13日第1963（XVIII）号、1965年12月21日第2130（XX）号、1966年12月19日第2222（XXI）号、1967年12月19日第2345（XXII）号、1968年12月20日第2453 B（XXIII）号、1969年12月16日第2601B（XXIV）号和1970年12月16日第2733 B（XXV）号关于拟定将物体发射到外层空间所造成的损害赔偿责任的协定的决议，

还回顾其在第2733 B（XXV）号决议中敦促和平利用外层空间委员会就载于联合国大会第二十六届会议的赔偿责任公约草案早日达成协议。该责任公约体现充分衡量对受害者的赔偿和有效程序的原则，这些原则将导致迅速和公平地解决索赔要求，

审议了和平利用外层空间委员会的报告，

赞赏地注意到和平利用外层空间委员会，特别是其法律小组委员会的工作，

1. 赞扬《关于外层空间物体造成损害的国际责任公约》，其案文附于本决议之后；

2. 请保存国政府尽早开放该公约供签署和批准；

3. 注意到任何国家在成为《责任公约》缔约国时可宣布，它将承认索赔委员会关于它可能成为当事方的任何争端的决定，这对接受同样义务的任何其他国家都具有约束力；

4. 表达尽可能广泛地加入本公约的希望。

第1998次全体会议

1971年11月29日

附件　关于空间物体造成损害的国际责任公约

本公约缔约国，

确认全人类在促进和平探索和利用外层空间方面的共同利益，

回顾《关于各国在探索和利用包括月球和其他天体在内的外层空间活动的原则的条约》，

考虑到尽管参与发射空间物体的国家和国际政府间组织将采取预防措施，但此类物体有时仍可能造成损害，

认识到有必要制定关于空间物体造成的损害赔偿责任的有效国际规则和程序，并特别确保能根据本公约的条款迅速给受害者支付充分和公平的赔偿，

相信建立这样的规则和程序将有助于加强在和平探索和利用外层空间领域的国际合作，

兹议定条款如下：

第一条

就本公约而言：

(a)“损害”一词是指生命损失、人身伤害或其他健康损害；国家或自然人或法人的财产或国际政府间组织的财产损失或损害；

(b)“发射”一词包括尝试发射；

(c)“发射国”一词是指：

(i) 发射或促使发射空间物体的国家；

(ii) 从其领土或设施发射空间物体的国家；

(d)“空间物体”一词包括空间物体的组成部分和其运载火箭及其组成部分。

第二条

发射国对其空间物体在地球表面或空气中造成的损害负绝对赔偿责任。

第三条

如果一个发射国的空间物体在地球表面以外的地方，对另一个发射国的空间物体或该空间物体上的人员或财产造成了损害，则前者仅在以下情况下承担责任：损坏是由于它的过失或责任人的过失造成的。

第四条

1. 如果一个发射国的空间物体在地球表面以外的地方，对另一个发射国的空间物体或该空间物体上的人员或财产造成了损害，同时该损害还对第三国或其自然人或法人造成了损害，前两个国家应在下述范围共同和单独对第三国负责任：

(a) 如果对第三国的地球表面或飞行中的飞机造成损害，则前两国应对第三国负绝对

责任；

（b）如果在地球表面以外的其他地方对第三国的空间物体或该空间物体上的人或财产造成损害，则前两个国家对第三国所负责任，要基于它们的过失，或所属负责人员的过失而定。

2. 在本条第1款所指的共同及单独承担责任的情况下，损害赔偿的赔偿责任应根据前两个国家的过失程度在前两个国家之间分摊；如果无法确定前两个国家的过失程度，则赔偿责任应在它们之间平均分配。这种分摊应不妨碍第三国向任何或所有承担连带责任的发射国寻求根据本公约应得的全部赔偿的权利。

第五条

1. 两个或两个以上国家共同发射空间物体时，对造成的任何损害承担共同与单独责任。

2. 支付了损害赔偿的发射国有权向联合发射的其他参加者提出补偿要求。共同发射的参加者可以就彼此之间共同承担责任的财务义务达成分摊协议。此类协定不应妨碍遭受损害的国家向承担共同及个别责任的发射国的任何一国或全体索取本公约规定的全部赔偿的权利。

3. 从其领土或设施发射空间物体的国家应被视为参与联合发射的国家。

第六条

1. 在不违反本条第2款的规定的前提下，如果发射国确定损害的全部或部分是由于索偿国的重大过失或其代表的自然人或法人的重大疏忽，或因为它（他）采取行动或不采取行动造成的，该发射国对损害的绝对责任，应依证明的程度予以免除。

2. 如果发射国的活动造成的损害不符合国际法，包括《联合国宪章》和《关于各国在探索和利用包括月球和其他天体在内的外层空间活动的原则的条约》，其责任绝对不可以免除。

第七条

本公约的规定不适用于发射国的空间物体对下列人群造成的损害：

（a）该发射国的国民；

（b）在空间物体从发射至降落的任何阶段内参加操作的人员，或在空间物体从发射至降落的任何阶段内，应发射国的邀请而留在紧接预定发射或回收区地带的外国国民。

第八条

1. 遭受损害的国家，或遭受损害的任一国家的自然人或法人，可以向发射国提出损害赔偿要求。

2. 若受害的自然人或法人的原籍国未提出赔偿要求，该自然人或法人的所在国可就其所受的损害，向发射国提出赔偿要求。

3. 若永久居民的原籍国或永久居民在其境内遭受损害的国家，均未提出赔偿要求，或均未通知有意提出赔偿要求，永久居民的居住国得就其所受的损害，向发射国提出赔偿要求。

第九条

应通过外交渠道向发射国提出损害赔偿要求。如果索偿国与发射国无外交关系，可以请另一国向该发射国提出要求，或以其他方式体现其在本公约下的利益。如果索赔国和发射国均为联合国会员国，也可以通过联合国秘书长提出索赔。

第十条

1. 损害赔偿要求可在损害发生或确定责任国之日起一年后，向发射国提出。

2. 如果一国不知道损害的发生或无法确定负有责任的发射国，则可在获悉上述事实之日起一年内提出索赔。但是，该期限在任何情况下都不应超过可以合理预期该国通过尽职调查获悉事实的日期之后的一年。

3. 即使可能不清楚损害的全部程度，也应适用本条第 1 款和第 2 款规定的时限。但是，在这种情况下，索赔国应有权在这种时限届满后对索赔进行修改，并提出补充文件，直到知道全部损害程度为止。

第十一条

1. 根据本公约向发射国提出赔偿损害要求，无须等到赔偿国或其所代表的自然人或法人用完可能的一切当地补救办法以后才提出。

2. 本公约的任何规定均不得妨碍一个国家或其代表的自然人或法人向发射国的法院或行政法庭或机构提出要求。但是，一国如果已在发射国的法院或行政法庭或机构提出了赔偿损害的要求，则无权根据本公约或另一具有约束力的国际协议对同一损害提出索赔。

第十二条

发射国根据本公约的赔偿应根据国际法以及公正和公平的原则确定，以使提出索赔要求的自然人或法人、国家或国际组织能够恢复到在没有发生损害的情况下本应存在的情况。

第十三条

除非索赔国和根据本公约应向其支付赔偿的国家商定另一种形式的赔偿，赔偿应以索赔国的货币支付，如果该国要求，则应以支付赔偿的国家的货币支付。

第十四条

如果没有根据第九条的规定通过外交谈判达成任何和解要求，则在要求国通知发射国已提交其要求的文件之日起一年内，有关当事方应当根据当事人一方的请求设立赔偿委员会。

第十五条

1. 索偿委员会应由三名成员组成：一名由索偿国任命，一名由发射国任命，第三名由双方共同任命，并担任主席。各方应在要求设立索赔委员会的两个月内做出任命。

2. 如果在建立委员会的请求后四个月内未就主席的选择达成协议，则任何一方均可要求联合国秘书长在两个月内再任命主席。

第十六条

1. 如果一方当事人未在规定的期限内做出任命，主席应在另一方的要求下组成一个单一成员的索赔委员会。

2. 委员会对由于任何原因可能出现的空缺，均应采用原来任命所采用的相同程序填补。

3. 委员会应自行决定程序。

4. 委员会应确定其所在地和所有其他行政事务。

5. 除单一成员的委员会做出的决定和裁决外，委员会的所有决定和裁决应以多数票通过。

第十七条

索赔委员会成员的人数，不得因有两个或两个以上索赔国或发射国共同参加委员会处理任一事件而有所增加。这样加入的索赔国应以与单一索赔国相同的方式和条件共同任命委员会的一名成员。当两个或两个以上的发射国以这样的方式加入时，应以同样的方式集体任命一名委员会成员。如果索赔国或发射国未在规定的期限内做出任命，主席应组成单一成员委员会。

第十八条

索赔委员会应决定索赔的案情，并确定应付赔偿额（如有）。

第十九条

1. 索偿委员会应按照第十二条的规定行事。

2. 如果当事方同意，则委员会的决定为最终决定，具有约束力；否则，委员会应做出最终的建议性裁决，各方应认真考虑相关裁决。委员会应说明其决定或裁决的理由。

3. 委员会应在其成立之日起不迟于一年之内尽快做出其决定或裁决，除非委员会认为有必要延长这一期限。

4. 委员会应公开其决定或裁决，应将其决定或裁决的核准副本送交各当事方和联合国秘书长。

第二十条

除非赔偿委员会另有决定，否则与索赔委员会有关的费用应由当事各方平均承担。

第二十一条

如果由空间物体造成的损害对人类生命造成大规模威胁或严重干扰人民的生活条件或重要的功能中心，则缔约国特别是发射国，如有需要应检查能否向遭受损害的国家提供适当和迅速的援助。但是，本条不影响缔约国在本公约下的权利或义务。

第二十二条

1. 在本公约中，除第二十四条至第二十七条外，针对国家的相关条款均被认为适用于进行空间活动的国际政府间组织，只要该组织宣布接受其在本公约中规定的权利和义务，或者该组织的大多数成员国是本公约和《关于各国探索和利用包括月球和其他天体在内的外层空间活动的原则的条约》的缔约国。

2. 作为本公约缔约国的任何此类组织的成员国均应采取一切适当步骤，以确保该组织按上款做出声明。

3. 如果一个国际政府间组织根据本公约的规定对损害负赔偿责任，该组织及其成员中的本公约的缔约国应承担共同及个别责任；但：

（a）任何有关这种损害的赔偿要求应首先提交给组织；

（b）只有在该组织未在六个月内支付任何约定的或确定的应付款项作为此种损害的赔偿时，索偿国才可要求该组织成员国中的本公约缔约国负责支付该款额。

4. 凡按本条第 1 款作出声明的组织受到损害时，应由该组织中的本公约的缔约国根据本公约的规定提出赔偿要求。

第二十三条

1. 本公约的规定对其他有效的国际协定的缔约国之间的关系不产生影响。

2. 本公约的任何规定均不得妨碍各国缔结国际协定、重申、补充或扩大本公约条款。

第二十四条

1. 本公约应开放给所有国家签字。在本公约根据本条第 3 款生效之前未签署的任何国家均可随时加入本公约。

2. 本公约应经签字国批准。批准书和加入书应交存大不列颠及北爱尔兰联合王国、苏维埃社会主义共和国联盟和美利坚合众国政府，他们在此被指定为保存国政府。

3. 本公约应自第五份批准书交存之日起生效。

4. 对于在本公约生效后交存其批准书或加入书的国家，该公约应自其交存批准书或加入书之日起生效。

5. 保存国政府应立即将每次签字的日期、每份批准和加入本公约的文书的交存日期、其生效日期和其他通知书告知所有签署国和加入国。

6. 本公约应由保存国政府根据《联合国宪章》第一百零二条进行登记。

第二十五条

本公约的任何缔约国均可对本公约提出修正案。修正案应在公约多数缔约国接受本修正案时，对接受修正案的每一公约缔约国生效。其后，未接受修正案的缔约国在其接受之日起生效。

第二十六条

本公约生效十年后，应将本公约的审查问题列入联合国大会的临时议程，以便根据过去对公约的适用情况，审议该公约是否需要修订。但是，在公约生效五年后的任何时间，或者应公约三分之一缔约国的要求，并征得大多数缔约国的同意后，应召开一次缔约国会议对公约进行审议。

第二十七条

本公约的任何缔约国可在公约生效一年后书面通知保存国政府，将其退出公约的通知发出。此种撤销应自收到本通知之日起一年后生效。

第二十八条

本公约的英文、俄文、法文、西班牙文和中文文本具有同等效力，本公约应存于保存国政府的档案中。本公约经正式核准的副本应由保存国政府转交签署国和加入国政府。

下列经正式授权的签署人在本公约上签字，以昭信守。

一式三份，于 1972 年 3 月 29 日在伦敦、莫斯科和华盛顿签订。

1975 年：《登记公约》（62 个缔约国，4 个签字，3 个接受权利和义务）

http：//www. unoosa. org/oosa/en/ourwork/spacelaw/treaties/registration - convention. html

大会通过的第 3235（XXIX）号决议

关于登记射入外层空间物体的公约

大会，

重申在探索和和平利用包括月球和其他天体在内的外层空间领域进行国际合作的重要性，并重申在这一人类新领域中促进法治的重要性，

根据《关于各国探索和利用包括月球和其他天体在内的外层空间活动的原则的条约》的规定，制定《关于营救航天员、送回航天员和归还发射到外层空间的物体的协定》和《关于空间物体造成损害的国际责任公约》，以规定发射国对发射到外层空间的空间物体进行登记，以及向各国提供其他手段和程序，以协助识别空间物体，

铭记其 1973 年 12 月 18 日的第 3182（XXVIII）号决议，其中要求和平利用外层空间委员会将完成《发射物体登记公约》草案的案文作为优先事项审议，

审议了和平利用外层空间委员会的报告，

满意地注意到和平利用外层空间委员会及其法律小组委员会已完成了《关于登记射入外层空间物体的公约草案》的案文，

1. 赞扬《关于登记射入外层空间物体的公约》，其文本附在本决议之后；
2. 请秘书长尽早开放公约供签署和批准；
3. 表示希望尽可能广泛地加入本公约。

第 2280 次全体会议

1974 年 11 月 12 日

附件　关于登记射入外层空间物体的公约

本公约缔约国，

确认全人类在为和平目的促进探索和利用外层空间方面的共同利益，

回顾 1967 年 1 月 27 日《关于各国探索和利用包括月球和其他天体在内的外层空间活动的原则的条约》，申明各国应对其在外层空间的国家活动承担国际责任，并提及对发射到外太空的物体进行注册的国家，

还回顾 1968 年 4 月 22 日的《营救航天员、送回航天员和归还发射到外层空间的物体的协定》规定，发射机构应要求在返回其拥有的发射到超出其领土限制的外层空间的物体之前提供证明材料，

还回顾 1972 年 3 月 29 日的《关于空间物体造成损害的国际责任公约》就发射国对其空间物体造成的损害的赔偿责任确立的国际规则和程序，

希望根据《关于各国探索和利用包括月球和其他天体在内的外层空间活动的原则的条约》的规定，为发射国将发射到外层空间的空间物体进行国家登记，

还期望联合国秘书长在强制性的基础上建立并维持射入外层空间的物体的总登记册，

还希望向缔约国提供补充手段和程序，以协助识别空间物体，

认为强制性的对发射到外层空间的物体进行登记的制度将特别有助于查明这些物体，并将有助于适用和发展关于探索和利用外层空间的国际法，

兹议定条款如下：

第一条

就本公约而言：

(a)“发射国”一词是指：

(i) 发射或促使发射空间物体的国家；

(ii) 从其领土或设施发射空间物体的国家；

(b)“空间物体”一词包括空间物体、运载火箭及它们的组成部分；

(c)“登记国”一词系指根据第二条将其空间物体登入其登记册的发射国。

第二条

1. 当空间物体被发射到地球轨道或更高轨道时，发射国应在其应保存的登记册中适当的条目下对空间物体进行登记。每个发射国应将建立这种登记册的情况通知联合国秘书长。

2. 任何此类空间物体有两个或更多的发射国时，则他们应根据本条第 1 款共同确定应由哪个发射国对物体进行登记，同时在不损害发射国之间已缔结或即将缔结的关于对空间物体及其任何人员的管辖和控制的适当协定的情况下，铭记《关于各国探索和利用包括月

球和其他天体在内的外层空间活动的原则的条约》中第 8 条的规定。

3. 每个登记册的内容及其保存的条件应由有关登记国确定。

第三条

1. 联合国秘书长应保存一份登记册，将根据第四条提供的资料记录在案。

2. 本登记册内的资料应充分公开，以便查阅。

第四条

1. 每个登记国应在切实可行的范围内尽快向联合国秘书长提供有关其登记册所载每个空间物体的下列资料：

(a) 发射国的名称；

(b) 该空间物体的适当标志或登记号码；

(c) 发射的日期和地域或地点；

(d) 基本轨道参数，包括：

(ⅰ) 节点周期；

(ⅱ) 倾角；

(ⅲ) 远地点；

(ⅳ) 近地点；

(e) 空间物体的基础功能。

2. 每个登记国可不时向联合国秘书长提供有关其登记册所载空间物体的补充资料。

3. 每个登记国均应在尽可能大的范围内和在切实可行的情况下，将其以前曾传送过资料的、曾经在但现已不在地球轨道上的空间物体通知联合国秘书长。

第五条

每当发射到地球轨道或更高轨道的空间物体使用第四条第 1 款（b）项所述的标志或登记号码（或同时标有）时，登记国应根据第四条在提交与发射物体有关的信息时将这一事实通知秘书长。在这种情况下，联合国秘书长应将此通知记录在登记册中。

第六条

如果缔约国未能根据本公约的规定确定对该国或其任何自然人或法人造成损害或可能具有危险或有害性质的空间物体，则其他缔约国特别是包括拥有空间监测和跟踪设施的国家，应根据该缔约国提出的或通过秘书长代表其转交的请求，在尽可能和合理的条件下做出最大可能的回应。提出请求的缔约国应在可行的最大限度内，提交有关引起请求的事件的时间、性质和情况等信息。有关协助的安排应在有关各方之间达成协议。

第七条

1. 在本公约中，除第八至十二条之外，针对国家的相关条款适用于进行空间活动的任何国际政府间组织，但该组织须声明接受本公约中规定的权利和义务，并且该组织的大多数成员国是本公约和《关于各国探索和利用包括月球和其他天体在内的外层空间活动的原则的条约》的缔约国。

2. 作为本公约缔约国的任何此类组织的成员国，均应采取一切适当步骤，以确保该组织根据本条第 1 款发表声明。

第八条

1. 本公约应在纽约联合国总部开放给所有国家签字。在本公约根据本条第 3 款生效之前未签署的任何国家均可随时加入本公约。

2. 本公约应经签字国批准。批准书和加入书应交存联合国秘书长。

3. 本公约应在已向联合国秘书长交存第五份批准书的国家中生效。

4. 对于在本公约生效后交存其批准书或加入书的国家，该公约应自其交存批准书或加入书之日起生效。

5. 秘书长应立即将每次签字的日期、每份批准和加入本公约的文书的交存日期、其生效日期和其他通知立即通知所有签署国和加入国。

第九条

本公约的任何缔约国均可对本公约提出修正案。修正案应在公约多数缔约国接受修正案时，对接受修正案的每一公约缔约国生效。其后，未接受修正案的缔约国在其接受之日生效。

第十条

本公约生效十年后，应将本公约的审查问题列入联合国大会的临时议程，以便根据过去对公约的适用情况，审议该公约是否需要修订。但是，在公约生效五年后的任何时间，或者应公约三分之一缔约国的要求，并征得大多数缔约国的同意后，应召开一次缔约国会议对公约进行审查。这种审查应特别考虑到任何有关的技术发展，包括与识别空间物体有关的技术发展。

第十一条

本公约的任何缔约国可在公约生效一年后书面通知保存国政府，将其退出公约的通知发出。此种撤销自收到本通知之日起一年后生效。

第十二条

本公约的英文、俄文、法文、西班牙文和中文文本具有同等效力，本公约应交存保存国政府的档案。本公约经正式核准的副本应由保存国政府转交签署国和加入国政府。

下列经正式授权的签署人在本公约上签字，以昭信守。

一式三份，于 1975 年 1 月 14 日在纽约签订。

1979年：《月球协定》（16个缔约国，4个签字）

http：//www. unoosa. org/oosa/en/ourwork/spacelaw/treaties/moon－agreement. html

大会通过第34/68号决议

关于各国在月球和其他天体上活动的协定

大会，

重申在探索和和平利用包括月球和其他天体在内的外层空间方面进行国际合作的重要性，并重申在这一人类新领域中促进法治的重要性，

回顾其1971年11月29日第2779（XXVI）号决议，其中请和平利用外层空间委员会及其法律小组委员会审议拟订有关月球的国际条约草案，及其1972年11月9日的第2915（XXVII）号、1973年12月18日的第3182（XXVIII）号、1974年11月12日的第3234（XXIX）号，1975年11月18日的第3388（XXX）号、1976年11月8日的31/8号、1977年12月20日的32/196 A号和1978年11月10日的33/16号决议，尤其鼓励制定与月球有关的条约草案。

特别回顾其在第33/16号决议中赞同和平利用外层空间委员会的建议，即法律小组委员会在其第十八届会议上应继续将完成有关月球的条约草案作为其优先事项，

审议了和平利用外层空间委员会报告的有关部分，特别是第62、63和65段。

满意地注意到和平利用外层空间委员会根据法律小组委员会的审议和建议，完成了《关于各国在月球和其他天体上活动的协定草案》的案文，

审议了关于国家在月球和其他天体上活动的协定草案的案文，

1. 赞扬《关于各国在月球和其他天体上活动的协定》，其案文附于本决议之后；
2. 请秘书长尽快开放该协定供签署和批准；
3. 表示希望尽可能广泛地遵守本协定。

第89次全体会议

1979年12月5日

附件 关于各国在月球和其他天体上活动的协定

本协定的缔约国，

注意到各国在探索和利用月球和其他天体方面取得的成就，

认识到月球是地球的天然卫星，在探索外层空间方面可发挥重要作用，

决心在平等的基础上促进各国之间在探索和利用月球和其他天体方面的合作的进一步发展，

希望防止月球成为国际冲突的地区，

铭记利用月球和其他天体的自然资源可能会带来的好处，

回顾《关于各国探索和利用包括月球和其他天体在内的外层空间活动的原则的条约》《营救航天员、送回航天员和归还发射到外层空间的物体的协定》《关于空间物体造成的损害的国际责任公约》和《关于登记射入外层空间物体的公约》，

考虑到有必要在探索和利用外层空间方面取得进一步进展的情况下，就月球和其他天体确定和制定这些国际文书的规定，

兹议定条款如下：

第 1 条

1. 本协定中与月球有关的规定也应适用于太阳系内除地球之外的其他天体，除非对这些天体中的任何一个有特定的法律规范生效。

2. 就本协定而言，所指的月球应包括月球轨道、环绕月球或飞向月球的其他轨迹。

3. 本协议不适用于以自然方式到达地球表面的地球外物质。

第 2 条

为了维护国际和平与安全，促进国际合作和相互理解，并适当考虑到所有其他缔约国的相应利益，月球上的所有活动（包括探索和利用），均应根据国际法开展，特别是《联合国宪章》以及《建立友好关系及合作之国际法原则宣言》。

第 3 条

1. 所有缔约国应将月球专门用于和平目的。

2. 禁止在月球上进行任何武力威胁或使用武力或任何其他敌对行为。同样禁止使用月球对地球、月球、航天器、航天员或人造空间物体进行任何此类行为或进行任何此类威胁。

3. 缔约国不得在飞向或绕月轨道上放置载有核武器或任何其他种类的大规模毁灭性武器的物体，也不得在月球上或月球内放置或使用此类武器。

4. 禁止在月球上建立军事基地、设施、防御工事以及试验各种武器和进行军事演习。不禁止将军事人员用于科学研究或者其他和平目的，也不禁止使用为和平探索和利用月球

所必需的任何设备或设施。

第4条

1. 对月球的探索和利用是全人类的事情，应造福和符合所有国家的利益，而不论其经济或科学发展程度如何。根据《联合国宪章》应适当考虑到今世与后代的利益，以及提高生活水平与促进经济和社会进步及发展的需要。

2. 各缔约国在探索和利用月球的一切活动中，应以合作和互助的原则为指导。为执行本协定而进行的国际合作应尽可能广泛，并可在多边、双边基础上或通过国际政府间组织进行。

第5条

1. 各缔约国应在尽可能和切实可行的情况下，将其有关探索和利用月球的活动通知联合国秘书长以及公众和国际科学界。在每项探月任务发射后，应尽快提供时间、目的、位置、轨道参数和持续时间等信息，每项探月任务完成后应提供包括科学成果在内的成果信息。如任务期限超过60天，应每30天定期提供有关任务进行情况的资料，包括任何科学结果。对于持续6个月以上的行动，此后只需要报告这方面的补充信息。

2. 如果一缔约国意识到另一缔约国计划在月球附近的同一区域或同一绕月轨道上同时作业，应迅速将自身运行的时间和计划通知另一国。

3. 各缔约国在开展本协定规定的活动时，应立即将其在包括月球在内的外层空间发现的任何可能危害人类生命或健康的现象以及有机生物的任何迹象通知秘书长、公众和国际科学界。

第6条

1. 所有缔约国在平等的基础上拥有根据国际法在月球上进行科学调查的自由，不受任何形式的歧视。

2. 缔约国在进行科学调查和促进本协议规定的过程中，应有权在月球上采集并移走矿物和其他物质的样品。此类样品应交由发动采集样品的缔约国处置，并可将其用于科学目的。缔约国应考虑是否希望将这些样品的一部分提供给其他感兴趣的缔约国和国际科学界进行科学调查。缔约国在科学研究过程中，也可使用适当数量的月球矿物和其他物质以支援它们的任务。

3. 缔约国同意在最大可能和可行的范围内，交换前往月球或已经在月球上的科研人员和其他人员。

第7条

1. 缔约国在探索和利用月球时，应采取措施防止现有环境平衡受到破坏，无论是在该环境中造成不利变化，还是通过引入环境外物质引起有害污染，或由于其他方式而产生。缔约国还应采取措施避免地球环境由于引入外星物质或由于其他方式而受到有害影响。

2. 缔约国应将其根据本条第1款采取的措施通知联合国秘书长，并应尽一切可能，事先通知其在月球上放置放射性物质的一切情况以及这种放置的目的。

3. 缔约国应就具有特殊科学意义的月球区域向其他缔约国和秘书长报告，以便在不损害其他缔约国的权利的情况下，可以考虑将这些区域指定为国际科学保护区，还应与联合国主管机构商定特别的保护安排。

第 8 条

1. 缔约国可在本协定规定的范围内，在月球表面或下方的任何地方从事探索和利用月球的活动。

2. 为此目的，缔约国尤其可以：

(a) 将其空间物体降落在月球上并从月球发射出去；

(b) 将其人员、航天器、设备、设施、站和装置放置在月球表面或月球下方的任何地点。人员、航天器、设备、设施、站和装置可以在月球表面上方或下方移动或自由移动。

3. 缔约国根据本条第 1 款和第 2 款进行的活动不得干扰其他缔约国在月球上的活动。如果可能发生这种干扰，有关缔约国应按照本协定第 15 条第 2 款和第 3 款进行磋商。

第 9 条

1. 缔约国可在月球上设立有人站和无人站。建立站的缔约国应仅使用满足该站需要的区域，并应立即将该站的位置和目的通知联合国秘书长。随后，该国应每隔一年同样地通知秘书长是否继续使用该站以及其目的是否已改变。

2. 站的安装方式应不妨碍按照本协定及《关于各国探索和利用包括月球和其他天体在内的外层空间活动的原则的条约》第一条规定在月球上进行活动的其他缔约国的人员、航天器和设备自由进入月球的所有区域。

第 10 条

1. 缔约国应采取一切切实可行的措施维护月球上人的生命和健康。为此目的，应将《关于各国探索和利用包括月球和其他天体在内的外层空间活动的原则的条约》第五条所指的月球上的任何人视为航天员，并视其为《关于营救航天员、送回航天员和归还发射到外层空间的物体的协定》所指的飞船人员的一部分。

2. 缔约国应以其空间站、设施、车辆和其他设施为遇险者提供庇护。

第 11 条

1. 月球及其自然资源均为人类的共同财产，它体现在本协定的规定中，特别是在本条第 5 款中。

2. 月球不得由国家依据主权要求，通过利用或占领或以任何其他方式据为己有。

3. 月球的表面或地下或其任何部分或其中的自然资源均不得成为任何国家、国际政府间组织或非政府组织、国家组织或非政府实体或任何自然人的财产。在月球表面或以下，包括与月球表面或地下相连的结构中放置人员、航天器、设备、设施、站和装置，不得视为对月球的表面或其任何区域取得所有权。上述规定不影响本条第 5 款所指的国际制度。

4. 缔约国有权在平等基础上，依据国际法和本协定的条款，对月球进行探索和利用，而不应有任何歧视。

5. 本协定缔约国特此承诺建立一项包括适当程序在内的国际制度，以管理对月球自然资源的开采，因为这种开采即将变得可行。该规定应按照本协定第18条执行。

6. 为了促进建立本条第5款所指的国际制度，缔约国应在最大程度上将他们在月球上发现的任何自然资源通知给联合国秘书长以及公众和国际科学界。

7. 即将建立的国际制度的主要宗旨应包括：

（a）有序和安全地开发月球的自然资源；

（b）合理管理这些资源；

（c）扩大利用这些资源的机会；

（d）所有缔约国公平分享从这些资源中获得的利益，而且应当对发展中国家的利益和需要，以及那些对探索月球直接或间接做出贡献的国家，给予特别考虑。

8. 与月球自然资源有关的所有活动，应以与本条第7款和本协定第6条第2款的规定相符的方式进行。

第12条

1. 缔约国应对其在月球上的人员、车辆、设备、设施、站和装置保持管辖权和控制权。航天器、设备、设施、站和装置的所有权不因其在月球上而受到影响。

2. 凡在其预定位置以外的地方发现的车辆、设施和设备或其组成部分，应按照《关于营救航天员、送回航天员和归还发射到外层空间的物体的协定》第五条处理。

3. 如果发生威胁到人类生命的紧急情况，缔约国可在月球上使用其他缔约国的设备、车辆、设备、设施或物资。同时应立即通知联合国秘书长或有关缔约国。

第13条

当一个缔约国得知并非其本国发射的空间物体或其组成部分坠落、被迫着陆或其他意外着陆在月球上，应迅速通知发射缔约国和联合国秘书长有关该物体的信息。

第14条

1. 本协定的缔约国对于本国在月球上的各种活动承担国际责任，不论这些活动是由政府机构还是由非政府实体进行的，并应确保按照本协议中阐明的规定进行相关活动。缔约国应确保其管辖范围内的非政府实体仅在有关缔约国的授权和持续监督下进行月球活动。

2. 由于在月球上进行的活动逐渐增加，缔约国认识到除了《关于各国探索和利用包括月球和其他天体在内的外层空间活动的原则的条约》和《关于空间物体造成损害的国际责任公约》的规定外，需要制定有关月球上的活动造成的损害赔偿责任的实施细则。任何此类安排均应按照本协定第18条规定的程序进行详细说明。

第15条

1. 每一缔约国有义务查明其他缔约国在探索和利用月球方面的活动符合本协定的规定。为此，月球上的所有空间运载工具、设备、设施、站和装置均应向其他缔约国开放。这些缔约国应对预计的访问给予预先通知，以便举行适当的协商，并采取最大限度的预防措施，以确保安全及避免干扰所要访问的设施的正常运作。根据本条，任何缔约国可使用自己的手段，或在任何其他缔约国的全部或部分协助下行事，或根据《宪章》在联合国框架内通过适当的国际程序行事。

2. 如果一个缔约国有理由认为另一缔约国没有履行本协定所规定的义务，或另一缔约国正在干涉其根据本协定享有的权利，则可以请求与该缔约国开展磋商会议。收到请求的缔约国应立即进行这种磋商。任何其他缔约国如提出要求，均有权参加磋商。参加这种磋商的每个缔约国均应寻求双方可以接受的解决办法，并铭记所有缔约国的权益。协商结果应通知联合国秘书长，并将收到的资料转递所有有关缔约国。

3. 如果在考虑所有缔约国的权益后，磋商未能达成双方可接受的解决办法，则有关当事方应采取一切措施，根据情况和争议的性质选择其他和平方式解决争端。如果在进行磋商方面遇到困难，或者磋商未能达成双方都能接受的解决办法，则任何缔约国为了解决争议均可在未寻求任何其他有关缔约国同意的情况下寻求秘书长的协助。一个缔约国如果没有与另一有关缔约国保持外交关系，则应自行选择由其自己出面参加协商或经由另外的缔约国或秘书长作为中间人参加这种协商。

第 16 条

除第 17 至 21 条外，针对国家的相关条款均被认为适用于进行空间活动的国际政府间组织，只要该组织宣布接受其在本条约中规定的权利和义务，或者该组织的大多数成员国是本协定和《关于各国探索和利用包括月球和其他天体在内的外层空间活动的原则的条约》的缔约国。属于本协定缔约国的任何此类组织的成员国应采取一切适当步骤，以确保该组织根据上述规定做出声明。

第 17 条

本协定的任何缔约国均可对协定提出修正案。修正案应在大多数缔约国同意后，对接受修正案的缔约国生效。未接受本修正案的缔约国从其以后接受之日起，本协定生效。

第 18 条

本协定生效十年后，应将本协定的审查问题列入联合国大会的临时议程，以便根据本协定过去的实施情况，审议该协定是否需要修订。但是，在协定生效五年后的任何时间，或者应本协定三分之一的缔约国要求，并征得大多数缔约国的同意后，应召开一次缔约国会议对协定进行审查。审查会议还应基于该条第 1 款所指的原则，特别是要考虑到任何相关的技术发展，来审议执行第 11 条第 5 款规定的问题。

第 19 条

1. 本协定应开放给所有国家在纽约联合国总部签字。

2. 本协定应经签字国批准。尚未根据本条第 3 款在本协定生效前签署本协定的任何国家均可随时加入本协定。批准书或加入书应交存联合国秘书长。

3. 本协定应自第五份批准书交存之日起第三十天生效。

4. 对于每个在本协定生效后交存批准书或加入书的国家，应自其交存批准书之日起第三十天生效。

5. 秘书长应立即将每次签字的日期、每份批准或加入本协定的文书的交存日期、其生效日期和其他通知立即通知所有签字国和加入国。

第 20 条

本协定任何缔约国可在其生效一年后以书面形式通知联合国秘书长，退出本协定。自接到退出通知书之日起一年后生效。

第 21 条

本协定的英文、俄文、法文、西班牙文和中文文本具有同等效力，本协定应交存保存国政府的档案。本协定正式核准的副本应由保存国政府转交签署国和加入国政府。

下列经正式授权的签署人在本协定上签字，以昭信守。

一式三份，于 1979 年 12 月 18 日在纽约开放签订。

1982 年：联合国大会关于卫星电视广播原则的决议

http：//www. unoosa. org/oosa/en/ourwork/spacelaw/principles/dbs - principles. html

大会通过的第 37/92 号决议

各国利用人造地球卫星进行国际直接电视广播所应遵守的原则

大会，

回顾其 1972 年 11 月 9 日第 2916（XXⅦ）号决议，其中强调必须拟定各国利用人造地球卫星进行国际直接电视广播所应遵守的原则，并铭记缔结一项或多项国际协定的重要性，

还回顾其 1973 年 12 月 18 日第 3182（XXⅧ）号、1974 年 11 月 12 日第 3234（XXⅨ）号、1975 年 11 月 18 日第 3388（XXX）号、1976 年 11 月 8 日第 31/8 号、1977 年 12 月 20 日第 32/196 号、1978 年 11 月 10 日第 33/16 号、1979 年 12 月 5 日第 34/66 号和 1980 年 11 月 3 日第 35/14 号和 1981 年 11 月 18 日第 36/35 号决议，其中决定在其第三十七届会议上审议通过一套指导各国利用人造地球卫星进行国际直接电视广播所应遵守的原则草案，

赞赏地注意到和平利用外层空间委员会及其法律小组委员会为遵守上述决议所发布的指示而做出的努力，

考虑到已经进行了几次卫星直接广播的实验，并且一些直接广播卫星系统在某些国家正在运行，并可能在不久的将来实现商业化，

考虑到国际直接广播卫星的运行将对国际政治、经济、社会和文化产生重大影响，

相信确立国际直接电视广播的原则将有助于加强这一领域的国际合作，并进一步促进《联合国宪章》的宗旨和原则的发展，

《各国利用人造地球卫星进行国际直接电视广播所应遵守的原则》载于附件。

附件　各国利用人造地球卫星进行国际直接电视广播所应遵守的原则

A. 宗旨和目标

1. 利用卫星进行国际直接电视广播活动，不得侵犯各国主权，并且不得侵犯联合国有关文书所载的人人有寻求、接受和传递情报和思想的权利。

2. 这类活动应促进文化和科学领域的信息和知识的自由传播、相互交流，有利于各国（特别是发展中国家）教育、社会和经济发展，提高人民的生活质量，并在充分尊重国家政治和文化完整性的前提下提供娱乐。

3. 因此，应以促进相互理解和加强所有国家和人民之间的友好关系与合作的方式开展这些活动，以维护国际和平与安全。

B. 国际法的适用

4. 利用卫星进行国际直接电视广播领域的活动应遵照国际法，包括《联合国宪章》1967 年 1 月 27 日《关于各国探索和利用包括月球和其他天体在内的外层空间活动的原则的条约》《国际电信公约》及其《无线电规则》的有关规定以及关于国家之间的友好关系与合作及关于人权的国际文书的有关规定。

C. 权利和利益

5. 每个国家在利用卫星进行国际直接电视广播领域的活动，并授权其管辖下的个人和实体进行此类活动时，具有平等的权利。所有国家和人民都有权从这种活动中受益。所有国家都应能够使用这一领域的技术，而不会受到有关各方共同商定的条件的歧视。

D. 国际合作

6. 利用卫星进行国际直接电视广播领域的活动，应以国际合作为基础，并应当促进国际合作。这种合作应该在适当安排下进行。应特别考虑发展中国家利用卫星进行国际直接电视广播方面的需求。

E. 和平解决争端

7. 由这些原则所涉活动可能引起的任何国际争端，都应按照《联合国宪章》的规定通过争端各方商定的和平解决争端的既定程序解决。

F. 国家责任

8. 各国应对本国开展的或在本国管辖范围内通过卫星进行的国际直接电视广播领域的活动以及此类活动是否符合本文件规定的原则负国际责任。

9. 国际政府间组织利用卫星进行国际直接电视广播时，上文第 8 段所指的责任应由该组织和参加该组织的国家承担。

G. 协商的义务和权利

10. 在一个广播国（或接收国）和其他广播国（或接收国）之间建立的国际直接电视

广播卫星服务被同时请求时，他们应立即就其在国际直接电视广播领域的活动与请求国进行磋商，但不影响这些国家可就此问题与任何其他国家进行其他磋商。

H. 版权和有关权利

11. 在不损害国际法的有关规定的情况下，各国应在双边和多边的基础上合作，并通过有关国家或在其管辖范围内的主管法律实体之间的适当协定保护版权和有关权利。在这种合作中，应特别考虑发展中国家在使用直接电视广播以促进其国家发展方面的利益。

I. 通知联合国

12. 为了促进和平探索和利用外层空间方面的国际合作，凡利用或授权利用卫星进行国际直接电视广播活动的国家，应尽可能向联合国秘书长通报这些活动的性质。秘书长收到这些信息后，应立即将其有效传播给有关专门机构以及公众和国际科学界。

J. 各国之间的协商和协议

13. 拟建立或授权建立国际直接电视广播卫星服务的国家应立即将这一意图通知拟议的一个或多个接收国，并应立即与提出请求的任何国家进行磋商。

14. 只有在满足上文第13段规定的条件之后，并在符合国际电信联盟有关文书的协定和安排的基础上遵守本文件各项规定，国际直接电视广播卫星业务才能建立。

15. 对于不可避免的卫星信号辐射的溢出，国际电信联盟的有关文书应完全适用。

1986年：联合国大会关于卫星遥感原则的决议

http：//www. unoosa. org/oosa/en/ourwork/spacelaw/principles/remote - sensing - principles. html

大会通过的41/65号决议

关于从外层空间遥感地球的原则

大会，

回顾其1974年11月12日第3234（XXIX）号决议，其中建议和平利用外层空间委员会法律小组委员会审议从空间对地球进行遥感的法律问题，还回顾了其1975年11月18日第3388（XXX）号、1976年11月8日第31/8号、1977年12月20日第32/196 A号、1978年11月第10/33号决议、1979年12月5日第34/66号、1980年11月3日第35/14号、1981年11月18日第36/35号、1982年12月10日第37/89号、1983年12月15日第38/80号、1984年12月14日第39/96号和1985年12月16日第40/162号决议，该决议呼吁详细审议从外层空间对地球遥感的法律影响，以期拟定与遥感有关的原则草案，

审议了和平利用外层空间委员会第二十九届会议工作报告（A/41/20）和草案文本所附的关于从外层空间遥感地球的原则，

满意地注意到和平利用外层空间委员会在其法律小组委员会的审议基础上，签订了有关从外层空间遥感地球的原则草案，

相信制定关于从外层空间遥感地球的原则将有助于加强这一领域的国际合作，

《关于从外层空间遥感地球的原则》载于附件。

附件　关于从外层空间遥感地球的原则

原则一

就与遥感活动有关的这些原则而言：

(a) 术语“遥感”是指利用被感测物体所发射、反射或衍射的电磁波的特性从外层空间对地球表面进行感测，目的是改善自然资源管理、土地利用和保护环境；

(b)“原始数据”一词是指由空间物体所载的遥感器获取的并从空间以遥测方式通过电磁信号、摄影胶片、磁带或任何其他方法向地面传送或交付的原始数据；

(c) “处理过的数据”一词是指为使原始数据可用而对原始数据进行处理所得到的产品；

(d)“分析过的资料”一词是指对处理过的数据和其他来源获得的数据和知识进行解释所得到的资料；

(e)“遥感活动”一词是指空间遥感系统、数据收集与储存站的操作，以及处理、解译和传播处理过的数据的活动。

原则二

遥感活动应为所有国家谋福利和利益，不论其经济、社会或科学技术发展的程度如何，并特别考虑到发展中国家的需求。

原则三

进行遥感活动应遵守国际法，包括《联合国宪章》《关于各国探索和利用包括月球和其他天体在内的外层空间活动的原则的条约》以及国际电信联盟有关文书的规定。

原则四

进行遥感活动应遵守《关于各国探索和利用包括月球和其他天体在内的外层空间活动的原则的条约》第一条所载的原则，其中特别规定，探索和利用外层空间应为所有国家谋福利和利益，而不论其经济或科学发展程度如何，并规定了在平等基础上自由探索和利用外层空间的原则。这些活动应在尊重所有国家和人民对其财产和自然资源拥有充分和永久主权的原则的基础上进行，并根据国际法适当考虑其他国家管辖下的国家和实体的权利和利益。这种活动不得损害被感测国家的合法权益。

原则五

进行遥感活动的国家应促进遥感活动方面的国际合作。为此，应向其他国家提供参与的机会。在任何情况下，这种参与均应基于公平和相互接受的条件。

原则六

为了最大限度地享用遥感活动的惠益，鼓励各国通过协议或其他安排，特别是在区域协定的框架内，为数据收集与存储站以及处理与解译设施的建立和运行做出规定。

原则七

参加遥感活动的国家应按照共同商定的条件向其他有关国家提供技术援助。

原则八

联合国和联合国系统内的有关机构应促进遥感领域国际合作，包括技术援助和协调。

原则九

根据《关于登记射入外层空间物体的公约》第四条和《关于各国探索和利用包括月球和其他天体在内的外层空间活动的原则的条约》第十一条，遥感方案应通知联合国秘书长。经任何其他国家请求，尤其是受该计划影响的任何发展中国家的请求，该国还应在切实可行的最大限度内提供任何其他有关资料。

原则十

遥感应促进对地球自然环境的保护。

为此，参加遥感活动的国家已查明掌握了能够避免对地球自然环境破坏的任何现象的信息后，应向有关国家披露这种信息。

原则十一

遥感应促进保护人类免受自然灾害的侵害。

为此，参加遥感活动的国家应确定处理过的数据并分析其拥有的信息。如果这些信息可能对受自然灾害影响的国家或可能受到即将发生的自然灾害影响的国家有用，则应尽快将这些数据和信息传送给各国。

原则十二

一旦产生了有关其管辖范围内领土的原始数据和处理过的数据，被感测国应在无歧视的基础上以合理的费用和条件使用它们。被感测国还应以相同的基础和条件，获得参与遥感活动的任何国家所拥有的关于其管辖范围内的领土的可用分析信息，尤其要考虑到发展中国家的需求和利益。

原则十三

为促进和加强国际合作，特别是照顾到发展中国家的需求，从外层空间遥感地球的国家经请求应与领土被感测的国家进行磋商，以提供参与的机会并增进双方从中获得的惠益。

原则十四

根据《关于各国探索和利用包括月球和其他天体在内的外层空间活动的原则的条约》第六条的规定，操作遥感卫星的国家应对其活动承担国际责任，并确保此类活动的实施符合这些原则和国际法准则，无论这些活动是由政府实体或非政府实体，还是通过这些国家加入的国际组织进行的。该原则不妨碍国际法关于遥感活动的国家责任的规范的适用。

原则十五

因采用这些原则而引起的任何争端均应通过和平解决争端的既定程序解决。

1992 年：联合国大会关于核动力源原则的决议

http：//www. unoosa. org/oosa/en/ourwork/spacelaw/principles/nps - principles. html

大会通过的第 47/68 号决议

关于在外层空间使用核动力源的原则

大会，

审议了和平利用外层空间委员会第三十五届会议的报告以及委员会批准并附于其报告后的与外层空间使用核动力源有关的原则的案文，

认识到由于核动力源体积小、寿命长和其他特性，对于某些外层空间飞行任务，核动力源特别适合甚至是必不可少的，

还认识到在外层空间使用核动力源应侧重于利用核动力源特殊性质的用途，

还认识到在外层空间使用核动力源应基于彻底的安全评估，包括概率风险分析，并特别强调减少公众意外暴露于有害辐射或放射性物质的风险，

确认在这方面需要一套包含目标和准则的原则，以确保在外层空间安全使用核动力源，

申明这套原则适用于外层空间的核动力源，该核动力源专门用于为非推进目的在空间物体上发电，其特性大体上与采用本原则时所使用的系统和执行的任务相似，

认识到这套原则将来需要考虑新兴的核电应用，并根据不断发展的国际建议进行修订，

有关放射防护的说明，

有关在外层空间使用核动力源的原则在接下来的内容中进行说明。

原则 1 国际法的适用性

涉及在外层空间使用核动力源的活动应按照国际法进行，特别是《联合国宪章》和《关于各国探索和利用包括月球和其他天体在内的外层空间活动的原则的条约》。

原则 2 术语的使用

1. 就本原则而言，“发射国”是指在与有关原则相关的给定时间点上对具有核动力源的空间物体行使管辖权和控制权的国家。

2. 就原则 9 而言，该原则中两个法律文件中“发射国”的定义是适用的。

3. 就原则 3 而言，“可预见”和“一切可能”两词描述了一类事件或情况，其发生的总体概率仅为安全分析的可信可能性。“深度防御的一般概念”一词在适用于外层空间的核动力源中时，是指使用各种设计形式和航天操作来代替或补充主动系统，以防止系统发生故障或减轻故障后的后果。为实现这一目的，并非要求每个组件都有冗余安全系统。鉴于空间使用和各种任务的特殊要求，没有特定的一套系统可以确定为实现这一目标的必要条件。就原则 3 第 2（d）款而言，“使其进入临界状态”一词不包括诸如零功率测试这类确保系统安全所必需的动作。

原则 3 安全使用的准则和标准

为了最大限度地减少空间中的放射性物质的数量和相关的风险，在外层空间使用核动力源应仅限于那些不能由无核能源合理操作的空间部分。

1. 辐射防护和核安全的总体目标

（a）发射带有核动力源的空间物体的国家应努力保护个体、种群和生物圈免受辐射危害。应高度确保装有核动力源的空间物体的设计和使用在可预见的操作或意外情况下，能将危害控制在第 1（b）和（c）款规定的可接受水平以下。

这种设计和使用还应高度确保放射性材料不会对外部空间造成重大污染。

（b）载有核动力源的空间物体在正常运行期间，包括从第 2（b）段所定义的足够高的轨道重新进入时，应遵守国际辐射防护委员会建议的对公众的适当辐射防护目标。在这种正常的操作中，不应有明显的辐射暴露。

（c）为了限制事故造成的辐射，核动力源系统的设计和建造应考虑到国际上有关的和普遍接受的放射防护准则。

除可能产生严重辐射后果的低概率事故外，核动力源系统的设计应高度有把握地将辐照限于有限地理区域，对于个人的辐射暴露限制在每年 1mSv 以内。允许采用若干年内每年 5mSv 的辅助剂量限制，条件是在一生中平均年有效剂量当量不超过每年 1mSv 的主要限制。

借助系统设计，应将上述具有严重放射后果的事故发生的可能性保持在极低的水平。

本款所指准则的未来修改应在切实可行的范围内尽快应用。

（d）对安全性要求高的系统，应按照深度防御的一般概念进行设计、制造和操作。根据这一概念，可预见的与安全相关的故障必须能够通过一个动作或程序（可能是自动的）

予以纠正或抵消。

除其他外，应通过冗余、物理隔离、功能隔离和组件的充分独立性来确保安全性要求高的系统的可靠性。

还应采取其他措施来提高安全等级。

2. 核反应堆

(a) 核反应堆可用于

(ⅰ) 行星际飞行任务；

(ⅱ) 第 2 (b) 段所定义的足够高的轨道；

(ⅲ) 低地球轨道，条件是在其任务执行完之后核反应堆须存储在足够高的轨道上。

(b) 足够高的轨道是这样一种轨道，其寿命足够长，足以使裂变产物衰变到近似锕系元素的活性。足够高的轨道必须使现有和未来的外层空间任务以及与其他空间物体碰撞的危险保持在最低限度。在确定足够高的轨道高度时，还应考虑到被破坏的反应堆的各部分在重新进入地球大气层之前也必须达到所需的衰变时间。

(c) 核反应堆只能使用高浓缩铀 235 作为燃料。设计时应考虑到裂变和活化产物的放射性衰变。

(d) 核反应堆在到达其工作轨道或行星际飞行轨道之前，不得使其进入临界状态。

(e) 核反应堆的设计和建造应确保，在达到工作轨道前发生一切可能的事件，包括火箭爆炸、重返大气层、撞击地面或水、浸没在水里或水侵入堆芯，核反应堆均不能达到临界状态。

(f) 为了在寿命低于足够高轨道的轨道上运行（包括转移到足够高轨道的运行）期间，显著降低装有核反应堆的卫星发生故障的可能性，必须有一个高度可靠的操作系统，以确保有效地控制处理核反应堆。

3. 放射性同位素发电机

(a) 放射性同位素发电机可用于行星际任务和离开地球重力场的其他任务。如果在其任务执行完毕后，将发电机储存在高轨道上，则也可以用于地球轨道上。无论如何，最终处置是必要的。

(b) 放射性同位素发电机应用密封系统加以保护，该密封系统的设计和制造应保证能够承受可预见的轨道条件下，包括在相关的高椭圆轨道或双曲线轨道下，重新进入高层大气时产生的热量和气动力。一旦撞击，防护系统和同位素的物理形态应确保放射性物质不扩散到环境中，还能通过回收作业彻底清除撞击区域的放射性。

原则 4　安全评估

1. 原则 2 第 1 款所定义的发射国，在发射时或发射前或将要操作空间物体时或将使用其领土或设施发射物体时，应与设计、建造或制造核动力源相关的国家进行合作，以确保进行彻底和全面的安全评估。该评估还应涵盖飞行任务的所有相关阶段，并应顾及所涉的一切系统，包括发射方式、空间平台、核动力源及其设备以及地面与空间之间的控制和通信方式。

2. 该评估应遵守原则3中所载的安全使用准则和标准。

3. 根据《关于各国探索和利用包括月球和其他天体在内的外层空间活动的原则的条约》第十一条，应在每一次发射之前公布该安全评估的结果，同时在可行的范围内说明有关发射的大致预期时间，并应告知联合国秘书长各国如何在每次发射之前尽快获得此类安全评估的结果。

原则5 再入通知

1. 如果载有核动力源的空间物体发生故障，有放射性物质进入地球的危险，任何发射该空间物体的国家应及时通知有关国家。通知应符合以下格式：

(a) 系统参数

(ⅰ) 发射国的名称，包括发生事故时可联系以获得更多信息或协助的机构的地址；

(ⅱ) 国际名称；

(ⅲ) 发射日期和发射领土或地点；

(ⅳ) 对轨道寿命、轨迹和影响区域做出最佳预测所需的资料；

(ⅴ) 航天器的基本功能；

(b) 关于核动力源的放射性风险的信息

(ⅰ) 核动力源的类型：放射性同位素/反应堆；

(ⅱ) 可能到达地面的燃料以及受污染和活化成分的可能物理状态、数量和一般放射特性。术语“燃料”是指用作热源或动力源的核材料。

2. 一旦发现故障，发射国应按照上述格式提供信息。应当在可行的情况下尽可能频繁地对信息进行更新，并且随着预计再入地球大气层的时间的临近，传播更新信息的频率应增加。以便国际社会了解情况，并有足够的时间来计划任何认为必要的应对活动。

3. 更新后的资料也应以相同的频率提供给联合国秘书长。

原则6 磋商

根据原则5，提供资料的国家应在合理可行的范围内，对其他国家要求提供进一步信息或进行磋商的请求迅速做出回应。

原则7 对国家的援助

1. 在接到载有核动力源的空间物体及其部件预期再入地球大气层的通知后，所有拥有空间监测和跟踪设施的国家应本着国际合作的精神，尽快将其掌握的载有核动力源的故障空间物体有关信息传达给联合国秘书长和有关国家，使可能受影响的国家评估态势并采取任何认为必要的预防措施。

2. 载有核动力源的空间物体及其部件再入地球大气层后：

(a) 发射国应根据受灾国的要求立即提供必要的协助，以消除实际和可能的有害影响，包括协助确定核动力源在地球表面的影响区域，以检测再入的物质并对其进行取回或清理操作；

(b) 除发射国以外，所有具有相关技术能力的国家和具有这种技术能力的国际组织应根据受灾国的请求，尽可能提供必要的协助。

根据上文（a）和（b）提供援助时，应考虑到发展中国家的特殊需要。

原则 8　责任

根据《关于各国探索和利用包括月球和其他天体在内的外层空间活动的原则的条约》第六条，涉及在外层空间使用核动力源的各国应对其国家活动承担国际责任，无论这些活动是由政府机构还是由非政府实体进行，并确保此类国家活动均按照该条约和本原则所载建议进行。当国际组织开展涉及使用核动力源的外层空间活动时，遵守上述条约和本原则所载建议的责任应由国际组织和参加该公约的国家承担。

原则 9　责任与赔偿

1. 根据《关于各国探索和利用包括月球和其他天体在内的外层空间活动的原则的条约》第七条，以及《关于空间物体造成损害的国际责任公约》的规定，发射或促使发射空间物体的每个国家，以及从其领土或设施发射空间物体的每个国家，应对此类空间物体或其组成部分造成的损害承担国际责任。这完全适用于这种载有核动力源的空间物体的情况。每当两个或两个以上国家共同发射这种空间物体时，它们应根据上述公约第五条对造成的任何损害共同及单独承担责任。

2. 发射国根据本公约所应承担的赔偿额应根据国际法以及公正和公平原则确定，使提出索赔要求的自然人或法人、国家或国际组织能够恢复到没有发生损害的情况下本应存在的情况。

3. 出于本原则的目的，赔偿应包括偿还经充分证实的用于搜寻、回收和清理作业的费用，包括第三方提供援助的费用。

原则 10　解决争端

因执行这些原则而产生的任何争端应该根据《联合国宪章》等通过谈判或其他和平方式加以解决。

原则 11　评审和修订

相关原则应由和平利用外层空间委员会加以修订，并在通过后的两年内应用于外层空间。

1996年：联合国大会关于空间共同利益原则的决议

http：//www. unoosa. org/oosa/en/ourwork/spacelaw/principles/space - benefits - declaration. html

联合国大会关于为所有国家的共同利益探索和利用外层空间进行国际合作，并特别考虑发展中国家需求的宣言

联合国大会：

已经考虑了和平利用外空委员会第三十九次会议的报告和《关于为所有国家的共同利益探索和利用外层空间的国际合作宣言》的内容，并特别考虑发展中国家的需求；

牢记《联合国宪章》的有关规定；

认真回顾《条约》中关于管理各国探索和利用外层空间，包括月球和其他天体的活动；

回顾其他外层空间活动的各项有关决议；

牢记第二次联合国探索及和平利用外层空间会议和与这一领域相关会议的有关决议精神；

认识到国家间及国家与国际组织间为和平目的探索和利用外空方面进行国际合作的范围和意义日益扩大；

考虑到国际合作中企业获得的经验；

深信进一步加强国际合作的重要性和必要性，以便于在互利共赢的基础上进一步达成广泛的、有效的合作；

期待这些出于全人类的共同利益而制定的不论国别、不论经济或科技发展水平探索利用外空、月球及其他天体的原则尽快得以落实；

本文附件载录了出于考虑发展中国家的需要而制定的《关于为所有国家的共同利益探索和利用外层空间的国际合作宣言》；

附件　关于为所有国家的共同利益探索和利用外层空间的国际合作宣言

1. 出于和平目的进行国际合作探索和利用外层空间（以下简称国际合作）应遵照国际法的规定，包括《联合国宪章》和《关于各国探索和利用包括月球和其他天体在内的外层空间活动的原则的条约》。相关活动应为所有国家的利益而进行，不论其经济、社会或科学技术发展程度如何，应是全人类的事务，并应特别考虑发展中国家的需要。

2. 各国可在公平和相互接受的基础上自由决定其参与探索和利用外层空间国际合作的所有方面。合作活动的合同条款应当公平合理，充分符合当事人的合法权益，如知识产权等。

3. 所有国家特别是具有相关空间能力和有探索和利用外层空间计划的国家，都应在公平和相互接受的基础上促进国际合作。在这方面，应特别注意让发展中国家和空间计划刚刚起步的国家同空间能力较先进的国家进行这种国际合作而获得一定利益。

4. 国际合作应以最有效和最适当的方式进行，包括但不限于政府间和非政府间、商业和非商业、全球的、多边的、区域的或双边的以及各个发展阶段的。

5. 国际合作应特别考虑发展中国家的需要，考虑他们对技术援助的需要以及合理有效地分配财政和技术资源。此外，还应致力于下列目标：

（a）促进空间科学和技术及其应用的发展；

（b）促进有关国家发展适当的空间能力；

（c）促进各国在相互接受的基础上交流专业知识和技术。

6. 国家和国际机构、研究机构、发展援助组织以及发达国家和发展中国家都应考虑适当发挥空间应用和国际合作的潜力，以实现其发展目标。

7. 应加强和平利用外层空间委员会的作用，此外，应发挥在探索和利用外层空间的国际合作领域中作为国家和国际活动交流信息的论坛的作用。

8. 应鼓励所有国家根据其空间能力及其参与探索和利用外层空间的程度，为联合国空间应用计划和国际合作领域的其他倡议做出贡献。

2004年：联合国大会关于“发射国”概念的决议

http：//www.unoosa.org/pdf/gares/ARES_59_115E.pdf

大会通过的第59/115号决议

“发射国”概念的应用

联合国大会：

回顾《关于空间物体造成损害的国际责任公约》和《关于登记射入外层空间物体的公约》；

将“发射国”这一概念写入《责任公约》和《登记公约》非常重要，发射国应按照《登记公约》登记其发射的空间物体，《责任公约》则确定哪些国家将在造成空间物体损害的情况下承担责任并进行赔偿；

注意到和平利用外层空间委员会第四十二届会议的报告和法律小组委员会第四十一届会议的报告，特别是工作组关于法律小组委员会的报告所附的题为“审查‘发射国’概念”议程项目的结论；

注意到工作组的结论或本决议的任何内容都不是对《登记公约》或《责任公约》的权威解释或拟议修正建议；

注意到《责任公约》和《登记公约》生效以来空间活动的变化，包括：不断发展新技术、开展空间活动的国家数目增加、和平利用外层空间的国际合作增加、非政府实体进行空间活动增加、政府机构和非政府实体合作进行空间活动增加，以及一个或多个政府实体建立合作伙伴关系增加；

希望促进对联合国外层空间条约各项规定的遵守和实施，特别是《责任公约》和《登记公约》；

1. 建议开展空间活动的国家履行联合国外层空间条约，特别是《关于各国探索和利用包括月球和其他天体在内的外层空间活动的原则的条约》所规定的国际义务，如按照《责任公约》承担责任，按照《登记公约》发射空间物体，以及其他相关的国际协定。研究并制定国家法律，授权和监督在其管辖范围内的非政府实体开展的相关空间活动；

2. 还建议各国考虑根据《责任公约》缔结有关联合发射或合作方案的协定；

3. 还建议和平利用外层空间委员会请会员国在自愿的基础上提交关于它们目前转移在轨空间物体所有权的做法的资料；

4. 建议各国在这些资料的基础上考虑酌情协调有关行动，以便加强国家空间立法与国际法的一致性；

5. 请和平利用外层空间委员会充分发挥并利用秘书处的职能和资源，继续应各国请求，根据有关条约在制定国家空间法方面向各国提供相关资料和援助。

第 71 次全体会议

2004 年 12 月 10 日

2007年：联合国大会关于空间碎片缓减准则的决议

http：//www.unoosa.org/documents/pdf/spacelaw/sd/COPUOS－GuidelinesE.pdf

和平利用外层空间委员会的空间碎片缓减准则

1. 背景

自从和平利用外层空间委员会于1999年发表了《关于空间碎片的技术报告》以来，人们终于认识到目前的空间碎片环境对地球轨道上的航天器构成了危险。在本文件中，空间碎片是指地球轨道上的或再入大气层的无功能的所有人造物体，包括残块及其组成单元。随着碎片数量的不断增加，潜在的导致破坏的碰撞概率也会随之增加。此外，如果碎片再入地球大气层过程中保存下来，那么地面也有蒙受损失的风险。因此，迅速实施适当地缓减碎片措施被认为是为子孙后代保护外层空间环境的审慎和必要的做法。从历史上看，地球轨道空间碎片的主要来源是：1）因意外或有计划地碰撞产生的寿命较长的碎片；2）运载火箭上面级或航天器运行期间有计划地释放的碎片。未来，碰撞产生的碎片有可能成为空间碎片的主要来源。空间碎片缓减措施可分为两大类：1）在短期内减少产生潜在的有害空间碎片的措施；2）长期限制产生这种碎片的措施。前者要求在执行空间任务时减少或避免生产空间碎片。后者则涉及从航天器运行区域移走退役航天器或运载火箭上面级的寿命终止程序。

2. 基本原理

建议实施空间碎片缓减措施，因为一些空间碎片有可能损坏航天器，导致任务失利，或在有人操纵航天器的情况下造成生命损失。对于载人飞行而言，空间碎片缓减措施对航天员安全具有重要意义。

机构间空间碎片协调委员会（空间碎片协委会）制定了一套减缓准则，反映了一些国家和国际组织制定的一系列现有做法、标准、守则和规定中的缓减措施基本内容。和平利用外层空间委员会认为得到一套受到全球空间界广泛接受的高质量指导方针大有好处。因此，委员会科学和技术小组委员会设立了空间碎片问题工作组，以根据空间碎片协委会空间碎片缓减准则的技术内容和基本定义，以及联合国关于外层空间的条约和原则拟定一套建议准则。

3. 应用

会员国和国际组织应通过各自的国家机制或自身适用的体制自愿采取措施，确保通过空间碎片缓减做法和程序，在最大程度上落实这些准则。

这些准则适用于新设计的航天器和上面级任务规划和新操作，如有可能也适用于现有的航天器和上面级。但根据国际法，它们不具法律效力。但人们也认识到，根据联合国关于外层空间的条约和原则的规定，可能会有某种情况只执行个别准则或准则的一部分。

4. 空间碎片缓减准则

航天器和运载火箭上面级的任务规划、设计、制造和操作（发射、任务和处置）阶段应考虑下列准则：

原则 1：正常运行期间应限制产生空间碎片

空间系统应设计成避免在正常运行时释放碎片，如果做不到这一点，则应尽量减少空间碎片对外层空间环境的影响。

在航天时代的最初几十年里，运载火箭和航天器设计者允许有意地将许多与任务有关的物体释放到地球轨道，其中包括传感器罩、分离机构或任务部件。在认识到这类物体构成的威胁后专门进行了设计改进，并已经证明这种做法在减少空间碎片来源方面是有效的。

原则 2：在运行阶段尽量减少解体的可能性

航天器和运载火箭上面级的设计应避免出现可能导致意外解体的情况发生。如果检测到会导致这种故障的情况，应计划并执行处理和钝化措施，以避免其解体。

历史上，一些故障是由空间系统故障引起的，比如推进和动力系统的灾难性故障。通过在失效模式分析中考虑潜在的分裂解体情况，可以降低发生这些灾难性事件的概率。

原则 3：降低在轨飞行器发生意外碰撞的可能性

在制定航天器和运载火箭各阶段的设计和任务计划时，需要测算并限制系统在发射阶段和在轨服务期间与已知物体发生意外碰撞的概率。如果现有轨道数据表明有可能会发生碰撞，则应考虑调整发射时间或制定在轨规避策略。

已经证实，确实发生过一些意外碰撞情况。许多研究表明，随着空间碎片数量和质量的增加，新空间碎片的主要来源可能是碰撞。一些会员国和国际组织已经制定了避碰程序。

原则 4：避免故意破坏或其他有害活动的发生

因为已经认识到碰撞风险的增加可能会对空间任务构成威胁，所以应避免故意破坏任何在轨航天器和运载火箭的上面级或产生长寿命碎片的其他有害活动。当需要有计划地分离时，应在足够低的高度进行，以缩短所产生碎片的轨道寿命。

原则 5：尽量减少因能量储存导致的任务结束后航天器解体的可能性

为降低航天器和运载火箭上面级发生意外破裂的风险，应在任务结束后不再需要能量的情况下，将能量耗尽或将其移至安全区域。

迄今为止，已登记的空间碎片的主要来源是航天器和运载火箭上面级的碎片。这些碎片大多数是无意间产生的，其中许多是由于放弃了的储存了大量能量的航天器和运载火箭上面级解体后形成的。最有效的缓解措施是在航天器和运载火箭任务结束时将其钝化。钝化要求耗尽所有形式的能量储存，包括残余推进剂和压缩流体，并将相关设备储存的电能耗尽。

原则 6：限制航天器和运载火箭在任务结束后在近地轨道长期存在

近地轨道的航天器或运载火箭在任务结束后，应以受控方式被移出近地轨道。如果无法做到这一点，则应将它们置于坟墓轨道，以避免其长期占据近地轨道。

在制定从近地轨道移除空间物体的方案时，应当考虑确保残留到地球表面的碎片不会对人类或财产构成不当风险，包括由危险物质造成的环境污染。

原则 7：限制航天器和运载火箭在任务结束后对地球同步轨道的长期干扰

在地球同步轨道运行的航天器和运载火箭上面级在任务结束后，应当被移除地球同步轨道，并避免其对地球同步轨道产生长期干扰。

对于那些在地球同步轨道附近的空间物体，在其任务结束后，可以将其维持在地球同步轨道的上方，使其不会干扰或返回地球同步轨道，从而减少未来发生碰撞的可能性。

5. 更新

会员国和国际组织应本着国际合作的精神继续开展空间碎片领域的研究，以最大限度地扩大空间碎片缓减措施所带来的惠益。本文件将根据新的情况及时做更新审查，并在必要时予以修订。

6. 参考

本文件出版时，空间碎片协调委员会空间碎片缓减准则参考文本载于 A/AC. 105/C. 1/L. 260 的附件。关于空间碎片缓减措施的更深入的说明和建议，会员国和国际组织可参阅空间碎片协调委员会空间碎片缓减准则的最新版本和其他相关文件，这些文件可在空间碎片协调委员会网站（www. iadconline. org）上找到。

2013年：联合国关于外层空间活动透明度和建立信任措施

http：//www.un.org/ga/search/view _ doc.asp? symbol=A/68/189

提升外层空间活动透明度和建立信任措施的政府专家组

秘书长的说明

秘书长谨随函转递《关于提升外层空间活动透明度和建立信任措施的政府专家组的报告》。该小组是根据大会第65/68号决议设立的。

《关于提升外层空间活动透明度和建立信任措施的政府专家组的报告》的

概 述

本报告载有关于提升外层空间活动透明度和建立信任措施的研究内容，这一内容是由联合国秘书长设立的、由外层空间活动透明度和建立信任措施政府专家组主持完成的。这项文件被一致通过。该小组的结论是：世界日益依赖天基系统和技术及其提供的信息，因此需要各国合作努力，以解决对外层空间活动的可持续性和安全性的威胁。提高透明度和建立信任措施可以减少甚至消除各国对其他国家在外层空间活动意图的不信任和误判。

专家组认为，现有的外层空间条约包含若干强制性的提升透明度和建立信任措施的条款。应当补充有关外层空间活动的国际法律框架，以解决现行相关法规不具法律效力的情形。任何国家特别是新兴的航天国家都不应损害现有法律义务或妨碍合法使用外层空间。该小组还一致同意，有关外层空间活动的这类措施可有助于但不能完全代替监测军备限制和裁军协定执行情况的措施。

经过广泛深入的讨论，专家组制定了一系列与外空活动相关的政策，包括国家间交换与外空政策有关的信息，如外空重大军事支出、旨在降低外空活动风险的通知、参观航天发射场和设施等。专家组讨论了在外层空间活动中制定提升透明度和建立信任措施以及执行和验证这些措施的标准。此外，该小组鼓励进一步发展航天国家和非航天国家在和平利用外层空间以造福所有国家方面的国际合作。

专家组起草的拟议措施还包括旨在改善外层空间活动参与者之间的相互关系和消除误解的协调和协商机制。为了促进提升透明度和建立信任措施等相关举措被有效执行，该小组建议在裁军事务厅、外层空间事务司和其他联合国实体之间建立适当的协调机制。

专家组建议各国和国际组织在自愿的基础上，在不妨碍执行现有法律所规定的义务的情况下，审议并执行本报告所载的提升透明度和建立信任的措施。

专家组还建议，大会应决定如何以最佳方式推进各国提升透明度和建立信任措施，并敦促各方审议并支持这些措施，包括得到秘书处有关办事处和从事裁军工作的联合国实体的支持。专家组还请秘书长将其报告分发给联合国系统所有的相关实体。

目 录

页码

传达指示信	4
秘书长前言	5
传达指示信	9
简介	9
背景概述	12
关于提升外层空间活动透明度和建立信任措施的一般特点和基本原则	12
提升外层空间活动透明度和建立信任措施的性质和目的	13
提升外层空间活动透明度和建立信任措施	14
提升外层空间活动透明度和建立信任措施的标准	15
提升外层空间活动透明度	16
交流空间政策信息	16
与外层空间活动相关的信息交换和通知	17
降低风险的通知	18
联系和参观航天发射场等设施	18
国际合作	19
协商机制	20
外联服务	20
协调	21
结论和建议	

秘书长前言

全球化的社会越来越依赖于环绕地球运行的1 000多颗卫星。天基平台可以在全世界范围内快速收集并传播大量信息。现在从外层空间获得的资源与益处是我们日常生活的基本组成部分。从农业和天气预报到绘图和通信，空间在人类活动和发展中扮演着越来越重要的角色。

但是，外层空间是一个脆弱的环境，其中一个国家采取的行动可能对其他国家甚至地球上的用户产生影响。空间业务的广泛应用和空间活动战略价值的提升，导致外层空间的活动安全日益受到重视。卫星提供了战略优势，但同时它们也很脆弱。因此，保护空间资产已成为一项重要的国际安全问题。

1993年，全球首次探讨了关于提升外层空间活动的透明度和建立信任措施的普适性，当时很少有国家能够操作卫星和航天器。而今天，超过 60 个国家、政府联盟或其他实体拥有或经营太空资产，参与太空飞行的国家数量正持续增加。围绕外层空间的政治环境的根本变化促使于 2012 年成立了提升外层空间活动透明度和建立信任措施的政府专家组。

本报告附有专家组的结论和建议。它以前一个专家组的建议和会员国向联合国提交的关于提升外层空间透明度和建立信任措施的建议为基础。

研究报告重申，和平利用外层空间方面的国际合作有助于各国发展和加强其从空间活动中获益的能力。专家组商定了一些实质性的提升透明度和建立信任的措施，建议大会审议这些措施。我还支持专家组的建议，即在联合国秘书处各实体与参与外层空间活动的其他机构之间建立协调机制。这将有助于提升透明度和建立信任措施，并促进这些措施的进一步发展。外层空间是一个固有的多边领域。如果我们要继续利用太空提供的宝贵资源，至关重要的是让所有国家共同合作，让太空摆脱不稳定和冲突，并使它安全、可持续、长期造福全人类。

传达指示信

谨随函提交根据大会第 65/68 号决议设立的提升外层空间活动透明度和建立信任措施的政府专家组报告。该小组的成员如下：

巴西

João Marcelo Galvãode Queiroz 先生

裁军和敏感技术司司长

外交部

巴西利亚

智利

Helmut Lagos 先生

智利常驻联合国副代表

维也纳

中国

戴怀成先生

军控司参赞

外交部

北京

法国

Gérard Brachet 先生

航空航天学会主席

巴黎

意大利

Sergio Marchisio 先生

国际法律研究所

国家政策研究委员会主任

罗马

哈萨克斯坦

Ruslan Amirgereyev 先生

国防部军事项目主管

阿斯塔纳

尼日利亚

Augustine U. Nwosa 先生

尼日利亚常驻联合国代表团团长

纽约

韩国

朴哲民先生

国际组织局副局长

外交部

首尔

罗马尼亚

Dimitru - Dorin Prunariu 先生

罗马尼亚航天局科学委员会主席

布加勒斯特

俄罗斯联邦

Victor L. Vasiliev 先生

俄罗斯联邦驻联合国和其他国际组织代表团（日内瓦）常驻副代表

日内瓦

南非

Peter Martinez 先生

空间事务委员会主席

开普敦

斯里兰卡

Musthafa M. Jaffeer 先生

斯里兰卡驻挪威大使

奥斯陆

乌克兰

Andrii Kasianov 先生

裁军和不扩散司顾问

外交部

基辅

（第一任）

BorysAtamanenko 先生

国际关系部国家航天局局长

基辅

（第二、三任）

大不列颠及北爱尔兰联合王国

Richard Crowther 先生

英国航天局首席工程师

斯温顿，威尔特郡

美利坚合众国

Frank A. Rose 先生

副助理国务卿

空间与国防政策

军控、核查与落实局

国务院

华盛顿特区

在 2012 年 7 月到 2013 年 7 月期间，专家组开始为报告做准备工作：第一次会议在 2012 年 7 月 23 日至 27 日于纽约举行，第二次会议在 2013 年 4 月 1 日至 5 日于日内瓦举行，第三次会议在 2013 年 7 月 8 日至 12 日于纽约举行。

专家组在进行工作时考虑了秘书长题为“关于在外层空间应用建立信任措施的研究”的报告（A/48/305 和 Corr. 1）。此外还审议了在专家组中没有代表的国家提出的一些建议。

为了编写一份全面的研究报告，专家组授权组长在闭会期间同参与和平探索和利用外层空间的政府间组织进行协商。组长向裁军谈判会议和和平利用外层空间委员会介绍了专家组内的讨论情况。此外，他还与国际电信联盟和世界气象组织进行了磋商。

经过广泛和深入的讨论，专家们商定了一套提升外层空间活动透明度和建立信任的措施，并建议各国在自愿的基础上审议和执行这些措施。这些措施包括交换与空间政策和活动有关的不同类型信息、为减少风险发出通知和允许专家对国家空间设施进行访问。

专家组建议大会决定如何进一步促进提升透明度和建立信任措施，并促进这些措施得到普遍的考虑和支持。此外，还请秘书长将本报告分发给和平利用外层空间委员会和联合国系统其他有关实体。还应努力实现普遍参加、认真执行和充分遵守有关外层空间活动的现有法律协定。专家组强调，执行这些国际协定，包括报告中建议的提升透明度和建立信任的措施，将是在各国之间建立互信的一个重要因素。

专家组成员对联合国秘书处成员，特别是担任过专家组秘书的成员提供的协助表示感谢。专家组还希望对担任专家组顾问的联合国裁军研究所做出的贡献表示赞赏。

政府专家组请我作为其组长向你提交本报告，该报告已经通过协商一致的方式获得认可。

Victor L. Vasiliev（签名）

2013年7月19日

提升外层空间活动透明度和建立信任措施的政府专家组

关于提升外层空间活动透明度和建立信任措施的政府专家组报告

一、简介

1. 根据大会第65/68号决议，考虑到地域公平性，秘书长设立了提升外层空间活动透明度和建立信任措施的政府专家组，目的是根据秘书长的有关报告，对提升外层空间的透明度和建立信任措施进行研究。大会注意到有必要在不损害裁军谈判会议框架内关于防止外层空间军备竞赛的实质性讨论的情况下进行这项研究。

2. 本报告反映了政府专家组关于各国可在单边、双边、区域或多边基础上自愿采取的在外层空间活动中可能的提升透明度和建立信任措施的建议。第二节简要介绍了相关背景。第三节讨论了提升外层空间透明度和建立信任措施的一般特点和基本原则。第四节至第八节反映了在提升外层空间活动透明度和建立信任措施方面，政府专家组建议的具体措施。最后，第九节就执行第四节至第八节提出的措施给出了一般性结论和建议。

3. 为编写这份报告，专家组进行了广泛的磋商，并收到了会员国、国际组织和民间社会的资助。

二、背景概述

4. 外层空间环境及其所提供的丰富资源是二十一世纪人类努力方向的一个关键组成部分。从通信到金融业务，从农业到天气预报，从环境监测到航海，从监视到条约监测，外层空间资源在所有国家的活动中都发挥着关键作用。外层空间活动在社会、经济、科学和技术发展以及在国际和平与安全领域发挥着重要作用。

5. 今天，有1 000多颗卫星正在绕地球轨道运行，60多个国家、政府联盟和其他实体拥有或经营着这些空间资产，越来越多的国家正在成为航天国家，并不断增加其空间能力和资源。

6. 空间行为者和使用者不断增加带来的结果是，空间环境特别是重要的地球轨道在过去几十年中被越来越多的利用。造成的后果便是外层空间环境正变得日益拥挤并充满竞争。在国际和平与安全方面，人们越来越担心，由于自然的或人为的灾害以及可能发展成为破坏性的反空间能力的增长，未来十年对重要空间能力的威胁也可能会与之俱增。

7. 随着空间行为者和空间资源使用者的增加，自上次政府专家组研究建立信任措施后，关于外层空间可持续和安全利用的国际政治环境发生了根本性转变。尤其反映在大会关于提升外空活动透明度和建立信任措施的决议上，以及裁谈会防止外空军备竞赛工作组和和平利用外层空间委员会、国际电信联盟、世界气象组织关于长期可持续利用外层空间的相关实质性讨论中。此外，各种提案也被提出，包括裁军谈判会议提出的关于防止在外层空间放置武器和对外层空间物体使用或威胁使用武力的条约草案（CD/1839），以及关于制定外层空间活动国际行为守则等建议。

8. 专家组认为，现行国际条约在外层空间的活动中发挥着重要作用。1967年大会通过的《关于各国探索和利用包括月球和其他天体在内的外层空间活动的原则的条约》，巩固了旨在促进外层空间和平利用和加强外层空间活动国际合作的法律制度。在这种背景下，专家组认为各国应负责授权并继续监督其管辖权范围内的所有空间活动。在这些条约和与空间环境有关的其他文书的法律框架下，各国、国际组织和私人实体对外层空间的利用已经欣欣向荣。因此，空间技术和空间服务对世界各地的经济增长和生活质量的改善都做出了不可估量的贡献。

9. 很显然，对于维护国际和平与安全，各国在进行外层空间活动时，负责任地按照国际法采取行动可以有助于防止事故、误解和误判，也符合所有国家的共同利益。随着越来越多的政府和非政府实体参与到外空活动中来，更需要加强国际合作，以维护为造福世界各国而进行外空探索和利用的长期原则。如果国际社会想成功地保障和平目的，并使子孙后代也能利用外层空间，那么这种合作将是必不可少的。

10. 七国集团注意到，各国和国际社会正在努力地以建设性方式，协调一致、深思熟虑、有效及时地推进双边、地区和多边倡议，以加强外空的稳定与安全。

11. 和平利用外层空间委员会及其科学和技术小组委员会、法律小组委员会进行的工作对促进外层空间活动的长期可持续性做出了重大贡献。委员会及其小组委员会在拟定有关外层空间活动的条约、原则和准则方面也发挥了关键作用。

12. 2010年，科学和技术小组委员会成立了外层空间活动长期可持续性工作组。工作组的任务是编写一份关于外层空间活动的长期可持续性的报告，并就一套以实际和可持续发展为重点的准则提出建议，使人们能及时采取审慎措施，提高外空活动的安全性和长期可持续性。

13. 政府专家组认定和平利用外层空间委员会成员国积极参与拟定这些准则，并认为所有国家和政府间组织抓紧执行这些准则极具重要性。这些准则将具有与提升透明度和建立信任措施相类似的特点，其中一些可视为潜在的提升透明度和建立信任的措施，而另一些则可为执行本政府专家组所提议的某些提升透明度和建立信任的措施提供技术基础。外层空间活动长期可持续性问题工作组的报告将提交至和平利用外层空间委员会。一旦最终定稿的准则获得批准，它们将被提交至大会第四委员会，然后提交大会批准并予以通过。

14. 专家组注意到大会第一委员会就各部门建立信任措施所做的广泛工作。特别是第一委员会建议大会每年通过一项关于提升外层空间活动的透明度和建立信任措施的决议草案。此外，专家组注意到秘书长题为“提升外层空间活动的透明度和建立信任措施”的报告（A/65/123和Add. 1）中会员国关于提升外层空间透明度和建立信任措施的具体建议。

15. 专家组注意到裁军谈判会议议程包括“防止外层空间的军备竞赛”这一项目。在这方面，已经提出了几项与提升透明度和建立信任措施有关的倡议。例如，关于提升外层空间透明度和建立信任措施的工作文件（CD/1815），以及某些关于提升透明度与建立信任措施的草案、空间安全条约提案（CD/1865）。此外还有关于防止在外层空间放置武器和对外层空间物体使用或威胁使用武力的条约草案（CD/1839）。

16. 根据大会关于提升外层空间透明度和建立信任措施的决议，欧洲联盟于 2012 年 6 月 5 日在维也纳向国际社会提交了一项无法律约束力的外层空间活动国际行为守则草案。专家组注意到 2013 年 5 月 16 日至 17 日在基辅举行了关于该提案的不限成员名额磋商。

17. 专家组注意到国际电联在无线电频谱和地球静止轨道位置管理中的作用。根据国际电联《组织法》第 45 条和国际电联《无线电规则》第 15 条的规定，在提升透明度和建立信任措施的背景下，国际电联无线电通信局在解决有害的射频干扰方面起着关键作用。专家组还指出了制定和执行政策、程序，以尽量减少任何形式的有害射频干扰。

18. 专家组指出，区域政府间组织为制定和执行与国际合作有关的提升透明度和建立信任措施提供了有用的平台。

19. 专家组指出，自 2004 年以来，一些国家实行了不成为第一个在外层空间放置武器的国家的政策。

三、提升外层空间透明度和建立信任措施的一般特征和基本原则

A. 提升外层空间透明度和建立信任措施的性质和目的

20. 一般而言，提升透明度和建立信任措施是各国政府可以共享信息的一种手段，目的是建立相互了解和信任，减少误解和错误估计，从而有助于防止军事对抗并促进区域和全球稳定。它们还有助于建立对各国和平意图的信心，并可以帮助各国增进了解，提高意图的清晰度，并为在经济和安全领域建立可预测的战略局势创造条件。

21. 尽管没有确定提升透明度和建立信任措施的通用或全面规定，但可以通过某些特征来确定其有效性。通常，有两种类型的提升透明度和建立信任措施：涉及能力和行为的措施。专家组注意到“关于在外层空间应用建立信任措施的研究”中所载的“关于适当类型的建立信任措施以及在全球或区域一级执行此类措施的准则”（A/48/305 和 Corr. 1，附件，附录二）。

22. 数十年来，在许多地面环境中都采用了提升透明度和建立信任措施。它们在冷战中起着特别重要的作用，在冷战中，它们旨在通过减轻与军事活动有关的误解，特别是在国家缺乏清晰及时的信息的情况下，为减少武装冲突的风险做出贡献。

23. 专家组认为，在多边框架内制定的提升透明度和建立信任措施更有可能被更广泛的国际社会所采用。

B. 提升外层空间活动的透明度和建立信任措施

24. 专家组认识到，就其研究而言，提升透明度和建立信任措施应被视为无法律约束力的自愿措施。同时指出，提升透明度和建立信任措施的要素可以在现有的国际协定中找到。专家组还讨论了其他措施，包括具有法律约束力的措施。

25. 专家组认识到，过去二十年来，外层空间活动对提升透明度和建立信任措施的需求已大大增加。人们普遍认为，这些措施可以增强日常空间业务的安全性、可持续性，并且可以促进国家之间与人民之间的相互了解和友好关系。大会的许多决议反映了这种认识。

26. 提升外层空间活动的透明度和建立信任措施是这类措施的更广泛背景的一部分。大会第43/78H号决议认可了裁军审议委员会1988年实质性会议通过的关于适当类型的建立信任措施的准则。大会在该决议中指出，“建立信任措施虽然不能作为限制军备和裁军措施的替代手段或先决条件，但它可以促进裁军取得进展”。

27. 专家组确定了以下有关提升外层空间活动的透明度和建立信任措施类别：

(a) 一般性提升透明度和建立信任措施，旨在提高参与有关外层空间活动国家的空间政策信息的可获得性；

(b) 关于新空间系统发展方案的信息交流，以及有关提供广泛服务的天基系统的信息，例如气象观测或全球定位、导航和授时；

(c) 阐明一个国家为和平目的探索和利用外层空间的原则和目标；

(d) 具体信息交流措施旨在提高关于外层空间物体及其一般功能的信息的可获得性；

(e) 与建立促进飞行安全的行为规范有关的措施，例如旨在避免潜在有害干扰，限制轨道碎片并最大程度减少与其他空间物体碰撞的危险的发射通知和磋商；

(f) 外层空间活动中的国际合作措施，包括旨在促进能力建设和传播数据以促进可持续的经济和社会发展的措施，这些措施与现有的国际承诺和义务保持一致。

28. 专家组一致认为，提升外层空间活动的透明度和建立信任措施也可有助于但不能替代核查军备限制和裁军协定的措施。

29. 专家组指出，已经在多边和国家一级为外层空间活动制定了一些提升透明度和建立信任措施。这些措施包括发射前通知、空间态势感知数据共享、对航天安全和其他重大事件的危害通知以及国家空间政策的发布。几个国家还提出了新的自愿性单方面或集体透明度和建立空间信任措施。

C. 提升外层空间透明度和建立信任措施的标准

30. 国家和政府间组织可以单方面、双边、区域和多边制定和执行透明度和信任建立措施。各国应根据其国家利益和义务，在切实可行的最大范围内采取此类措施。透明度和信任建立措施通过建设性对话以及增强认识和加深了解的方式，促进了国家之间的相互信任。

31. 一般而言，提升外层空间活动的透明度和建立信任措施应旨在提高外层空间的安全性和可持续性。应特别注重制定和执行自愿和务实措施，以确保外层空间活动各方面的安全与稳定。在制定外层空间活动的透明度和信任建立措施时，特别重要的是能够在所提议的措施或行动集合的范围内向所涉及的各种行为者证明一项特定措施或行动集合的实用性。

32. 专家组注意到，现有的外层空间条约包含一些强制性的透明度和信任建立措施。外层空间活动的无法律约束力的透明度和信任建立措施应补充有关外层空间活动的现行国际法律框架，而不应损害现有的法律义务或妨碍外层空间的合法使用，特别是新兴空间行为者的合法使用。一旦通过，某些透明度和信任建立措施可能会在国内产生具体影响，特别是在通过相关国家机制执行这些措施方面。

33. 外层空间活动的透明度和信任建立措施应补充但不能替代军备控制协定和制度中的核查措施。自愿透明和建立信任措施有助于审议具有法律约束力的军备控制措施的概念和提议以及具有法律约束力的国际文书中所载的核查议定书。

34. 拟议的透明度和信任建立措施应：

(a) 清晰、实用、证实有效，即一个或多个行为者已经证明了拟议措施的适用性和功效；

(b) 能够独立或集体地得到其他当事方的有效确认；

(c) 减少甚至消除对国家活动和意图的不信任、误解和错误估计的原因。

35. 下表试图反映对透明度和信任建立措施的执行，以及对示范工作进行检验的基本内容。

测试透明度和信任建立措施

	执行	示范
谁	谁应该执行该措施?	谁能确认该措施已得到执行?
做什么	应该采取什么措施? 是否明确识别和理解?	应该证明什么以确认实施?
为什么	实施该措施的价值或收益是什么?	是否清楚地理解了为什么能够确认或证明实施的重要性?
什么时候	何时应采取措施?	在什么时候进行示范或确认?
怎么做	该措施应如何执行?	如何验证、证明或确认该措施的执行?

四、提高外层空间活动的透明度

36. 通过双边、区域和多边机制进行的信息交流旨在为各国描述其当前和计划的空间活动提供定期和例行的机会。各国可以交换有关其外层空间政策和空间活动的一般信息，并在可预见的危险情况下提供减少风险的通知。风险可能包括对航天员的生命、健康或人类航天活动构成的危险，以及可能对航天器造成有害干扰的自然现象。应鼓励各国与其他政府和非政府航天器运营组织及有关国际组织及时分享信息。各国可以自愿考虑对与空间有关的设施进行视察以熟悉情况。

A. 关于空间政策的信息交流

交流有关国家外层空间政策的原则和目标的信息

37. 各国应发布有关其国家空间政策和战略的信息，包括与安全有关的信息。各国还应发布有关其主要外层空间研究和空间应用方案的信息，以便在军事和非军事问题上建立世界各国之间的信任和信心。这应根据现有的多边承诺进行信息交流。各国可以提供任何反映其国防政策、军事战略和理论的信息。

交流有关外层空间重大军事支出和其他有关国家的安全空间活动的信息

38. 依照国家对主要军事支出进行报告的现有政治承诺以及向所有会员国提供军事情况的客观信息的准则和建议，各国政府应利用现有机制报告其空间军事支出以及其他有关国家安全的空间活动（大会第 66/20 号决议第 1 段，以及 A/66/89 和 Corr. 1 - 3，附件二）。他们可能会在报告中添加关于提交数据的解释性注释，以解释或澄清报告中提供的数字，例如有关国家安全的空间总支出占国内生产总值的比重以及自上次报告以来发生的重大变化。

B. 与外层空间活动有关的信息交流和通知

交换有关外层空间物体轨道参数和潜在轨道交会的信息

39. 关于外层空间物体基本轨道参数的信息交换可有助于提高空间物体跟踪的准确性。具体措施可能包括：

(a) 交流有关空间物体的轨道信息，并在切实可行的范围内向受影响的政府和私营部门航天器运营组织提供涉及航天器的潜在轨道交会的通知；

(b) 根据《关于登记射入外层空间的物体的公约》（1975年）和题为“关于加强各国和国际政府间组织在登记空间物体方面的做法的建议”的大会第62/101号决议，在切实可行的范围内尽快向联合国提供登记信息。

(c) 向公众提供查看国家空间物体登记册的机会。

通过双边、区域和多边机制进行的此类通知可以使有关特定空间活动的透明度提高。对航天活动的共同认识可以促进全球航天安全，并有助于避免不幸、误解和不信任。

交流关于预测外层空间自然灾害的信息

40. 根据《外层空间条约》，各国应立即将在外层空间（包括在月球和其他天体上）发现的任何可能对航天员的生命、健康或人类航天活动构成危险的现象通知其他国家或联合国秘书长。各国还应考虑在自愿的基础上向其他政府和非政府航天器经营组织及时提供有关自然现象的信息，这些自然现象可能对从事和平探索和利用外层空间的航天器造成潜在有害干扰。

计划中的航天器发射通知

41. 各国应提供有关航天器发射和运载火箭任务的发射前通知。专家组指出，《防止弹道导弹扩散海牙行为守则》载有这种通知的范例。

C. 降低风险的通知

可能对其他空间物体的飞行安全造成危险的调度演习的通知

42. 各国应及时并在切实可行的范围内，将可能对其他国家的空间物体的飞行安全造成危险的调度演习通知给可能受影响的国家。

通知和监视不受控制的高风险再入大气层事件

43. 各国应支持制定和实施措施，以开展信息交流，及时地、最大程度地通知所有可能受影响的国家、联合国秘书长和相关国际组织，告诉它们所预测的高风险再入事件。在再入事件中，再入物体或其残余物可能会造成重大损害或放射性污染。

紧急情况下的通知

44. 各国应在切实可行的范围内，及时、最大程度地将与对空间物体飞行安全的自然和人为威胁有关的事件通知所有其他可能受影响的国家。这包括由空间物体故障或失去控制引起的风险，这些风险可能导致高风险再入事件或空间物体之间发生碰撞的可能性大大增加。

故意破坏轨道的通知

45. 应避免故意破坏任何在轨的航天器和运载火箭的上面级或进行其他会产生长寿命碎片的有害活动。当确定有必要破坏时，各国应将其计划告知其他可能受影响的国家，包括将采取的措施，以确保在足够低的高度进行有意破坏，以限制所产生碎片的轨道寿命。所有行动均应按照大会题为“和平利用外层空间的国际合作”的第 62/217 号决议核准的《联合国空间碎片缓减准则》进行。

D. 联系和访问航天发射场和设施

为熟悉情况自愿进行的访问

46. 自愿的熟悉访问可以提供机会，使国际上更好地了解一个国家的空间活动（包括双重用途和军事活动）的过程和程序，并且可以为通知和磋商的制定和实施提供背景。

专家访问，包括访问空间发射场，邀请国际观察员访问发射场，飞行指挥和控制中心以及外层空间基础设施中的其他业务设施

47. 注意到《外层空间条约》第十条以及其他多边承诺，鼓励各国在自愿的基础上考虑由专家访问空间设施，其中可包括空间态势感知中心。

展示火箭和太空技术

48. 可以在自愿的基础上并根据现有的多边承诺和国家出口管制条例展示火箭和其他与空间有关的技术。

五、国际合作

49. 和平利用外层空间的国际合作为所有国家发展和加强自身能力，以开展空间活动和从中获取利益提供了基础。航天国家和非航天国家在科学和技术项目方面开展国际合作有助于建立信任。

50. 尽管有许多国家已经获得了重要的与空间有关的能力，但许多非航天国家强烈希望直接参加外层空间活动并分享空间技术。

51. 如“关于在外层空间应用建立信任措施的研究报告”（A/48/305 和 Corr. 1）所述，各国在空间能力方面存在差距，多数国家只有借助其他国家才能参加空间活动，国家之间空间技术充分转让的不确定性以及许多国家无法获取大量的天基信息是造成国家之间缺乏信任的因素。国际合作是促进每个国家实现其从空间技术中受益以促进其自身发展和福利的合法目标的重要手段。

52. 专家组进一步指出，每个国家可在各方关注的合法权益方面，在公平和相互接受的基础上自由决定其参与国际空间合作的性质，例如，适当的技术保障安排、多边承诺以及相关的标准和做法。

53. 专家组一致认为，应将《外层空间条约》视为促进外层空间活动国际合作的基础，并根据该条约第一条，“探索和利用外层空间应造福和符合所有国家的利益，不论其经济或科学发展程度如何，应成为全人类的领域”。

54. 专家组注意到《联合国大会关于为所有国家的共同利益探索和利用外层空间进行

国际合作，并特别考虑发展中国家需求的宣言》（大会第51/122号决议，附件），并特别指出《宣言》应成为发展外层空间活动国际合作的基础。《宣言》第3款和第5款特别重要。

55. 关于空间科学和技术的双边、区域和多边能力建设方案有助于培养全世界发展中国家的教育工作者和科学家的空间技能和知识。此类方案应通过注重理论、研究、应用、实地演练和试点项目来开展能力建设，以促进其目标国家和地区的社会和经济发展。专家组指出，已经制定了许多区域和多边能力建设计划。特别是，联合国空间应用方案是一项完善的能力建设方案，它将受益于航天国家的广泛支持。联合国教育、科学及文化组织，国际气象组织和国际电联等其他国际组织在各自的主管领域内贡献了具体的能力建设计划。在双边一级还提供了各种形式的能力建设方案，此类方案通常与具体的合作协议有关。

56. 通过一项开放的卫星数据收集和传播政策以促进可持续的经济和社会发展，将符合大会题为“关于从外层空间遥感地球的原则”的第41/65号决议。在促进数据传播政策时，各国还可以考虑制定计划，对发展中国家的用户进行培训和教育，以接收和解释相关的卫星数据，并使这些数据可供国内和国际终端用户使用。专家组注意到，一些国家已经在提供免费的遥感数据，以促进经济和社会发展。专家组还指出，2012年在巴西里约热内卢举行的联合国可持续发展大会使各国认识到空间科学和技术在促进可持续发展中的重要作用（见大会第66/288号决议，附件）。

六、协商机制

57. 通过双边和多边外交往来以及其他政府间机制（包括双边、军方之间、科学和其他渠道）进行及时和例行磋商，可以有助于防止事故、误解和不信任，并有助于：

(a) 澄清有关探索和使用空间的信息，包括出于国家安全目的的信息；

(b) 澄清所提供的有关空间研究和空间应用方案的信息；

(c) 澄清模棱两可的情况；

(d) 讨论商定的外层空间活动中透明度和信任建立措施的执行情况；

(e) 讨论处理外层空间利用的实际问题的方式和适当的国际机制；

(f) 防止或最大程度地减少物质损坏或有害干扰的潜在风险。

58. 鼓励各国考虑使用现有的协商机制，例如《外层空间条约》第九条以及国际电联《组织法》和《无线电条例》的有关条款所规定的协商机制。

59. 专家组认为，其设立、工作和协商职能本身就是透明度和信任建立措施的一部分。

七、外联活动

60. 外联措施可以增进各国之间以及区域、多边、非政府和私营部门之间的了解。这可以通过执行与外层空间活动有关的政治和外交措施来增进相互信任，从而有助于促进所有国家的安全。具体措施可能包括各国参加有关空间安全问题的专题讲习班和会议。

61. 航天国家应根据《外层空间条约》，向秘书长、公众和国际科学界通报外层空间活动的性质、方式、位置和结果。

62. 专家组注意到国际组织和非政府组织在促进外联活动方面的重要知识贡献。此类活动为所有国家和其他有关利益攸关方提供了开展建设性对话的机会。在联合国系统内，外层空间事务司、裁军事务厅和联合国裁军研究所的工作特别值得注意。各国应积极鼓励包括学术界和非政府组织在内的所有利益攸关方积极参与提高公众对外层空间政策和活动的认识。

八、协调

63. 鼓励各国通过其空间机构或其他授权实体、现有机制和国际组织，促进其空间政策和空间方案的协调，以提高空间使用的安全性和可预测性。为了支持该目标，他们还可以根据多边承诺缔结双边、区域或多边协议。

64. 专家组认为，参与制定外层空间活动的透明度和信任建立措施的多边组织之间的协调至关重要。这种协调应根据这些组织各自的任务规定进行。

65. 专家组同意，为了加强外层空间活动的协调，开展空间方案的国家、国际组织和私营部门行为者应设立协调中心。

66. 专家组建议外层空间事务司、裁军事务厅和联合国其他适当实体之间就与外层空间活动的透明度和信任建立措施有关的事项建立协调关系。专家组还认为，联合国机构间机制可以为促进和有效执行外层空间活动的透明度和信任建立措施提供一个有用的平台。

67. 各国应设法尽可能参加联合国系统各政府间实体的外层空间活动，例如裁军谈判会议、国际电联、气象组织、可持续发展委员会及其任何继任机构。进行空间活动的国家应以成员或观察员的身份积极参加和平利用外层空间委员会的活动。

九、结论与建议

68. 政府专家组建议各国和国际组织在自愿且不妨碍履行现有法律承诺和义务的基础上，考虑并执行本报告所述的透明度和信任建立措施。

69. 专家组赞同各国为追求政治承诺而做出的努力，例如以单方面声明、双边承诺或多边行为守则的形式，鼓励在外层空间采取负责任的行动并和平利用外层空间。专家组的结论是，可在自愿的政治措施的基础上审议具有法律约束力的概念和建议。

70. 专家组鼓励各国通过有关国家机制在自愿基础上审查和执行拟议的透明度和信任建立措施。执行透明度和信任建立措施应在切实可行的范围内，以符合各国国家利益的方式予以最大程度地实施。在商定了具体的单边、双边、区域和多边透明度和信任建立措施之后，各国应定期审查这些措施的执行情况，并讨论可能需要采取的其他措施，包括由于空间技术发展及其应用的进步而必须采取的措施。

71. 为了在各国之间建立信心和信任，专家组建议普遍参与、执行和全面遵守它们已加入或签署的与外层空间活动有关的现行法律框架，其中包括：《关于各国探索和利用包括月球和其他天体在内的外层空间活动的原则的条约》《关于营救航天员、送回航天员和归还发射到外层空间的物体的协定》《关于空间物体造成损害的国际责任公约》《关于登记射入外层空间物体的公约》；经修订的《国际电信联盟组织法》和《国际电信联盟公约》

及其《无线电条例》；经修订的《世界气象组织公约》《禁止在大气层、外层空间和水下进行核武器试验的条约》和《全面禁止核试验条约》。尚未加入有关使用外层空间的国际条约的国家，应考虑批准或加入这些条约。

72. 政府专家组建议大会决定如何进一步推进透明度和信任建立措施，并提供关心和支持，包括酌情将上述建议提交和平利用外层空间委员会、裁军审议委员会和裁军谈判会议审议。大会第一和第四委员会也可以决定举行一次联合特设会议，以应对对空间安全和可持续性的可能挑战。

73. 专家组进一步建议会员国采取措施，在切实可行的范围内最大程度地执行在和平利用外层空间委员会和大会达成共识的基础上认可的原则和准则。会员国还应酌情考虑采取措施执行其他国际公认的与空间有关的原则。

74. 专家组鼓励有关国际政府间组织和非政府组织酌情并在切实可行的最大范围内考虑并执行拟议的透明度和信任建立措施。

75. 政府专家组建议联合国秘书长将专家组的本报告分发给联合国系统所有有关实体和组织，以便协助执行其中的结论和建议。

2016年：联合国大会关于不首先在外层空间放置武器的决议
（130票赞成，4票反对，48票弃权）
联合国文件：2016年12月9日，A/RES/71/32

大会于2016年12月5日通过的决议

［根据第一委员会的报告（A/71/448）通过］

71/32 不首先在外层空间放置武器

大会

认识到全人类在为和平目的探索和利用外层空间方面的共同利益；

严重关切外层空间的军备竞赛和外层空间成为军事对抗的舞台的可能性，并铭记《关于各国探索和利用包括月球和其他天体在内的外层空间活动的原则的条约》第三条和第四条的重要性；

意识到防止外层空间军备竞赛将避免对国际和平与安全的严重威胁；

重申在寻求协议以防止外层空间军备竞赛时，应审查并采取实际措施；

强调严格遵守关于和平利用外层空间的现行法律制度至关重要；

重申认识到适用于外层空间的法律制度本身并不能保证防止外层空间的军备竞赛，需要巩固和加强该制度；

在这方面，欢迎中国和俄罗斯联邦在2008年裁军谈判会议上提出的《关于防止在外层空间放置武器以及对外层空间物体使用或威胁使用武力条约草案》，以及在2014年提交的更新版本；

考虑到外层空间活动的透明度和信任建立措施是上述条约草案的组成部分；

回顾2014年12月2日第69/32号决议和2015年12月7日第70/27号决议，以及1990年12月4日第45/55B号决议和1993年12月16日第48/74B号决议，确认了透明度和信任建立措施是防止外层空间军备竞赛的重要措施；

注意到一些国家发表的政治声明很重要，即它们不是第一个在外层空间放置武器的国家；

1. 重申防止外层空间军备竞赛的目标的重要性和紧迫性，并重申各国愿意为实现这一共同目标做出贡献；

2. 重申裁军谈判会议作为单一的多边裁军谈判论坛，在谈判一项或多项有关预防外层空间军备竞赛的多边协定（如适用）方面起主要作用；

3. 敦促根据中国和俄罗斯联邦2008年裁军谈判会议在“防止外空军备竞赛”议程项

目下提出的《关于防止在外层空间放置武器以及对外层空间物体使用或威胁使用武力条约草案》，尽早开始实质性工作；

4. 强调虽然尚未达成这样的协议，但其他措施可能有助于确保不将武器放置在外层空间；

5. 鼓励所有国家，特别是发展外空技术的国家，考虑是否可能酌情坚持不首先在外空放置武器的政治承诺；

6. 决定将题为“不首先在外层空间放置武器”的项目列入第七十二届会议的临时议程。

第51次全体会议
2016年12月5日

2016 年：联合国大会关于防止外层空间军备竞赛的决议
（赞成 182 票，弃权 4 票）
联合国文件：2016 年 12 月 9 日 A/RES/71/31

大会于 2016 年 12 月 5 日通过的决议

［根据第一委员会的报告（A/71/448）通过］

71/31 防止外层空间的军备竞赛

大会

认识到全人类在为和平目的探索和利用外层空间方面的共同利益；

重申所有国家的意愿，即探索和利用外层空间（包括月球和其他天体）应是出于和平目的，并应为所有国家的利益而进行，而不论其经济或科学发展的程度如何；

还重申《关于各国探索和利用包括月球和其他天体在内的外层空间活动的原则的条约》第三条和第四条的规定；

回顾所有国家都有义务遵守《联合国宪章》关于在其国际关系中，包括在其空间活动中使用或威胁使用武力的规定；

重申大会第十届特别会议《最后文件》第 80 段，其中指出，为了防止外层空间军备竞赛，应根据条约的精神采取进一步措施并进行适当的国际谈判；

回顾其关于这一问题的以往各项决议，其中最近的是 2015 年 12 月 7 日第 70/26 号决议，并注意到向大会第十届特别会议和常会提交的提案，以及向联合国主管机关和裁军谈判会议提出的建议；

认识到防止外层空间军备竞赛将避免对国际和平与安全的严重威胁；

强调至关重要的是严格遵守与外层空间有关的现有军备限制和裁军协定，包括双边协定，并严格遵守有关利用外层空间的现行法律制度；

考虑到广泛参与适用于外层空间的法律制度可有助于提高其有效性；

注意到防止外层空间军备竞赛特设委员会，考虑到自 1985 年成立以来的以往努力并寻求从实质上加强其职能，认为继续审查和查明各种问题，现有协定和现有建议以及与防止外层空间军备竞赛有关的未来举措，以及确定各种问题、现有协定和现有建议以及与防止外层空间军备竞赛有关的未来倡议，这有助于更好地理解一些问题并更清楚地了解各种立场；

还注意到裁军谈判会议原则上不反对重新设立特设委员会，但须重新审查 1992 年 2 月 13 日裁军谈判会议的决定所载的任务；

强调为防止外层空间军备竞赛而进行的双边和多边努力的相互补充性质，并希望这些努力能尽快取得具体成果；

深信在寻求有效和可核查的双边和多边协定时应审查进一步措施，以防止外层空间军备竞赛，包括外层空间武器化；

强调由于外层空间的使用日益增加，国际社会更需要提高透明度和更好地了解情况；

在这方面回顾其以前的决议，特别是1990年12月4日第45/55B号、1992年12月9日第47/51号和1993年12月16日第48/74A号决议，尤其重申了建立信任措施作为有助于防止外层空间军备竞赛的手段的重要性；

意识到建立信任和安全措施在军事领域的好处；

认识到为缔结一项或多项防止外层空间军备竞赛的国际协定而进行的谈判仍然是裁军谈判会议的一项优先任务，关于建立信任措施的具体建议可成为这类协定的组成部分；

满意地注意到裁军谈判会议在2009年、2010年、2011年、2012年、2013年、2014年、2015年和2016年就防止外层空间军备竞赛进行了建设性、结构化和重点突出的辩论；

注意到中国和俄罗斯联邦在裁军谈判会议上介绍了2008年《关于防止在外层空间放置武器以及对外层空间物体使用或威胁使用武力的条约草案》，并在2014年提交了其最新版本；

注意到裁军谈判会议关于为其2009年大会设立一个工作组的决定，该工作组主要但不限于讨论与防止外层空间军备竞赛有关的所有问题；

1. 重申防止外层空间军备竞赛的重要性和紧迫性，并重申所有国家愿意遵守《关于各国探索和利用包括月球和其他天体在内的外层空间活动的原则的条约》的规定；

2. 重申其认识到，如防止外层空间军备竞赛特设委员会的报告所述，适用于外层空间的法律制度本身并不能保证防止外层空间的军备竞赛，该法律制度在防止该环境下的军备竞赛中起着重要作用，有必要巩固和加强该法律制度并提高其效力，重要的是严格遵守双边和多边的现有协定；

3. 强调必须采取进一步措施，并采取适当和有效的措施进行核查，以防止外层空间军备竞赛；

4. 呼吁所有国家特别是具有重要空间能力的国家，为和平利用外层空间和防止外层空间军备竞赛的目标做出积极贡献，不采取违背这一目标和有关现行条约的行动，以维护国际和平与安全和促进国际合作；

5. 重申裁军谈判会议是唯一的多边裁军谈判论坛，在酌情谈判一项或多项关于防止外层空间军备竞赛的多边协定方面起着主要作用；

6. 邀请裁军谈判会议在其2017年大会期间尽早在题为“防止外层空间军备竞赛”的议程项目下设立一个工作组；

7. 在关于拟订旨在加强和平利用外层空间的透明度、信心和安全措施的意见方面日益趋同；

8. 敦促在外层空间进行活动的国家以及对进行这种活动感兴趣的国家，向裁军谈判会议通报有关此问题的双边和多边谈判的进展情况，以方便其开展工作；

9. 决定将题为“防止外层空间军备竞赛”的项目列入第七十二届会议的临时议程。

第 51 次全体会议

2016 年 12 月 5 日